प्रयोजनमूलक हिन्दी

(भाषिक संरचना, व्याकरण एवं अनुवाद)

महाराष्ट्र हिन्दी साहित्य अकादमी, मुम्बई के 'आचार्य महावीरप्रसाद द्विवेदी' पुरस्कार-1997 से सम्मानित ग्रन्थ

प्रयोजनमूलक हिन्दी

(भाषिक संरचना, व्याकरण एवं अनुवाद)

[पूर्णत: संशोधित एवं परिवर्धित संस्करण]

डॉ. माधव सोनटक्के

भूतपूर्व प्रोफेसर एवं अध्यक्ष

हिन्दी विभाग

डॉ. बाबासाहेब अम्बेडकर मराठवाड़ा विश्वविद्यालय

औरंगाबाद, महाराष्ट्र

लोकभारती प्रकाशन

लोकभारती प्रकाशन
पहली मंजिल, दरबारी बिल्डिंग, महात्मा गांधी मार्ग
प्रयागराज-211 001
वेबसाइट: www.lokbhartiprakashan.com
ईमेल : info@lokbhartiprakashan.com

शाखाएँ : 1-बी, नेताजी सुभाष मार्ग, दरियागंज
नई दिल्ली-110 002
अशोक राजपथ, साइंस कॉलेज के सामने
पटना-800 006
1, अनमोल सोराबजी सन्तुक लेन, मरीन लाइंस
मुम्बई-400002

मूल्य : ₹ 350

पहला संस्करण : 1995
सातवाँ संशोधित एवं परिवर्द्धित संस्करण : 2024

सुपर माधव ग्राफिक्स
प्रयागराज द्वारा मुद्रित

PRAYOJANMULAK HINDI
by Dr. Madhav Sontakke

ISBN : 978-81-8031-055-3

साहित्य-प्रेमी अफसर मित्र
श्री सुभाष माने
के प्रति
सप्रेम समर्पण

अनुक्रम

नए संस्करण के बहाने 13

प्राक्कथन 15

अनुभाग-एक

भाषिक संरचना

1. प्रयोजनमूलक हिन्दी : स्वरूप तथा प्रयोग क्षेत्र 17-32
- प्रयोजनमूलक भाषा से तात्पर्य
- प्रयोजनमूलक हिन्दी : नामकरण, परिभाषा एवं स्वरूप
- प्रयोजनमूलक हिन्दी : स्वरूपगत विशेषताएँ
- प्रयोजनमूलक हिन्दी : व्यवहार क्षेत्र
- प्रयोजनमूलक हिन्दी : विविध प्रयुक्तियाँ-विविध भाषा रूप
- जनसंचार माध्यमों की हिन्दी

2. पारिभाषिक शब्दावली 33-87
- पारिभाषिक शब्द : स्वरूप तथा परिभाषा
- सामान्य विशेषताएँ
- निर्धारण : समस्या और समाधान
- भारतीय पारिभाषिक शब्दावली

  —व्यापारिक संस्थानों में काम आनेवाली पारिभाषिक शब्दावली

  —व्यापारिक संस्थानों में प्रयुक्त अंग्रेजी के संक्षिप्त रूपों का विस्तार एवं उनके हिन्दी पर्याय

  —सरकारी/अर्धसरकारी कार्यालयों में काम आनेवाली पारिभाषिक शब्दावली

  —मन्त्रालयों, कार्यालयों के नाम तथा पदनाम
- भारतीय पारिभाषिक शब्दावली : प्रश्नों के घेरे

3. राजभाषा हिन्दी : अतीत और वर्तमान **88-107**

- राजभाषा हिन्दी : ऐतिहासिक परिप्रेक्ष्य
- संविधान में हिन्दी
- भाषा नीति सम्बन्धी सरकारी संकल्प

4. व्यावहारिक-व्यावसायिक पत्र-लेखन **108-162**

- व्यावसायिक पत्र : स्वरूप एवं प्रारूप
- सफल व्यावसायिक-व्यावहारिक पत्र की स्वरूपगत विशेषताएँ
- व्यावसायिक-व्यावहारिक पत्र का प्रारूप एवं रेखाचित्र

5. सरकारी तथा अर्ध सरकारी पत्र-व्यवहार **163-190**

- कार्यालयी कार्यविधि तथा सरकारी-पत्राचार
- प्रशासन व्यवस्था एवं कार्यालय संगठन
- सरकारी पत्र स्वरूप एवं प्रारूप
- अर्ध सरकारी पत्र
- सरकारी पत्रचार के अन्य रूप

  —कार्यालय ज्ञापन, अधिसूचना, कार्यालय आदेश, परिपत्र, अनुस्मारक, आदेश, प्रेस विज्ञप्ति, संकल्प या संस्ताव, प्राप्ति स्वीकार आदि।

6. लेखाकर्म और बही खाता **191-210**

- पुस्त-पालन (बही-खाता) तथा लेखाकर्म के उद्देश्य
- बही खाता या पुस्त-पालन तथा लेखाकर्म के प्रकार
- बही खाता लेखन :

  —बही खाता लेखन के मुख्य भाग तथा लेखन प्रविधि
- रोजनामचा या दैनिक पंजी

  —रोजनामचा लिखने के नियम

  रोजनामचा लेखन का नमूना
- खाता-बही या प्रपंजी

  —खाता-बही का स्वरूप

  खाता-बही में खताने के नियम

  खाता-बही में खतियाने के नमूने
- तलपट का स्वरूप
- लेखाकर्म तथा बही खाता से सम्बन्धित पारिभाषिक शब्दावली

7. व्यापार और जनसंचार के माध्यम **211-229**

(क) व्यापारिक विज्ञान और जन संचार के माध्यम

• व्यापार और जनसंचार माध्यम
• विज्ञापन और जनसंचार माध्यम
—समाचार-पत्रीय विज्ञापन
—आकाशवाणी द्वारा प्रसारित विज्ञापन
—दूरदर्शन द्वारा प्रसारित विज्ञापन
—चित्रपट विज्ञापन
• विज्ञापन और जनसंचार माध्यम : व्यापारिक परिस्परकता
• व्यापारिक जनसम्पर्क में जनसंचार माध्यमों का योगदान
• व्यापारिक सूचना तथा गतिविधियों का प्रचार-प्रसार
• व्यापारी और ग्राहकों के हितों की रक्षा : जनसंचार माध्यमों का दायित्व

(ख) आकर्षक भाषा के सन्दर्भ में विज्ञापन की हिन्दी
• विज्ञापन की भाषा
• विज्ञापनीय भाषा की विशेषताएँ
• विज्ञापन की हिन्दी : स्वरूप और समस्याएँ

8. अद्यतन इलेक्ट्रॉनिक संचार माध्यम और हिन्दी **230-258**

(अ) कम्प्यूटर
• कम्प्यूटर : सामान्य परिचय
• कम्प्यूटर की उपयोगिता
• कम्प्यूटर की संरचना
• कम्प्यूटर के प्रकार
• सॉफ्टवेयर पैकेज
• हिन्दी में शब्द संसाधन
• हिन्दी में डाटा-संसाधन
• डेस्क टाप प्रकाशन
—पीसी आधारित टेलेक्स प्रणाली, उपशीर्षक और वीडिओ वर्क, कम्प्यूटर साधित हिन्दी भाषा शिक्षण, कम्प्यूटर साधित अनुवाद कार्य, लिप्यन्तर कार्य, मल्टी मीडिया सिस्टम

(आ) इंटरनेट
• इंटरनेट : आविष्कार और विकास
• इंटरनेट से तात्पर्य एवं स्वरूप
• नेटवर्क
• इंटरनेट : कार्य प्रणाली
• इंटरनेट के सम्पर्क उपकरणों का परिचय

—कम्प्यूटर, ऑपरेटिंग सिस्टम, संचार-माध्यम, डायल अप कनेक्शन, मॉडेम, बेसिक सॉफ्टवेयर, इंटरनेट सर्विस प्रोवाइडर, इंटरनेट प्रोटोकॉल, इंटरनेट टूल्स

- इंटरनेट की उपयोगिता

—ई-मेल, इंटरनेट दूरध्वनि, वर्ल्ड वाइड वेब, एफ.टी.एफ., ई-कॉमर्स, ई-शासन, इंटरनेट रिले चैट, इंटरनेट फैक्स, इंटरनेट आधारित न्यू मीडिया, वेब पत्रकारिता, ब्लागिंग, पोडकास्टिंग

अनुभाग-दो

व्याकरण

1. मानक लिपि और अंकलेखन **259-280**

- अ. लिपि और वर्णमाला
  - हिन्दी की स्वीकृत वर्णमाला तथा अंक
- आ. देवनागरी लिपि
  - देवनागरी लिपि के गुण-दोष
  - देवनागरी लिपि में सुधार
- अंकलेखन अक्षरों में

2. हिन्दी शब्द-समूह **281-298**

- हिन्दी शब्द-समूह : वर्गीकरण

—तत्सम शब्द

तद्भव शब्द

आगत/गृहित या विदेशी शब्द

आधुनिक आर्यभाषाओं से आगत शब्द

भारतीय अनार्य भाषाओं से आगत शब्द

विदेशी भाषाओं से आगत शब्द

विदेशी शब्दों की श्रेणियाँ

—देशज शब्द

- शब्द समूह में परिवर्तन : दिशाएँ और कारण

3. लिंग विचार **299-309**

- लिंग-निर्धारण के साधन
- हिन्दी लिंग व्यवस्था : ऐतिहासिक सन्दर्भ
- हिन्दी शब्दों के लिंग-निर्णय : कुछ नियम
- हिन्दी के लिंग-बोधक प्रत्यय : विकासात्मक परिचय

4. वचन-विचार **310-315**

- हिन्दी वचन व्यवस्था : वचन-निर्धारण के नियम
- विभक्तिरहित बहुवचन बनाने के नियम
- विभक्तिसहित बहुवचन बनाने के नियम
- हिन्दी वचन तथा कारक प्रत्यय : व्युत्पत्तिगत परिचय

5. कारक, विभक्तियों के प्रयोग **311-322**

- कारक तथा विभक्ति से तात्पर्य
- कारक तथा विभक्तियों का प्रयोग
- कर्त्ता कारक, कर्म कारक, कारण कारक, सम्प्रदान कारक, अपादान कारक, सम्बन्ध कारक, अधिकरण कारक, सम्बोधन कारक

6. वाक्य प्रयोग और अशुद्धियाँ **323-350**

- वाक्य की परिभाषा
  वाक्य के अंग, वाक्य के तत्व
- हिन्दी वाक्य-रचना के सामान्य नियम
- वाक्य-प्रयोग : अशुद्धियों का निराकरण
- वाक्य-प्रयोग की सामान्य भूलें
- वाक्य-प्रयोग की अशुद्धियाँ : कुछ उदाहरण

अनुभाग-तीन

अनुवाद

1. अनुवाद : स्वरूप और भेद **349-366**

- अनुवाद की परिभाषा
- अनुवाद के प्रकार : सामान्य परिचय
  शब्दानुवाद सहजानुवाद, भावानुवाद, छायावाद, सारानुवाद, व्याख्यानुवाद, वार्तानुवाद, रुपान्तरण, भाषान्तर
  —अनुवादक के गुण
  —अच्छे अनुवाद का स्वरूप

2. प्रयोजनमूलक अनुवाद **367-398**

- प्रशासनिक अनुवाद
- मीडिया अनुवाद
- वित्त-वाणिज्यिक अनुवाद

- विज्ञान तथा प्रौद्योगिकी या तकनीकी अनुवाद
- विधि अनुवाद
- मशीनी अनुवाद

3. कामकाजी अथवा कार्यालयी अनुवाद **399-416**

- (अ) कामकाजी वाक्याशों के हिन्दी अनुवाद (अंग्रेजी-मराठी-हिन्दी)
- (आ) कामकाजी अनुच्छेदों के हिन्दी अनुवाद (अंग्रेजी-मराठी-हिन्दी)

नए संस्करण के बहाने

इक्कीसवीं शती के तीसरे दशक में हम प्रवेश कर चुके हैं। सूचना प्रौद्योगिकी तथा वैश्वीकरण के इस दौर का एक सकारात्मक पक्ष यह है कि अब भाषा केवल सामान्य बोलचाल और साहित्य-सृजन क्षेत्र में ही नहीं, जीवनचर्या के विभिन्न क्षेत्रों का आधार बन रही है। अब भाषा मात्र माध्यम नहीं उसने प्रौद्योगिकी का रूप धारण कर लिया है। इसलिए अब वही भाषा प्रतिष्ठा की अधिकारी होगी, जो जीवनचर्या के विभिन्न क्षेत्रों में अपनी उपयुक्तता सिद्ध करेगी। अत: हिन्दी तथा अन्य भारतीय भाषाओं को साहित्य क्षेत्र के साथ ही व्यापार, शिक्षा, मीडिया, कम्प्यूटर, इंटरनेट, विज्ञान तथा प्रौद्योगिकी आदि क्षेत्रों के अनुरूप अपना रूप विकसित करना ही होगा। मीडिया और बाजार आज की दो महासत्ताएँ हैं और इन दोनों क्षेत्रों में हिन्दी तथा अन्य भारतीय भाषाओं ने अपना कब्ज़ा कर लिया है। हमारा दायित्व है कि अपनी भाषाओं को हम सभी क्षेत्रों में प्रतिष्ठित करें। प्रयोजनमूलक भाषा का अध्ययन इसके लिए महत्त्वपूर्ण है। प्रस्तुत पुस्तक इसी उद्देश्य से प्रेरित एक लघु प्रयास है। हमें खुशी है कि पुस्तक को छात्रों, अध्यापकों तथा अध्येताओं ने सराहा है। इसलिए संशोधित-परिवर्धित-संस्कारित रूप में यह नया संस्करण प्रस्तुत करते हुए अपार हर्ष का अनुभव हो रहा है। विश्वास है इस नए संस्करण का भी स्वागत होगा।

डॉ. माधव सोनटक्के

प्राक्कथन

भारतीय संविधान में हिन्दी भाषा को केन्द्रीय संघ राज्य की राजभाषा के रूप में स्वीकृति प्राप्त है, परन्तु व्यवहार में अंग्रेजी भाषा का बोलबाला ज्यादा है। अंग्रेजी दाँ लालफीताशाही तथा भाषा की राजनीति करनेवाले राजनयिक अंग्रेजी के पक्ष में कितने भी तर्क देते रहें, इस देश का सामान्य-जन एक सम्पर्क भाषा के रूप में हिन्दी को ही अपनाता रहा है। सामान्य-जनों के दैनन्दिन व्यवहार की भाषा के रूप में हिन्दी भाषा का भाषिक संरचना, व्याकरण तथा अनुवाद के धरातल पर अध्ययन आज की एक परम आवश्यकता है। प्रयोजनमूलक, प्रयुक्तिमूलक तथा व्यावहारिक आदि सम्बोधनों से होनेवाला यह भाषिक अध्ययन ही हिन्दी को राष्ट्रभाषा के वास्तविक सिंहासन पर अधिष्ठित कराने का सही और सार्थक मार्ग बन सकता है। आज तक एक साहित्यिक भाषा के रूप में हिन्दी ने अपनी क्षमता का परिचय दिया और हिन्दी पर अविकसित भाषा होने का लांछन लगानेवाले अंग्रेजीदाँ की बोलती बन्द की है। इसलिए अब यह तर्क दिया जा रहा है कि एक कामकाजी भाषा के रूप में हिन्दी की प्रकृति क्लिष्ट और दुर्बोध है। भाषा की क्लिष्टता उसकी प्रयुक्तिगत संरचना के साथ ही प्रयुक्ति मात्रा पर भी निर्भर होती है। इसलिए आवश्यक है कि विविध प्रयुक्ति-रूपों में उसका व्यापक रूप में प्रयोग हो तथा प्रयोग के आधार पर ही अद्भुत समस्याओं का निराकरण हो। हमारी विडम्बना है कि तालाब के किनारे खड़े होकर तैराकी की अनिवार्यता और उसकी समस्याओं पर मात्र परिचर्चाओं में हम मशगूल हैं। इस विडम्बना से मुक्त होना अनिवार्य है। इसलिए विविध विश्वविद्यालयों के हिन्दी के पाठ्यक्रमों में 'प्रयोजनमूलक हिन्दी' को स्थान दिया जा रहा है। डॉ. बाबासाहेब अम्बेडकर मराठवाड़ा विश्वविद्यालय तथा स्वामी रामानन्द तीर्थ मराठवाड़ा विश्वविद्यालय ने भी बी. ए. द्वितीय वर्ष के पाठ्यक्रम में 'प्रयोजनमूलक हिन्दी' को स्थान दिया है। प्रयोजनमूलक हिन्दी की विविध प्रयुक्तियाँ, व्याकरण तथा अनुवाद का अध्ययन इस पाठ्यक्रम में अपेक्षित है।

प्रयोजनमूलक हिन्दी की प्रयुक्तियाँ, व्याकरण तथा अनुवाद के सन्दर्भ में विद्वानों के चिन्तन को सहज, सरल भाषा में छात्रों तथा अध्येताओं तक पहुँचाने का प्रामाणिक प्रयास इस पुस्तक का उद्देश्य है। इसलिए सर्वप्रथम उन सभी विद्वानों के प्रति श्रद्धायुक्त आभार व्यक्त करता हूँ; जिनके ग्रन्थों के सहारे इस विषय को समझने-समझाने का प्रयास किया गया है। ग्रन्थों के साथ ही गुरुजनों, मित्रों तथा आत्मीयजनों के सहयोग के बल ही एक नए विषय को छूने का साहस कर पाया हूँ। इसलिए डॉ. भ. ह. राजूरकर, डॉ. चन्द्रदेव कवड़े, डॉ. नारायण शर्मा, डॉ. कमलाकर गंगावणे, डॉ. नन्दकिशोर शागा, प्रा. गंगाधर देगांवकर, प्राचार्य अशोक हजारे, डॉ. चन्द्रभानु सोनवणे, प्राचार्य डॉ. बेग आदि गुरुजनों के प्रति श्रद्धानत हूँ। विषयांशों की व्याप्ति तथा अध्ययन-स्रोत, सन्दर्भ आदि के विषय में डॉ. नारायण शर्मा तथा डॉ. चन्द्रदेव कवड़े जी से कई बार परामर्श करने का अवसर प्राप्त हुआ। आपने आत्मीय सहयोग दिया, इसलिए विशेष आभार। डॉ. शशिकान्त ब्रह्मणपुरकर, श्री सुभाष माने, प्रा. प्रह्लाद लुलेकर, श्री बालचन्द बागुल, डॉ. बलभीमराज गोरे, प्रा. गोविंन्द आढे. प्रा. आप्पासाहेब फंड, डॉ. श्रीमती राजलक्ष्मी नायडू, प्रा. सुकुमार भंडारी आदि मित्रों का सहयोग तथा प्रोत्साहन प्राप्त होता रहा, साथ ही हिन्दी विभाग के श्री अनिल कोठारकर, श्री शंकरपुरी, श्री हरिभाऊ गायकवाड़, वाघमारे तथा लोखंडे मामा आदि का भी सहयोग बना रहा, इसलिए सबके प्रति कृतज्ञ हूँ। मेरी सहचारिणी श्रीमती सुषमा तथा पुत्र कुमार मधुरेश मेरे अपने हैं, मेरे हर कार्य में शामिल हैं, इसलिए धन्यवाद के अधिकारी भी हैं।

अन्त में, अपने छात्रों तथा पाठकगणों के प्रति आभार व्यक्त करता हूँ, जिनके प्रेम तथा सराहना के बल एक और पुस्तक प्रस्तुत करने का साहस कर रहा हूँ। यह नया संस्करण, नए टाइप सेट में, अब लोकभारती, इलाहाबाद प्रकाशित कर रहा है।

डॉ. माधव सोनटक्के

औरंगाबाद,
'हिन्दी-दिवस',
14 सितम्बर, 1995

अनुभाग- एक

भाषिक संरचना

1.

प्रयोजनमूलक हिन्दी : स्वरूप, प्रयोग क्षेत्र तथा प्रयुक्तियाँ

'प्रयोजनमूलक भाषा' से तात्पर्य

भाषा मानव जीवन की अनिवार्य सामाजिक वस्तु है। किसी भाषा का उद्भव, विकास और अन्त मानवी-समाज के भाषाई प्रयोजनों की ही परिणति होती है। इसलिए भाषा का अस्तित्व सामाजिक प्रयोजनानुकूलता पर निर्भर होता है। मानव के सामाजिक जीवन के विभिन्न प्रयोजनों को सम्प्रेषित करने के लिए ही भाषा का उदय और विकास होता है। भाषा दो मुख्य आयामों में यह कार्य करती है—एक, सौन्दर्यपरक आयाम में और दूसरा, प्रयोजनपरक आयाम में। मानव की सौन्दर्यपरक अनुभूतियों के आलम्बन के रूप में भाषा सर्जनात्मक होती है, जिसका विकास साहित्य की भाषा के रूप में होता है। यह भाषा कविता, कहानी, उपन्यास, नाटक आदि विभिन्न साहित्यिक विधाओं में उभरकर आती है। इसके साथ ही वह देश-विदेश अथवा क्षेत्र-विशेष के सामाजिक-सांस्कृतिक और धार्मिक मूल्यों को अपने भीतर समेटे होती है। भाषा के प्रयोजनपरक आयाम का सम्बन्ध हमारी सामाजिक आवश्यकताओं और जीवन की उस व्यवस्था से होता है, जो व्यक्तिपरक होकर भी समाज-सापेक्ष होता है। भाषा के इस प्रकार्यात्मक आयाम का प्रयोग किसी प्रयोजन-विशेष अथवा क्षेत्र-कार्य के सन्दर्भ में होता है। यहाँ भाषा प्रशासन, व्यवसाय, विज्ञान तथा तकनीकी आदि क्षेत्रों की प्रयुक्ति बनकर भाषाई प्रकार्य निभाती है। संक्षेप में सामाजिक व्यवहार में विशिष्ट प्रयोजन के लिए प्रयुक्त विशिष्ट भाषा रूप 'प्रयोजनमूलक' भाषा कहलाया जाता है।

प्रयोजनमूलक हिन्दी : नामकरण

अंग्रेजी शब्द (Functional) के लिए हिन्दी में 'प्रयोजन' तथा 'प्रकार्य' शब्दों का प्रयोग किया जाता है और '(Functional Hindi)' के लिए 'प्रयोजनमूलक हिन्दी' इसे प्रकार्यात्मक, व्यावहारिक तथा कामकाजी हिन्दी आदि संज्ञाएँ भी दी जाती रही हैं। श्री रमाप्रसन्न नायक आदि विद्वान 'व्यावहारिक हिन्दी' की संज्ञा उचित नहीं मानते हैं।

उनके अनुसार 'प्रयोजनमूलक' सम्बोधन से लगता है कि इसके अतिरिक्त जो है वह 'निष्प्रयोजनपरक है। 'प्रयोजनमूलकता' का अर्थ यहाँ अन्य तरह के भाषा व्यवहार से प्रयोजनमूलक भाषा के भेदक लक्षण के रूप में लिया गया है। किसी वस्तु का अस्तित्व मूलत: उसके प्रयोजन के कारण ही तो होता है। लेकिन यहाँ यह भी ध्यातव्य है कि किसी भी वस्तु का स्वरूप उसके प्रयोजनानुरूप ही होता है। 'प्रयोजनमूलक' वह भाषा रूप है, जो अपने विशिष्ट प्रयोजन के परिप्रेक्ष्य में विशिष्ट स्वरूप धारण किया हुआ है। अत: यहाँ 'प्रयोजनमूलक' विशेषण हिन्दी के व्यावहारिक रूपों की ओर ही संकेत करता है। डॉ. ब्रजेश्वर वर्मा ने प्रयोजनमूलक विशेषण में निहित संकेत को रेखांकित करते हुए लिखा है, ''निष्प्रयोजन कोई चीज नहीं है, लेकिन प्रयोजनमूलक विशेषण उसके व्यावहारिक पक्ष को अधिक उजागर करने के लिए प्रयुक्त किया गया।'' डॉ. नगेन्द्र नामकरण को उचित साबित करते हुए कहते हैं, ''वस्तुत: प्रयोजनमूलक हिन्दी के विपरीत अगर कोई हिन्दी है तो वह निष्प्रयोजनमूलक नहीं वरन् आनन्दमूलक हिन्दी है। आनन्द व्यक्तिसापेक्ष है और प्रयोजन समाजसापेक्ष। आनन्द स्वकेन्द्रित होता है और प्रयोजन समाज की ओर इशारा करता है। हम आनन्दमूलक हिन्दी के विरोधी नहीं हैं। इसलिए आनन्दमूलक साहित्य के हम भी हिमायती हैं। पर सामाजिक आवश्यकता के सन्दर्भ में हम सम्प्रेषण के बुनियादी आधार को भी अपनी नजर से ओझल नहीं करना चाहते।''

'व्यावहारिक हिन्दी' से तात्पर्य होगा 'दैनिक जीवन के कार्य-साधन के लिए प्रयुक्त की जानेवाली हिन्दी।' इस रूप में यह संज्ञा अतिव्याप्ति के दोष का शिकार है। क्योंकि दैनिक कार्यसाधन की व्याप्ति अति विशाल है। भाषा से परिचित बच्चे से लेकर वृद्धों तक के सम्पूर्ण भाषाई क्रिया-कलापों का समावेश इसमें होता है। छोटा बच्चा भूख लगने पर माँ से दूध माँगता है और कहता है 'माँ, दूध!' उसका यहाँ भाषा का प्रयोग कार्य-साधन के रूप में ही है। हमारा सम्पूर्ण दैनिक भाषा प्रयोग किसी-न-किसी कार्य-साधन के लिए ही होता है। हर तरह के व्यवहार में प्रयुक्त भाषा अर्थात पिता-पुत्र का व्यवहार, मित्र-मित्र के व्यवहार तथा सम्पूर्ण सामाजिक व्यवहार में प्रयुक्त हिन्दी भाषा से तात्पर्य व्यावहारिक हिन्दी होगा। इस संज्ञा से एक भ्रम यह भी होता है कि यह सामान्य स्तर की भाषा है। इस सम्बन्ध में डॉ. विनोद गोदरे ने लिखा है, ''व्यावहारिक हिन्दी नामकरण के साथ एक भ्रम यह भी जुड़ जाता है कि व्यावहारिक हिन्दी का अर्थ ऐसी हिन्दी से है, जिसमें व्याकरण एवं सामाजिक आचरण के बजाय व्यावहारिक उपयोग पर अधिक बल दिया जाता है...ऐसी भाषा जिसकी संरचना में व्याकरण की अनिवार्यता के बजाय व्यावहारिक उपयोगिता अधिक हो। इसके विपरीत प्रयोजनमूलक भाषा में प्रशासन, सम्पर्क तथा सम्प्रेषण आवश्यक होता है और उसमें उच्चरित वाक्य प्रयोग से लेकर लिखित वाक्य तक व्याकरण सम्मत शुद्धता एवं सामाजिक भद्रता का आग्रह होता है।" इससे स्पष्ट हो जाता है कि व्यावहारिक हिन्दी की तुलना में 'प्रयोजनमूलक हिन्दी' सम्बोधन अधिक संगत, अर्थगर्भित लक्ष्यभेदी, स्पष्ट तथा सरल है। 'प्रकार्यात्मक हिन्दी' सम्बोधन तकनीकी का भ्रम देता है और 'कामकाजी' घरेलू होने का। इसीलिए आज अन्य सम्बोधनों की अपेक्षा 'प्रयोजनमूलक हिन्दी' को उचित माना गया है और उसी का प्रचलन हो रहा है।

प्रयोजनमूलक हिन्दी : परिभाषा

विभिन्न विद्वानों ने 'प्रयोजनमूलक हिन्दी' की परिभाषाएँ दी हैं। कुछ परिभाषाएँ यहाँ प्रस्तुत हैं—

(1) मोटूरि सत्यनारायण : "जीवन की आवश्यकताओं की पूर्ति के लिए उपयोग में लाई जानेवाली हिन्दी ही प्रयोजनमूलक हिन्दी है।"

(2) डॉ. प्रभात : "कामकाजी भाषा सम्प्रत्यय (Concept) का आधार बनती है। यह अनुभव के अंश निकाल देती है अत: वहाँ तथ्य और सिद्धान्त ही रह जाते हैं। कामकाजी भाषा सम्प्रत्यय (Concept), तथ्य और सिद्धान्त (Principles) के समन्वय के साथ परिणामोन्मुखी काम करती है।"

(3) डॉ. दिलीप सिंह : "जीवन और समाज की विभिन्न आवश्यकताओं-दायित्वों की पूर्ति के लिए उपयोग में लाई जानेवाली हिन्दी ही प्रयोजनमूलक हिन्दी है।"

(4) डॉ. विनोद गोदरे : "जीवन-जगत की विभिन्न आवश्यकताओं अथवा लोकव्यवहार, उच्च शिक्षा, तन्त्र, जीविकोपार्जन आदि के लिए विशेष अभ्यास ज्ञान के द्वारा विशेष शब्दावली में विशेष अभिव्यक्त इकाइयों एवं सम्प्रेषण कौशल से समाज-सापेक्ष व्यावहारिक प्रयोजनों की सम्पूर्ति के लिए प्रयुक्त की जानेवाली विशेष भाषा प्रयुक्तियों को प्रयोजनमूलक हिन्दी कहा जा सकता है।"

प्रयोजनमूलक हिन्दी : स्वरूपगत विशेषताएँ

उपर्युक्त परिभाषाओं से स्पष्ट होता है कि 'प्रयोजनमूलक हिन्दी' सामाजिक जीवन के विविध क्षेत्रों में सुचारु व्यावहारिक के लिए प्रयुक्त भाषा रूप है। यह दैनिक सामान्य भाषा व्यवहार से तथा कलात्मक भाषा व्यवहार से पृथक है। उसमें प्रयुक्तिपरक विभिन्न रूप होते हैं। उसमें परम्परागत भाषा रूप भी है और नए भाषा रूप भी। प्रयुक्ति के अनुरूप हिन्दी की सभी शैलियाँ अर्थात परिनिष्ठित, हिन्दुस्तानी, उर्दू आदि का समन्वित प्रयोग उसमें होता है। अपने विशेष प्रयोजन की अनुरूपता उसका स्वरूप निर्धारण करता है और प्रयोजन की सिद्धि उसका उद्देश्य। इस अर्थ में वह एक भाषाई माध्यम है, साधन है। उसकी स्वरूपगत विशेषताओं को निम्न शीर्षकों से स्पष्ट किया जा सकता है—

(1) विशिष्ट भाषा : प्रयोग के आधार पर भाषा के प्रमुखत: दो रूप होते हैं— पहला, जिसका प्रयोग सामान्य जन जीवन के दैनिक कार्यों के सन्दर्भ में होता है और जिसका अभ्यास या ज्ञान कोई व्यक्ति सामान्य जीवन के परिवेश से ही प्राप्त कर लेता है, और दूसरा रूप—जिसका प्रयोग सामान्य जीवन के सन्दर्भों से भिन्न किन्हीं विशेष द्वारा प्राप्त किया जाता है। इसी रूप को प्रयोजनमूलक भाषा कहा जाता है। यह भाषा का तथ्यपरक अर्जित रूप होता है। विशिष्ट प्रयोजनों में विशिष्ट वर्ग द्वारा और विशिष्ट लक्ष्य की प्राप्ति के लिए प्रयोग की जानेवाली भाषा विशिष्ट होती है। इसमें विषय का प्रतिपादन और निर्धारण होता है। इस विशिष्ट भाषा में अलग-अलग विषय की अपनी-अपनी शब्दावली और संरचना होती है, जो इसे विशेष रूप प्रदान करती है। सामान्य और

प्रयोजनमूलक भाषा में निहित भेद को स्पष्ट करते हुए डॉ. कृष्णकुमार गोस्वामी लिखते हैं, ''वास्तव में सामान्य भाषा और विशिष्ट भाषा एक ही होती है, किन्तु शब्दावली और संरचना की दृष्टि से दोनों अलग-अलग हो जाती हैं। सामान्य भाषा की अभिव्यक्ति-शैली लाक्षणिक, व्यंजनापरक या अनेकार्थी या अलंकारपूर्ण भी हो सकती है, जब कि विशिष्ट भाषा अभिधाप्रधान, गम्भीर अलंकार-रहित, सीधी, स्पष्ट और एकार्थी होती है। सामान्य भाषा के रूप में खड़ीबोली का प्रचलित रूप देखा जा सकता है। विभिन्न कार्यालयों तथा विज्ञान, विधि आदि क्षेत्रों में प्रयुक्त प्रयोजनमूलक हिन्दी एक विशिष्ट भाषा है।''

(2) कृत्रिमता या औपचारिकता : सामान्य भाषा तथा प्रयोजनमूलक भाषा में यह अन्तर होता है कि सामान्य भाषा सहज रूप में विकसित होती है और प्रयोजनमूलक भाषा सप्रयास विकसित की जाती है। इस दृष्टि से प्रयोजनमूलक भाषा कृत्रिम तथा औपचारिक होती है। प्रयोजनमूलक हिन्दी की विभिन्न प्रयुक्तियों को इस रूप में देखा जा सकता है। सामान्य भाषा की अभिव्यक्तियाँ अनौपचारिक तथा अन्तरंग भी होती हैं, किन्तु प्रयोजनमूलक भाषा की अभिव्यक्तियाँ औपचारिक ही होती हैं। जैसे- सामान्य भाषा में—'यह पत्र सभी को देखने के लिए भेजो, प्रयोजनमूलक हिन्दी—'पत्र अवलोकनार्थ प्रेषित करें', 'पैसे दे दो', 'भुगतान करें' आदि।

(3) अर्जित भाषा : सामान्य भाषा, भाषा का पहला चरण है और प्रयोजनमूलक भाषा उसका अगला चरण होता है। सामान्य भाषा सहज होती है, वह अनायास रूप में हमारी अभिव्यक्ति का माध्यम बन जाती है, लेकिन प्रयोजनमूलक भाषा अर्जित होती है। इसलिए हिन्दी भाषी प्रदेश के लोग हिन्दी के सामान्य भाषा रूप को सहज अपनाते हैं, लेकिन प्रयोजनमूलक हिन्दी उन्हें भी सायास सीखनी पड़ती है।

(4) प्रयोजनपरकता : प्रयोजनमूलक भाषा का स्वरूप प्रयोजनपरक होता है। यह भाषाई रूप सामाजिक आवश्यकताओं को पूरा करने के लिए विशेष रूप में प्रयुक्त होता है यह इसकी विशेषता भी है और सीमा भी। सामान्य भाषा की तुलना में इसका प्रयोगक्षेत्र सीमित होता है और साहित्यिक भाषा की तुलना में अभिव्यक्ति की बहुआयामी क्षमता सीमित होती है। इस सम्बन्ध में डॉ. विनोद गोदरे ने लिखा है, ''साहित्यिक भाषा में कलाग्रह के कारण भाषा साधन से साध्य बन जाती है, किन्तु प्रयोजनमूलक भाषा कभी साधन से साध्य नहीं बनती। इसी प्रकार साहित्यिक भाषा भावोच्छ्वास एवं संवेदन की भाषा है, परन्तु प्रयोजनमूलक भाषा सिर्फ सपाट अभिव्यक्ति माध्यम से अधिक नहीं होती। इसी प्रकार साहित्यिक भाषा का लक्ष्य प्राय: सौन्दर्यानुभूति अथवा कभी-कभार चमत्कार होता है जब कि प्रयोजनमूलक हिन्दी का पहला और अन्तिम लक्ष्य माध्यम (Service Tools) होता है, जीविकोपार्जन का साधन बनना होता है।''

(5) पारिभाषिकता एवं अभिधापरकता : सन्दिग्धता तथा अस्पष्टता एवं अनेकार्थता को प्रयोजनमूलक भाषा में कोई स्थान नहीं होता। जैसे कि डॉ. कृष्णकुमार गोस्वामी ने लिखा है, ''प्रकार्य की दृष्टि से प्रयोजनमूलक भाषा तथा साहित्यिक भाषा एक ही है, किन्तु इनके स्वरूप में मूल अन्तर यह है कि साहित्यिक भाषा में अर्थ बहुधा व्यंजनाश्रित और लाक्षणिक होता है, जबकि प्रयोजनमूलक भाषा अभिधापरक और एकार्थी

होती है। साहित्यिक भाषा प्राय: अलंकारपूर्ण और अनेकार्थी होती है, जबकि प्रयोजनमूलक भाषा प्राय: अलंकाररहित, सीधी, स्पष्ट और स्वत: पूर्ण होती है।'' विविध प्रयोजनों की यह भाषा कार्यालयी, बैंकिंग, विधि, इंजीनियरी, मेडिकल आदि विषयों तथा कार्यक्षेत्रों में अपनी-अपनी पारिभाषिक शब्दावली के साथ प्रयुक्त होती है।

(6) प्रयुक्तिपरकता : भिन्न-भिन्न कार्यक्षेत्रों के लिए जिन भाषा-रूपों का प्रयोग किया जाता है उन्हें प्रयुक्ति (Register) कहा जाता है। ''वस्तुत: भाषा अपने आप में समरूपी होती है, परन्तु प्रयोग में आने पर वह विषम रूपी बन जाती है। इन्हीं प्रयोगत भेदों के कारण कई भाषा भेद दिखाई देते हैं। 'प्रयोजनमूलक हिन्दी' जब कार्यालयों, विज्ञान, विधि, बैंक, व्यापार, जनसंचार आदि क्षेत्रों में प्रयुक्त होती है, तब उसमें कई भाषा-भेद बन जाते हैं। कार्यालयी हिन्दी की शब्द-सम्पदा और उसकी संरचना जनसंचार की शब्द-सम्पदा और उसकी सरचना में पर्याप्त भेद पाया जायगा। इस तरह से प्रयोजनमूलक हिन्दी प्रयोजनपरक विभिन्न भाषा-रूपों की समन्वयी संज्ञा है।''

प्रयोजनमूलक हिन्दी : व्यवहार क्षेत्र

प्रयोजनमूलक हिन्दी के विविध रूपों का आधार उनका प्रयोगक्षेत्र होता है। स्वतन्त्रता के बाद हिन्दी भाषा के प्रयोजनमूलक रूपों का सन्तोषप्रद विकास एवं विस्तार हुआ है। आज हिन्दी सिर्फ सृजनात्मक साहित्य लेखन की भाषा नहीं है, आधुनिक विषयों तथा ज्ञान-विज्ञान के विविध क्षेत्रों में भी उसका प्रयोग हो रहा है। एक समय था कि साहित्य एवं साहित्यिक भाषा के माध्यम से ही लौकिक एवं पारलौकिक प्रयोजनों के सिद्धि की कामना की जाती थी—'काव्यं यशसेऽर्थकृते व्यवहारविदे शिवेतरक्षतये', लेकिन आज यश, अर्थ तथा व्यवहार-ज्ञान प्राप्त कर अपने लौकिक कल्याण के लिए काव्य तथा काव्यभाषा के साथ प्रयोजनमूलक भाषा भी आवश्यक है। वास्तव में राष्ट्रीय विकास के लिए भाषा के साहित्यिक और साहित्येतर दोनों पक्षों की आवश्यकता है। कोई भाषा कितनी ही विकसित और कितनी ही समर्थ तथा सशक्त क्यों न हो, उसका मूल्यांकन इस आधार पर किया जाता है कि उसके साहित्य में कितनी विविधता है। उसमें सभी विषयों से सम्बन्धित पारिभाषिक शब्दावली विद्यमान है, और वह प्रशासन, वाणिज्य, जनसंचार तथा ज्ञान-विज्ञान एवं तकनीकी आविष्कारों को व्यक्त करने में कितनी सक्षम है। उस भाषा का प्रयोग किन-किन क्षेत्रों में, कितनी मात्रा में हो रहा है आदि। इसके साथ यह भी देखा जाता है कि क्या वह आधुनिक युग की आवश्यकताओं की पूर्ति के लिए सक्षम है और भविष्य में इसकी प्रगति के लिए उसमें कितनी सम्भावनाएँ हैं? 'आधुनिक युग की आवश्यकताएँ प्रयोजनमूलक भाषा रूपों का निर्धारक तत्त्व है। इस दृष्टि से प्रयोजनमूलक हिन्दी का क्षेत्र विशाल एवं बहुआयामी है। डॉ. विनोद गोदरे के शब्दों में कहना हो तो 'प्रयोजनमूलक हिन्दी एक ओर केन्द्र व राज्य शासन के पत्र-व्यवहार, विधान मंडल की कार्यवाही, संसदीय विधियाँ, कार्यालयीन पत्राचार, सरकारी संकल्पों, अधिसूचना, प्रेस विज्ञप्तियाँ, आयोग, समितियाँ, अभिकरण, मसौदे, निविदा, फार्म्स लाइसेंस, परमिट, वैज्ञानिक तथा तकनीकी शब्दावली, विधि, बैंकिंग सेवा तथा डाक तार आदि में प्रयुक्त

होती और दूसरी ओर व्यावसायिक पत्रों, विज्ञापनों की रंगीन दुनिया, दृक्-श्राव्य माध्यमों आदि में शब्द की भूमिका निभाती है। इनके अलावा जीविकोपार्जन में सेवा-माध्यम के रूप में प्रयुक्त भाषा के विविध आयाम प्रयोजनमूलक हिन्दी के व्यापक व्यवहार क्षेत्र की ओर संकेत करते हैं।"

प्रयोजनमूलक हिन्दी : विविध प्रयुक्तियाँ-विविध भाषा-रूप

विशेषक्षेत्र के परिप्रेक्ष्य में प्रयोजनपरक भाषा-प्रयुक्त प्रयोजनमूलक हिन्दी के विविध रूप कहलाए जाते हैं। यह प्रयुक्ति अपने प्रयोगक्षेत्र के अनुकूल शब्दावली, पद-बन्ध, वाक्यांश और वाक्यों का संयोजन करती है। हर प्रयुक्ति का आधार उसका प्रयोग-क्षेत्र, तथा उस पर आधारित अभिव्यक्ति तथा शैली होता है। भाषा के दो अभिव्यक्ति रूप होते हैं—(1) लिखित (2) मौखिक। प्रयोग क्षेत्र की आवश्यकता के अनुरूप लिखित, मौखिक या दोनों का प्रयोग होता है। उदाहरण आकाशवाणी में भाषा की मौखिक अभिव्यक्ति होती है। समाचार-पत्र, कार्यालयीन प्रारूपण, टिप्पण आदि में मात्र लिखित अभिव्यक्ति होती है, तो व्यावसायिक क्षेत्रों में लिखित तथा मौखिक रिश्तों के आधार पर भाषा-शैली का निर्धारण होता है। उदाहरण रूढ़िगत औपचारिक, अनौपचारिक, अतिऔपचारिक, अतिअनौपचारिक और अन्तरंग। प्रयोजनमूलक हिन्दी के सन्दर्भ में विभिन्न प्रयुक्तियों में रूढ़िगत औपचारिक, अति औपचारिक तथा कुछ प्रयुक्तियों में सामान्य शैलियों का प्रयोग पाया जाता है।

विभिन्न विद्वानों ने प्रयोजनमूलक हिन्दी की प्रयुक्तियों या भाषा रूपों को विभिन्न वर्णों में विभाजित किया है—

(1) डॉ. भोलानाथ तिवारी : आपके अनुसार प्रयोजनमूलक हिन्दी के प्रमुखतः सात रूप हो सकते हैं—

(1) बोलचाल की हिन्दी
(2) व्यापारी हिन्दी
(3) कार्यालयी हिन्दी
(4) शास्त्रीय हिन्दी
(5) तकनीकी हिन्दी
(6) साहित्यिक हिन्दी
(7) समाजी हिन्दी।

डॉ. तिवारी ने इन प्रमुख रूपों के कई उपरूपों का भी संकेत किया है। जैसे—व्यापारी हिन्दी में मंडियों की भाषा, सर्राफे की भाषा, सट्टा बाजार की भाषा आदि। शास्त्रीय हिन्दी में संगीतशास्त्र, काव्यशास्त्र, भाषाशास्त्र, दर्शनशास्त्र, योगशास्त्र, राजनीतिशास्त्र आदि। तकनीकी हिन्दी में इंजीनियरी, बढ़ईगिरी, लुहारी, प्रेस, फैक्ट्री आदि की भाषा। साहित्यिक हिन्दी की हर विधा में प्रयुक्त भाषा को एक पृथक उपभेद माना गया है।

(2) डॉ. सुरेश कुमार : आपने प्रयोजनमूलक हिन्दी के छह वर्ग किए हैं—

(1) आधारभूत हिन्दी (Core Hindi)
(2) कार्यालयी (Official)

(3) तकनीकी (Technical)
(4) वाणिज्यिक (Commercial)
(5) क्लासिकी या शास्त्रीय हिन्दी (Classical)
(6) साहित्यिक (Literary)

(3) श्री गोवर्धन ठाकुर : आपने प्रयोजनमूलक हिन्दी के सात वर्ग किए हैं—

(1) कार्यालयी हिन्दी
(2) सूचनापरक या प्रचारात्मक हिन्दी
(3) औद्योगिक हिन्दी
(4) शास्त्रीय हिन्दी
(5) वैज्ञानिक हिन्दी
(6) तकनीकी हिन्दी और
(7) योगपरक या आध्यात्मिक हिन्दी।

श्री ठाकुर ने 'योगपरक या आध्यात्मिक हिन्दी' वर्ग में पंतजलि के योगशाला से लेकर वेद, उपनिषद, ब्राह्मण, पुराण आदि ग्रन्थों से सम्बद्ध एवं आध्यात्मिक साहित्य की भाषा को शामिल किया है। इसमें ऐसी पारिभाषिक शब्दावली प्रयुक्त होती है जो हिन्दी में अपने तत्सम तथा तद्भव रूप में प्रयुक्त है। हिन्दी में योगासनों, प्राणायामों, इन्द्रिय-निग्रह एवं आध्यात्मिक चिन्तन पर साहित्य तथा व्यवहार में प्रयुक्त शब्दालियाँ इसी कोटि में आती हैं। वस्तुत: शास्त्रीय हिन्दी में यह सभी आ जाता है, अत: इस तरह के पृथक वर्ग की आवश्यकता प्रतीत नहीं होती।

(4) डॉ. आर. एन. श्रीवास्तव : आपने प्रयोजनमूलक हिन्दी को छह वर्गों में विभाजित किया है।

(1) बेसिक या मूलभूत हिन्दी
(2) कार्यालयी हिन्दी
(3) सामाजिक व्यवहार की हिन्दी
(4) वाणिज्यिक हिन्दी
(5) तकनीकी हिन्दी
(6) साहित्यिक हिन्दी।

(5) डॉ. दिलीप सिंह : 'गवेषणा' के प्रयोजनमूलक हिन्दी विशेष अंक में प्रकाशित 'प्रयोजनमूलक हिन्दी का प्रयुक्तिपरक विश्लेषण' शीर्षित लेख में प्रयोजनमूलक हिन्दी के प्रमुखत: पाँच वर्ग माने हैं—

(1) वैज्ञानिक और तकनीकी हिन्दी
(2) विधि की हिन्दी
(3) प्रशासनिक, कार्यालयी हिन्दी
(4) जनसंचार माध्यमों की हिन्दी
(5) वाणिज्य और व्यावसायिक की हिन्दी।

हमारी दृष्टि में प्रयोजनमूलक हिन्दी के प्रमुखत: सही पाँच रूप हैं। अधिकतर विद्वानों ने इसमें 'सामान्य व्यवहार की भाषा' तथा 'साहित्यिक भाषा' को भी प्रयोजनमूलक हिन्दी में शामिल किया है। प्रयोजनमूलक हिन्दी का 'स्वरूप निर्धारण' ही मूलत: इन दोनों भाषा वर्ग से पृथक है। अपने लक्ष्य के धरातल पर वह साहित्यिक भाषा वर्ग से पृथक है और 'विशिष्ट प्रयोजन' के धरातल पर वह 'सामान्य भाषा' वर्ग से पृथक है। प्रयोजनमूलक हिन्दी के उपर्युक्त पाँच प्रमुख रूपों का संक्षिप्त परिचय इस प्रकार दिया जा सकता है—

(अ) वैज्ञानिक और तकनीकी हिन्दी

इसमें भौतिक, रसायन, वनस्पति और जीव ये विज्ञान की चारों शाखाओं से सम्बन्धित भाषा और इंजीनियरी, प्रेस, फैक्ट्री आदि के प्रयुक्त भाषा-रूप आ जाते हैं। इन्हें इस प्रयुक्ति की उप-प्रयुक्तियाँ (Sub-Registers) भी कहा जा सकता है। यद्यपि इन सभी उप प्रयुक्तियों की अपनी शब्दावलियाँ होती हैं तथा कुछ अंश तक इनमें संरचनात्मक भेद भी होता है। लेकिन इन सभी उप-प्रयुक्तियों की संरचना में स्थूल समानता भी होती है। इसे मद्देनजर रखकर इस भाषा रूप की निम्नलिखित विशेषता कहलाई जा सकती है—

(1) सुस्पष्टता और परिशुद्धता— यह एक सर्वमान्य तथ्य है कि वैज्ञानिक एवं तकनीकी भाषा सुस्पष्ट, सुनिश्चित, संक्षिप्त, सुबोध और सरल होनी चाहिए। सुस्पष्टता एवं निश्चयात्मकता परस्पर पूरक है। प्रयोजनमूलक हिन्दी की इस क्षेत्र की शब्दावली मूलत: अंग्रेजी शब्दावली का अनुवाद है। शब्दों के निर्धारण, निर्माण तथा लिप्यन्तरण प्रक्रिया में यह ध्यान दिया गया है कि सुस्पष्टता और परिशुद्धता की रक्षा हो। भाषिक संरचना की दृष्टि से भी इसके प्रति ध्यान दिया गया है। तकनीकी शब्दावली में परम्परागत तथा नवनिर्मित शब्दों में कहीं-कहीं समस्या उत्पन्न होती-सी दिखाई देती है।

(2) संक्षिप्तता एवं सुबोधता— संक्षिप्तता एवं सुबोधता वैज्ञानिक और तकनीकी भाषा की विशेषता है। यहाँ संक्षिप्तता से तात्पर्य थोड़े शब्दों में अभीष्ट विचारों को अभिव्यक्त करने की क्षमता से है। तरह-तरह की क्रियाएँ-प्रक्रियाएँ तथा अवधारणाओं से सम्बन्धित पारिभाषिक शब्दों का निर्माण, निर्धारण एवं अनुवाद प्रयोजनमूलक हिन्दी के इस क्षेत्र में हो रहा है। वैज्ञानिक तथा तकनीकी शब्दावली आयोग ने इस क्षेत्र की भाषा की विशेषताओं को ध्यान में रखकर इस सम्बन्ध में सिद्धान्त बनाए हैं। सुबोधता का तात्पर्य वाग्जाल और निष्प्रयोजन विपर्यय एवं अत्यधिक अनुप्रासात्मक विन्यास के परिहार से है।

(3) वस्तुनिष्ठता— विज्ञान की भाषा अनुसन्धानाधीन समस्याओं और परिणामों के प्रति वैज्ञानिक वस्तुपरक चिन्तन शैली की प्रतिपादक है। वैज्ञानिक भाषा औपचारिक एवं निर्वैयक्तिक होती है। इस क्षेत्र के लेखन में सामान्यत: कर्मवाच्य का अधिक प्रयोग किया जाता है, क्योंकि यह निर्वैयक्तिक लेखन में सहायक क्षेत्र है।

(4) आलंकारिकता का अभाव— जे. एच. बुजर की मान्यता रही है कि विज्ञान की भाषा रूपालंकार से जितनी दूर होगी, वैज्ञानिक तथ्यों के निरूपण में उतनी ही अधिक सहायता मिलेगी। इस तथ्य की उपेक्षा नहीं की जा सकती कि भाषा के आलंकारिक प्रयोग से अर्थ परिवर्तन की सम्भावनाएँ उत्पन्न हो जाती हैं।

(5) वैज्ञानिक शैली— वैज्ञानिक शैली से तात्पर्य वस्तुनिष्ठ शैली से है। यहाँ विषय का प्रतिपादन महत्त्वपूर्ण है, उसका भाषाई सौन्दर्य नहीं। 'अनाकर्षकता एवं नीरसता' इस शैली में अनिवार्यत: आ जाती है।

इन विशेषताओं के साथ ही तथ्यपरकता एवं मूर्तता, अर्थ का स्थिरीकरण, तार्किकता, तकनीकीप्रधानता, पारदर्शिता आदि विशेषताएँ हो सकती हैं। वैज्ञानिक-तकनीकी हिन्दी का शब्द-स्रोत प्रमुखत: संस्कृत और अन्तरराष्ट्रीय शब्दावली रहा है। कुछ शब्द-संकर भी पाया जाता है। वैज्ञानिक-तकनीकी का हिन्दी भाषा रूप उक्त विशेषताओं को सँजोया हुआ है।

(आ) प्रशासनिक / कार्यालयी हिन्दी

प्रशासनिक हिन्दी वह हिन्दी है जिसका प्रयोग सरकारी, अर्ध-सरकारी और गैर-सरकारी कार्यालयों में किया जाता है। वास्तव में कार्यालय की सबसे बड़ी इकाई प्रशासन है, जिसके अन्तर्गत सरकार को देश की आर्थिक, राजनैतिक, सुरक्षात्मक, शैक्षणिक, सामाजिक, साहित्यिक आदि अनेक दृष्टियों से प्रशासन का भार सँभालना पड़ता है। अत: इस प्रकार के कार्यों से सम्बन्धित साहित्य कार्यालयी या सरकारी साहित्य कहलाता है। सरकार के कार्यालयी कार्यवृत्तों का विवरण-विवेचन, सरकारी पदों और कार्यकलापों को सर्वमान्य संज्ञा देना, विभिन्न नियम-विनियम बनाना, अन्तरमन्त्रालयी और अन्तरविभागीय पत्र-व्यवहार आदि कार्यालयी साहित्य के अन्तर्गत आते हैं। कार्यालयी साहित्य की अपनी विशिष्ट भाषा होती है, जिसमें कार्यालयी प्रयुक्ति की भाषागत संरचना और शाब्दिक अन्विति महत्त्वपूर्ण भूमिका निभाती है। सरकारी साहित्य की प्रकृति के अनुसार कार्यालयी भाषा का स्वरूप निर्धारित होता है। टिप्पणी-प्रारूप लेखन, पत्राचार, संसदीय कार्य और प्रतिवेदन से लेकर सरकारी नीति सम्बन्धी विवरण तक के साहित्य की भाषा अपने-अपने रूप लिये होती है। इसीलिए इसकी प्रकृति में भी उसी प्रकार विविधता पाई जाती है जिस प्रकार सर्जनात्मक साहित्य की विविधता अपनी-अपनी विधाओं में होती है।

कार्यालयी साहित्य की प्रकृति के आधार पर कार्यालयी भाषा के पाँच गुणविशेष माने गए हैं—(1) निर्वैयक्तिकता (2) तथ्यों में स्वपूर्णता और स्पष्टता (3) यथासम्भव असन्दिग्धता (4) वर्णनात्मकता और (5) तकनीकी-अर्धतकनीकी भाषा प्रयोग।

(1) निर्वैयक्तिकता— सरकारी तन्त्र में अधिकारों का वितरण सोपान क्रम के आधार पर होता है। अत: प्रत्येक अधिकारी या तो अपने उच्चाधिकारी के आदेश का पालन करता है या निम्न अधिकारी को आदेश देता है या सरकारी निर्णयों की सूचना देता है। इसलिए सरकारी अधिकारी का सरकारी आदेशों से कोई व्यक्तिगत सम्बन्ध नहीं होता। वह अधिकारी व्यक्तिगत रूप में कुछ न कहकर निर्वैयक्तिक रूप में कहता है। जैसे—पत्र भेजा जा रहा है, सूचित किया जा रहा है, आदि। कार्यालय में व्यक्ति प्रशासन का अंग होता है, इसीलिए कार्यालय के सभी पत्रादि प्रशासन की ओर से लिखे जाते हैं। यही कारण है कि कार्यालयी हिन्दी में कर्मवाच्य की प्रधानता रहती है।

(2) तथ्यों में स्वपूर्णता और स्पष्टता— कार्यालयी हिन्दी में तथ्यों पर अधिक बल दिया जाता है। साथ में यह अपेक्षा की जाती है कि वे तथ्य अपने काम में पूर्ण तथा स्पष्ट

हों। प्रशासन के क्षेत्र में सन्देह और भ्रान्ति को अलंकार नहीं, भाषा का दोष माना जाता है। स्पष्टता के अभाव में कभी-कभी पत्रों की उपेक्षा हो जाती है या कार्रवाई में विलम्ब हो जाता है।

(3) यथासम्भव असन्दिग्धता— कार्यालयी हिन्दी में प्रयुक्त शब्दों तथा वाक्यों के सरल, स्पष्ट और सुबोध होने की अपेक्षा होती है। यदि भाषा में क्लिष्टता, अस्पष्टता और अप्रचलित प्रयोग होता है, तो सन्दिग्धार्थकता की गुंजाइश रहती है। सन्दिग्धार्थकता प्रशासन के लिए घातक होती है। जो मूल बात कही गई है उसका एक ही अर्थ होना चाहिए। द्वि-अर्थी या अनेकार्थी होने से कार्रवाई में या तो बाधा पड़ती है या उसमें कोई गलती होने की सम्भावना होती है। अभिधा शक्ति ही कार्यालयी हिन्दी की शक्ति होती है।

(4) वर्णनात्मकता— कार्यालयी हिन्दी में आवश्यक तथ्यों का विवरण दिया जाता है। इस विवरण में विचाराधीन विषय से सम्बन्धित सारी सामग्री को क्रमवार दिया जाता है। इसमें प्रत्येक मामले का संक्षिप्त विवरण देते हुए मुख्य कथ्य का परिचय दिया जाता है और उसके बाद निष्कर्ष देना उचित समझा जाता है। इसमें मूल्यांकन की गुंजाइश कम रहती है, तथ्यों के वर्णन की अधिक। अत: कार्यालयी हिन्दी में तथ्यों का सही-सही निरूपण होना आवश्यक होता है।

(5) तकनीकी-अर्धतकनीकी भाषा-प्रयोग— कार्यालयी भाषा मुख्यत: तकनीकी-अर्धतकनीकी होती है। इसी कारण सरकार कामकाज की भाषा के रूप में प्रयुक्त होनेवाले शब्द या वाक्य किसी विशेष क्षेत्र के लिए रूढ़ हो जाते हैं और इन शब्दों या वाक्यों का प्रयोग इससे बाहर किया जाय तो वे अटपटे लगते हैं। ये सामान्य बोलचाल की हिन्दी में प्राय: सार्थक और उपयुक्त नहीं होते। किन्तु यह बात ध्यान देने योग्य है कि कार्यालयी हिन्दी की शब्दावली और वाक्य-विन्यास अधिकांश रूप में हिन्दी की प्रकृति के अनुकूल है परन्तु कार्यालयी हिन्दी अंग्रेजी के वाक्य-विन्यास से अधिक प्रभावित है, क्योंकि हिन्दी में वाक्य अंग्रेजी वाक्यों के अनुवाद के माध्यम से आए हैं। इसीलिए कार्यालयी हिन्दी ने कहीं-कहीं अपने प्रकृत स्वभाव को छोड़ कृत्रिम रूप ग्रहण कर लिया है।

(इ) विधि की हिन्दी

विधि का क्षेत्र अत्यन्त व्यापक है। विधि का तात्पर्य कानूनसम्मत ऐसी व्यवस्था है, जिसका अनुपालन हर नागरिक को करना पड़ता है, चाहे वह नागरिक आम आदमी हो या सरकारी कर्मचारी या न्यायाधीश हो। न्याय प्रक्रिया का प्रथम आधार उसका लिखित विधान ही होता है इसीलिए संविधान, अधिनियम, नियम, विनियम, स्थाई आदेश, अनुबन्ध आदि से सम्बन्धित दस्तावेज विधि साहित्य के अन्तर्गत आते हैं। न्याय प्रक्रिया से सम्बन्धित निर्णय, मामले से सम्बन्धित बयान, साक्ष्य आदि विधि के क्षेत्र से प्रत्यक्ष जुड़े विषय हैं। इन सबके साथ जुड़ी भाषा विधि की हिन्दी कहलाई जायगी। इसकी प्रमुखत: चार विशेषताएँ कहलाई जा सकती हैं—(1) सुनिश्चितता, संक्षिप्तता और सुस्पष्टता (2) भाव की असन्दिग्धता और विशुद्धता (3) विधि विषयक परम्परागत शब्दावली (4) अनुवाद प्रधानता।

(1) संक्षिप्तता, सुनिश्चितता एवं सुस्पष्टता—राजभाषा आयोग ने विधि की भाषा का स्वरूप स्पष्ट करते हुए उसकी इसी विशेषता पर विशेष रूप से बल दिया है। उसके अनुसार, "कानून की भाषा सुनिश्चित, संक्षिप्त और सुस्पष्ट होनी चाहिए। देशभर के अनेक न्यायालयों में इस भाषा की व्याख्या की जायगी, जो मुख्यत: कानूनों के प्रयोग में लाई हुई भाषा के व्याकरणसम्मत सामान्य अर्थ के आधार पर ही विचार करेंगे, उन शब्दों में छिपे हुए उद्देश्यों या अभिप्राय के आधार पर नहीं। जहाँ तक विचार-विमर्श की भाषा का सम्बन्ध है, अपने विचार प्रकट करने में सम्बद्ध वक्ताओं की सुविधा और सुगमता को ध्यान में रखना अधिक महत्त्वपूर्ण है। जहाँ तक कानून की भाषा का प्रश्न है, प्रमुखत: निश्चितता, संक्षिप्तता और अधिक-से-अधिक स्पष्टता का ध्यान रखना आवश्यक होता है।"

(2) भाव की असन्दिग्धता और विशुद्धता—शब्द सम्बन्धी कठिनाइयों का अनुभव, कानून और न्याय शासन के क्षेत्र में विशेष रूप से अधिक होता है। इसके अतिरिक्त राष्ट्रीय कार्यकलाप का एक क्षेत्र ऐसा होता है कि विभिन्न स्थितियों और व्यवस्थाओं के बहुसंख्यक लोगों को अपने जीवन के कार्यों में प्राय: प्रतिदिन इसके साथ वास्ता पड़ता है इस कारण कानून और न्याय प्रशासन के क्षेत्रों के लिए आवश्यक है कि जो भी पद्धति अपनाई जाय उसका एक अनिवार्य गुण भाव की असन्दिग्धता और पूर्ण विशुद्धता रहे।

(3) विधि विषयक परम्परागत शब्दावली—विधि के क्षेत्र में अखिल भारतीय स्तर पर भाषा में एकरूपता रहे इसलिए राजभाषा आयोग ने कुछेक सुझाव दिये थे। उसमें एक सुझाव यह था कि विधि-व्यवस्था यहाँ आदिकाल से कार्यान्वित रही है। अत: विधि-विषयक शब्दावली की यहाँ एक दीर्घ परम्परा रही है। संस्कृत, हिन्दी तथा अन्य भारतीय भाषाओं में अतिप्रचलित शब्दों का ग्रहण इस क्षेत्र की भाषाई एकरूपता में सहायक होती है। इस दृष्टि से प्रयोजनमूलक हिन्दी का यह रूप विकसित किया गया है। विधि एवं कानून की हिन्दी में संस्कृत, हिन्दी, अन्य भारतीय भाषाओं के साथ अंग्रेजी के प्रचलित शब्दों को ग्रहण किया गया है। उदाहरण साक्षी, साक्ष्य, कारागार, वादी, प्रतिवादी, न्याय आदि संस्कृत, पणयम, पन्थम आदि तामिल, आडमान, विल्लंगम आदि कन्नड़ करस्थय आदि मलयालम शब्दों को अपनाया गया है। दिवालिया, व्यापार, बीमा परिषद, मन्त्री, सम्भा, सरकार आदि सभी भारतीय भाषा में प्रचलित शब्दों को अपनाया गया है। मुसलमान शासकों के समय अरबी-फारसी यहाँ विधि की भाषा रही है। इसीलिए वसीयतनामा करारनामा, दावा, मुवक्किल, पेशी, मुआवजा, फौजदारी, दीवानी जैसे कई शब्द अरबी-फारसी के शब्द विधि की हिन्दी में ग्रहण किया है। बहुत सारे अंग्रेजी शब्द लिप्यन्तरण के साथ अपनाए गए हैं। जैसे- अपील, कोर्ट, जज, वकील, समन्स आदि। इस तरह के कई शब्दों को हिन्दी की प्रकृति के अनुरूप ढालकर भी प्रयुक्त किया गया है। जैसे—अपील से अपीलकर्त्ता, अपीली, अपीलीय आदि।

(4) अनुवाद प्रधानता—संवैधानिक प्रावधान के आधार पर वर्तमान समय में विधि एवं कानूनी क्षेत्र में हिन्दी की स्थिति वैकल्पिक है। विधि का कार्य प्रमुखता अंग्रेजी के माध्यम से ही होता है। मजे की बात यह है कि संविधान लागू होने से पहले विधि के अधीन

निकले किसी आदेश, नियम, विनियम या उपविधि का अंग्रेजी पाठ आवश्यक नहीं था। लेकिन संविधान लागू होने के पश्चात हिन्दी भाषी राज्यों की विधियों में भी अंग्रेजी-हिन्दी दोनों भाषाओं का प्रयोग अनिवार्य हो गया। संविधान की धारा एवं उपबन्धों तथा समय-समय पर जारी किए गए आदेशों, अधिनियमों, नियमों के अध्ययन से स्पष्ट होता है कि अब भी इस देश के विधि की भाषा अंग्रेजी ही है, हिन्दी मात्र अनुवाद की भाषा है। इसका परिणाम यह हुआ कि इस क्षेत्र की भाषा का स्वरूप 'अनुवाद-प्रधान' बन गया है। इसके संरचनात्मक स्तर पर अनुवाद का प्रभाव बुरी तरह से देखा जा सकता है।

(ई) वाणिज्य और व्यावसायिक हिन्दी

प्रयोजनमूलक हिन्दी की वाणिज्य और व्यावसायिक प्रयुक्ति का क्षेत्र अति विशाल है। औद्योगिक क्रान्ति के बाद इसकी व्याप्ति मात्र राष्ट्रीय ही नहीं अन्तरराष्ट्रीय तथा बहुआयामी हो गई है। माल या वस्तु के उत्पादन से लेकर उपभोक्ता तक पहुँचने तक की सम्पूर्ण गतिविधियाँ 'वाणिज्य' में आ जाती हैं। इस दृष्टि से इसकी कई उप-प्रयुक्तियाँ हैं। छोटे-छोटे ग्रामीण बाजार हाटों से सट्टा बाजारों तक, मंडियों से लेकर आयात-निर्यात तक फुटपाथ के हॉकर्स से लेकर विभिन्न सारणियों से प्रसारित विज्ञापनों तक, हस्त व्यवसाय के केन्द्र से अन्तरराष्ट्रीय कम्पनियों तक की सम्पूर्ण गतिविधियों से जुड़ा भाषाई सन्दर्भ 'वाणिज्य-व्यावसायिक हिन्दी' के अन्तर्गत आ जाता है। साथ ही यातायात, व्यापार तथा औद्योगिक क्षेत्र से सम्बन्धित सरकारी-अर्धसरकारी या गैर सरकारी प्रतिष्ठानों के कार्यालय, बीमा बैंक आदि भी इसी के अन्तर्गत आ जाते हैं। 'व्यावसायिक सम्प्रेषण' के अन्तर्गत पत्र-व्यवहार तथा विज्ञापन, इसकी उप-प्रयुक्तियाँ हैं। कुल मिलाकर 'वाणिज्य व्यापारिक हिन्दी' का व्यवहार-क्षेत्र अति व्यापक एवं विशाल है। वाणिज्य-व्यवसाय के हिन्दी में कई उप-प्रयुक्तियाँ हैं। हर उप-प्रयुक्ति का अपनी विशिष्ट भाषिक संरचना है। समन्वित रूप से कतिपय विशेषताएँ इस प्रकार दी जा सकती हैं—

(1) विभिन्न स्रोतों की शब्दावली— वाणिज्य-व्यावसायिक हिन्दी में पारिभाषिक तथा सामान्य शब्दों का प्रयोग होता है। ये शब्द विभिन्न स्रोतों से आते हैं। जैसे, परम्परागत, तत्सम, देशज, आगत, प्रयुक्ति के लिए निर्मित तथा अन्य प्रयुक्ति से आगत। मूल्य, व्यय धन, वृद्धि वित्त, चक्रवृद्धि, शिखावृद्धि आदि मूल संस्कृत शब्द हैं जो अन्य भारतीय भाषाओं में भी प्रचलित हैं। अदायगी-जमानत, रेहन, गिरवी, कर्ज, उधार आदि अरबी-फारसी के शब्द हैं। इसमें नवनिर्मित शब्दों की संख्या भी अनगिनत है। टकसाली सोना, सर्राफा बाजार, हाथ बदल, वायदा सूची, रोकड़ सूची आदि देशज शब्द हैं। बहुत सारे शब्द जैसे दलाली, वस्तु-विनिमय, माँग-पत्र, निवेश, पूँजीगत लाभ आदि शब्द मानविकी से आए हैं। वाणिज्य-व्यावसायिक प्रयुक्ति का सम्बन्ध बैंक, बीमा, यातायात तथा सरकारी कार्यालयों से है। इसलिए इन क्षेत्रों से सम्बन्धित शब्दावली भी यहाँ प्रयुक्त होती है। 'विक्रय-क्षेत्र' के अन्तर्गत जहाँ एक ओर सामान्य शब्दावली का प्रयोग होता है, तो विज्ञापन के रूप में इसका सम्बन्ध जन संचार माध्यमों से आ जाता है। अतः उस क्षेत्र से सम्बन्धित शब्दावली का भी प्रयोग होता है।

(2) उप-प्रयुक्तियों के अनुरूप भाषिक संरचना— वाणिज्य-व्यवसाय में वस्तु उत्पादन, यातायात, विक्रय एवं विज्ञापन से सम्बन्धित भाषा रूपों का प्रयोग करना पड़ता है। इसमें भी कार्यालयी प्रबन्धन, पत्राचार तथा विज्ञापन की भाषिक संरचना एक दूसरे से पृथक होती है। प्रबन्धन में कार्यालयी शैली का प्रयोग होता है। साथ ही बही-खाता लेखन आदि की अपनी संरचना होती है। पत्राचार की भी यहाँ कई शैलियाँ होती हैं, कहीं औपचारिक तो कहीं अनौपचारिक। विक्रय की भाषा सामान्य तथा अर्ध-औपचारिक होती है। विज्ञापन की भाषा आकर्षक तथा विज्ञापन वस्तु, जनसंचार माध्यम और उसके क्षेत्र-विशेष के अनुरूप होती है।

इसके अतिरिक्त शब्दावली तथा भाषिक संरचना की दृष्टि से वाणिज्य-व्यवसाय की हिन्दी में रूढ़ीकरण-अरूढ़ीकरण, स्पष्टता, संक्षिप्तता, प्रभावोत्पादकता, अप्रत्यक्षता-तटस्थता एवं विनम्रता के लक्षण प्राप्त होते हैं।

जनसंचार माध्यमों की हिन्दी

कहा जाता है कि, 'किसी भी देश की जनसंचार नीति जितनी सशक्त होगी वह देश उतना ही प्रगतिशील होगा।' जनसंचार का अर्थ है, ''बहुत बड़े आकार के बिखरे लोगों तक संचार माध्यमों द्वारा सन्देश व सूचना पहुँचाना। जन समुदाय तक मुद्रित सामग्री, इलेक्ट्रॉनिक मीडिया तथा लोक माध्यम आदि जैसे जन-माध्यमों के सहारे विचारों, जानकारी, अनुभवों और मनोरंजन को पहुँचाना।'' स्थूल रूप में जनसम्पर्क, पत्र-पत्रिकाएँ, आकाशवाणी तथा दूरदर्शन जनसंचार के प्रमुख माध्यम कहे जाते हैं। हिन्दी इस देश की सम्पर्क-भाषा रही है। इसलिए इन माध्यमों के साथ उसका सम्बन्ध अटूट रहा है। यद्यपि पत्र-पत्रिकाओं में लिखित भाषा रूप, आकाशवाणी में उच्चरित भाषा रूप तथा दूरदर्शन में लिखित एवं उच्चरित भाषा का प्रयोग किया जाता है। समन्वित रूप में इन माध्यमों की हिन्दी सामान्य हिन्दी अर्थात (Common Language) होती है। इसकी कतिपय विशेषता इस प्रकार कही जा सकती है—

(1) सहजता और सम्प्रेषणशीलता— संचार माध्यमों का पाठक, श्रोता या दर्शक आम आदमी से खास आदमी तक फैला हुआ है। समाज के हर वर्ग तक सम्प्रेषण संचार माध्यमों का उद्देश्य होता है। सूचना को जन-सामान्य तक पहुँचाना इनका प्रमुख प्रयोजन होता है। इसलिए सहज और सम्प्रेषणशील भाषा का प्रयोग माध्यमों की अनिवार्यता है। इस सम्बन्ध में दूरदर्शन की समाचार वाचिका श्रीमती मंजरी जोशी अपने एक आलेख में लिखती हैं, ''पत्रकारिता की भाषा कमोबेश हर माध्यम के लिए एक-सी ही शब्दावली इस्तेमाल करती है और यह कमोबेश आम जनता को आसानी से समझ में आनेवाले शब्दों का संकलन ही है। लेकिन यह भी सच है कि लिखित भाषा संस्कार से ही पाई जाती है। इसीलिए समाचार-पत्र पढ़नेवाला भी इस संस्कार को स्वीकार करता है। इसीलिए अखबारों में प्रयुक्त होनेवाले शब्द अगर उसे प्राकृत तौर पर नहीं भी मिले तो भी वह उन्हें स्वीकार कर लेता है। लेकिन रेडियो में प्रयुक्त होनेवाले शब्दों पर विशेष दबाव यह होता है कि वह आम व्यक्ति की बोलचाल की भाषा के अधिक निकट हो।'' सभी माध्यमों से

सामान्य शब्दावली के साथ-साथ यथावश्यक विशेष अर्थात प्रयुक्ति-विशेष की शब्दावली का भी प्रयोग करना पड़ता है। लेकिन यहाँ भी प्रेषणीयता पर ध्यान देना आवश्यक होता है।

(2) माध्यमानुकूल भाषा-संरचना—समाचार-पत्रों में लिखित भाषा का प्रयोग होता है और आकाशवाणी-दूरदर्शन पर अधिकांशत: मौखिक या उच्चरित भाषा का वाक्य रचना की दृष्टि से लिखित और मौखिक भाषा में अन्तर आ जाता है। लिखित भाषा में वाक्य-विन्यास पर ध्यान न भी दिया जाय तो भी कोई विशेष फर्क नहीं पड़ता, क्योंकि पाठक वाक्य को कई बार पढ़ सकता है और अर्थ ग्रहण कर सकता है। लेकिन मौखिक भाषा के वाक्य रचना में यह ध्यान देना पड़ता ही है, श्रोता एक ही बार सुनकर बात समझ जाय। उच्चार, वाक् और प्रोक्ति के प्रति अत्यधिक ध्यान देना पड़ता है। दूरदर्शन की भाषा यद्यपि मौखिक है, लेकिन आकाशवाणी की भाषा से अलग होती है। क्योंकि यहाँ भाषा और दृश्य में एक विशेष एकता की दरकार है जो सूचना ग्रहण करनेवाले को सहजता से सूचना दें, न कि उसे चौंकाएँ।

(3) प्रभावशीलता—जनसंचार माध्यमों की प्रयोजन सिद्धि उसकी भाषा की प्रभावशीलता पर निर्भर होती है। समाचार-पत्र के धरातल पर भाषाई प्रभावशीलता उसकी लेखन शैली पर निर्भर होती है और आकाशवाणी तथा दूरदर्शन की भाषाई प्रभावशीलता उसके उच्चारण तथा सम्भाषण शैली पर निर्भर होती है। समाचार-पत्र की भाषा में प्रभावशीलता का सम्बन्ध रपट या समाचार-लेखन कला से होता है, जबकि आकाशवाणी दूरदर्शन के रपट और समाचार की अपनी संरचना होती है। यहाँ लेखन के साथ प्रस्तुति भी जुड़ी है। दूरदर्शन जैसे दृक्-श्रव्य माध्यम में अर्थ संचार केवल भाषा से नहीं होता। यहाँ श्रोता दर्शक भी होता है। वह भाषा बोलनेवाले के हावभाव भी देखता है। टेलिप्रॉम्पटर के साथ श्रोता के साथ यहाँ अनौपचारिक संवाद शैली में प्रस्तुत किए गए समाचार तथा रपट अधिक प्रभावशाली होते हैं। चक्षु संचालन के साथ वाचिक रूप में बल, आघात, अनुतान और विराम भी यहाँ अर्थ वाहक होते हैं।

इन प्रमुख विशेषताओं के साथ जन-संचार माध्यमों की हिन्दी की अन्य विशेषता के रूप में उसमें होनेवाले संक्षिप्तियों का प्रयोग, जैसे- इन्दिरा कांग्रेस के लिए इंका, भारतीय जनता पार्टी के लिए भाजपा आदि का प्रयोग, मिश्रित शैली, कर्मवाच्य का व्यापक प्रयोग, प्रोक्ति प्रारम्भ करने की निर्धारित अभिव्यक्तियाँ, जैसे 'बताया जाता है, सूचना मिली है।...', '... का कहना है' आदि का प्रयोग, आदि विशेषता कही जा सकती है।

स्थानाभाव में ऊपर कुछ महत्त्वपूर्ण क्षेत्रों की सम्बन्धित प्रयोजनमूलक हिन्दी की प्रयुक्तियों का ही परिचय दिया गया है। आज प्रयोजनमूलक हिन्दी का क्षेत्र दिन-ब-दिन बढ़ रहा है। समाजी जीवन में जहाँ भी उच्चस्तरीय व्यवहार है, प्रयोजनमूलक हिन्दी का संचार वहाँ तक माना जा सकता है।

2.

पारिभाषिक शब्दावली

पारिभाषिक शब्द : स्वरूप तथा परिभाषा

भाषा की लघुतम स्वतन्त्र सार्थक इकाई को शब्द कहते हैं। सामान्य बोलचाल में प्रयुक्त शब्द सामान्य शब्द कहलाते हैं। किसी कला या शास्त्र के विषय विवेचन के लिए सामान्य शब्दावली अपर्याप्त होती है, इसलिए कला तथा शास्त्र के विवेचन-विश्लेषण के लिए विशेष शब्दावली का प्रयोग अनिवार्य हो जाता है। यह विशेष शब्दावली 'पारिभाषिक शब्दावली' कही जाती है। ज्ञान की परिधि का निरन्तर विस्तार होता रहता है। विशेष ज्ञान के अनुसन्धान के बाद उसकी उपलब्धि को भाषा में व्यक्त करने के लिए प्राप्य शब्दों का संगठन या नवीन शब्दों की रचना करनी पड़ती है। किसी प्राचीन ऋषि ने कहा भी है—'शब्दाभावे निरुक्तादय' अर्थात जब किसी नव वस्तु, घटना या विचार के लिए शब्द का अभाव रहे, तो निरुक्त पद्धति के आधार पर नवीन शब्द-रचना कर ली जानी चाहिए। ज्ञान-विज्ञान की असीम परिधि को व्यक्त करनेवाली विशेष शब्दावली पारिभाषिक शब्दावली की संज्ञा पाती है। अंग्रेजी में इसके लिए टेक्निकल टर्मिनोलॉजी' (Technical Terminology) शब्द का प्रयोग किया जाता है। इसी तर्ज पर कुछ विद्वान पारिभाषिक शब्दावली को 'तकनीकी शब्दावली' कहते हैं, किन्तु जैसे कि डॉ. सत्यव्रत ने लिखा है—'टेक्निकल या तकनीकी शब्दों के पीछे जो भाव छिपा है, उससे ज्ञात होता है कि ये वे शब्द हैं, जिन्हें केवल भौतिकी, रासायनिक या यान्त्रिक विज्ञान-सम्बन्धी शाखाओं के विशेषज्ञ ही प्रयुक्त करते हैं। परन्तु आजकल इन शब्दों की आवश्यकता व माँग विशेषज्ञों की सीमा तोड़कर साधारण बोलचाल, दैनिक व्यवहार, औपचारिक लिखा-पढ़ी व विचार-विनिमय के लिए भी बढ़ती जा रही है। वैज्ञानिक उन्नति के साथ-साथ दैनिक जीवन में नई-नई वस्तुएँ, क्रियाएँ, विचार, भावनाएँ तथा नियमादि का तेजी से प्रवेश हो रहा है अत: इसके द्योतक सभी नवीन शब्दों के लिए हिन्दी में 'पारिभाषिक' शब्द स्वीकार किया गया है।' (भारतीय राष्ट्रभाषा : सीमाएँ तथा समस्याएँ—पृ. 96)

परिभाषाएँ

'पारिभाषिक शब्द' की कई परिभाषाएँ हैं। कुछ महत्त्वपूर्ण विद्वानों द्वारा प्रस्तुत परिभाषाएँ इस तरह हैं—

1. रेण्डम हाउस : "विशिष्ट विषय जैसे विज्ञान अथवा कला विषय की तकनीकी अभिव्यक्ति के लिए निश्चित अथवा विशिष्ट अर्थ में प्रयुक्त एक शब्द, अधिकांशत: कला का शब्द।"

[A word of phrase used in definite or precise sense in some particular subject as a Science or art a technical expression (More fully term of art).]

2. डॉ. रघुवीर : "जिन शब्दों की सीमा बाँध दी जाती है, वे पारिभाषिक शब्द हो जाते हैं और जिनकी सीमा नहीं बाँधी जाती, वे साधारण शब्द होते हैं।"

3. डॉ. गोपाल शर्मा : "पारिभाषिक शब्द वह है जो किसी ज्ञान-विशेष के क्षेत्र में एक निश्चित अर्थ में प्रयुक्त होता हो तथा जिसका अर्थ एक परिभाषा द्वारा स्थिर किया गया हो।"

4. डॉ. सूरजभान सिंह : "पारिभाषिक शब्द अभिधार्थ में ही ग्रहण किए जाते हैं, लक्ष्यार्थ या व्यंग्यार्थ में नहीं।"

5. चैम्बर्स टेक्निकल डिक्शनरी : "पारिभाषिक शब्दावली वस्तुत: विशेषज्ञों एवं तकनीकज्ञों के अपने विशेष विचारों को लिपिबद्ध करने के लिए ग्रहण, अनुकूलन तथा निर्माण के द्वारा तैयार किए जानेवाले प्रतीक हैं।"

(Technical terms in symbol adopted or inverted by special and technicians to facilitate the precise recording ideas.)

6. डॉ. भोलानाथ तिवारी : "पारिभाषिक शब्द ऐसे शब्दों को कहते हैं, जो रसायन, भौतिकी, दर्शन, राजनीति आदि विभिन्न विज्ञानों या शास्त्रों के शब्द होते हैं तथा जो अपने-अपने क्षेत्र में विशिष्ट अर्थ में सुनिश्चित रूप से परिभाषित होते हैं। अर्थ और प्रयोग की दृष्टि से निश्चित रूप से परिभाषित होने के कारण ही ये शब्द पारिभाषिक शब्द कहे जाते हैं।"

7. डॉ. बापू देसाई : "ज्ञान-विज्ञान तथा कला-कारीगरी और प्रशासन के व्यवहार में प्रयुक्त किए जानेवाले विशिष्टार्थ द्योतक शब्दों को पारिभाषिक शब्द कहते हैं।"

8. डॉ. विनोद गोदरे : "किसी विशिष्ट ज्ञान शाखा की विशिष्ट अभिव्यक्ति के लिए प्रयुक्त विशिष्ट शब्द पारिभाषिक शब्द कहलाता है। यह शब्द विशिष्ट ज्ञान शाखा के किसी सुनिश्चित विशिष्ट अर्थ को ही ध्वनित करता है। इसके अलावा उक्त सन्दर्भ में उसके लिए न तो किसी प्रकार के अर्थ भेद की गुंजाइश होती है और न किसी प्रकार के अनिश्चय का ही वह वाहक होता है। वह तो बस मीन की आँख के लक्ष्य का वेधी तथा साधक होता है।"

9. डॉ. शशि शर्मा : "परिभाषिक शब्द का सीधा सरल अर्थ है किसी ज्ञान-विज्ञान की भाषा, जिसका सम्प्रेषण ज्ञान-विज्ञान के पारिभाषिक अनुशासन के अनुकूल सुनिर्धारित व सटीक होता है। इसीलिए पारिभाषिक शब्द के इस्तेमाल के समय विकल्प की गुंजाइश बहुत कम होती है।"

उक्त परिभाषाओं के आधार पर पारिभाषिक शब्द के निम्नलिखित लक्षण कहे जा सकते हैं—

1. पारिभाषिक शब्दों का प्रयोग किसी ज्ञान विशेष के क्षेत्र में होता है।
2. उनका अर्थ सुनिश्चित तथा परिभाषित होता है।
3. उनके अर्थ में लचीलापन या विकल्य नहीं होता।
4. पारिभाषिक शब्द अभिधार्थ में ग्रहण किए जाते हैं।
5. हर ज्ञान शाखा या विषय के अनुरूप उसका एक परिभाषित अर्थ होता है। जैसे 'ध्वनि' शब्द के भौतिकी तथा भाषाविज्ञान में अलग-अलग पारिभाषिक अर्थ होते हैं।
6. दर्शन, न्याय, गणित, ज्योतिष, रसायन, भौतिकी, यान्त्रिकी आदि वैज्ञानिक या शास्त्रीय विषयों से सम्बन्धित पारिभाषिक शब्द अपने साथ एक निश्चित परिभाषा लिये होते हैं, और उनका उससे भिन्न रूप में प्रयोग नहीं किया जा सकता।
7. इनके निर्माण में ग्रहण, अनुकूलन तथा निर्माण की प्रक्रिया होती है।

पारिभाषिक शब्द : सामान्य विशेषताएँ

सामान्य भाषा शब्दों की अपेक्षा पारिभाषिक शब्दों की प्रकृति तथा उनका उद्देश्य अलग होता है। इसलिए उनकी अपनी अलग-सी विशेषता होती है। यद्यपि हर ज्ञान शाखा तथा हर विषय की अपनी-अपनी विशेष पारिभाषिक शब्दावली होती है, परन्तु इन सभी की प्रकृतिगत विशेषताएँ समान होती हैं। प्रोफेसर ऑगस्टिनो सेवोरिन, डॉ. भोलानाथ तिवारी, डॉ. सत्यव्रत आदि विद्वानों ने पारिभाषिक शब्दों की सामान्य विशेषताओं पर पर्याप्त प्रकाश डाला है। पारिभाषिक शब्दावली का स्वरूप प्रयोजन तथा प्रयोग आदि को मद्देनजर रखते हुए, उसकी सामान्य विशेषताएँ इस प्रकार कही जा सकती हैं—

1. कृत्रिम शब्दावली—भाषा की सामान्य शब्दावली के समान पारिभाषिक शब्दावली का उद्भव और विकास समाज में स्वयं ही नहीं होता, क्योंकि पारिभाषिक शब्दावली कृत्रिम होती है। ग्रहण, अनुकूलन, संचयन और निर्माण इन चार प्रक्रिया द्वारा उसका निर्धारण होता है। सामान्य शब्दों का जनक, निर्धारक समाज होता है, परन्तु इस शब्दावली का निर्धारण भाषा-विशेषज्ञ करते हैं, जो शब्दों के निर्माण की प्रक्रिया के साथ-साथ विशेष प्रकार के तकनीकी ज्ञान के भी विशेषज्ञ होते हैं। साथ ही इनके निर्माण में उन लोगों का भी योगदान होता है, जो ज्ञान के विभिन्न क्षेत्रों में क्रियात्मक या रचनात्मक कार्य करते हैं। कृत्रिम शब्द होने के कारण इनमें वह लचीलापन नहीं होता, जो सामान्य शब्दों में होता है। इनका निर्माण एक विशेष प्रक्रिया के तहत होता है।

2. नियतार्थता—पारिभाषिक शब्द का अर्थ सुनिश्चित और स्पष्ट होता है। उसमें न तो अतिव्यप्ति दोष होता है और न अव्याप्ति का। पारिभाषिक शब्द अपने अर्थ-परिधि से अधिक अर्थ व्यक्त करता है, न कम। पारिभाषिक शब्दावली के क्षेत्र में यह असह्य होता है कि दो शब्दों की अर्थ सीमाएँ एक-दूसरे से टकराएँ या एक-दूसरे के अर्थवृत्तों को काटें। वैज्ञानिक भाषा में जिस परिशुद्धता की अपेक्षा होती है, उसमें द्वयार्थकता या सन्दिग्धार्थता के लिए कोई अवकाश नहीं होता। सामान्य भाषा के जिन शब्दों को ऊपर

उठाकर पारिभाषिक शब्दों के रूप में ग्रहण कर लिया जाता है, उनमें भी प्रयोग के द्वारा क्रमश: आर्थी (अर्थगत) शिथिलता का लोप हो जाता है।

3. एक संकल्पना : एक शब्द—पारिभाषिक शब्द किसी-न-किसी ज्ञान-शाखा से सम्बन्धित होते हैं। सम्बन्धित विज्ञान या शास्त्र की एक संकल्पना के लिए एक शब्द का ही प्रयोग होता है। जिस तरह पारिभाषिक शब्द का एक निश्चित-नियत अर्थ होता है, उसी तरह एक संकल्पना के लिए एक ही 'शब्द' नियत होता है। एक विशिष्ट अर्थ, संज्ञा, संकल्पना के लिए एक से अधिक शब्द नहीं होते। बहुअर्थता के साथ-साथ शाब्दिक पर्याय का भी पारिभाषिक शब्दावली में कोई स्थान नहीं। इसके निर्धारण प्रक्रिया की 'संचयन' प्रक्रिया में किसी विशिष्ट वस्तु, भाव, क्रिया को व्यक्त करनेवाले शब्द को अपनाकर मात्र उसका ही संचयन किया है। उदाहरण के लिए भाषाविज्ञान में भाषा, बोली, वाक् आदि शब्द विशिष्ट संकल्पना के लिए ही प्रयुक्त किए जाते हैं, जबकि मोटे तौर पर बोलचाल में उनका प्रयोग एक-दूसरे के पर्याय में भी होता है।

4. विशेष क्षेत्र में प्रयोग—पारिभाषिक शब्दों का प्रयोग विशेष क्षेत्र में होता है। दैनिक व्यवहार में इनका प्रयोग नहीं होता, अपितु विशिष्ट शास्त्र, विज्ञान तथा व्यवहार में होता है। विभिन्न शास्त्र, विज्ञान की शास्त्रीय चर्चा या विचार के ये साधन होते हैं। इसलिए हर ज्ञान शाखा की अपनी पारिभाषिक शब्दावली होती है। अनुमान किया जाता है कि आधुनिक ज्ञान प्राय: 600 शाखाओं में विभक्त है। इन सभी शाखाओं में प्रयुक्त शब्दों की संख्या लगभग बीस लाख मानी जाती है। इन शाखाओं की परिधि दिन-ब-दिन बढ़ती जा रही है, उनके साथ ही पारिभाषिक शब्दावली की परिधि भी बढ़ रही है।

5. संक्षिप्तता एवं सरलता—पारिभाषिक शब्द अल्पाक्षर होना चाहिए ताकि प्रयोक्ता को हिचक अथवा असुविधा न हो। ऐसे शब्द प्राय: एक शब्द के या मूल शब्द के होते हैं, एक से अधिक शब्द के नहीं एक से अधिक शब्द से बना पारिभाषिक शब्द भाषा की प्रकृति के अनुकूल सन्धि-समास युक्त होता है। जैसे—पुन:स्मरण (Recall), उद्जन (Hydrogen), देशान्तरगमन (Migration) आदि। यहाँ संक्षिप्तता और सरलता से तात्पर्य जनसामान्य की दृष्टि से मात्र उच्चारण-सौकर्य नहीं है, क्योंकि पारिभाषिक शब्दावली का प्रयोग दैनिक कार्य में नहीं बल्कि शास्त्र-विज्ञान-दर्शन-विचारादि के विश्लेषण-विवेचन के लिए प्रयुक्त होता है। अत: इसका निर्धारण-निर्माण जनसामान्य के उच्चारण-सौकर्य को ध्यान में रखकर होना आवश्यक भी नहीं। पारिभाषिक शब्दावली न तो सबके लिए है, न बहुसंख्यकों के लिए ही, बल्कि उन इने-गिने व्यक्तियों के लिए है, जो ज्ञान की किसी एक शाखा में विशेषता या प्रवीणता प्राप्त करने के इच्छुक हैं। संक्षिप्तता और सरलता के सन्दर्भ में इन विशेष अध्येताओं को मद्दनेजर रखते हुए सोचना चाहिए। शब्दों की रचना संक्षिप्त हो तो बार-बार प्रयुक्त होने में असुविधा का अनुभव नहीं होता। वैसे भी हर नया शब्द आरम्भ में उच्चारण तथा प्रयोग में सहज नहीं लगता, अपितु पुन:-पुन: प्रयुक्त होने पर सहज लगने लगता है। इस सम्बन्ध में आचार्य देवेन्द्रनाथ शर्मा ने लिखा है, ''हमें भूलना न चाहिए कि जो शब्दावली तैयार की जा रही है, वह इस पीढ़ी के लिए नहीं बल्कि आनेवाली पीढ़ियों के लिए है।''

6. उर्वरता या जनन-शक्ति—मूल पारिभाषिक शब्द में उर्वरता तथा जनन-शक्ति का होना आवश्यक होता है। अर्थात आवश्यकता पड़ने पर उपसर्ग, प्रत्यय या शब्द आदि जोड़कर उससे अन्य सम्बद्ध शब्द सरलता से बनाए जा सकें। जैसे 'अंकन' (Marking) मूल पारिभाषिक शब्द से परांकन (Endorsement), पृष्ठांकन, रेखांकन (Underline), सीमांकन (Demarcation) जैसे पारिभाषिक शब्द बन जाते हैं। विदेशी पारिभाषिक शब्द में उर्वरता नहीं होती।

7. शब्दों में एकरूपता—एक ही श्रेणी या विषय के पारिभाषिक शब्दों में एकरूपता होती है, जैसे—ओषजन (ऑक्सीजन), नत्रजन (नाइट्रोजन), उद्‌जन (हाइड्रोजन) आदि। स्वनिम, रूपिम, आर्थिम, लेखिम आदि। ऐसा होने से उनमें सहज रूप से सरलता और बोधगम्यता भी आ जाती है।

8. भाषा की प्रकृति के अनुरूप स्वरूप—यदि स्रोतभाषा में पारिभाषिक शब्द एकशब्दीय है, तो उसके लिए लक्ष्यभाषा में निर्मित शब्द भी यथासम्भव एकशब्दीय ही हो, द्विशब्दीय या व्याख्यात्मक नहीं। दूसरे शब्द में असमस्त पद का अनुवाद यथासम्भव असमस्त शब्द में ही होना चाहिए। उदाहरण के लिए Executive के लिए कार्यपालिका शब्द ठीक है, Curo के लिए कलाकृति, शब्द उचित है, 'कौतुक की वस्तु' नहीं। पारिभाषिक शब्द अगर किसी अन्य भाषा का 'ग्रहण' किया गया है, तो उसे 'अनुकूलन' प्रक्रिया द्वारा अपनी भाषा की प्रकृति के अनुकूल किया जाता है। जैसे अंग्रेजी का एकेडमी-अकादमी बन जाता है।

9. अन्य—पारिभाषिक शब्द की इन प्रमुख विशेषताओं के सिवा निम्नलिखित अन्य विशेषताओं की ओर संकेत किया जा सकता है—

1. असमान संकल्पनाओं के लिए मिलते-जुलते शब्द कभी न होने चाहिए, अन्यथा भ्रम की आशंका रहती है।

2. सम्बद्ध संकल्पनाओं और वस्तुओं के लिए सम्बद्ध स्वतन्त्र शब्द होना चाहिए। इसलिए हिन्दी में 'ताप' और 'तापमापी' रखना अच्छा है, ताप, थर्मामीटर नहीं।

3. हर शब्द को दूसरे से इतना अलग होना चाहिए कि उसे सुन या पढ़कर किसी और पारिभाषिक शब्द का भ्रम न हो।

4. यदि पारिभाषिक शब्द एकाधिक भाषाओं से लिये गए हों तो सभी भाषा-भाषियों के लिए उच्चारण की दृष्टि से उसे सरल तथा अर्थ की दृष्टि से स्पष्ट होना चाहिए।

पारिभाषिक शब्दावली निर्धारण : समस्या और समाधान

शास्त्रीय विषय, तकनीकी क्षेत्र तथा कार्यालयीन कामकाज में पारिभाषिक शब्दों का महत्त्व एवं आवश्यकता हर क़ाल में रही है। हमारे प्राचीन काल में न्याय, तर्क, दर्शन, गणित, ज्योतिष, नाट्यशास्त्र, काव्यशास्त्र, चिकित्साशास्त्र, धनुर्वेद तथा ज्ञान के अन्य कई क्षेत्रों में गहन अध्ययनपूर्ण शास्त्रों की रचना हुई है। इन शास्त्रों की रचना के साथ-साथ संस्कृत पारिभाषिक शब्दावली का एक सम्पन्न भंडार भी संचारित हुआ है। उन्नीसवीं-बीसवीं शती में ज्ञान-विज्ञान के क्षेत्र में जो विस्फोट हुआ है, उसे अपनी भाषा में व्यक्त

करने तथा दिन-ब-दिन विकसित इन ज्ञानशाखाओं के अध्ययन-अध्यापन के लिए सक्षम पारिभाषिक शब्दावली के निर्धारण-निश्चयन की समस्या विश्व के सभी देशों के सामने रही है। इस समस्या के समाधान के रूप में पारिभाषिक शब्दावली के निर्धारण-निश्चयन की नियत प्रक्रिया का सहारा लिया जाता है। स्टीफन अल्मन ने कहा है—

"Four methods are at the speaker's disposal when a gap in the vocabulary has to be filled. He can either create a word from a scratch, or resort to one of the usual process of word formation or borrow a term from other language or change the same with existing word."

अर्थात सामान्यत: शब्दों की कमी की पूर्ति के लिए वक्ता आवश्यकतानुसार चार पद्धतियों को अपनाता है—(1) शब्द निर्माण की सामान्य प्रक्रिया के सहारे नए शब्दों का निर्माण करना, (2) किसी अन्य भाषा से शब्द उधार लेना, (3) कामचलाऊ शब्दों में से किसी एक का चयन करना, (4) वर्तमान शब्द को परिवर्तित रूप में अपनाना। सामान्य नए शब्दों के निर्धारण-निश्चयन की यही पद्धतियाँ पारिभाषिक शब्दावली के निर्धारण-निश्चयन के लिए भी अपनाई जाती हैं। अत: स्पष्ट है कि पारिभाषिक शब्दावली के निर्धारण-निश्चयन की चार प्रक्रिया है—(1) निर्माण, (2) ग्रहण, (3) संचयन, (4) अनुकूलन। हमारी पारिभाषिक शब्दावली के निर्धारण की समस्याएँ भी इन्हीं प्रक्रिया से जुड़ी हुई हैं।

1. 'निर्माण' से सम्बन्धित समस्याएँ

पारिभाषिक शब्दावली निर्धारण-निश्चयन की यह सबसे महत्त्वपूर्ण प्रक्रिया है। शब्द-निर्माण की नियत प्रक्रिया के सहारे नए शब्दों की रचना करना 'निर्माण' प्रक्रिया कहलाती है। यह मूलत: तीन तरह की होती है—

क. उपसर्ग से शब्द निर्माण— उपसर्ग भाषा की एक सार्थक लघुतम इकाई है, जिसका प्रयोग स्वतन्त्र रूप से नहीं होता। वह किसी मूलशब्द के आदि में जुड़ता है और शब्द के अर्थ में संकोच, विस्तार या परिवर्तन कर देता है इसके सहारे कुछ पारिभाषिक शब्दों का निर्माण किया जाता है। जैसे—

पत्र	Letter	बन्ध	Bond
विपत्र	Bill	अनुबन्ध	Annexture
प्रपत्र	Form	प्रबन्ध	Management
		निर्बन्ध	Clean

ख. प्रत्ययों से शब्द निर्माण— प्रत्यय वह शब्दांश है, जो किसी शब्द के पीछे लगकर भिन्न अर्थ देनेवाला नया शब्द बना देता है। प्रत्यय हमेशा शब्द के बाद में ही जुड़ते हैं। ये कभी किसी धातु या क्रिया के बाद और कभी संज्ञा के बाद लगाए जाते हैं। धातु अथवा क्रिया के बाद में लगाए प्रत्यय कृदन्त तथा संज्ञा शब्द के बाद लगनेवाले प्रत्यय 'तद्धित' प्रत्यय कहलाते हैं। इसमें नाम तथा 'आख्यात' शब्दों की रचना होती है, जो क्रमश: वस्तुओं के परिचयात्मक और व्यापार या कार्य के द्योतक होते हैं। ये दोनों प्रकार के शब्द पारिभाषिक शब्दावली में होते हैं, क्योंकि प्रत्येक विज्ञान में हमें ये दोनों

प्रक्रियाएँ मिलती है- (1) तथ्य की खोज की, (2) उसके कार्य को समझने की। प्रत्ययों से बने पारिभाषिक शब्दों के कुछ उदाहरण इस प्रकार हैं—

पंजी + अन = पंजीयन	Registration
मानक + इत = मानकित	Standardized
जन + इत्र = जनित्र	Generator
अपराध + ई = अपराधी	Offender
क्षेत्र + ईय = क्षेत्रीय	Regional
निरीक्ष + क = निरीक्षक	Inspector
माप + न = मापन	Measuring
पण + न = पणन	Marketing

ग. समास पद्धति से शब्द निर्माण— पारिभाषिक शब्दों का निर्माण समास पद्धति से भी होता है। इसमें दो शब्दों के योग से नए शब्द का निर्माण होता है। इस कार्य में मुख्यत: तत्पुरुष, कर्मधारय, द्वन्द्व और बहुव्रीहि समासों का प्रयोग किया जाता है। कुछ उदाहरण—

राज्य + पाल = राज्यपाल	Governor
घोषणा + पत्र = घोषणा-पत्र	Manifesto
महँगाई + भत्ता = महँगाई भत्ता	Dearness allowance
निर्वाह + रसीद = निर्वाह-रसीद	Clean Receipt
अनुसूचित + बैंक = अनुसूचित बैंक	Scheduled Bank
नामांकन + दस्तावेज = नामांकन दस्तावेज	Enrolled Document
रोकड़ + पटल = रोकड़ पटल	Cash Counter
बचत + स्कीम = बचत स्कीम	Savings Scheme
बाजार + मूल्य = बाजार मूल्य	Market Value

उक्त उदाहरणों से स्पष्ट होता है कि अधिकांशत: समस्त्रोतीय तथा विषम स्त्रोतीय शब्दों के समास से शब्द बनाए गए हैं, लेकिन सम स्त्रोतीय शब्दों से बने शब्दों की संख्या अधिक है।

निर्माण प्रक्रिया के सन्दर्भों में हमारी मूलत: तीन समस्याएँ हैं—(1) निर्माण प्रक्रिया के लिए स्त्रोतभाषा का चयन, (2) निर्माण प्रक्रिया के प्रत्यय, तथा समास में सम स्त्रोतीय या विषम स्त्रोतीय प्रत्यय, तथा शब्दों का कैसे प्रयोग करें ? (3) किन शब्दों का निर्माण करें ?

'स्त्रोतभाषा' की समस्या— हमारे देश में प्रमुखत: दो परिवार की भाषाएँ व्यवहृत हैं। अत: यहाँ सबसे पहली समस्या खड़ी होती है कि स्त्रोतभाषा के रूप में किस भाषा का चयन करें? वस्तुत: यह समस्या क्षेत्रीय भाव के साथ जुड़ी हुई है, अन्यथा जैसे कि डॉ. सत्यव्रत ने लिखा है, ''ग्रहण, संचयन, अनुकूलन की तीनों प्रक्रियाएँ तो सभी भाषाओं में सम्भव हैं, परन्तु यह निर्माण प्रक्रिया पूर्ण विशुद्ध रूप में केवल संस्कृत, चीनी, ग्रीक और लैटिन इन चार भाषाओं में ही सम्भव है। इन चारों में ही इस प्रक्रिया की क्षमता है और इनमें भी संस्कृत भाषा का स्थान सर्वोपरि है। धातु, उपसर्ग और प्रत्यय

ये तीन संस्कृत की शब्द-निर्माण प्रक्रिया के महनीय तत्त्व हैं, इसी के कारण विश्व के सभी भाषा-वैज्ञानिक इस भाषा की सर्वोच्च महत्ता स्वीकार करते हैं।'' संस्कृत को स्रोत भाषा के रूप में अपनाने में कोई आपत्ति नहीं होनी चाहिए, क्योंकि यूरोप में भी अंग्रेजी, फ्रेंच, जर्मन, रूसी आदि समृद्ध भाषाएँ अपनी पारिभाषिक शब्दावली के लिए ग्रीक-लैटिन का सहारा लेती रही हैं।

रचना-विधान की समस्या— इससे जुड़ी दूसरी समस्या यह है कि शब्दों के रचना-विधान में प्रत्यय, उपसर्ग तथा समास सम स्रोतीय हो या विषम स्रोतीय? पुनरुद्धारवादी, राष्ट्रीयतावादी या संस्कृतवादी सम्प्रदाय इस सन्दर्भ में संस्कृत के पक्षपाती हैं। शब्दों के निर्माण में इन्होंने या तो संस्कृत-उपसर्ग-प्रत्ययों की सहायता ली, या नए प्रत्यय बनाए, किन्तु हिन्दी के बहुप्रचलित उपसर्ग-प्रत्ययों जैसे ना, बे, दार, बन्द, ची आदि का पूर्ण बहिष्कार किया है। साथ ही मूलशब्द संस्कृत में प्राप्त न हो तो नए धातु बनाए गए हैं। इससे शब्द क्लिष्ट बन गए हैं। इस सन्दर्भ में इन लोगों की धारणा यह है कि पारिभाषिक शब्द आम शब्दों के समान सरल नहीं होते। इनका तर्क है कि अंग्रेजी में भी ग्रीक तथा लैटिन धातुओं से पारिभाषिक शब्दों का निर्माण हुआ है। ये शब्द भी जब नए-नए थे तब उन लोगों को सरल नहीं लगे होंगे, किन्तु निरन्तर प्रयोग और सम्पर्क के कारण अब ये सरल तथा स्पष्ट लगने लगे हैं। साथ ही, पुरानी पीढ़ी जो अंग्रेजी पारिभाषिक शब्दावली की अभ्यस्त है, उसे संस्कृत से बने शब्द क्लिष्ट लगना सम्भाव्य है, क्योंकि उनके सामने वही शब्दावली थी। अगर हम आनेवाली पीढ़ी के सामने यह नई शब्दावली रखेंगे तो वह उससे अभ्यस्त होगी। शब्दों की क्लिष्टता तथा दुरूहता के सन्दर्भ में एक तर्क यह भी दिया जाता है कि यह शब्दावली प्रथमत: और प्रमुखत: विशेष-ज्ञान शाखा में अध्ययन करनेवाले विशेष शिक्षा-सम्पन्न अध्येताओं के लिए है, आम आदमी के लिए नहीं। तर्क भले ही अपने आप में अकाट्य-सा हो, लेकिन पारिभाषिक शब्द भी भाषा का एक अंग है। अत: वह भी सजीवता की विशेषता लिए हुए होना चाहिए। भारत सरकार के पारिभाषिक शब्दावली आयोग ने अगस्त, 1962 में भाषातत्त्व के विशेषज्ञों की जो कार्य-गोष्ठी आयोजित की थी, उसमें शब्द-रचना की इन समस्याओं का समाधान करने के लिए कुछ सुझाव दिये थे वे भी इसी प्रकार के हैं। जैसे—

प्रत्ययों के सम्बन्ध में उसमें कहा है, ''जहाँ तक सम्भव हो एक योजनाबद्ध तरीके से उचित प्रत्यय लगाकर शब्द बनाए जायँ। परन्तु प्रत्यय लगाने से पहले व्याकरण की दृष्टि से मूल शब्द का वास्तविक रूप भली-भाँति समझ लेना चाहिए। यद्यपि वर्तमान हिन्दी उपसर्गों का भी प्रयोग किया जा सकता है; परन्तु शब्दावली का अखिल भारतीय स्वरूप ध्यान में रखते हुए केवल हिन्दी के तद्भव उपसर्गों और प्रत्ययों का प्रयोग सीमित रूप में होना चाहिए।'' सीमित रूप में इसलिए कि अत्यधिक प्रयोग से पारिभाषिक शब्दावली में जहाँ एक ओर बहुरूपता की समस्या खड़ी होगी, साथ ही अहिन्दी क्षेत्रों में उसके प्रचलन में कठिनाई का अनुभव होगा। व्याकरण के नियमों के सन्दर्भ में उत्पन्न समस्या के समाधान के रूप में कहा गया है, ''नई पारिभाषिक शब्दावली वर्धमान और विकासमान जीवित भाषाओं के लिए बनाई जा रही है, इसे ध्यान में रखते हुए संस्कृत

व्याकरण के नियमों का दृढ़ता से पालन करना अनिवार्य नहीं है, अतएव शब्दावली की आवश्यकतानुसार इन नियमों का उल्लंघन अनुमत माना जाय। जहाँ तक आदि वृद्धि का प्रश्न है, साहित्य से लिये गए शब्दों में उसे कायम रखा जाय, किन्तु नए शब्द बनाने में उसकी उपेक्षा की जा सकती है।''

समास, सन्धि आदि के विषय में सुझाव दिया गया है, ''जहाँ तक बन सके समासों में सन्धि की उपेक्षा की जाय। अधिकांश शब्दों में दो शब्दों के बीच 'हाइफन' लगाया जाय ताकि शब्दावली के उपयोग करनेवाले को शब्द की रचना तुरन्त और स्पष्टता से समझ में आ जाय।

संकर शब्दों को भी स्वीकृत माना गया है।

पारिभाषिक शब्द-निर्माण से सम्बन्धित एक और वर्ग ऐसा भी है कि जो संस्कृत के सिवा प्रचलित भाषा को अपनाकर शब्द-रचना स्वाभाविक मानता है। उनकी मान्यता रही है, ''वैज्ञानिक दृष्टि से देखा जाय तो आज हिन्दुस्तानी भाषा की चर्चा एक प्रयोगात्मक वृत्ति की द्योतक है। सांस्कृतिक और राजनैतिक समन्वय की दृष्टि से वर्तमान भारत में उर्दू-हिन्दी का 'दीनइलाहीकरण' करने की इच्छा ही मिटती हुई हिन्दुस्तानी भाषा को प्राणवायु प्रदान करती है।'' इस वर्ग के विद्वानों ने पारिभाषिक शब्दावली के निर्माण के संस्कृत के तत्सम शब्दों के साथ तद्भव और विदेशी शब्द को अपनाने पर बल दिया है। साथ ही शब्द-रचना प्रक्रिया में उर्दू और हिन्दी तथा उपभाषा के व्याकरण का भी नवीन पद्धति से प्रयोग किया है। जैसे—रसीद (नामधातु) रसीदियाना (रसीद + इयाना), reminder—याद दिलाई (याद + दिलाई), impartial—बेपछ, extermination—जड़-उखाड़ी। यहाँ क्रियाओं और नामधातुओं से हिन्दी उर्दू के प्रत्यय लगाकर प्रयोगात्मक वृत्ति से शब्द तैयार किए गए हैं। साथ ही शब्द ग्रहणवादियों के मत का भी इन्होंने कुछ सीमा तक स्वागत किया है। यह हिन्दी को सरल बनाने और गम्भीर विषय को प्रचलित सामान्य भाषा की सीमित शब्दावली के आधार पर व्यक्त करने का साहसिक प्रयास है। इससे शब्दावली सरल बन जायगी, परन्तु रचना विधान में एक तरह से मनमाना ढंग अपनाने से 'अटपटापन' और 'विविधरूपता' के दोषों से दूषित होकर नई समस्याएँ खड़ी होंगी।

किन शब्दों का निर्माण करें?—निर्माण के साथ जुड़ी इस समस्या के दो पहलू हैं—(1) क्या संस्कृत के 'पूर्व शब्दों' का प्रयोग पारिभाषिक रूप में किया जाय? (2) बोलचाल तथा व्यवहार में बहुप्रचलित शब्दों की उपेक्षा कर सभी शब्दों का फिर से निर्माण करें? राष्ट्रीयतावादी - पुनरुद्धारवादी वर्ग ने एक ओर संस्कृत के पुराने शब्दों का जीर्णोद्धार भी किया है, साथ ही बहुप्रचलित तद्भव, विदेशी शब्दों से परहेज कर नए शब्द बनाए हैं। जैसे-

अंग्रेजी शब्द	नया शब्द/जीर्णोद्धार	प्रचलित शब्द
Arsenic	नेपाल (सुश्रुत)	संखिया
Sulphur	शुल्बारि (अभिधान चिन्तामणि)	गंधक
Neutral	उदासीन (अर्थशास्त्र)	तटस्थ
Tehsil	भुक्ति (अशोक का शिलालेख)	तहसील

इस तरह हर शब्द को 'संस्कृत शब्द' में परिवर्तित करने का दुराग्रह समर्थनीय नहीं हो सकता। इसलिए समन्वयवादी वर्ग की मान्यता रही है, ''ऐसे विदेशी, देशज तथा तद्भव शब्द जो खूब चल पड़े हैं या नए हैं, किन्तु जिनके लिए नए शब्द लेने या गढ़ने की आवश्यकता नहीं, वे लिये जायँ।'' शब्दावली आयोग ने भी इस समस्या के समाधान के रूप में सिद्धान्त-निरूपण किया है, ''कुछ प्रसंगों में संस्कृत पर्याय की अपेक्षा स्थानीय हिन्दी शब्दों एवं हिन्दी में आत्मसात अन्य भाषा के शब्दों को भी स्वीकृत किया जाय, क्योंकि वे जनसामान्य के प्रयोग में आते हैं। ऐसे प्रसंगों में अन्य भाषाओं को भी अपने भिन्न पर्याय रखने की छूट होगी।'' लेकिन जैसे कि डॉ. गोपाल शर्मा का अभिमत है, ''संस्कृत के तत्सम और तद्भव शब्दों से युक्त शब्द भंडार के अनिवार्य प्रयोग से नई समस्याएँ सामने आई हैं। विज्ञान की एक ही संकल्पना विभिन्न शब्दावली निर्माताओं ने अलग-अलग पर्यायवाची शब्दों द्वारा रूपायित की है। इसके कारण भी स्पष्ट हैं। जैसा कि हम सभी जानते हैं, भाषा अपने व्यापक प्रचलन से ही विकसित होती है। हिन्दी और अन्य भारतीय भाषाविज्ञान शिक्षा के सबल माध्यम के रूप में अभी ठोस धरातल पर स्थित नहीं हो पाई है। इनके फलस्वरूप वैज्ञानिक विषयों पर जो साहित्य लिखा गया है, नगण्य ही है। शब्दावली के संगठित रूप से विकसित न होने से पुस्तकों के लेखन-प्रकाशन में व्याघात पहुँचा।" तो दूसरी ओर एक संकल्पना के लिए प्रयुक्त विविध शब्द रूप से अध्येता भ्रमित है। इससे मुक्ति पाने के लिए कुछ शब्दरूपों का मानकीकरण अनिवार्य हो जाता है। यह करते समय सरलता और उपयोगिता के साथ ही रचनागत निर्दोषता पर भी ध्यान देना आवश्यक होता है।

2. ग्रहण से सम्बन्धित समस्याएँ

आदान-प्रदान व्यक्ति, समाज तथा देश की सहज प्रवृत्ति है। आदान-प्रदान के विविध माध्यमों में भाषा एक महत्त्वपूर्ण माध्यम है। इसलिए भाषा के माध्यम से विश्व के विभिन्न देशों में ज्ञान-विज्ञान का आदान-प्रदान होता है और ज्ञान-विज्ञान के माध्यम से भाषा का पारिभाषिक शब्दावली का। विश्व के विभिन्न देशों में भाषागत आदान-प्रदान जब सहजता से होता है, तब वह स्वाभाविक तथा भाषा-विकास में भी सहायक होता है और जब बलात् होने लगता है तब कई समस्याएँ उत्पन्न होती हैं। हमारी पारिभाषिक शब्दावली के निर्धारण की ग्रहण प्रक्रिया से जुड़ी समस्याएँ इसी असहज आदान-प्रदान पद्धति से जन्मी हैं। इससे जुड़ी पहली समस्या है कि इस अन्य भाषा-विशेषकर विदेशी भाषा से शब्द ग्रहण (adoption) क्यों और कैसे करें। इसका उत्तर स्पष्ट है कि अगर हमारे पास उस तरह के शब्द न हों, या शब्द निर्माण की सम्भावना न हो, या सम्भावनाओं के बावजूद शब्द-निर्माण कष्टप्रद तथा प्रचलन की सम्भावनाओं से रहित हो, तो अन्य प्रगत विदेशी-भाषा जिससे हमारा गहरा सम्बन्ध हो—से पारिभाषिक शब्द ग्रहण किया जाय। आज 'शब्द ग्रहण' की आवश्यकता विशेषत: तकनीकी तथा वैज्ञानिक क्षेत्र से सम्बन्धित शब्दावली से प्रतिपादित की जाती है। इन शब्दों के 'ग्रहण' के लिए पहला तर्क यह होता है कि तकनीकी तथा वैज्ञानिक विकास पश्चिमी देशों में हो रहा है, अत: वैज्ञानिक, औद्योगिक,

प्राविधिक उन्नति के लिए अन्तरराष्ट्रीय सम्पर्क को बनाए रखना जरूरी है और इसके लिए अंग्रेजी पारिभाषिक शब्दावली को अपनाए बिना काम नहीं चल सकता। अत: स्पष्ट है इस ग्रहणवादी मान्यता के अनुसार 'शब्द-निर्माण' की क्षमता होने के बावजूद हम विदेशी शब्दों को ग्रहण करें, अन्यत: अपने निर्मित शब्दों से ज्ञान-विज्ञान पढ़ें तो विकसित दुनिया से अलग-थलग पड़ेंगे। मूलत: यह धारणा ही गलत है, क्योंकि अगर ऐसा होता तो चीन आज वैज्ञानिक क्षेत्र में अति अप्रगत राष्ट्र होता। इसके लिए एक और तर्क यह दिया जाता है कि इस पारिभाषिक शब्दावली को 'ग्रहण' करने से नए-नए शब्द गढ़ने की आवश्यकता नहीं होगी। अन्यत: हमारे वैज्ञानिकों तथा अध्येताओं का अधिकांश समय मात्र शब्दों के निर्माण में व्यतीत होगा। यह तर्क भी भ्रान्तिपूर्ण है, क्योंकि दुहरा बोझ इस शब्दावली को अपनाने पर भी ढोना होगा...क्योंकि विकसित ज्ञान-विज्ञान की संकल्पना तथा उसके प्रकार्य के साथ जुड़ी एक विस्तृत शब्दावली को ज्यों-का-त्यों अपनाते रहने की एक अन्तहीन प्रक्रिया के हम शिकार हो जायँगे, क्योंकि ग्रहण किए गए शब्दों में अपनी भाषा के शब्दों के समान उर्वरता नहीं होती है। अत: स्पष्ट है कि निर्माण की क्षमता हमारी भाषा में होते हुए भी किसी विशेष ज्ञान शाखा के सभी विदेशी शब्दों को अपनाते रहना न तो व्यवहार्य है और न उचित भी।

इससे दूसरा प्रश्न उठ खड़ा होता है कि किन शब्दों को 'ग्रहण' करें? इस सन्दर्भ में ग्रहणवादी वर्ग की मान्यता है कि मात्र 'अन्तरराष्ट्रीय शब्दावली' को ग्रहण किया जाना चाहिए। यहाँ समस्या यह है कि, 'अन्तरराष्ट्रीय शब्दावली' का निर्धारण कैसे किया जाय? इस सन्दर्भ में कहा जाता है—'व्यावहारिक दृष्टिकोण अपनाते हुए और अधिक-से-अधिक अन्तरराष्ट्रीय शब्दों का उपयोग करने के लिए तीन यूरोपियन भाषाओं के समान शब्दों को अन्तरराष्ट्रीय मानकर भारतीय भाषाओं में लिया जाय।'' इससे समस्या यह खड़ी हो जाती है कि इन शब्दों का मात्र लिप्यन्तर कर जब हम प्रयोग करें तो वह कौन-सी भाषा होगी? वह हिन्दी तो नहीं होगी क्योंकि शब्द अंग्रेजी है और वह अंग्रेजी भी नहीं होगी क्योंकि लिपि देवनागरी है। अत: मात्र यूरोप के देशों में प्रयुक्त है और यूरोप वैज्ञानिक क्षेत्र में प्रगति के शिखर पर है, इसी आधार पर तथाकथित 'अन्तरराष्ट्रीय शब्दावली' को अपनाना न तो तर्कसंगत होगा और न व्यवहार्य। इस सन्दर्भ में डॉ. सत्यव्रत ने लिखा है, ''तथाकथित अन्तरराष्ट्रीय शब्दावली को स्वीकार करनेवालों के पास एक ही तर्क है कि अन्य देशों ने इसे स्वीकार कर लिया है, पर वे इसका मूल कारण खोजने का यत्न नहीं करते। इसका वास्तविक कारण यह है कि संस्कृत, ग्रीक, लैटिन और अरबी – इन चार भाषाओं के अतिरिक्त संसार में कोई भी इतनी परिपूर्ण और अपरिमित सामर्थ्यवाली भाषा नहीं है, जो प्रत्येक पदार्थ या भाव के लिए शब्द का निर्माण कर सके। अत: अनेक देश अंग्रेजी के ग्रीक और लैटिन से बने निष्पक्ष शब्दों को 'अन्तरराष्ट्रीय' स्वीकार कर लेते हैं, परन्तु चीन ने इसे कभी भी स्वीकृति नहीं दी। चीनियों की भाँति ही हमारे पास भी निर्माण क्षमता में सर्वोच्च स्थान रखनेवाली संस्कृत भाषा होते हुए भी क्योंकर हम दरिद्र या कर्जदार बने रहें? ठीक उसी तरह जिस तरह अन्नोत्पादन की क्षमता रखते हुए भी हम विदेशी अन्न के लिए हाथ पसारे रहते हैं।''

इससे तात्पर्य यह नहीं कि विदेशी शब्दों का सर्वथा बहिष्कार करके हम नए-नए शब्द ही गढ़ते रहें। या इस ग्रहण प्रक्रिया को सर्वथा बन्द कर दें। ऐसा सम्भव भी नहीं क्योंकि जब तक तत्सम, तद्भव और देशज शब्दों के साथ विदेशी शब्दों का अभाव रहेगा, तब तक कोई भाषा पूर्णत: प्रगतिशील नहीं कही जा सकती। कहा जाता है, ''जो भाषा जितनी अधिक पाचन शक्तिवाली होगी उतना ही अधिक वह सुदृढ़ और समृद्ध बनेगी।'' लेकिन 'पाचन-शक्ति' से अधिक ग्रहण उसकी सुदृढ़ता और समृद्धता को नष्ट कर देती है। डॉ. गोपाल शर्मा ने लिखा भी है, ''हिन्दी, अंग्रेजी के मोटर, स्टेशन, टिकट आदि शब्दों को अपना अंग बना चुकी है। इसके अतिरिक्त वह आंशिक या पूर्ण रूप से अन्तरराष्ट्रीय शब्दों को भी आत्मसात कर लेगी, परन्तु यदि संकल्पनात्मक अंग्रेजी शब्दों को भी हिन्दी में 'विकास' के नाम पर अस्वाभाविक रीति से भरा जाय तो भाषा के नष्ट होने की आशा उत्पन्न होने लगेगी। इस तरह का अतिवाद न तो उचित है और न उपादेय ही है।'' स्टालिन ने कहा था कि भाषा के विकास के नियमों को उसे समाज के इतिहास के साथ जोड़कर समझा जा सकता है। शब्द ग्रहण की समस्या भी इसी के साथ जुड़ी है, क्योंकि हमारे सामाजिक-राजनैतिक इतिहास में तुर्क-ईरानी शासकों के दरमियान अरबी-फारसी की शब्दावली कानून, प्रशासन, राजनीति की शब्दावली में प्रचुर मात्रा में प्रयुक्त होती रहीं। अंग्रेजी शासनकाल में मैकाले की शिक्षा योजना के द्वारा प्रशासन, विज्ञान, कानून के साथ ज्ञान-विज्ञान से सम्बन्धित शब्द प्रचलित होने लगे। इस तरह हिन्दी और भारतीय भाषाओं की पारिभाषिक शब्दावली को दो स्रोतों से शब्द ग्रहण करने पड़े हैं, विज्ञान-तकनीकी क्षेत्र में अंग्रेजी से लेकिन कानून, प्रशासन, राजनीति के सम्बन्धित कई शब्द अब 'हिन्दी' के ही बन गए हैं। अत: कहा जा सकता है कि बहुप्रचलित तथा आवश्यक शब्दों के रूप में ही विदेशी भाषा से शब्द ग्रहण किए जाना उचित होगा।

3. अनुकूलन' से सम्बन्धित समस्याएँ

'गृहीत' शब्दों को अपनी भाषा की प्रकृति के अनुकूल रूप में परिवर्तित करने की प्रक्रिया को 'अनुकूलन' कहा जाता है। यह अनुकूलन दो प्रकार का होता है— ध्वन्यानुकूलन और शब्दानुकूलन।

क. ध्वन्यानुकूलन— किसी भी शब्द की विदेशी ध्वनि को अपनी भाषा की ध्वनि पद्धति में ढालकर प्रयुक्त करना, 'ध्वन्यानुकूलन' कहा जाता है। जैसे—

टेक्निक से तकनीक

टेक्निकल से तकनीकी

एकेडमी से अकादमी

इस तरह के अनेक शब्द भाषा-विज्ञान के सिद्धानों के आधार पर ध्वनि-परिवर्तन के साथ हमारी भाषा में घुल-मिल जा रहे हैं। जैसे-

एंजिन	-	इंजन
डीजेल	-	डीजल

पाउण्ड	-	पौंड
बैंक	-	बैंक
ऑक्टोबर	-	अक्तूबर आदि।

ख. शब्दानुकूलन—विदेशी शब्दों के मूलाधार को नामधातु मानकर अपने ही व्याकरण की सहायता से नवीन रूप प्रदान करना, 'शब्दानुकूलन' कहलाया जाता है। इस रूप को दो भाषाओं का समासीकरण या सन्धीकरण भी कहा जा सकता है। जैसे-

Amoniated	-	एमोनीकृत
Carbonisation	-	कार्बनीकरण
Voltage	-	वोल्टता
Appellate	-	अपीलीय

अनुकूलन के साथ जुड़ी मूल समस्या यह है कि अनुकूलन के लिए दोनों भाषाओं में सम्बन्ध सूत्र क्या है? डॉ. देवेन्द्रनाथ शर्मा ने इसकी ओर संकेत करते हुए लिखा है, "कुछ लोग कहते हैं कि आप अंग्रेजी की समस्त पारिभाषिक शब्दावली भले ही ग्रहण न करें, पर अपनी भाषा की ध्वन्यात्मक तथा व्याकरणात्मक विशेषताओं के अनुकूल अंग्रेजी शब्दों में परिवर्तन करके तो उसे ले ही सकते हैं। ऐसा करने से अंग्रेजी शब्दों से समानता भी रह जाती है और श्रम भी अपेक्षाकृत कम पड़ेगा। जैसे 'टेक्निक' के बदले 'तकनीक', 'एकेडमी' के बदले 'अकादमी' कर लेने में क्या हर्ज है? आजकल ये प्रयोग कभी-कभी सुने भी जाते हैं। यह तर्क सुनने में जितना सुगम लगता है, उतना सुगम वस्तुत: नहीं है। अनुकूलन (एडैप्टेशन) वहीं सम्भव होता है जहाँ तत्तत् भाषाओं में कोई सम्बन्ध सूत्र विद्यमान हो। आधुनिक यूरोपीय भाषाओं में ग्रीक, लैटिन के शब्द यदि 'गृहीत' या 'अनुकूलित' हुए हैं, तो इसीलिए कि वे सम्पूर्ण यूरोप के जीवन और संस्कृति में व्याप्त तथा अन्तर्निहित हैं। यही नहीं ये दोनों भाषाएँ यूरोप की कला, साहित्य, दर्शन, विज्ञान, धर्म आदि के भी प्रमुख स्रोत हैं। साथ ही, उनमें शब्द-निर्माण की शक्ति और सम्भावना विद्यमान हैं, जिनका यूरोप की आधुनिक भाषाओं में अभाव है। अत: कोई आश्चर्य की बात नहीं कि यूरोप के एक छोर से दूसरे छोर तक की सभी भाषाएँ चाहे वह आइसलैंडिक हों, चाहे रूसी अपनी नवीन आवश्यकताओं की पूर्ति के लिए ग्रीक और लैटिन का पल्ला पकड़ती हैं, किन्तु अंग्रेजी और हिन्दी में ऐसा कौन-सा सम्बन्ध सूत्र है? सच पूछिए, तो उसमें साम्य की अपेक्षा वैषम्य ही अधिक है।" अत: स्पष्ट है कि ऐसे ही शब्दों का अनुकूलन किया जा सकता है, जो मूल विदेशी हों, परन्तु अब किसी-न-किसी रूप में या तो वह हिन्दी ने पचा लिये हों या जिनका लिप्यन्तर ही किया जा सके, निर्माण असम्भव हो या अव्यवहार्य।

अनुकूलन के साथ दूसरी समस्या यह है कि विदेशी 'गृहीत' शब्द भारतीय भाषाओं में अपनी ध्वनि तथा उच्चारण-प्रकृति के अनुसार लिप्यन्तरित की जाती है। जैसे—पुलिस-पोलिस, कालेज-कॉलेज। साथ ही, जिसे अन्तरराष्ट्रीय शब्दावली कहा जाता है, वह भी यूरोपियन भाषा में अपने अनुरूप उच्चारित की जाती रही हैं। जैसे—

अंग्रेजी Analyser, जर्मन Analysator, रूसी Analyzator,

अंग्रेजी Amperemetre, फ्रेंच Ammetre, रूसी Ampormeter

अंग्रेजी Bromide, जर्मन Bromid, रूसी Bromed, जापानी Buromaida, अरबी Bromeed आदि। अत: लिप्यन्तरण किस उच्चारण का करें ? इसका समाधान इस रूप में किया जाता है कि आम तौर पर अंग्रेजी स्वरूप को स्वीकार करना अधिक उचित होगा, क्योंकि वे अपेक्षाकृत हमारे अधिक नज़दीक हैं। पारिभाषिक शब्दावली आयोग की इस सन्दर्भ में मान्यता रही है कि, ''अंग्रेजी शब्दों का देवनागरी में लिप्यन्तर इतना जटिल न हो कि वर्तमान देवनागरी लिपि के वर्णों में नए-नए चिह्नों और संकेतों का समावेश करना पड़े।'' अंग्रेजी शब्दों को देवनागरी में इस प्रकार लिखा जाय कि वे अंग्रेजी के मानक उच्चारण से अधिक निकट हों। उनमें ऐसे परिष्कार किए जा सकते हैं, जो भारत के शिक्षित समाज के बीच प्रचलित हों। अन्य भारतीय भाषाओं की कुछ ध्वनियों को देवनागरी में लिखने के लिए केन्द्रीय हिन्दी निदेशालय की लिपि समिति ने ह्रस्व 'ए' और ह्रस्व 'ओ' के लिए जो संकेत सुझाए हैं, वे मान लिये जायँ तथा 'आ' ध्वनि के लिए (जैसा कि 'कॉलेज' में अर्धचन्द्र लगाने की वर्तमान प्रणाली को जारी रहने दिया जाय।

4. 'संचयन' से सम्बन्धित समस्याएँ

अपनी भाषा के प्रचलित शब्दों में से उपयुक्त शब्दों को पारिभाषिक शब्दों के रूप में अपनाकर उसके चयन तथा प्रयोग की प्रक्रिया 'संचयन' कहलाई जाती है। इसमें 'चयन', 'निश्चयन' तथा 'प्रयोग द्वारा संकलन' की प्रक्रिया अपेक्षित है। अपनी भाषा की बोली, उपभाषा तथा प्रान्तीय भाषाओं में प्रचलित शब्दों में से आवश्यकतानुरूप शब्दों का चयन किया जा सकता है। इस सन्दर्भ में समस्या उठ खड़ी होती है कि कैसे शब्दों का चयन किया जाय। पुनरुद्धारवादी वर्ग की मान्यता रही है कि अधिकांशत: संस्कृत के पुराने शब्दों को ही नए अर्थों में प्रयुक्त करना चाहिए। जहाँ तक प्रादेशिक भाषा तथा हिन्दी की विभिन्न बोलियों तथा उपभाषाओं का सवाल है, यह वर्ग उसके प्रति उपेक्षात्मक दृष्टिकोण से ही देखता रहा है। इस सन्दर्भ में इनकी धारणा रही है कि, ''पारिभाषिक शब्दावली के सिद्धान्तों में भारत के आंचलिक शब्दों का भी विशेष ध्यान रखना स्वीकार किया गया है, परन्तु इस सम्बन्ध में भी यह ध्यान रखना आवश्यक है कि प्रादेशिक भाषाओं में उपलब्ध संस्कृतनिष्ठ विशिष्ट शब्द क्या अन्य सभी भाषाओं में स्वीकृत हो सकता है या नहीं।'' ठीक इससे विपरीत प्रयोगवादी वर्ग प्रचलित शब्दों को मूल शब्द के रूप में अपनाने के पक्ष में है। ये दोनों वर्ग अतिपर हैं। ग्रहणवादी वर्ग हर प्रकार के शब्दों के लिए विदेशी शब्दों के ग्रहण का समर्थन करता है, परन्तु सामाजिक विज्ञान की पारिभाषिक शब्दावली निर्धारण में 'संचयन' प्रक्रिया को अपनाना अधिक व्यवहार्य है, क्योंकि इनका सम्बन्ध सीधे हमारे समाज-जीवन से जुड़ा होता है। राजभाषा आयोग ने अपनी रिपोर्ट में इस तथ्य की ओर ध्यान आकर्षित करते हुए लिखा है, ''सामान्य बोलचाल के शब्दों में हमें वैज्ञानिक विश्लेषण के लिए निश्चयार्थी बनाना पड़ता है, सामाजिक विज्ञान में यह विशेष रूप से करना पड़ता है, क्योंकि इन विद्याओं

का विकास जन-सामान्य की गतिविधि और सम्भाषण की भाषा से होता है। इन क्षेत्रों में ऐसे शब्दों का विशाल पुंज है जो कि सामान्य बातचीत और वैज्ञानिक विश्लेषण में समान रूप से काम आते हैं।"

यहाँ यह समस्या उठ खड़ी होती है कि एक अर्थ को व्यक्त करनेवाले विविध प्रचलित शब्दों में से किसको चुनें? अर्थात शब्द-चयन का आधार क्या हो? साथ ही चुने गए शब्दों को परिभाषा में किस तरह बाँधें? इसके लिए एक वैज्ञानिक पद्धति का प्रयोग किया जाता है, जो संयुक्त राष्ट्र शिक्षा-विज्ञान और संस्कृति संगठन द्वारा विभिन्न राष्ट्रों की विविध शब्दावली के प्रश्न पर गम्भीरता से विचार कर बनाई गई है। इसमें सबसे महत्त्वपूर्ण पद्धति 'कल्पना' का निर्धारण करने की है। उनके मतानुसार 'कल्पना' जो कि मूल भाव या विचार को व्यक्त करती है और शब्द तो इनका बोध करानेवाले परिचायक लेबल हैं। अत: पारिभाषिक शब्द बनाने से पूर्व उसमें व्यक्त की जानेवाली कल्पना प्रधान है और सर्वप्रथम उसे ही निश्चित करना आवश्यक है और तदनन्तर उस कल्पना के अनुरूप योग्य शब्द को परिभाषित करना चाहिए। संक्षेप में जिस कल्पना को व्यक्त करना है, उसे व्याख्येय अर्थ में उसे सीमित कर उसका प्रयोग करना चाहिए, लेकिन हमारी पारिभाषिक शब्दावली में मानकीकरण की इस प्रक्रिया पर अधिक ध्यान नहीं दिया गया है। इससे पारिभाषिक शब्दावली में 'विविधरूपता' की समस्या उठ खड़ी हुई है। इस सन्दर्भ में डॉ. गोपाल शर्मा ने अपने शोध प्रबन्ध 'सामाजिक विज्ञानों की पारिभाषिक शब्दावली का समीक्षात्मक अध्ययन' में लिखा है, ''पारिभाषिक शब्द बनाने से पूर्व उसमें व्यक्त की जानेवाली कल्पना प्रधान है और सर्वप्रथम उसे ही निश्चित करना आवश्यक है। भारतीय पारिभाषिक शब्द निर्माण में परिभाषा के निश्चय को प्रथम स्थान नहीं दिया गया। इसी कारण अनेक व्यक्तियों की अपनी-अपनी धारणाओं के अनुसार अलग-अलग शब्दों की सृष्टि हुई है।'' इससे जुड़ी एक और समस्या विभिन्न प्रादेशिक भाषा के लिए शब्दों के मानकीकरण तथा बहुभाषिक समन्वय की भी है।

भारतीय पारिभाषिक शब्दावली

यों तो मनुष्य को चिरकाल से ही समय-समय पर नए शब्द बनाने अथवा दूसरी भाषाओं के शब्द स्वीकार करने पड़े हैं, तथापि भारत में एक निश्चित शब्दावली बनाने का सर्वप्रथम नियमित प्रयास छत्रपति शिवाजी महाराज के समय में ही किया गया। महाराज के कहने पर श्री रघुनाथ पन्त ने राजकाज के लिए लगभग 1,500 शब्दों का निर्माण किया। ये शब्द संस्कृत की धातुओं और उपसर्गों पर आधारित थे। इन शब्दों के संग्रह का नाम था 'राजकोश'। मध्यकाल में कर्णपुर, दलपतिराय आदि ने ऐसी ही कई शब्दावलियों के संकलन किए, जिनमें राजकारण में काम आनेवाले साधारण फारसी शब्दों के स्थान पर पुराने अथवा नवनिर्मित संस्कृत शब्द रखे गए थे। इनमें 'यवन-नाम-माला', 'पारसीक-नाम-माला', 'पारसी-प्रकाश', 'पत्र-प्रशस्ति' और 'राज्य व्यवहार-कोश' आदि उल्लेखनीय हैं।

उन्नीसवीं शताब्दी में इस प्रकार के अनेक प्रयास किए गए। सन् 1871 ई. में तत्कालीन बंगाल सरकार ने एक ऐसी समिति नियुक्त की, जिसका काम यह देखना था कि यूरोपीय विधि-संहिताओं तथा वैज्ञानिक विषयों की शब्दावली को किस प्रकार भारतीय भाषाओं में रूपान्तरित किया जाय। इस समिति के एक वरिष्ठ सदस्य श्री राजेन्द्रलाल मित्र ने समिति के निर्णयों और निष्कर्षों को सन् 1877 ई. में 'ए स्कीम फार द रैडरिंग ऑफ यूरोपीयन साइंटिफिकल टर्मिनोलॉजी इन टू द वर्नाकुलर्स ऑफ इंडिया' नाम से प्रकाशित किया। काशी नागरी प्रचारिणी सभा ने भी इस प्रकार के कार्य के लिए एक समिति बनाई, जिसने सन् 1906 ई. में हिन्दी वैज्ञानिक शब्दावली (हिन्दी साइंटिफिक ग्लासरी) का एक संकलन प्रकाशित किया। इसके पश्चात इस दिशाओं में अनेक व्यक्तिगत तथा संस्थागत प्रयत्न हुए, जिनमें से 'काशी नागरी प्रचारिणी सभा', 'हिन्दी साहित्य सम्मेलन' तथा डॉ. रघुवीर आदि के प्रयत्न उल्लेखनीय हैं।

काशी नागरी प्रचारिणी सभा ने इस क्षेत्र में महत्त्वपूर्ण कार्य किया है। सन् 1893 ई. में सभा की स्थापना के बाद ही वैज्ञानिक और अन्य शास्त्रीय विषयों की पुस्तकें और लेखादि का लेखन कार्य आरम्भ हुआ था। इसी दरमियान इन विषयों के पुस्तकों को लिखने में पारिभाषिक शब्दावली के दुर्भिक्ष का अनुभव विद्वानों ने किया और सन् 1898 ई. में सभा ने हिन्दी वैज्ञानिक शब्द संग्रह तैयार करने का निश्चय किया। महामहोपाध्याय पं. सुधाकर द्विवेदी, बाबू भगवती सहाय, पं. गंगानाथ झा, पं. विनायकराव लाला खुशीराम, बाबू श्यामसुन्दर दास आदि के सहयोग से अंग्रेजी पारिभाषिक शब्दों के पर्याय बनाने का कार्य किया। बनाई गई शब्दावली के पुनरीक्षण के लिए सभी प्रान्तों के विद्वानों का भी सहयोग लिया गया था।

स्वतन्त्रता प्राप्ति के पश्चात केन्द्रीय शिक्षा मन्त्रालय ने दिसम्बर, 1950 में वैज्ञानिक शब्दावली का एक मंडल बनाया, जिसकी देखरेख में लाखों नए शब्दों का निर्माण कार्य हो रहा है, साथ ही प्रान्तीय सरकारें तथा विभिन्न विश्वविद्यालयों में भी इस दिशा में पर्याप्त मात्रा में कार्य हो रहा है। इस कार्य को समग्र रूप से देखने पर पता चलता है कि विभिन्न विद्वानों, संस्थानों और सरकारों ने पारिभाषिक शब्द निर्माण करते समय विशिष्ट विचारधाराओं को अपनाया है। ये विचारधाराएँ जो शब्दावली सम्प्रदाय कहलाई जाती हैं, इस प्रकार हैं—

1. राष्ट्रीयतावादी या संस्कृतवादी

जिन लोगों ने वैदिक तथा लौकिक संस्कृत के शब्द और धातुएँ लीं और उपसर्ग, प्रत्यय, समास एवं सन्धि के आधार पर नए पारिभाषिक शब्द निर्मित किए, प्राचीन शास्त्रीय शब्दों का निर्माण किया, या फिर शब्दों को धारण किए रखा, उन्हें 'राष्ट्रीयतावादी' या संस्कृतवादी तथा पुनरुद्धारवादी कहा जाता है। डॉ. रघुवीर इस वर्ग के पुरोधा रहे हैं। इस मत के लोग भारतीय भाषाओं के लिए समस्त पारिभाषिक शब्दावली संस्कृत-स्रोत से लेने के पक्ष में हैं। इसके लिए उनके तर्क इस प्रकार हैं—

(1) अन्य भाषाओं की अपेक्षा संस्कृत-भाषा में शब्द निर्माण की अद्‌भुत क्षमता है।
(2) दर्शन, मनोविज्ञान, खगोल-शास्त्र, धातु-विधा आदि विषय पारिभाषिक शब्दों का अपनी भाषा संस्कृत के पास पहले ही विद्यमान है।
(3) विदेशी भाषा के शब्द ग्रहण करने पर पारिभाषिक शब्दावली की उर्वरता समाप्त हो जाती है।
(4) संस्कृत सभी भारतीय भाषाओं की जननी है, साथ ही अपने समाज-संस्कृति दर्शन आदि से अटूट रूप में जुड़ी है।

डॉ. रघुवीर ने संस्कृत के आधार पर पारिभाषिक शब्दावली के निर्माण का कार्य एक लम्बे अर्से तक किया। कई आक्षेपों के बावजूद उनका कार्य भारतीय पारिभाषिक शब्दावली निर्माण में महत्त्वपूर्ण योगदान साबित हुआ। सन् 1955 ई. में प्रकाशित उनका 'कम्प्रिहैन्सिव इंग्लिश हिन्दी डिक्शनरी' शीर्षित कोश-ग्रन्थ, जिसमें लगभग दो लाख शब्द हैं—एक महत्त्वपूर्ण उपलब्धि माना जाता है। इस ग्रन्थ में प्रस्तुत शब्द निर्माण के लिए उन्होंने जिस वैज्ञानिक पद्धति का अवलम्ब किया है, वे भारतीय पारिभाषिक शब्दावली के निर्माण में 13 सिद्धान्त के नाम से जाने जाते हैं। वे इस प्रकार हैं—

डॉ. रघुवीर द्वारा निर्धारित 13 सिद्धान्त

1. प्रत्येक मुख्य अर्थ के लिए एक पृथक शब्द होना चाहिए। जैसे—'Power' के लिए 'शक्ति', 'Force' के लिए 'बल', 'Energy' के लिए 'ऊर्जा'।
2. शब्द अन्वर्थक होते हैं। वे प्रदत्त विचार या वस्तु की दशा में ले जाते हैं। वे किसी विशेष गुण की ओर संकेत करते हैं। यहाँ तक कि शब्दों का निर्माण किसी एक या अधिक विशेषता के आधार पर किया जा सकता है। जैसे—स्थानान्तर के 'नाप' के लिए-'गति', स्थानान्तर की 'गति' के लिए 'चाल'।
3. किसी सरल अयौगिक शब्द की लम्बाई चार अक्षरों से अधिक नहीं होनी चाहिए।
4. यूरोपीय शब्दों के विभिन्न या अनेक प्रतीकों व संक्षेपों के लिए भारतीय शब्द भी विभिन्न या अनेक प्रतीक व संक्षेपवाले होने चाहिए। जैसे—गणित, रसायन आदि के संक्षेप व प्रतीक या चिह्न।
5. यूरोपीय असमस्त पदों का अनुवाद असमस्त पदों से किया जाय, अर्थात शब्द व्याख्यात्मक नहीं होना चाहिए। जैसे 'Signal' के लिए 'संकेत' शब्द का प्रयोग होना चाहिए, न कि 'Signal' की व्याख्या करनेवाला 'अग्निरथगमनागमनसूचक लोह पट्टिका'।
6. यथाशक्य उपसर्गों का अनुवाद उपसर्गों से और प्रत्ययों का अनुवाद प्रत्ययों से होना चाहिए। जैसे—

(अ) प्रत्यय

(1) Phosph + ate	=	Phosphate : प्रत्यय : Ate
भास्व + ईय	=	भास्वीय : प्रत्यय : ईय
(2) Phos + ated	=	Phosphated : प्रत्यय : Ate
भास्व् + इयित	=	भास्वीयित : प्रत्यय : इयित
(3) phos + atic	=	Phosphatic : प्रत्यय : Atic
भास्व + ईयिक	=	भास्वीयि : प्रत्यय : ईयिक
(4) Phosph + atide	=	Phosphatide : प्रत्यय : Atide
भास्व् + ईयेय	=	भास्वीयेय : प्रत्यय : ईयेय

(आ) उपसर्ग

(1) Peri + meter	=	Perimeter : उपसर्ग : Peri
परि + माप	=	परिमाप : उपसर्ग : परि
(2) Sub + genus	=	Subgenus : उपसर्ग : Sub
अनु + प्रजाति	=	अनु प्रजाति : उपसर्ग : अनु
(3) Con + dence	=	Con-dence : उपसर्ग : Con
सं + घनन	=	संघनन : उपसर्ग : सं
(4) Ab + rade	=	Ab - rade : उपसर्ग : Ab
अप + घर्षण	=	अपघर्षण : उपसर्ग : अप

7. यूरोपीय समस्त शब्दों का विश्लेषण द्वारा सार्थक अंगों के अनुवाद से भारतीय शब्दों का निर्माण किया जाना चाहिए। जैसे—'Centrifugal' केन्द्रापग, 'Centripetal' केन्द्राभिग।

8. विदेशी शब्दों के एक शब्द से बने विभिन्न रूप एक ही शब्द से व्युत्पादित किए जायँ। जैसे—

Law	विधि	Legislate	विधान
Lawful	विधिवत्	Legislative	विधायी
Legal	वैध	Legislator	विधायक
Illegal	अवैध	Legislatable	विधेयक
Lawless	विधिहीन	Legislature	विधायिनी
Lawlessness	विधिहीनता	Legislatorial	विधायकीय

9. प्रत्येक शब्द के व्याकरण व अर्थ सम्बन्धी समस्त या असमस्त सभी पदों का संग्रह करके ही अनुवाद किया जाना चाहिए। जैसे—

(क) व्याकरण सम्बन्धी

Acid	:	अम्ल
Acidic	:	अम्लिक
Acidiant	:	अम्लकर
Acidification	:	अम्लन
Acidifier	:	अम्लक

(ख) अर्थ सम्बन्धी

Right	:	अधिकार
Authority	:	प्राधिकार
Prerogative	:	परमाधिकार
Privilege	:	विशेषाधिकार
Monopoly	:	एकाधिकार

10. वास्तविक शब्दों के संक्षिप्तीकरण के साथ नए विचारों के लिए नए प्रत्ययों का निर्माण करना चाहिए। अंग्रेजी में रसायन सम्बन्धी धातुवाची तत्त्वों के द्योतन के लिए 'Um' प्रत्यय प्रयुक्त होता है और इनके लिए भारतीय पारिभाषिक शब्दावली निर्माण में 'धातु' प्रत्यय का प्रयोग कर सकते हैं। जैसे—

Alumin	:	स्फटी
Alumin+ium	:	स्फटी + धातु = स्फट्यातु

11. नवीन शब्दों के निर्माण से पूर्व हमारी प्राचीन भाषाओं के ग्रन्थों में तथा संस्कृत से प्रभावित अन्य देशों की भाषाओं में उपलब्ध शब्दों का अनुसन्धान कर लेना चाहिए।
12. प्रान्तीय भाषाओं में उपलब्ध शब्द यदि पूर्वोक्त नियमों के आधार पर अधिक उपयुक्त जँचे तो हिन्दी की अपेक्षा उन्हें प्राथमिकता दी जानी चाहिए। जैसे—'Wireless' के लिए हिन्दी में 'वितन्तु' का अर्थ 'विधवा' होता है। 'Wireless' के लि.ए तेलुगु में 'निस्तन्त्री' कहा जाता है। अत: 'वितन्तु' की जगह 'निस्तन्त्री' शब्द को स्वीकार कर लेना अधिक उचित है। तात्पर्य यह कि ऐसे शब्दों को अखिल भारतीय शब्दावली में स्थान न दिया जाय, जो किसी क्षेत्रीय भाषा में अन्य अर्थ के सूचक हों।
13. पारिभाषिक शब्दावली का प्रयोग शास्त्रीय स्तर पर हो और जनसामान्य के व्यवहार में प्रयुक्त शब्द साथ-साथ चलते भी रहें तो कोई हानि नहीं है। शास्त्रीय शब्द सदैव जनसाधारण में धीरे-धीरे ही फैलते हैं।

आक्षेप—इस सम्प्रदाय ने जो पारिभाषिक शब्दावली का निर्माण किया है, उसके स्वरूप को देखते हुए इन पर निम्न आक्षेप किए जाते हैं—

(1) हिन्दी में प्रचलित देशज, विदेशी तथा बहुत-से तद्भव शब्दों के प्रति उपेक्षात्मक दृष्टिकोण अपनाया है। उदाहरण—'दूरबीन' प्रचलित शब्द के स्थान पर 'दूरेक्ष' शब्द अपनाया गया है।

(2) शब्द-निर्माण में मात्र संस्कृत के उपसर्ग-प्रत्ययों की सहायता ली गई है या नए प्रत्यय बनाए गए हैं। किन्तु हिन्दी के बहुप्रचलित ना, बे, दार, बन्द, ची जैसे उपसर्गों/ प्रत्ययों का पूर्णत: बहिष्कार किया गया है।

(3) प्राचीन साहित्य से जो शब्द लिये गए हैं, वे आज के लिए इतने दुरूह हैं कि उन्हें समझना कठिन है।

(4) शब्द-निर्माण की प्रक्रिया अत्यधिक यन्त्रवत-सी है, इसलिए प्रचलन के लिए भाषा में जो जीवितता होनी चाहिए वह इन शब्दों में नहीं आ पाई है।

(5) हमारी आज की संस्कृति मिश्रित संस्कृति है, अत: शब्दों के प्रति अतिशुद्धता का दृष्टिकोण सम्पूर्ण शब्दावली को आज के समाज से अलग-थलग कर देता है।

उक्त आक्षेपों के बावजूद राष्ट्रीयतावादी या संस्कृतवादी विद्वानों द्वारा निर्मित शब्दावली का अनन्य साधारण महत्त्व रहा है। आरम्भ में दुरूह और क्लिष्ट लगनेवाली शब्दावली निरन्तर प्रयोग से प्रचलित हो रही है। जब लोग अपनी भाषाओं की शक्ति के विषय में सन्देह कर रहे थे, उस समय इस वर्ग ने शब्दावली का विशाल समूह तैयार कर भारतीय भाषाओं के प्रति आस्था उत्पन्न की और इस कार्य के विषय में अधिक-से-अधिक भारतीय विद्वानों को विचार करने पर बाध्य किया। इसके परिणामस्वरूप अधिक काल-संगत और व्यावहारिक तरीकों से शब्दावली निर्माण करने का मार्ग प्रशस्त हो गया। भारतीय वैज्ञानिकों की नकारात्मक वृत्ति को निश्चित और सक्रिय सकारात्मक वृत्ति में परिणत कर इस शब्दावली-सम्प्रदाय ने समाज की बड़ी सेवा की है।

2. शब्द-ग्रहणवादी या अन्तरराष्ट्रीयतावादी

इस विचार के विद्वानों को आदानवादी तथा स्वीकारवादी भी कहा जाता है। हमारे अधिकांश वैज्ञानिक इसी मत के हैं। उनका कहना है कि अंग्रेजी तथा अन्तरराष्ट्रीय शब्दों के लिए हिन्दी या अन्य भारतीय भाषाओं में पारिभाषिक शब्द बनाने या संस्कृत आदि से लेने की आवश्यकता नहीं। इससे अच्छा है कि इन शब्दों को ज्यों-का-त्यों या हिन्दी आदि की ध्वनि-व्यवस्था के अनुरूप अनुकूलित करके लिया जाय। इसके लिए निम्न तर्क दिये जाते हैं—

(1) अन्तरराष्ट्रीय शब्दावली का प्रचार विश्व में सबसे अधिक है। इनको अपनाने से हिन्दी तथा अन्य भारतीय भाषाएँ पारिभाषिक शब्दावली निर्माण के अतिरिक्त श्रम से बच जायँगी।

(2) इस प्रकार के शब्दों को अपनाने से हमारा सम्बन्ध विश्व की उन सभी भाषाओं से जुड़ जायगा जो इनका प्रयोग करती हैं। हमारे विज्ञानवेत्ता और शास्त्रज्ञ विदेशी भाषाओं में प्रकाशित साहित्य को सरलता से समझ सकेंगे। ऐसे ही

विदेशी लोग भी हमारी भाषाओं का सामान्य ज्ञान अर्जित करके हमारे वैज्ञानिक साहित्य से सरलता से परिचित हो सकेंगे।

(3) भारतीय वैज्ञानिक भी अन्तरराष्ट्रीय पारिभाषिक शब्दावली को अपनाकर अपनी-अपनी भाषा में ग्रन्थ-रचना कर सकेंगे। यदि वे अपनी भाषा में निर्मित सर्वथा नवीन पारिभाषिक शब्दावली से परिचित होकर ग्रन्थ-रचना करने लगें, तो उनका अमूल्य समय इस प्रक्रिया में व्यर्थ ही नष्ट होगा। उस समय को वे अपने शोध-कार्य में लगाकर वैज्ञानिक प्रगति को तेज़ कर सकेंगे।

(4) प्रतिदिन तेज गति से विकसित विज्ञान की पारिभाषिक शब्दावली का हम कहाँ तक अपनी भाषा में निर्माण करते रहेंगे। ग्रहण की अवितर प्रक्रिया से इस समस्या का भी समाधान होगा।

ग्रहण या अन्तरराष्ट्रीयतावादी विद्वानों ने 'अन्तरराष्ट्रीय शब्दावली' की व्याप्ति पर भी विचार किया है। सामान्यत: यूरोपियन तीन भाषाओं में समान रूप में प्रयुक्त शब्दावली को अन्तरराष्ट्रीय शब्दावली माना गया है। डॉ. यदुवंशी ने अंग्रेजी, फ्रांसीसी, जर्मन, रूसी, जापानी और अरबी इन छह भाषाओं में प्रकाशित विभिन्न विषयों की शब्दावलियों के तुलनात्मक अध्ययन से अन्तरराष्ट्रीय शब्दावली के सात वर्ग किए हैं—

1. वैज्ञानिक क्षेत्रों में प्रयुक्त माप की इकाइयों, जैसे—ग्राम, किग्रा. सेंटीमीटर, मीटर, कॅलोरी, वोल्ट आदि।
2. 96 तत्त्वों के नाम : न्यूट्रोन, कैलीफेर्नियम सिल्वर, जिंक आदि।
3. रासायनिक यौगिकों के नाम : कार्बन डाइआक्साइड, क्लोराइड आदि।
4. वनस्पति तथा प्राणिविज्ञान की द्विनाम पंदावली-एलबीस एब्रा, बिजा एरेक्टा, ट्राइसेटस, फेमोरिस आदि।
5. आविष्कारकों तथा खोजकर्त्ताओं के सम्मान में व्यक्ति नामों पर आधारित शब्द—फॉरेनहाइट, मैकेडम, एस्टन, ऑगर आदि।
6. विशेष वस्तुओं या पदार्थों को उनके आविष्कारकों अथवा खोजकर्त्ताओं द्वारा दिये गए नाम : सल्पा, ग्लूकोज, पेप्सिन, प्रोटीन, विटामिन, न्यूट्रोन आदि।
7. अन्य विश्वव्यापी शब्द।

इनके साथ गणित तथा अन्य विज्ञानों में प्रयुक्त अंक, प्रतीक, चिह्न, सूत्र आदि को भी अन्तरराष्ट्रीय शब्दावली में शामिल किया गया है। उक्त विषय से सम्बन्धित शब्दावली को लिप्यन्तरित रूप में प्रयुक्त करने का आग्रह इस वर्ग के विद्वान करते हैं। लिप्यन्तरण के विषय में इनमें परस्पर विरोधी दो विचार हैं। कुछ विद्वान इन शब्दों के अंग्रेजी उच्चारण को यथावत ग्रहण करना आवश्यक मानते हैं और कुछ विद्वान हिन्दी ध्वनि के अनुसार इन शब्दों को अनुकूलित कर लेने के पक्ष में हैं।

अन्य भाषा से शब्द ग्रहण करना भाषा की सहज प्रवृत्ति है, परन्तु किसी अन्य भाषा के सारे-के-सारे शब्दों का ग्रहण करने का आग्रह दुराग्रह है, जो अव्यवहार्य तथा अनुचित माना जायगा।

3. प्रयोगवादी या लोकवादी

इन्हें हिन्दुस्तानीवादी भी कहा जाता है। इस सम्प्रदाय के विद्वानों का मत है कि भारत की संस्कृति एक मिश्रित संस्कृति है। हिन्दी में भी अनेक स्रोतों से आगत शब्द प्रचलित हैं। अत: पारिभाषिक शब्दों का निर्माण करते समय तत्सम, तद्भव रूपों तथा अरबी, फारसी, तुर्की, अंग्रेजी आदि स्रोतों से आए शब्दों का भी उपयोग किया जाना चाहिए। इस मान्यता को अपनाकर कई विद्वान तथा संस्थाओं ने पारिभाषिक शब्दावली का निर्माण कार्य किया है, जिनमें से पं. सुन्दरलाल, डॉ. जफर हुसेन आदि विद्वान तथा हिन्दुस्तानी कल्चर सोसाइटी इलाहाबाद और उस्मानिया विश्वविद्यालय हैदराबाद का कार्य विशेष उल्लेखनीय रहा है। जब मौलाना अबुल कलाम आजाद भारत के केन्द्रीय शिक्षामन्त्री थे, तब उन्होंने इन व्यक्तियों तथा संस्थाओं को सरकारी अनुदान दिलाकर इनके कार्य में सहायता पहुँचाई थी। 'हिन्दुस्तानी कल्चर सोसाइटी' द्वारा निर्मित शब्दों के नमूने 1954 में प्रकाशित 'हिन्दुस्तानी के लिए शब्दयाली असूल' में तथा उस्मानिया विश्वविद्यालय द्वारा निर्मित शब्दावली के नमूने 1950-52 में प्रकाशित पुस्तक 'हिन्दी टर्म्स ऑफ सोशियोलॉजी' में देखे जा सकते हैं।

शब्द-निर्माण के लिए इस वर्ग का दृष्टिकोण अवश्य महत्त्वपूर्ण है। संस्कृत के तत्सम शब्दों के साथ तद्भव और विदेशी शब्दों का अपनाव, संस्कृत शब्दों के साथ दूसरी भाषाओं के उपसर्ग प्रत्यय जोड़ना, लोकभाषा में प्रचलित शब्दों को अपनाना आदि बातें महत्त्वपूर्ण हैं, परन्तु इसका मनमाना प्रयोग तथा संस्कृत के प्रति उपेक्षात्मक दृष्टिकोण आदि के कारण इनके द्वारा बनाए गए शब्दों में से अधिकांश शब्द हास्यास्पद और भौंडे बन गए। इसलिए वे न तो स्वीकृत हो सके और न प्रचलित। उदाहरण के लिए कुछ शब्द—

Chairman : मसन्दी, Central Cabinet : बिचबिन्दी की खोली, Communication : आवाजाही, Emergency : अचानकी, Government : शासनिया, Inter-communal : अन्तरकौमी, President : राजपति, Pedagogy : तालिम विद्या, Psychology : मनविद्या, Atomize : अजुयाना, Legalize : कानूनियाना, Standardize : सैंडर्डियाना, Maternity home : जच्चाघर, Infiltrator : घुसपैठिया, Defector : दलबदलू, Acknowledgements पावती आदि।

4. मध्यममार्गी या समन्वयवादी

यह अनतिवादी सम्प्रदाय है। उक्त तीनों सम्प्रदाय किसी-न-किसी रूप में अतिवादी रहे हैं। प्रथम वर्ग संस्कृत का, द्वितीय अंग्रेजी का तथा तृतीय लोकभाषा का अत्यधिक पक्षपाती रहा है। तीनों सम्प्रदायों की पारिभाषिक शब्दावली निर्धारण की कुछ समीचीन मान्यताओं को समन्वित रूप में अपनाते हुए शब्द-निर्माण की समस्याओं को सुलझाने का सार्थक प्रयास मध्यममार्गी या समन्वयवादी विद्वानों तथा संस्थाओं ने किया है। नागरी प्रचारिणी सभा काशी, हिन्दी साहित्य सम्मेलन प्रयाग, मानव संसाधन विकास मन्त्रालय

के वैज्ञानिक तथा तकनीकी शब्दावली आयोग तथा केन्द्रीय हिन्दी निदेशालय द्वारा किए गए शब्द-निर्माण कार्य इसी मध्यम मार्ग का अनुसरण करते हैं। इस वर्ग द्वारा समन्वय की दृष्टि से किए गए शब्द-निर्माण के प्रधान लक्षण इस प्रकार हैं—

(1) अन्तरराष्ट्रीय शब्दों का स्वीकारण और अनुकूलन।

(2) नई शब्द-रचना में प्रथमत: संस्कृत से अन्यथा प्रादेशिक भाषाओं से उपयुक्त शब्दों का संकलन और उनकी सहायता से नवशब्द सर्जन।

(3) विशुद्धतावाद तथा अनियन्त्रित प्रयोगवाद की अतिपरक स्थितियों से बचकर सरलता, सूक्ष्मार्थता तथा सुबोधता के मार्ग का अनुसरण करते हुए प्रचलन के प्रति समुचित आस्था।

इस दृष्टि से शब्द निर्माण के लिए वैज्ञानिक तथा तकनीकी शब्दावली के स्थायी आयोग ने विद्वानों की सहायता से कुछ सिद्धान्त बनाए हैं, वे इस प्रकार हैं—

(1) अन्तरराष्ट्रीय शब्दों को यथासम्भव इसके प्रचलित रूपों में ही अपनाना चाहिए और हिन्दी व अन्य भारतीय भाषाओं की प्रकृति के अनुसार ही उनका लिप्यन्तरण करना चाहिए। (अन्तरराष्ट्रीय शब्दावली के अन्तर्गत तत्त्वों और यौगिकों के नाम, तौल और माप की इकाइयाँ, भौतिक परिमाण की इकाइयाँ, व्यक्तियों के नाम पर बने शब्द, वनस्पति-विज्ञान, प्राणि-विज्ञान, भूविज्ञान आदि की द्विपदी नामावली, स्थिरांक (जैसे—π) विश्वव्यापी शब्द, गणित और विज्ञान की अन्य शाखा के संख्यांक, प्रतीक, चिह्न और सूत्र आदि आ जाते हैं।)

(2) प्रतीक रोमन लिपि में अन्तरराष्ट्रीय रूप में ही रखे जायँगे, परन्तु संक्षिप्त रूप नागरी और मानक रूपों में भी, विशेषत: साधारण तौल और माप में लिखे जा सकते हैं। जैसे सेंटीमीटर का प्रतीक cm हिन्दी में 'सेमी.' हो सकता है। यह सिद्धान्त बाल-साहित्य और लोकप्रिय पुस्तकों में अपनाया जायगा परन्तु विज्ञान और शिल्पविज्ञान की मानक पुस्तकों में केवल अन्तरराष्ट्रीय प्रतीक; जैसे cm ही प्रयुक्त करना चाहिए।

(3) ज्यामितीय आकृतियों में भारतीय लिपियों के अक्षर प्रयुक्त किए जा सकते हैं। जैसे—

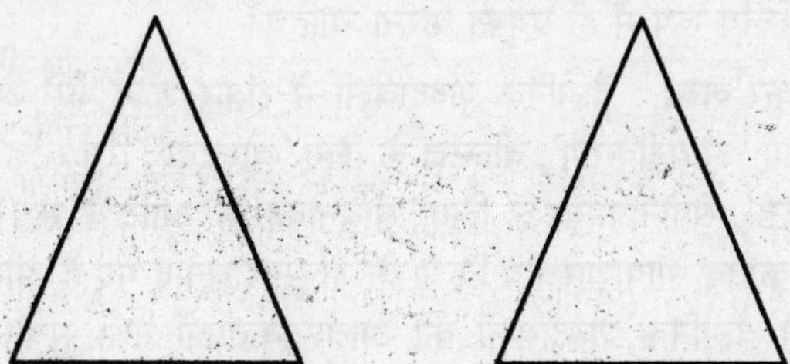

परन्तु त्रिकोणमितीय सम्बन्धों में केवल रोमन अथवा ग्रीक अक्षर ही प्रयुक्त करने चाहिए। जैसे—साईन A, कॉस B आदि।

(4) संकल्पनाओं को व्यक्त करनेवाले शब्दों का सामान्यत: अनुवाद किया जाना चाहिए।

(5) हिन्दी पर्यायों का चुनाव करते समय सरलता, अर्थ की परिशुद्धता और सुबोधता का विशेष ध्यान रखना चाहिए। सुधार विरोधी और विशुद्धतावादी प्रवृत्तियों से बचना चाहिए।

(6) सभी भारतीय भाषाओं के शब्दों में यथासम्भव अधिकाधिक एकरूपता लाना इसका उद्देश्य होना चाहिए और इसके लिए शब्द अपनाने चाहिए जो—

(क) अधिक-से-अधिक प्रादेशिक भाषाओं में प्रयुक्त होते हों।

(ख) संस्कृत धातुओं पर आधारित हों ।

(7) ऐसे देशी शब्द जो सामान्य प्रयोग के वैज्ञानिक शब्दों के स्थान पर हमारी भाषाओं में प्रचलित हो गए हों, जैसे—टेलीग्राफ, टेलीग्राम के लिए 'तार', कांटिनेंट के लिए 'महाद्वीप', एटम के लिए 'परमाणु' आदि। ये सब इसी रूप में व्यवहार किए जाने चाहिए।

(8) अंग्रेजी, पुर्तगाली, फ्रांसीसी आदि भाषाओं के ऐसे विदेशी शब्द जो भारतीय भाषाओं में प्रचलित हो गए हैं; जैसे—इंजन, मशीन, लावा, मीटर, लीटर, टार्च आदि इसी रूप में अपनाए जाने चाहिए।

(9) अन्तरराष्ट्रीय शब्दों का देवनागरी में लिप्यन्तरण इतना जटिल नहीं होना चाहिए कि उसके कारण वर्तमान देवनागरी वर्णों में नए चिह्न व प्रतीक शामिल करने की आवश्यकता पड़े। अंग्रेजी शब्दों का देवनागरीकरण करते समय लक्ष्य यह होना चाहिए कि वह मानक अंग्रेजी उच्चारण के अधिकाधिक अनुरूप हों और उनमें ऐसे परिवर्तन किए जायँ जो भारत के शिक्षित वर्ग में प्रचलित हों।

(10) हिन्दी में अपनाए गए अन्तरराष्ट्रीय शब्दों को, अन्यथा कारण न होने पर, पुँल्लिंग रूप में ही प्रयुक्त करना चाहिए।

(11) संकर शब्द : वैज्ञानिक शब्दावली में संकर शब्द जैसे आयनाइजेशन के लिए 'आयनीकरण', वोल्टेज के लिए 'वोल्टता', रिंग स्टैंड के लिए 'वलय स्टैंड', सेपोनीफायर के लिए 'साबुनीकारक' आदि के रूप में सामान्य और प्राकृतिक भाषाशास्त्रीय क्रिया के अनुसार बनाए गए हैं और ऐसे शब्दरूपों को वैज्ञानिक शब्दावली की आवश्यकताओं तथा सुबोधता, उपयोगिता और संक्षिप्तता का ध्यान रखते हुए व्यवहार में लाना चाहिए।

(12) कठिन सन्धियों का यथासम्भव कम-से-कम प्रयोग करना चाहिए और संयुक्त शब्दों के लिए दो शब्दों के बीच हाइफन लगा देना चाहिए। इससे नई शब्द-रचनाओं को सरलता और शीघ्रता में समझने में सहायता मिलेगी। जहाँ तक संस्कृत पर आधारित 'आदिवृद्धि' का सम्बन्ध है 'व्यावहारिक', 'लाक्षणिक' आदि प्रचलित संस्कृत तत्सम शब्दों में आदिवृद्धि का प्रयोग ही अपेक्षित है, परन्तु नवनिर्मित शब्दों में इससे बचा जा सकता है।

(13) नए अपनाए हुए शब्दों में आवश्यकतानुसार हलन्त का प्रयोग करके उन्हें सही रूप में लिखना चाहिए।

(14) पंचम वर्ण के स्थान पर अनुस्वार का प्रयोग करना चाहिए, परन्तु लेन्स, पेटेंट आदि शब्दों का लिप्यन्तरण लेंस, पेटेण्ट या पेटेन्ट न करके लेन्स, पेटेन्ट ही करना चाहिए।

इस समन्वय से बनी शब्दावली में भी त्रुटियाँ हैं, लेकिन जैसे कि आचार्य देवेन्द्रनाथ शर्मा ने अपने ग्रन्थ 'राष्ट्रभाषा हिन्दी : समस्याएँ और समाधान' में लिखा है, ''जहाँ हजारों-लाखों शब्दों के निर्माण का प्रश्न है, वहाँ कुछ शब्द ऐसे भी मिलेंगे, जो पूर्णतः सन्तोषप्रद न हों। ऐसा होना अनिवार्य है और न होना ही आश्चर्यकर। किन्तु कौन-से शब्द पूर्णतः सन्तोषप्रद हैं या कौन-से नहीं, इसका परिज्ञान तो प्रयोग से ही हो सकता है। प्रयोग ही वह कसौटी है, जिस पर उनके गुण-दोष की परीक्षा सम्भव है, अन्यतः कोश में सभी समान हैं। जो शब्द सर्वथा समुचित न प्रतीत हों अथवा जिनमें किसी प्रकार की त्रुटि दिखे, उन्हें समुचित या त्रुटिहीन बनाने के लिए गम्भीर विचार तथा रचनात्मक सुझाव उपयोगी होंगे, न कि निरर्थक आलोचना।''

भारतीय पारिभाषिक शब्दावली

(अ) व्यापारिक संस्थानों में काम आनेवाली पारिभाषिक शब्दावली

Allonge	हुंडी पत्र
Assets	सम्पत्ति
Agreement	समझौता
Accommodation bill	सिफारिशी हुंडी
Bill of Sight	दर्शनी हुंडी
Balance	बराबर राशि, शेष धन
Balance Sheet	स्थिति विवरण
Bank, Central	केन्द्रीय बैंक
Bank, Co-operative	सहकारी बैंक

Bank, Commercial	व्यापारिक बैंक
Bank, Exchange	विनिमय बैंक
Bank, Industrial	औद्योगिक बैंक
Bank, Land Development	भू-विकास बैंक
Book-keeping	लेखा प्रणाली
Confidential	गोपनीय
Call Letter	माँग-पत्र
Credit Letter	जमा पर्ची
Capital	पूँजी
Cheque	चेक, धनादेश
Cheque, Bearer	वाहक चेक
Cheque, Crossed	रेखांकित चेक
Cheque, Endorsed	पृष्ठांकित चेक
Cash transaction	लेन-देन रोकड़ व्यवहार
Caution Money	जमानती रुपया
Custom duty	आयात-निर्यात शुल्क
Capital asset	मूल सम्पत्ति
Capital expenditure	मुख्य व्यय
Despatching	पत्र भेजना
Damages	हर्जाना
Damage claim	क्षतिपूर्ति दावा
Demand bill	माँग की हुंडी
Endorsement, Blank	खाली पृष्ठांकन
Folio	पृष्ठ, पत्रांक
Face value	अंकित मूल्य
Goods	माल
Goodwill	नेकनामी (पगड़ी)
Import	आयात
Import duty	आयात कर

Index number	सूची संख्या
Income and expenditure A/c	आय-व्यय लेखा
Industrial crisis	औद्योगिक संकट
License	अनुज्ञप्ति
Licensee	अनुज्ञाधारी
Liability	देय धन
Nomed policy	नामांकित बीमा पॉलिसी
Octroi	चुंगी
One-man Company	व्यक्ति-विशेष की कम्पनी
Pay-in-slip	जमा पर्ची
Policy	बीमा पत्र
Policy period	बीमा पत्र की अवधि
Registration	पंजीकरण
Referencing	पत्र का सन्दर्भ
Record-keeping	रिकार्ड रखना
Relative value	सापेक्ष मूल्य
Soft currency	सुलभ मुद्रा
Till money	रोकड़
Trial Balance	आय-व्यय की तुलना
Turn of market	बाज़ार का झुकाव
Urgent	अत्यावश्यक
Vacancy	रिक्ति, रिक्त स्थान

(आ) व्यापारिक संस्थानों में प्रयुक्त अंग्रेजी के संक्षिप्त रूपों का विस्तार एवं उनके हिन्दी पर्याय

संक्षिप्त रूप	अंग्रेजी विस्तार	हिन्दी पर्याय
A/c	Account, Current	चालू खाता
Acc	Account	हिसाब
Amt	Amount	धनराशि

Bal.	Balance	शेष
B/E	Bill of Exchange	विनिमय विपत्र
B/S	Bill of Sale	विक्रय विपत्र
B/S	Balance Sheet	आर्थिक चिट्ठा
C/B	Cash Book	रोकड़ बही
Cr.	Credit	जमा
D.B.	Day Bank	दैनिक बिक्री, बही
Deptt.	Department	विभाग
D/R	Deposit Receipt	जमा की रसीद
Encl.	Enclosed	संलग्न
G.P.O.	General Post Office	मुख्य डाकघर
H.O.	Head Post Office	प्रधान डाकघर
Fol.	Folio	पृष्ठ
L/C	Letter of Credit	साख पत्र
M.O.	Money Order	धनादेश, मनीआर्डर
M/s	Messers	सर्वश्री
N.A.	New Account	नया खाता
O/a	On account	खाते में
O/d	On demand	माँग पर
%	Per cent	प्रतिशत
%0	Per thousand	प्रति हजार
J.A.	Joint Account	संयुक्त खाता
L/A	Letter of Authority	अधिकार-पत्र
T.M.O.	Telegraphic Money Order	तार द्वारा धनादेश
V.P.P.	Value Payable Post	मूल्यदेय डाक
R/R	Railway Receipt	रेलवे रसीद
S.B.	Saving Bank	बचत बैंक
Sd.	Signed	हस्ताक्षरित

(इ) सरकारी/अर्धसरकारी कार्यालयों में काम आनेवाली पारिभाषिक शब्दावली

(A)

Abbreviation	शब्दों का संक्षिप्त रूप
Account	लेखा, खाता

Acknowledgement	पावती सूचना
Acting	कार्यकारी
Acting Superintendent	कार्यकारी अधीक्षक
Action	कार्रवाई, कार्यवाही
Actual Cost	असली लागत
Additional	अतिरिक्त, अपर
Addressee	प्रेषिती
Administration	प्रशासन
Administrative Officer	प्रशासनिक अधिकारी
Advance	पेशगी, अग्रिम
Advertisement	विज्ञापन
Advice	परामर्श, सलाह
Advice of payment	भुगतान सूचना
Agreement	करार, अनुबन्ध, समझौता, सहमति
Allotment	आबंटन
Allowance	भत्ता
Allowance, dearness	महँगाई भत्ता
Amendment	संशोधन
Amount due	देय राशि
Application	आवेदन (पत्र), अर्जी
Appointing authority	नियुक्ति-प्राधिकारी
Appointment	नियुक्ति
Approach	पहुँच
Approval	अनुमोदन
Assistant	सहायक
Assistant Director	सहायक निदेशक
Attestation	साक्ष्यांकन
Auction	नीलामी
Audit	लेखा-परीक्षा
Authority letter	प्राधिकार पत्र
Average	औसत

(B)

Bad debt	बट्टा खाता
Balance	बाकी, शेष
Bail	जमानत

Basic pay	मूल वेतन
Bonus	बोनस
Branch	शाखा
Budget	आय-व्ययक, बजट
Buyer	क्रेता, खरीदार

(C)

Cancellation	रद्द, निरसन
Candidate	उम्मीदवार, अभ्यर्थी
Capacity	क्षमता
Cash	रोकड़
Cash-book	रोकड़ बही
Cash memo	नकद पर्ची
Casual	आकस्मिक
Category	वर्ग, श्रेणी
Central	केन्द्रीय
Central Government	केन्द्र सरकार
Certificate	प्रमाण-पत्र
Certified	प्रमाणित
Charge	कार्यभार, आरोप
Charge-sheet	आरोप-पत्र
Cheque	चेक, धनादेश
Cheque-book	धनादेश पंजिका
Chief of Air Staff	वायुसेनाध्यक्ष
Chief of Army Staff	थलसेनाध्यक्ष
Chief of Naval Staff	नौसेनाध्यक्ष
Circular	परिपत्र, गश्ती चिट्ठी
Civil law	दीवानी कानून
Clarification	स्पष्टीकरण
Clerk	लिपिक, क्लर्क
Collector	समाहर्त्ता
Collectorate	समाहर्त्तालय
Comment	टिप्पणी

Commercial	व्यावसायिक
Commission	आयोग, कमीशन
Committee	समिति
Communication	सम्प्रेषण
Communique	विज्ञप्ति
Compensation	क्षतिपूर्ति
Compulsory	अनिवार्य
Compulsory education	अनिवार्य शिक्षा
Concession	रियायत, छूट
Condolence	शोक
Confidential	गोपनीय
Conformation	पुष्टि
Congratulation	बधाई
Consignment	प्रेषण
Constitution	संविधान, गठन
Consultation	परामर्श
Consumer	उपभोक्ता
Context	सन्दर्भ, प्रसंग
Control	नियन्त्रण
Controller	नियन्त्रक
Conveyance charge	यात्रा भत्ता
Co-operative society	सहकारी समिति
Co-operation	सहकारिता
Coordination	समन्वय, तालमेल
Cost price	लागत मूल्य
Copy	प्रतिलिपि, नकल, प्रति
Correspondence	पत्राचार, पत्र-व्यवहार
Correspondent	संवाददाता
Court, high	उच्च न्यायालय
Covering letter	प्रावरण-पत्र
Credit	उधार, लेनदारी
Criminal court	दंड न्यायालय
Custom duty	सीमा शुल्क

(D)

Daily allowance	दैनिक भत्ता
Daily diary	दैनिकी
Date	दिनांक, तारीख
Dated	दिनांकित
Dearness allowance	महँगाई भत्ता
Debit	देनदारी
Debt	ऋण (दिया हुआ)
Decision	निर्णय
Declaration	घोषणा
Declaration form	घोषणा पत्र
De facto	वस्तुत:, वास्तव में
Definition	परिभाषा
Delivery	वितरण
Demand	माँग
Demurrage charge	विलम्ब शुल्क
Department	विभाग
Deploma	डिप्लोमा/ सनद
Departmental	विभागीय
Despatch	प्रेषण
Detail(s)	ब्योरा-विवरण
Director	निदेशक
Director General	महानिदेशक
Directorate	निदेशालय
Discharge certificate	सेवामुक्ति प्रमाण-पत्र
Discipline	अनुशासन
Discount	छूट, कमीशन
Division	प्रभाग, मंडल, श्रेणी
Document	दस्तावेज, प्रलेख
Draft	मसौदा, प्रारूप
Drafting	प्रारूपण, प्रालेखन, आलेखन
Due date	नियत तिथि

(E)

Editor	सम्पादक
Efficient	कुशल
Embassy	राजदूतावास
Employee	कर्मचारी
Employer	नियोक्ता
Enclosed (Encl)	संलग्न
Enclosure	अनुलग्नक, संलग्नक
Endorsement	पृष्ठांकन
Engineer	अभियन्ता, इंजीनियर
Enquiry	पूछताछ, छानबीन
Entertainment tax	मनोरंजन कर
Entry	इन्दराज, प्रविष्टि
Establishment	संस्थापन/प्रतिष्ठान
Estimate	अनुमान, प्राक्कलन
Evidence	गवाही, प्रमाण, साक्ष्य
Examination	परीक्षा, परीक्षण
Execution	कार्यान्वयन
Exhibition	प्रदर्शनी
Expenditure	व्यय, खर्च
Expert committee	विशेषज्ञ समिति
Expiry	समाप्ति
Expansion	पल्लवन
Explanation	स्पष्टीकरण

(F)

Fair price	उचित मूल्य
Figures	अंक, आँकड़े
File	फाइल, मिसिल
Finance	वित्त
Fire brigade	दमकल दल
Fitness-Certificate	आरोग्य प्रमाण-पत्र
For	कृते
Form	प्रपत्र
Formal	औपचारिक
Forwarding (letter)	अग्रेषण (पत्र)

Frequency	आवृत्ति
Fund	निधि
Fundamental	आधारभूत

(G)

Gazette	राजपत्र, गजट
Gazetted	राजपत्रित
General Secretary	महासचिव
General manager	महाप्रबन्धक
Godown	गोदाम
Government	सरकार, सरकारी
Government house	राजभवन
Grade	ग्रेड, श्रेणी, पदक्रम
Grant	अनुदान
Gratuity	उपदान

(H)

Heading	शीर्षक
Head Office	प्रधान कार्यालय
Head Quarter	मुख्यालय, मुख्य कार्यालय
His Majesty	महामहिम
Hobby	रुचि
Honorarium	मानदेय
Honorary	अवैतनिक
Honourable	माननीय
House-tax	गृहकर

(I)

Identity Card	पहचान-पत्र
Illegal	अवैध
Immoral	अनैतिक
Import	आयात
Incharge	प्रभारी
Income-tax	आयकर
Increment	वेतन वृद्धि
Index	सूची

Informal	अनौपचारिक
Information	सूचना
Information bureau	सूचना ब्यूरो
In full	पूर्णता
Initial	आद्यक्षर/संक्षिप्त नामांकन
Initiative.	पहल
Inquiry	पूछताछ
Inspection	निरीक्षण
Insurance	बीमा
Instruction	अनुदेश, हिदायत
Intelligence	जासूसी /बुद्धिमत्ता
Interest	ब्याज/रुचि
Interference	हस्तक्षेप
International	अन्तरराष्ट्रीय
Interview	साक्षात्कार, इंटरव्यू
Investigation	जाँच, जाँच-पड़ताल
Investigation Commission	जाँच आयोग
Invoice	बीजक

(J)

Job	नौकरी
Joint	संयुक्त
Journalist	पत्रकार
Journey	यात्रा
Judgement	निर्णय
Junior	कनिष्ठ/अवर

(K)

Key-board	कुंजी-पटल
Knowledge	जानकारी

(L)

Law	कानून
Leave	छुट्टी, अवकाश
Leave, casual	आकस्मिक छुट्टी (अवकाश)
Leave, compensatory	प्रतिपूरक छुट्टी (अवकाश)

Leave, earned	अर्जित छुट्टी (अवकाश)
Leave, maternity	प्रसूति छुट्टी (अवकाश)
Leave, medical	चिकित्सा छुट्टी (अवकाश)
Leave, restricted	प्रतिबन्धित छुट्टी (अवकाश)
Leave-preparatory to retirement	सेवानिवृत्ति पूर्व छुट्टी
Leave-short	अल्पकालीन छुट्टी
Ledger	खाता
Letter	पत्र
Letter, adjustment	समायोजन पत्र
Letter, appointment	नियुक्ति पत्र
Letter, circular	गश्ती पत्र, प्रचार पत्र
Letter, claim for compensation	क्षतिपूर्ति, दावा पत्र
Letter, collection	वसूली पत्र
Letter, complaint	शिकायत पत्र
Letter, (demi-official (D.O.)	अर्ध-सरकारी पत्र
Letter, enquiry about rates	मूल्यज्ञापन पत्र
Letter, official	सरकारी पत्र
Letter, order	आदेश पत्र
Letter, order cancellation	आदेश निरसन पत्र
Letter, recommendation	अनुशंसा पत्र
Letter, reference demand	सन्दर्भ माँग पत्र
Letter, sanction	मंजूरी पत्र
Letter, unofficial	गैर-सरकारी पत्र
Letter, (for) agency	एजेन्सी पत्र
Letter, banking	बैंक पत्र
Letter, (for) insurance	बीमा पत्र
Letter-head	पत्र-शीर्ष
Liability	देयता, दायित्व
Limited liability	सीमित दायित्व
List	सूची
Loan	ऋण
Local	स्थानीय
Lump sump	एकमुश्त राशि

(M)

Mail	डाक
Majority	बहुमत, बहुसंख्यक
Major work	मुख्य काम
Manual	नियम पुस्तिका
Manual labour	शारीरिक श्रम
Management	प्रबन्ध
Manager	प्रबन्धक, व्यवस्थापक
Managing Director	व्यवस्था निदेशक
Mark sheet	अंक सूची
Medical	चिकित्सा
Medical exmination	स्वास्थ्य परीक्षा
Medical report	डाक्टरी (चिकित्सा) रिपोर्ट
Member of Legislative Assembly	विधायक
Member of Parliament	संसद-सदस्य, सांसद
Memorandum	ज्ञापन/अभ्यावेदन
Millitary Service	मन्त्री
Minister	मन्त्रालय
Minutes	कार्यवृत्त
Miscellaneous	फुटकर, विविध
Misconduct	कदाचार, अतिचार
Mismanagement	कुप्रबन्ध
Modification	संशोधन, तरमीम
Monopoly	एकाधिकार
Most urgent	अत्यावश्यक
Motion	प्रस्ताव, संस्ताव
Municipal Corporation	नगर निगम

(N)

National	राष्ट्रीय
National Language	राष्ट्रभाषा
Nationalisation	राष्ट्रीयकरण
Nationality	राष्ट्रीयता
No-confidence Motion	अविश्वास प्रस्ताव

No-objection Certificate	अनापत्ति प्रमाण-पत्र
Non-Official	गैर-सरकारी
Note	टिप्पणी
Note Book	नोट बुक
Notice	सूचना
Notification	अधिसूचना
Noting	टिप्पण
Notings Routing	नेमी टिप्पणियाँ

(O)

Oath	शपथ
Objection	आपत्ति
Off duty	कार्यमुक्त, खाली दिन
Office	कार्यालय, दफ्तर
Office Memorandum	कार्यालय ज्ञापन
Office Order	कार्यालय आदेश
Official	कार्यालयीन
Non-Official	गैर-सरकारी
Officer	अधिकारी
Official language	राजभाषा
Officiating	स्थानापन्न
Operator	संचालक
Option	विकल्प
Order	आदेश
Ordinance	अध्यादेश
Original	मूल, मौलिक
Outgoing	निर्गामी, जानेवाला
Outward register	जावक रजिस्टर
Overdraft	अधिविकर्ष
Overpayment	अधिक भुगतान, अधिक अदायगी
Overtime	अतिरिक्त समय, समयोपरि
On deputation	प्रतिनियुक्ति पर
On probation	परख के अधीन, परिवीक्षाधीन

(P)

Paragraph	अनुच्छेद
Parliament	संसद
Parliamentary	संसदीय
Part-time	अंशकालिक
Particulars	ब्योरा, विवरण
Passage, unseen	अपठित गद्यांश
Pay	वेतन
Payee	पानेवाला
Payment	भुगतान
Pay scale	वेतनमान
Penalty	दंड, अर्थदंड
Pending	रुका हुआ, अनिर्णीत
Pension	निवृत्तिवेतन, पेंशन
Peon	चपरासी
Percent	प्रतिशत
Permanent	स्थायी
Permanent post	स्थायी पद
Permission	अनुमति
Permit	परमिट, अनुज्ञापत्र
Personal	वैयक्तिक, व्यक्तिगत
Phrase	पदबन्ध
Plan	योजना
Planning	योजना
Police post	पुलिस चौकी
Policy	नीति, बीमा-पॉलिसी
Post	पद
Postage stamp	डाक-टिकट
Postal address	डाक का पता
Posting	तैनाती
Power	शक्ति, अधिकार
Precis	संक्षेपण/संक्षेपिका
Press	प्रेस, मुद्रणालय, समाचार-पत्र
Press communique	प्रेस विज्ञप्ति
Press note	प्रेस नोट
Primary	प्राथमिक

Priority	प्राथमिकता, अग्रता
Privilege	विशेषाधिकार
Prize	पुरस्कार
Probation	परिवीक्षा
Procedure	कार्यविधि
Proclamation	उद्घोषणा
Producer	उत्पादक
Proforma	फार्म, प्रपत्र
Promotion	पदोन्नति
Provident Fund	भविष्य निधि
Provisional receipt	कच्ची रसीद
Publicity	प्रचार

(Q)

Qualification	योग्यता, अर्हता
Quasi permanent	स्थायीवत
Questionnaire	प्रश्नावली
Quorum	कोरम, गणपूर्ति

(R)

Ratio	अनुपात
Re-appointment	पुनर्नियुक्ति
Rebate	छूट, कटौती
Receipt	पावती, रसीद, आय
Reception	स्वागत/अभिनन्दन
Recommendation	सिफारिश, संस्तुति
Record	अभिलेख, रिकार्ड
Record Keeper	अभिलेखपाल
Recovery	वसूली
Recurring	आवर्ती, आवर्तक
Reference	सन्दर्भ, निर्देश, हवाला
Regional	प्रादेशिक
Registered	रजिस्ट्री किया हुआ, पंजीकृत
Registration	पंजीकरण

Regular service	नियमित सेवा
Regulation	विनियम
Relief	सहायता
Remarks	अभ्युक्ति
Reminder	अनुस्मारक, स्मरण पत्र, तकादा पत्र
Renewal	नवीकरण
Report	प्रतिवेदन, रिपोर्ट
Representation	अभ्यावेदन
Representative	प्रतिनिधि
Research	अनुसन्धान
Reservation	आरक्षण
Resignation	त्याग-पत्र
Resolution	संकल्प, संस्ताव
Responsibility	उत्तरदायित्व
Restricted	प्रतिबन्धित, सीमित
Retirement	सेवा निवृत्ति
Retrenchment	छँटनी
Return	विवरणी, वापसी
Revenue	राजस्व
Review	समीक्षा
Revision	पुनरीक्षण, परिशोधन
Rough draft	कच्चा मसौदा
Routine	नेमी
Ruling	व्यवस्था

(S)

Salary	वेतन
Sales Tax	बिक्री कर
Salutation	सम्बोधन/ अभिवादन
Sample	नमूना
Sanction	मंजूरी, स्वीकृति
Saving	बचत
Savingram	सेविग्राम, बचत-पत्र, मितव्यय पत्र
Schedule	अनुसूची

Scholarship	छात्रवृत्ति
Secret-top	गुप्त (परम)
Secretary	सचिव
Secretary joint	संयुक्त सचिव
Secretariat	सचिवालय
Section	अनुभाग/धारा
Sectional	अनुभागिक
Section officer	अनुभाग अधिकारी
Security	प्रतिभूति, जमानत/सुरक्षा
Selection Committee	चयन समिति
Selection-grade	प्रवरण (ग्रेड)
Self-explanatory	स्वत: स्पष्ट
Seller	विक्रेता
Sender	प्रेषक
Senior	वरिष्ठ/ प्रवर
Seniority	वरिष्ठता
Serial Number	क्रमांक/पत्र क्रमांक
Service	सेवा
Short notice	अल्प सूचना
Signature/Sign	हस्ताक्षर
Slip	पर्ची
Sole agency	समग्र एजेन्सी
Special	विशेष
Specimen	नमूना
Staff	कर्मचारी वर्ग, स्टाफ
Stamp	टिकट, मोहर
Stamp revenue	रसीदी टिकट
Standard	मानक/ स्तर
Standing	स्थायी
Statement	विवरण/बयान
Subsidy	सहयोग राशि
Succeeding	अनुवर्ती

Summary	सारांश
Superintendent	अधीक्षक
Supreme Court	उच्चतम न्यायालय
Sur-charge	अधिभार
Surety	जमानत, जामिन
Suspension	निलम्बन
Survey	सर्वेक्षण
Synonyms	पर्यायवाची, समानार्थक

(T)

Table	सारणी
Taxation	कराधान
Technical	तकनीकी
Telephone	दूरभाष, टेलीफोन
Telegram	तार
Telegram Coded	कूटभाषा तार
Telegram Cypher	बीजलेख तार
Teleprinter	दूर मुद्रक, टेलीप्रिंटर
Temporary	अस्थायी
Tender	निविदा
Termination	समाप्ति, निष्कासन
Terms and Conditions	शर्तें
Test	परीक्षण
Testimonial	सिफारिशी चिट्ठी
Text-book	पाठ्य-पुस्तक
Tour	दौरा
Tourist	पर्यटक
Training	प्रशिक्षण
Transfer	स्थानान्तरण
Travelling allowance	यात्रा-भता
Treasury	खजाना
True copy	सत्य प्रतिलिपि
Typed	टंकित
Typewriter	टंकण यन्त्र

(U)

Unauthorised	अनधिकृत
Unconditional	बिना शर्त
Under Postal Certificate	प्रमाणित डाक
Under consideration	विचाराधीन
Unemployment	बेरोजगारी, बेकारी
Uniform	वर्दी
Union	संघ
Union territory	संघ शासित क्षेत्र
Unit	एकक
Unofficial	अशासनिक, अशासकीय
Unofficial (अन्तर्विभागीय टिप्पणी)	अशासकीय टिप्पणी
Up-to-date	अद्यतन, नवीनतम

(V)

Vacancy	रिक्ति/रिक्त स्थान
Valid	मान्य, लागू
Valuation	मूल्यांकन, मूल्यन
Verification	सत्यापन, तसदीक
Vice-chancellor	उप-कुलपति।
Vigilance	सतर्कता
Visitor	मुलाकाती, अतिथि
Voluntary	स्वैच्छिक

(W)

Waiting List	प्रतीक्षा सूची
Wear & Tear	टूट-फूट
Welfare	कल्याण
Wing	स्कन्ध
Withdrawal	वापसी
Witness	साक्षी, गवाह
Working Committee	कार्यकारी, कार्यसाधक

Working Committee — कार्यसमिति
Workshop — कारखाना, कर्मशाला
Write-off — बट्टे खाते डालना

(Y)

Year — वर्ष
Year book — शब्दकोश, वार्षिकी
Yearly — वार्षिक

(Z)

Zone — अंचल, क्षेत्र
Zonal — क्षेत्रीय, आंचलिक
Zonal office — क्षेत्रीय कार्यालय

(ई) मन्त्रालयों, कार्यालयों के नाम तथा पदनाम

(क) (i) मन्त्रालयों के नाम

Ministry of Home Affairs	गृह मन्त्रालय
Ministry of Finance	वित्त मन्त्रालय
Ministry of Defence	रक्षा मन्त्रालय
Ministry of Railways	रेल मन्त्रालय
Ministry of External Affairs	विदेश मन्त्रालय
Ministry of Information & Broadcasting	सूचना और प्रसारण मन्त्रालय
Ministry of Education & Social Welfare	शिक्षा और समाज कल्याण मन्त्रालय
Ministry of Law Justice & Company Affairs	विधि, न्याय तथा कम्पनी कार्य मन्त्रालय
Ministry of Law	विधि मन्त्रालय
Ministry of Health & Social Welfare	स्वास्थ्य और समाज कल्याण मन्त्रालय
Ministry of Food, Agriculture & Irrigation	खाद्य, कृषि तथा सिंचाई मन्त्रालय
Ministry of Parliamentary Affairs	संसदीय कार्य मन्त्रालय
Ministry of Labour & Industries	श्रम और उद्योग मन्त्रालय
Ministry of Steel & Mines	इस्पात और खान मन्त्रालय
Ministry of Trade & Commerce	व्यापार और वाणिज्य मन्त्रालय
Ministry of Community Development & Cooperation	सामुदायिक विकास तथा सहकारिता मन्त्रालय
Ministry of Shipping & Transport	जहाजरानी और परिवहन मन्त्रालय

Ministry of Civil Aviation & Tourism	पर्यटन और नागर विमानन मन्त्रालय
Ministry of Works, Housing & Supply	निर्माण, आवास और पूर्ति मन्त्रालय
Ministry of Irrigation & Power	रसायन तथा उर्वरक मन्त्रालय
Ministry of Energy	ऊर्जा मन्त्रालय
Ministry of Chemical & Fertilizers.	रसायन तथा उर्वरक मन्त्रालय
Ministry of Labour	श्रम मन्त्रालय
Ministry of International Trade	अन्तरराष्ट्रीय व्यापार मन्त्रालय
Ministry of Science & Technology	विज्ञान तथा प्रौद्योगिकी मन्त्रालय
Ministry of Petroleum & Chemicals	पेट्रोलियम और रसायन मन्त्रालय
Ministry of Industry & Supply	उद्योग और पूर्ति मन्त्रालय
Ministry of Rehabilitation	पुनर्वास मन्त्रालय

(ii) कार्यालयों के नाम

All India Institute of Medical Sciences	अखिल भारतीय आयुर्विज्ञान संस्थान
All India Handicrafts Board	अखिल भारतीय हस्तशिल्प बोर्ड
All India Radio.	आकाशवाणी
Income Tax Department	आयकर विभाग
Central Ordinance Depot	केन्द्रीय आयुध डिपो
Central Cottage Industries Emporium	केन्द्रीय कुटीर उद्योग एम्पोरियम
Central Bureau of Investigation	केन्द्रीय जाँच ब्यूरो
Central Telegraph Office	केन्द्रीय तारघर
Central Reserve Police	केन्द्रीय रिजर्व पुलिस
Central Vigilance Commission	केन्द्रीय सतर्कता आयोग
Central Social Welfare Board	केन्द्रीय समाज कल्याण बोर्ड
Central Statistical Organisation	केन्द्रीय सांख्यिकीय संगठन
Central Hindi Directorate	केन्द्रीय हिन्दी निदेशालय
Oil & Natural Gas Commission	तेल तथा प्राकृतिक गैस कमीशन
Army Head quarters	थल सेना मुख्यालय
Naval Head quarters	नौ सेना मुख्यालय
Department of Atomic Energy	परमाणु ऊर्जा विभाग
Department of Transport & Shipping	परिवहन तथा जहाजरानी विभाग
Supreme Court of India	भारत का उच्चतम न्यायालय
Life Insurance Corporation of India	भारतीय जीवन बीमा निगम

Archaeological Survey of India	भारतीय पुरातत्त्व सर्वेक्षण
Indian Standards Institute	भारतीय मानक संस्थान
National Archives of India	भारतीय राष्ट्रीय अभिलेखागार
Survey of India	भारतीय सर्वेक्षण
Cabinet Secretariat	मन्त्रिमंडल सचिवालय
Accountant General-Central Revenue	महालेखाकार-केन्द्रीय राजस्व
Accountant General-Post & Telegraphs	महालेखाकार-डाक-तार
Metropolitan Council	महानगर परिषद
Printing & Stationery Department	मुद्रण तथा लेखन विभाग
Planning Commission	योजना आयोग
Official Language Commission	राजभाषा आयोग
State Trading Corporation	राज्य व्यापार निगम
National Physical Laboratory	राष्ट्रीय भौतिक प्रयोगशाला
National Small Scale Industries Croporation	राष्ट्रीय लघु उद्योग निगम
National Council of Educational Research and Trainning	राष्ट्रीय शैक्षिक अनुसन्धान तथा प्रशिक्षण परिषद
National Museum	राष्ट्रीय संग्रहालय
Public Works Department	लोक निर्माण विभाग
Public Administration Institute	लोक प्रशासन संस्थान
Public Accounts Committee	लोक लेखा समिति
Lok Sabha Secretariat	लोक सभा सचिवालय
Air Force Head Quarters Law Commission	वायु सेना मुख्यालय विधि आयोग
Union Public Service Commission	संघ लोक सेवा आयोग
Overseas Communication Services	समुद्रपार संचार व्यवस्था
Armed Forces Headquarters	सशस्त्र सेना मुख्यालय
Autonomous Body	स्वायत्त निकाय, स्वशासी निकाय

(ख) (i) पदनाम

President	राष्ट्रपति
Vice-President	उपराष्ट्रपति
Prime Minister	प्रधानमन्त्री
Chief Minister	मुख्य मन्त्री
Deputy Minister	उप मन्त्री

Secretary	सचिव
Joint Secretary	संयुक्त सचिव
Adviser	सलाहकार
Additional Secretary	अपर/अतिरिक्त सचिव
Deputy Secretary	उप सचिव
Under Secretary	अवर सचिव
Section Officer	अनुभाग
Section Superintendent	अनुभाग
Chief Clerk	मुख्य लिपिक
Head Clerk	प्रधान लिपिक
Assistant	सहायक
Personal Assistant	निजी सहायक
Upper Division Clerk	वरिष्ठ लिपिक
Stenographer	आशु लिपिक
Lower Division Clerk	निम्न श्रेणी लिपिक
Typist	टंकक

(ii) निदेशालय

Director General	महानिदेशक
Additional Director General	अपर महानिदेशक
Director	निदेशक
Deputy Director	उपनिदेशक
Assistant Director	सहायक निदेशक
Administrative Officer	प्रशासनिक अधिकारी
Junior Administrative Officer	अवर प्रशासनिक अधिकारी
Education Officer	शिक्षा अधिकारी
Assistant Education Oficer	सहायक शिक्षा अधिकारी

(iii) विविध रेल

Railway Minister	रेल मन्त्री
Chairman, Railway Board	अध्यक्ष, रेलवे बोर्ड
General Manager	महाप्रबन्धक
Deputy General Manager	उपमहाप्रबन्धक
Chief Personnel Officer	मुख्य कार्मिक अधिकारी
Senior/District Personnel Officer	प्रवर/जिला कार्मिक अधिकारी

Office Superintendent	कार्यालय अधीक्षक
Chief Engineer	मुख्य अभियन्ता/इंजीनियर

लेखा

Accountant General	महालेखाकार
Additional Accountant General	अपर महालेखाकार
Deputy Accountant General	उपमहालेखाकार
Accounts Officer	लेखा अधिकारी
Accountant	लेखाकार
Auditor	लेखा परीक्षक

डाक-तार

Post Master General	डाक महाध्यक्ष
Director (Post Offices)	निदेशक (डाक)
Senior Superintendent Post Office	प्रवर डाक अधीक्षक
Post Master	डाकपाल
Postman	डाकिया

भारतीय पारिभाषिक शब्दावली : प्रश्नों के घेरे

आधुनिक युग में जब से देश में नवजागरण की लहरों ने जनमानस को आन्दोलित किया और राष्ट्रीयत्व की भावना जन्मी-पनपी तभी से राष्ट्रीय नेताओं ने किसी-न-किसी रूप में समस्त देशवासियों के लिए एक समान भाषा की आवश्यकता का अनुभव किया है। उच्चस्तरीय और मौलिक विचारणा और पारिभाषिक शब्दावली की धारणा के पीछे भी बहुत हद तक वे ही तत्त्व रहे हैं जिन्होंने एक भाषा की संकल्पना को प्रेरित किया और बद्धमूल बनाया। सन् 1947 ई. के पूर्व अंग्रेजी शासनकाल में राजकाज, न्याय, विधान आदि के साथ-साथ शिक्षा का माध्यम अंग्रेजी बनाया, जिससे देशी भाषाओं का इस दृष्टि से विकास नहीं हो पाया। स्वतन्त्रता आन्दोलन के दिनों में देश में राष्ट्रीय एकता के लिए एक राष्ट्रीय भाषा के रूप में हिन्दी को स्वीकारा गया। साथ ही अंग्रेजी भाषा के पक्षपाती विदेशी शासन के नीतियों के बावजूद विभिन्न संस्थाएँ पारिभाषिक शब्दावली के निर्माण-कार्य के माध्यम से देशी भाषाओं को ज्ञान-विज्ञान की अभिव्यक्ति के लिए सक्षम बनाने का प्रयास करती रही हैं। जैस—ओल्ड दिल्ली कॉलेज में उर्दू शब्दावली, बड़ौदा और अहमदाबाद में गुजराती, नागरी प्रचारिणी सभा, बनारस में हिन्दी, कलकत्ता विश्वविद्यालय में बंगाली और महाराष्ट्र संशोधन मंडल में मराठी के लिए पारिभाषिक शब्दों के कोश तैयार किए गए। यही नहीं एक भाषा क्षेत्र में भी अनेक संस्थाओं ने शब्द-निर्माण कार्य किया; जैसे—हिन्दी में राष्ट्रीयतावादी, ग्रहणवादी, प्रयोगवादी, समन्वयवादी विद्वान तथा संस्थागत प्रयास।

स्वतन्त्रता प्राप्ति के बाद तो हर प्रान्त में पारिभाषिक शब्दावली का निर्माण कार्य तेज और तेज गति से हुआ। परन्तु इससे प्रान्तीय भाषा तथा हिन्दी की पारिभाषिक शब्दावली में विविधरूपता आ गई, जिससे 'भारतीय पारिभाषिक शब्दावली' की संकल्पना भी खटाई में पड़ गई।

बीसवीं शताब्दी के आरम्भ में ही नागरी प्रचारिणी सभा ने इस बात का अनुभव किया था कि हिन्दी में तैयार की गई शब्दावली को इतना प्रामाणिक बना लिया जाय कि वह अधिक-से-अधिक मात्रा में अन्य भारतीय भाषाओं के लिए भी उपयोगी सिद्ध हो सके। सन् 1903 में आरम्भिक कार्य करने के बाद नागरी प्रचारिणी सभा ने अखिल भारतीय स्तर पर पुनरीक्षण समिति का गठन किया जिसमें हिन्दी के अतिरिक्त गुजराती के प्रो. गज्जर, बंगाली के प्रो. सन्याल, मराठी के प्रो. रानडे, पंजाबी के लाला खुशीराम आदि विद्वानों का सहभाग रहा है। इस तरह का प्रयास सभा ने बार-बार किया है। सन् 1950 में पं. रविशंकर शुक्ल ने विभिन्न राज्यों तथा संस्थाओं के प्रतिनिधियों का सम्मेलन बुलाया और इस दृष्टि से कुछ प्रयास किया। डॉ. राजेन्द्र प्रसाद के अध्यक्षपद में चौदह भाषाओं के प्रतिनिधि विद्वानों के सहयोग से संविधान की शब्दावली के मानकीकरण का प्रयास हुआ।

भारत सरकार के शिक्षा-मन्त्रालय ने सन् 1948-49 ई. में शब्दावली एकत्र कर उसे मानक रूप देने के कार्य का आरम्भ किया। सन् 1950 ई. में सारी संस्थाओं और राज्य सरकारों से अपना काम शिक्षा मन्त्रालय को भेजने और आगे का काम स्थगित करने की सलाह दी गई। अधिकांश सरकारों और संस्थाओं ने इस व्यवस्था से सहमति प्रकट की, परन्तु आवश्यकतानुरूप कार्य जारी ही रखा। सन् 1950 ई. में वैज्ञानिक और तकनीकी शब्दावली बोर्ड की स्थापना की गई और विभिन्न विषयक विशेषज्ञ समितियाँ बनाकर भारत के विख्यात अध्यापकों और विद्वानों के सहयोग से हिन्दी तथा अन्य भारतीय भाषाओं की पारिभाषिक शब्दावली के मानकीकरण तथा समन्वय के लिए एक निश्चित धारणा के तहत प्रयास किया। इन सभी प्रयासों के बावजूद समन्वय की समस्या का समाधान अभी तक सफलतापूर्वक नहीं हो सका है। भारतीय पारिभाषिक शब्दावली में मानकीकरण, असमरूपता, लिप्यन्तरण, एकाधिक समानार्थी शब्द, अनेक शब्दों के लिए एक शब्द आदि के साथ निर्मित शब्दावली के प्रचलन से जुड़े कई प्रश्नों के घेरे बने हुए हैं। इन प्रश्नघेरों का सम्बन्ध हमारी वर्तमान शासकीय नीति, राजनीति, प्रादेशिक अलगाववादी प्रवृत्तियाँ, हमारी बौद्धिक गुलामी की मानसिकता, विशिष्ट विचारधारा के प्रति अतिवादी रुझान तथा देश के प्रबुद्धवर्ग की उदासीन प्रवृत्ति से है।

1. सरकार की अनिश्चयात्मक नीति

पारिभाषिक शब्दावली के विषय में सरकारी नीति कभी स्पष्ट और निश्चयात्मक नहीं रही है। एक बार सोचा जाता है कि पारिभाषिक शब्दावली भारतीय भाषाओं को आधार मानकर बनाई जाय, तो दूसरी बार प्रस्ताव होता है कि अंग्रेजी से ज्यों-की-त्यों ली जाय। इस अनिश्चय के चलते किसी दिशा में प्रगति नहीं होती।

2. केन्द्रीय अभिकरण का अभाव

यद्यपि शिक्षा-मन्त्रालय, नागरी प्रचारिणी सभा आदि ने भारतीय पारिभाषिक शब्दावली में समन्वय का प्रयास किया है। वैज्ञानिक तथा तकनीकी आयोग तथा केन्द्रीय हिन्दी निदेशालय ने सन् 1973, तथा 1974 ई. में वैज्ञानिक और मानविकी शब्दावली के दो-दो खंड प्रकाशित किए हैं। इन संग्रहों में संकलित शब्दावली में 'व्यापक समन्वय' किए जाने का प्रतिपादन जरूर किया गया, लेकिन वह हो नहीं पाया है। निदेशालय के अधिकारियों का दावा है कि विविध भाषा क्षेत्रों के भाषाविदों और भाषावैज्ञानिकों की सिफारिशों का समुचित ध्यान रखकर पूर्व प्रकाशित शब्दावलियों को अन्तिम रूप दिया गया है, परन्तु ऐसा नहीं हुआ है। इसमें विविधरूपता के साथ अप्रचलित शब्दों का प्रयोग, अटपटे शब्दों का चयन तथा बहुपर्यायता के दोष देखे जा सकते हैं। मानविकी विषयों की शब्दावली के समन्वय में वैज्ञानिक-तकनीकी शब्दों से अलग दृष्टिकोण अपनाना आवश्यक होता है। मानविकी विषयों में लेखन-अध्ययन की कुछ-न-कुछ परम्परा हमारे यहाँ रही है, अतः सैकड़ों पारिभाषिक शब्द प्रचलन में आ गए हैं। ऐसे सन्दर्भों में पर्याय निर्धारण का काम बेहद नाजुक हो जाता है। जहाँ एक ओर प्रचलन और दूसरी ओर परिशुद्धता तथा यथार्थ का टकराव हो, क्योंकि इधर तो प्रचलित शब्द का परिहार आसान काम नहीं होता और उधर वैज्ञानिक दृष्टि किसी प्रकार की प्रयोग शिथिलता और आर्थी तरलता को सहन नहीं कर पाती। अतः जैसे कि डॉ. गोपाल शर्मा ने अपने शोध-ग्रन्थ ''सामाजिक विज्ञानों की पारिभाषिक शब्दावली का समीक्षात्मक अध्ययन' में कहा है। 'सामाजिक क्षेत्र में शब्दावली के बहुभाषिक समन्वय के लिए एक ऐसी अखिल भारतीय संस्था की भी आवश्यकता है, जिसके सदस्य विभिन्न प्रान्तों के, विषय एवं भाषा के विद्वान हों। भारत सरकार ने इस कार्य के लिए पुनरीक्षण और समन्वय समिति की स्थापना की है। विभिन्न राज्य सरकारों के प्रतिनिधियों के सहयोग से पदनामों के एकीकरण कार्य उत्साहवर्धक हैं, परन्तु कार्य बहुत थोड़े परिमाण में हो सका है। शब्दावली के मानकीकरण में हमें संविधान की शब्दावली बनाने में अपनाई गई पद्धति का ही अनुकरण करना श्रेयस्कर प्रतीत होता है। यदि वैज्ञानिक पद्धति से और शीघ्रतापूर्वक कोई कदम नहीं उठाया गया तो समन्वय की समस्या का हल करना अत्यन्त कठिन हो जायगा।''

3. गम्भीरता और निष्पक्षता की कमी

हमारे यहाँ विभिन्न व्यक्ति, संस्था तथा प्रादेशिक सरकारों की ओर से पारिभाषिक शब्दावली का निर्माण किया गया, उनमें गम्भीरता और निष्पक्षता की कमी दिखाई देती है। शब्द-निर्माण के क्षेत्र में कार्य करनेवाले विद्वान किसी-न-किसी विशेष विचारधारा या धारणा के खूँटे से बँधे हुए हैं। जैसे राष्ट्रीयतावादी वर्ग के विद्वान संस्कृत के पक्षपाती रहे और हर तरह के शब्द संस्कृत से ही बनाने के प्रयास में जुटे रहे। उनका कार्य देखकर यह आशंका होने लगी कि ये विद्वान 'पारिभाषिक शब्दों का निर्माण' कर रहे हैं या 'संस्कृत

भाषा का पुनरुद्धार करना इनका प्रधान उद्देश्य रहा है? अन्तरराष्ट्रीयतावादी वर्ग अंग्रेजी का इतना पक्षपाती रहा कि मात्र लिप्यन्तरण में ही इन्होंने हर समस्या का समाधान देखा। प्रयोगवादी लोक तथा प्रयोग की धुन में भौंडे अटपटे शब्दों के निर्माण में अपने दायित्व की इतिश्री समझने लगे। सरकारी तथा अन्य संस्थाओं के द्वारा भारतीय पारिभाषिक शब्दावली के मानकीकरण एवं समन्वय का जो प्रयत्न हुआ है, वह स्तुत्य होने के बावजूद आम प्रशासकीय यान्त्रिकता के दर्शन उसमें भी होते हैं। उपयोगिता और प्रचलन की अपेक्षा 'कार्य सम्पन्नता' का दृष्टिकोण उसमें ज्यादा आता है।

4. भाषा की राजनीति

स्वतन्त्रतापूर्व तथा स्वतन्त्रताप्राप्ति के बाद देशी-विदेशी शासकों ने 'भाषा' को एक राजनीतिक हथियार के रूप में प्रयोग किया है। स्वतन्त्रतापूर्व काल में अंग्रेजी सरकार ने 'अंग्रेजी' को इस कदर देश पर थोपा कि अन्य देशी भाषा न तो उस काल में विकसित हो सकी न स्वतन्त्रताप्राप्ति के बाद। स्वतन्त्रताप्राप्ति के बाद हिन्दी को राष्ट्रभाषा घोषित किया गया, परन्तु भाषा-निकाय क्षेत्र रचना के परिणामस्वरूप हर राज्य की राजभाषा का स्थान प्रादेशिक भाषा को प्राप्त हुआ, लेकिन अंग्रेजी को फिर से इस तरह अपनाया गया कि न राष्ट्रभाषा का कोई स्थान रहा न राज्यभाषा का। इधर वोटों की राजनीति को केन्द्र में रखकर हर नीति का निर्धारण राजनीति कहलाने लगी। परिणामस्वरूप जैसा कि आचार्य देवेन्द्रनाथ शर्मा ने कहा है, "इस देश में चाहे धर्मनीति हो या समाजनीति, आचारनीति हो या भाषानीति, सबका नियमन राजनीति करती है, क्योंकि यहाँ राजनीतिज्ञ सर्वज्ञ हुआ करता है। इंग्लैंड, फ्रान्स, जर्मनी, रूस या यूरोप के अन्य देशों में शब्द-निर्माण की रीति-नीति का निर्धारण भाषाविद करते हैं या तत्तत विषयों के विशेषज्ञ; किन्तु भारत में राजनीतिज्ञ।"

5. प्रान्तीय भाषाएँ और क्षेत्रीय अहंभाव

स्वातन्त्र्योत्तर काल में भाषा-निकाय प्रान्त रचना हुई। साथ ही हर प्रान्त की एक राजभाषा निश्चित की गई। प्रान्त की राजभाषा उसके प्रशासकीय कार्य के साथ शिक्षा का भी माध्यम बनी। इसलिए आवश्यक हुआ कि प्रान्तीय भाषाओं में पारिभाषिक शब्दावली का निर्माण हो। इसके लिए यह भी तर्क दिये जाने लगे कि—

(1) आज के विज्ञान युग में जिस किसी भाषा के पास वैज्ञानिक संकल्पनाओं, प्रत्ययों एवं विचारों तथा तथ्यों को व्यक्त करने के लिए प्राप्त शब्द-भंडार नहीं होगा, वह जल्दी ही अपनी महत्ता और जीवन क्षमता खो बैठेगी। अत: प्रादेशिक भाषाओं की रक्षा तथा उसके विकास के लिए प्रादेशिक पारिभाषिक शब्दावली का निर्माण आवश्यक है।

(2) मातृभाषा में ज्ञानार्जन के असीम व्यावहारिक लाभ हैं, अत: शिक्षा-माध्यम के रूप में प्रादेशिक भाषाओं को सम्पन्न बनाने के लिए पारिभाषिक शब्दावली का निर्माण आवश्यक है।

(3) विज्ञान के मूल तत्त्वों की जड़ें प्राय: जीवन के आरम्भिक अनुभवों में पैठी होती हैं। किसी विचार या भाव के लिए अगर हम कक्षा में एक शब्द तथा कक्षा के बाहर दूसरा शब्द प्रयुक्त करें तो विज्ञान में हमारी पैठ सहज नहीं होगी और इससे विषय-बोध तथा क्षमता दोनों ही कुंठित होगी।

(4) वैज्ञानिक पारिभाषिक शब्दावली और बोलचाल की भाषा में सामंजस्य न होगा तो वैज्ञानिक रुचि के क्षय की सम्भावना रहेगी।

(5) विज्ञान के क्षेत्र में दस्तकारों और कारीगरों का प्रशिक्षण तो विशिष्ट रूप से अपनी भाषा की शब्दावली के माध्यम से ही हो सकता है।

उक्त तर्कों में प्रादेशिक भाषाओं में पारिभाषिक शब्दावली की मात्र आवश्यकता ही प्रतिपादित नहीं होती, बल्कि उसके पृथक होने का समर्थन भी सूचित होता है। यद्यपि यह तर्क भी प्रभावी तथा सार्थक है कि, ''भारत जैसे साधनहीन तथा निर्धन देश विभिन्न प्रादेशिक भाषाओं में शब्दावली के निर्माण में अपने समय, शक्ति और धन का दुरुपयोग करने की बजाय एक समान शब्दावली की व्यवस्था करे तो अनायास हमारी अनेक समस्याओं का हल हो जायगा।'' परन्तु स्वातन्त्र्योत्तर राजनीति तथा समाजनीति में तर्क की अपेक्षा भावात्मकता पर ज्यादा बल दिया गया। आज क्षेत्रीयता का अहं यहाँ तक बढ़ गया है कि भाषा के 'एक शब्द' में परिवर्तन प्रादेशिक अस्मिता तथा सांस्कृतिक जीवन पर किया गया 'आघात' तथा प्रादेशिक-भाषाओं के विकास में 'महान बाधा' महसूस किया जाने लगा है। प्रादेशिक अहं की इस स्थिति में पारिभाषिक शब्दावली के समन्वय के लिए प्रादेशिक शब्दों का कार्य करती हैं, विश्व में सम्भवत: भारत ही एकमात्र ऐसा महान देश होगा जहाँ भाषाएँ 'तोड़ने' का कार्य करती हैं।

6. देश के प्रबुद्ध वर्ग की उदासीनता

'निष्क्रियता' हमारे देश के प्रबुद्ध वर्ग की पहचान है। देश की अन्य समस्या के समान ही पारिभाषिक शब्दावली की समस्या के प्रति भी हमारे देश का प्रबुद्ध वर्ग सर्वथा उदासीन है। उसे इस ओर ध्यान देने की न तो रुचि है, न इच्छा। वह अभ्यस्त मार्ग पर चलने का आग्रही है। (साथ ही अंग्रेजी उसके प्रबुद्ध होने का माध्यम है) उसी पर चलना उसे भाता है। इसलिए नया शब्द देखने पर उसकी सहज प्रतिक्रिया झुँझलाहट और व्यंग्य की होती है। इससे समस्या और बढ़ जाती है। इस सन्दर्भ में आचार्य देवेन्द्रनाथ शर्मा ने कहा है, ''कहीं से इक्के-दुक्के शब्दों को लेकर उपहास करने या उन पर व्यंग्य कसने से न तो परिस्थिति सुधरेगी और न कोई लाभ होगा। आज हम कोई नया शब्द देखते हैं, तो उसे लेकर आलोचना करने बैठ जाते हैं, शब्द पर हँसते हैं, शब्द बनानेवालों पर हँसते हैं, यहाँ तक कि अपनी भाषा को भी नहीं छोड़ते। होना कुछ दूसरा चाहिए। यदि आप पाते हैं कि कोई शब्द पूर्ण सन्तोषप्रद नहीं है, तो आलोचना मत कीजिए, व्यंग्य मत कसिए, बल्कि उससे अच्छा शब्द सुझाइए, क्योंकि याद रखिए, वह शब्द आपका है, भाषा आपकी है और अपनी वस्तु का उपहास नहीं किया जाता।''

देश के प्रबुद्ध वर्ग के उदासीनता से जुड़ा एक पहलू यह भी है कि इस कार्य में प्रबुद्ध व्यक्ति को शामिल करवाने के प्रयास भी कम ही होते हैं। इस सन्दर्भ में अपने शोध, 'भारतीय राष्ट्रभाषा : सीमाएँ तथा समस्याएँ' में डॉ. सत्यव्रत ने संकेत करते हुए लिखा है, "वास्तव में पारिभाषिक शब्दावली के कार्य में सरकार द्वारा नियुक्त लोगों में भारतीय भाषाओं के प्रति उपेक्षा व हीनता की भावना भरी होती है। जो लोग भारतीय भाषाओं के प्रेमी व विशेषज्ञ होते हैं, वे प्राय: इन विषयों से (अर्थात सम्बन्धित पारिभाषिक शब्दावली विषय से) अनभिज्ञ होते हैं और जो दोनों गुणों से युक्त होते हैं, वे न तो सरकारी प्रश्रय पाते हैं और न उनके पास इतने साधन होते हैं कि वे इस दिशा में कुछ कर दिखाएँ।"

7. भावात्मक एकता की अपेक्षा भौतिक विकास में मग्न मनोवृत्ति

देश के भौतिक विकास को ही हमने प्राथमिकता दी है। भौतिकता के साथ मानसिक विकास की ओर, आत्मिक विकास की ओर हमने ध्यान नहीं दिया। परिणामत: संकीर्ण मनोवृत्ति का विकास स्वातन्त्र्योत्तर काल में तेज गति से होता हुआ दिखाई देता है। स्वतन्त्रतापूर्व भारत 'भावात्मक' दृष्टि से एक था, देश के एक कोने में जो आवाज उठती थी, उसकी प्रतिध्वनि दूसरे कोने में सुनाई देती थी, पर स्वाधीनताप्राप्ति के बाद स्थिति बिलकुल बदल गई है। आज 'भावात्मक एकता' मात्र सभा-सम्मलेनों का विषय बन गया है। भावात्मक एकता का सशक्त माध्यम भाषा के प्रति अत्यधिक उपेक्षा के भाव से देखा जाता रहा है। भाषा तथा भाषा-विकास की राजनीति की जाती है, परन्तु भाषा-विकास के लिए प्रामाणिक प्रयत्न नहीं किए जाते। भाषा-उपेक्षा के गम्भीर परिणाम 'अलगाववाद' के रूप में सम्पूर्ण देश को भुगतने पड़ रहे हैं।

8. हमारी मानसिक दासता और बौद्धिक पराधीनता

आजादी, प्रजातन्त्र आदि के बावजूद हम अंग्रेजों तथा अंग्रेजी की मानसिक दासता और बौद्धिक पराधीनता को ढोने में गौरव का अनुभव करते हैं। एक ओर पारिभाषिक शब्दावली का निर्माण, उसका प्रयोग कर ज्ञान-विज्ञान के ग्रन्थों के निर्माण में अपरिमित धन फूँका जा रहा है, तो दूसरी ओर विज्ञान की विभिन्न शाखाओं तथा तकनीकी शिक्षा का माध्यम अंग्रेजी बना हुआ है। चाहे केन्द्रीय हो या प्रान्तीय, सभी तरह के कार्यालयों तथा संसद, विधान भवन का लगभग सम्पूर्ण व्यवहार अंग्रेजी भाषा के माध्यम से होता रहा है। पारिभाषिक शब्दावली का मात्र निर्माण करने तथा कोशों के प्रकाशन से इस कार्य की सिद्धि नहीं होगी, उसकी सार्थकता प्रयोग में होती है। हमारी विडम्बना यह है कि हम शब्दों का निर्माण तो कर रहे हैं, परन्तु प्रयोग नहीं के बराबर हो रहा है। इसका एकमात्र कारण हमारी अंग्रेजी दासताजन्य मनोवृत्ति है। एक दुष्टचक्र इस क्षेत्र में यह चल रहा है कि निर्मित पारिभाषिक शब्दावली का प्रयोग इसलिए नहीं करते कि उसके प्रयोग में सुबोधता नहीं है और सुबोधता इसलिए नहीं है क्योंकि उसका निरन्तर प्रयोग नहीं होता। हमारे विद्वानों का अधिकांश समय इसी में जाता है कि निर्मित शब्दावली को बिना प्रयोग किए यह साबित

करने में कि अंग्रेजी शब्दों का प्रयोग निर्मित भारतीय पारिभाषिक शब्दावली से अधिक सार्थक है, अत: भारतीय पारिभाषिक शब्दावली अनुपयुक्त सब तर्क-वितर्क छोड़कर एक बार पूरी पारिभाषिक शब्दावली बना लेनी चाहिए। नदी के किनारे बैठकर पानी की गहराई से डरने से काम नहीं चलेगा। जो पानी में कभी नहीं उतरता वह तैरना सीख ही नहीं सकता। निर्मित शब्दों की उपयोगिता का पता तब तक नहीं लग सकता जब तक हम उसे पुस्तकों, लेखों आदि में प्रयुक्त नहीं करते।'' एक सीधी सरल बात है कि पारिभाषिक शब्दावली उपयुक्त तभी होगी, जब उसका उपयोग किया जायगा।

3.

राजभाषा हिन्दी : अतीत और वर्तमान

किसी राष्ट्र के समस्त कामकाज के लिए प्रयुक्त भाषा को राजभाषा (Official Language) कहते हैं। अधिकांश देशों में राष्ट्रभाषा ही राजभाषा का दायित्व निभाती है, इसीलिए कुछ लोग राष्ट्रभाषा और राजभाषा को एक ही समझते हैं। राष्ट्रभाषा एक व्यापक संकल्पना है और राजभाषा मात्र शासकीय व्यवहार तक सीमित संकल्पना है। राष्ट्रभाषा एक ही हो सकती है, जबकि राजभाषाएँ एक से अधिक भी हो सकती हैं। प्रजातान्त्रिक भारत में 'हिन्दी' 'संघ की राजभाषा' है और अष्टम अनुसूची में उल्लिखित अन्य भाषाएँ अपने-अपने प्रान्त में राजभाषा के रूप में प्रयुक्त हैं।

(अ) राजभाषा हिन्दी : ऐतिहासिक परिप्रेक्ष्य

हिन्दी अपने जन्मकाल से ही किसी-न-किसी रूप में राजकाज की भाषा के रूप में व्यवहृत रही है। नौवीं और दसवीं शताब्दी में हिन्दी सर्जनात्मक साहित्य के साथ-साथ राजकाज की भाषा के रूप में प्रचलित थी। तब से आज तक की उसकी यात्रा उसके राजभाषा के रूष में विकास की यात्रा है। संविधान द्वारा 'राजभाषा' का विधिवत् स्थान प्राप्ति के पूर्व भी वह इसी पद पर आसीन थी। राजभाषा हिन्दी के विकास की गाथा निम्न शीर्षकों में प्रस्तुत की जा सकती है—

(1) राजपूत राजाओं के राजकाज में हिन्दी

राजस्थान के विभिन्न रियासतों में हिन्दी भाषा का प्रयोग बारहवीं सदी से होता आया है। राजस्थान की विशेषता यह रही है कि उसने अपने राजकीय कार्यों में मुगलों, मराठों तथा अंग्रेजी शासन से अपना पत्राचार हिन्दी में ही किया है। राजभाषा हिन्दी के प्रयोग की परम्परा का लिपिबद्ध प्रमाण राजपूतों के काल से मिलता है। उस समय राठौर, चौहान, तोमर, चन्देल आदि राजघराने थे। इनके राजदरबारों में रचित रासो काव्य में तत्कालीन प्रशासन व्यवस्था का चित्रण मिलता है। इस चित्रण में प्राप्त कई पारिभाषिक शब्द इस बात के प्रमाण हैं कि राजकाज की भाषा के रूप में हिन्दी का ही प्रयोग होता था। पृथ्वीराज के शासन में डिंगल भाषा का प्रयोग होता था। बारहवीं शती के प्रशासन सम्बन्धी दो महत्त्वपूर्ण पत्रों का उल्लेख अयोध्यासिंह उपाध्याय जी ने अपने 'हिन्दी भाषा और

साहित्य का विकास' में पृ. 628-629 पर किया है। इन पत्रों के आधार पर स्पष्ट रूप में कहा जा सकता है कि हिन्दी का प्रयोग राजकाज में व्यापक रूप में होता था। मेवाड़ के परवर्ती सभी राजाओं ने राजकीय कार्यों में हिन्दी का ही प्रयोग किया था। महाराणा प्रताप का एक पट्टा देसवाड़े से प्राप्त हुआ है, जिसमें हिन्दी का प्रयोग है। कोटा रियासत का सारा कामकाज सैकड़ों वर्षों से हिन्दी में ही होता रहा है। इनके सरकारी दस्तावेजों पर तत्कालीन राजस्थानी भाषा का प्रभाव स्पष्ट रूप में झलकता है। बीकानेर रियासत में हिन्दी का प्रयोग सोलहवीं शती से प्राप्त होता है। जोधपुर रियासत में भी कामकाज हिन्दी में ही होता था। जयपुर, अलवर, भरतपुर आदि रियासतों का राजकीय कार्य हिन्दी में मुगलों तथा अंग्रेजों के शासनकाल में होता था। राजाओं के परस्पर हिन्दी पत्र-व्यवहार की पद्धति को 'खत्त महाराजान' कहते थे। पत्र हिन्दी भाषा तथा देवनागरी लिपि में भारतीय राजाओं तथा तत्कालीन मुगल सम्राट द्वारा लिखवाए जाते थे।

हिन्दी क्षेत्रों से इतर देशी राज्यों में भी हिन्दी को प्रश्रय मिला था। बड़ौदा नरेश की आज्ञा से 'सयाजी शासन शब्द कल्पतरु' शीर्षक से प्रशासनिक शब्दकोश तैयार किया गया था। उसमें गुजराती, बाँग्ला, मराठी, फारसी के अतिरिक्त हिन्दी रूप भी दिये गए हैं। इस कोश से यह ज्ञात होता है कि इस शताब्दी के आरम्भ में वहाँ मध्यस्थ, नित्यावास, कराध्यक्ष, कर्म सचिव, निक्षेप, सीमित, व्यवस्थापक, टीपण, उत्तराधिकारी, विवादों जैसे सहस्त्रो शब्द चल रहे थे।

(2) मुसलमानों के राजकाज में हिन्दी

मुसलमान शासकों को हिन्दुस्तान की राजसत्ता हाथ में लेते ही यह सोचने के लिए बाध्य होना पड़ा कि भारत में अपनी जड़ें मजबूत करने के लिए इस देश की केन्द्रीय भाषा हिन्दी को राजकाज में स्थान दें। क्योंकि जनता के साथ इसी भाषा द्वारा सम्पर्क हो सकता था। मुहम्मद गोरी ने अपने शासन का कामकाज देवनागरी लिपि में और हिन्दी माध्यम से करने के आदेश दिये थे। उसने अपने सिक्कों पर हिन्दुओं की भाषा और अनेक देवी-देवताओं के चिह्न अंकित कराए। उसने अपने राजकाल में सिक्कों पर देवनागरी लिपि में चारों ओर श्री हम्मीर, 'श्री महमूद साम' तथा पट्ट भाग पर नन्दी की मूर्ति अंकित कराई थी। डॉ. शामबाबू शर्मा के अनुसार, मुहम्मद गोरी का एक अन्य टका ('रुपया') दिल्ली के भारतीय पुरातत्त्व संग्रहालय में सुरक्षित है जिसके चित्त भाग पर लक्ष्मी की मूर्ति और पट्ट भाग पर नागरी लिपि में 'श्री मदनीर मोहम्मद' साफ लिखा है।

इससे स्पष्ट होता है कि गोरी को हिन्दी भाषा, नागरी लिपि तथा भारतीय देवी-देवताओं के प्रति आदर-भावना थी।

मोहम्मद गोरी के पश्चात भारत का शासन गुलाम वंश के हाथों में गया। इनमें कुतुबुद्दीन के दामाद अल्तमश ने कन्नौज-विजय के स्मारकस्वरूप टका पर देवनागरी अक्षर अंकित कराए। इसकी ठीक व्याख्या स्व. राखालदास बनर्जी ने 'बाँग्ला इतिहास' में की है। अल्तमश के पश्चात भाषा के सम्बन्ध में प्राय: सभी शासकों ने इसी नीति का पालन किया। यही कारण है कि शहाबुद्दीन गोरी से शेरशाह सूरी तक

सभी बादशाहों के सिक्कों पर श्री हम्मीर आदि अंकित है। इन्होंने ब्रजमिश्रित भाषा का प्रयोग किया।

सन् 1290 में दिल्ली सल्तनत खिलजी वंश के हाथों में आ गई। अलाउद्दीन खिलजी ने भी अपने शासन में राजकाज के लिए हिन्दी को समुचित स्थान दिया। उसने अपने राजकाज से सम्बन्धित नियमों-उपनियमों की प्रतियाँ गाड़ियों से लदवाकर दक्षिण प्रदेश में भिजवाईं तथा उसके सैनिक हिन्दी को सुदूर दक्षिण तक ले गए तथा उसने 1297 में भुज, गुजरात, महाराष्ट्र, आन्ध्र तथा कर्नाटक पर विजय प्राप्त की और वहाँ के राजकाज़ की भाषा हिन्दी की दक्खिनी बोली बनी।

जब दिल्ली का शासन तुगलक वंश के हाथों में चला गया तो इतिहास गवाह है कि देश की राजनीतिक अवस्था बहुत खराब हो चुकी थी। सन् 1327 में मुहम्मद तुगलक अपनी राजधानी दिल्ली से हटाकर देवगिरि ले गया। भाषा की दृष्टि से यह एक अत्यन्त महत्त्वपूर्ण घटना थी। बाद में मुहम्मद तुगलक तो दिल्ली लौट आया, परन्तु उसके साथ जानेवाले सैनिक, श्रमिक, सेठ, सामन्त और कवि-कलाकार-फकीर आदि के परिवार वहीं रह गए। बाद में प्रशासनिक दृष्टि से अकबर ने मालवा, बरार, खानदेश और गुजरात को मिलाकर दक्खिन प्रदेश बनाया। उस समय कुछ मुस्लिम परिवारों के अतिरिक्त शेष सभी व्यापारी और श्रमिक घर-बाहर सभी जगह खड़ीबोली का प्रयोग करते थे। इन सेनाओं के नायकों में ऐसे लोगों की संख्या अधिक थी जो दिल्ली में बस गए थे। वे लोग खड़ीबोली से अच्छी तरह परिचित थे। खड़ीबोली पर हरियाणा, मेवात, शेखावत तथा ब्रज से सम्बन्धित बोलियों का प्रभाव था। यहाँ के मुसलमान आफाकी कहलाते थे। ये कभी मराठी भाषी क्षेत्र में नियुक्त होते थे या कभी तेलुगु भाषी प्रदेश में या कभी कर्नाटक में। इन्होंने खड़ीबोली को ही सामान्य बोलचाल के लिए स्वीकार किया। हैदरअली और टीपू सुलतान इस भाषा को सुदूर केरल तक ले गए जहाँ यह भाषा 'गोसायी' या 'गुसाईं' भाषा के रूप में जानी गई। उत्तरी भारत से आनेवाले सन्त लोगों के अर्थ में या तीर्थ यात्री के अर्थ में गोसाईं का सामान्य प्रयोग बढ़ा। हैदरअली और टीपू की कोच्ची के राजा के साथ जो सन्धि हुई उसके अनुसार राज्य परिवार के लोगों को हिन्दुस्तानी मुन्शी की नियुक्ति हुई और हिन्दुस्तानी को प्रशासन में स्थान मिला।

शेरशाह सूरी के शासनकाल में उसने अपने राजकाज में हिन्दी भाषा को स्थान दिया। शेरशाह के रुपये के चित्त भाग पर कलमा तथा टकसाल का नाम है। पट्ट भाग पर बादशाह का नाम फारसी में लिखा है। उसके नीचे देवनागरी लिपि में 'श्री सेरसाहे' श्रीनाथ सवंत लिखा है। दिल्ली संग्रहालय में शेरशाह का 'स्वस्तिक' से अंकित तथा 'अ' खुदा हुआ सिक्का अभी भी रखा हुआ है।

सिकन्दर लोदी के शासनकाल में राज्य का हिसाब-किताब हिन्दी में ही होता था। राजभाषा के रूप में हिन्दी का प्रयोग अकबर ने ही आरम्भ किया और इस परम्परा को परवर्ती मुगल बादशाहों ने आगे बढ़ाया। इन बादशाहों के बहुत से नियम-उपनियम फरमान आदि हिन्दी में लिखे जाते थे। और जनता के साथ की जानेवाली समस्त कार्रवाइयाँ हिन्दी में होती थीं। मुगलकालीन शासन के हिन्दी भाषा तथा देवनागरी लिपि में लिखे हुए अमल

दस्तूर आवर्जी खतूत अहलकारान, वही ताकीद, हस्बत महावारी, याददाश्त, खाते नक्शा, मिसिल मुकदमा, इत्तलानामा, रसीद, सनदी, खतूत महाराजान, उत्सव का प्रसाद पत्र, खरीता परवाना, स्याह दस्तूर, हुक्म डोल, करार, कागदबही, रोजनामा प्रशस्ति, नक्शा वसूली आदि महत्त्वपूर्ण दस्तावेज हैं जो प्रशासन सम्बन्धी विभिन्न कार्यों के लिए काम में लाए जाते थे।

यद्यपि इनके शीर्षक फारसी भाषा के होते थे, तथापि इनके विषय तत्कालीन प्रचलित भाषा हिन्दी में और लिपि देवनागरी में लिखे जाते थे। इन दस्तावेजों में ब्रज, अवधी, राजस्थानी और खड़ीबोली का व्यवहार हुआ है। तत्सम, तद्भव शब्दों के साथ फारसी शब्दों का भी प्रयोग होता था। तत्कालीन देशी राजाओं के राजकाज में भी इसी प्रकार के हिन्दी पत्रों का प्रयोग किया जाता रहा। बादशाह अकबर का अमल दस्तूर राजभाषा हिन्दी का खासा प्रमाण है। यह दस्तावेज 14 पृष्ठों का है जो राजस्थान राज्य अभिलेखागार, बीकानेर में सुरक्षित है।

अमल दस्तूर में अधिकारियों और कर्मचारियों को सम्राट ने कुछ आदेश दिये हैं ताकि वे प्रजा और प्रशासन में सुख और शान्ति स्थापित कर सकें। इसे राजभाषा हिन्दी में बनी प्राचीन आचार संहिता कहा जा सकता है जिसके अनुसार अधिकारियों एवं कर्मचारियों को शहर अथवा गाँव की उन्नति एवं समृद्धि के लिए तथा सेवा एवं परमार्थ के लिए प्रसन्नतापूर्वक अकबर के दरबार में राजकीय अधीनता स्वीकार करते हुए तथा अपने शहर को अर्पण करते हुए शपथ ग्रहण करनी पड़ती थी। इस दस्तावेज में तत्कालीन अधिकारियों एवं कर्मचारियों के दैनिक प्रशासन में उत्पन्न होनेवाली समस्याओं तथा उनका समाधान और नीतियों के कार्यान्वयन का वर्णन मिलता है।

मुगल बादशाहों की ओर से विभिन्न देशी राजाओं को जो पत्र लिखे जाते थे वे भी हिन्दी भाषा में हुआ करते थे। इन पत्रों को हिन्दी वकील रिपोर्ट नाम से जाना जाता है। राजस्थान के बीकानेर अभिलेखागार में औरंगजेब और बहादुरशाह के जयपुर नरेश जयसिंह को भेजे गए देवनागरी लिपि में लिखे गए कई हिन्दी पत्र सुरक्षित हैं।

औरंगजेब के दरबार से निकलनेवाले पत्रों की भाषा संस्कृतनिष्ठ होती थी।

(3) मराठों के राजकाज में हिन्दी

राजपूत शासकों तथा मुगल सल्तनत की भाँति मराठा शासकों की राजकाज की भाषा हिन्दी ही थी। अठारहवीं शती के पूर्वार्ध में मुगल साम्राज्य के पतन के साथ-साथ जब मराठों ने मालवा पर अपना आधिपत्य स्थापित किया, बुन्देलखंड के शासन में हिस्सा प्राप्त किया, राजस्थान और पंजाब पर आधिपत्य स्थापित करने के लिए प्रयत्न प्रारम्भ किए और उत्तर भारत में हरिद्वार, प्रयाग, काशी, गया आदि तीर्थों में अपना-अपना वर्चस्व स्थापित किया तब उनका सम्पर्क व्यापक रूप से उत्तर के नरेशों, अधिकारियों, व्यापारियों आदि से हुआ। ऐसी स्थिति में प्रशासन को सुचारु रूप से चलाने के लिए मराठा राजाओं, पेशवाओं को अपने प्रशासन तथा राजकाज में हिन्दी को अपनी भाषा बनाना पड़ा।

मराठों के राजकाज से सम्बद्ध सैकड़ों पत्र पुणे तथा बीकानेर के अभिलेखागार में सुरक्षित हैं। इन पत्रों के आधार पर पूना के डॉ. केलकर ने 18वीं शती के हिन्दी पत्र शीर्षक शोध प्रबन्ध प्रस्तुत किया है। 'पेशवा दफ्तर' में मराठी पत्रों के साथ पर्याप्त हिन्दी के पत्र भी हैं। इन सरकारी पत्रों में 78 प्रकार के पत्र पाए गए हैं।

इन पत्रों में प्रशासन सम्बन्धी पर्याप्त शब्दावली मिलती है। मराठा प्रशासन के मध्य ताम्रपत्र लिखने, मराठी से हिन्दी भाषा में अनुवाद, राजनैतिक समझौते, सेना प्रशासन आदि में हिन्दी का पर्याप्त प्रयोग मिलता है। डॉ. केलकर का अध्ययन 1701 से 1800 ई. तक की राजभाषा के स्वरूप पर आधारित है। इन पत्रों के आधार पर कहा जा सकता है कि 17वीं शताब्दी तक हिन्दी गद्य में अभिव्यंजना शक्ति भरपूर आ गई थी। प्रशासन को चलाने के लिए जिन हिन्दी वाक्यांशों, उपवाक्यों, मुहावरों का प्रयोग होता था, वे सरल सुलभ संक्षिप्त तथा अर्थपूर्ण भाषा में होते थे।

'टाड कलेक्शन्स' में 18-19वीं सदी के 86 प्रकार के सरकारी पत्र हिन्दी में मिलते हैं। लन्दन में प्राप्त कर्नल टाड के इस संग्रह से कतिपय राजकीय पत्र डॉ. केसरी नारायण शुक्ल ने नागरी प्रचारिणी पत्रिका के एक जयन्ती अंक में छपवाए। इन पत्रों से तत्कालीन गद्य तथा भाषा का रूपात्मक विकास परिलक्षित होता है।

इसी प्रकार अन्य सैकड़ों पत्रों में प्रचुर पारिभाषिक शब्दावली भरी पड़ी है जैसे—तस्कर, अमन, बहाल, साख, छापा, आक्रमण, खुपिया, हद्पार, संरक्षण, पहरा, डेरा, फौज, सिबन्दी, सलाह, सरंजाम, फौज का मुकाम आदि सेना सम्बन्धी शब्द तथा मुद्रा, नकद, ब्याज, कर्ज, जमा, रिन, हुंडी, उधार, खजाना आदि अर्थकार्य सम्बन्धी शब्द पाए जाते हैं।

शासन सम्बन्धी : कस्बा, तहसील, चाकरी, तैनाती, दरबार, फरमान, करार, मुख्त्यारी, दीवानी आदि शब्द उल्लेखनीय हैं।

भूमि/राजस्व सम्बन्धी शब्द

जमावासिल, जागीर, पेशकसी, खरीद की किस्तबन्दी, महसूल, चुंगी आदि। राजकाज सम्बन्धी इन मराठा दस्तावेजों में पारिभाषिक शब्दावली ही नहीं अपितु असंख्य मुहावरे भी पाए जाते हैं - जैसे मोर्चा उठाना, अमल बहाल करना, तहस-नहस करना तथा चौकसी करना। (तलाशी लेना), फौज पर चाल चलना (आक्रमण करना), गर्द न करना (क्षमा करना) आदि मराठी के प्रचलित मुहावरे भी मिलते हैं।

मुगल प्रशासकों की भाँति ही मराठा प्रशासकों के यहाँ भी भिन्न-भिन्न प्रकार के पत्रों का प्रयोग किया जाता था। जैसे टिप (टिप्पणी या नोट), सनदी, आज्ञापत्र, याददास्ति, अर्जदास्ति, रुक्का, कबुलियत, जमावसित एवं रसीद आदि। इनमें से टिप का प्रयोग विशेषकर आर्थिक मामलों में किया जाता था। इसी प्रकार मराठाकालीन सनदी, आज्ञापत्र, कबूल, अर्जदास्ति, जमाबसिल, कबुलिअत, रसीद एवं नकल क्रमशः वर्तमान पत्र का आदेश, अधिकार पत्र, प्रार्थना पत्र, स्मरण पत्र, जमा तथा वसूली पत्र, स्वीकृति पत्र, पावती तथा प्रतिलिपि के लिए प्रयुक्त होते थे।

(4) अंग्रेजों के राजकाज में हिन्दी

हिन्दी की सरलता, व्यापकता, राजनैतिक व्यवहार की क्षमता के कारण तथा प्रशासन में प्रयोग की लम्बी परम्परा से युक्त होने के कारण हिन्दी अंग्रेजों की पहली पसन्द रही। इसे वे इन्दोस्तानी कहते थे। हेनरी टॉमस कोलबूक ने जो 1782 में बंगाल सर्विस में आए और जो आगे चलकर संस्कृत के प्रसिद्ध विद्वान भी हुए—लिखा था कि जिस भाषा का व्यवहार भारत के प्रत्येक प्रान्त के लोग करते हैं, जो पढ़े-लिखे या अनपढ़ दोनों की साधारण बोलचाल की भाषा है उसी का यथार्थ नाम हिन्दी है। उसी समय सर विलियम जोन्स ने संस्कृत के प्रति रुचि दिखाई और एशियाटिक सोसाइटी की कलकत्ता में स्थापना की। ब्रिटिश शासन में एक तर्जुमाह विभाग की स्थापना भी की गई थी। कम्पनी ने सन् 1803 में यह आदेश निकाला था कि—

Every regulation with the original notes shall be translated in Hindustani.

सन् 1800 में यह घोषणा कर दी गई कि सन् 1801 के प्रारम्भ से ऐसा कोई भी सिविल सर्वेंट किसी विश्वास तथा उत्तरदायित्व के पद पर नियुक्त नहीं किया जायगा, जब तक यह निश्चित न कर लिया जाय कि उसे उन भाषाओं का ज्ञान है जो उसके पद से सम्बन्धित कार्यकलाप के लिए आवश्यक है।

आगरा जैसे व्यापार केन्द्रों में किसी समय विदेशी व्यापारी, राजदूत आदि न केवल यहाँ की जनता से विचारों का आदान-प्रदान करने के लिए वरन आपस में अन्तरराष्ट्रीय सम्पर्क भाषा के रूप में हिन्दी या हिन्दुस्तानी का व्यवहार करते थे।

'उन्नीसवीं' शताब्दी के पहले दशक में दिल्ली के रेजिडेंट सी. टी. मेटकाफ ने अपने एक पत्र में लिखा था कि भारत के जिस भाग में मुझे काम करना पड़ा है, मुझे हर जगह ऐसे लोग मिले जो हिन्दुस्तानी बोल सकते हैं। यह एक ऐसी जबान है जो आम तौर पर उपयोगी साबित होती है।

वस्तुत: प्रथम चार दशकों में सिविल सर्विस के अधिकारियों में जो हिन्दी, हिन्दुस्तानी की लहर बढ़ रही थी उसकी कठोरता से रोकने के लिए ही मैकाले ने सन् 1835 में सुप्रसिद्ध 'मिनट' प्रस्तुत किया। पर हिन्दी के महत्त्व और उसकी गति को कोई शक्ति रोक नहीं सकी। स्वयं अंग्रेजों के विरुद्ध अंग्रेज लड़ते रहे। इनमें फ्रेडरिक पिनकाट का नाम अग्रगण्य है। उन्होंने सन् 1888 में श्रीधर पाठक को लिखे पत्र में लिखा था—

"बीस साल पहले मैं एकमात्र यूरोपियन या जिसने सरकार पर हिन्दी के बारे में दबाव डाला और दस साल बाद यह नियम बनवाने में सफल रहा कि भारत जानेवाले अंग्रेजों को हिन्दी की परीक्षा पास करना अनिवार्य है।"

ऐसी स्थिति में अंग्रेज सरकार भारत में प्रशासकीय सेवा में आनेवाले सिविल सर्विस के उच्च अधिकारियों के लिए हिन्दी तथा अन्य सम्बन्धित राज्य की भाषा का ज्ञान अनिवार्य कर देना पड़ा। मैकाले के 'मिनट' के बावजूद थामसन ने अपनी रिपोर्ट में 1843-44 में यह स्पष्ट आदेश दिया कि इंग्लिश अफसरों को छोड़कर जनता के साथ सभी कामकाज

वर्नाक्यूलर भाषा में किया जाय। कम्पनी प्रशासन में पत्रों के विविध प्रकार, जमानत पत्र, शर्तनामा, कबूल नामा, मुख्तार नामा, राजी नामा, फाइलनोट, दरख्वास्त, खसरा, डी.ओ. लेटर, अर्जी आदि हैं।

कम्पनी प्रशासन में प्रचलित कतिपय हिन्दी पत्रों के नमूने डॉ. रामबाबू शर्मा ने अपनी पुस्तक 'राजभाषा की कहानी' में उद्धृत किए हैं। जिला स्तर पर स्थानीय प्रशासन में भी भोजपुरी, अवधी, ब्रज, बुन्देलखंडी, मगही, राजस्थानी आदि जनभाषाओं का प्रचलन था। नेपाल के साथ भी पत्रव्यवहार हिन्दी में होता था। तर्जुमा विभाग जनसाधारण सम्बन्धी सूचना तथा सरकारी आदेश आदि का हिन्दी में अनुवाद करता था। इस प्रकार के अनुवाद की व्यवस्था पोलिटिकल एजेंटों, गवर्नर जनरल तथा रेजिडेंटों के कार्यालय में थी। लेकिन यह सच्चाई थी कि अंग्रेजों के समय उत्तर भारत की कोर्ट कचहरियों में उर्दू का वर्चस्व था जबकि उत्तर भारत की जनता की भाषा हिन्दी थी। किन्तु उसे कचहरियों तथा सरकारी कार्यालयों में उचित स्थान प्राप्त न था। भारत को स्वतन्त्रता दिलाने के लिए एक तरफ भारतीय क्रान्तिकारियों का दल अपने ढंग से प्रयत्नशील था, तो दूसरी तरफ महात्मा गाँधी, नेहरू, पटेल, मालवीय, पुरुषोत्तमदास टंडन, सेठ गोविन्ददास जैसे अहिंसावादी देशप्रेमी प्रयासरत थे। दोन्नों पक्षों ने राष्ट्रभाषा के रूप में हिन्दी को राष्ट्रीयता का प्रमुख अंग माना। इनके समन्वित प्रयासों से राष्ट्रभाषा के रूप में हिन्दी राष्ट्रीयता का प्रतीक ही नहीं राष्ट्रभाषा-राजभाषा के पद पर कैसे आसीन हुई इसकी कहानी भी कम रोचक नहीं है। अभूतपूर्व बात यह थी कि हिन्दी को राष्ट्रभाषा के रूप में संविधान में स्थान दिलाने की वकालत करनेवाले अधिकांश अहिन्दी भाषी राष्ट्रीय नेता ही थे।

कांग्रेस की स्थापना से पूर्व ही बंगाल, महाराष्ट्र, गुजरात तथा पंजाब के राष्ट्रीय नेताओं द्वारा हिन्दी का प्रचार-प्रसार उसी प्रकार व्यापक रूप से किया गया जिस प्रकार मध्यकाल में सूफी सन्तों, फकीरों तथा भक्तों ने किया था। सर्वप्रथम विद्यासागर ने और फिर बाद में 1857 ई. में बंगाल में केशवचन्द्र सेन ने अपने समाचार-पत्र में हिन्दी अखिल भारत की जातीय भाषा या राष्ट्रभाषा बनाने के योग्य है, इस विषय पर निबन्ध लिखा। 1882 में राजनारायण बोस ने और 1886 में भूदेव मुखर्जी ने भारत को एक जातीयता के सूत्र में बाँधने के लिए हिन्दी की उपयोगिता के विषय पर विचार कर उसकी वकालत की। (विशाल भारत, मार्च-1950) राजा राममोहन राय ने कलकत्ते से 'बंगदूत' सन् 1826 में हिन्दी, अंग्रेजी तथा बँगला में निकाला। दयानन्द ने बाबू केशवचन्द्र सेन के कहने पर ही आर्यभाषा में लिखना तथा व्याख्यान देना शुरू किया। नवीनचन्द्र राय ने सन् 1868 में ज्ञान प्रदायिनी के माध्यम से हिन्दी का प्रचार पंजाब में किया। इस प्रकार धार्मिक, सामाजिक तथा राजनैतिक आन्दोलन की यह भाषा हिन्दी शताब्दियों से चली आ रही थी।

हिन्दी के प्रचार-प्रसार में पत्रकारिता की भूमिका बहुत ही उल्लेखनीय रही है। सन् 1824 में कलकत्ते से 'उदन्त मार्तंड' ...प्रकाशित हुआ। राजा रामपाल सिंह ने सन् 1883 में लंदन से 'हिन्दुस्तान' नामक पत्र निकाला। बंकिमचन्द्र ने सन् 1884 में हिन्दी का समर्थन किया। महाराष्ट्र में तिलक ने मराठी के साथ 'हिन्दी-केसरी' निकाला।

माधवराव सप्रे ने घोषणा की—हिन्दी अवश्य राष्ट्रभाषा बनाई जाय। भारतवर्ष की कोई दूसरी भाषा राष्ट्रभाषा बनने का दावा नहीं कर सकती। 'वंदेमातरम' समाचारपत्र के सन् 1905 के एक अग्रलेख में सम्पादक अरविन्द घोष ने हिन्दी को सर्वमान्य भाषा बनाने की वकालत की जिसके आधार पर ही शारदाचरण मित्र ने 1905 में 'एक लिपि विस्तार परिषद' की स्थापना की। महर्षि अरविन्द, रवीन्द्रनाथ टैगोर तथा सुप्रसिद्ध भाषाविद डॉ. सुनीतिकुमार चाटुर्ज्या ने हिन्दी का पर्याप्त समर्थन किया। श्रद्धानन्द प्रारम्भ से ही हिन्दी के समर्थक थे।

राष्ट्रीय मंच पर आने से पहले ही सर्वप्रथम महात्मा गाँधी ने इस ओर ध्यान दिया। 'इंडियन ओपीनियन' में सन् 1906 में उन्होंने लिखा, "यह सम्भव नहीं कि अंग्रेजी के जरिये भारत एक राष्ट्र बन जाय। यह हिन्दी भाषा उत्तर भारत में सभी लोग बोल बैठें। इसकी माता संस्कृत और फारसी होने के कारण यह हिन्दू और मुसलमान दोनों को अनुकूल पड़ सकती है। इसके सिवा चूँकि फकीर और संन्यासी यही भाषा बोलते हैं। इसलिए इसका प्रचार सब जगह होता है। अनेक अंग्रेज भी इसे सीखते हैं।" अतः सन् 1915 में भारत आते ही उन्होंने हिन्दी के लिए बाकायदा आन्दोलन चलाया। समय-समय पर आप हिन्दी का पक्ष लेते रहे, जैसे नागरी प्रचारिणी सभा, काशी 1916।

कांग्रेस संस्था की कार्यवाही हिन्दी में चले इसके लिए वह तीसरे दशक से प्रयत्न करते रहे। कांग्रेस के विधान में भी इसका उल्लेख बहुत पहले करवा दिया था कि हिन्दुस्तानी में ही काम हो। गाँधी जी के अनुरोध के फलस्वरूप कांग्रेस के कानपुर अधिवेशन में सन् 1925 में यह प्रस्ताव पास हुआ कि कांग्रेस की महासभा प्रस्ताव पास करती है कि कांग्रेस अखिल भारतीय कांग्रेस कमेटी और वर्किंग कमेटी की कार्रवाई आम तौर पर हिन्दुस्तानी में चलेगी।

स्वतन्त्र भारत का संविधान बनाने के लिए सभी दलों (मुस्लिम, हिन्दू महासभा, सिक्ख, लिबरल तथा लेबर) की 1928 में जो कांग्रेस हुई उसमें पं. मोतीलाल नेहरू की अध्यक्षता में 'नेहरू रिपोर्ट' प्रस्तुत की। उसमें हिन्दुस्तानी को सर्वमान्य भाषा घोषित किया गया। यहाँ यह उल्लेखनीय है कि पं. जवाहरलाल नेहरू कांग्रेस के जनरल सेक्रेटरी और सुभाषचन्द्र बोस का सक्रिय सहयोग इस कमेटी को मिला था।

इसी वर्ष (1928) दक्षिण भारत में चक्रवर्ती राजगोपालाचारी ने तमिल भाषा-भाषियों से हिन्दी पढ़ने की वकालत करते हुए कहा, "उत्तरी और केन्द्रीय भारत की मुख्य भाषाओं में एक ऐसा सामान्य तत्त्व है, जो इन भाषाओं के बोलनेवालों को, बिना उनकी अपनी भाषाओं में विशेष परिवर्तन के ही एक दूसरे को समझ सकने में सहायता प्रदान करता है और यह सामान्य आधार ही भारत के अधिकतर भाग की जनभाषा बनाने में सहायक है। केन्द्रीय सरकार और विधान सभाओं और प्रान्तीय सरकारों को भारत सरकार से व्यवहार की भाषा हिन्दी ही होगी। राजनैतिक कारणों से कम महत्त्वपूर्ण नहीं ऐसी भारत की सांस्कृतिक एकता की माँग भी सामान्य रूप से बोली जानेवाली भाषा का ज्ञान है। यदि बृहत भारत में प्रतिदिन का सम्पर्क बनाए रखना है तो हिन्दी से ही वह सम्भव होगा, अन्यथा दक्षिण प्रदेश उस सांस्कृतिक वृक्ष की निर्जीव शाखा मात्र रह जायगा।"

पं. जवाहरलाल नेहरू ने भी हिन्दी को प्रारम्भ से ही अपनाया और सन् 1937 में प्रान्तीय सरकार बनने पर कहा, "हर प्रान्त की सरकारी भाषा, राज्य के कामकाज के लिए उस प्रान्त की भाषा होनी चाहिए। परन्तु हर जगह अखिल भारतीय भाषा होने के नाते 'हिन्दुस्तानी' को सरकारी तौर पर माना जाना चाहिए। अखिल भारतीय भाषा कोई हो सकती है, तो वह सिर्फ हिन्दी या हिन्दुस्तानी कुछ भी कह लीजिए—ही हो सकती है।''

(5) संविधान सभा और हिन्दी

सन् 1946 में संविधान सभा बनी जिसमें मुख्यत: राष्ट्रीय कांग्रेस के सदस्य थे, साथ ही मुस्लिम लीग तथा अन्य स्वतन्त्र आदि। संविधान सभा की पहली बैठक में बाबू राजेन्द्र प्रसाद इसके अध्यक्ष चुने गए। संविधान सभा की नियम समिति ने डॉ. राजेन्द्र प्रसाद की अध्यक्षता में यह निर्णय ले लिया था कि सभा की कामकाज की भाषा हिन्दुस्तानी या अंग्रेजी होगी, पर कोई भी सदस्य अध्यक्ष की अनुमति से सदन में अपनी मातृभाषा में भाषण दे सकेगा। दि. 14 जुलाई, 1947 को संविधान सभा के चौथे सत्र के दूसरे दिन ही यह संशोधन प्रस्तुत किया गया कि 'हिन्दुस्तानी' के स्थान पर 'हिन्दी' शब्द रखा जाय। संविधान सभा कांग्रेस पार्टी में इस विषय पर विचार-विमर्श प्रारम्भ हुआ। मतदान में हिन्दी के पक्ष में 63 वोट थे और हिन्दुस्तानी के पक्ष में 32 तथा विपक्ष में 18 वोट।

फरवरी, 1948 में संविधान का जो प्रारूप प्रस्तुत किया गया उसमें राजभाषा विधेयक की कोई धारा नहीं थी। मात्र इतना उल्लेख था कि संसद की भाषा अंग्रेजी या हिन्दी होगी। सन् 1948 के प्रारूप में हिन्दी के सम्बन्ध में अनेक पक्ष-विपक्ष में मत प्राप्त होते रहे। पं. नेहरू ने एक अखिल भारतीय भाषा की आवश्यकता पर बल दिया और यह भी स्पष्ट किया कि स्वतन्त्र देश की अपनी ही भाषा में राजकाज चलाना चाहिए। यह भाषा अन्तत: जनता के मध्य से ही विकसित होगी। 10 नवम्बर, 1948 को स्टीयरिंग कमेटी में यह निश्चय किया गया कि अंग्रेजी के साथ-ही-साथ संविधान हिन्दी में भी तैयार होना चाहिए। इस विषय पर मुख्य बहस अगस्त से सितम्बर, 1949 में हुई। अगस्त में ही कांग्रेस की वर्किंग कमेटी में भाषा पर काफी चर्चा हुई, जिसमें द्विभाषिक स्थिति पर प्रस्ताव पास किए गए और यह भी स्पष्ट किया गया कि अखिल भारतीय कामकाज के लिए भी 'स्टेट लैंग्वेज' होनी चाहिए।

दस से सत्रह अगस्त तक तूफानी बैठकें चलती रहीं। सोलह अगस्त की प्रारूप कमेटी ने रिपोर्ट प्रस्तुत की जिसमें दस वर्ष तक अंग्रेजी के चलते रहने की व्यवस्था रखी गई, साथ ही अन्तरराष्ट्रीय अंकों को मान्यता दी गई। बाद में 22 अगस्त को डॉ. अम्बेडकर साहब ने फार्मूला रखा जिसमें –

1. पन्द्रह वर्ष की अवधि का प्रस्ताव था, जिसको बाद में संसद बढ़ा भी सकती थी।
2. अन्तरराष्ट्रीय अंक
3. प्रादेशिक भाषाओं की अनुसूची

4. उच्च न्यायालयों में अंग्रेजी
5. भाषा आयोग आदि की मुख्य व्यवस्थाएँ थीं।

2.9.1949 को मुन्शी-आयंगर फार्मूला प्रस्तुत हुआ। **मसौदे की प्रस्तुत दो महत्त्वपूर्ण बातें यह थीं :**

1. संघ के कामकाज के लिए हिन्दी देश की सामान्य भाषा हो और लिपि देवनागरी हो।
2. सभी संघीय प्रयोजनों के लिए भारतीय अंकों के अन्तरराष्ट्रीय रूप अपनाए जायँ।

इस फार्मूले में काफी बहस होती रही।

मुख्य बहस 12 से 14 सितम्बर तक चली। दस सितम्बर तक प्रस्तुत अनेक संशोधन 45 पृष्ठों में थे। संशोधनों की संख्या बढ़ते-बढ़ते चार सौ तक हो गई। अन्तत: 14 सितम्बर को ही आपस में दोनों पक्षों में समझौता हुआ और मुन्शी-आयंगर फार्मूला में कुछ संशोधनों के साथ स्वीकार कर हिन्दी को राजभाषा पद पर प्रतिष्ठित किया गया।

मुन्शी-आयंगर फार्मूले के नाम से विख्यात अनुच्छेद संविधान के भाग 17 में अनुच्छेद 343 से 351 तक है। इस अवसर पर संविधान सभा के अध्यक्ष ने बड़े मार्मिक ढंग से घोषणा की, ''आज पहली बार हम अपने संविधान में एक भाषा स्वीकार कर रहे हैं, जो भारत संघ के प्रशासन की भाषा होगी और समय के अनुसार अपने आप को ढालना और विकसित करना होगा। हमने अपने देश का राजनैतिक एकीकरण सम्पन्न किया है। राजभाषा हिन्दी देश की एकता को कश्मीर से कन्याकुमारी तक अधिक सुदृढ़ बना सकेगी। अंग्रेजी की जगह भारतीय भाषा को स्थापित करने से हम निश्चय ही और भी एक दूसरे के नजदीक आएँगे। इस प्रकार 14 सितम्बर, 1949 को हिन्दी को राजभाषा का गौरवपूर्ण स्थान प्राप्त हुआ। लेकिन विस्मयकारी बात यह है कि स्वतन्त्रता के बाद ही हिन्दी को राजभाषा का दर्जा मिला हो ऐसी बात नहीं है, अपितु इससे पहले भी हिन्दी को यह गौरव प्राप्त था। जैसे कि डॉ. करनपाल सिंह का कहना है, ''आज से लगभग 800 वर्ष पूर्व राजभाषा हिन्दी स्वस्फूर्त थी, जबकि उस समय भारत पराधीन था। आज भारत स्वाधीन है, परन्तु हिन्दी को अपना वह न्यायोचित स्थान पाने के लिए संविधान का सहारा लेना पड़ा।''

संविधान में हिन्दी

संविधान के राजभाषा सम्बन्धी अनुच्छेद तथा धाराएँ

संविधान में हिन्दी को राजभाषा का दर्जा देते हुए उसके स्वरूप क्षेत्र और दायित्वों का विवेचन विस्तार से किया गया है। संविधान में अनुच्छेद 120 और 210 के अतिरिक्त अनुच्छेद 343 से 351 तक के ग्यारह अनुच्छेदों में संघ और राज्यों के सरकारी प्रयोजनों के लिए संसद और विधान-मंडलों में, न्यायालयों में प्रयुक्त भाषा, संघ और राज्यों के बीच प्रयुक्त होनेवाली भाषा और राज्यों के आपस में सम्प्रेषण-माध्यम के रूप में प्रयुक्त होनेवाली भाषा के सम्बन्ध में अलग-अलग व्यवस्था की गई है। इसके अतिरिक्त राजभाषा

नियमों में प्रशासन और जनता के बीच पत्र-व्यवहार के लिए प्रयुक्त भाषा के सम्बन्ध में भी विशेष उल्लेख किया गया है। वास्तव में हिन्दी को संघ की राजभाषा घोषित करने का यह अभिप्राय नहीं है कि यह भाषा अन्य भारतीय भाषाओं की अपेक्षा अधिक समृद्ध है। इसको राजभाषा का दर्जा देने का कारण यह था कि इस भाषा को बोलने और समझनेवाले लोग देश में सबसे अधिक संख्या में थे।

संसद में प्रयोग की जानेवाली भाषा

अनुच्छेद 120 : इसमें कहा गया है कि संसद में कार्यवाही हिन्दी या अंग्रेजी में होगी, परन्तु यदि कोई संसद सदस्य इन दोनों भाषाओं में अपने आप को अभिव्यक्त नहीं कर पाता तो वह अपनी मातृभाषा में बोल सकता है। इसकी हिन्दी और अंग्रेजी में अनुवाद करने की व्यवस्था भी की गई है।

अनुच्छेद 290 : इसमे यह प्रावधान किया गया है कि राज्यों के विधान-मंडलों की कार्यवाही सम्बद्ध राज्य की राजभाषा-राजभाषाओं में या हिन्दी अथवा अंग्रेजी में की जा सकती है। किन्तु विधान-मंडल का कोई सदस्य पूर्वोक्त भाषाओं में से किसी भी भाषा में अभिव्यक्ति नहीं कर सकता तो उसे अपनी मातृभाषा में बोलने का अधिकार है।

संघ की राजभाषा : संविधान के अनुच्छेद 343 से 351 तक के 9 परिच्छेद राजभाषा हिन्दी का स्वरूप स्पष्ट करते हैं। वह इस प्रकार हैं –

अनुच्छेद 343 (1) के अनुसार संघ की राजभाषा हिन्दी और लिपि देवनागरी होगी। संघ के राजकीय प्रयोजनों के लिए प्रयोग होनेवाले अंकों का रूप भारतीय अंकों का अन्तरराष्ट्रीय रूप होगा।

(2) खंड (1) से किसी एक बात के होते हुए भी इस संविधान के प्रारम्भ से पन्द्रह वर्ष की कालावधि के लिए संघ के उन सब राजकीय प्रयोजनों के लिए अंग्रेजी भाषा प्रयुक्त की जाती रहेगी जिनके लिए ऐसे प्रारम्भ के ठीक पहले प्रयोग की जाती थी।

परन्तु राष्ट्रपति उक्त कालावधि में, आदेश द्वारा संघ के राजकीय प्रयोजनों में से किसी के लिए अंग्रेजी भाषा के साथ-साथ हिन्दी भाषा का तथा भारतीय अंकों के अन्तरराष्ट्रीय रूप के साथ-साथ देवनागरी रूप का प्रयोग प्राधिकृत कर सकेगा।

(3) इस अनुच्छेद में किसी बात के होते हुए भी संसद उक्त पन्द्रह साल की कालावधि के पश्चात विधि द्वारा (क) अंग्रेजी भाषा का; अथवा (ख) अंकों के देवनागरी रूप का ऐसे प्रयोजनों के लिए प्रयोग उपबन्धित कर सकेगी जैसे कि ऐसी विधि में उल्लेखित हों।

राजभाषा के लिए संसद का आयोग और समिति

344 (1) राष्ट्रपति, इस संविधान के प्रारम्भ से पाँच वर्ष की समाप्ति पर तथा तत्पश्चात ऐसे प्रारम्भ से दस वर्ष की समाप्ति पर, आदेश द्वारा एक आयोग गठित करेगा जो एक सभापति और अष्टम अनुसूची में उल्लेखित भिन्न-भिन्न भाषाओं का प्रतिनिधित्व करनेवाले ऐसे अन्य सदस्यों से मिलाकर बनेगा जैसे कि राष्ट्रपति नियुक्त करें, तथा आयोग द्वारा अनुसरण की जानेवाली प्रक्रिया भी आदेश परिभाषित करेगा।

(2) राष्ट्रपति को

(क) संघ के राजकीय प्रयोजनों के लिए हिन्दी भाषा के उत्तरोत्तर अधिक प्रयोग के;

(ख) संघ के राजकीय प्रयोजनों में से सब या किसी के लिए अंग्रेजी भाषा के प्रयोग पर निर्बन्धनों के;

(ग) अनुच्छेद 348 में वर्णित प्रयोजनों में से सब या किसी के लिए प्रयोग की जानेवाली भाषा के;

(घ) संघ के किसी एक या अधिक उल्लेखित प्रयोजनों के लिए प्रयोग किए जानेवाले अंकों के रूप के;

(ङ) संघ की राजभाषा तथा संघ और किसी राज्य के बीच अथवा एक राज्य और दूसरे राज्य के बीच संचार की भाषा तथा उनके प्रयोग के बारे में राष्ट्रपति द्वारा आयोग से पृच्छा किए हुए किसी अन्य विषय के बारे में सिफारिश करने का आयोग का कर्तव्य होगा।

(3) खंड (2) के अधीन अपनी सिफारिशों को करने में आयोग भारत की औद्योगिक, सांस्कृतिक और वैज्ञानिक उन्नति का तथा लोकसेवाओं के बारे में अहिन्दी भाषा-भाषी क्षेत्र के लोगों के न्यायपूर्ण दावों और हितों का ध्यान रखेगा।

(4) तीस सदस्यों की एक समिति संगठित की जायगी जिनमें से बीस लोकसभा के सदस्य होंगे तथा दस राज्य-परिषद के सदस्य होंगे जो कि क्रमश: लोकसभा के सदस्यों तथा राज्य-परिषद के सदस्यों द्वारा अनुपाती प्रतिनिधित्व पद्धतियों के अनुसार एकल संक्रमणीय मत द्वारा निर्वाचित होंगे।

(5) खंड (1) के अधीन गठित आयोग की सिफारिशों की परीक्षा करना तथा उन पर अपनी राय का प्रतिवेदन राष्ट्रपति को करना समिति का कर्तव्य होगा।

(6) अनुच्छेद 343 में किसी बात के होते हुए भी राष्ट्रपति खंड (5) में निर्दिष्ट प्रतिवेदन पर विचार करने के पश्चात उस सारे प्रतिवेदन के किसी भाग के अनुसार निर्देश निकाल सकेगा।

राज्य की राज्यभाषा

अनुच्छेद 345 : अनुच्छेद 346 और 347 के उपबन्धों के अधीन रहते हुए राज्य का विधान मंडल विधि द्वारा उस राज्य के राजकीय प्रयोजनों में से सब या किसी के लिए प्रयोग के अर्थ उस राज्य में प्रयुक्त होनेवाली भाषाओं में से किसी एक या अनेक या हिन्दी अंगीकार कर सकेगा। परन्तु जब तक राज्य का विधान मंडल विधि द्वारा इससे अन्यथा उपबन्ध न करे तब तक राज्य के भीतर उन राजकीय प्रयोजनों के लिए अंग्रेजी भाषा प्रयोग की जाती रहेगी, जिनके लिए इन संविधान के प्रारम्भ से ठीक पहले वह प्रयोग की जाती थी।

अनुच्छेद 346 : संघ में राजकीय प्रयोजनों के लिए प्रयुक्त होने के लिए तत्समय प्राधिकृत भाषा, एक राज्य और दूसरे राज्य के बीच तथा किसी राज्य और संघ के बीच

में संचार के लिए राजभाषा होगी, परन्तु यदि दो या अधिक राज्य करार करते हैं कि ऐसे राज्यों के बीच में संचार के लिए राजभाषा हिन्दी भाषा होगी तो ऐसे संचार के लिए वह भाषा प्रयोग की जा सकेगी।

अनुच्छेद 347 : के अनुसार यदि किसी राज्य का पर्याप्त जन समुदाय यह चाहता है कि उसकी अपनी भाषा को मान्यता दी जाय और राज्य में समस्त या किन्हीं शासकीय प्रयोजनों के लिए उसका प्रयोग हो तो राष्ट्रपति इस उद्‌देश्य का निदेश दे सकता है।

उच्चतम न्यायालय की भाषा

अनुच्छेद 348 तथा 349 : उच्चतम न्यायालय और उच्च न्यायालय में प्रयुक्त भाषा सम्बन्धित है। इनमें स्पष्टतः बताया गया है कि जब तक संसद द्वारा अन्य व्यवस्था न की जाय, उच्चतम न्यायालय और उच्च न्यायालयों की कार्यवाही अंग्रेजी में ही होगी, किन्तु किसी राज्य का राज्यपाल राष्ट्रपति की पूर्व सम्मति से अपने राज्य के उच्च न्यायालय में उस राज्य की राजभाषा या हिन्दी का प्रयोग प्राधिकृत कर सकता है; पर संसद और विधान मंडलों द्वारा पारित विधेयकों, अध्यादेशों, नियमों, विनियमों, अधिनियमों आदि का अंग्रेजी पाठ ही प्राधिकृत पाठ माना जायगा।

अनुच्छेद 350 : के अनुसार किसी भी व्यक्ति को अपनी शिकायतों को दूर करने के लिए संघ या राज्य के किसी अधिकारी या प्राधिकारी को संघ या राज्य में प्रयुक्त किसी भी भाषा में अभ्यावेदन देने का अधिकार है।

हिन्दी भाषा के विकास के लिए निर्देश

अनुच्छेद 351 : यह भाषाई उपबन्धों में सबसे महत्त्वपूर्ण उपबन्ध है। इसके अनुसार, ''हिन्दी भाषा की प्रसार-वृद्धि करना, उसका विकास करना ताकि वह भारत की सामासिक संस्कृति के सब तत्त्वों की अभिव्यक्ति का माध्यम हो सके तथा उसकी आत्मीयता में हस्तक्षेप किए बिना हिन्दुस्थानी और अष्टम अनुसूची में उल्लेखित अन्य भारतीय भाषाओं के रूप शैली और पदावली को आत्मसात करते हुए तथा जहाँ आवश्यक या वांछनीय हो वहाँ उसके शब्द-भंडार के लिए मुख्यतः संस्कृत से तथा गौणतः वैसी उल्लिखित भाषाओं से शब्द ग्रहण करते हुए उसकी समृद्धि सुनिश्चित करना संघ का कर्तव्य होगा।

(ख) राजभाषा हिन्दी सम्बन्धी संवैधानिक अन्य प्रावधान

हिन्दी के प्रयोग सम्बन्धी आदेश; अधिनियम, नियम, संकल्प आदि।

27 मई, 1952 का राष्ट्रपति आदेश : संविधान के अनुच्छेद 343 (2) के अनुसार राष्ट्रपति ने 27 मई, 1952 को एक आदेश जारी किया, "राज्यों के राज्यपालों, सर्वोच्च न्यायालयों के न्यायाधीशों और उच्च न्यायालयों के न्यायाधीशों की नियुक्ति के अधिपत्रों में संघ के प्रयोजन के लिए अंग्रेजी भाषा के साथ-साथ हिन्दी भाषा तथा भारतीय अंकों के अन्तरराष्ट्रीय रूप के साथ-साथ देवनागरी रूप का प्रयोग किया जा सकता है।"

राष्ट्रपति आदेश 1955 : संविधान के अनुच्छेद 343 (2) के अधीन राष्ट्रपति ने 'संविधान (सरकारी प्रयोजनों के लिए हिन्दी भाषा) आदेश 1955' नामक एक आदेश जारी

किया, जिसमें केन्द्र सरकार के निम्नलिखित कार्यों के लिए अंग्रेजी के अतिरिक्त हिन्दी का प्रयोग प्राधिकृत किया—

1. जनता के साथ पत्र-व्यवहार।
2. प्रशासनिक रपट, सरकारी पत्रिकाओं तथा संसद को प्रस्तुत की जानेवाली रपट।
3. सरकारी संकल्प तथा विधायी अधिनियम है।
4. जिन राज्य सरकारों ने हिन्दी को सरकारी कामकाज की भाषा के रूप में अपना लिया है, उनके साथ पत्र-व्यवहार।
5. सन्धि-पत्र और करार।
6. अन्य देशों की सरकारों तथा उनके दूतों और अन्तरराष्ट्रीय संगठनों के साथ पत्र-व्यवहार।
7. राजनयिक तथा काउन्सलीय अधिकारियों और अन्तरराष्ट्रीय संगठनों में भारत के प्रतिनिधियों को जारी किए जानेवाले औपचारिक काग़ज़ात।

संघराज्य सभा के सम्बन्ध में राष्ट्रपति का आदेश-1960

भारतीय संविधान के 344 अनुच्छेद के अनुसार 7 जून, 1955 को राष्ट्रपति ने राजभाषा आयोग की नियुक्ति की। आयोग की 76 बैठकें हुईं। इसका प्रतिवेदन 1956 में पेश किया गया। राजभाषा आयोग की सिफारिशों की जाँच करने के लिए संविधान के अनुच्छेद 344 के खंड (4) के अनुसार 3 सितम्बर, 1957 को एक संसदीय समिति का गठन किया गया। संसदीय समिति की 26 बैठकें हुईं। समिति ने अपने रिपोर्ट 8 फरवरी, 1959 को प्रस्तुत की। संसदीय समिति की रिपोर्ट की प्रतियाँ संसद के दोनों सदनों के पटल पर अप्रैल, 1959 में रखी गईं, पर रिपोर्ट पर सितम्बर, 1959 में चर्चा हुई। राजभाषा आयोग की अधिकांश सिफारिशों को स्वीकारने की राय संसदीय समिति ने दी। तदनुसार राष्ट्रपति ने 27 अप्रैल, 1960 को संघ राजभाषा के सम्बन्ध में एक आदेश जारी किया। यह आदेश संविधान के अनुच्छेद 344 के खंड 6 द्वारा जारी किया गया, जिसके महत्त्वपूर्ण निर्देश इस प्रकार हैं—

1. शिक्षा मन्त्रालय विज्ञान और तकनीकी शब्दावली के विकास के लिए एक स्थायी आयोग स्थापित करे, लेकिन विभिन्न संस्थाओं द्वारा किए गए कार्यों के समन्वयन से 'प्रामाणिक शब्द कोश' तैयार किया जा सके।

2. शिक्षा मन्त्रालय सांविधानिक नियमों, विनियमों और आदेशों से भिन्न सभी संहिताओं और प्रक्रिया विषयक साहित्य का अनुवाद करे और भाषा में एकरूपता लाने के उद्देश्य से यह काम किसी अभिकरण को सौंपा जाय।

3. सांविधिक नियमों, विनिमयों और आदेशों का संविधियों से घनिष्ठ रूप से सम्बन्ध है इसलिए इनके अनुवाद का काम विधि-मन्त्रालय करे। साथ ही विधि-शब्दावली तैयार करने के लिए कार्यक्रम की समुचित योजना बनाने और उसे कार्यान्वित करने के लिए विधि मन्त्रालय द्वारा एक स्थायी आयोग स्थापित किया जाय, जिसमें भारत की विभिन्न भाषाओं का प्रतिनिधित्व करनेवाले विधि-विशेषज्ञ हों।

4. केन्द्रीय सरकार के जिन कर्मचारियों की आयु 15.1.1961 को 45 वर्ष से कम हो, उनके लिए सेवाकालीन प्रशिक्षण प्राप्त करना अनिवार्य कर दी जाय। श्रेणी 3 के नीचे के कर्मचारी तथा कार्य प्रभारी कर्मचारियों पर यह अनिवार्यता लागू न की जाय।

5. केन्द्र सरकार में सेवारत टंककों एवं आशुलिपिकों के लिए गृह मन्त्रालय की ओर से हिन्दी टंकण और आशुलिपि के प्रशिक्षण का प्रबन्ध किया जाय।

6. हिन्दी भाषी क्षेत्रों के केन्द्रीय सरकार के विभागों के स्थानीय कार्यालय का आन्तरिक कामकाज हिन्दी में तथा जनता के साथ पत्र-व्यवहार उन प्रदेशों की भाषा में किया जाय।

7. अखिल भारतीय सेवाओं तथा उच्चतर केन्द्रीय सेवाओं की भर्ती के लिए वैकल्पिक माध्यम के रूप में हिन्दी का प्रयोग करने के लिए गृह मन्त्रालय संघ-लोक-सेवा आयोग के परामर्श से आवश्यक कार्यवाही करे।

8. वैज्ञानिक, औद्योगिक और सांख्यिकीय प्रकाशनों में, जिनमें केन्द्रीय सरकार का बजट सम्बन्धित साहित्य भी शामिल है, अन्तरराष्ट्रीय अंकों का प्रयोग किया जाय।

राजभाषा अधिनियम 1964

राजभाषा आयोग द्वारा 1956 में राजभाषा के प्रगामी प्रयोग को लेकर प्रतिवेदन प्रस्तुत किया गया। इस प्रतिवेदन के प्रकाशित होने पर दक्षिण भारत में हिन्दी के राजभाषा बनाए जाने का तीव्र विरोध हुआ। इस विरोध के सम्मुख भारत सरकार ने राजभाषा के सम्बन्ध में तुष्टीकरण की नीति का परिचय दिया। परिणामस्वरूप यह राजभाषा अधिनियम 1963 अस्तित्व में आया। यह अधिनियम संविधान के अनुच्छेद 343 के खंड (3) में विंहित उपबन्धों के आधार पर बनाया गया। इस सम्बन्ध में विधेयक लोकसभा और राज्यसभा में रखा गया, जो पारित होने पर राष्ट्रपति की स्वीकृति के लिए भेजा गया। राष्ट्रपति की स्वीकृति के बाद वह राजभाषा अधिनियम, 1963 के रूप में लागू हुआ। इसकी प्रमुख धाराएँ इस प्रकार हैं—

(1) धारा 3 में यह व्याख्या की गई है कि—

(क) संविधान के प्रारम्भ होने के 15 वर्ष की अवधि की समाप्ति के बाद अर्थात् 26 जनवरी, 1965 से तत्काल पूर्व जिन सरकारी प्रयोजनों के लिए अंग्रेजी का प्रयोग किया जा रहा था, उनमें हिन्दी के अतिरिक्त अंग्रेजी का प्रयोग रहेगा; और

(ख) संसद के कार्य निष्पादन के लिए भी 26 जनवरी, 1965 के बाद हिन्दी के अतिरिक्त अंग्रेजी का प्रयोग जारी रखा जायगा।

(2) धारा 4 में यह व्यवस्था की गई है कि उपर्युक्त धारा 3 के लागू होने की तारीख से 10 वर्ष की अवधि समाप्त होने पर हिन्दी की प्रगति की जाँच करने के लिए एक 'संसदीय राजभाषा समिति' गठित की जायगी, जिसमें 20 लोकसभा सदस्य तथा 10 राज्यसभा सदस्य होंगे। यह समिति हिन्दी के प्रयोग की प्रगति की समीक्षा कर राष्ट्रपति को अपना निवेदन प्रस्तुत करेगी, जो संसद के दोनों सदनों में प्रस्तुत किया जायगा और राज्य सरकारों को भेजा जायगा। राष्ट्रपति इस प्रतिवेदन पर तथा राज्य सरकारों की राय पर निर्देश जारी करेंगे।

(3) धारा 5 (1) में यह व्यवस्था की गई है कि सरकारी राजपत्र में राष्ट्रपति के अधीन प्रकाशित किसी भी केन्द्रीय अधिनियम, आदेश नियम आदि का हिन्दी अनुवाद उसका हिन्दी में प्राधिकृत पाठ माना जायगा। धारा 5 (2) में यह व्यवस्था की गई है कि निर्धारित तिथि से संसद के किसी भी सदन में प्रस्तुत किए जानेवाले सभी विधेयकों अथवा उसके संशोधनों के ग्राधिकृत अंग्रेजी पाठ के साथ उसके हिन्दी अनुवाद प्रस्तुत किए जायँगे, जो अधिनियम के अधीन बनाए गए नियमों द्वारा विहित प्रकार से प्राधिकृत होंगे।

(4) धारा 6 में अधिनियमों के प्राधिकृत हिन्दी अनुवाद का उपबन्ध किया गया है।

(5) धारा 7 में यह व्यवस्था की गई है कि किसी राज्य का राज्यपाल राष्ट्रपति की पूर्व सम्मति से उस राज्य के उच्च न्यायालय द्वारा दिये गए किसी निर्णय, डिग्री अथवा आदेश के लिए अंग्रेजी भाषा के अलावा हिन्दी अथवा राज्य की राजभाषा के प्रयोग को प्राधिकृत कर सकता है, और जहाँ कहीं ऐसी कोई निर्णय, डिग्री अथवा आदेश अंग्रेजी से इतर किसी ऐसी भाषा में पारित किया जाय या दिया जाय, वहाँ उसके साथ-साथ उच्च न्यायालय के प्राधिकार के अधीन जारी किया गया उसका अंग्रेजी भाषा का अनुवाद दिया जायगा।

(6) धारा 8 (1) के अधीन केन्द्रीय सरकार सरकारी राजपत्र में अधिसूचित करके अधिनियम के प्रयोजनों को पूरा करने के लिए नियम बना सकती है।

राजभाषा (संशोधन) अधिनियम 1967

राजभाषा अधिनियम 1963 में यह व्यवस्था की गई थी कि नियत 15 वर्षों के बाद भी सरकारी प्रयोजनों के लिए हिन्दी के साथ अंग्रेजी का प्रयोग जारी रहेगा। लेकिन इससे भी हिन्दी विरोधियों की तुष्टि नहीं हो सकी। इसीलिए देश में द्विभाषी व्यवस्था को अनिश्चित अवधि तक बनाए रखने की विवशतावश संसद में 6 दिसम्बर, 1967 में एक संशोधित विधेयक पारित किया गया। 8 जनवरी, 1968 को राष्ट्रपति द्वारा स्वीकार किए जाने पर इसे राजभाषा (संशोधन) अधिनियम, 1967 के रूप में जारी किया गया।

इस अधिनियम में 'राजभाषा अधिनियम 1963' की धारा 3 में इस प्रकार का संशोधन किया गया—

3 (1) संविधान के प्रारम्भ से पन्द्रह वर्ष की कालावधि समाप्त हो जाने पर भी हिन्दी के अतिरिक्त अंग्रेजी भाषा, नियत तारीख की ओर से—

(क) संघ के उन सभी सरकारी प्रयोजनों के लिए जिनके लिए वह उस दिन से पूर्व प्रयोग में लाई जाती थी, तथा

(ख) संसद में कामकाज के व्यवहार के लिए बनी रह सकेगी।

(2) उपधारा (1) में किसी बात के होते हुए भी, जहाँ पत्रादि के प्रयोजनों के लिए हिन्दी या अंग्रेजी भाषा—

(1) केन्द्रीय सरकार के एक मन्त्रालय या विभाग या कार्यालय के बीच,

(2) केन्द्रीय सरकार के एक मन्त्रालय या विभाग या कार्यालय की ओर केन्द्रीय सरकार के स्वामित्व में के या नियन्त्रण में के किसी निगम या कम्पनी या उसके किसी

कार्यालय के बीच प्रयोग में लाई जाती है वहाँ उस तारीख तक, जब तक पूर्वोक्त सम्बन्धित मन्त्रालय, विभाग कार्यालय या निगम या कम्पनी का कर्मचारी वर्ग हिन्दी का कार्य साधक ज्ञान प्राप्त नहीं कर लेता ऐसे पत्रादि का अनुवाद, यथास्थिति, अंग्रेजी भाषा या हिन्दी में दिया जायगा।

(3) उपधारा (1) में किसी बात के होते हुए भी, हिन्दी और अंग्रेजी भाषा दोनों ही—

1. संकल्पों, साधारण आदेशों, नियमों, अधिसूचनाओं, प्रशासनिक या अन्य प्रतिवेदनों या विज्ञप्तियों के लिए,

2. संसद के किसी सदन या सदनों के समक्ष रखे गए प्रशासनिक तथा अन्य प्रतिवेदनों और राजकीय कागज पत्रों के लिए,

3. केन्द्रीय सरकार या उसके किसी मन्त्रालय, विभाग या कार्यालय द्वारा निर्धारित संविदाओं और करारों के लिए तथा अनुज्ञप्तियों, अनुज्ञा पत्रों, सूचनाओं और निविदा-पत्रों के लिए, प्रयोग में लाई जायगी।

(4) उपधारा (1), (2) या (3) के उपबन्धों पर प्रतिकूल प्रभाव डाले बिना सरकार ऐसे नियम बना सकेगी, जो मुख्यत: यह सुनिश्चित करेंगे कि जो व्यक्ति संघ के कार्य-कलापों के सम्बन्ध में सेवा कर रहे हैं और जो या तो हिन्दी में या अंग्रेजी भाषा में प्रवीण हैं, वे प्रभावी रूप से अपना कार्य कर सकें और यह कि केवल इस आधार पर कि वे दोनों ही भाषाओं में प्रवीण नहीं हैं उसका कोई अहित नहीं होता है।

(5) उपधारा (1) के खंड (क) के उपबन्ध और उपधारा (2) उपधारा (3) और उपधारा (4) के उपबन्ध तक बने रहेंगे, जब तक अंग्रेजी भाषा का प्रयोग समाप्त कर देने के लिए ऐसे सभी राज्यों के विधानमंडलों द्वारा, जिन्होंने हिन्दी को अपनी राजभाषा के रूप में नहीं अपनाया है, संकल्प पारित नहीं कर दिये जाते और जब तक इन संकल्पों पर विचार कर लेने के बाद ऐसी समाप्ति के लिए संसद के दोनों सदनों द्वारा संकल्प नहीं पारित कर दिया जाता।

राजभाषा नियम, 1976

राजभाषा अधिनियम 1963 में किए गए प्रावधान के अनुसार नियम बनाए गए। उन नियमों को राजभाषा नियम, 1976 नाम देकर 28 जून, 1976 को जारी किया गया। 9 अक्तूबर, 1987 को इसमें कुछ संशोधन किए गए। कुल मिलाकर इन नियमों में किए गए प्रमुख प्रावधान इस प्रकार हैं—

(1) ये नियम केन्द्रीय सरकार के सभी कार्यालयों पर लागू होते हैं।

(2) केन्द्रीय सरकार के कार्यालयों से पत्रादि हिन्दी भाषी राज्यों को और संघराज्य दिल्ली को हिन्दी में भेजे जायँगे। अगर कोई विशेष परिस्थिति में अंग्रेजी में पत्र भेजा जाता है तो उसका हिन्दी अनुवाद साथ में रहेगा। (हम हिन्दी भाषी राज्य को 'क' वर्ग में रखा गया उत्तर प्रदेश, मध्य प्रदेश, राजस्थान, हरियाणा, हिमाचल प्रदेश)

(3) पंजाब, गुजरात और महाराष्ट्र राज्य तथा चंडीगढ़, अंडमान एवं निकोबार द्वीप समूह के संघशासित क्षेत्रों के प्रशासनों को (जिन्हें 'ख' क्षेत्र के राज्य कहा गया) सामान्यत:

पत्र हिन्दी में जाते हैं। यदि कोई पत्र अंग्रेजी में भेजा जाता है तो उसका हिन्दी अनुवाद भी रहेगा। लेकिन यहाँ रहनेवाले व्यक्ति के साथ पत्राचार हिन्दी या अंग्रेजी में किसी भी भाषा में हो सकता है।

(4) अन्य अहिन्दी राज्यों (जिन्हें 'ग' क्षेत्र के राज्य कहा गया है) तथा व्यक्तियों के साथ पत्राचार अंग्रेजी में होगा। अगर पत्र हिन्दी मे हो तो उसका अंग्रेजी अनुवाद साथ में रहेगा।

(5) हिन्दी में प्राप्त पत्रादि या हिन्दी में हस्ताक्षर किए गए आवेदन पत्र, आदि के उत्तर केन्द्र सरकार हिन्दी में ही देंगे।

(6) केन्द्रीय सरकार के कार्यालयों से सम्बन्धित सभी मैनुअल, संहिताएँ और अन्य प्रक्रिया सम्बन्धी साहित्य हिन्दी और अंग्रेजी दोनों में द्विभाषिक रूप में तैयार किए जायँगे।

(7) प्रत्येक कार्यालय के प्रशासनिक प्रधान का यह उत्तरदायित्व होगा कि राजभाषा अधिनियम और इन नियमों का समुचित रूप में पालन करें।

भाषा नीति सम्बन्धी सरकारी संकल्प

राजभाषा अधिनियम को प्रभावी बनाने के लिए संसद के दोनों सदनों ने दिसम्बर, 1967 में भाषा नीति सम्बन्धी संकल्प पारित किया। यह संकल्प 18 जनवरी, 1968 के गजट में अधिसूचित किया गया। इसमें प्रमुखत: निम्नलिखित बातें निहित हैं—

(1) सरकार हिन्दी के प्रसार तथा विकास और संघ के विभिन्न सरकारी प्रयोजनों के लिए तथा प्रगामी प्रयोग में गति लाने के लिए गहन और विस्तृत कार्यक्रम तैयार करें और उसे कार्यान्वित करें। इस प्रकार किए गए उपायों तथा उनमें हुई प्रगति का ब्योरा देते हुए एक वार्षिक मूल्यांकन रिपोर्ट संसद के दोनों सदनों में प्रस्तुत करें।

(2) राज्य सरकारों के सहयोग से भारत की सभी प्रमुख भाषाओं के विकास के लिए कार्यक्रम तैयार कर उसे कार्यान्वित करें ताकि वे आधुनिक शिक्षा का प्रभावी माध्यम बन सकें।

(3) राज्य सरकारों से परामर्श कर त्रिभाषा फार्मूला लागू करने की व्यवस्था करें।

(4) उन सेवाओं या पदों को छोड़कर, जिनके लिए हिन्दी या अंग्रेजी में से किसी एक या दोनों का उच्चस्तरीय ज्ञान आवश्यक हो, संघ सेवाओं में अथवा पदों पर भर्ती के लिए उम्मीदवार के प्रवरण के समय हिन्दी या अंग्रेजी में से किसी एक भाषा का ज्ञान आवश्यक होगा।

(5) सरकार संघ लोक सेवा आयोग के परामर्श से अखिल भारतीय और उच्चतर केन्द्रीय सेवाओं की परीक्षाओं के लिए आठवीं अनुसूची की सभी भाषाओं तथा अंग्रेजी को वैकल्पिक माध्यम के रूप में अपनाने के लिए कार्यवाही करें।

11 जनवरी, 1991 को संसद ने इसी संकल्प को दोबारा पारित किया।

संवैधानिक स्थिति के अनुसार हिन्दी की अभिवृद्धि, विकास, प्रसार और प्रगामी प्रयोग का दायित्व विशेष रूप में भारत सरकार के शिक्षा, विधि, गृह और सूचना एवं प्रसारण मन्त्रालयों को सौंपा गया है। शिक्षा मन्त्रालय ने प्रशासनिक शब्दावली का संग्रह

और निर्माण का महत्त्वपूर्ण कार्य किया। केन्द्रीय हिन्दी निदेशालय की स्थापना कर विश्वविद्यालयों के लिए ज्ञान-विज्ञान की शब्दावलियाँ तैयार करवाई गईं। ई.सन्, 1971 में वैज्ञानिक तथा तकनीकी शब्दावली आयोग स्थापित हुआ। इस आयोग ने अब तक विज्ञान, मानविकी, आयुर्विज्ञान, इंजीनियरी, कृषि, रक्षा आदि की शब्दावलियाँ प्रकाशित की हैं। अभी अन्य विषयों की शब्दावलियों पर कार्य हो रहा है। कानून सम्बन्धित शब्दावली का निर्माण करने के लिए एक विधायी आयोग की स्थापना हुई। प्रशासनिक कार्य के लिए संहिताएँ, नियमावलियाँ, फार्म, आदेश आदि का मूल अंग्रेजी में अनुवाद कराया जाने लगा। कुछ समय यह कार्य शिक्षा मन्त्रालय को सौंपा गया था, बाद मे गृह मन्त्रालय के अधीन अनुवाद ब्यूरो को यह काम दिया गया। अहिन्दी क्षेत्रों में हिन्दी के प्रचार-प्रसार के लिए हिन्दी पाठमालाएँ तैयार की गईं तथा अहिन्दी प्रदेश के विद्यार्थियों को पुरस्कार तथा हिन्दी प्रदेश की यात्रा के लिए आर्थिक सहायता प्रदान की जाती रही है। अहिन्दी क्षेत्र के नवहिन्दी लेखकों के शिविरों का आयोजन किया जाता रहा है। हिन्दी समाचार जगत तथा भाषा-पत्रिका के प्रकाशन द्वारा हिन्दी प्रचार-प्रसार का कार्य किया जा रहा है।

केन्द्रीय सरकार के गृह मन्त्रालय ने कर्मचारियों को हिन्दी सीखने के लिए पूरे देश में 175 केन्द्रों में हिन्दी प्रशिक्षण कक्षाएँ चलाई हैं। प्रबोध, प्रवीण और प्राज्ञ नाम के पाठ्यक्रम निर्धारित किए गए हैं। ई.सन् 1973 में सभी मन्त्रालयों और विभागों को हिन्दी कार्यशालाएँ चलाने के अनुदेश दिये गए हैं। सरकारी कामकाज में हिन्दी का प्रयोग बढ़ाने के लिए कलकत्ता, मुम्बई, दिल्ली, जबलपुर और कानपुर में हिन्दी टाइपिंग और हिन्दी आशुलिपि सिखाने के केन्द्र।

विधि मन्त्रालय के अधीन 27 अप्रैल, 1960 को जारी किए गए राष्ट्रपति के आदेश के अनुसार स्थापित राजभाषा आयोग ने प्रमुख कानूनों का हिन्दी-पाठ तैयार किया है। साथ ही भारत सरकार की अधिसूचनाएँ, साधारण आदेश और नियम तथा संसद में पुन:स्थापित विधेयक और संशोधन, भारत सरकार द्वारा किए गए करार, बन्धपत्र, संविदा का अनुवाद भी यह आयोग करता है।

हिन्दी की अभिवृद्धि और प्रसार में सूचना एवं प्रसारण मन्त्रालय का भी महत्त्वपूर्ण कार्य रहा है। इस मन्त्रालय की प्रथम हिन्दी सलाहकार समिति का गठन 1950-51 में हुआ था। हिन्दी में समाचार-पत्रों को सूचनाएँ देना, महत्त्वपूर्ण राष्ट्रीय गतिविधियों पर समाचार चित्र तथा वृत्त चित्र तैयार करना, संगीत नाटक प्रभाग द्वारा विभिन्न भागों में जाकर नाटक प्रस्तुत करना, 'आजकल' और 'बालभारती' पत्रिकाओं का प्रकाशन, आकाशवाणी से हिन्दी प्रशिक्षण तथा हिन्दी का व्यावहारिक ज्ञान कराने के लिए हिन्दी पाठों का प्रसारण आदि के द्वारा हिन्दी को सर्व प्रचलित भाषा बनाने का प्रयास हो रहा है।

26 जून, 1975 को भारत सरकार ने स्वतन्त्र राजभाषा विभाग की स्थापना की। इसके द्वारा संविधान के राजभाषा से सम्बन्धित उपबन्धों का कार्यान्वयन, केन्द्रीय हिन्दी समिति तथा संघ के विभिन्न शासकीय प्रयोजनों के लिए हिन्दी के प्रगामी प्रयोगों से सम्बन्धित कार्य राष्ट्रपति के 27 अप्रैल, 1960 के आदेश, राजभाषा अधिनियम, ई.सन् 1963 और भाषा के बारे में सरकार के 18 जनवरी, 1969 के संकल्प के उपबन्धों से सम्बन्धित

कार्यों का समन्वयन, केन्द्रीय सरकार के कर्मचारियों के लिए हिन्दी शिक्षण योजना, विभिन्न मन्त्रालयों, विभागों द्वारा स्थापित हिन्दी सलाहकार समितियों से सम्बन्धित कार्य का समन्वयन करता है।

संक्षेप में राजभाषा के रूप में हिन्दी का विकास, प्रचार एवं प्रसार का भरसक प्रयास होने के बावजूद आज भी हिन्दी उस मात्रा में प्रयुक्त नहीं होती। बिना प्रयुक्ति के अन्य सभी कार्य निरर्थक हैं। अत: देखा यह जाता है कि इतने परिश्रम तथा धन-व्यय के बावज़ूद कार्यालयों में कामकाजी भाषा के रूप में हिन्दी प्रयुक्त नहीं होती, लेकिन हिन्दी प्रचार-प्रसार-प्रशिक्षण आदि की सभी सुविधाओं का लाभ उठाया जाता है। इसके लिए कई कारण बताए जाते रहे हैं। सबसे पहला कारण यह कि हिन्दी पारिभाषिक शब्द अत्यधिक क्लिष्ट बन गए हैं। दूसरी ओर राजभाषा के रूप में स्वीकृत हो जाने के बावजूद प्रयोग के धरातल पर प्रान्तीय अस्मिताजन्य संकीर्णता के कारण उसका प्रयोग नहीं हो रहा है। अन्य कारणों की चर्चा भले ही की जाती हो, लेकिन इसका सबसे प्रमुख कारण रहा है, उच्च शिक्षा प्राप्त एक बहुत सीमित वर्ग की अधिकार रक्षा और प्रभुता शक्ति को बनाए रखने का पूर्व नियोजित षड्यन्त्र की पूर्णता सफलता राजभाषा (संशोधन) अधिनियम 1967 में देखी जा सकती है, जिसके अनुसार अंग्रेजी सरकारी कामकाज में सहभाषा के रूप में तब तक चलती रहेगी, जब तक अहिन्दी भाषी राज्य हिन्दी को एकमात्र राजभाषा बनाने के लिए सहमत न हो जायँ।... आज के प्रादेशिक-साम्प्रदायिकता के राजनैतिक परिवेश को देखते हुए कहा जा सकता है कि यह संशोधन अधिनियम अंग्रेजी को अनिश्चित काल तक नहीं अपितु चिरकाल तक राजभाषा बनी रहने का वरदान देता है और हिन्दी को अन्धकारमय भविष्य का अभिशाप। डॉ. रामेश्वर प्रसाद ने अपने शोध प्रबन्ध 'राजभाषा हिन्दी : प्रचलन और प्रसार' में राजभाषा हिन्दी की इस त्रासदी की ओर संकेत करते हुए लिखा है, ''सरकारी कामकाज में आज हिन्दी का प्रयोग जिस परिणाम तक पहुँचा है, उसका अधिकांश श्रेय उन कर्मचारियों, पदाधिकारियों, मन्त्रियों और राजनेताओं को है, जिन्होंने व्यक्तिगत निष्ठा से, या प्रेम से अपना दायित्व निभाया है, पर उसको प्रगति की अधिकांश बाधाओं का प्रधान श्रेय उस संवैधानिक स्थिति को है, जिसकी कारण वह निरीह और अपने ही घर में 'प्रवासिनी' करार दी गई है।''

4.

व्यावहारिक - व्यावसायिक पत्र-लेखन

पत्र-व्यवहार का मूल मनुष्य की सामाजिकता में है। समाज का सदस्य होने के नाते अन्य मानव प्राणियों के साथ प्रेम तथा कर्तव्यों के बन्धनों में बँधे होने के कारण मनुष्य को न केवल उन व्यक्तियों से सम्पर्क बनाए रखना पड़ता है, जो उनके निकट रहते हैं अपितु उनके साथ भी, जो अस्थायी या स्थायी रूप से उसके काफी दूर रहते हैं। ऐसे व्यक्तियों के साथ अपने विचारों, भावों तथा जरूरतों का विनियम करने के लिए ही पत्र-व्यवहारों का आविष्कार हुआ। समाज के विकास के साथ-साथ पत्र-व्यवहार की कई प्रणालियाँ विकसित हुईं। आज पत्र-लेखन एक उपयुक्त कला बन गई है। न केवल निजी-व्यवहार में, अपितु व्यावसायिक संस्थाओं तथा सरकारी कार्यालयों में भी वे लोग उन्नति की उच्चतर सीढ़ियों तक चढ़ पाते हैं, जो पत्र-लेखन की कला में निपुण होते हैं।

पत्र कई तरह के होते हैं। विषय तथा उद्देश्य के आधार पर उन्हें तीन वर्गों में वर्गीकृत किया जा सकता है—(1) निजी या वैयक्तिक, (2) व्यावहारिक, (3) सरकारी/अर्ध-सरकारी पत्र जो पत्र माता, पिता, भाई, बहन, मित्र आदि को लिखे जाते हैं वे निजी या वैयक्तिक पत्र कहलाते हैं। जो पत्र व्यापार-व्यवसाय के सन्दर्भ में लिखे जाते हैं वे व्यावहारिक पत्र कहलाए जाते हैं। इसके दो उपभेद हो सकते हैं—(1) सामान्य व्यावहारिक पत्र, तथा (2) विशेष व्यावहारिक पत्र। पूछताछ, आवेदन, आदेश, शिकायत, साख, तकाजे आदि से सम्बन्धित पत्र **सामान्य व्यावहारिक पत्र** कहलाए जाते हैं। बीमा, बैंक, परिवहन आदि से सम्बन्धित पत्र **विशेष व्यावहारिक पत्र** कहलाए जाते हैं। जो पत्र शासन विभाग के व्यक्ति द्वारा दूसरे शासन विभाग अथवा विभिन्न व्यक्तियों, संस्थाओं आदि को लिखे जाते हैं, वे सरकारी/अर्ध-सरकारी पत्र कहलाए जाते हैं। यहाँ हम क्रमश: सामान्य तथा विशेष व्यावहारिक और **सरकारी/अर्ध-सरकारी पत्र** का प्रारूप सहित परिचय दे रहे हैं।

व्यावसायिक पत्र-स्वरूप एवं प्रारूप

आधुनिक विश्व में यातायात, आवागमन एवं संचार की दिनोंदिन बढ़ती हुई सुविधाओं के कारण आधुनिक व्यापार स्वदेश की सीमाओं को लाँघकर विदेशों में जा

पहुँचा है तथा इस प्रक्रिया में सम्बन्धों की स्थापना, सुरक्षा एवं विकास के महत्त्वपूर्ण साधन के रूप में पत्राचार का विकास हो रहा है। सुनियोजित, सुसम्बद्ध एवं सुरुचिपूर्ण शैली में लिखा गया पत्र आज किसी भी व्यवसायी के हितसाधन में वरदान सिद्ध हो रहा है। इसीलिए आधुनिक व्यापारी उसे 'व्यापार की आत्मा' मानता है।

सफल व्यावसायिक-व्यावहारिक पत्र की स्वरूपगत विशेषताएँ

किसी भी व्यावसायिक-व्यावहारिक पत्र की सफलता उसके सुन्दर बाह्य स्वरूप तथा प्रयोजनीय सामग्री की सुव्यवस्थित, आकर्षक तथा प्रभावी रचना-शैली पर निर्भर होती है। इस दृष्टि से सफल व्यावहारिक-व्यावसायिक पत्र की निम्नलिखित विशेषताएँ हो सकती हैं—

1. आकर्षक बाह्य स्वरूप

पत्र के बाह्य स्वरूप की आकर्षितता जहाँ एक ओर काग़ज की कोटि, रंग, आकार, लिफाफे की कोटि, रंग, आकार एवं प्रतिलिपि हेतु प्रयोज्य कार्बन, रिबन आदि पर निर्भर होती है, वह दूसरी ओर वह लेखन अथवा टंकन की शैली, यथा—उचित सज्जा, हाशिया, अनुच्छेद-रचना तथा वर्णों की शुद्ध समान आकृति, उचित रेखांकन आदि पर भी निर्भर करती है। पत्र की बाहरी आकृति तभी आकर्षक होगी जब उसका काग़ज उच्च कोटि का हो, काग़ज की लम्बाई-चौड़ाई विषय-वस्तु की मात्रा के अनुरूप हो, काग़ज सफेद या अन्य किसी हलके रंग का हो तथा लिफाफा आयताकार हो, पत्र के कागज़ के अनुरूप छोटा-बड़ा हो एवं सफेद या हलके रंग का हो। पत्र के अक्षर सुस्पष्ट हो। प्रेषक तथा प्रेषिती के पते, पत्र-संख्या, तिथि, अभिवादन युक्त सम्बोधन, विषय-सन्दर्भ, विषय-वस्तु, स्वनिर्देश, प्रेषक के हस्ताक्षर आदि उचित स्थान पर लिखित अथवा टंकित हों। अनुच्छेदों की सम्बद्धता के प्रति सचेत होना चाहिए। कार्बन या रिबन अच्छी कोटि के लाल या काले रंग के हों। द्रष्टव्य अंश रेखांकित कर दिये जायँ तो ज्यादा अच्छा है। बाह्य आकृति की सफलता इस बात में है कि प्रेषिती पत्र को देखते ही उस ओर आकृष्ट हो और सहज ही उसे पढ़ डाले।

2. प्रभावशीलता

आकर्षक बाह्य-रूप के साथ ही प्रयोजनीय सामग्री की प्रभावशाली रचना एवं प्रस्तुति पत्र में महत्त्वपूर्ण स्थान रखते हैं। शुद्ध, सरस एवं सरल भाषा-शैली पाकर पत्र की विषय-वस्तु मनचाहे प्रभाव की सृष्टि करती है। अत: पत्र का अन्तर्बाह्य स्वरूप इतना समर्थ हो कि वाचक पर उसका प्रभाव पड़े।

3. विनम्रता

विनम्रता व्यवहार-व्यवसाय के लिए एक आवश्यक गुण माना जाता है, जो पत्रों में भी दिखाई देना चाहिए। 'विनम्रता' व्यावसायिक पत्रों का आभूषण नहीं स्वभाव भी है।

सामान्य शिष्टता के शब्द उदा. महाशय, कृपया, धन्यवाद, आभार आदि पत्र के पाठक पर अनुकूल प्रभाव डालते हैं। व्यावसायिक पत्रों में एक भी शब्द ऐसा नहीं होना चाहिए कि जिससे वह प्रेषक के 'अहं' भाव को ध्वनित करता हो अथवा प्रेषिती की भावनाओं को किसी प्रकार की ठेस पहुँचने का आभास भी निर्माण करता हो।

4. संक्षिप्तता

व्यावसायिक क्षेत्र में समय अमूल्य होता है, इसलिए प्रेषिती लम्बे-विस्तृत पत्र पढ़ने में समय व्यर्थ करना नहीं चाहेगा। साथ ही 'वाचालता' चाहे वार्तालाप में हो या पत्र में; प्रभाव की दृष्टि से हानिकारक ही होती है। इसलिए पत्र संक्षिप्त होना चाहिए। लेकिन इतना संक्षिप्त भी न हो कि 'विषय-वस्तु' का सहज और पूर्ण सम्प्रेषण ही न होता हो।

5. पूर्णता

'पत्र-विषय' का सम्पूर्ण सम्प्रेषण पत्र की उपयोगिता साबित करता है। इसलिए विषय से सम्बन्धित छोटी-सी-छोटी आवश्यक बात भी पत्र में नहीं छूटनी चाहिए। जैसे माल मँगाते समय माल की किस्म, मात्रा, मूल्यदर, पैकिंग का ढंग, भेजने का तरीका, भुगतान की विधि आदि की सारी सूचनाओं का पत्र में निर्देश होना चाहिए।

6. स्पष्टता

पत्र की भाषा ऐसी होनी चाहिए कि सारी बातें सहज ही समझ में आ सके। व्यावसायिक पत्रों में कोई बात श्लेष या लक्षणा-व्यंजना में नहीं कहनी चाहिए। जो कुछ भी कहा जाय सुस्पष्ट रूप में अभिव्यक्त हो, इस तरह की भाषा का प्रयोग होना चाहिए।

7. शुद्धता

पत्र की भाषा शुद्ध होनी चाहिए। अशुद्ध भाषा प्रभावहीन होती है, साथ ही पत्र लेखक के भाषाई अज्ञान के साथ संस्कारहीन होने की परिचायक बन जाती है। इससे पत्र लेखक अपनी साख खो बैठता है। भाषा के साथ ही, उसमें जो तथ्य या आँकड़े दिये जायँगे वे भी शुद्ध होने चाहिए।

8. सम्बद्धता

विषय-वस्तु में व्यक्त भावों तथा तथ्यों में सामंजस्य एवं क्रमबद्धता पत्र की सफलता बढ़ाती है। इसलिए विषय की प्रस्तुति आवश्यक अनुच्छेदों में तथा उचित क्रम में आबद्ध रूप में होनी चाहिए। आवश्यक हो तो ध्यानाकर्षण के लिए कुछ पंक्तियों का अधोरेखन भी किया जा सकता है।

9. सरलता

सरलता एवं सुबोधता व्यावसायिक पत्र की विशेष विशेषता होती है। इस प्रकार के पत्रों में भावात्मकता नहीं होती, इसलिए मुहावरों, हास्य-व्यंग्य, अलंकारों-चमत्कारों तथा कूटोक्तियाँ, सामासिक शब्द आदि का प्रयोग त्याज्य होता है। यह पत्र व्यावसायिक है, अत: कृत्रिमता आना स्वाभाविक है, परन्तु सरल, स्पष्ट भाषा द्वारा इसमें अतिकृत्रिमता के स्थान पर सहजता आ सकती है, जो व्यवसाय के ल्िाए लाभप्रद ही होती है।

10. मौलिकता

कुछ विहित, रूढ़िग्रस्त शब्दों में लिखे गए पत्र नीरस होते हैं। इसलिए सहज स्वाभाविक बातचीत की शैली प्रभावशाली होती है। पत्र लेखक का व्यक्तित्व पत्र की शैली में प्रकट हो तो वह पत्र लेखक की मौलिकता मानी जायगी। मौलिक व्यक्तित्व का प्रभाव पत्र प्रेषिती पर पड़ता है, इसलिए रूढ़ शैली में पत्र लिखने की अपेक्षा विषयानुरूप तथा प्रेषिती के स्वभाव को देखते हुए पत्र-शैली का चयन लाभप्रद होता है।

11. स्वच्छता

पत्र की सारी-सारी सामग्री स्वच्छ एवं सुरुचिपूर्ण होनी चाहिए। गन्दा काग़ज, गन्दा लिफाफा, भद्दी लिपि, पत्र में स्थान-स्थान पर काट-कूट एवं संशोधन-परिवर्तन, अत्यधिक पास-पास सटे हुए अक्षर, पंक्तियों के बीच असमान अन्तर, अनुच्छेदों का न होना या अनुचित प्रयोग पत्र को प्रभावहीन बनाते हैं। इन सबसे बचकर पत्र को स्वच्छ और सुन्दर बनाया जा सकता है।

व्यावसायिक-व्यावहारिक पत्र का प्रारूप

व्यावसायिक-व्यावहारिक पत्र के निम्नलिखित अंग होते हैं—

1. शीर्षक— इसमें पत्र प्रेषक व्यक्ति अथवा प्रतिष्ठान का नाम, व्यवसाय की प्रकृति, पत्राचार का पता, तार का पता, दूरभाष नम्बर, पत्र-संख्या आदि की सूचना रहती है। प्राय: लोग बहुत ही सुन्दर ढंग से इन सारे तथ्यों को पत्र-लेखन-हेतु प्रयोजनीय काग़जों पर मुद्रित करा लेते हैं, जिससे पत्र काफी सजीव एवं आकर्षक हो उठता है।

2. पत्र-लेखन तिथि— यद्यपि यह शीर्षक का ही एक अभिन्न अंग है, तथापि आजकल इसे स्वतन्त्र अस्तित्व प्रदान कर दिया गया है। तिथि अवश्य लिखना चाहिए। पत्र में तिथि लिखने का सही ढंग है—5 सितम्बर, 1995 या सितम्बर 5, 1995।

3. पत्र-प्राप्तक का आभ्यन्तरिक पता— पत्र के भीतर प्राप्तक का नाम एवं पता देने पर किसी भी समय यह ज्ञात हो जाता है कि पत्र किसे लिखा था? वैधानिक कार्यवाही की आवश्यकता पड़ने पर यह अकाट्य साक्षी का कार्य सम्पादन करता है।

पत्र-प्राप्तक के नाम के पूर्व यदि पत्र प्राप्तक व्यक्ति हो तो श्री/श्रीमती/कुमारी/सुश्री लिखें; यदि पत्र प्रतिष्ठान के नाम हो तो केवल नाम लिखें। सरकारी-गैरसरकारी पदनामों को प्रेषित पत्र में मात्र पदनाम लिखिए, पदधारण के नाम नहीं लिखे जाते।

4. अभिवादनयुक्त सम्बोधन—प्राप्तक के प्रति शिष्टाचार की दृष्टि से सम्मान तथा स्नेहसूचक सम्बोधन से पत्र का आरम्भ करना आवश्यक होता है। अभिवादनयुक्त शब्द का चयन प्राप्तक के पद, वय अथवा सम्बन्ध पर करना चाहिए। सामान्यत: व्यक्तियों के प्रति प्रिय महोदय, प्रिय महोदया, महाशय, प्रिय महाशया, महोदय, महोदया आदि का प्रयोग किया जाता है। आत्मजन के लिए 'मेरे प्रिय श्री' की तथा प्रतिष्ठानों के लिए-महोदय/ महोदया, महाशय/महाशया आदि शब्दों का प्रयोग किया जाता है।

5. विषय संकेत—अभिवादन के पश्चात विषय की ओर संकेत करते हुए शीर्षक देना चाहिए। आवश्यकता हो तो उसके ठीक नीचे सन्दर्भ-संकेत भी दिया जाना चाहिए। विशेषकर पत्रोत्तर में सन्दर्भ-संकेत अवश्य देना चाहिए जिसमें प्राप्तक के पूर्व पत्र की संख्या एवं तिथि का उल्लेख होता है।

6. विषय-सामग्री—यह पत्र का प्रधान अंग है। इसमें पत्र लेखक अपनी बात स्पष्ट करता है। विषय-सामग्री की रचना पूर्व उल्लेखित गुणों, जैसे—प्रभावशीलता, विनम्रता, संक्षिप्तता, पूर्णता, स्पष्टता, शुद्धता, सम्बद्धता, सरलता, मौलिकता और स्वच्छता से युक्त हो तो पत्र प्रभावी एवं सफल बन जाता है।

7. अभिवादनात्मक समाप्ति—पत्र की समाप्ति पर पत्र-पाठक से विदा माँगते समय एक बार धन्यवाद देकर उसके प्रति शिष्टाचार प्रदर्शित करना चाहिए। इसके लिए अन्त में भवदीय, आपका ही, आपका विश्वस्त, आपका शुभचिन्तक, कृपाकांक्षी आदि शब्दों का प्रयोग किया जाता है।

8. हस्ताक्षर—यह एक वैधानिक महत्त्व की क्रिया है। अन्तिम अभिवादनात्मक शब्दों के नीचे पत्र-लेखक के हस्ताक्षर होते हैं। हस्ताक्षरकर्त्ता के पद के अनुसार ही पत्र के दायित्व का मूल्यांकन होता है।

9. संलग्निका—पत्र के साथ विषय से सम्बन्धित पत्र की संख्या पत्र के नीचे बाईं ओर लिखी जाती है।

10. पुनश्च—पत्र पूर्ण हो जाने के बाद कोई नई सूचना देने के लिए इसका प्रयोग किया जाता है, परन्तु सफल पत्र में इसका प्रयोग कम ही होता है। सूचना के बाद हस्ताक्षर आवश्यक होते हैं।

11. लिपिक के हस्ताक्षर—टंकक या लिपिक के हस्ताक्षर अथवा संक्षिप्त नामांकन की परिपाटी इधर चल पड़ी है। इससे पता चल जाता है पत्र किसने टंकित किया है? ये हस्ताक्षर बाईं ओर हाशिये के निकट अंकित होते हैं।

व्यावहारिक-व्यावसायिक पत्र का रेखाचित्र

(1) शीर्षक

प्रेषक प्रतिष्ठान का नाम

(व्यवसाय-संकेत)

तार : .... स्थान : ....

दूरभाष : ....

कोड : .... (2) तिथि : ....

पत्र सं. : ....

(3) प्राप्तक का नाम एवं पता

....

....

(4) अभिवादनयुक्त सम्बोधन

(5) विषय-शीर्षक : ....

सन्दर्भ : ....

(6) विषय-सामग्री : ....

....

....

....

....

....

(7) अभिवादनात्मक समाप्ति

(8) कृते.............(प्रतिष्ठान का नाम)

हस्ताक्षर : ....

पद : ....

(9) संलग्नक : ....

(10) पुनश्च : ....

(11) लिपिक के हस्ताक्षर ....

(क) व्यापारिक-व्यावहारिक सामान्य पत्र

व्यापार तथा अन्य व्यवहार में विविध व्यक्ति, प्रतिष्ठानों तथा सरकारी कार्यालयों में पत्राचार करना पड़ता है। इस दृष्टि से पत्र के कई प्रकार हो सकते हैं। यहाँ हम उनमें से कुछ प्रमुख पत्रों का संक्षिप्त परिचय दे रहे हैं—

1. आवेदन-पत्र

व्यापारिक संस्थानों, दुकानों, कारखानों आदि में नौकरी पाने के लिए तथा विभिन्न नौकरी के दौरान विभिन्न परिस्थितियों में प्रार्थना-पत्र लिखने पड़ते हैं। प्रार्थना-पत्र अन्य व्यावहारिक पत्र से अलग होते हैं। इसकी ध्यातव्य बातें इस प्रकार हैं—

(1) पत्र-लेखक अथवा आवेदक का पता पत्र के ऊपरी दाएँ कोने में नहीं, अपितु पत्र समाप्ति के बाद आवेदक के हस्ताक्षर के नीचे बाएँ कोने में लिखा जाता है।

(2) बाईं ओर के ऊपरी कोने में 'सेवा में' लिखने के बाद उद्दिष्ट अधिकारी का पदनाम एवं पता लिखा जाता है। अधिकारी का नाम नहीं लिखा जाता।

(3) आदरसूचक सम्बोधन आत्मीय नहीं होते, बल्कि सम्मानसूचक होते हैं, जैसे—महोदय, माननीय आदि।

(4) विषय शीर्षक सुस्पष्ट होता है।

(5) पत्र-विषय के आरम्भ में विनयभाव व्यक्त करने के लिए 'सादर निवेदन है', 'सेवा में निवेदन है, आदि वाक्यों का प्रयोग किया जाता है।

(6) पत्र समाप्ति पर 'धन्यवाद' किया जाता है और स्वनिर्देशक के रूप में भवदीय, विनीत, प्रार्थी आदि शब्दों का प्रयोग किया जाता है।

2. अनुशंसा-पत्र

आवेदक के पक्ष में किसी प्रतिष्ठित व्यक्ति द्वारा लिखा गया अनुशंसा-पत्र व्यापारिक संस्थानों में नौकरी के उम्मीदवार के लिए आवश्यक होता है। इस प्रकार के पत्र में जिसकी अनुशंसा या सिफारिश की जा रही है, उसका पूर्ण उपाधि सहित नाम तथा आवश्यक परिचय होना चाहिए। पत्र-विषय प्रस्तुत में पत्र लेखक के दायित्वपूर्ण, सत्यशील तथा स्पष्टता से युक्त व्यक्तित्व के दर्शन होने पर पत्र अधिक प्रभावशाली होगा।

3. नियुक्ति-पत्र

व्यापारिक संस्थानों, प्रतिष्ठानों तथा कार्यालयों आदि के व्यवस्थापकों, प्रबन्धकों अथवा स्वामियों द्वारा कर्मचारी को नियुक्ति-पत्र दिया जाता है। साथ ही विविध एजेन्सियों के भी नियुक्ति-पत्र दिये जाते हैं। नियुक्ति-पत्र देना तथा प्राप्त करना वैधानिक दृष्टि से महत्त्वपूर्ण होता है। नियुक्ति-पत्र संस्था के पत्रशीर्ष (लेटर हैड) पर टंकित किया हुआ या फिर साफ़-साफ सुवाच्य अक्षरों में लिखा होना चाहिए।

4. सन्दर्भ-माँग तथा साख जाँच-पत्र

किसी फर्म से उधार खाते में माल भेजने आदि का स्थायी सम्बन्ध जोड़ने से पहले, गारंटी के लिए कुछ प्रतिष्ठितों के नाम माँगे जाते हैं, जिनसे पूछताछ करके उचित निर्णय लिया जा सके। यह पत्राचार गोपनीय होता है।

5. मूल्य-ज्ञापन, निर्ख (Quotation) एवं आदेश-पत्र

इस तरह के पत्रों में व्यापारिक संस्थाओं से मूल्य सूची, अन्य व्यापारिक सुविधाओं, शर्तों आदि के लिए पूछताछ करना और तदुपरान्त माल भेजने के लिए आदेश-पत्र लिखा जाता है। आदेश-पत्र में माल की मात्रा, गुणवत्ता, पैकिंग, परिवहन, बीमा आदि के सम्बन्ध में आवश्यक सूचनाएँ दी जाती हैं। आदेश पूर्ति के बाद सम्बन्धित संस्था के पत्राचार में भी सभी बातों का संकेत होता है। साथ आवश्यक काग़ज-पत्र भी संलग्न होते हैं।

6. शिकायत-पत्र

माल गलत आने, कम या अधिक आने या बिल में गड़बड़ी होने आदि शिकायतों सम्बन्धित खरीददार संस्थान या व्यक्ति द्वारा लिखे जानेवाले पत्र शिकायत-पत्र कहलाए जाते हैं। इसके लेखन में पर्याप्त सावधानी बरतनी होती है। शिकायत इस तरह से करें कि व्यापारिक सम्बन्धों पर आँच भी न आए और शिकायत का निराकरण भी हो। इसलिए सौम्य भाषा का प्रयोग तथा शिकायत सन्दर्भ के विषय में बारीकी से छानबीन कर लेना, त्रुटियों सम्बन्धी तथ्यों की सही प्रस्तुति शिकायत-पत्र में होनी चाहिए। सरल भाषा में स्पष्ट विवरण तथा शिष्टता का परिपालन आवश्यक ही नहीं अनिवार्य होता है।

7. वसूली-पत्र

जब कोई व्यापारी समय पर उधार का भुगतान नहीं कर पाता, ऐसी स्थिति में विक्रेता द्वारा उधार वसूलने के उद्देश्य से लिखा गया पत्र 'वसूली-पत्र' कहलाता है। ऐसे पत्रों में पहले एक या दो पत्र तो स्मरण-पत्र ही होते हैं, पर उनका क्रेता पर कोई प्रभाव न पड़ने पर आगे लिखे जानेवाले पत्रों का रुख क्रमशः 'चेतावनी' वाला होता जाता है अर्थात पत्रों की भाषा एवं शैली बदलती जाती है।

8. एजेन्सी (विक्रय प्रतिनिधित्व) सम्बन्धी-पत्र

एजेन्सी पाने के इच्छुक व्यक्ति या प्रतिष्ठान की ओर से प्रेषित प्रार्थना-पत्र इसमें आ जाते हैं। इस प्रकार के प्रार्थना-पत्र में स्थानीय बाज़ार की अनुकूल स्थिति, अपनी व्यावसायिक प्रतिष्ठा, अपनी कार्यक्षमता तथा सन्दर्भ हेतु कम-से-कम दो प्रतिष्ठित व्यापारियों के नाम एवं पतों का उल्लेख करता है। एजेन्सी की स्वीकृति देने की स्थिति में आवेदन को उत्तर लिखते समय एजेन्सी की सारी शर्तों का ब्योरा देना होता है।

आवदेन-पत्र

सेवा में,

श्रीमान प्रबन्ध संचालक,

सरस्वती प्रकाशन,

औरंगाबाद,

विषय : सहायक लेखाकार पद हेतु आवेदन-पत्र।

सन्दर्भ : दैनिक लोकमत समाचार में 20 जून, 1995 को प्रकाशित विज्ञापन।

महोदय,

उपर्युक्त विज्ञापन के सन्दर्भ में सहायक लेखाकार पद हेतु आवेदन-पत्र सेवा में प्रस्तुत है। विज्ञापन के प्रतिबन्धों के अनुसार शैक्षिक योग्यता, कार्यक्षमता, कार्यानुभव, स्वीकार्य वेतन आदि से सम्बन्धित विवरण निम्नांकित हैं—

1. प्रार्थी का नाम : सुजीत देशपांडे
2. जन्म-तिथि : 10 अगस्त, 1965
3. शैक्षिक-योग्यता :

उपाधि	श्रेणी/अंक	वर्ष
एस.एस.सी.	प्रथम (75%)	मार्च, 1970
बी.कॉम.	प्रथम (65%)	अप्रैल, 1975
एम.कॉम.	प्रथम (66%)	अप्रैल, 1977

4. अनुभव : विगत 10 वर्षों से स्थानीय 'रमेश जूट मिल' में सहायक लेखाकार पद पर सेवारत।

5. अन्य योग्यताएँ :
   * हॉकी तथा क्रिकेट खेलों में विशेष निपुणता
   * वाक्-प्रतियोगिताओं में कई पुरस्कार प्राप्त
   * पत्र-पत्रिकाओं में व्यापार जगत से सम्बन्धित लेखों का प्रकाशन

6. सन्दर्भ : (1) प्रधान लेखाकार, रमेश जूट मिल, जालना
   (2) प्रबन्ध संचालक, रमेश जूट मिल, जालना
7. स्वीकार्य वेतन : रु.3000/- न्यूनतम
8. पत्राचार हेतु पता: सुजीत देशपांडे,
   नया जालना, जालना ।

साक्षात्कार हेतु सुयोग प्रदान कर अनुगृहीत करने की कृपा करें। धन्यवाद।

तिथि : 25 जून, 1995

संलग्न : (3) भवदीय

1. अंक-पत्र की प्रतिलिपि : एस.एस.सी.
2. .... ''.......... : बी. कॉम.
3. .... ''.......... : एम.कॉम. **सुजीत देशपांडे**

(अनुशंसा तथा परिचयात्मक प्रत्यय या साख-पत्र)

धानुका वस्त्र प्रतिष्ठान

तार : धानुका 5 हीवेट रोड,

दूरभाष : 340 लखनऊ 8

सर्वश्री कन्हैयालाल माणिकलाल दि. 5 जुलाई, 2002

10, दशाश्वमेध घाट मार्ग, वाराणसी।

प्रिय महोदय,

निवेदन है कि इस पत्र के वाहक श्री ललित किशोर सिंघवी मेरे आत्मीय जनों में हैं। ये हमारे नगर के प्रतिष्ठित व्यवसायी तथा आर्थिक दृष्टि से सम्पन्न व्यक्ति हैं। ऊनी वस्त्रों के व्यवसाय क्षेत्र में इनकी अच्छी ख्याति और बाजार में अच्छी साख है। सिंघवी जी ने हाल ही में रेशम के थोक व्यापार का केन्द्र स्थापित किया है। हमारे क्षेत्र में आपके प्रतिष्ठान की रेशमी साड़ियों के लिए अच्छा बाजार है। श्री सिंघवी आपके प्रतिष्ठान की एजेन्सी चाहते हैं। मुझे विश्वास है इन्हें एजेन्सी देकर आपको सन्तोष होगा। इनके माध्यम से आपको न केवल हमारे नगर वरन निकटवर्ती क्षेत्रों में भी अच्छा बाजार प्राप्त हो सकेगा। आप नि:संकोच इन्हें एजेन्सी दे सकते हैं।

आशा है, आपसे मिलकर सिंघवी जी को निराशा नहीं होगी।

सधन्यवाद।

आपका ही

कृते, **धानुका वस्त्र प्रतिष्ठान**

रामदेव राय

धानुका वस्त्र प्रतिष्ठान

तार : धानुका | शिवाजी मार्ग,
दूरभाष : 340 | नान्देड
सर्वश्री सुमित माने, | दि. 6 अगस्त, 2002,
गुलमंडी, औरंगाबाद.

प्रिय महाशय,

पत्रवाहक ज्ञानेन्द्र अवस्थी मेरे प्रिय छात्र रह चुके हैं तथा मेरे आत्मीय हैं। इन्होंने इस वर्ष कोलकाता विश्वविद्यालय से विशेष योग्यता सहित बी.ए. की परीक्षा उत्तीर्ण की है। आर्थिक असुविधा के कारण अध्ययन जारी रख पाने में ये सर्वथा असमर्थ हैं तथा इन दिनों जीविकोपार्जन की दुश्चिन्ता से ग्रस्त हैं। हाल ही में आपके प्रतिष्ठान का एक विज्ञापन देखकर इन्होंने आपके प्रतिष्ठान में रिक्त लिपिक पद हेतु आवदेन-पत्र भेजा है तथा उस पर अनुकूल प्रतिक्रिया के प्रति आशान्वित हैं। हिन्दी एवं अंग्रेजी पर समान अधिकार रखने के कारण ये आपके लिए विशेष उपयोगी सिद्ध होंगे। इनकी परिश्रमशीलता, अनुशासनप्रियता और दायित्वबोध पर मुझे पूर्ण विश्वास है। सेवा का सुयोग प्रदान कर आप इन पर विशेष कृपा करेंगे। एतदर्थ मैं आपका आभार मानूँगा।

सधन्यवाद। आपका ही

प्रद्योत कुमार गर्ग

मुरारका स्टील इंडस्ट्रीज

(स्टील फर्नीचर्स के प्रसिद्ध निर्माता)

तार : स्टील | महात्मा गाँधी रोड
दूरभाष : 34-578 | कोलकाता, पं. बंगाल
पत्र संख्या- मुरारका/ अन्त./सो. 77/18 | दि. 6 अप्रैल, 2002

सर्वश्री मोहन मोर्ले एंड कम्पनी लि.
243 शेक्सपियर स्ट्रीट, लन्दन।

प्रिय महोदय,

महावीर स्टील वर्क्स, कोलकाता के संस्थापक एवं संचालक श्री आदित्य मोहन दत्त एक माह की यात्रा पर इंग्लैंड के लिए रवाना हो रहे हैं। यात्रा का उद्देश्य लन्दन की स्टील मार्केट का अध्ययन करना है। लन्दन के स्टील व्यवसायियों से मिलकर वे यह समझने की चेष्टा करेंगे कि भारत तथा इंग्लैंड के बीच स्टील फर्नीचरों के व्यवसाय में आयात तथा

निर्यात की कौन-कौन-सी सम्भावनाएँ हैं। हमें विश्वास है आपके सहयोग तथा आपके शुभ परामर्शों का उन्हें लाभ प्राप्त हो सकेगा।

अनुरोध है कि आवश्यकता पड़ने पर आप श्री दत्त को 5000 पौंड तक धनराशि द्वारा आर्थिक सहयोग प्रदान करने की कृपा करें तथा तत्सम्बन्धी विपत्र हमें भेजकर उसके भुगतान की सुविधा प्रदान करें। प्रत्यय पत्र के रिक्त स्थान पर प्रदत्त धनराशि अंकित कर दें। श्री दत्त के हस्ताक्षर निम्नांकित हैं।

कृपया इस प्रत्यय पत्र को 31 मई, 2002 तक मान्यता प्रदान करें।

आपका ही,

कृते **मुरारका स्टील इंडस्ट्रीज**

....

श्री आदित्य मोहन दत्त — **आंजनेय मुरारका**

के हस्ताक्षर — **प्रबन्ध संचालक**

(सन्दर्भ की माँग का पत्र)

मंजुश्री

(रेशमी वस्त्रों के थोक व्यापारी)

तार : मंजुश्री — 105 ए विधान सारणी

फोन : 4454 — कोलकाता

पत्र संख्या—नव/सं./77/25 — दि. 10 मार्च, 2002

श्री पांडे-बन्धु वसनालय

कृष्णनगर, कानपुर।

महाशय,

आपका पत्र संख्या 77/25-क, दिनांक 3 मार्च, 2002 को प्राप्त हुआ, धन्यवाद। आपने हमारे साथ व्यापारिक सम्बन्ध स्थापित करने की चेष्टा की है, यह हमारा सौभाग्य है। निश्चय ही हम आपके आदेशानुसार उधार खाते माल भेजन का प्रयत्न करेंगे। निवेदन है कि कृपया सन्दर्भ हेतु अपने नगर के दो प्रतिष्ठित व्यापारिक प्रतिष्ठानों के पते भेजने का कष्ट करें। आशा है, हमें आपका सहयोग प्राप्त हो सकेगा ताकि हम आपकी सेवा करने का सुयोग प्राप्त कर सकें तथा आपसे सम्बन्ध स्थापित कर लाभान्वित हों।

भवदीय,

मंजुश्री हेतु

गणेशमल छावड़िया

व्यवस्थापक

पांडे बन्धु वसनालय

तार : पांडे — कृष्ण नगर, कानपुर,

दूरभाष : 336432 — दि. 18 मार्च, 2002

पत्र संख्या—432/34

मंजुश्री

कोलकाता.

प्रिय महोदय,

आपके पत्र संख्या नव/सं./77/ 25 दिनांक 10 मार्च, 2002 के लिए धन्यवाद। आदेशानुसार सन्दर्भ हेतु दो प्रतिष्ठानों के पते सेवा में प्रेषित हैं। इनसे हमारे दीर्घकालीन व्यापारिक सम्बन्ध हैं तथा ये हमारे विषय में पूर्ण एवं विश्वसनीय जानकारी दे सकेंगे—

(1) श्री अजयकृष्ण, धानुका स्टोर्स, अमीनाबाद, लखनऊ।

(2) सर्वश्री तापड़िया एंड सन्स, गीता प्रेस मार्ग, गोरखपुर।

भवदीय,

कृते **पांडे-बन्धु वसनालय**

शिवकृष्ण पांडे

प्रबन्ध संचालक

(सन्दर्भ तथा साख के जाँच-पत्र)

मंजुश्री

तार : मंजुश्री — 105 ए, विधान सारणी

दूरभाष : 44-54 — कोलकाता

पत्र सं. : नव/सं./75/26 — दि. 10 मार्च, 2002

तापड़िया एंड सन्स, कोलकाता

प्रिय महोदय,

कानपुर के श्री पांडे-बन्धु वसनालय ने हमारे प्रतिष्ठान के साथ व्यापारिक सम्बन्ध स्थापित करने की इच्छा प्रकट की है। सन्दर्भ हेतु उन्होंने आपके प्रतिष्ठान का उल्लेख किया है। उनसे किसी प्रकार का सम्बन्ध स्थापित करने के पूर्व हमारे लिये उनकी आर्थिक स्थिति तथा बाजार में उनकी साख की जानकारी प्राप्त करना अति आवश्यक है। एतदर्थ हमारे लिये आपका सहयोग अत्यधिक वांछनीय है। आशा है, वह हमें आपसे अवश्य प्राप्त होगा।

अनुरोध है कि उनकी आर्थिक स्थिति एवं साख की जानकारी देने के साथ यह भी राय दें कि क्या उनके पास 10,000 (दस हजार रुपये) की रेशमी साड़ियाँ और चादरें 8 महीनों के लिए छोड़ी जा सकती हैं। सामान्यत: भुगतान की वे कौन-सी पद्धति अपनाते हैं।

हम विश्वास दिलाते हैं कि आपके द्वारा भेजी गई सूचना नितान्त गोपनीय होगी। आपकी सूचना के आधार पर ही हम कोई निर्णय ले सकेंगे। कष्ट देने के लिए हम क्षमा प्रार्थी हैं। हमारे योग्य कोई सेवा हो तो निश्चय ही सूचित करें।

साभार,

शुभाकांक्षी
कृते **मंजुश्री**
गणेशमल छाबड़िया
व्यवस्थापक

तापड़िया एंड सन्स

गीता प्रेस मार्ग, लखनऊ
दि. 28 मार्च, 2002

तार : तापड़िया
दूरभाष : 543261
पत्र संख्या—45/432
श्री गणेशमल छावड़िया
तापड़िया एंड सन्स, कलकत्ता

महोदय,

निवेदन है कि श्री पांडे बन्धु वसनालय के साथ हमारे व्यापारिक सम्बन्ध काफी पुराने हैं। वस्त्र व्यवसाय के रूप में उनकी अच्छी प्रतिष्ठा है। आर्थिक दृष्टि से उनका प्रतिष्ठान काफी सम्पन्न है तथा उनके लेन-देन की स्थिति अत्यधिक ठोस है। कई अच्छे व्यावसायिक प्रतिष्ठानों के साथ वे लाखों का लेन-देन करते हैं। आप निःसंकोच उनसे अपने सम्बन्ध स्थापित कर सकते हैं तथा उधार खाते की सुविधा पन्द्रह-बीस हजार रुपयों तक सहज ही प्रदान कर सकते हैं। हमें विश्वास है उनके व्यवहार में असन्तोष का कोई कारण नहीं पैदा होगा।

आपने सेवा का सुयोग प्रदान किया, तदर्थ धन्यवाद।

हितैषी
कृते **तापड़िया एंड सन्स**

विजय तापड़िया
प्रबन्ध संचालक

(स्थिति-जाँच का प्रतिकूल उत्तर)

गोपनीय

प्रिय महाशय,

पत्र के लिए धन्यवाद। बड़ा ही दायित्वपूर्ण कार्य आपने सौंपा है, किन्तु हम दायित्व का निर्वाह पूरी तरह करेंगे। आप हमारे समान-धर्मा हैं तथा आपकी क्षति मेरी ही क्षति होगी। आपने जिस प्रतिष्ठान की चर्चा की है, उसके सम्बन्ध में हम कोई अनुकूल उत्तर देने में असमर्थ हैं। हमारे उनके व्यापारिक सम्बन्ध शिथिल हो चुके हैं क्योंकि लेन-देन के

मामले में हमने उन्हें सदा ही अविश्वसनीय पाया। उनकी आर्थिक स्थिति अच्छी है, किन्तु बाजार में साख अच्छी नहीं है। उनका उधार खाता आप खोलें ऐसी राय हम नहीं दे सकते।

योग्य सेवा का अवसर देते रहें।

शुभाकांक्षी

कृते **तापड़िया एंड सन्स**

नरेश मोहन तापड़िया

व्यवस्थापक

(स्थिति जाँच-पत्र का एक भिन्न उत्तर)

(गोपनीय)

प्रिय महाशय,

आपके द्वारा प्रेषित पत्र क्रमांक........दिनांक........के लिए धन्यवाद। हमारे लिए यह प्रसन्नता का विषय है कि आपने हम पर विश्वास प्रकट करते हुए कानपुर के व्यवसायी श्री पांडे-बन्धु वसनालय के सम्बन्ध में महत्त्वपूर्ण जानकारी देने का आग्रह किया है। निवेदन है कि उनके साथ हमारे काफी पुराने सम्बन्ध हैं। आज से लगभग पाँच वर्ष पूर्व तक उनका प्रतिष्ठान प्रत्येक दृष्टि से सम्पन्न, बाजार में अच्छी साख रखनेवाला तथा लेन-देन में खरे व्यवहार के लिए प्रसिद्ध प्रतिष्ठान था। उनके दुर्भाग्य से एक रात उनके लिए विपत्तियों का आरम्भिक चरण था। यद्यपि गोदाम का बीमा था तथा बहुत कुछ क्षतिपूर्ति भी हुई, किन्तु दूसरे वर्ष उनके कई व्यापारी ग्राहक दिवालिया घोषित हो गए। इन चिन्ताओं से प्रतिष्ठान के संस्थापक श्री विष्णुदेव पांडे का सहसा हृदयाघात से निधन हो गया। इस प्रकार क्रमशः प्रतिष्ठान अवनति का शिकार होता गया। वर्तमान संचालक श्री शिवभूषण तथा श्री शिवकृष्ण पांडे परिश्रमशील एवं ईमानदार व्यक्ति हैं, किन्तु आर्थिक विपन्नता आज भी उन्हें ग्रसित किए हुए है। मेरी राय में आप उनका विश्वास कर सकते हैं तथा उनके लिए उधार खाता भी खोल सकते हैं, किन्तु यह सब सीमित दायरे में ही करें तो अच्छा हो। आप उन पर भुगतान हेतु 2000 रुपये का माल उधार खाते दे सकते हैं। समय 8 से 10 महीने लग सकता है।

सेवा का सुयोग प्रदान किया, तदर्थ धन्यवाद।

हिताकांक्षी

कृते **तापड़िया एंड सन्स**

सुरेश मोहन तापड़िया

प्रबन्धक

(मूल्य-ज्ञापन पत्र)

मधुरेश किराना मर्चेंट्स

तार : मधुरेश   शिवाजी रोड,
दूरभाष : 151   चाकूर

पत्र क्रमांक—क/77/250 दि. 8 जुलाई, 2002

श्रीमान व्यवस्थापक,
श्रीराम स्टोर्स,
औरंगपूरा, औरंगाबाद

प्रिय महाशय,

हमें यथाशीघ्र निम्न वस्तुओं की आवश्यकता है। कृपया इनके निम्नतम भाव लिख भेजें। वस्तुएँ अच्छी किस्म की होनी चाहिए। सारा माल ट्रान्सपोर्ट द्वारा आएगा। यह भी लिखें कि आप व्यापारी कमीशन देंगे तथा पैकिंग आदि पर क्या व्यय होगा? निकट भविष्य में हम इससे कहीं अधिक वस्तुओं का आदेश प्रस्तुत करेंगे। हम चाहते हैं कि हमारे सम्बन्ध आपके साथ दिनोंदिन बढ़ते रहें।

काजू	:	50 किलो	लौंग	:	1 किलो
बादाम	:	20 किलो	काली मिर्च	:	5 किलो
पिस्ता	:	3 किलो	छुहारा	:	10 किलो

भवदीय,
कृते **मधुरेश किराना मर्चेंट्स**
सदानन्द भोसले
व्यवस्थापक

(निर्ख-पत्र)

श्रीराम स्टोर्स,

औरंगपूरा, औरंगाबाद

तार : श्रीराम
दूरभाष : 431/24   तिथि - 15 जुलाई, 2002
पत्र सं. : 431/24

मधुरेश किराना मर्चेंट्स, चाकूर,

प्रिय महाशय,

आपका पत्र क्रमांक क/77/250 दिनांक 8 जुलाई, 2002 प्राप्त हुआ, धन्यवाद।

आदेशानुसार वस्तुओं के भाव निम्नांकित हैं—

काजू	:	45 रुपये किलो	लौंग	:	225 रुपये किलो
बादाम	:	48 रुपये किलो	काली मिर्च	:	26 रुपये किलो
पिस्ता	:	60 रुपये किलो	छुहारा	:	15 रुपये किलो

निवेदन है कि सारी चीजें बढ़िया और नई हैं। भाव निम्नतम है। माल जिस तरह चाहेंगे भेज दिया जायगा। भुगतान एक ही किस्त में कर दें तो हमें बड़ी सुविधा होगी। भविष्य में आप जैसी सुविधा चाहेंगे, हम आपको देने का प्रयत्न करेंगे। माल के नमूने का एक पैकेट पार्सल द्वारा सेवा में भेजा जा रहा है। आप देख लें तथा हमें आदेश शीघ्र भेजें। हम विश्वास दिलाते हैं कि हमारे व्यवहार से आपको काफी सन्तोष प्राप्त होगा। सम्प्रति हम 10 प्रतिशत व्यापारिक छूट दे सकेंगे। पैकिंग का सारा व्यय भी हम वहन करेंगे। आदेश शीघ्र भेजकर सेवा का सुयोग प्रदान करें।

सधन्यवाद,

भवदीय,

कृते **श्रीराम स्टोर्स**

(आदेश-पत्र)

मधुरेश किराना मर्चेंट्स

तार : 54 — शिवाजी मार्ग, चाकूर

पत्र संख्या—432/43 — दि. 20 जुलाई, 2002

श्रीराम स्टोर्स, औरंगपूरा,

औरंगाबाद,

प्रिय महोदय,

नमूने का पार्सल तथा मूल्य सूची प्राप्त हुई, धन्यवाद। कृपया माल ईस्टर्न ट्रान्सपोर्ट से भेजें। इस सप्ताह के अन्त तक माल हमें मिल जाना चाहिए। आपकी सारी शर्तें हमें स्वीकार हैं। बिल्टी आदि हैदराबाद बैंक, चाकूर (शाखा) के द्वारा प्राप्त करने में हमें सुविधा होगी।

माल नमूने के माल से घटिया किस्म का न हो तथा पैकिंग लकड़ी के बाक्स में हो।

माल की सूची निम्नलिखित है:-

काजू	45 रुपये किलो	20 किलो
बादाम	48 रुपये किलो	20 किलो
पिस्ता	60 रुपये किलो	3 किलो
लौंग	225 रुपये किलो	1 किलो
काली मिर्च	26 रुपये किलो	2 किलो
छुहारा	15 रुपये किलो	10 किलो

भवदीय,

कृते **मधुरेश किराना मर्चेंट्स**

(आदेश-पत्र)

विजय ग्रन्थागार

तार : विजय

दूरभाष : 205

पत्र संख्या-77/10-क

शिवाजी चौक,
कंधार
दि. 5 जुलाई, 2002

श्रीमान प्रबन्ध संचालक,
लोकभारती, इलाहाबाद।

प्रिय महोदय,

निवेदन है कि कृपया निम्न पुस्तकें यथाशीघ्र रेल द्वारा भेजने का प्रबन्ध करें-

कामायनी	-	जयशंकर प्रसाद	10 प्रतियाँ
गोदान	-	प्रेमचन्द	10 प्रतियाँ
रश्मिरथी	-	दिनकर	15 प्रतियाँ
रागविराग	-	निराला	15 प्रतियाँ

हमारे आपके व्यापारिक सम्बन्ध इतने पुराने तथा मधुर हैं कि व्यापारिक छूट आदि की चर्चा संगत नहीं होगी। कर्मचारियों को सावधान करने की कृपा कीजिएगा कि वे पुस्तकें देखभाल कर ही पैकिंग करें। माल की आर. आर. तथा हुंडी हैदराबाद बैंक, कंधार (शाखा) द्वारा प्राप्त करने में हमें सुविधा होगी। कृपया तीन माह का मुद्दली बिल बनाइएगा।

सधन्यवाद,

शुभाकांक्षी
कृते **विजय ग्रन्थागार**

(माल भेज दिये जाने की सूचना)

लोकभारती
इलाहाबाद

तार : लोकभारती

दूरध्वनि : 2623314

पत्र सं. : 1021/95

15- ए. महात्मा गाँधी मार्ग
इलाहाबाद
दि. 10 जुलाई, 2002

विजय ग्रन्थागार
शिवाजी चौक, कंधार ।

प्रिय महोदय,

पत्र के लिए धन्यवाद। आदेशानुसार पुस्तकें रेल द्वारा भेज दी गईं। 'गोदान' सम्प्रति स्टॉक में नहीं है। शीघ्र ही मासान्त के पूर्व भेज दी जायगी। व्यापारिक छूट 20% दी गई

है तथा पैकिंग नि:शुल्क है। डाक व्यय आपको देना है। 'गोदान' —लेखक प्रेमचन्द का डाक व्यय हम देंगे। आर. आर. तथा बिल्टी हैदराबाद बैंक को भेज दी गई है। अन्य सेवा के लिए लिखें।

सधन्यवाद।

शुभेच्छु
कृते **लोकभारती**

दिनेशचन्द
प्रबन्ध संचालक

स्टैंडर्ड यन्त्र संस्थान
औरंगाबाद

तार : स्टैंडर्ड — अदालत रोड, औरंगाबाद
दूरध्वनि : 334325 — दि. 25 जुलाई, 2002
पत्र सं. : 4324/261

श्री रमेश चौहान,
शिवाजी चौक, नान्देड।

प्रिय महोदय,

आदेश पत्र क्रमांक 10/क 77/36 दिनांक 20 फरवरी, 2002 के लिए धन्यवाद। हमें दुख है तथा हम क्षमाप्रार्थी हैं कि आदेश का पालन नहीं कर पा रहे हैं। सम्प्रति हमारे स्टॉक में उस आकार के ट्रैक्टर नहीं हैं। अगले सप्ताहान्त तक हम उनके भेजने की व्यवस्था कर सकते हैं। यदि आपको असुविधा न हो तो हम उस समय यहाँ से रवाना कर दें। कृपया हमें अपने निर्णय की सूचना दें।

हमारे आपके व्यापारिक सम्बन्ध निरन्तर उन्नति करें तथा हमें सेवा के सुयोग मिलते रहें—यही कामना है।

आपका ही,
कृते **स्टैंडर्ड यन्त्र संस्थान**

रवि दत्त
प्रबन्ध संचालक

(आदेशों के निरसन सम्बन्धी पत्र/विलम्ब के कारण निरसन)

पाटील एंड सन्स

तार : पाटील
दूरभाष : 30
पत्र क्रमांक- ब/715

बैद्यनाथ मार्ग,
परली
दि. 25 अक्टूबर, 2002

सर्वश्री रवि पाटील एंड सन्स
सन्त्री बाजार, नागपुर

महाशय,

सखेद निवेदन है कि हमने 30 सितम्बर, 1995 को अपने पत्र संख्या 77/105 द्वारा 50 पेटी सेब भेजने का अनुरोध किया था। आपने यथाशीघ्र माल भेजने की सूचना दी थी, किन्तु आज तक न माल ही यहाँ पहुँचा और न आपका कोई पत्र ही आया है।

पूजा की बाजार निकल गई। माल की अब कोई विशेष उपयोगिता नहीं रह गई। अत: हम आदेश निरस्त करते हैं। यदि अब आप भेजते हैं तो हमें दुख है, हम उसे स्वीकार नहीं कर पाएँगे।

भवदीय,
पाटील एंड सन्स हेतु
बापू पवार
प्रबन्धक

(माल की आवश्यकता समाप्त होने पर)

सचिन स्टील इंडस्ट्रीज

(स्टील फर्नीचर्स के थोक विक्रेता)

तार : स्टील
फोन : 201
पत्रांक : स-65

रेलवे मार्केट,
लातूर
दि. 1 अगस्त, 2002

श्री चन्द्रकान्त इंडस्ट्रीज
तिलक रोड, बम्बई ।

प्रिय महोदय,

सन्दर्भ : हमारा आदेश पत्र संख्या स- 61 दिनांक 30 जून, 2002.

अभी-अभी हमें सूचना मिली है कि जिस प्रतिष्ठान के आदेश पर हमने आपकी सेवा में उपर्युक्त पत्र भेजा था, उसके व्यवस्थापक की मृत्यु हो गई है। अत: वह प्रतिष्ठान माल

नहीं खरीद पाएगा। कृपया हमारे आदेश को निरस्त समझें। हमने निम्न सन्देश तार द्वारा आपकी सेवा में भेजा है—

''आदेश क्रमांक सं. 61 निरस्त''

आदेश निरसन के कारण आपको जो क्षति पहुँची है, तदर्थ हमें दुख है। शीघ्र ही अन्य आदेश द्वारा हम क्षतिपूर्ति की चेष्टा करेंगे।

भवदीय,

कृते **सचिन स्टील इंडस्ट्रीज**

व्यवस्थापक

(शिकायती पत्र)

साहित्यायन

(पुस्तक प्रकाशक तथा विक्रेता)

तार : साहित्य

तिलक पथ,
शान्ति नगर, लातूर।
दि. 2 जनवरी, 2002

सर्वश्री लोकभारती
15- ए महात्मा गाँधी मार्ग,
इलाहाबाद

महाशय,

हमारे आदेश पत्र क्रमांक जी 15, दिनांक 20 दिसम्बर, 2001 के अनुसार भेजा गया माल हमें मिला। आपका ध्यान निम्न बातों की ओर आकृष्ट करते हुए अनुरोध है कि आवश्यक कार्यवाही करें।

आपने व्यापारिक छूट 15% दी है, जबकि 20% तय हुई थी। आपने साहित्यशास्त्र में 'हिन्दी साहित्य का इतिहास' की 25 प्रतियों का मूल्य लगाया है, किन्तु पुस्तक की 10 प्रतियाँ ही भेजी हैं।

कृपया यथाशीघ्र 'क्रेडिट नोट' भेजकर भूलों का संशोधन करें।

विश्वस्त

कृते **साहित्यायन**

सदानन्द
व्यवस्थापक

(समायोजन-पत्र का उत्तर)

लोकभारती

इलाहाबाद

तार	:	लोकभारती	औरंगपूरा, औरंगाबाद
दूरभाष	:	2623314	दि. 10 जनवरी, 2002
पत्र सं.	:	903/95	

साहित्यायन,

शान्तिनगर, लातूर।

प्रिय महोदय,

हमें भूल स्वीकार है। कष्ट के लिए क्षमा करें। भूल से हमने शर्त पर ध्यान नहीं दिया और सामान्यत: जो छूट हम देते हैं उसके अनुसार 'साहित्यशास्त्र' बन गया। 'हिन्दी साहित्य का इतिहास' हमारे यहाँ 10 प्रतियाँ ही थीं, अत: उतनी भेज दी गईं। आपके आदेश-पत्र को देखकर साहित्यशास्त्र बना दिया गया। अत: 25 का मूल्य लग गया। हमें दुख है कि हमारी असावधानी से आपको कष्ट हुआ।

250 रुपयों का क्रेडिट नोट संलग्न है। योग्य सेवा का सुयोग देते रहें।

भवदीय

कृते **लोकभारती**

दिनेशचन्द

प्रबन्धक

(शिकायती पत्र)

भारत फेब्रिक्स (प्रा.) लिमिटेड

(उत्कृष्ट वस्त्र-निर्माता)

तार : भारत	134, जय विश्वभारती कॉलोनी,
फोन : 12-005	औरंगाबाद
पत्र संख्या-5-अन्त-क 50	दिनांक : 10 अप्रैल, 2002

राजे एंड कम्पनी

6, नासिर ऐवन्यू

कैरो (संयुक्त अरब प्रजातन्त्र)

महोदय,

हमने पत्र संख्या 5-अन्त. - ब 25 दिनांक 20 फरवरी, 1995 द्वारा आपसे प्रथम कोटि की एक टन अच्छी रूई भेजने का अनुरोध किया था। तदनुसार आपने माल भेज दिया, धन्यवाद।

निवेदन है कि माल द्वितीय कोटि का है। हमने प्रथम कोटि के माल के 50 प्रतिशत मूल्य आपकी शर्त के अनुसार अग्रिम किस्त में भेज दिया है। आपने जो रूई भेजी है उसका बाजार मूल्य बहुत कम है। अत: यह सौदा हमारे लिए क्षतिकारक होगा।

इन परिस्थितियों में हम माल उठाने में असमर्थ हैं तथा विलम्ब शुल्क दिन-प्रतिदिन बढ़ता जा रहा है। यदि आप द्वितीय कोटि के माल का मूल्य स्वीकार करने के लिए प्रस्तुत हैं तो हम उस दर से बाकी रुपये भेजने का प्रबन्ध करेंगे तथा माल उठा लेंगे। हमें दुख है कि विलम्ब शुल्क आपको देना पड़ेगा, साथ ही बन्दरगाह में माल के क्षतिग्रस्त होने का दायित्व भी आप पर होगा।

आशा है भूल का परिमार्जन कर अनुगृहीत करेंगे। निर्देश की प्रतीक्षा में,

भवदीय,

कृते **भारत फेब्रिक्स (प्रा.) लि.**

प्रदीप शेजुल

प्रबन्ध संचालक

(तगादा या वसूली पत्र/तगादे का प्रथम पत्र)

राम-लक्ष्मण एंड सन्स

(आढ़त का प्रसिद्ध प्रतिष्ठान)

तार : राम-लक्ष्मण — 10 गोलबाजार,

फोन : 341 — शंकरनगर, चाकूर

पत्र क्रमांक-105 सी/95 — दि. 10 जुलाई, 2002

श्री राधाकृष्ण शिन्दे

रेलवे मार्केट, लातूर

प्रिय महाशय,

विगत 1 जून, 2002 को आपके नाम उधार खाते 2,000/- रुपयों का माल भेजा गया था। माल प्राप्ति की सूचना भेजने के साथ ही आपने एक सप्ताह के अन्दर भुगतान कर देने का विश्वास दिलाया था। कार्य व्यस्ततावश शायद आपने इस ओर ध्यान नहीं दिया। खाते का विवरण लेखा संलग्न है। आशा है, शीघ्र भुगतान कर अनुगृहीत करेंगे।

संलग्न : प्रपत्र एक

आपका ही,

कृते **राम-लक्ष्मण एंड सन्स**

आबा भोसले

व्यवस्थापक

तगादे का द्वितीय पत्र

प्रिय महोदय,

हम अपने पत्र क्रमांक 105सी/95 दिनांक 10 जुलाई, 2002 की ओर आपका ध्यान आकृष्ट कर रहे हैं। आपके किसी प्रकार की सूचना के अभाव में यह स्मरण-पत्र सेवा में प्रस्तुत है। 1 जून, 2002 को आपके यहाँ उधार खाते 2000/- रुपये का माल भेजा गया था, भुगतान का समय एक सप्ताह निश्चित हुआ था। काफी विलम्ब हो चुका है। कृपया भुगतान का प्रयत्न करें। खाता-विवरण की प्रतिलिपि हमने पिछले पत्र के साथ भेजी थी। इस पत्र के साथ भी संलग्न है। शीघ्रता बरतें, यही आग्रह है।

संलग्न : प्रपत्र एक

भवदीय,
कृते **राम-लक्ष्मण एंड सन्स**

आबा भोसले
व्यवस्थापक

तगादे का तीसरा पत्र

प्रिय महोदय,

आपकी सेवा में हमने दो पत्र दिनांक 10 जुलाई, 2002 तथा दिनांक 20 जुलाई, 2002 को भेजे। पत्रों का सम्बन्ध आपके उधार खाते में पड़े 2000/- रुपयों से था। दुख है कि आप इस ओर कोई ध्यान नहीं दे पा रहे हैं। आपने पत्रों के उत्तर में भी कुछ नहीं लिखा। आपके द्वारा की जा रही उपेक्षा हमारे लिए आर्थिक क्षति का कारण बन रही है। हमें आशंका है आपका व्यवहार हमारे परस्पर सम्बन्धों में बाधक बन सकता है।

आशा है, रुपये शीघ्र भेज रहे हैं।

भवदीय,
राम-लक्ष्मण एंड सन्स

आबा भोसले
व्यवस्थापक

तगादे का चतुर्थ पत्र

प्रिय महोदय,

उधार खाते 2000/- रुपयों का भुगतान करने के लिए हमने आपकी सेवा में तीन पत्र लिखे, दुख है आपने उस ओर ध्यान नहीं दिया। अन्तिम बार निवेदन है कि यदि आपने पन्द्रह दिनों में रुपयों का भुगतान न किया तो हमें बाध्य होकर न्यायालय की शरण लेनी पड़ेगी।

हमें विश्वास है आपकी तत्परता हमारा साथ देगी तथा हम इस अप्रिय अवांछित स्थिति को टालने में समर्थ हो सकेंगे। कृपया यथाशीघ्र रुपये भेजने का कष्ट करें।

भवदीय,
कृते **राम-लक्ष्मण एंड सन्स**

आबा भोसले
व्यवस्थापक

तगादे का पंचम पत्र

महाशय,

दुख के साथ निवेदन है कि आपने अपने उधार खाते के 2000/- रुपयों का भुगतान अभी तक नहीं किया। हमारे पत्रों का भी कोई उत्तर नहीं प्राप्त हुआ। बाध्य होकर हमने न्यायालय की शरण लेने का निश्चय किया है। सारे काग़जात हमने वकील के हाथ में सौंप दिये हैं जो मामला दायर कर देगा।

इस कार्यवाही के लिए हमें बड़ा दुख है।

भवदीय,
कृते **राम-लक्ष्मण एंड सन्स**

आबा भोसले
व्यवस्थापक

(एजेन्सी के लिए माँग का पत्र)

सरस्वती पेपर मार्ट

तार : 'पेपर' — गाँधी मार्केट,
फोन : 315 — लातूर (महाराष्ट्र)
पत्र संख्या - 305/ब — दि. 15 जून, 2002

प्रबन्ध संचालक,
विकास पेपर मिल्स लिमिटेड,
सोलापुर।

महाशय,

विषय : एजेन्सी ।

विगत पाँच वर्षों से हमारे आपके व्यापारिक सम्बन्ध हैं तथा हमारे प्रतिष्ठान ने अपनी कार्य-क्षमता एवं कार्य-कुशलता के द्वारा लातूर जिले में आपके द्वारा निर्मित वस्तुओं के लिए अच्छा क्षेत्र तैयार कर लिया है। समय-समय पर माल सम्बन्धी हमारे आदेशों से यह स्वत: ही स्पष्ट हो चुका होगा।

निवेदन है कि माल की खपत तथा अपनी क्षमता को दृष्टि में रखते हुए हम यह अनुभव करते हैं कि हम आपके प्रतिनिधि रूप में अधिक कुशलता से कार्य कर सकेंगे। हमारा प्रतिष्ठान इस जिले के व्यवसायी क्षेत्र में अच्छी साख अर्जित कर चुका है तथा हमें पूर्ण विश्वास है कि हमें प्रतिनिधित्व देकर आपको असन्तोष का अवसर नहीं प्राप्त होगा।

निम्न प्रतिष्ठित व्यावसायिक प्रतिष्ठानों से आप हमारी आर्थिक स्थिति, साख, कार्यक्षमता आदि के विषय में आवश्यक जाँच-पड़ताल कर सकते हैं।

(1) **'अभिषेक'**
रेलवे मार्केट, लातूर

(2) सचिन पुस्तकालय,
शिवाजी चौक, लातूर

हमारा आग्रह है कि इस विषय में शीघ्रता से काम लिया जाय तथा हमें एजेन्सी की शर्तों से अवगत कराया जाय।

सधन्यवाद,

विश्वस्त,
कृते **सरस्वती पेपर मार्ट**

सचिन रोडगे
व्यवस्थापक

(एजेन्सी देने का पत्र)

विकास पेपर मिल्स लिमिटेड

तार : विकास — होली स्ट्रीट
फोन : 335 — सोलापुर-2
पत्र संख्या—ए/575 — दि. 22 जून, 2002

सरस्वती पेपर मार्ट,
गाँधी मार्केट, लातूर

महोदय,

आपके पत्र संख्या 305/ब दिनांक 15 जून, 2002 के सन्दर्भ में यही निवेदन है कि हमने आपके परामर्श के अनुसार 'अभिषेक' लातूर के साथ पत्राचार करके आर्थिक स्थिति तथा साख के सम्बन्ध में जानकारी हासिल कर ली है। उनके द्वारा भेजी गई सूचनाएँ काफी सन्तोषप्रद हैं। अत: हमने आपको लातूर जिले में अपने प्रतिष्ठान का एकमात्र प्रतिनिधि नियुक्त करने का निश्चय किया है। हमारी शर्तें निम्नलिखित होंगी—

(1) एजेन्सी का समय प्रथम बार 2 वर्ष होगा।
(2) आपके समस्त आदेशों के कुल मूल्य पर 4 प्रतिशत कमीशन दिया जायगा।
(3) बिक्री व्यय की 1 प्रतिशत शर्त होगी।

(4) आप मूल्य सूची में अंकित मूल्य पर 10% व्यापारिक छूट देकर माल बेचेंगे।

पत्र के साथ अनुबन्ध प्रपत्र भेजा जा रहा है। कृपया अपने हस्ताक्षर करके उसे वापस भेज दें।

सधन्यवाद।

भवदीय,
विकास पेपर मिल्स लि.

कुमार मधुरेश
प्रबन्ध संचालक

संलग्न-1

(ख) विशेष व्यावहारिक-पत्र

1. बैंक तथा बैंकिंग से सम्बन्धित-पत्र

बैंक हर देश के अनिवार्य तथा महत्त्वपूर्ण वितीय केन्द्र होती है। मुद्रा का क्रय नविक्रय करना इसका प्रमुख कार्य होता है। 'यह उन व्यक्तियों से रुपया उधार लेती है, जिनके लिए रुपये की उपयोगिता कम है तथा उन व्यक्तियों को उधार देती है, जिनको रुपये की आवश्यकता अधिक है। यह रुपया बैंक द्वारा कम दर पर उधार लिया जाता है तथा अधिक दर पर बैंक से उधार लेनेवाले व्यक्तियों को दिया जाता है। जनता को व्यावसायिक कामों के लिए ऋण देने के साथ ही, साख-पत्रों का निर्गमन करना तथा लॉकर्स की सुविधा प्रदान करना आदि कार्य भी किया जाता है।

उक्त सभी तरह के कार्य बैंक में विविध खातों द्वारा चलते हैं। उनमें से प्रमुख खाते इस प्रकार हैं—

1. स्थायी खाते

इस खाते में राशि एक निश्चित समय के लिए जमा की जाती है, जिसके पश्चात ही राशि निकाली जा सकती है। कभी-कभी इन खातों से राशि निश्चित समय से पहले भी सूचना देकर निकाली जा सकती है। इन खातों पर अन्य खातों की अपेक्षा अधिकतम ब्याज दिया जाता है। राशि जमा करते समय बैंक ग्राहक को एक रसीद देती है। रुपया निकालते समय ग्राहक को रसीद वापस करना अनिवार्य है। यह रसीद अहस्तान्तरणीय होती है।

2. बचत खाते (Savings Bank-A/c)

इन खातों के द्वारा छोटी-छोटी बचत करनेवाले व्यक्तियों को धन संग्रह करने की सुविधा प्रदान की जाती है। इन खातों पर स्थायी खातों की अपेक्षा कम दर पर ब्याज मिलता है। आवश्यकतानुसार रुपया सप्ताह में दो या तीन बार निकाला जा सकता है। खाता खोलते समय बैंक ग्राहक को एक राशि जमा करने की किताब तथा पासबुक देती

है। राशि निकालने के लिए पासबुक तथा निकासी पर्ची (Withdrawal form) बैंक में प्रस्तुत करनी पड़ती है। एक तयशुदा रकम पासबुक में स्थायी रूप में रखकर बैंक से प्राप्त धनादेश (Cheque) द्वारा रुपये निकाले जा सकते हैं।

3. घरेलू बचत खाते (Home Savings)

यह प्रणाली कुछ बैंकों द्वारा प्रचलित की गई है, जिसका उद्देश्य ग्राहकों में मितव्ययता तथा धन संग्रह को प्रोत्साहित करना है। ऐसा खाता खोलने पर बैंक अपने ग्राहक को एक ताला बन्द लोहे की पेटी (Iron safe) देती है जिसकी चाबी बैंक के पास होती है। इस पेटी में रुपया डालने की तो सुविधा होती है, किन्तु रुपया डालने के बाद निकाला नहीं जा सकता है। इस पेटी में ग्राहक समय-समय पर रुपया जमा करता है तथा एक निश्चित समय पर उसे बैंक में ले जाता है और बैंक पेटी खोलकर राशि उसके खाते में जमा करता है तथा पुन: ताला बन्द करके पेटी ग्राहक को दे दी जाती है। इस पर बहुत ही कम दर पर ब्याज दिया जाता है। हिसाब के लिए एक पासबुक दी जाती है। इस खाते से चालू खाते की भाँति चेक द्वारा रकम निकाली जाती है।

4. चालू खाते (Current Bank-A/c)

चालू खाते में राशि जमा करने तथा निकालने पर कोई प्रतिबन्ध नहीं होता। यह इसकी मुख्य विशेषता है। साधारणत: इस खाते पर कोई ब्याज नहीं दिया जाता है। इसके विपरीत यदि चालू खाते में राशि एक निश्चित मात्रा से कम होने की दिशा में ग्राहक को बैंक चार्जेस देने पड़ते हैं। कोई-कोई बैंक राशि के एक निश्चित मात्रा से अधिक जमा राशि पर नाममात्र का ब्याज देती है। खाता खोलते समय ग्राहक का परिचय बैंक के किसी अन्य ग्राहक द्वारा कराया जाना आवश्यक होता है। खाता खोलने पर बैंक द्वारा ग्राहक को जमा करनेवाली पुस्तक (Pay in slip book) हिसाब-किताब रखने के लिए पासबुक तथा रुपया निकालने के लिए धनादेश पुस्तक (Cheque book) देती है। पासबुक समय-समय पर लेखा करने के लिए बैंक में प्रस्तुत की जानी चाहिए तथा वापस लेने पर जाँच करनी चाहिए।

बैंक-पत्राचार

व्यक्ति तथा प्रतिष्ठान को बैंक से दो तरह से पत्राचार करने होते हैं—

(1) खाता खोलना, रुपये जमा करना, रुपये निकालना, चेक बुक समाप्त होने पर नए चेक बुक प्राप्त करना, बैंक ड्राफ्ट बनाना आदि से सम्बन्धित पत्राचार, तथा

(2) ऋण-प्राप्ति, अधि विकर्षण (Over Draft), पासबुक में हिसाब की गलती, धनादेश का अप्रतिष्ठित होना, धनादेश खो जाने आदि से सम्बन्धित पत्राचार। प्रथम प्रकार के व्यवहार के लिए बैंक द्वारा 'विहित-फार्म' होता है और दूसरे प्रकार के व्यवहार के लिए पत्र लिखने पड़ते हैं। प्रथम प्रकार के व्यवहार के लिए प्रयुक्त विहित फार्म इस प्रकार हैं—

(1) खाता खोलने के लिए प्रार्थना-पत्र, (2) निकासी पर्ची, (3) जमा पर्ची,(4) डिमांड ड्राफ्ट पर्ची, (5) धनादेश ।

इन पर्चियों तथा बैंक से सम्बन्धित पत्रों के नमूने प्रस्तुत हैं...

बचत खाता खोलने का फार्म

एफ - 20

बचत खाता खोलने का फार्म बचत खाता क्र..........

आवेदन व नमूना हस्ताक्षर कार्ड

शाखा प्रबन्धक दिनांक.................

बैंक ऑफ महाराष्ट्र

शाखा

प्रिय महोदय,

कृपया मेरे/ हमारे नाम से अपने यहाँ एक बचत खाता खोलें। मैं/ हम समय-समय पर लागू बैंक के नियमों का पालन करने का वचन देता (ती) हूँ/ देते (ती) हैं।

परिचयकर्त्ता का नाम......................संयुक्त खाते के सम्बन्ध में निर्देश

खाता क्र...........

द्वारा खाते का परिचालन किया जायगा।

हस्ताक्षर.......... ....को शेष देय

हस्ताक्षरों की जाँच की और खाता खोला गया।

हस्ताक्षर (नमूना)

शाखा प्रबन्धक

1. ....

2. ....

3. ....

खाता क्र. ....

बचत खाता खोलने का फार्म पिछला भाग

बचत खाता क्र..........

पूरा/ पूरे नाम व्यवसाय

1..

2..

3..

पता (पहले जमाकर्त्ता का) जन्म-तिथि

....

.... (केवल अवयस्क के खाते के लिए)

....

फोन नं. ....

————————————————————————————————नामिता

(यो) का ब्योरा

————————————————————————————————

नाम	पता	जमाकर्त्ता से रिश्ता	आयु	अवयस्क के मामले में जन्म-तिथि

प्रमाण-प्रत्र

प्रमाणित किया जाता है कि श्री/श्रीमती/कुमारी........................जिनका व्यवसाय ....है और जो............के निवासी हैं। इनको मैं/हम पिछले..........वर्षों से जानता हूँ/जानते हैं।

नाम :..

सही

हस्ताक्षर............. खाता क्र..

पता :..

....

फोन नं..

नमूना हस्ताक्षर पर्ची

एफ-21

बैंक ऑफ महाराष्ट्र

नमूना हस्ताक्षर पर्ची बचत खाता क्र...........

नाम हस्ताक्षर

1.......................

2.......................

3.......................

पता

शाखा प्रबन्धक

आवर्ती जमापर्ची का नमूना

..........नं. ....शाखा नं. ता. .... आवर्ती जमा खाता नं........... नाम................................ रुपये.................	इस पर्ची के साथ पास-बुक देना आवश्यक है स्थानीय/बाहर के चेक और रोकड़ अलग-अलग पर्चियों पर लिखें [खाता पन्ना / खाता नवीस] **बैंक ऑफ इण्डिया** शाखा..........ता........ जमा खाता नं................. नाम........................... रुपये...........................
नगद/चेक | रु. | पै.	महीने की किश्त नकद/चेक | रु. | पै. पीछे बताए विवरण के अनुसार
रोकड़िया........................	जमा करनेवाले के हस्ताक्षर प्राप्त..........दर्ज..........रोकड़िया..............

आवर्ती जमा पर्ची का पिछला भाग

नकद	कृपया विवरण दें		चेक			चेक
नोट	रु.	पै.				
× 100			अदाकर्ता बैंक चेक सं. रकम			अदाकर्ता बैंक चेक सं. रकम
× 50				रु.	पै.	
× 20						
× 10						
× 5						
× 2						
× 1						
सिक्के						
कुल रुपये			कुल रुपये			कुल रुपये

जमा पर्ची (बचत खाता)

एफ-22 बैंक ऑफ महाराष्ट्र

शाखा..

दिनांक..

बचत खाता क्र..................................

खातेदार का नाम..............................

चेक/नकद रु.

रुपये शब्दों में...............................

....

जमाकर्ता ....

एफ-75

नगदी का विवरण

नोट	संख्या	रु.	पै.
500			
100			
50			
20			
10			
5			
2			
1			
सिक्के			
कुल रु.			

बैंक ऑफ महाराष्ट्र **शाखा**

खा. पृ..................

दिनांक.................

चेक/नकद रु.

बचत खाता क्र.

खातेदान का नाम..

रुपये (शब्दों में) ....

....जमा करें।

प्राप्तकर्ता.................. जमाकर्ता...................

जमा पर्ची का पिछला भाग

अदाकर्ता बैंक	चेक नम्बर दिनांक	स्थान	रकम रु.	पै.	अदाकर्ता बैंक	चेक क्र. दिनांक	स्थान	रकम रु.	पै.
		कुल रु.					कुल रु.		

माँग ड्राफ्ट/डाक अन्तरण/देय बिल के लिए आवेदन

एफ-75 रसीद

बैंक ऑफ महाराष्ट्र

(के.का. 'लोकमंगल', 1501 शिवाजीनगर पुणे-3)

शाखा.......................दिनांक.......................

श्री/मेसर्स...

के नाम...शाखा

पर माँग ड्राफ्ट/डाक अन्तरण/देय बिल जारी करने के लिए मिले।

ब्यौरा	रु.	पै.
माँग ड्राफ्ट/डा.अं./दे.बी. की रकम		
कमीशन		
कुल रु.		

आवेदक का नाम और हस्ताक्षर

....

....

प्राधिकारी

एफ-75 माँग ड्राफ्ट/डाक अन्तरण/देय बिल के लिए आवेदन दिनांक...........

बैंक ऑफ महाराष्ट्र

शाखा...

कृपया अपनी.......................................शाखा पर

रुपये..का

एक माँग/ड्राफ्ट अन्तरण/देय बिल/श्री/मेसर्स............................ ..

...............................के नाम या उसके आदेश पर और रेखित कर जारी करे।

रकम

स्थ आ.क. खाता क्र.

आवेदक का नाम, पता और हस्ताक्षर

बैंक खाता क्र.

खजांची...............................

लेखाकार..................................

सिर्फ कार्यालय के लिए

जमा.................शाखा माँग ड्राफ्ट/डॉ.अं./दे.बी.क्र.

कमीशन.................................. लेखाकार

नोट	संख्या	रु.	पै.
500			
100			
50			
20			
10			
5			
2			
1			
सिक्के			
कुल रु.			

बैंक ड्राफ्ट का नमूना

बैंक ऑफ महाराष्ट्र

शाखा................

कृपया अपनी...................................शाखा पर

रुपये..का रु. [ ]

......के नाम या उनके आदेश पर और रेखित कर जारी करें

आवेदक का पता और हस्ताक्षर

बैंक खाता क्र0............. ....

....

खजांची............... लेखाकार............

आवेदक का नाम और हस्ताक्षर.......................

....

....

प्राधिकारी लेखाकार

नकद का ब्योरा

नोट	संख्या	रु.	पै.
100			
50			
20			
10			
5			
2			
1			
सिक्के			
कुल			

निकासी पर्ची का नमूना

आधारक्षर वही पृष्ठ

जमाकर्ता के नाम..

सावधानी : यह बचत बैंक निकासी आदेश फार्म चेक नहीं है। इस फार्म के साथ पास-बुक रहना अनिवार्य है, अन्यथा भुगतान प्राप्त नहीं होगा।

प्रेषिती : भारतीय स्टेट बैंक

बचत बैंक

............शाखा..............

कृपया स्वयं अथवा धारक को

रुपये............................ [रु.]

.... दीजिए

तथा राशि को मेरे/हमारे नाम बचत खाता नं0..........में डालिए।

....

जमाकर्ता

चालू खाता खोलने का आवेदन-पत्र

स्वर्गलोक भंडार

(स्वर्णादि आभूषणों का प्रतिष्ठान)

तार : स्वर्गलोक 'आनन्द'

फोन : 555 उदगीर (महाराष्ट्र)

पत्र संख्या—अधि. /77/30क फरवरी 10, 2002

प्रबन्धक

महाराष्ट्र स्टेट बैंक,

शाखा गाँधी मार्केट, लातूर

महोदय,

निवेदन है कि हम आपकी बैंक में अपने प्रतिष्ठान की ओर से एक चललेखा (चालू खाता) खोलना चाहते हैं। तदर्थ हमारे प्रबन्ध संचालक श्री सदानन्द भोसले आवश्यक आवेदन-पत्र तथा 5000/- की धनराशि सहित आपकी सेवा में पहुँच रहे हैं। लेखा हमारे नाम से अंकित होगा। नमूने के हस्ताक्षर निम्नांकित हैं तथा बैंक द्वारा प्रदत्त आवश्यक प्रपत्र पर भी अंकित किए गए हैं।

सधन्यवाद,

भवदीय,

कृते **स्वर्गलोक भंडार**

गोविन्द हजारे

व्यवस्थापक

हस्ताक्षर के नमूने

....

....

संलग्निका : दो प्रपत्र

बैंक में संयुक्त बचत खाता/चालू खाता खोलने सम्बन्धी पत्र
रूप संगम जनरल स्टोर्स

छावणी
औरंगाबाद
दि. 25 जुलाई, 2002

शाखा व्यवस्थापक,
स्टेट बैंक ऑफ हैदराबाद
छावणी, औरंगाबाद,

विषय : बैंक में बचत खाता खोलने सम्बन्धी पत्र।

प्रिय महोदय,

आपके बैंक में हम एक बचत खाता खोलना चाहते हैं। हम विगत पाँच सालों से यहाँ अपना व्यवसाय कर रहे हैं। आपकी नई छावणी शाखा हमारे अति निकट होने के कारण दैनन्दिन कार्य में हमारे लिए सुविधाजनक हो सकती है।

बचत खाता आरम्भ करने के लिए तीन सौ रुपये की राशि जमा कर रहे हैं। इस खाते में कामकाज के लिए हम अपने दो भागीदारों के संयुक्त हस्ताक्षर के नमूने संलग्न कर रहे हैं।

भवदीय,
रूपसंगम जनरल स्टोर्स
(1) कैलास पांडे
(2) विशाल पांडे
भागीदार

संलग्न : नमूने के हस्ताक्षर का प्रपत्र

(चेक बुक प्रदान हेतु पत्र)

नूतन वसाहत
अंबड (जालना)
दि. 4 जून, 2002

शाखा प्रबन्धक,
जालना जिला सहकारी बैंक लि.
अंबड,

विषय : चेक बुक प्रदान हेतु ।

प्रिय महोदय,

आपके बैंक में हमारा एक बचत खाता (संख्या 14245) है। उसके व्यवहार के लिए हमें बार-बार बैंक में आना पड़ता है जो आजकल हमारे लिए सम्भव नहीं है। बचत खाते पर हमारा बैलेन्स हमेशा एक हजार से ज्यादा रहता है। अत: उक्त खाते के अन्तर्गत चेक बुक प्रदान करने का कष्ट करें।

धन्यवाद।

भवदीय,

हेमन्त खरात

(चेक बुक खो जाने के सम्बन्ध में)

कन्हैयानगर,
जालना.
दि. 15 अगस्त, 2002

शाखा व्यवस्थापक,
बैंक ऑफ महाराष्ट्र
जालना

विषय : चेक बुक खो जाने के सम्बन्ध में

प्रिय महोदय,

निवेदन है कि आपके बैंक में हमारा खाता (क्रमांक 2725) है। इसके अन्तर्गत रुपया निकालने के लिए हमें पचास चेकवाली एक चेक बुक (संख्या बी ए 17,001 से 17,050) प्रदान की थी, जिसमें केवल 20 चेक ही (संख्या 17,001 से 17,020) उपयोग में लाए गए थे।

दिनांक 3 अगस्त, 1995 को औरंगाबाद - जालना बस में सफर करते समय मेरा बैग गुम हो गया, जिसमें यह चेक बुक भी थी। चेक बुक का गलत प्रयोग न हो इसलिए तुरन्त इसकी जानकारी आपको दे रहा हूँ। अत: आपसे निवेदन है कि शेष बचे चेकों का गलत प्रयोग रोकने की व्यवस्था करते हुए निरस्त करने का कष्ट उठाएँ।

कष्ट के लिए क्षमा।

भवदीय,
अक्षय भंडारी
कन्हैयानगर, जालना।

(चेक भुगतान रोकने का पत्र)

औरंगपूरा,
औरंगाबाद।
जुलाई 7, 2002

व्यवस्थापक,
स्टेट बैंक ऑफ, हैदराबाद
सिडको, औरंगाबाद,

प्रिय महोदय,

हमने 4 जुलाई को 2,000/- रुपये का एक वाहक (Bearer) चेक संख्या पी-1234 श्री नरेश मेहता को दिया था। उन्होंने खबर दी है, वह चेक कहीं खो गया। कृपया उक्त चेक का भुगतान न करें।

आपका विश्वासी,
कृष्णचन्द्र

(चेक की अप्रतिष्ठा की सूचना का पत्र)

पत्र संख्या : 1900 — शनिवार वाडा,

पुणे

सर्वत्री हीरालाल पन्नालाल ब्रदर्स

व्यापारी पेठ, पुणे. — 1 जनवरी, 2002

प्रिय महोदय,

आपने 25 दिसम्बर, 2002 को औरंगाबाद के विद्या बुक्स को भुगतान के लिए 2000/- रु. का चेक निकाला था। हम आपका भुगतान नहीं कर सके। इस चेक की अप्रतिष्ठा का कारण यह है कि चेक निकालते समय आपने इस ओर ध्यान नहीं दिया होगा।

भविष्य में चेक निकालते समय शेष धन का अवश्य ध्यान कर लिया करें।

भवदीय,

बैंक ऑफ महाराष्ट्र

पुणे, प्रबन्धक

धनादेश (चेक के अप्रतिष्ठित होने पर)

कैलाश पब्लिकेशन्स

(पुस्तक प्रकाशक एवं विक्रेता)

पत्रांक ए/151

औरंगपूरा

औरंगाबाद

दि. 10 जुलाई, 2002

प्रबन्धक,

स्टेट बैंक ऑफ हैदराबाद,

शाखा औरंगपूरा, औरंगाबाद

महोदय,

सन्दर्भ: धनादेश सं. 1561 ब दिनांक 9 जुलाई, 2002

सखेद निवेदन है कि हमारा उपर्युक्त धनादेश जिसे हमने छाया प्रिंटर्स, औरंगपूरा, औरंगाबाद के नाम लिखा था, आपके कार्यालय द्वारा अमान्य कर दिया गया है। धनादेश पर अस्पष्ट हिसाब की मुहर लगा दी गई है। आपकी इस टिप्पणी पर हमें न केवल दुख हुआ, वरन हैरानी भी हुई है।

हमारा धनादेश 500/- रुपये का था। हमारे चल लेखा सं. 1970 में आज भी 1500 रुपयों का समायोजन होना चाहिए. चूँकि 1300 रुपयों का एक धनादेश हमने 5 जुलाई, 1995 को अपने हिसाब में जमा किया है। उस समय हमारा समायोजन 350 रुपये 50 पैसे था। इस तरह 9 जुलाई, 1995 को हमारे हिसाब का समायोजन 1650 होना चाहिए।

कृपया आवश्यक जाँच-पड़ताल करके हमें वस्तुस्थिति की जानकारी दें।

भवदीय,

कृते कैलाश पब्लिकेशन्स

व्यवस्थापक

(हिसाब में त्रुटि विषयक पत्र)

वारणा नगर,
कोल्हापुर
7 जनवरी, 2002

व्यवस्थापक,
वारणावती बैंक लि.
वारणा नगर
विषय : चालू खाता संख्या 4321 के हिसाब में त्रुटि होने के सम्बन्ध में।
प्रिय महोदय,

दिनांक 4 जनवरी, 2002 को गत माह के अन्त तक हमारे चालू खाता संख्या 3412 का विवरण प्राप्त हुआ है। खेद है कि उक्त विवरण में हिसाब की कई त्रुटियाँ हैं, जो हमारे खाते से मेल नहीं खाती हैं। ऐसी स्थिति में हम अपने लेखपाल के हाथ समाशोधक विवरण भेज रहे हैं। कृपया आवश्यक सुधार कर हमें सूचित करने का कष्ट करें।

धन्यवाद।

भवदीय,
हीरा ट्रेडिंग कम्पनी

दयाल चावड़ा
भागीदार

ऋण के लिए निवेदन

जय जगदम्बा स्टोर्स
(किराना मर्चेंट्स)

दूरभाष : 350
पत्र क्रमांक : 15/3/200

किशन कुंज
अहमदपुर (महाराष्ट्र)
15 दिसम्बर, 2002

प्रबन्धक,
लातूर जिला मध्यवर्ती बैंक
नान्देड रोड, अहमदपुर
प्रिय महोदय,

निवेदन है कि व्यवसाय के अत्यधिक प्रसार के कारण हमें शीघ्र ही अपने प्रतिष्ठान की एक नई शाखा खोलनी है। तदर्थ हमने नान्देड रोड पर एक स्थान का चुनाव भी कर लिया है, किन्तु आर्थिक कारणों से हम उस दुकान को खरीद पाने में असमर्थ हैं। आपका सहयोग पाकर हम उसे खरीदने का सामर्थ्य अर्जित कर सकते हैं।

उक्त दुकान का मूल्य 50,000/- रुपये है। सम्प्रति हमारे पास 25,000/- रुपये हैं। अतः 25,000/- रुपयों की व्यवस्था हो जाय तो हम उसे खरीद लें। उस दूकान में

कार्यारम्भ करने के लिए भी हमें लगभग 20,000/- रुपयों की आवश्यकता पड़ेगी। अतः आपसे अनुरोध है कि कृपया हमें 35,000/- रुपयों का ऋण प्रदान करें। ऋण की अदायगी एक वर्ष में विभिन्न किस्तों द्वारा कर दी जायगी।

हमारा प्रतिष्ठान आपकी बैंक के साथ विगत 10 वर्षों से सम्बन्धित है तथा व्यवसाय-जगत में हमारी साख से भी आप सुपरिचित हैं। ऋण के लिए हम अपना यह मकान, जिसका मूल्य एक लाख रुपयों से ऊपर है, जमानत के रूप में प्रस्तुत कर सकते हैं।

आशा है, हमारे अनुरोध की आप रक्षा करेंगे तथा शीघ्र ही हमें आवश्यक आर्थिक सहयोग प्राप्त हो सकेगा। एतदर्थ हम आपके अतिशय आभारी होंगे।

भवदीय

कृते जय जगदम्बा स्टोर्स

मैत्रेय पाटिल

व्यवस्थापक

(बैंक के शाखा प्रबन्धक को ऋण मिलने विषयक पत्र)

पंचशील नगर, बीड़

दिनांक, 5 मई, 2002

सेवा में,

शाखा प्रबन्धक,

बैंक ऑफ केनरा, बीड.

विषय : वाहन खरीदने हेतु ऋण की प्रार्थना।

महोदय,

निवेदन है कि मैं एक बेरोजगार ग्रेज्युएट हूँ। इसी साल मुझे ऑटो रिक्शा का परमिट मिला है। इसी कारण मैं नई बजाज ऑटो रिक्शा खरीदना चाहता हूँ, जो पचास-पचपन हजार रुपये तक आ जायगी। मैं आपके बैंक से उसे खरीदने के लिए ऋण लेना चाहता हूँ। मैंने आपके बैंक के ऋण सम्बन्धी नियम पढ़ लिए हैं और वांछित रकम की अपेक्षा 10 हजार रुपये आपके बैंक में जमा कराकर 50 हजार रुपये का ऋण लेना चाहता हूँ। मैंने ऋण की जमानत के लिए प्रबन्ध किया है और आपके सारे आवश्यक फार्म भी भर दिये हैं। रिक्शा खरीदने के पश्चात उसकी रसीद भी आपके बैंक में जमा करा दी जायगी।

कृपया ऋण की मंजूरी देकर मुझे कृतार्थ करें।

सधन्यवाद।

भवदीय,

भास्कर बोरकर

ऋण-सीमा से अधिक राशि दिये जाने सम्बन्धी
(ओवर ड्राफ्ट के लिए प्रार्थना)

मेहता भवन, मालेगाँव
17 नवम्बर, 2001

शाखा प्रबन्धक,
भारतीय स्टेट बैंक
मालेगाँव

विषय : ओवर ड्राफ्ट के लिए प्रार्थना।

प्रिय महोदय,

निवेदन है कि मैं मालेगाँव का 'अ' वर्ग शासकीय ठेकेदार हूँ। हमारा सारा आर्थिक व्यवहार आपकी बैंक से ही होता है। हमारी कम्पनी का एक लाख रुपया आपके बैंक की स्थायी जमा खाता में जमा है। हमारा चालू खाता संख्या 1245 आपकी बैंक में है जिसकी ऋण सीमा 50,000/- रु. है। अभी-अभी सीमेंट बिल्टी आ गई है, जिसका तत्काल ही भुगतान करना है। इसलिए मुझे 25,000/- रु. का ओवर ड्राफ्ट चाहिए। मैंने बैंक के निर्धारित प्रपत्र भर दिये हैं। अब आपसे निवेदन है कि मुझे ओवर ड्राफ्ट की मंजूरी देकर कृतार्थ करें।

भवदीय,
मेहता एंड मेहता

अमोल मेहता

2. बीमा तथा बीमा-पत्र

हमारा जीवन जोखिम भरा है। पता नहीं अगले पल क्या होगा? 'जीवन क्षण भंगुर है, सभी चीजें नश्वर हैं। इसका दार्शनिक अर्थ चाहे कुछ भी हो, लेकिन व्यावहारिक अर्थ यह है कि 'हानि' शाश्वत है, उसके लिए पूर्व प्रबन्ध हो तो कुछ अंश में क्यों न हो क्षतिपूर्ति हो सकती है। 'बीमा' का उद्‌भव भी इसी व्यावहारिक सोच का परिणाम है। हम्मूरावी तथा मनु के ग्रन्थ से ज्ञात होता है कि हमारे यहाँ प्राचीन काल में एक क्षेत्र के निवासी किसी व्यक्ति-विशेष की क्षति होने पर आपस में मिलकर उसकी पूर्ति कर दिया करते थे। आज यही कार्य विस्तृत रूप में 'बीमा-निगम' करते हुए दिखाई देता है। 'एक निश्चित शुल्क के बदले अनिश्चित हानि की पूर्ति का उत्तरदायित्व बीमा कहलाया जाता है।' बीमा एक प्रकार से दो पक्षों के बीच क्षतिपूर्ति करने का अनुबन्ध होता है। इस अनुबन्ध में जो बीमा कराता है अथवा जिसकी क्षतिपूर्ति की जाती है, उसे 'बीमित' (Insured) कहते हैं। जो कम्पनी बीमा करती है अथवा जिसके द्वारा बीमित की क्षतिपूर्ति की जाती है, उसे 'बीमक' (Insured) कहा जाता है। जिस धनराशि के लिए बीमा कराया जाता है उसे बीमा की धनराशि (Insured Amount) कहते हैं। इस कार्य के लिए जो धनराशि बीमित द्वारा बीमक को दी जाती है, उसे प्रब्याजि (Premium) कहते हैं।

❑ बीमा के प्रकार

बीमा अनेक प्रकार का हो सकता है, परन्तु प्रमुखत: उसके 4 प्रकार होते हैं—

1. जीवन बीमा (Life Insurance)—इस प्रकार के बीमे में ऐसा अनुबन्ध होता है कि बीमक वार्षिक, अर्धवार्षिक, त्रैमासिक या मासिक किस्तों से एक निश्चित अवधि तक प्रब्याजि (Premium) देता रहे और बीमा निगम उसके बदले निश्चित अवधि के बाद एक निश्चित बीमा-धनराशि (Insured Amount) उसे प्रदान करें। अगर निश्चित अवधि के पूर्व बीमक की मृत्यु हो तो उसके द्वारा नाम निर्देशित व्यक्ति को 'बीमा धनराशि प्रदान की जाती है। मृत्यु के उपरान्त प्रब्याजि देने की आवश्यकता नहीं होती।

2. अग्नि बीमा (Fire Insurance)—इसमें ऐसा अनुबन्ध है जिसके अन्तर्गत बीमा-कम्पनियाँ बीमक से कुछ निश्चित शुल्क के बदले अपने ऊपर इस बात का उत्तरदायित्व लेता है कि बीमा की वस्तु को आग से हानि पहुँचने पर बीमित की एक निश्चित राशि तक क्षतिपूर्ति करेगा।

3. समुद्री बीमा (Marine Insurance)— यह एक ऐसा अनुबन्ध है, जिसके द्वारा बीमा करनेवाला बीमा करानेवाले के द्वारा प्रब्याजि के भुगतान करने के बदले निश्चित अवधि तथा सीमा तक, सामुद्रिक हानियों के विरुद्ध बीमा करानेवाले को हानि-पूर्ति का वचन देता है। इसमें माल का बीमा (Cargo Insurance), जहाज का बीमा (Hull Insurance) तथा भाड़े का बीमा (Freight Insurance) किया जा सकता है।

4. दुर्घटना बीमा (Accident Insurance)— उक्त प्रकारों के अतिरिक्त वर्तमान समय में बीमा के अन्य स्वरूपों का भी विकास हुआ है। इन सभी विभिन्न स्वरूपों को हम सामूहिक रूप से दुर्घटना बीमा के अन्तर्गत रख सकते हैं जैसे—क्षतिपूर्ति बीमा, वृत्तिहीनता बीमा, उत्तरदेय बीमा, सामाजिक बीमा आदि।

हाल ही में सामाजिक बीमा के कई स्वरूपों का विकास हुआ है। इसकी पूरी सूची देना सम्भव नहीं है। आजकल कोई भी ऐसी वस्तु अथवा दुर्घटना नहीं है, जिसका बीमा नहीं कराया जा सकता हो, जैसे—स्वास्थ्य बीमा, प्रसूति का बीमा, विश्वास पात्रता बीमा, निर्यात आयात जोखिम बीमा, पशु भीगा, फसल बीमा, ऋण बीमा, लाभ बीमा, मोटर बीमा हवाई जहाज बीमा, चोरी बीमा, कंठध्वनि बीमा आदि।

बीमा सम्बन्धी पत्र

उक्त निर्देशित बीमा कराने तथा बीमा कराने के बाद जीवन बीमा की विहित अवधि के उपरान्त तथा अन्य बीमाओं में विभिन्न तरह की क्षतिपूर्ति के सन्दर्भ में बीमा कम्पनियों से पत्राचार करना पड़ता है। इस तरह के पर-व्यवहारों में से बीमा करने के बाद किए जानेवाले पत्राचार में पॉलिसी की संख्या, पॉलिसी का स्वरूप तथा प्रस्ताव दिनांक आदि का विवरण देना आवश्यक होता है। क्षतिपूर्ति का दावा करते समय उसके साथ क्षति सम्बन्धी प्रमाण-पत्र संलग्न करना आवश्यक होता है।

(बीमा प्रस्ताव हेतु पत्र)

हॉटेल सीटी

शहागंज,
औरंगाबाद
दिनांक 25 जुलाई, 2002

प्रबन्धक,
न्यू इंडिया जनरल इन्श्योरेन्स कम्पनी,
अदालत रोड, औरंगाबाद,
प्रिय महोदय,

हमने अपने होटल को पंचतारांकित होटल की श्रेणी में परिवर्तित किया है। इसकी सुरक्षा हेतु अग्नि, जोखिम, दुर्घटना आदि सम्बन्धी हम बीमा कराना चाहते हैं। कृपया तत्सम्बन्धी प्रस्ताव-पत्र एवं विवरण भिजवाने का कष्ट करें या अपने एजेंट को भेजने का कष्ट उठाएँ। ताकि तत्काल कार्यवाही पूर्ण की जा सके।

आपके उत्तर की प्रतीक्षा में।

भवदीय,
हॉटेल सीटी

अग्नि-बीमा के सम्बन्ध में पूछताछ

एम. जी. मार्केट,
उद्यम नगर,
लातूर
20 जुलाई, 2002

व्यवस्थापक,
नेशनल इन्श्योरेन्स कम्पनी,
सुपर मार्केट, लातूर
प्रिय महोदय,

हमने स्टेशन रोड, लातूर में अपने दो गोदाम में 700 लॉरी टायर्स रखे हैं, जिनका मूल्य लगभग चार लाख से भी ज्यादा है। हम इन दो गोदामों का अग्नि-बीमा करवाना चाहते हैं। अभी छह मास के लिए ही अग्नि बीमा करेंगे। कृपया सूचित कीजिएगा कि इन दोनों गोदामों का बीमा कराने के लिए हमें प्रीमियम के रूप में कितना धन देना पड़ेगा। यह उचित होगा कि आप अपने प्रतिनिधि को इस सम्बन्ध में आवश्यक जानकारी देने के लिए हमारे यहाँ भेज दें। वे यहाँ आकर गोदामों का प्रत्यक्ष निरीक्षण कर सकेंगे और अन्य कार्यवाही भी पूरी कर सकेंगे।

आशा है आप इस सम्बन्ध में आवश्यक कार्यवाही करने की शीघ्रता करेंगे। हम आपके दर्शन की अभिलाषा रखते हैं।

भवदीय,
राजा ऑटोमोबाइल्स

एस. राघवन
प्रबन्धक

सामुद्रिक बीमा का प्रस्ताव

महोदय,

दिनांक 15 अप्रैल, 2002 को हमारे प्रतिष्ठान द्वारा एक लाख रुपये के रेशमी तथा ऊनी वस्त्र कलकत्ते के बन्दरगाह से लन्दन (इंग्लैंड) के लिए 'जल कीर्ति' नामक जलयान से रवाना किए जा रहे हैं। हम उस माल का सामुद्रिक बीमा करवाना चाहते हैं।

कृपया आवश्यक कार्यवाही हेतु अपना प्रतिनिधि भेजकर हमारी सहायता करें। तदर्थ हम आपके आभारी रहेंगे।

भवदीय,
कृते **रत्ना आयात-निर्यात** इंडस्ट्रीज
विजय आवलवार
प्रबन्ध संचालक

अग्नि बीमा क्षतिपूर्ति हेतु

लक्ष्मी काटन मिल्स लिमिटेड
रामपुरी, परभणी (महाराष्ट्र)

तार : लक्ष्मी — कार्यालय,
फोन : 333 — शिवाजी नगर,
कोड सं.—अ, ब, स (प्रथम संस्करण) — परभणी (महाराष्ट्र)

पत्र क्रमाक : क/13/7,15 — दिनांक : 10 जनवरी, 2002

प्रबन्धक,
फ्री इंडिया इन्श्योरेन्स कं. लि.
परभणी (शाखा) महाराष्ट्र

प्रिय महोदय,

सन्दर्भ : अग्नि आगोप पॉलिसी सं. के. एस./12008।

सूचित करते हुए हमें अपार दुख हो रहा है कि कल रात्रि 12 बजे हमारे गोदाम सं. 10 में सहसा आग की लपटें देखी गईं। शीघ्र ही आग के बुझाने का प्रबन्ध किया गया। फायर ब्रिगेड के कठोर प्रयास से लगभग 4 घंटों में आग को बुझाया जा सका। दुर्भाग्यवश उसमें 50,000/- रुपयों का कपास जलकर राख का ढेर बन गया है। हमारा गोदाम सं. 10. उपर्युक्त अग्नि बीमा पॉलिसी के अनुसार बीमा-कृत था।

निवेदन है कि यथाशीघ्र अपने प्रतिनिधि को भेजकर आवश्यक जाँच-पड़ताल करवा लें तथा हमें होनेवाली 50,000/- रुपयों की क्षति की पूर्ति करें। आशा है, इस दिशा में आप शीघ्रता करने की कृपा करेंगे।

भवदीय,
कृते लक्ष्मी काटन मिल्स लि.
गोविन्द साठे
प्रबन्ध संचालक

यातायात में क्षतिपूर्ति हेतु दावा

प्रिय महोदय,

सन्दर्भ : क्षति आगोप पॉलिसी सं. 45786

हमने उपर्युक्त आगोप पॉलिसी के अन्तर्गत औरंगाबाद से पाँच पेटियाँ, जिनमें काँच का सामान था; परभणी के लिए दिनांक 30 मई, 2002 को रेल द्वारा रवाना किया। सखेद सूचना है कि परभणी में हमें सारा माल क्षतिग्रस्त रूप में मिला है। बीजक के अनुसार हमें 1,000/- रुपये की क्षति हुई है।

निवेदन है कि सारा माल उसी स्थिति में आपके निरीक्षणार्थ गोदाम में सुरक्षित है। रेलवे अधिकारियों का प्रमाण-पत्र इस पत्र के साथ भेजा जा रहा है। कृपया अपना प्रतिनिधि भेजकर आवश्यक कार्यवाही करें एवं हमारी क्षतिपूर्ति की शीघ्र व्यवस्था करें। हम आपका आभार मानेंगे।

संलग्न : (1) बीजक प्रतिलिपि
(2) रेलवे प्रमाण-पत्र

भवदीय,

कृते **वैशाली भंडार**

सुधीर बले

व्यवस्थापक

सामुद्रिक हानि की क्षतिपूर्ति कराने के लिए पत्र

गुरु नानक रोड,
नान्देड़
11 जनवरी, 2002

प्रबन्धक,
हिन्दुस्तान मरीन इन्श्योरेन्स कम्पनी,
मुम्बई।

विषय : सामुद्रिक बीमा पॉलिसी संख्या आर/1260

प्रिय महोदय,

हमने 20 दिसम्बर, 2001 को 30 टन पी.वी.सी. पाइप बन्दरनायके एंड कम्पनी कोलम्बो को 'आजाद तामील' जहाज द्वारा भेजी थी। इस पाइप का 25,000/- रु. सामुद्रिक बीमा कराया था, जिसके लिए हमें पॉलिसी संख्या आर/ 1260 प्रदान की गई थी। हमें बन्दरनायके एंड कम्पनी कोलम्बो ने सूचित किया है कि 10 टन पी. वी. सी. पाइप रास्ते में खराब हो गई है, जिसकी हानि का अनुमान 15,000/- रुपये है। हानि की पुष्टि में हम कोलम्बो बन्दरगाह के माल-निरीक्षक का प्रमाण-पत्र भेजे गए पाइप की बीजक की प्रतिलिपि तथा अन्य काग़ज साथ में संलग्न है।

आपसे निवेदन है कि आप हुई हानि की पूर्ति के लिए शीघ्र ही 15,000/- रुपये चेक द्वारा भेजने की कृपा करें।

संलग्न : बीजक प्रतिलिपि
रसीद
प्रमाण-पत्र

भवदीय,

पन्नालाल एक्सपोर्ट प्रा. लि.

रांगेय जाघव
प्रबन्धक

(प्रीमियम सम्बन्धी पत्र)

भारतीय जीवन बीमा निगम,
लातूर
7 जून, 2001

पत्र संख्या : 240/94-95
देवानन्द सालवे,
मोंढानाका, लातूर

प्रिय महोदय,

हमें सखेद सूचित करना पड़ रहा है कि आपकी पॉलिसी संख्या 980970741 की प्रीमियम किस्तें 505 रुपये प्रति माह मई, 2000 से नहीं भरी है। यह अवधि एक साल से ज्यादा हो रही है। इसके पहले हमने आपको दो स्मरण पत्र भेजे थे, लेकिन आपने अभी तक उचित कार्यवाही नहीं की। अत: हमें आपसे खेद के साथ कहना पड़ रहा है कि इस अन्तिम नोटिस के बाद भी आपने प्रीमियम नहीं भर दी, तो आपकी पॉलिसी निरस्त हो जायगी।

भवदीय,

अन्नासाहेब शिन्दे
शाखा प्रबन्धक

(जीवन बीमा निगम के क्षेत्रीय प्रबन्धक को ऋण के लिए पत्र)

चन्द्रकान्त खरात,
स्टेशन रोड, परभणी.
दिनांक 25 मई, 2002

सेवा में,

क्षेत्रीय प्रबन्धक,

भारतीय जीवन बीमा निगम,

परभणी

विषय : जीवन बीमा पॉलिसी संख्या 98091357 के विरुद्ध ऋण के लिए प्रार्थना ।

प्रिय महोदय,

नम्र निवेदन है कि मैंने सन् 1999 में 50,000 रुपयों की एक जीवन बीमा पॉलिसी ली थी, जिसकी संख्या 98091357 है। यह बीमा पॉलिसी 25 वर्षों के लिए ली थी और इसके तिमाही प्रीमियम के रूप में 750 रुपये मैं नियमित रूप से आज तक देता आ रहा हूँ।

इसी वर्ष मैंने परभणी में एक बना-बनाया कुछ वर्ष पुराना मकान 70,000/- रुपयों में क्रय कर लिया है। मैंने अपनी सामान्य भविष्य निधि से अन्तिम निकासी के रूप में 40,000/- रुपये की राशि निकाली है। 15,000/- रुपया मैंने अपनी बचत में से इसमें मिलाया है। अब 15,000/- रुपयों की मुझे सख्त आवश्यकता है।

आपसे विनम्र प्रार्थना है कि कृपया मुझे अपनी बीमा पॉलिसी संख्या 98091357 के विरुद्ध 15,000/- रुपयों के ऋण की मंजूरी देने को कृपा करें, जिससे मकान खरीदने में समर्थ हो सकूँ।

निर्धारित प्रपत्र संलग्न किए जा रहे हैं।

सधन्यवाद।

भवदीय,

चन्द्रकान्त खरात

पॉलिसी धारक 98091357

संलग्न : निर्धारित प्रपत्र

जीवन क्षतिपूर्ति हेतु पत्र

श्रीमती पद्माबाई सम्पत वानखेड़े
संजय नगर, मुकुन्दवाडी, औरंगाबाद
दिनांक : 15 फरवरी, 2002

प्रबन्धक,
भारतीय जीवन बीमा निगम,
औरंगाबाद,

विषय : जीवन क्षतिपूर्ति हेतु प्रार्थना-पत्र पॉलिसी क्र. 274407

महोदय,

आपको यह लिखते हुए मुझे खेद है कि मेरे पतिदेव सम्पत गोपाल वानखेडे गत 15 जनवरी, 2002 को स्थानीय अस्पताल में स्वर्गवासी हो गए। चार माह तक वे अस्पताल में रहे। दिनांक 10 जनवरी, 2002 को उनका दिल का आपरेशन हुआ, पर दुर्भाग्यवश वे चल बसे। आपकी कम्पनी में उन्होंने बीमा कराया था, जिसका पॉलिसी नम्बर 274407 है। मैं ही एकमात्र उत्तराधिकारिणी हूँ।

आप कृपया सूचित करें कि मुझे अपना दावा पेश करने के लिए क्या करना चाहिए?

साथ प्रेषित-

(1) डाक्टर का प्रमाण-पत्र

(2) नगर-निगम का प्रमाण-पत्र

आपकी,

श्रीमती पद्माबाई सम्पत वानखेड़े

3. रेल तथा जहाज द्वारा माल परिवहन से सम्बन्धित पत्र

माल परिवहन के साधनों में सड़क परिवहन, रेल परिवहन, जहाज परिवहन तथा हवाई परिवहन प्रमुख हैं। इस साधनों द्वारा माल का परिवहन करते समय तरह-तरह का पत्राचार करना पड़ता है। यहाँ हम संक्षेप में रेल तथा जहाज द्वारा माल परिवहन से सम्बन्धित कार्य प्रणाली तथा उससे जुड़े पत्राचार का संक्षिप्त परिचय दे रहे हैं।

अ. रेल द्वारा माल परिवहन—सर्वप्रथम किसी विक्रेता को आदेशित वस्तु रेल द्वारा प्रेषित करने का अनुरोध करने पर 'रेलवे स्टेशन' पर माल पहुँचाकर एक प्रपत्र भरना पड़ता है। इस प्रपत्र में माल का विवरण, पार्सलों की संख्या, संकेत चिह्न, माल का परिमाण, प्रेषक और प्रेषिती का नाम और पता तथा परिवहन भारक भुगतान किया है या देय है, इसका निर्देश करना होता है। साथ ही उसमें निर्देश करना होता है कि माल की हानि होने पर उसकी उत्तरदायी रेल है या नहीं। अगर रेल को उत्तरदायी करना हो तो विशेष अतिरिक्त शुल्क भरना पड़ता है। माल स्वीकृत होने पर रेलवे की ओर से रसीद प्राप्त होती है, जो प्रेषिती को भेजनी होती है। यह रसीद के सहारे ही पार्सल कार्यालय से प्रेषिती माल पा सकता है। निहित अवधि में माल न ले जाया गया, तो विलम्ब शुल्क (डिमरेज) भरना पड़ता है। माल का आदेश, प्रपत्र तथा माल की हानि, परिवहन में विलम्ब आदि के सन्दर्भ में पत्राचार हो सकता है।

आ. जहाज द्वारा माल परिवहन— जहाज द्वारा माल परिवहन के लिए प्रेषक को जहान परिवहन निगम के साथ माल परिवहन अनुबन्ध (Contract of Afreighment) करना पड़ता है। इस अनुबन्ध से आवश्यकतानुसार प्रेषक जहाज द्वारा माल के परिवहन कर सकता है। जहाज पर माल परिवहन के लिए भेजने पर प्रथमत: एक रसीद प्राप्त होती है, उसे 'Male's Receipt' कहते हैं। माल जहाज पर लद जाने पर यह रसीद वापस करनी पड़ती है और लदान-पत्र प्राप्त करना होता है। लदान-पत्र (Bill of Lading) माल प्राप्ति की रसीद होती है। इसमें माल का विवरण तथा परिवहन शर्तों का निर्देश होता है। माल सुपुर्दगी के लिए भी लदान-पत्र प्रस्तुत करना आवश्यक होता है। इसलिए प्रेषक लदान-पत्र परिवहित माल के बीमा से सम्बन्धित पत्र प्रेषिती को प्रेषित करता है।

जब परिवहन के लिए सम्पूर्ण जहाज का आवश्यकतानुसार कुछ हिस्सा आरक्षित करना है, उस समय जहाज कम्पनियों के साथ एक 'जहाज-अनुबन्ध' (Charter Party) करना पड़ता है। इसमें जहाज का नाम, माल प्रेषक का नाम, जहाज का पंजीयन वजन, अनुबन्धित भाग, माल का वजन, परिवहन-अवधि, माल लदान तथा उतारने के लिए नियत अवधि, माल पैकिंग पर अंकित संकेत चिह्न आदि का निर्देश होता है। नियत समय पर माल न उतारा गया तो विलम्ब शुल्क निर्धारित किया जाता है।

जहाज द्वारा अन्तर्देशीय तथा अन्तरराष्ट्रीय परिवहन होता है। अन्तरराष्ट्रीय या विदेशी माल का परिवहन विदेशी व्यापार के कानून के तहत होता है। विदेश से माल मँगवाना हो तो अपने देश के किसी मान्यता प्राप्त आयातक द्वारा ही मँगवाया जाता है। विदेश से माल मँगवाना, कस्टम ड्यूटी भरना, गोडाउन में सुरक्षित रूप में संग्रह करना तथा वितरित करना आयातक (Importer) का कार्य होता है। विदेश में माल भेजना हो तो मान्यता प्राप्त निर्यातकों (Exporters) द्वारा ही भेजा जाता है।

विदेश से माल मँगवाने की प्रक्रिया में सबसे पहले आयातक विदेश के किसी निर्यातक से इच्छित वस्तु की गुणवत्ता (Quality), मूल्य, बीमा, परिवहन तथा भुगतान आदि से सम्बन्धित शर्तों की जानकारी के लिए पत्राचार करता है। प्राप्त जानकारी के अनुसार आदेश-पत्र (Ident Letter) भेजता है। इस पत्र में वस्तुओं की सूची, वस्तुओं का पैकिंग, पैकिंग पर अकित किए जानेवाले संकेत; उदाहरण—आयातक का नाम, माल जिस बन्दरगाह पर उतारा जायगा, उसका नाम, परिवहन के लिए प्रयुक्त जहाज का नाम, निर्यातक का नाम आदि निर्देश होता है। साथ ही बीमा से सम्बन्धित सूचनाएँ, परिवहन की अवधि, भुगतान-व्यवस्था आदि से सम्बन्धित सूचनाएँ इस पत्र में होती हैं। यह प्राप्त होने पर निर्यातक आदेश पत्र की स्वीकृति तथा माल प्रेषण का अभिवचन प्रेषित करता है तथा वस्तु जहाज पर पहुँचाने के बाद लदान-पत्र, बीमा सम्बन्धी-पत्र, बीजक आदि आयातक को भेज देता है। माल प्राप्त होने के बाद आयातक उसका वितरण करता है और निर्यातक को उसका भुगतान करता है। दरमियान कुछ हानि हो, तो उसकी क्षतिपूर्ति जहाज कम्पनियों तथा बीमा कम्पनियों द्वारा करवाई जाती है।

(रेल द्वारा माल परिवहन सम्बन्धी पत्र)

मधुरेश जनरल स्टोर्स,

नान्देड़

तार : मधुरेश

वजीराबाद, नान्देड़

दूरभाष : 3251

तिथि : 10 जून, 2002

पत्र सं : /वै/213

,

वैशाली क्राकरी सेंटर,

मच्छली सड़क,

औरंगाबाद

महोदय,

आपके द्वारा प्रेषित नमूना-पार्सल प्राप्त हुआ। उनमें से प्यालियाँ तथा तश्तरियाँ हमें पसन्द आईं। इस तरह की प्यालियों तथा तश्तरियों की खपत भी अच्छी है। अत: अनुरोध है कि 4,000 तश्तरियाँ तथा 4,000 प्यालियाँ सुव्यवस्थित रूप में पैकिंग कर रेलवे पार्सल द्वारा भेजने का कष्ट करें। उक्त पार्सल हमें एक सप्ताह के भीतर प्राप्त होना आवश्यक है। पार्सल का वजन, रेलवे, जोखिम-पत्र तथा पार्सल प्रेषण की रेलवे रसीद यथाशीघ्र भेजने की कृपा करें।

भवदीय,
कृते मधुरेश जनरल स्टोर्स

राहुल पाटिल
व्यवस्थापक

(दावा-पत्र)

मधुरेश जनरल स्टोर्स,
नान्देड

तार : मधुरेश
दूरभाष : 3251
पत्र सं. :

वजीराबाद, नान्देड़
तिथि : 20 जून, 2002
रेलवे/दावा/5क

वाणिज्य अधीक्षक,
द.म. रेलवे, नान्देड़

प्रिय महोदय,

निवेदन है कि जमने वैशाली क्राकरी, औरंगाबाद से चीनी मिट्टी की 4,000 तश्तरियाँ तथा 4,000 प्याले मँगवाए थे। रेलवे गोदाम से माल की डिलिवरी लेने पर माल की पेटी टूटी हुई प्राप्त हुई। हमने खुली डिलिवरी ली और गोदाम अधिकारी के समक्ष माल की जाँच की। माल वजन में 50 किलो कम निकला तथा बीजक के अनुसार 500 प्याले तथा 400 तश्तरियाँ कम पाई गईं। इस प्रकार 500 रुपयों की क्षति हो रही है।

निवेदन है कि क्षतिपूर्ति की यथाशीघ्र व्यवस्था की जाय। बीजक की प्रतिलिपि तथा गोदाम अधिकारी का प्रमाण-पत्र संलग्न है।

भवदीय,
कृते मधुरेश स्टोर्स
राहुल पाटिल

व्यवस्थापक

खतरनाक माल को छोड़कर जानवरों या सामान्य वस्तुओं के लिए आवेदन-पत्र

(रेल अधिनियम, 1989 (1989 का 24) की धारा 64 के अधीन सभी रेलों पर उपयोग के लिए केन्द्रीय सरकार द्वारा अनुमोदित)

कृपया अधोलिखित परीक्षण प्राप्त करें और नीचे तया प्रषित

दक्षिण मध्य रेलवे **वाणिज्य एफ-4/एस.एन.68**

सेवा में स्टेशन मास्टर...स्टेशन....................................रेलवे

कृपया अधोलिखित परीक्षण प्राप्त करें और नीचे तथा प्रेषित.......................रेलवे के.............स्टेशन की मालगाड़ी और/मिश्रित गाड़ी सवारी और/या मिश्रित गाड़ी द्वारा भेजे

भेजने वाला		पाने वाला		स्टेशन को	वस्तुओं की संख्या	वितरण और निजी मार्का	भेजने वाले के अनुसार माल का भार		दत्त/देय भाड़ा
नाम पता		नाम पता					क्विंटल	किलोग्राम	

मैं प्रमाणित करता हूँ कि मैंने इस बात की स्वयं संतुष्टि कर ली है कि मेरे द्वारा प्रेषित माल का विवरण मार्का और वजन अथवा मात्रा इस अग्रेषित नोट में सही-सही दर्ज की गयी है,

1. मैं घोषणा करता हूँ कि प्रत्येक हाथी/घोड़े/खच्चर/ऊँट/सींग वाले जानवर/भेड़ बकरी/कुत्ते/अन्य जानवर और पक्षी का मूल्य. है और मैं बढ़े हुए ओखिम के लिए अतिरिक्त मूल्य पर प्राधिकृत प्रतिशत प्रभार सदोष भरने के लिए वचन देता हूँ। मैं घोषणा करता हूँ कि प्रत्येक प्रेषण रु. मूल्य......रु. है और मैं बढ़े हुए जोखिम के लिए अतिरिक्त मूल्य पर/प्राधिकृत प्रतिशत प्रभार सदोष भरने के लिए वचन देता हूँ।
2. मैं घोषणा करता हूँ कि प्रत्येक प्रेषण.......रु. मूल्य का है और मैं प्रशासन द्वारा यथाप्रेक्षित बढ़े हुए जोखिम के लिए के लिए अतिरिक्त मूल्य पर प्रतिशत प्रभार संदाय करने के लिए वचन देता हूँ/वचन नहीं देता हूँ (प्रत्येक पैकेज में रखी गयी वस्तु और विवरण तथा इसके मूल्य का विशेष रूप से उल्लेख होना चाहिए)।
3. मैं घोषणा करता हूँ कि इस अग्रेषण नोट के साथ प्रदत्त पैकजों में रेल (वित्तीय दायित्व एवं प्रतिशत प्रभार निर्धारण की सीमा) नियम 1990 की अनुसूची II के भाग I में गिनायी गयी निम्नलिखित वस्तुएँ हैं और मैं प्रशासन द्वारा यथाअपेक्षित बढ़े हुए जोखिम के लिए अतिरिक मूल्य पर प्रतिशत प्रभार संदाय करने के लिए वचन देता हूँ।
4. भीतरी पैकिंग के लिए लागू शर्तों का पालन किया गया/नहीं किया गया है।
5. बाहरी पैकिंग में निम्नलिखित खराबी है।
6. प्रेषण निम्नलिखित रूप में खराब हालत में है।
7. ...वस्तु पर लागू होनेवाली पैकिंग की अनिवार्य शर्तों का पालन किया गया है।
8. वैकल्पिक रेल जोखिम और मालिक की जोखिम दर उपलब्ध होने पर मैं........दरें संदाय करने को सहमत हूँ।
9. मेरे अनुरोध पर.....के रास्ते (अधिक भाड़े वाले रास्ते से) भेजा जाय।
10. सबसे सस्ता रास्ता पूरा/अंशतः बन्द होने पर, के रास्ते का प्रभार लिया जाये, जो उसके बन्द का सबसे खुला मार्ग है।
11. मेरे अनुरोध पर प्रेषण को खुले माल-डिब्बा/वाहन/जहाज में प्रेषित किय जाये।

कि जो लागू न हो उसे काट दें।

प्रेषक अथवा उसके एजेंट के हस्ताक्षर...........

दिनांक...........पता...........

इस फार्म पर हस्ताक्षर करने से पहले जो कोई खंड लागू न हो, उसे काट दें।

प्रेषक अथवा उसके एजेंट का ध्यान रेल द्वारा माल के वहन के लिए लागू उन मुख्य निबन्धनों एवं शर्तों की ओर दिलाया जाता है, जो बुकिंग के समय लागू रेल माल एवं कोचिंग दर सूची और व्याख्यात्मक नोट के पिछले भाग में बतायी गयी है।

टिप्पणी— उपरोक्त प्रविष्टियों में किये गये परिवर्द्धनों अथवा परिवर्तनों पर प्रेषक अथवा उसके एजेंट द्वारा हस्ताक्षर किये जाने चाहिए, आद्याक्षर नहीं।

संगीत सम्राट

शिवाजी चौक, नान्देड़
तिथि: 20 जुलाई, 2002

दूरभाष : 3275
पत्र सं./रेलवे /दावा/5क

वाणिज्य अधीक्षक,
द.म. रेलवे, नान्देड़

महोदय,

निवेदन है कि बम्बई स्टेशन से हमारे प्रतिष्ठान के लिए 20 रेडियो सेट जिनका वजन 100 किलो था, 20 फरवरी, 2002 को रेल द्वारा रवाना किए गए। चार महीने बीत गए माल का कोई पता नहीं। विश्वास है वह पार्सल चोरी चला गया या नष्ट हो गया। माल के बीजक के अनुसार उसकी कीमत रु. 17,530/- होती है।

हमें विश्वास है रेल विभाग क्षति की पूर्ति करने में तत्परता बरतेगा। प्रमाणस्वरूप रेलवे रसीद तथा बीजक की प्रतिलिपियाँ संलग्न की जा रही हैं।

संलग्न (2)

भवदीय,
कृते संगीत सम्राट

सुमित माने
(व्यवस्थापक)

(जहाज द्वारा माल परिवहन सम्बन्धित पत्र)

दि **इंटरनेशनल ट्रेडर्स**
15, माझगाँव बन्दरगाह, मुम्बई- 400 018

दूरभाष : 01-558 910 — मुम्बई- 400 018
दूर संचार : इंटर-ट्रेड — 10 जनवरी, 2002

प्रबन्धक,
जॉन डायर लि. 210, लेमिंग्टन रोड
लन्दन (यू. के.).

विषय : माल आदेश-पत्र ।

महोदय,

हमारे पत्र के अनुसार आपके द्वारा प्रेषित नमूने का पार्सल तथा मूल्य-सूची प्राप्त हुई, धन्यवाद। तदनुसार निम्नलिखित वस्तुएँ भेजने की कृपा करें-

(1) वस्तु 'क्ष', गुणवत्ता—'अ' 10 टन
(2) वस्तु 'य', गुणवत्ता—'ब' 20 टन
(3) वस्तु 'ज्ञ', गुणवत्ता—'क' 15 टन

उक्त वस्तुएँ सौ-सौ किलोग्राम की पैकिंग में तथा विहित चिह्नों के अंकन के साथ प्रेषित करें। पैकिंग व्यवस्थित तथा मजबूत हो। हमारी जानकारी के अनुसार 'सागरपुत्र' जहाज 20 जनवरी, 2002 को लन्दन से मुम्बई के लिए रवाना होता है। अत: निवेदन है कि माल उक्त जहाज से प्रेषित करें। साथ ही प्रेषित माल का बीमा कर उससे सम्बन्धित तथा अन्य आवश्यक काग़ज-पत्र भी भेजने की कृपा करें।

धन्यवाद।

आपका विश्वस्त,
(हस्ताक्षर) व्यवस्थापक

जॉन डायर लिमिटेड

दूरभाष : 865-31970 — 210, लेमिंग्टन रोड, लन्दन
दूरसंचार : 'जॉन' — तिथि 15 जनवरी, 2002
पत्र सं : / इ.ट्रे./04

व्यवस्थापक,
इंटरनेशनल ट्रेडर्स,
15. माझगाँव बन्दरगाह,
मुम्बई- 400 018

विषय : आपका आदेश-पत्र, सं. जॉन/02/तिथि 10 जनवरी, 2002.

प्रिय महोदय,

आपके द्वारा प्रेषित आदेश-पत्र प्राप्त हुआ, धन्यवाद। आपके आदेश के अनुसार 'क्ष', 'य' तथा 'ज्ञ' वस्तुएँ सौ-सौ किलोग्राम की पुस्ता पैकिंग के साथ शीघ्र ही भेजी जा रही हैं। माल 20 जनवरी, 2002 को मुम्बई रवाना होनेवाले 'सागरपुत्र' जहाज द्वारा बीमा-सहित भेजा जायगा, तत्सम्बन्धित कागज़-पत्र माल भेजने के साथ ही आपकी सेवा में प्रस्तुत किए जाएँगे।

धन्यवाद।

आपका विश्वस्त,

(हस्ताक्षर)
प्रबन्धक

जॉन डायर लिमिटेड

210, लेमिंग्टन रोड़, लन्दन

दूरभाष : 865-31970

दूरसंचार : जॉन

210, लेमिंग्टन रोड

लन्दन (यू.के.)

तिथि 20 जनवरी, 2002

व्यवस्थापक,

दि इंटरनैशनल ट्रेडर्स,

15 माझगाँव बन्दरगाह,

मुम्बई- 400 018.

विषय : आपका आदेश-पत्र सं. जॉन/02/तिथि 10 जनवरी, 2002

महोदय,

उक्त सन्दर्भित आपके आदेश-पत्र के अनुसार क्रमशः 10, 20 तथा 15 टन 'क्ष', 'य' तथा 'ज्ञ' वस्तुएँ तिथि 20 जनवरी, 2002 को मुम्बई के लिए रवाना 'सागरपुत्र' जहाज द्वारा भेजी गई हैं।

आपके सुझाव के अनुरूप हर वस्तु सौ किलोग्राम की मजबूत पैकिंग तथा विहित चिह्नों के अंकन के साथ भेजी गई है। सम्पूर्ण माल का दो हजार पौंड का बीमा कराया गया है। तत्सम्बन्धित पत्र संलग्न है। प्रेषित माल निहित समय में तथा सुरक्षित रूप में प्राप्त होगा ही। आशा है, भविष्य में हमारे सम्बन्ध बने रहेंगे।

धन्यवाद।

आपका विश्वस्त,

(हस्ताक्षर)

प्रबन्धक

संलग्न :

(1) लदान-पत्र

(2) बीमा काग़ज-पत्र

(3) बीजक

दि इंटरनेशनल ट्रेडर्स,
15 माझगाँव बन्दरगाह
मुम्बई—400 018

दूरभाष : 01-558910
सूरसंचार : इंटर ट्रेड,
संख्या : जॉन/102/

15, माझगाँव
मुम्बई- 400 018
ति. 20 मार्च, 2002

प्रबन्धक,
जॉन डायर लि.
210 लेमिंग्टन रोड, लन्दन (यू.के.)

विषय : आपके द्वारा प्रेषित माल का भुगतान बीजक सं.........

प्रिय महोदय,

आपके द्वारा भेजी गई निम्न वस्तुओं के विक्रय में हम सफल हो पाये हैं। प्रेषित माल का भुगतान सम्बन्धित लेखा निम्न रूप में है—

अ.क्र.	वस्तु	मात्रा	गुणवत्ता	मूल्य प्रतिटन	कुल मूल्य
1.	क्ष	10 टन	'अ'	100 पौंड	1,000 पौंड
2.	य	20 टन	'ब'	75 पौंड	1,500 पौंड
3.	ज्ञ	15 टन	'क'	50 पौंड	750 पौंड
					3,250 पौंड

जहाज भाटक	:	100 पौंड	
बन्दरगाह, भृति	:	25 पौंड	
बीमा	:	25 पौंड	
आयात-निर्यात शुक्ल	:	100 पौंड	
कमीशन 10%	:	325 पौंड	
	:	575 पौंड	575 पौंड
			2,675 पौंड

आपकी सेवा में 2,675 पौंड का 'बैंक-ड्राफ्ट' भेज रहे हैं। स्वीकार करें। भविष्य में भी सहकार्य की आशा के साथ ....

धन्यवाद।

आपका विश्वस्त,
व्यवस्थापक

संलग्न : बैंक ड्राफ्ट सं.........

5.

सरकारी तथा अर्ध सरकारी पत्र-व्यवहार

कार्यालयी कार्यविधि तथा सरकारी पत्राचार

प्रशासन व्यवस्था एवं कार्यालय संगठन

भारत एक लोकतान्त्रिक गणराज्य है। संविधान के अनुसार भारतीय शासन प्रणाली का केन्द्रीय सरकार और राज्य सरकारों के रूप में विभाजन किया गया है। कार्य के सफल एवं सुगम संचालन को दृष्टि में रखकर केन्द्र तथा राज्य सरकारों के अधिकार एवं दायित्व का निर्धारण किया गया है। ऐसे समस्त कार्य जो अखिल भारतीय स्तर पर संचालित होने चाहिए, केन्द्र सरकार के अधीन हैं और अन्य कार्य जो स्थानीय रूप से सफलतापूर्वक सम्पादित हो सकते हैं, राज्य सरकारों के अधीन हैं। इस रूप में सुरक्षा, अन्तरराष्ट्रीय सम्बन्ध, यातायात और संचार, मुद्रा-प्रचलन, बैंकिंग, आयात-निर्यात और उच्चस्तरीय न्यायाधिकरण के मामले इत्यादि केन्द्र सरकार के अधीन हैं और पुलिस, जन स्वास्थ्य, शिक्षा, कृषि तथा वन आदि के कार्य राज्य सरकार के अधीन हैं। यद्यपि इन सब पर भी केन्द्रीय सरकार का नियन्त्रण और निर्देश लागू होता है, तथापि कुछ ऐसे कार्य भी हैं, जैसे—आर्थिक और सामाजिक अभ्युत्थान की योजनाएँ, श्रम हित और मूल्य-निर्धारण के मामले आदि जिन पर केन्द्रीय और राज्य सरकारें दोनों ही समान रूप से वैधानिक कार्रवाइयाँ कर सकती हैं।

(अ) केन्द्रीय शासन— औपचारिक रीति से केन्द्रीय शासन के समस्त कार्यकारी अधिकार राष्ट्रपति में निहित है। राष्ट्रपति संसदीय प्रजातन्त्र का संवैधानिक अध्यक्ष है। संविधान के अनुसार प्राप्त कार्यकारिणी-शक्ति का उपयोग राष्ट्रपति, प्रधानमन्त्री तथा मन्त्रिपरिषद की सलाह के अनुसार करता है। मन्त्रिपरिषद का अध्यक्ष प्रधानमन्त्री होता है। प्रधान मन्त्री के परामर्श पर राष्ट्रपति मन्त्रियों की नियुक्ति करता है। राष्ट्रीय कार्य के सुगम संचालन के लिए प्रधानमन्त्री सरकारी कार्यों का विभाजन कर उनके अनुसार विभागीय मन्त्रियों की नियुक्ति कराता है। प्रत्येक विभाग के लिए एक मन्त्रिमंडल स्तर के (कैबीनेट) मन्त्री, राज्यमन्त्री तथा उपमन्त्री होते हैं। सभी कैबिनेट मन्त्री सरकारी नीति निर्धारण कार्य आपसी सहमति से करते हैं। राज्यमन्त्री अपने विभागीय मन्त्री के मुख्य सलाहकार और सहायक होते हैं और अपने-अपने विभाग के मामलों पर होनेवाली मन्त्रिपरिषद की बैठकों में साधिकार भाग लेकर नीति-निर्धारण और कार्य-संचालन के लिए उत्तरदायी होते हैं।

उपमन्त्री अपने विभाग के मन्त्री के ऐसे सलाहकार और सहायक होते हैं, जो विभागीय मामलों में अपने पूर्व निश्चित कार्यक्षेत्र के अन्तर्गत कार्य करते हैं।

मन्त्रियों के कार्यालयों का संगठन— संविधान के अनुच्छेद 27 (3) के अनुसार भारत सरकार कार्य-विभाजन नियमावली तथा भारत सरकार कार्य-संचालन नियमावली के अनुसार मन्त्रियों के कार्यों का विभाजन तथा कार्य संचालन होता है। यद्यपि विभागों को बाँटे गए कार्यों का निपटान कार्यभारी मन्त्री द्वारा अथवा उसके निर्देशानुसार ही किया जाता है, तथापि प्रत्येक विभाग के प्राधिकार, उत्तरदायित्व तथा दायित्व व स्पष्टीकरण के उद्देश्य से कार्य संचालन नियमावली में निश्चित व्याख्या इस कार्य में विशेष रूप से सहायक होती है। इन्हीं नियमावली के अनुसार सौंपे गए विभागों का उत्तरदायित्व सँभालते हुए मन्त्री सम्बन्धित विभाग के कार्य-क्षेत्र में सरकारी नीतियों का निर्धारण तथा समीक्षा करते हैं और उनके अनुपालन के लिए कार्यवाही करते हैं। कार्य के सुगम संचालन के लिए विभाग बहुधा कक्षों, प्रभागों, शाखाओं तथा अनुभागों में बँटा होता है और कार्य सीमा का विस्तार के साथ संलग्न तथा अधीनस्थ कार्यालयों का भी गठन किया जाता है।

विभागों तथा सचिवालयों का संगठन— विभागीय मन्त्रालय का कार्य संचालन मन्त्रियों के आदेश पर होता है, किन्तु वास्तविक रूप से प्रशासनिक कार्य संचालन का दायित्व उस विभाग के सचिव पर होता है, जो अपने विभाग के केन्द्रीय कार्यालय का प्रशासनिक अध्यक्ष होता है और जिसके नीचे आवश्यकतानुसार संयुक्त सचिव, उपसचिव, निदेशक, अवर सचिव या शाखा और अनुभाग अधिकारी कार्य करते हैं, जो उच्च अधिकारियों के आदेश के अनुसार कार्य निष्पादन करते हैं।

सम्बद्ध तथा अधीनस्थ कार्यालयों का संगठन— केन्द्रीय सरकार के विभागों का कार्यक्षेत्र प्राय: पूरे देश में फैला होता है, इसीलिए उनके अन्तर्गत कुछ सम्बद्ध और अधीनस्थ कार्यालयों का भी गठन किया जाता है। अधीनस्थ कार्यालय अपने मन्त्रालय या सचिवालय की प्रशासनिक नीति के कार्यान्वयन के लिए होते हैं, जबकि सम्बद्ध कार्यालय कार्यान्वयन सम्बन्धी निर्देश भी जारी करते हैं। सम्बद्ध कार्यालय तकनीकी जानकारी का संग्रह केन्द्र होता है और विचाराधीन प्रश्नों के तकनीकी पहलुओं पर मन्त्रालय को सलाह देता है। अधीनस्थ कार्यालय क्षेत्रीय अभिकरण या स्थापना के रूप में काम करता है और सरकारी नीतियों को कार्यान्वित करने की जिम्मेदारी उसी पर होती है। ये कार्यालय कहीं सीधे मन्त्रालय के अधीन होते हैं और कहीं सम्बद्ध कार्यालय के अधीन काम करते हैं। कहीं-कहीं एक ही कार्यालय को सम्बद्ध और अधीनस्थ दोनों कार्यालयों का दायित्व एक साथ सँभालना पड़ता है। इनके अतिरिक्त संविधिक कार्यालय, स्वायत्तशासी कार्यालय, उपक्रम या अर्धसरकारी कार्यालय या संस्थाएँ होती हैं, जो सरकारी नीतियों को कार्यान्वित करती हैं। इन संस्थाओं या कार्यालयों का प्रशासनिक ढाँचा स्वतन्त्र होता है। ये कार्यालय या संस्थाएँ मन्त्रालय के अधीन प्रत्यक्ष रूप से नहीं होतीं, किन्तु ये मन्त्रालय के प्रति उत्तरदायी अवश्य होती हैं। इन कार्यालयों के उच्चाधिकारी प्राय: महानिदेशक, महाप्रबंधक, प्रबंध निदेशक, निदेशक या आयुक्त होते हैं।

राज्य शासन—जिस प्रकार भारतीय संघ का संवैधानिक अध्यक्ष राष्ट्रपति होता है, उसी प्रकार राज्यों का संविधानिक अध्यक्ष राज्यपाल होता है, जो राज्यस्तर विधान सभा और विधान-परिषद द्वारा बहुमत से चुने गए मुख्यमन्त्री के परामर्श से राज्य सरकार के विभागीय कार्यों का विनियोजन कर, उसके मन्त्रियों की नियुक्ति करता है। केन्द्र सरकार की भाँति राज्य सरकार के भी तीन प्रकार के मन्त्री होते हैं–कैबिनेट मन्त्री, राज्यमन्त्री तथा उपमन्त्री।

राज्य सरकारों के कार्य संचालन के लिए भी राज्य सरकार के केन्द्रीय सचिवालय होते हैं, जिसका प्रशासनिक अध्यक्ष राज्य का मुख्य सचिव होता है। उसके अन्तर्गत विभागीय मन्त्रालयों से संलग्न सचिवालयों या शाखा कार्यालयों के सचिव, उपसचिव होते हैं। इन कार्यालयों के भी संलग्न, अधीनस्थ, क्षेत्रीय, प्रादेशिक या जिलास्तरीय कार्यालय होते हैं। अलग-अलग कार्यालय अधिकारी अपने विभाग के सहायकों या क्लर्कों की सहायता से अपने-अपने अधिकार-क्षेत्र में कार्य सम्पादन करते हैं।

संक्षेप में केन्द्र तथा राज्य सरकार का प्रशासनिक कार्य विभागीय तथा अन्य कार्यालय द्वारा होता है सामान्यत: विभाग की रचना इस तरह से होती है—

विभागीय कार्य

नीति-निर्धारण
कैबिनेट मन्त्री
राज्यमन्त्री
उपमन्त्री

प्रशासन-व्यवस्था
सचिव
स्कन्ध : अपर सचिव / संयुक्त सचिव
प्रभाग : उपसचिव / निदेशक
शाखा : अवर सचिव / शाखाधिकारी
अनुभाग : अनुभागाधिकारी

सहायक | प्रवर श्रेणी लिपिक | अवर श्रेणी लिपिक | लिपिक | डायरीकार | टाइपिस्ट

कार्यालयीय कार्य और पत्राचार-विधि—प्रत्येक सरकारी कार्यालय में उसके कार्य से सम्बद्ध अनेक प्रकार के पत्रादि आते-जाते हैं। ये पत्र उस कार्यालय के कार्य-संचालन के सबसे समर्थ माध्यम होते हैं, इसीलिए उनकी प्राप्ति और निष्पादन में कार्यालय को विशेष सावधानी बरतनी पड़ती है। उनको प्राप्त कर यथास्थान उन्हें दर्ज करना, उन्हें खोलकर या बिना खोले तत्सम्बन्धी अधिकारियों के पास भेजना, उनके आदेश के अनुसार इन पर कार्यवाही करना, कुछ पत्रों से सम्बन्धित कार्य के निपटान के लिए टिप्पणी लिखना और अन्त में आदेश के अनुसार प्रारूपण या मसौदा लेखन अनुमोदित करवाकर सरकारी पत्र प्रेषित करना आदि सभी कार्य कार्यालयी कार्य-विधि के अंग हैं। इस कार्यविधि का संक्षिप्त परिचय यहाँ प्रस्तुत है—

(1) पत्रों की प्राप्ति तथा वितरण—प्राय: प्रत्येक कार्यालय में पत्रों तथा अन्य प्रकार के कागजात या प्रलेखों को प्राप्त करने के लिए एक 'केन्द्रीय प्राप्ति एवं रजिस्ट्री' विभाग होता है। कुछ कार्यालयों में इसे आवती और निर्गम अनुभाग, प्रेषण अनुभाग आदि अन्य नाम भी दिये जाते हैं। कार्यालयों में व्यक्ति, संस्था तथा अन्य कार्यालयों से आनेवाले पत्र 'आवती' कहे जाते हैं। ये पत्र अधिकतर तीन प्रकार के होते हैं—

(1) कार्यालय के अधिकारी या अधिकारियों के पद नाम से सम्बोधित सामान्य पत्र।
(2) कार्यालय के अधिकारी या अधिकारियों के पद नाम से सम्बोधित अर्धशासकीय पत्र।
(3) गोपनीय पत्र।

पहले प्रकार के पत्र केन्द्रीय रजिस्ट्री का सहायक या लिपिक स्वयं प्राप्त कर उसे अनुभाग के पावती रजिस्ट्री में दर्ज करता है। दूसरे प्रकार के पत्र वह स्वयं न लेकर, उन्हें तत्सम्बन्धी अधिकारी के पास या उनके आशुलिपिक या वैयक्तिक सहायक के पास भेजता है। तीसरे प्रकार के पत्र, जिन पर गोपनीय या परम गोपनीय आदि शब्द अंकित होते हैं, कार्यालय के ऐसे विशेष अधिकारी या सहायक के पास भेज दिये जाते हैं, जो उन्हें प्राप्त करने के लिए अधिकृत होता है। प्राय: बड़े कार्यालयों में इसके लिए एक गोपनीय अनुभाग होता है, जो ऐसे पत्रों की प्राप्ति स्वीकार करता है। मन्त्रालय में भेजे गए ऐसे पत्र, जो मन्त्रियों के नाम से सम्बोधित होते हैं, उनको निजी सचिव या व्यक्तिगत सहायक प्राप्त करता है।

(2) वितरण की व्याख्या करना— जो लिफाफे अधिकारियों के पास तथा गोपनीय अनुभाग में सीधे भेज दिये जाते हैं, उन्हें छोड़कर अन्य लिफाफे रजिस्ट्री-अनुभाग के कर्मचारी या क्लर्क खोलते हैं। वे इन्हें खोलने के बाद इन पत्रों में उल्लेखित संलग्न पत्रों तथा प्रपत्रों की जाँच करते हैं और यदि उनमें कोई त्रुटि हो तो इसके सम्बन्ध में पत्र के हाशिये पर नोट लगा देते हैं। पत्रों को खोलने के बाद उस पर कार्यालय की मुहर लगाई जाती है। यह मुहर हर कार्यालय के केन्द्रीय रजिस्ट्री अनुभाग में होती है। जैसे—

शिक्षा मन्त्रालय
....को प्राप्त हुआ।
केन्द्रीय रजिस्ट्री नम्बर...................................
अनुभाग डायरी नम्बर......................................
वर्गीकरण..

प्रत्येक प्राप्ति का उचित विनिधान करने के लिए क्लर्क उन्हें अनुभागत: छाँटता है। इसके लिए उसके पास उन सब विषयों की वर्णानुक्रमणिका होती है, जिनका निष्पादन भिन्न-भिन्न अनुभाग करते हैं। 'तत्काल' तथा 'अग्रता' अंकित प्राप्तियों को अन्य डाक से अलग कर उन पर कार्रवाई करने में भी क्रमानुगत अग्रता दी जाती है।

पत्रों की सुरक्षा तथा उनके निष्पादन के सरलीकरण के लिए केन्द्रीय रजिस्ट्री अनुभाग के क्लर्क बहुधा प्राप्त पत्रों को 'प्राप्ति रजिस्टर' में दर्ज करता है। तार, सेविग्राम, टेलेक्स, रजिस्ट्री डाक, अन्तर विभागीय मिसिलें, अदालती सम्मन, संसद प्रश्न, संसद सदस्यों से आनेवाले पत्र अलग रजिस्टर में दर्ज किए जाते हैं। प्राप्ति रजिस्टर निम्नलिखित प्रकार का होता है—

क्रम संख्या/ केन्द्रीय रजिस्ट्री संख्या	आवतियों की संख्या और तिथि पत्र संख्या/तिथि	भेजनेवाले का नाम तथा पद या केवल नाम	शाखा-जिसके नाम अंकित हुआ	विशेष विवरण

प्राप्त पत्रों को इसके अनन्तर विभागों या अनुभागों के अनुसार छाँटकर अलग कर लिया जाता है और उन्हें तत्सम्बन्धी विभागों को भेजने की व्यवस्था की जाती है। पत्रों के साथ 'बीजक' की दो प्रतियाँ भेजी जाती हैं। बीजक निम्न प्रकार के होते हैं—

बीजक

................मन्त्रालय
या/................सचिवालय

तिथि	पत्र संख्या	पत्र पर अंकित तिथि	विषय	प्राप्त करनेवाले का हस्ताक्षर

बीजक के साथ प्राप्त पत्रों की पूरी तरह से जाँच करके अनुभाग क्लर्क पर अपने पास रखता है और बीजक की एक प्रति पर हस्ताक्षर कर उसे केन्द्रीय रजिस्ट्री अनुभाग को लौटा देता है। हर मास के बीजकों को तिथि क्रम से नत्थी कराकर इनकी जिल्द बनाई जाती है, जो जिल्द पत्रों के भावी सन्दर्भ और निष्पादन में सहायक होती है।

कार्यालय में डाक का वितरण बहुधा दिन में तीन बार या अति आवश्यक डाक का जितनी बार जरूरी हो, किया जाता है।

(3) अवलोकनार्थ डाक भेजना—केन्द्रीय रजिस्ट्री अनुभाग की ओर से तत्सम्बन्धित अनुभाग को प्राप्त पत्रों को सम्बन्धित दैनिक सहायक अर्थात डायरी कर या क्लर्क उन्हें अनुभाग अधिकारी या अन्य प्रवर अधिकारियों के पास अवलोकनार्थ भेजता है। अनुभाग अधिकारी उन पत्रों में से ऐसे पत्र छाँट लेता है, जिन्हें वह डाकस्तर पर अपने ऊपर के अधिकारी, निदेशक सचिव या अंकित कर उनके पास भेज देता है और बाकी पत्रों का वर्गीकरण कर उन्हें वह पुन: अनुभाग के दैनिक क्लर्क के पास लौटा देता है।

(4) पत्रों का दैनिकीकरण—अनुभाग अधिकारी से प्राप्त पत्रों को दैनिक क्लर्क अनुभाग दैनिकी (सेक्शन डायरी) में दर्ज कर सम्बन्धित सहायकों को देता है। वह उन पत्रों को डायरी में दर्ज नहीं करता जो बिना नाम की आई हो या अधिकारी ने इस पर कार्रवाई न करने का आदेश दिया हो। नेमी आवतियाँ, आकस्मिक छुट्टी के आवेदन-पत्र, टेलीफोन सूचियाँ, छुट्टी की सूचना, दौरा कार्यक्रम आदि को भी अनुभाग दैनिकी में दर्ज नहीं किया जाता।

इसके अतिरिक्त किसी अधिकारी, निदेशक, सचिव, विभागाध्यक्ष या इनके कार्यालयों अथवा अन्य अनुभागीय कार्यालयों से आई स्वतन्त्र टिप्पणी, कार्रवाई के निमित्त अन्य अनुभागों से प्रेषित टिप्पणियों के उद्धरण-ज्ञापन तथा अन्य अनुभागों को अनौपचारिकतया निर्दिष्ट की गई लौटानेवाली फाइलों को भी दैनिकी में चढ़ाया जाता है। इसी प्रकार अन्य अनुभागों में भेजी जानेवाली फाइलें, 'फाइल-रजिस्टर' में चढ़ाई जाती है' और लौटने पर उनका दैनिकीकरण होता है।

अन्य अनुभागों से समीक्षा या छानबीन के लिए आई हुई फाइलों को लौटाना होता है, इसीलिए वे अनुभागीय 'आवाजाही रजिस्टर' में दर्ज होती है, डायरी में नहीं; इन्हें यदि किसी तीसरी अनुभाग में समीक्षा या टीका-टिप्पणी के लिए भेजना होता है, तो वहाँ से लौटने पर उनका दैनिकीकरण करना पड़ता है और इनके सम्बन्ध में अनुभागीय अवाजाही रजिस्टर में प्रतिनिर्देश या सुझाव भी देना होता है।

(5) प्राप्तियों का वितरण—वितरित डाक के लौटने पर दैनिकीकरण के उपरान्त दैनिकी क्लर्क इस बात का ध्यान रखता है कि भेजी गई डाक या फाइल ऐसे अधिकारी या अधिकारियों के पास क्रमश: प्रस्तुत की जाय, जिनके द्वारा या जिनकी टिप्पणी से वह ऊपर भेजी गई थी, सहायकों या क्लर्कों के नाम अंकित प्राप्तियाँ या फाइलें उनके पास अगली कार्रवाई के लिए भेजी जाती हैं।

सहायक, अनुभाग तथा ऊपर के अधिकारी उन पत्रों के सम्बन्ध में, जिन पर अन्तिम कार्रवाई किसी निश्चित तिथि के भीतर करनी हो, आवश्यक ध्यान रखने योग्य बातें तथा अन्तिम तिथि अपनी टेबल पर लगी 'तिथि निर्देश डायरी' (डेट चार्ज) में अंकित कर लेते हैं।

(6) पत्रों पर कार्रवाई—जब पत्र या प्राप्तियाँ अधिकारियों के अवलोकन के उपरान्त अनुभाग के 'कार्रवाई क्लर्क' के पास उनके पूर्व निश्चित कार्य-विवरण के अनुसार आ जाती है, तो इन पर उन्हें आवश्यक कार्रवाई करने के लिए क्रमश: निम्नलिखित विधि अपनाई जाती है—

(1) 'तत्काल' या 'अग्रता' अंकित पत्रों को छाँटकर अग्रक्रम देना।
(2) प्राप्ति के अनुलग्नकों की जाँच करना और त्रुटियों की ओर अनुभाग अधिकारी का ध्यान आकर्षित करना।
(3) कार्रवाई के लिए यथा आवश्यक अन्य अनुभाग, शाखा, विभाग, या सचिवालय से अपने अनुभाग अधिकारी द्वारा अभ्युक्ति या कैफियत प्राप्त करने के लिए भेजना।
(4) प्राप्ति के अन्तर्निहित मामलों में से पूर्व निपटारित मामलों के उत्तर भेजने की तुरन्त व्यवस्था करना तथा अनिर्णित मामलों में कार्रवाई करने के लिए संगत सामग्री जुटाना।
(5) प्राप्ति के पूर्व सन्दर्भ और संगत-सामग्री से सम्बद्ध नियम, अधिनियम, पूर्व दृष्टान्त, क्रिया विधि तथा आँकड़े और पूर्व टिप्पणी आदि एकत्रित कर उन पर टिप्पणी लिखने की तैयारी करना।
(6) टिप्पणी लिखने के पूर्व ऐसी प्राप्तियों को कार्रवाई क्लर्क या सहायक उनके लिए नियमानुसार खुली फाइलों में रखते हैं और जहाँ आवश्यकता पड़ती है, नए विषयों पर प्राप्त पत्रों के लिए तत्सम्बन्धी अफसरों का आदेश प्राप्त कर, नई फाइलें खोलते हैं और प्राप्तियों को उसमें 'डाकेट' तथा 'सन्दर्भित' करते हैं।
(7) प्राप्तियों को फाइलों के पत्राचारवाले हिस्से में लगाने के बाद क्लर्क या सहायक फाइल के टिप्पणी वाले हिस्से में इनका क्रमानुगत ब्योरा लाल स्याही में अंकित करते हैं और साथ ही प्रेष्यों (डिस्पैच) का ब्योरा भी काली स्याही में लिखते जाते हैं।

(7) टिप्पणी लेखन—उक्त तैयारी के बाद कार्रवाई क्लर्क या सहायक टिप्पणी - लिखते हैं। टिप्पणी लिखते समय सम्बन्धित अभिलेखों (या अभिलेखबद्ध मिसिलों), नियम-विनियमों और स्थायी निदेश मिसिलों को इकट्ठा कर उनका हवाला देता है। यदि कोई महत्त्वपूर्ण नीति सम्बन्धी मामला हो तो, उसके साथ ये मिसिलें संलग्न भी कर सकता है और अधिकारियों की सुविधा के लिए उस पर 'आक्षरिक पर्ची' या 'पताका' लगा होता है।

सभी टिप्पणियों के संक्षिप्त और स्पष्ट होने की अपेक्षा रहती है। यदि तथ्यों का क्रमिक सार है तो उसका हवाला दिया जाता है। उनकी दोबारा व्याख्या करना उचित नहीं समझा जाता है।

टिप्पणी लिखने के बाद अनुभाग अधिकारी उस टिप्पणी की अच्छी तरह से जाँच कर उसे उच्चाधिकारी के पास भेजता है। यदि आवश्यकता पड़े तो वह अपने विचार और सुझाव देनेवाली टिप्पणी भी लिखता है। नेमी मामले अनुभाग अधिकारी के स्तर पर निपटाए जाते हैं। वरिष्ठ सहायक अपनी टिप्पणी सीधे ही शाखा अधिकारी को भेज सकता है। अनुभाग के बाहर जानेवाली मिसिलों का संचालन मिसिल संचालन रजिस्टर में दर्ज किया जाता है।

उच्चाधिकारी अपनी प्रदत्त शक्तियों का उपयोग करते हुए उस मामले पर अपने आदेश, निदेश और अनुदेश देते हैं, जो उसके क्षेत्राधिकार में आता है। यदि वह उनके

क्षेत्राधिकार के बाहर हो और अन्य विभाग या मन्त्रालय से सहमति लेनी हो तो उस मामले पर अन्तरविभागीय टिप्पणी या पत्र के द्वारा दूसरे मन्त्रालय से सहमति प्राप्त की जाती है। इस प्रकार मामले पर आवश्यक निर्णय किया जाता है और मिसिल अनुभाग में वापस आ जाती है।

(8) प्रारूपण और पत्राचार— मामले पर आवश्यक निर्णय होकर मिसिल अनुभाग में वापस आ जाने पर सम्बन्धित पक्ष को उत्तर देने की तैयारी आरम्भ होती है। उत्तर का प्रारूप या मसौदा सक्षम अधिकारी से अनुमोदित कराने के पश्चात उसकी स्वच्छ प्रति भेजी जाती है। यदि किसी मामले पर आवश्यक निर्णय लेने में देरी होने की सम्भावना होती है, तो उसकी पावती भेजते हुए अन्तरिम उत्तर दिया जाता है।

(9) मिसिल, सूचक और अभिलेख—किसी भी सरकारी अथवा गैरसरकारी संगठन, विभाग या कार्यालय को अपने कामकाज से सम्बन्धित पत्र-व्यवहार करना पड़ता है और अपने सम्बन्धित कार्यों के विषय में दूसरे कार्यालयों आदि को कागजात-पत्र भेजना तथा मँगाना पड़ता है। इस तरह के प्राप्त अथवा भेजे गए पत्र, टिप्पणियाँ तथा अन्य प्रकार के कागजात सुरक्षित रखने तथा उनको यथास्थान निर्धारित ढंग से रखकर उन पर कार्रवाई करने के लिए, उन्हें विषय और कार्य के अनुसार आवद्ध करने की विधि मिसिल या फाइलिंग कहते हैं। मिसिलें मुख्य रूप से या तो कार्यालयों में किए जानेवाले कार्यों की नीति या उसमें निपटाये जानेवाले विषयों से सम्बन्धित होती हैं। प्राय: मिसिल के दो भाग होते हैं—एक पत्राचार के लिए और दूसरा टिप्पणियाँ आदि लिखने के लिए। जब किसी विषय पर कोई मिसिल खोली जाती है, तो पहले उसका सूचक तैयार किया जाता है। सूचक प्रमुखत: महत्त्वपूर्ण मिसिलों के ही बनाए जाते हैं, अस्थायी या निश्चित अवधि में समाप्त किए जानेवाले कागजातों के सूचक नहीं बनाए जाते। जिन मिसिलों के सूचक बनाए जाते हैं, वे मानक शीर्ष अथवा मानक उप शीर्ष से सम्बन्धित अन्य विषय शीर्ष की ओर ध्यान आकृष्ट करने के उद्‌देश्य से सूचक पर्ची (इंडेक्स-कार्ड) में निहित किए जाते हैं।

जब मिसिलों पर कार्रवाई पूरी हो जाती है और उन्हें बन्द कर दिया जाता है तब उन्हें अभिलेखबद्ध करने की आवश्यकता पड़ती है। अस्थाई तथा अमहत्त्वपूर्ण मामलों पर बनाई गई मिसिलें अभिलेखबद्ध नहीं की जातीं, उन्हें सम्बन्धित अनुभाग में ही आवश्यक समय तक रखने के बाद नष्ट कर दिया जाता है। लेकिन अन्य मिसिलें, जिनका रखना भविष्य के लिए आवश्यक होता है, अभिलेखबद्ध कर अभिलेख कक्ष में भेज दी जाती हैं।

'सरकारी पत्राचार' से तात्पर्य

केन्द्रीय या प्रान्तीय सरकारें कार्य संचालन की सुविधा के लिए अनेक कार्यालयों की व्यवस्था करती हैं। ये कार्यालय देश के एक कोने से दूसरे कोने तक फैले रहते हैं। उनका आपसी सम्बन्ध पत्रों द्वारा स्थापित होता है। शासकीय कर्मचारियों अथवा अधिकारियों

द्वारा एक कार्यालय या विभाग से दूसरे कार्यालय अथवा विभाग को लिखे गए पत्र सरकारी अथवा शासकीय पत्र कहलाते हैं। इन पत्रों का उद्‌देश्य प्रशासनिक या राजकीय काम-काज को सुचारु रूप से चलाना होता है। सरकार की रीति-नीति की व्याख्या और कार्य के सम्बन्ध में किसी भी संगठन, संस्था, व्याप्ति आदि को कार्यालयों की ओर से लिखित रूप में कुछ भी कहा अथवा बताया जाता है, उसे सरकारी पत्राचार की संज्ञा दी जाती है। कार्यालयों में अलग-अलग जानकारी अलग-अलग ढंग से देने की परम्परा रही है। तदनुसार पत्राचार के अलग-अलग रूप निश्चित किए हुए हैं। कार्यालयों में कभी साधारण पत्र लिखे जाते हैं तो कभी त्वरित (एक्सप्रेस) पत्र, कभी अर्ध-सरकारी पत्र लिखे जाते हैं तो कभी तार देना होता है। यही नहीं, कभी ज्ञापन के रूप में सूचना मँगाई जाती है, तो कभी कार्यालयी-ज्ञापन द्वारा सरकारी निर्णय की सूचना दी जाती है। कभी अनौपचारिक टिप्पणी द्वारा अन्य मन्त्रालयों, विभागों आदि की घोषणा, छुट्टी, तरक्की आदि की सूचना राजपत्र में अधिसूचित करने के लिए अधिसूचना जारी की जाती है अथवा सार्वजनिक महत्त्व के मामलों पर सरकारी निर्णय की घोषणा के लिए संकल्प तैयार किए जाते हैं। सरकारी निर्णय प्रेस विज्ञप्ति या प्रेस नोट द्वारा भी प्रसारित किया जाता है। कार्य, महत्त्व और अवसर की आवश्यकतानुसार विभिन्न रूपों के पत्रों का प्रयोग किया जाता है। केन्द्र तथा राज्य सरकारों के विभिन्न कार्यालयों, विभागों, सहकारी संगठनों, कर्मचारी संघों, सार्वजनिक निकायों से लेकर विदेशी सरकारों, दूतावासों तक सरकारी पत्राचार की व्याप्ति होती है।

सरकारी पत्राचार : सामान्य विशेषताएँ

पत्राचार मनुष्य की समाजशीलता का प्रमाण माना जाता है। इच्छाओं, आवश्यकताओं के साथ भावों और विचारों के परस्पर आदान-प्रदान के माध्यम से सामाजिक रिश्तों के निर्माण और निर्वहन में पत्राचार का महत्त्वपूर्ण योगदान होता है। निजी व्यवहार और व्यावसायिक तथा प्रशासकीय कार्यों के लिए पत्राचार आवश्यक ही नहीं, एक अनिवार्य माध्यम रहा है। पत्राचार की सफलता उसके प्रयोजनमूलक रचना कौशल पर निर्भर होती है। निजी, पारिवारिक, सामाजिक, व्यावसायिक तथा प्रशासकीय पत्र के स्वरूपों का निर्धारण अपने प्रयोजनों के आधार पर होता है। सरकारी पत्राचार का प्रयोजन अन्य पत्राचार से पृथक और व्यापक होता है। इसीलिए उसका स्वरूप भी अन्य पत्राचार से अलग होता है। सामान्य पत्राचार से अलगानेवाली उसकी निजी विशेषताएँ होती हैं। इन विशेषताओं का संक्षिप्त परिचय इस प्रकार है—

(1) औपचारिकता— सरकारी पत्राचार पूर्णतया औपचारिक होता है, जब कि अन्य प्रकार के व्यक्तिगत, निजी, पारिवारिक अथवा समाज-व्यवहार से सम्बन्धित पत्रों में एक प्रकार की अनौपचारिकता रहती है।

(2) लेखन की निश्चित प्रविधि एवं प्रक्रिया— सरकारी पत्रों के लेखन की प्रविधि एवं प्रक्रिया एक निश्चित साँचे में ढली रहती है। पत्र के प्रयोजन के आधार पर विषय-वस्तु अलग-अलग हो सकती है, किन्तु पत्र का ऊपरी आकार-प्रकार प्राय: एक-

सा रहता है। अन्य प्रकार के सामान्य पत्रों में पत्र लेखक की इच्छा और रुचि के अनुसार स्वरूप परिवर्तित हो सकता है।

(3) तथ्यनिष्ठता— कार्यालयी या सरकारी पत्र पूर्णत: तथ्यों पर आधारित होते हैं तथ्यों का निष्पक्ष, तटस्थ एवं स्पष्ट विवेचन या वर्णन सरकारी पत्राचार की अनिवार्य विशेषता है। जो बात जैसी है, वैसी ही पत्र में अंकित होनी चाहिए। उसमें कल्पना, अतिशयोक्ति, अनिश्चितता, हास्य-विनोद आदि के लिए कोई स्थान नहीं। इसके विपरीत अन्य सामान्य पत्रों में पत्र लेखक अपनी कलात्मक अभिरुचि पर्याप्त मात्रा में प्रयोग कर सकता है।

(4) विषय प्रधानता— सरकारी पत्राचार व्यक्तिगत न होकर विषयगत होता है। उसे चाहे कार्यालय का कोई भी कर्मचारी-अधिकारी लिखे, उसमें वैयक्तिकता की कोई पहचान या छाप लक्षित नहीं होती। 'निर्वैयक्तिकता' कार्यालयीन अन्य साहित्य की तरह पत्राचार की भी विशेषता होती है। अन्य प्रकार के सामान्य पत्र-विशेषकर निजी, पारिवारिक तथा सामाजिक पत्रों में पत्र लेखक के व्यक्तित्व की अभिव्यक्ति को लेखन-कला का आविष्कार माना जाता है।

(5) सुनिश्चित एवं रूढ़ भाषा-शैली— सरकारी पत्रों की भाषा-शैली रूढ़ अर्थात अपने स्वरूप में एक सुनिश्चितता रहती है। अधिकांश कार्यालयों में लेखक भिन्न होने पर भी पत्र के प्रारूप एवं उसमें प्रयुक्त भाषा प्राय: समान होती है। पत्र का आरम्भ, विषयवस्तु का वर्णन, सम्बोधन से सम्बन्धित शब्दावली पूर्व निर्धारित, सिक्केबन्द टकसाली-सी होती है। भाषा का यह रूप कई सालों तक अपरिवर्तनीय रूप में प्रचलित रहता है, जबकि सामान्य पत्राचार में व्यक्ति, विषय, काल, अवसर और आवश्यकता के अनुसार भाषा के कई रूपों का प्रयोग होता है।

उक्त सामान्य विशेषताओं के अतिरिक्त स्पष्टता, परिशुद्धता, विषय की एकान्विति, संक्षिप्तता, स्वयंपूर्णता, यथार्थता, शालीनता, मौलिकता तथा प्रभावन्विति आदि विशेषताओं से युक्त सरकारी पत्र अपने उद्‌देश्यपूर्ति में सक्षम होते हैं। यद्यपि सरकारी पत्रों का स्वरूप एक निश्चित साँचे में ढला होता है—परम्परागत और रूढ़-सा होता है। लेकिन मसौदा लेखक अपनी प्रशासकीय समझ और भाषा पर अनन्य साधारण प्रभुत्व के सहारे उसे आकर्षक, रोचक, सुरुचिपूर्ण और प्रभावी स्वरूप प्रदान कर सकता है।

सरकारी पत्राचार : विभिन्न रूप और स्वरूप

यह तथ्य सर्वज्ञात है कि कार्यालयी कामकाज की सम्पूर्ण प्रक्रिया का मूल आधार वहाँ होनेवाला पत्राचार ही होता है। वह मौखिक शब्दों की अपेक्षा लिखित शब्दों का वर्चस्व होता है। ये लिखित शब्द अधिकांशत: विविध प्रकार के पत्रों के रूप में होते हैं। कार्य, महत्त्व और अवसर की आवश्यकता के अनुसार सरकारी पत्रों के निम्नलिखित रूपों का प्रयोग किया जाता है—(1) पत्र, (2) अर्धसरकारी पत्र, (3) तार, (4) त्वरित पत्र, (5) सेविग्राम, (6) कार्यालय ज्ञापन, (7) ज्ञापन, (8) अन्तर कार्यालय ज्ञापन, (9)

कार्यालय आदेश (10) आदेश, (11) सूचना, (12) परिपत्र, (13) अनुस्मारक, (14) पृष्ठांकन, (15) विज्ञापन, (16) निविदा सूचना, (17) अधिसूचना, (18) संकल्प, (19) प्रेस विज्ञप्ति और प्रेस नोट, (20) प्राप्ति सूचना, (21) अनौपचारिक टिप्पणियाँ, (22) आवेदन पत्र (23) अभ्यावेदन।

सरकारी पत्र लेखन एक प्रकार से कार्यालय-संचालन की केन्द्रीय धुरी है। अधिकांश प्रशासनिक कार्यों का माध्यम पत्राचार ही है। इसीलिए सरकारी पत्र लेखन एक गम्भीर तथा दायित्वपूर्ण कार्य है। इसीलिए सरकारी पत्र लेखन एक विहित प्रक्रिया और प्रविधि के तहत होता है। सरकारी पत्र का कच्चा रूप प्रशिक्षित कार्यालयी सहायक या अनुभवी एवं वरिष्ठ लिपिक करते हैं। पत्र के कच्चे रूप को प्रारूपण, आलेखन या मसौदा लेखन कहते हैं। प्रारूपण की एक निश्चित प्रक्रिया है। प्रारूपण का मूलाधार टिप्पण होता है। किसी विषय, आवेदन या प्रतिवेदन के निपटान-प्रक्रिया में उसके विभिन्न पक्षों से सम्बन्धित टिप्पण लिखे जाते हैं और उच्चाधिकारी उसी के आधार पर निर्णय करते हैं। उस निर्णय को सम्बन्धित व्यक्ति, संस्था, कार्यालय आदि को सूचित करने या आवश्यक जानकारी प्राप्त करने के लिए पत्राचार होता है। यह समूचा पत्राचार टिप्पण पर आधारित होता है। नीचे से ऊपर तक की यात्रा करके जब मिसिल या फाइल या कागजात नीचे की सीढ़ी पर आ जाता है, तब उच्चाधिकारी के आदेश से प्रारूपण की प्रक्रिया शुरू होती है। प्रारूपणकार अंकित टिप्पण को दृष्टि में रखते हुए आवश्यक प्रारूपण तैयार करता है। प्रारूपण में टिप्पण के सभी पक्षों की पूर्वापर सन्दर्भ सहित स्थापना होती है और तार्किक विश्लेषण के द्वारा अकाट्य निष्कर्ष तक पहुँचने की कोशिश की जाती है। प्रारूप तैयार होने के बाद उसे सम्बन्धित पत्रावली के साथ उच्चाधिकारी के सामने रखा जाता है और साथ में लगे टिप्पण-पत्र (Note Sheet) पर पत्र का सन्दर्भ देते हुए अनुमोदनार्थं प्रस्तुत किया जाता है, साथ ही पूर्व सन्दर्भ देखने के लिए पत्रावली में संलग्न पूर्व सन्दर्भों में आलपीन द्वारा पताका (Flag) लगा दिया जाता है। यदि पताका एक से अधिक हो तो उन्हें 1, 2, 3, 4 आदि क्रम भी दिया जाता है। यदि एक साथ कई प्रारूप भेजे जा रहे हों तो अनुमोदनार्थ प्रारूप—1, अनुमोदनार्थं प्रारूप—2, लिखा जाता है। अनुमोदनार्थं प्रारूप हस्तलिखित या टंकित हो सकता है। उच्चाधिकारी अनुमोदनार्थ प्रस्तुत प्रारूप में यथावश्यक संशोधन कर टंकण के लिए भेज देता है। प्रारूप पर अनुमोदन करने के संकेत के रूप में सम्बन्धित अधिकारी अपने हस्ताक्षर करता है। शुद्ध रूप में टंकित कर पत्र का अन्तिम रूप प्रेषित किया जाता है। मामले के स्वरूप के आधार पर पत्र अनुभाग अधिकारी तथा समकक्ष अधिकारी पत्र पर 'अग्र' 'अवलम्ब' या 'प्राथमिकता' आदि लिखता है।

सरकारी पत्र,

(प्रयोजनमूलक हिन्दी, पृष्ठ 174 से 190 तक)

"जब एक सरकार दूसरी राज्य सरकार को अर्थात भारत सरकार राज्य सरकार को, एक राज्य सरकार दूसरी राज्य सरकार को, अपने से सम्बद्ध या अपने अधीनस्थ कार्यालयों एवं विभागों, सहकारी संगठनों, कर्मचारी संघों, सार्वजनिक निकायों (Public Bodies) तथा व्यक्तियों को विभिन्न विषयों पर पत्र लिखती अथवा उनके उत्तर देती हैं तब उन्हें सरकारी प्रशासकीय पत्र (Official Letter) कहा जाता है।" सरकार द्वारा विदेशी सरकारों उनके राजदूतावासों, स्वदेश स्थित कार्यालयों तथा अन्तरराष्ट्रीय संगठनों को लिखे गए पत्र भी इसी वर्ग में आते हैं। सरकारी पत्र का कच्चा रूप कार्यालयीन सहायक (Assistant) या अनुभवी एवं वरिष्ठ लिपिक करते हैं। पत्र के कच्चे रूप को 'प्रारूपण' (Drafting), आलेखन या मसौदा तैयार करना कहते हैं। सरकारी पत्राचार उचित अधिकारी द्वारा आदेश दिये जाने पर तैयार करते समय सम्बद्ध अधिकारी द्वारा सुझाई गई राह पर सारी सामग्री तथा सभी सम्बद्ध टिप्पण, सार-लेखन और तत्सम्बन्धी प्राप्तियों पर लिखे गए पूर्व पत्र का अध्ययन-मनन करना पड़ता है। इस बात की ओर ध्यान देना पड़ता है कि प्रत्येक बात तथ्याधारित, तर्कसम्मत एवं प्रभावपूर्ण हो। उससे स्वार्थ, पूर्वग्रह तथा अशिष्टता की कोई गन्ध न हो। इन बातों का ध्यान रखने के बाद तैयार किए गए प्रारूप को फिर से पढ़कर अपने उच्च अधिकारी के पास अनुमोदन के लिए भेजना होता है। अधिकारी द्वारा संशोधित एवं अनुमोदित होने के बाद ही प्रारूप को पत्र के रूप में टंकित या साइक्लोस्टाइल कराया जाता है और सम्बन्धित व्यक्ति या कार्यालय को प्रेषित किया जाता है। शुद्धता, यथातथ्यता एवं औपचारिकता, संक्षिप्तता, पूर्णता, सरल तथा एवं शिष्ट भाषा-प्रयोग, पारम्परिक शैली का अनुकरण आदि गुणों से युक्त सरकारी पत्र, 'सफल-पत्र' कहलाया जाता है।

अ. सरकारी पत्र स्वरूप एवं प्रारूप

सरकारी पत्र में निम्नलिखित अंगों का एक निश्चित क्रम होता है, जिसका अनुकरण कर सफल सरकारी पत्र लिखा जा सकता है—

1. पत्र-संख्या—सर्वप्रथम पत्र के सबसे ऊपर बीच में पत्र-संख्या लिखते हैं। यदि पत्र नामांकित पैड पर लिखा जा रहा हो तो पत्र क्रमांक छपे हुए नाम के नीचे लिखा जाता है।

2. सरकार एवं पत्र भेजनेवाले मन्त्रालय का नाम—पत्र संख्या लिखने के बाद उसके ठीक नीचे सरकार तथा पत्र भेजनेवाले मन्त्रालय का नाम लिखा जाता है। यदि आवश्यक हो तो मन्त्रालय के नाम के साथ-साथ मंडल शाखा का नाम देना चाहिए।

3. प्रेषक— पत्र-क्रमांक तथ शासकीय संस्थान के नाम के नीचे, बाईं ओर हाशिये से सटकर प्रेषक शब्द लिखते हैं और उसके नीचे दूसरी पंक्ति में पत्र भेजनेवाले अधिकारी का नाम, पद या मात्र पदनाम और उसके साथ विभाग अथवा सरकार का नाम लिखते हैं। यहाँ ध्यातव्य है कि यदि व्यक्ति का नाम हो तो उसके पूर्व श्री/श्रीमती/कुमारी (आवश्यकतानुसार) अवश्य लगाएँ। यदि प्रेषक के साथ कोई उपाधि है तो उसका भी उल्लेख किया जाता है। यदि केवल पदनाम ही दिया गया हो तो उसके पूर्व श्री आदि नहीं लगाया जाता। जब पत्र किसी विदेशी सरकार को लिखा जाता है, तब 'प्रेषक' नहीं लिखा जाता।

4. प्रेषिती—प्रेषक पद के नीचे प्रेषिती का पदनाम तथा पता लिखा जाता है।

5. तिथि और स्थान—प्रेषिती के बाद उसके नीचे पत्र के दाहिने किनारे पर स्थान और तिथि लिखी जाती है।

6. पत्र का संक्षिप्त विषय संकेत—स्थान और तिथि-निर्देश के उपरान्त उसके नीचे पत्र के प्राय: मध्य भाग में विषय का शीर्षक लिखा जाता है।

7. सम्बोधन—'विषय शीर्षक' के नीचे बाईं ओर हाशिये से किंचित हटकर महोदय/ महोदया, महानुभाव आदि सम्बोधनसूचक शब्द लिखे जाते हैं। एक ही विभाग के अफसरों या विभाग के अनेक कार्यालयों के अफसरों के बीच लिखे गए पत्रों में सम्बोधन नहीं दिया जाता।

8. पत्र की मूल-विषय सामग्री—यह पत्र का मुख्य एवं सबसे महत्त्वपूर्ण अंग है। पत्र विषय की पूरी सामग्री को अनेक भागों में बाँटकर क्रम से इन्हें अलग-अलग अनुच्छेदों में लिखा जाता है। आवश्यक हो तो अनुच्छेद पर संख्या डाल दी जाती है। विषय सामग्री के तीन उपअंग हो सकते हैं—

क. निर्देश या सन्दर्भ तथा विषयोल्लेख—इसमें विषय सम्बन्धी पूर्व सन्दर्भ तथा विषय का उल्लेख किया जाता है। इस स्थान पर सरकारी पत्रों में निम्नलिखित वाक्यांश लिखने की परिपाटी है—

आपके पत्र संख्या.... तिथि...के सन्दर्भ में / या
आपके पत्र संख्या... तिथि....के प्रत्युत्तर में / या
इस कार्यालय के पत्र संख्या.. .... तिथि.....के क्रम/

या सिलसिले में मुझे यह कहने / निवेदन करने / सूचित करने / आज्ञा जारी करने का निर्देश हुआ है कि.. .... आदि ।

उच्च अधिकारी, जैसे—सचिव, निदेशक या किसी सरकारी निकाय या पालिका के अध्यक्ष आदि पत्र में 'निर्देश हुआ है' वाक्यांश न लिखकर अपने अधिकार में पत्र लिखते हुए—प्रसन्नता या गौरव शब्द का प्रयोग करते हैं। जैसे—'मुझे यह कहने का गौरव है', या 'मुझे सूचित करने में प्रसन्नता है' आदि।

ख. विषय प्रतिपादन—इसमें विषय का स्पष्टीकरण, उद्देश्य या विषय-समीक्षा सन्निहित रहती है। इसके अनेक भाग हो सकते हैं, इसलिए इन्हें उप-अनुच्छेदों में क्रमबद्ध करके लिखा जाता है। यदि आवश्यक हो तो अनुच्छेदों- उप-अनुच्छेदों को शीर्षक-उपशीर्षक तथा क्रम भी दिया जाता है।

ग. उपसंहार या निष्कर्ष—यह इस अंग का अन्तिम हिस्सा है। इसमें पत्र का निचोड़ होता है। इसमें प्रस्तुत-विषय के खंडन-मंडन का सार दिया जाता है।

9. स्वनिर्देश या अधोलेख—पत्र के अन्त में पत्र प्रेषक अपने सहयोग, अवधानता, समादर, शुभकामना आदि का विश्वास दिलाते हुए पत्र के अधोभाग में भवदीय, भवदीया, आपका, आपका विश्वासपात्र, आपका विश्वासभाजन आदि शब्द का प्रयोग करता है। एक ही विभाग के अधिकारियों के बीच होनेवाले पत्र-व्यवहार में इस प्रकार के अधोलेख का प्रयोग नहीं होता।

10. हस्ताक्षर— स्वनिर्देश अर्थात भवदीय आदि के नीचे पत्र प्रेषक हस्ताक्षर करता है। हस्ताक्षर के नीचे उसका पदनाम होता है। यदि पत्र ऊपर के उच्च अधिकारी की ओर से भेजा जा रहा है, तो 'कृते' शब्द जोड़कर हस्ताक्षर के ऊपर अधिकारी या जिसकी ओर से पत्र भेजा जा रहा है, उसका पदनाम लिखा जाता है; जैसे—'कृते सूचना निदेशक'।

11. संलग्न पत्र— पत्र के साथ आवश्यक पत्र, परिपत्र या अन्य कागजात नत्थी किए हुए हों तो पत्र के अन्त में बाईं ओर 'संलग्न' लिखकर उन सभी कागज़ातों की सूची लिखनी चाहिए।

12. पृष्ठांकन— पत्र की प्रतियाँ जब प्रेषिती के अतिरिक्त अन्य सम्बन्धित अधिकारी, व्यक्ति या कार्यालय को भेजी जाती है, तो उसका उल्लेख नीचे बाईं ओर 'प्रतिलिपि प्रेषित' शीर्षक देकर उसके नीचे 1, 2, 3 क्रम संख्या के साथ नाम या पदनाम देते हुए करना चाहिए। अन्त में अधिकारी या कार्यालय का जो कर्मचारी पत्र भेज रहा है, उसके हस्ताक्षर किए जाने चाहिए।

सरकारी पत्र का रेखाचित्र

(1) पत्र संख्या
(2) पत्र प्रेषक सरकार या मन्त्रालय का नाम
(3) प्रेषक

....

....

....

(4) प्रेषिती

सेवा में,

....

....

....

(5) स्थान और तिथि..............................
(6) विषय-शीर्षक..............................
(7) सम्बोधन..............................
(महोदय/ महोदया,)
(8) मूल विषय-सामग्री

आपके पत्र संख्या,............तिथि............के सन्दर्भ में / प्रत्युत्तर में मुझे यह कहने / निवेदन करने / सूचित करने का निर्देश हुआ है। मुझे यह कहने का गौरव है। मुझे यह सूचित करते हुए प्रसन्नता है कि..
....
....

(9) स्वनिर्देश या अधोलेख

(10) हस्ताक्षर

(11) संलग्न :—

1. ....

2. ....

3. ....

(12) प्रतिलिपि प्रेषित :—

1. ....

2. ....

(सामान्य शासकीय / सरकारी पत्र)

भारत सरकार

गृह मन्त्रालय

पत्र संख्या 14042/14/02

प्रेषक,
उपसचिव, भारत सरकार

सेवा में,
मुख्य सचिव,
महाराष्ट्र सरकार
मुम्बई. नई दिल्ली, दि. 15 सितम्बर, 2002

विषय : राज्य में युवकों का उपद्रव।

महोदय,

मुझे यह कहने का निर्देश हुआ है कि भारत सरकार अभी कुछ दिन पूर्व आसाम में हुए युवकों के उपद्रवों को चिन्ता और शक की दृष्टि से देखती है। भारत सरकार ऐसा महसूस करती है कि इन उपद्रवों ने न केवल साम्प्रदायिक रूप धारण कर लिया था, बल्कि किसी हद तक वे अराष्ट्रीय भी हो गए थे। भारत सरकार का विचार है कि इस प्रकार की सभी गतिविधियों को कठोरतापूर्वक नियन्त्रित किया जाना चाहिए ताकि अन्य राज्यों में इसका प्रभाव और फैलाव न हो।

भवदीय,

संख्या—14042/14/02 उपसचिव, भारत सरकार

नई दिल्ली, दि. 15 सितम्बर, 2002

सूचना एवं आवश्यक कार्यवाही के लिए प्रतिलिपि निम्नलिखित को प्रेषित—

(1)

(2)

भारत सरकार
शिक्षा मन्त्रालय
पत्र संख्या 240/8/94

प्रेषक,
भारत सरकार
सेवा में,
सहायक महानिदेशक (हिन्दी) नई दिल्ली
दिल्ली प्रशासन, दिल्ली 26 फरवरी, 2001

विषय : हिन्दी कक्षाओं का पुनर्गठन।

महोदय,

मुझे उक्त विषय पर यह कहने का निर्देश हुआ है कि जो हिन्दी कक्षाएँ प्रशिक्षार्थियों की संख्या में कमी होने के कारण समाप्त कर दी थी, उन्हें पुन: चालू करने का निश्चय कर दिया गया है। अत: निवेदन है कि आपके यहाँ हिन्दी कक्षा जो बहुत समय से निलम्बित पड़ी है, यथाशीघ्र पुन: चालू कर दी जाय।

इस सम्बन्ध में यदि आपको कोई विशेष कठिनाई अनुभव हो तो कृपया लिखे।

क्रम संख्या - 240/8/94 भवदीय,
उपसचिव, भारत सरकार

भारत सरकार
शिक्षा एवं समाज कल्याण मन्त्रालय
क्रम संख्या - 13/8/64

नई दिल्ली—110007
दिनांक 3 अक्तूबर, 2002

प्रेषक,
श्री दीवान सिंह
क्षेत्रीय अधिकारी
शिक्षा मन्त्रालय

सेवा में,
उपनिदेशक (प्रचार)
प्रौढ़ शिक्षा विभाग,
शिक्षा मन्त्रालय,
हरियाणा सरकार,
चंडीगढ़

विषय : राज्य में युवकों का उपद्रव।

महोदय,

ऊपर लिखे विषय पर इस मन्त्रालय क्रम संख्या तथा दिनांक 28 सितम्बर, 2002 के सन्दर्भ में मुझे यह लिखने का निर्देश हुआ है कि अपने क्षेत्र में प्रौढ़ शिक्षा-केन्द्रों की

स्थापना करें। इस सम्बन्ध में तुरन्त कार्यवाही की जानी चाहिए। अपने क्षेत्र की शिक्षा से सम्बन्ध रखनेवाली समाज सेवी संस्थाओं का भी सहयोग लेने का प्रयत्न करें।

इस विषय में केन्द्रीय सरकार से जो धन सम्बन्धी सहायता अपेक्षित हो, उसका विवरण देकर लिखें ताकि उचित कार्यवाही की जा सके।

भवदीय
क्षेत्रीय अधिकारी

जानकारी तथा आवश्यक कार्यवाही के लिए—

(1) उपनिदेशक-केन्द्रीय प्रौढ़ शिक्षा कार्यालय, इन्द्रप्रस्थ भवन, नई दिल्ली।

(2) मुख्यमन्त्री कार्यालय, हरियाणा, चंडीगढ़।

भारत सरकार
गृह मन्त्रालय
क्रम संख्या 6/2/02 (गृह)

प्रेषक,
श्री गोविन्द साठे
अवर सचिव,
भारत सरकार

नई दिल्ली, 13 अगस्त, 2002

सेवा में,
मुख्य सचिव,
बिहार सरकार,
पटना

विषय : कानून एवं शान्ति व्यवस्था ।

महोदय,

आपके पत्र क्रम संख्या 21/7/02 दिनांक 2 अगस्त, 2002 के प्रत्युत्तर में आपको यह सूचित करने का निर्देश हुआ है कि गृह मन्त्रालय में 10 जुलाई, 2002 को आयोजित पुलिस अधीक्षकों की बैठक में किए गए निर्णयों से आपको सूचित कर दूँ। बिहार राज्य में बिगड़ती हुई कानून और शान्ति की व्यवस्था में सुधार लाने के लिए इन उपायों को तुरन्त कार्यान्वित किया जाय। इस सम्बन्ध में आप जो भी चाहें उपाय काम में लाएँ। उनके परिणामों से इस कार्यालय को अवश्य सूचित करें ताकि भविष्य में होनेवाली गोष्ठियों में उन पर पुनर्विचार किया जा सके।

भवदीय
अवर सचिव, गृह मन्त्रालय,
भारत सरकार

निम्नलिखित को सूचनार्थ प्रति प्रेषित :-

(1) संयुक्त सचिव, गृह मन्त्रालय, बिहार सरकार, पटना।

(2) मुख्यमन्त्री कार्यालय, बिहार सरकार, पटना।

आ. अर्ध-सरकारी पत्र (Demi-official Letter/D.O.)

यद्यपि अर्ध-सरकारी पत्र एक सरकारी पत्र ही है, परन्तु इसमें सरकारी पत्र की औपचारिकता के स्थान पर व्यक्तिगत संस्पर्श रहता है। इस प्रकार का पत्र सरकारी अधिकारियों के बीच विचारों या सूचनाओं के आदान-प्रदान के लिए अनौपचारिक रूप से लिखा जाता है या ऐसी स्थितियों में लिखा जाता है, जब एक अधिकारी दूसरे अधिकारी का व्यक्तिगत रूप से किसी अनिवार्य विषय की ओर ध्यान आकृष्ट कर, उस पर उसका निजी अभिमत या उसके विभागीय अनुदेश, निर्णय या विधि की शीघ्रता के साथ जानकारी प्राप्त करना चाहता है। यह पत्र उस अवस्था में भी लिखा जाता है, जब किसी विषय पर प्रेषिती अधिकारी के विभाग की ओर से कार्रवाई में अनावश्यक विलम्ब होता है, या अनुस्मारकों (Reminders) द्वारा उस विषय पर तत्सम्बन्धी विभाग का प्रत्युत्तर प्राप्त नहीं हो पाता।

अर्ध-सरकारी पत्र का प्रारूप

इसके निम्न अंग क्रमबद्ध रूप में आते हैं—

1. संख्या—सरकारी पत्र के समान पत्र के आरम्भ में ऊपर मध्य में 'अ.स. संख्या लिखने के बाद क्रमांक लिख दिया जाता है।

2. सरकार तथा मन्त्रालय का उल्लेख—तदनन्तर कार्यालय का नाम अथवा सरकार एवं विभाग का नाम लिखते हैं।

3. स्थान और तिथि—तत्पश्चात दाईं ओर हटकर स्थान एवं तिथि लिखी जाती है।

4. विषय—आवश्यकता होने पर ही विषय-शीर्षक दिया जाता है। सामान्यत: विषयोल्लेख नहीं किया जाता।

5. सम्बोधन—यहाँ सम्बोधन का रूप प्रेषक तथा प्रेषिती के व्यक्तिगत सम्बन्धों पर निर्भर करता है। यदि प्रेषक एवं प्रेषिती परस्पर परिचित नहीं हैं तो 'प्रिय श्री/प्रिय महोदय' आदि शब्दों का प्रयोग किया जाता है। यदि दोनों में परस्पर अच्छी जान-पहचान या/है तो प्रिय/प्रियवर के साथ उसका नाम भी लिखा जाता है और उसके साथ 'जी' भी जोड़ा जाता है।

6. विषय-वस्तु—इसमें उत्तम पुरुष एकवचन में सद्भावना एवं मैत्रीपूर्ण शैली में विषय वस्तु का प्रतिपादन किया जाता है। सरकारी पत्र के समान इसके विषय-प्रस्तुति में भी 3 भाग होते हैं—प्रारम्भ, मध्य और अन्त। प्रारम्भ में सन्दर्भ तथा विषयोल्लेख होता है। मध्य में तर्क देते हुए विषय का प्रतिपादन किया जाता है। और अन्त में निष्कर्ष होते हैं।

7. स्वनिर्देश—विषय प्रतिपादन के बाद दाईं ओर स्वनिर्देश किया जाता है। यह स्वनिर्देश घनिष्ठतासूचक होता है, इसलिए भवदीय आदि के स्थान पर 'आपका सद्भावी', 'आपका ही', या 'आपका' लिखा जाता है। ज्ञातव्य है कि 'आपका विश्वास-भाजन' आदि औपचारिकतासूचक शब्दों का प्रयोग नहीं किया जाता।

8. हस्ताक्षर—हस्ताक्षर में या तो नाम का पहला भाग या नाम के पहले भाग का पहला अक्षर तथा कुलनाम लिखा जाता है; जैसे—'सुमित' या 'सु. माने'।

9. प्रेषिती—सबसे अन्त में बाईं ओर प्रेषिती का नाम, पद और विभाग लिखते हैं। सरकार के नाम अथवा स्थान का उल्लेख करने की कोई आवश्यकता नहीं होती।

उक्त अंगों की क्रमबद्ध रचना कर अर्ध-सरकारी पत्र लिखे जाते हैं। यदि पत्र लेखक न चाहे कि पत्र प्रेषिती के अतिरिक्त कोई देखे-पढ़े, तो पत्र के ऊपर 'गोपनीय' शब्द लिखा जाता है।

अर्ध-सरकारी पत्र का रेखाचित्र

1. अ. स. क्रमांक
2. सरकार-मन्त्रालय
3. स्थान तथा तिथि
4. सम्बोधन
5. विषय-शीर्षक
   (आवश्यकता होने पर)
6. विषय-वस्तु

....

....

....

....

7. स्वनिर्देश
8. हस्ताक्षर
9. प्रेषिती

श्री.........................

....

....

अर्ध-सरकारी पत्र

भारत सरकार
रक्षा मन्त्रालय
सेना मुख्यालय, नई दिल्ली।

दिनांक 18 सितम्बर, 2002

सेवा में,
श्री बस्वराज वेलापुरकर

आपके पत्र संख्या 13495 दिनांक 12 सितम्बर, 2002 के उत्तर में निवेदन है कि रक्षा मन्त्रालय में हिन्दी भाषा में काम तीव्र गति से होना चाहिए। इससे सैनिकों को सुविधा होगी।

इसके साथ ही हिन्दी भाषा में पत्र-व्यवहार करनेवाले कर्मचारियों को प्रोत्साहित करने के लिए 'प्रोत्साहन पुरस्कार-योजना' भी चलाने के विषय पर विचार किया जाय तो अधिक उचित होगा।

इस सम्बन्ध में एक बैठक मेरे कार्यालय में कक्ष संख्या 25 में दिनांक 27 अक्टूबर, 2002 को 3 बजे होगी। कृपया इस बैठक में अवश्य आएँ और अपने सुझावों को प्रस्तुत कर इस कार्य की प्रगति में सहायता देवें।

श्री बस्वराज वेलापुरकर
उपसचिव,
वायुसेना भवन, उपसचिव (हिन्दी)
नई दिल्ली सेना मुख्यालय

भवदीय
शेराव रोकडे

(अर्ध-सरकारी पत्र-2)
(पत्र-1 का उत्तर)

भारत सरकार
रक्षा मन्त्रालय
वायुसेना भवन,
नई दिल्ली

अर्ध-सरकारी पत्र, क्रम संख्या 23.122- हिन्दी

सेवा में,
श्री घनश्याम शर्मा

सैनिकों के हिन्दी भाषा में अपना कार्य करने के सम्बन्ध में आपका पत्र दिनांक 18 सितम्बर, 2002 को मिला। इस विषय में पहले ही कार्यवाही की जा रही है। सैनिकों को हिन्दी सिखाने का प्रबन्ध इस कार्यालय ने किया हुआ है।

आयोजित बैठक में 27 अक्टूबर, 2002 को 3 बजे अवश्य भाग लेने के लिए उपस्थित रहूँगा।

श्री नारायण शर्मा
अवर सचिव,
रक्षा मन्त्रालय,
सेना मुख्यालय,
नई दिल्ली

भवदीय,
उपसचिव,

श्री बस्वराज वेलापुरकर,
उपसचिव,
वायुसेना भवन, नई दिल्ली

इ. सरकारी पत्राचार के अन्य रूप

सरकारी कामकाज में प्रयुक्त अन्य पत्र-रूप इस प्रकार हैं—

1. कार्यालय ज्ञापन (Office-Memorandum)—इसका प्रयोग केवल भारत सरकार के मन्त्रालयों के बीच आपसी पत्र-व्यवहार के लिए होता था। अब अधीनस्थ कार्यालयों तथा अधिकारियों के पास सामान्य सूचनाएँ भेजने के लिए भी होता है। इसमें न तो सम्बोधन होता है और न अधोलेखन, केवल हस्ताक्षरकर्त्ता के नाम तथा पदनाम

का उल्लेख होता है। इसकी वाक्य रचना आदेशात्मक नहीं होती। यह जिस मन्त्रालय को भेजा जाता है, उसका नाम हस्ताक्षर के नीचे पृष्ठ की बाईं ओर किनारे पर लिखा जाता है।

2. अधिसूचना (Notification)—सरकारी गजट में प्रकाशित जन-साधारण से सम्बन्धित सूचनाएँ तथा सरकारी अधिकारियों से सम्बन्धित नियुक्तियों को प्रकाशित किए जाने के लिए लिखी जाती हैं। इसके प्रारम्भ में यह निर्देश आवश्यक रूप से होता है कि यह भारतीय राजपत्र के किस भाग और किस खंड में प्रकाशित होगी ? यह प्रबन्धक, भारत सरकार के प्रेस को प्रेषित की जाती है। इसमें सम्बोधन नहीं होता। संयुक्त सचिव या उससे उत्त्वस्तरीय अधिकारी के हस्ताक्षर होते हैं। इसमें अधिसूचना संख्या, मन्त्रालय का नाम, भेजनेवाले के हस्ताक्षर तथा उपनाम का उल्लेख रहता है।

3. कार्यालय आदेश (Office Order)—कार्यालय आदेश किसी मन्त्रालय, सम्बन्धित विभाग, अनुभाग एवं कार्यालय के आन्तरिक प्रशासन सम्बन्धी अनुदेश जारी करने हेतु प्रेषित किया जाता है। इसमें सम्बोधन नहीं रहता। इसके अन्त में दाईं तरफ आदेश करनेवाला अधिकारी हस्ताक्षर करता है और बाईं ओर आदेश पत्र प्राप्त करनेवाले व्यक्ति का नाम, पद, विभाग, अनुभाग तथा कार्यालय आदि लिखा रहता है। इसकी भाषा सहज, स्पष्ट तथा शैली उत्तम पुरुष एक वचन की रहती है।

4. परिपत्र (Circular)—अन्यान्य मन्त्रालयों, विभागीय कार्यालयों, अधीनस्थ व सम्बन्धित विभागों को एक साथ कोई सूचना, आदेश या अनुदेश देने के लिए परिपत्र लिखा जाता है। इसका स्वरूप सरकारी पत्र तथा ज्ञापन जैसा ही होता है। केवल यहाँ उसके समान स्वनिर्देशसूचक शब्दों का प्रयोग नहीं होता। परिपत्र में, परिपत्र पानेवाले अधिकारियों, सचिवालयों, विभागों तथा संस्थाओं आदि का उल्लेख किया जाता है।

5. अनुस्मारक (Reminder)—सरकारी पत्र, कार्यालयीन ज्ञापन, अर्ध-सरकारी पत्र आदि का उत्तर आने में पर्याप्त विलम्ब होने पर अनुस्मरण के लिए यह पत्र लिखा जाता है। इसमें पूर्व लिखित पत्रों की संख्या एवं विषय आदि का उल्लेख कर वस्तुस्थिति प्रकट करने के लिए कहा जाता है। यदि एक अनुस्मारक का उत्तर नहीं आता तो पुन: अनुस्मारक भेजा जाता है। विषय तथा स्थिति को देखकर भाषा थोड़ी सख्त भी हो सकती है। संक्षिप्तता इसकी विशेषता होनी चाहिए।

6. आदेश (Order)—वित्तीय मंजूरियों और अनुशासनात्मक विषयों से सम्बन्धित सरकारी कर्मचारियों को सरकारी आदेशों की सूचना देने के लिए इसका प्रयोग होता है।

7. प्रेस-विज्ञप्ति (Press Note)—यह महत्त्वपूर्ण विषय पर प्रेस के लिए सम्यक रूप से अक्षरश: प्रकाशित करने हेतु किया जानेवाला मसौदा होता है। कभी-कभी इसे गजट में भी प्रकाशनार्थ भेजा जाता है।

8. संकल्प या संस्ताव (Resolution)—सरकारी गजट में प्रकाशित नीति अथवा महत्त्वपूर्ण विषय सम्बन्धी घोषणा, जाँच समितियों-आयोगों की नियुक्ति की घोषणा तथा उसके प्रतिवेदनों की घोषणा करना आदि के लिए इसका प्रयोग किया जाता है।

9. प्राप्ति स्वीकार (Acknowledgement)—केन्द्रीय मन्त्रियों, राज्यों के मन्त्रियों एवं वरिष्ठ अधिकारियों आदि के नाम आए पत्रों की प्राप्ति सूचना इस तरह के पत्रों द्वारा दी जाती है।

10. मंजूरी पत्र (Sanction Letter)—राष्ट्रपति की ओर से प्राप्त स्वीकृति की सूचना जब किसी मन्त्रालय, विभाग, कार्यालय आदि को देनी होती है, तब मंजूरी पत्र लिखा जाता है, परन्तु होता है वह राष्ट्रपति के नाम पर ही। इसका प्रारूप सरकारी पत्र जैसा ही होता है।

11. घोषणा या उद्घोषणा (Proclamation)—राष्ट्रपति अथवा राज्यपाल के हस्ताक्षरों से प्रसारित राष्ट्रीय महत्त्व के विषय में असाधारण घोषणा करने के लिए इसका प्रयोग किया जाता है।

12. पृष्ठांकन (Endorsement)—पत्र, कार्यालय ज्ञापन तथा अन्य किसी प्रकार के पत्र की प्रति सम्बन्धित अन्य मन्त्रालय, कार्यालय में परिचालित करने के लिए इसका प्रयोग होता है।

13. अशासनिक (गैर-सरकारी) पत्र (Unofficial Letter)—इसका प्रयोग सामान्यत: विभिन्न मन्त्रालयों के मध्य किसी प्रस्ताव पर उनके विचार या टिप्पणियाँ प्राप्त करने या किसी पूर्वादेश का स्पष्टीकरण करवाने या उनके यहाँ से कोई जरूरी कागज या सूचना मँगवाने के लिए किया जाता है। इन निर्देशों में या पत्रों में न तो किसी को सम्बोधित किया जाता है और न स्वनिर्देश। हस्ताक्षर के नीचे प्रेषक का पदनाम दिया जाता है।

इसका प्रयोग दो प्रकार से किया जाता है—(1) पंजिका (Register) पर ही यथावश्यक टिप्पणी लिखकर पत्रावली की उस पंजिका को ही दूसरी मन्त्रालय या कार्यालय में भेज दिया जाता है। (2) अपने आप में एक टिप्पणी (Note) या ज्ञापन लिखकर अलग से सम्बन्धित मन्त्रालय का कार्यालय को भेजा जाता है।

14. तार (Telegram)—जब किसी स्थान को कोई सन्देश तत्क्षण कार्रवाई के लिए भेजना आवश्यक होता है, तब तार का प्रयोग किया जाता है। किसी विषय अथवा समस्या की गम्भीरता ज्ञापित करने के लिए इसका प्रयोग किया जाता है। इसका कलेवर संक्षिप्त होता है।

15. द्रुत पत्र (Express Letter)—जब सरकारी समाचार, सन्देश, सूचना, निर्णय आदि को बहुत जल्दी भेजना होता है, तब द्रुत पत्र का प्रयोग किया जाता है। इस तरह के पत्रों में सम्बोधन अथवा स्वनिर्देश नहीं लिखे जाते। पत्र संख्या शीर्ष भाग पर न लिखकर विषय के ऊपर लिखी जाती है। इसका स्वरूप तार जैसा ही होता है।

16. मितव्यय पत्र—यह पत्र तार अथवा द्रुत पत्र के समान ही होता है। अन्तर यह है कि ये सामान्यत: विदेशी सरकारों को भेजे जाते हैं। इनका प्रयोग गोपनीय विषयों से सम्बन्धित सन्देश भेजने के लिए होता है। इसलिए इसमें कूट शब्दों का प्रयोग किया जाता है। इनके ऊपर 'मितव्यय पत्र' लिखा जाता है।

17. सूचना (Notice)—सूचनाएँ प्राय: समाचार-पत्रों में प्रकाशित कराई जाती हैं। कभी-कभी पोस्टर के रूप में दीवारों, सूचना-पट्टों तथा सार्वजनिक स्थानों में या ऐसे स्थलों पर जहाँ जनता की दृष्टि सरलता से पड़े. चिपका दी जाती है। सूचनाएँ कई प्रकार की हो सकती हैं। जैसे नीलाम, निविदा, अस्थायी-स्थायी रिक्त स्थानों में विज्ञापन, प्रतिवादियों को निश्चित तिथि पर न्यायालय में उपस्थित होने की सूचना आदि। सूचनाओं

की भाषा सरल तथा स्पष्ट होनी चाहिए, ताकि उन्हें समझने में किसी को कठिनाई न हो या किसी प्रकार का कोई भ्रम न हो।

18. ज्ञापन (Memorandum)—कार्यालयीन ज्ञापन और ज्ञापन के स्वरूप में कोई विशेष अन्तर नहीं होता। परन्तु जहाँ कार्यालय-ज्ञापन का प्रयोग एक मन्त्रालय से दूसरे मन्त्रालय और एक प्रभाग / शाखा तथा अनुभाग से दूसरे मन्त्रालय या प्रभाग / शाखा आदि से पत्र-व्यवहार के लिए होता है, वहाँ ज्ञापन का प्रयोग एक मन्त्रालय या विभाग प्रभाग में भीतरी पत्र-व्यवहार के लिए होता है। ज्ञापन का प्रयोग अधीनस्थ कार्यालयों को आदेश भेजने अथवा किसी अन्य समाचार से अवगत कराने के लिए होता है।

कार्यालय ज्ञापन (Office Memorandum)

महाराष्ट्र सरकार
गृह मन्त्रालय

संख्या 26/2/99 दि. 13 जून, 1999
मुम्बई

कार्यालय ज्ञापन

विषय : महाराष्ट्र सरकार के कर्मचारियों की हिन्दी परीक्षाएँ।

अधोहस्ताक्षरी को यह सूचित करने का निर्देश हुआ है कि महाराष्ट्र सरकार के कर्मचारियों की हिन्दी परीक्षाएँ 16, 17 अगस्त, 1999 को होगी।

अवर सचिव,
महाराष्ट्र सरकार

सेवा में,
सभी मन्त्रालय, महाराष्ट्र सरकार

महाराष्ट्र सरकार
वित्त मन्त्रालय

क्रम संख्या: 25/9/01 मुम्बई, दि. 28 जून, 2001

कार्यालय ज्ञापन

विषय : समयोपरि भत्ते की संशोधित दरें ।

इस मन्त्रालय से इसी क्रम संख्या के दिनांक 10 मार्च, 2001 के कार्यालय ज्ञापन के प्रसंग में मुझे यह निवेदन करने का निर्देश हुआ है कि वेतन आयोग की सिफारिशों को संलग्न परिशिष्ट 'ख' के अनुसार निर्धारित करने की स्वीकृति प्रदान की है। यह आदेश दिनांक 1 जून, 2001 से लागू माने जायँगे।

....
उपसचिव, महाराष्ट्र सरकार

सेवा में,

महाराष्ट्र सरकार के सभी मन्त्रालय

संख्या - 30/10/01

भारत सरकार

स्वास्थ्य मन्त्रालय

नई दिल्ली

दि. 10 अप्रैल, 2001

कार्यालय आदेश

यह निश्चित किया गया है कि अब से आगे किसी भी अवर वर्ग लिपिक, उपरि वर्ग लिपिक अथवा सहायक को कार्यालय की कोई भी फाइल किसी भी स्थिति में घर ले जाने की अनुमति नहीं दी जायगी।

....

उपसचिव, भारत सरकार

सेवा में,

मन्त्रालय के सभी अवर वर्ग एवं

उपरि वर्ग लिपिक एवं सहायक

संख्या-14/4/02

भारत सरकार

विधि मन्त्रालय

नई दिल्ली

14 जून, 2002

कार्यालय आदेश

श्रीमती सुनीता कुलकर्णी, सहायक को दिनांक 15 जून, 2002 से विशेष सहायक के पद पर नियुक्त किया जाता है।

उपसचिव,

प्रतिलिपियाँ :-

भारत सरकार

(1) श्रीमती सुनीता कुलकर्णी, औरंगपूरा, औरंगाबाद

(2) अनुभाग अधिकारी, विधि मन्त्रालय, नई दिल्ली

परिपत्र

महाराष्ट्र सरकार
मुम्बई

दि. 23 जून, 1999
क्रमांक 786
प्रेषक,
प्रमुख सचिव,
महाराष्ट्र सरकार, मुम्बई

सेवा में,
महाराष्ट्र के समस्त सरकारी कार्यालयों के अध्यक्षों को।

विषय : मराठी के सम्बन्ध में महाराष्ट्र सरकार का निर्णय ।

महोदय,

मुझे आपको सूचित करने का निर्देश हुआ है कि प्रदेश की सरकार ने यह निर्णय लिया है कि 15 अगस्त, 1999 से सभी सरकारी कार्यालयों का कामकाज मराठी में होगा। अत: इसके पश्चात सारा पत्र-व्यवहार भी मराठी में हुआ करेगा।

भवदीय,
प्रमुख सचिव,
महाराष्ट्र सरकार

कार्यालय-ज्ञापन

क्रम संख्या 4/12/57 (आवास)

भारत सरकार
स्वास्थ्य मन्त्रालय,
नई दिल्ली 110 005 -

दिनांक : 16 सितम्बर, 2002

विषय : सरकारी आवास खाली होने की सूचना।

मुझे यह निर्देश प्राप्त हुआ है कि अंसारी बस्ती, नई दिल्ली में डॉक्टरों के दस आवास खाली होने की सूचना स्वास्थ्य सेवा के डॉक्टरों तक पहुँचा दूँ और वरीयता के आधार पर डॉक्टरों से इन आवासों के लिए आवदेन-पत्र प्राप्त करूँ।

ये आवेदन-पत्र दिनांक 4 अक्टूबर, 2002 तक इस कार्यालय में दिये जा सकते हैं। तदनन्तर आवेदन-पत्रों पर विचार करके आवास की व्यवस्था की जा सकेगी।

संयुक्त सचिव, स्वास्थ्य मन्त्रालय,
भारत सरकार

प्रतिलिपि :
सभी सम्बद्ध कार्यालय

(ज्ञापन)

उड़ीसा सरकार,
निर्माण तथा आवास मन्त्रालय,
भुवनेश्वर

क्रम संख्या 32/12/76 दिनांक 22 सितम्बर, 2002

ज्ञापन

इस मन्त्रालय के अधीन सरकारी आवास के लिए श्री चन्द्रदेव कवड़े (अनुभाग अधिकारी- सेवा) के दिनांक 2 मार्च, 2002 के आवेदन-पत्र के सन्दर्भ में निवेदन है कि आगामी तीन मास में मध्य आय के कर्मचारियों के आवास खंड तैयार हो जायँगे। तभी आपको आवास दिया जा सकेगा। अभी अवकाश प्राप्त सरकारी कर्मचारियों की योजना के अन्तर्गत मकान दिये जा रहे हैं। इस योजना में जो आवास खंड शेष रह जायँगे उन्हें भी मध्य आय के कर्मचारियों को दिया जा सकेगा। आप अपना नाम इस प्रतीक्षा-सूची में लिखवाना चाहते हों तो तुरन्त सूचित करें ताकि उचित कार्यवाही की जा सके।

भवदीय,

श्री चन्द्रदेव कवड़े सहायक सचिव
अनुभाग अधिकारी (सेवा), निर्माण तथा आवास मन्त्रालय
निर्माण तथा आवास मन्त्रालय उड़ीसा सरकार, भुवनेश्वर

(ज्ञापन)

भारत सरकार,
सूचना एवं प्रसारण मन्त्रालय,
नई दिल्ली, 110 001

क्रम संख्या 3/11/52 दिनांक 21 अक्टूबर, 2002

ज्ञापन

विषय : मन्त्रालय के दूरदर्शन कार्यालय में आन्तरिक पदोन्नति।

इस मन्त्रालय के दूरदर्शन कार्यालय में पन्द्रह अनुभाग अधिकारियों के स्थानों की पूर्ति की जायगी। कार्यालय में काम करनेवाले लिपिक वरीयता की दृष्टि से पदोन्नति के लिए आवेदन-पत्र दे सकते हैं। इन आवेदन-पत्रों पर नियमानुसार विचार किया जायगा। पदोन्नति के पश्चात भी जो स्थान रिक्त रहेंगे उनकी पूर्ति के लिए अन्य सहयोगी विभागों को परिपत्र भेजकर सूचित किया जायगा। आवेदन पत्र भेजने की अन्तिम तिथि 28 अक्टूबर, 2002 निश्चित की गई है। इस तिथि के पश्चात आनेवाले आवेदन-पत्रों पर विचार नहीं किया जायगा।

प्रतिलिपि : अवर सचिव (आवास)
सभी सम्बद्ध विभागों को प्रेषित सूचना एवं प्रसारण मन्त्रालय

अधिसूचना - भारतीय राजपत्र के भाग 4 खंड 15 में प्रकाशनार्थ

भारत सरकार,
उद्योग मन्त्रालय, नई दिल्ली

दिनांक 20 अप्रैल, 2002

क्रम संख्या 4/1/78 नियन्त्रण

अधिसूचना

निम्नलिखित वस्तुओं के सम्भरण तथा मूल्य अधिनियम 2002 (2002 का 14वाँ अधिनियम) के अनुभाग 12 द्वारा प्रदत्त अधिकारों का प्रयोग करते हुए और भारत के उद्योग मन्त्रालय के दिनांक 12 मार्च, 2002 के आदेश संख्या 15/2/743 की अधिसूचना में आंशिक सुधार के परिणामस्वरूप जहाँ तक उसका सम्बन्ध बोरिक एसिड के मूल्य के निश्चय से है। केन्द्रीय सरकार इस अधिसूचना द्वारा अधिकतम मूल्य की निम्नलिखित अनुसूची निश्चित करती है....

(संख्या............) ....

(नाम)
संयुक्त संचिव,
उद्योग मन्त्रालय

परिपत्र

भारतीय दूरभाष विस्तार सेवा विभाग
डाक तार निदेशालय
उपनिदेशक का साधारण परिपत्र
क्रम संख्या 13/2/76

नई दिल्ली,
दि. 5 सितम्बर, 2002

विषय : कार्यालय में हड़ताल।

इस निदेशालय के सामान्य परिपत्र क्रम संख्या 4, दि. 2 सितम्बर, 2002 की ओर हड़ताली कर्मचारियों का ध्यान आकृष्ट किया जाता है, जिसमें टेलीफोन को अनिवार्य सेवा घोषित किया ज़ा चुका है।

इस बार टेलीफोन कर्मचारियों ने हड़ताल करने की जो सूचना दी है, वह सर्वथा गैर-कानूनी है। इसलिए जो कर्मचारी हड़ताल करेगा उसके विरुद्ध विभागीय कठोर कार्यवाही की जायगी तथा वेतन की कटौती के अतिरिक्त टेलीफोन सेवा से हटा देने का निर्णय भी किया जा चुका है।

सुभाष यादव
उपनिदेशक (सेवा)

पृष्ठांकन क्रम संख्या 2/12/78
प्रतिलिपि निम्नलिखित को प्रेषित—

(1) अनुभाग अधिकारी (टेलीफोन)
(2) सूचना-पट्ट
(3) लेखाधिकारी (टेलीफोन)

(प्रेस विज्ञप्ति)

भारत और मॉरीशस के मध्य राजनैतिक सम्बन्ध

भारत और मॉरीशस की सरकारें इस विषय में सहमत हैं कि दोनों के राजनैतिक सम्बन्धों में और दृढ़ता आ गई है, क्योंकि दोनों के सांस्कृतिक जीवन एक ही मूल से सम्बन्धित हैं। इससे दोनों देशों के हितों का संरक्षण होगा।

यह भी निर्णय किया गया है कि भारत सरकार मॉरीशस की माँग पर वहाँ हिन्दी शिक्षण के लिए भारत से शिक्षकों एवं समाजसेवी संस्थाओं के कार्यकर्त्ताओं को वहाँ जाने की पूर्ण सुविधाएँ देगी।

यह समझौता भारत सरकार के विदेश मन्त्री तथा मॉरीशस के प्रधानमन्त्री के मध्य तीन दिन तक चलनेवाली आपसी सम्बन्धों की चर्चा के उपरान्त सहृदयतापूर्ण वातावरण में सम्पन्न हुआ था।

मुख्य सूचना अधिकारी, प्रेस सूचना संगठन, नई दिल्ली के पास प्रेस विज्ञप्ति जारी करने के लिए प्रेषित ।

विदेश मन्त्रालय, सचिव,
नई दिल्ली, 18 अप्रैल, 2002 भारत सरकार

6.

लेखाकर्म और बही-खाता

आज के व्यावसायिक युग में प्रत्येक लेन-देन मुद्रा द्वारा होता है। व्यवसाय में सुबह से शाम तक क्रय एवं विक्रय, प्राप्ति एवं भुगतान चलता रहता है। प्रत्येक व्यावसायिक के लिए यह ज्ञात करना आवश्यक होता है कि व्यापार की क्या स्थिति है—प्रगति या अवनति, कितना लाभ हो रहा है, किस प्रकार का व्यय हो रहा है तथा किस रूप में कितना लाभ हो रहा है, किस ग्राहक के यहाँ कितनी राशि चाहिए तथा किसे कितना देना है, किस सम्पत्ति में कितनी राशि लगी है आदि। यदि व्यावसायिक व्यवहार को क्रम से उचित एवं सुव्यवस्थित ढंग से बहियों में न लिखा जाय, तो उक्त बातों का पता नहीं चलेगा और आज व्यापार 'राम भरोसे' नहीं चलेगा। प्रत्येक व्यावसायिक व्यवहार को क्रम से, उचित एवं सुव्यवस्थित ढंग से बही-खातों में लिखने की प्रणाली को पुराने भारतीय-व्यापारिक शब्दों में 'बही-खाता' कहा जाता है। आज के व्यापार विज्ञान में इसे 'पुस्त-पालन' (Book-Keeping) कहते हैं। इसकी परिभाषा इस प्रकार दी जाती है, "पुस्त-पालन, द्रव्य सम्बन्धी लेन-देनों का लेखा-पुस्तकों में इस प्रकार निरन्तर एवं सही ढंग से लिखने की कला एवं विज्ञान है कि आप किसी भी समय सरलता एवं शीघ्रता से, दिये हुए समय के परिणाम तथा उस समय के अन्त में या उसके किसी भाग के वित्तीय कार्यों की वास्तविक स्थिति, निश्चित करने एवं उनकी सत्यता सिद्ध करने योग्य हो।"

लेखाकर्म (Accountancy) पुस्त-पालन से विस्तृत है। जहाँ पुस्त-पालन समाप्त होता है, वहाँ लेखाकर्म आरम्भ होता है। लेखाकर्म में निम्नलिखित कार्य शामिल होते हैं—

1. पुस्त-पालन में की गई प्रविष्टियों की जाँच करना ।
2. तलपट (Trial Balance) बनाना ।
3. मालखाता बनाना ।
4. लाभ-हानि खाता बनाना ।
5. चिट्ठा बनाना ।
6. भूल सुधार के लेखे करना ।
7. समायोजन लेखे करना ।

पुस्त-पालन (बही-खाता) तथा लेखाकर्म के उद्देश्य

1. लाभ और हानि का ज्ञान करना।

2. सम्पत्तियों और दायित्वों का ज्ञान करना अर्थात एक निश्चित समय पर व्यापार की कितनी सम्पत्तियाँ हैं और उनकी क्या स्थिति है तथा व्यापार के कितने दायित्व हैं—इन सबका ज्ञान करना।

3. व्यापारिक स्थिति का ज्ञान करना—लेखों अर्थात खातों के आधार पर यह ज्ञात करना कि व्यापार उन्नति पर है या अवनति पर।

4. लेन-देन ज्ञात करना—प्रत्येक व्यापारी यह जानना चाहता है कि एक निश्चित समय पर उसे किसी अमुक व्यक्ति को कितनी धनराशि देनी है तथा किसी अमुक व्यक्ति से कितनी धनराशि लेनी है? इस जानकारी के लिए भी पुस्त-पालन तथा लेखाकर्म किया जाता है।

5. इन प्रमुख उद्देश्यों के साथ माल के क्रय-विक्रय का तथा व्यापार में प्रयुक्त पूँजी का विस्तृत ज्ञान प्राप्त करना, कर निर्धारण और व्यापारिक आवश्यकताओं की समन्वित और समुचित जानकारी पाना, बही-खाता तथा लेखाकर्म के अन्य उद्देश्य भी कहे जा सकते हैं।

बही-खाता या पुस्त-पालन तथा लेखाकर्म के प्रकार

पुस्त-पालन तथा लेखाकर्म के तीन प्रकार होते हैं—

(1) वित्तीय लेखे (Financial Accounts) (2) लागत लेखे (Cost Accounts), (3) परिमाणिक लेखे (Quantitative Accounts) ।

1. वित्तीय लेखे (Financial Accounts)—वित्तीय लेखों के अन्तर्गत सौदों के मौद्रिक रूप को लिखा जाता है। उत्पादक इनके द्वारा उत्पादन, विनिमय, वितरण व व्यापारिक प्रशासन सम्बन्धी व्ययों का लेखा करके लाभ व हानि का ज्ञान प्राप्त करता है। उत्पादकों के अतिरिक्त व्यवसायी व व्यापारी भी इन्हीं के द्वारा लाभ वर्णन ज्ञात कर सकते हैं।

2. लागत लेखे (Cost Accounts)—यह वित्तीय लेखे का ऐसा मुख्य भाग है जिसमें उद्योग सम्बन्धी उत्पादन तथा व्यावसायिक कार्यों में प्रयोग होनेवाले कच्चे माल व श्रम और इसी पर होनेवाले व्ययों का वैज्ञानिक एवं नियमित रूप से इस प्रकार लेखा किया जाता है ताकि लागत लेखा उत्पादित वस्तुओं या सेवाओं की कुल लागत बताने के अतिरिक्त प्रत्येक इकाई की लागत भी बता सके।

3. परिमाणिक लेखे (Quantitative Accounts)—ये लेखे वस्तुओं के परिमाणों से सम्बन्धित होते हैं। ये लेखे उक्त वर्णित दोनों लेखों के सहायक होते हैं। इनका मुख्य उद्देश्य व्यापारिक वस्तुओं की खरीद व बिक्री तथा शेष की परिमाणिक सूचनाएँ प्राप्त करना है।

यद्यपि बही-खाता एवं लेखाकर्म के उक्त तीनों प्रकारों में से वित्तीय तथा लागत ही इसके प्रमुख प्रकार माने जाते हैं।

'बही-खाता' लेखन

बही-खाता लेखन की प्रमुखत: दो प्रणालियाँ पाईं जाती हैं—(1) इकहरा लेखा प्रणाली (Single entry system), (2) दोहरा लेखा प्रणाली (Double entry system))।

इकहरा लेखा प्रणाली छोटे व्यापारी प्रयुक्त करते हैं। इसमें कुछ आवश्यक लेन-देन को लिखकर और बाकी लेन-देनों को छोड़ दिया जाता है। इसलिए इस प्रणाली को अपूर्ण तथा दोषपूर्ण कहा जाता है। दोहरा लेखा प्रणाली में प्रत्येक सौदे के दोनों रूपों अर्थात नाम या विकलन (Debit) और जमा या समाकलन (Credit) का लेखा किया जाता है। आजकल बही-खाता लेखन में इसी प्रणाली का प्रयोग किया जाता है। प्रत्येक सौदे के दो रूपों में लिखे जाने से इसे लेखा प्रणाली कहा जाता है; जैसे—मोहन को 500 रु. दिये। इस व्यवहार के दो रूप हैं—(1) रोकड़ जमा अर्थात विकलन या जमा, (2) मोहन का प्राप्त करना अर्थात समाकलन या नाम।

बही-खाता लेखन के मुख्य भाग तथा लेखन प्रविधि

'दोहरा लेखा प्रणाली' में बही-खाता लेखन की प्रक्रिया की तीन सीढ़ियाँ हैं—(1) प्रारम्भिक लेखा (Original Record), (2) वर्गीकरण (Classification) और (3) अन्तिम खाते (Final Accounts) ।

सर्वप्रथम सौदों का लेखा प्रारम्भिक पुस्तकों में लिखा जाता है। छोटे व्यापारी सभी सौदों का लेखा एक ही पुस्तक या बही में लिखतें हैं, जिसे 'रोजनामचा', 'पंजी' या 'जर्नल' (Journal) कहा जाता है। बड़े व्यापारी प्रारम्भिक लेखों को अनेक पुस्तकों में लिखते हैं, जिन्हें जर्नल की सहायक पुस्तकें कहा जाता है। ये सहायक पुस्तकें (Subsidiary Books) इस प्रकार होते हैं।

(1) रोकड़ पुस्तक (Cash Book), (2) क्रय-पुस्तक (Purchase Book), (3) विक्रय-पुस्तक (Sale Book) (4) क्रय प्रत्याय पुस्तक (Purchase Returns Book), (5) विक्रय प्रत्याय पुस्तक (Sale Returns Book), (6) प्राप्य विपत्र पुस्तक (Bill Receivable Book), (7) देय विपत्र पुस्तक (Bill Payable Book), (8) दैनिक पंजी (Journal)। प्रारम्भिक लेखा चाहे रोजनामचे में हो या चाहे इसकी सहायक पुस्तकों में, तिथिवार किए जाते हैं।

प्रारम्भिक लेखा द्वारा एक-एक खाते से सम्बन्धित सभी लेन-देनों का ज्ञान प्राप्त नहीं हो सकता अर्थात यह ज्ञात नहीं हो सकता है कि अमुक व्यक्ति को क्या देना है तथा अमुक व्यक्ति से क्या पाना है आदि। इसलिए प्रारम्भिक लेखा से ही कार्य नहीं चलता। इसलिए एक ऐसे बही या पुस्तक में रोजनामचा से छाँट-छाँटकर खातों के हिसाब से लेखे

किए जाय। जिस प्रकार डाकखाने में चिट्ठी छाँटनेवाला भिन्न-भिन्न स्थानों को जानेवाली चिट्ठियाँ चिट्ठियों के ढेर में से छाँटकर निकालता है, उसी प्रकार रोजनामचे या उसकी सहायक पुस्तकों में किए गए लेखों में से खातों के अनुसार लेखे छाँटे जाते हैं और उन्हें एक बही या पुस्तक में सम्बन्धित खातों में क्रमानुसार लिखा जाता है। इस प्रक्रिया को खतियाना (Posting) तथा जिस बही या पुस्तक में यह लिखा जाता है उसे खाता-बही, प्रपंजी या लेजर (Ledger) कहा जाता है।

खातों से प्रत्येक खाते की बाकी या शेष का ज्ञान तो प्राप्त होता है, परन्तु यह पता नहीं चलता कि व्यापार को लाभ हुआ या हानि और कितना लाभ या हानि हुई। व्यापार की आर्थिक स्थिति का भी ज्ञान प्राप्त नहीं किया जा सकता। इसलिए खाता-बही या लेजर के खातों की सहायता से लाभ-हानि ज्ञात करने के लिए व्यापारिक खाता तथा लाभ-हानि खाता व आर्थिक स्थिति ज्ञात करने के लिए चिट्ठा बनाया जाता है। लाभ-हानि खाता और चिट्ठा बनाना ही अन्तिम खाते बनाना कहा जाता है।

अत: स्पष्ट है कि बही-खाता लेखन प्रविधि में पहले रोजनामचा, तदनन्तर खाता-बही और अन्त में लाभ-हानि खाता-चिट्ठी यह प्रक्रिया होती है। अब हम इनके लेखन स्वरूप का संक्षिप्त परिचय प्राप्त करेंगे।

(1) रोजनामचा या दैनिक पंजी (Journal)

इसमें पाँच खाने होते हैं—(1) तारीख, (2) विवरण, (3) खाता पृष्ठ संख्या, (4) राशि—नामे या विकलित (5) राशि—जमा या समाकलित। जैसे—

नमूना

तिथि	विवरण	(प्रपंजी पृष्ठ) खाता पृष्ठ संख्या	(नामे) विकलित राशि		जमा समाकलित राशि	
			रुपये	पैसे	रुपये	पैसे

रोजनामचा लिखने के नियम

रोजनामचा में लेखा करने से पूर्व निम्न महत्त्वपूर्ण नियमों को भली-भाँति समझ लेना चाहिए। यदि नियमों को पूर्णरूपेण समझ लिया तो रोजनामचा लिखने की क्रिया अत्यन्त सरल एवं रोचक हो जायगी।

(1) सर्वप्रथम यह पता लगाना चाहिए कि व्यवहार या लेन-देन का किन दो खातों से सम्बन्ध है। खाते दो प्रकार के होते हैं—(1) व्यक्तिगत और (2) अव्यक्तिगत।

(1) व्यक्तिगत खाते (Personal Accounts)— किसी व्यक्ति, फर्म, कम्पनी अथवा संस्था के नाम से खोले जाते हैं तथा उनसे सम्बन्धित लेन-देनों का लेखा किया जाता है। **(2) अव्यक्तिगत खाते (Impersonal Accounts)** में वस्तु या सम्पत्ति तथा लाभ या हानि से सम्बन्धित खाते होते हैं। इसके दो उपभेद किए जाते हैं—*(अ) वास्तविक खाते* (Real Accounts) में किसी वस्तु या सम्पत्ति में सम्बन्धित लेखा किया जाता है, जैसे—रोकड़ खाता, मशीन खाता, भवन खाता आदि। *(आ) अवास्तविक या लाभ-हानि खाते* (Nominal Accounts) में लाभ तथा हानि तथा उससे सम्बन्धित खर्च, आय का लेखा किया जाता है; जैसे किराया खाता, ब्याज खाता, विज्ञापन खाता आदि।

(2) व्यवहार के खाते से सम्बन्ध पहचानने के बाद निम्न तालिका के आधार पर पता लगाना है कि, खाते किस प्रकार के हैं—

तालिका

व्यवहार का सम्बन्ध	प्रभावित खाता
1. यदि व्यक्ति फर्म, कम्पनी तथा संस्था से है	व्यक्तिगत खाता
2. यदि किसी वस्तु या सम्पत्ति से है	वास्तविक खाता
3. व्यापार के लाभ-हानि से है।	अवास्तविक खाता

(3) यह मालूम करना चाहिए कि प्रभावित होनेवाले दोनों प्रकार के खातों में से कौन-सा खाता पानेवाला है और कौन-सा खाता देनेवाला है।

इसके बाद निम्न तालिका के आधार पर व्यवहार को रोजनामचे से सम्बन्धित खातों में नामे या विकलित और जमा या समाकलित करना चाहिए।

तालिका

यदि खाता	नामे या विकलित करो	जमा या समाकलित करो
1. व्यक्तिगत है	प्राप्तकर्त्ता	दाता या देनेवाला
2. वास्तविक है	वस्तु आती है	वस्तु जाती है।
3. अवास्तविक है।	हानि या व्यय	लाभ या आय

उक्त सभी नियमों के आधार पर रोजनामचे में प्रविष्टियाँ की जाती हैं। इसमें तिथिअनुसार प्रत्येक व्यवहार को क्रम से विवरण सहित द्वि-प्रविष्टि प्रणाली के मूलभूत सिद्धान्तों के अनुसार प्रविष्टि किया जाता है, जिसे पंजीयन कहा जाता है। पंजीयन करने में प्रत्येक व्यवहार को क्रमानुसार प्रविष्ट किया जाता है। प्रत्येक व्यवहार के दो पक्षों को ज्ञात कर विकलित (debit) होनेवाले पद के साथ 'लेखा' शब्द लिखकर विवरण के खाने वि. (विकलन) शब्द तथा राशि विकलन खाने में लिख दी जाती है। इसी प्रकार समाकलित (credit) होनेवाले पद के साथ 'लेखा द्वारा' शब्द विवरण खाने में लिखकर राशि समाकलन खाने में लिखी जाती है।

तत्पश्चात विवरण खाने में व्यवहार सम्बन्धित विवरण संकेत (narration) प्रस्तुत किए जाते हैं। अन्त में प्रत्येक प्रविष्टि की व्याख्या के पश्चात उस व्यवहार के पूर्ण होने के सूचक स्वरूप लाल स्याही से विवरण खाने में रेखा खींच दी जाती है। प्रपंजी या खाते पृष्ठ संख्या के खाने में खाता-बही या लेजर के उस पृष्ठ की संख्या लिखी जाती है, जिस पर इसकी प्रविष्टि ली गई है। रोजनामचे के प्रत्येक पृष्ठ के अन्त में राशि खानों का योग निकाला जाता है, जिसे अग्रनीत योग शब्द से सम्बोधित किया जाता है तथा उस योग को अगले पृष्ठ के आरम्भ में 'अग्रनीत योग' (Brought forward) के रूप में प्रविष्ट किया जाता है।

रोजनामचे लेखन का नमूना

1 जन., 1995 से 9 जन., 1995 तक निम्नलिखित व्यवहार हुआ।

1995		रुपये
जन.	1) व्यापार में पूँजी लगाई	10,000=00
	2) रोक से वस्तुएँ खरीदी	2,000=00
	3) राम से वस्तु क्रय	3,000=00
	4) भृति (मजदूरी) का दिया	100=00
	5) रोक से वस्तुएँ बेची	1,000=00
	6) उपस्कर (Furniture) खरीदा	250=00
	7) श्याम को वस्तुएँ बेची	1,500=00
	8) गृह भाटक (Rent) दिया	100=00
	9) राम को रोक दिया	2,900=00
	10) राम से रोक अपहार मिला	100=00

उक्त व्यवहार का पंजीयन इस प्रकार होगा—

रोजनामचा				
तिथि	विवरण	प्र.पृ.	विक.	समा.
1995			रुपये पैसे	रुपये पैसे
जन. 1	रोक ले. वि. पूँजी ले. द्वारा (व्यापार में रोक से पूँजी लगाई)		10,000=00	10,000=00
2	वस्तु ले. वि. रोक ले. द्वारा (रोक वस्तु क्रय)		2,000=00	2,000=00
3	वस्तु ले. वि. राम द्वारा (उधार वस्तु क्रय)		3,000=00	3,000=00
4	भृति ले. वि. रोक ले. द्वारा (भृत्ति का दिया)		100=00	100=00
5	रोक ले. वि. वस्तु ले. द्वारा (रोक विक्रय)		1,000=00	1,000=00
6	उपस्कार ले. वि. रोक ले. द्वारा (नगद उपस्कार क्रय)		250=00	250=00
7	श्याम ले. वि. वस्तु ले. द्वारा (उधार वस्तु विक्रय)		1,500=00	1,500=00
8	गृहभाटक ले. वि. रोक ले. द्वारा (गृह भाटक का दिया)		100=00	10,000=00
9	राम ले. वि. रोक ले. द्वारा (रोक विक्रय)		2,900=00	2,900=00
	राम वि. अपहार ले. द्वारा (रोक अपहार मिला)		100=00	100=00
	योग		20,950=00	20,950=00

2. खाता-बही या प्रपंजी (Ledger) :

यह वह बही या पुस्तक है, जिसमें व्यक्तिगत तथा लाभ-हानि खातों को पृथक-पृथक रखा जाता है तथा जहाँ प्रत्येक खाते से सम्बन्धित समस्त लेन-देनों को एक स्थान पर एकत्रित कर लिया जाता है। दूसरे शब्दों में हम यह कह सकते हैं कि यह वह बही है जिसमें रोजनामचे में किए गए लेखों का वर्गीकरण किया जाता है।

खाता-बही का स्वरूप

इस बही को सजिल्द अथवा खुले पन्नों के रूप में रखा जा सकता है। प्रत्येक खाते के लिए कम-से-कम एक पन्ना छोड़ा जाता है तथा आवश्यकतानुसार एक से अधिक पन्ने भी छोड़े जा सकते हैं। प्रत्येक पृष्ठ पर पृष्ठ संख्या लिखी जाती है। पुस्तक के प्रारम्भ में खातों को ढूँढ़ने के लिए एक अनुक्रमणिका (Index) तैयार की जाती है। एक पृष्ठ पूर्ण होने पर खाते को दूसरे पृष्ठ पर ले जाया जाता है। खाता बही का रूप रोजनामचे के समान नहीं होता है, बल्कि उससे बिलकुल भिन्न होता है। खाता-बही में खोले जानेवालों खातों का रूप इस प्रकार होगा—

विक. (Dr.) समा. (Cr.)

तिथि	विवरण	पं. पृ.	राशि	तिथि	विवरण	पं. पृ.	राशि
			रु. पै.				रु. पै.

इस प्रकार खाते एक दोहरी लाइन द्वारा दो भागों में विभक्त कर दिये जाते हैं। बाईं ओर के भाग को विकलन पक्ष (Debit side) कहते हैं तथा दाईं ओर के भाग को समाकलन पक्ष (Credit side) कहते हैं। प्रत्येक पृष्ठ के ऊपरी बाईं ओर विक. (Dr.) और दाईं ओर समा. (Cr.) शब्द लिखे जाते हैं। तिथि के खाने में लेन-देन की तिथि (मास तथा सन सहित) लिखना चाहिए। विवरण के खाने में उस खाते से प्रभावित दूसरे खाते का नाम लिखा जाता है। तीसरे खाने में रोजनामचे की वह पृष्ठ संख्या लिखी जाती है, जहाँ सम्बन्धित लेन-देन का प्रारम्भिक लेखा किया गया है। चौथे खाने में वह राशि लिखी जाती है, जो इस खाते में विकलित (debit) की जानेवाली है। यह विवरण विकलन-पक्ष का दिया गया है। इसी प्रकार का विवरण समाकलन-पक्ष का होगा।

खाता-बही में खताने (Posting) के नियम :

(1) खोले जानेवाले खाते के पृष्ठ के ऊपरी सिरे पर मध्य में उस खाते का नाम लिखना चाहिए।

(2) लेन-देन की तिथि, निर्धारित खाने में लिखी जानी चाहिए।

(3) दैनिक पंजी या रोजनामचे में विकलित (Debit) किया गया खाता खाता-बही भी विकलित (debit) किया जायगा और समाकलित (Credit) किया गया खाता, खाता-बही में भी समाकलित (Credit) किया जायगा।

(4) यदि किसी लेन-देन से प्रभावित दो खातों में से आप एक खाते में खता रहे हैं तो विवरण के खाने में उससे प्रभावित दूसरे खाते का नाम लिखा जाता है।

(5) खाता-बही में, खाते को खताते समय विकलित पक्ष में, विवरण के खाने में प्रविष्टि के पूर्व अंग्रेजी खाता-बही में To तथा समाकलन के खाने में प्रविष्टि के पूर्व By शब्द लिखा जाता है।

(6) खताते समय रोजनामचे के पृष्ठ नम्बर अवश्य डालना चाहिए जहाँ पर व्यवहार लिखा गया है।

उक्त नियमों का निर्वाह करते हुए पूर्व लिखित रोजनामचे की प्रविष्टियों को खाता-बही के विविध खातों में इस प्रकार खतियाया जायगा—

खाता-बही में खतियाने के नमूने

रोक लेखा

विक. समा.

तिथि	विवरण	पं.पृ.	राशि	तिथि	विवरण	पं. पृ.	राशि
			रु. पै.				रु. पै.
1995	पूँजी ले.		10,000=00	1995			
जन. 1				जन. 2	वस्तु ले.		2,000=00
5	वस्तु ले.		10,000=00	4	भृति ले.		100=00
				6	उपस्कर ले.		250=00
				8	गृहभाटक ले.		100=00
				9	राम ले.		2,900=00

पूँजी लेखा

विक. समा.

तिथि	विवरण	पं.पृ.	राशि	तिथि	विवरण	पं. पृ.	राशि
							रु. पै.
				1995			
				जन. 1	रोक ले.		10,000=00

वस्तु लेखा

विक. समा.

तिथि	विवरण	पं.पृ.	राशि	तिथि	विवरण	पं. पृ.	राशि
							रु. पै.
1995			रु. पै.	1995			
जन. 2	रोक ले.		2,000=00	जन. 5	रोक ले.		1,000=00
3	राम ले.		3,000=00	7	श्याम ले.		1,500=00

राम लेखा

विक. समा.

तिथि	विवरण	पं.पृ.	राशि	तिथि	विवरण	पं. पृ.	राशि
			रु. पै.				रु. पै.
1995				1995			
जन. 9	रोक ले.		2,900=00	जन. 3	वस्तु ले.		3,000=00
			100=00				
	अपहार ले.						

भृति लेखा

विक. समा.

तिथि	विवरण	पं.पृ.	राशि	तिथि	विवरण	पं. पृ.	राशि
			रु. पै.				रु. पै.
1995 जन. 4	रोक ले.		100=00				

उपस्कार लेखा

विक. समा.

तिथि	विवरण	पं.पृ.	राशि	तिथि	विवरण	पं. पृ.	राशि
			रु. पै.				रु. पै.
1995 जन. 6	रोक ले.		2,500=00				

श्याम लेखा

विक. समा.

तिथि	विवरण	पं.पृ.	राशि	तिथि	विवरण	पं. पृ.	राशि
			रु. पै.				रु. पै.
1995 जन. 7	वस्तु ले.		1,500=00				

गृह भाटक लेखा

विक. समा.

तिथि	विवरण	पं.पृ.	राशि	तिथि	विवरण	पं. पृ.	राशि
			रु. पै.				रु. पै.
1995 जन. 8	वस्तु ले.		1,00=00				

अपहार लेखा

विक. सभा.

तिथि	विवरण	पं.पृ.	राशि	तिथि	विवरण	पं. पृ.	राशि
			रु. पै.				रु. पै.
जन. 9	अपहार ले.		100=00	1995			

3. तलपट (Trial Balance)

प्रत्येक व्यापारिक लेन-देन की प्रारम्भिक प्रविष्टि रोजनामचे में उसके अन्य सहायक बहियों में की जाती है और तत्पश्चात वे सब खाता-बही में सम्बन्धित खातों में खता दी जाती है। इस प्रकार खाता-बही हिसाब की मुख्य पुस्तक है। अतएव इस बही की शुद्धता पर ही अन्तिम खातों की शुद्धता निर्भर होती है। इसलिए अन्तिम खाते बनाने से पूर्व यह बात ज्ञात होना अत्यन्त आवश्यक है कि हमारी खाता-बही में की गई प्रविष्टियाँ दोहरे लेखे के नियम के अनुसार की गई हैं अथवा नहीं अर्थात प्रत्येक विकलन प्रविष्टि के लिए एक समाकलन प्रविष्टि की गई है अथवा नहीं। यदि प्रविष्टियाँ ठीक की गई होंगी, तो खाता-बही के समस्त विकलन पक्षों के योग या विकलन शेषों के योग, समस्त खातों के समाकलन पक्षों के योग अथवा समाकलन शेषों के योग के समान होंगे। इस प्रकार हिसाब की शुद्धता जानी जा सकती है। यदि दोनों पक्षों के योग समान नहीं हो तो यह जान लेना चाहिए कि खताने में किसी प्रकार की त्रुटि रह गई है। यह बात हम तलपट बनाकर मालूम कर सकते हैं।

तलपट का स्वरूप

यह साधारणतः रोजनामचे की भाँति लाइनें खींचकर तैयार किया जाता है। इसमें रोजनामचे की भाँति खाता-बही की पृष्ठ संख्या लिखने के लिए एक खाना होता है। इसके विकलन और समाकलन खानों में या तो प्रत्येक खाते के दोनों ओर के योग क्रमशः लिखे जाते हैं या फिर प्रत्येक खाते का केवल शेष ही लिखा जाता है। तलपट का स्वरूप इस प्रकार होता है—

तलपट (Trial Balance)

		विकलन		समाकलन	
खाते	खा. पृ.	रुपये	पैसे	रुपये	पैसे

लेखाकर्म तथा बही-खाता से सम्बन्धित पारिभाषिक शब्दावली

(A)

Acceptance	स्वीकृति
Acceeptor	स्वीकारकर्त्ता, स्वीकारक
Accommodation Bills	अनुग्रह बिल, अनुग्रह विपत्र, पारस्परिक सहायतार्थ लिखे गए बिल
Account	खाता, लेखा, हिसाब
Accured Income	उपार्जित आय
Active Partner	सक्रिय साझीदार
Adjustment Entries	सुधार के लेखे, समायोजना प्रविष्टियाँ
Adjustments	समायोजना
Agent	प्रतिनिधि, एजेंट, अभिकर्त्ता
Amount	धनराशि, रकम
Ante-dated (back dated)	पूर्व दिनांकित चेक, पिछली तिथिवाला चेक
Cheque	पावने,सम्पत्ति, लेनदारी
Assets	पावने, सम्पत्ति, लेनदारी

(B)

Bad Debts	अप्राप्य ऋण, अशोध्य ऋण, डूबता ऋण
Balance Sheet	चिट्ठा, स्थिति विवरण
Balancing of Accounts	खातों का शेष निकालना, खातों का सन्तुलन करना
Bank	अधिकोष, बैंक
Bank Charges	बैंक व्यय
Bank Reconciliation Statement	बैंक समाधान विवरण
Bearer Cheque	धनीजोग, देखनहार या वाहक चेक
Bills of Exchange	विपत्र, विनिमय बिल, विनिमय पत्र
Bills Payable Book	देय बिल बही
Bills Receivable Book	प्राप्य बिल बही
Bills Receivable	प्राप्य बिल
Bills Payable	देय बिल
Book-keeping	पुस्त-पालन, बहीखाता, हिसाब-किताब
Books of Original Entries	मूल प्रविष्ट बहियाँ, प्रारम्भिक लेखे की बहियाँ
Business	व्यापार, व्यवसाय

(C)

Capital	पूँजी
Capital Receipt	पूँजी सम्बन्धी आय
Capital Expenditure	सम्पत्ति व्यय
Carriage Inward	आगत वाहन व्यय, आवक गाड़ी भाड़ा, क्रय पर भाड़ा
Carriage outward	निर्गत वाहन व्यय, जावक गाड़ी भाड़ा
Cash	रोकड़, नगदी
Cash Purchases	रोकड़ी क्रय, नकद खरीद
Cash Sales	रोकड़ी विक्रय, नकद बिक्री
Cashier	कोषाध्यक्ष, रोकड़िया
Charity	दान, धर्मदाय
Cheque	चेक, धनादेश
Classification	वर्गीकरण
Closing Entries	अन्तिम या संवरण प्रविष्टियाँ
Closing Stock	अन्तिम रहतिया
Compensating Errors	क्षतिपूरक अशुद्धियाँ, स्वयंशोध अशुद्धियाँ
Compound Entries	मिश्रित प्रविष्टियाँ
Conventional Value	परम्परागत मूल्य
Contra Entry	विपरीत लेखा, विमुख लेखा
Contingent liability	सम्भाव्य दायित्व, सन्दिग्ध दायित्व सम्पत्ति
Contingent Assets	सम्भाव्य सम्पत्ति
Conditional Acceptance	विशेष स्वीकृति
Consideration	प्रतिफल
Counter	खिड़की
Counterfoil	प्रतिलिपि, पूर्वार्ध
Credit Purchases	उधार क्रय
Credit Sales	उधार विक्रय
Creditor	धनी, महाजन, लेनदार, ऋणदाता
Credit Note	समाकलन पत्र, जमा की चिट्ठी
Credit Instruments	साख पत्र
Credit Side	जमा पक्ष साहू कक्ष, जमा कक्ष
Crossing	रेखांकन
Current A/c	चालू खाता, अस्थायी खाता, चल लेखा
Custom Duty	आयात-निर्यात कर

(D)

Days of grace	अनुग्रह दिवस, रिआयती दिन
Debtor	ऋणी, देनदार
Debit Note	विकलन पत्र, नाम की चिट्ठी
Debit Side	ऋणी पक्ष, नाम पक्ष
Deferred Revenue Expenditure	विलम्बित आगम/व्यय
Deposit Receipt	निक्षेप रसीद
Depreciation	ह्रास, घटौती, अपकर्ष, अवक्षयण
Discounting	भुनाना
Direct Expenses	प्रत्यक्ष व्यय
Dishonour	तिरस्कृत होना, अप्रतिष्ठित
Discount A/c	अपहार लेखा या खाता, कटौती खाता
Discount Received	प्राप्त कटौती
Discount	कटौती, छूट
Double Entry System	दोहरी लेखा प्रणाली, द्वि प्रविष्टि प्रणाली
Drawee	देनदार, आहार्थी
Drawer	लेखक, आहर्त्ता
Drawings	आहरण
Drawings A/c	आहरण खाता
Due Date	अन्तिम तारीख, देय तिथि, भुगतान तिथि
Duties	सरकारी कर

(E)

Entry	लेखा, प्रविष्टि, लेखा करना
Endorser	बेचानकर्त्ता, बेचानलेखक
Endorsee	बेचान पात्र
Endorsement	बेचान, पृष्ठांकन
Errors of Commission	हिसाब की अशुद्धियाँ
Errors of Omission	भूल की अशुद्धियाँ
Errors of Principle	सैद्धान्तिक अशुद्धियाँ
Establishment Charges	प्रबन्ध व्यय, स्थापन व्यय
Excise Duty	

(F)

Final A/c	अन्तिम खाते
Fixed Assets	स्थायी सम्पत्ति, अचर सम्पत्ति
Fixed Deposit A/c.	स्थायी जमा खाता
Fixed Deposit Receipt	स्थायी जमा रसीद
Fixed or Block Capital	स्थायी पूँजी
Fixed liabilities	स्थायी दायित्व
Floating liabilities	अस्थायी दायित्व
Floating of Current Capital	चल पूँजी
Floating of Circulating Assets	चल सम्पत्ति, अस्थायी सम्पत्ति
Folio	पृष्ठ, पन्ना
Full Endorsement	पूर्ण बेचान

(G)

General Acceptance	सामान्य स्वीकृति
General Endorsement	सामान्य बेचान
Goods	माल, वस्तु
Goods A/c	माल खाता
Goodwill (Credit)	ख्याति, साख, पगड़ी
Gross loss	सकल हानि, कुल हानि
Gross Profit	सकल लाभ, कुल लाभ

(H)

Holder in due Course	यथाविधिधारी
Holder of a Bill	बिल का धारक

(I)

Impersonal A/c	अव्यक्तिगत खाते
Income Tax	आय कर
Income Received in Advance (Unacerued income)	पूर्व प्राप्त आय, अनर्जित आय
Indian System of Accounts	भारतीय बही-खाता पद्धति
Indirect Expenses	अप्रत्यक्ष व्यय
Insolvent	दिवालिया

Intangible (Ficititious) Assets	कृत्रिम सम्पत्ति
Investments	विनियोग

(J)

Journal	जर्नल, रोजनामचा, दैनिक पंजी, नकल बही
Journalising	जर्नल में लेखा करना
Journal Proper	रोजनामचा

(L)

Law of Negotiable	परक्राम्य, विलेख विधान, बेचान साध्य,
Instruments	रुक्का अधिनियम
Leasehold Property	पट्टे पर सम्पत्ति
Ledger	खाता
Ledger Folio	खाता पृष्ठ संख्या
Liabilities	दायित्व, देयधन
Liquid Assets	तरल सम्पत्ति
Liquidity Order	तरलता क्रम
Loan Capital	ऋण पूँजी
Location of Errors	अशुद्धियों का खोजना

(M)

Manufacturing Expenses	निर्माण व्यय
Marshalling of Assets	सम्पत्तियों को क्रमबद्ध करना
Mutilated Cheque	तिरस्कृत चेक

(N)

Narration	विवरण
Net loss	शुद्ध हानि
Net Profit	शुद्ध लाभ
Nominal Assets	आय व्यय सम्बन्धी सम्पत्तियाँ
Nominal A/c	लाभ-हानि खाते
Notary Public	विपत्रालोकी
Noting	टिप्पणी
Noting a Bill	बिल का टिप्पणी करना
Not Negotiable	अपरिक्राम्य

(O)

Octroi Duty	चुंगी कर
Opening Entries	प्रारम्भिक प्रविष्टियाँ
Opening Stock	प्रारम्भिक रहतिया
Order	आदेश
Order Cheque	आदेशित चेक
Original Record	मूल लेखा, प्रारम्भिक लेखा
Outstanding Expenses	अदत्त व्यय

(P)

Packing Material	समवेस्टन सामग्री
Parties	पक्ष
Particulars	विवरण
Partnership Agreement	साझेदारी संलेख
Patent	एकस्व
Payee	प्राप्तकर्त्ता
Payment	भुगतान
Pay in slip	जमा की पर्ची
Payment of Bill	बिल का भुगतान
Permanence Order	स्थायी क्रम में
Personal A/c	व्यक्तिगत खाते
Petty Cash Book	छोटी रोकड़ी बही
Posting	खताना
Post dated cheque	उत्तर दिनांकित चेक
Prepaid Expenses	पूर्वदत्त व्यय
Principal Book	मुख्य पुस्तकें
Promissory Note (P/N)	प्रतिज्ञा पत्र
Profit and Loss A/c	लाभ-हानि खाता
Property A/c	सम्पत्ति खाता
Proprietor	स्वामी
Protesting	विरोध, प्रतिवाद
Purchases	बिक्रय
Purchaser	क्रेता

Purchases Returns	क्रय वापसी
Purchases Book	क्रय बही
Purchases Returns Book	वापसी बही

(R)

Real A/c	वास्तविक खाते
Rebate	छूट
Receipts	प्राप्तियाँ
Reconciliation Statement	समाधान विवरण
Rectifying Entries	सुधार प्रविष्टियाँ
Rectification of Errors	अशुद्धियों का सुधार
Reference	सन्दर्भ
Reference in case of need	आवश्यकता के समय सन्दर्भ
Renewal	नवीनीकरण
Reserve or Bad and Doubtful- Debts	डूबता ऋण संचय
Reserve for Discounts on Creditors	लेनदारों पर बट्टा संचिति
Reserve for Discounts on Debtors	देनदारों पर बट्टा कोष
Restrictive Endorsement	प्रतिबन्धात्मक बेचान
Retiring a Bill under Rebate:	बिल की परिपक्वता के पूर्व चुकाना
Return Books	वापसी बहियाँ
Returns Inward Book	विक्रय वापसी बही
Returns Outward Book	क्रय वापसी बही
Revenue Expenditure	लाभ गत व्यय
Revenue Receipts	लाभ प्राप्ति
Reversing Entries	विपरीत प्रविष्टियाँ

(S)

Sales	विक्रय
Sales Book	विक्रय बही
Sales Returns Book	विक्रय वापसी बही
Sens Recourse	बिना उत्तरदायित्व का
Salaries	वेतन
Saving A/c	संचय खाते
Seller	विक्रेता
Single Column Cash Book	एक स्तम्भवाली रोकड़ बही

Solvency	ऋण शोधन-क्षमता
State Cheque	काल तिरोहित धनादेश
Stationary	लेखन सामग्री
Sundry Creditors	विविध लेनदार
Sundry Debtors	विविध देनदार
Subsidiary Books	सहायक बहियाँ
Sundries	प्रकीर्णक, विविध
Sub-Division of Journal	रोजनामचे का विभाजन
Suspence A/c	सन्दिग्ध प्रविष्ट खाता, उदरत खाना, उचन्ती खाना

(T)

Tabular	सारणीयुक्त, विभिन्न स्तम्भयुक्त
Tenor	अवधि
Three-Column-Cash Book	त्रिस्तम्भीय रोकड़ बही
Total Amount	कुल राशि
Transaction	लेन-देन सौदे, व्यवहार
Trade Capital	व्यापार पूँजी
Trading A/c	व्यापार खाता
Trading creditors	व्यापारिक लेनदार
Transfer	स्थानान्तरण
Trial Balance	तलपट

(U)

Unconditional Order	अप्रतिबन्ध आदेश-पत्र
Unexpired Income	अनुपार्जित आय
Unexpired Expenses	अनवसित व्यय

(V)

Valuation	मूल्यांकन, मूल्य निर्धारण
Valuation of Assets	सम्पत्तियों का मूल्य निर्धारण

(W)

Wages	मजदूरी
Wasting Assets	क्षयी सम्पत्ति, क्षयशील सम्पत्ति
Working Capital	कार्यशील पूँजी

7.

व्यापार और जनसंचार के माध्यम

क. व्यापारिक विज्ञान और जनसंचार के माध्यम

व्यापार शब्द का मूल अर्थ क्रय-विक्रय है। यह क्रय-विक्रय अथवा लेन-देन वस्तुओं और माल तक ही सीमित नहीं है, वरन सेवाओं और धन का भी हो सकता है। इस क्रय-विक्रय, आदान-प्रदान अथवा विनिमय का मुख्य मन्तव्य लाभ की आशा है। लाभ कमाने की आकांक्षा व्यापारिक उन्नति की महान प्रेरक शक्ति है। यह क्रय-विक्रय की क्रिया कानूनी और अविरत होनी चाहिए। कानून के विरुद्ध अथवा छुटपुट आदान-प्रदान के व्यवहार को व्यापार की संज्ञा नहीं दी जा सकती। ऐसे क्रय-विक्रय का क्षेत्र स्थानीय, राष्ट्रीय अथवा अन्तरराष्ट्रीय हो सकता है। ज्यों-ज्यों व्यापार की परिधि चौड़ी होती जाती है, त्यों-त्यों व्यापार में भाग लेनेवाले लोगों की संख्या और महत्त्व बढ़ता जाता है। अतएव हम दुकानदार अथवा फुटकर तथा थोक विक्रेता को ही व्यापारी नहीं कहते, वरन आढ़तिया, दलाल, आयातक, निर्यातक यहाँ तक कि बैंक, बीमा कम्पनियों एवं परिवहन संस्थानों को भी व्यापारी कह सकते हैं। व्यापार-क्रिया में विक्रेता, क्रेता, समाज, प्रशासन आदि का सहभाग होता है। व्यापार के विभिन्न अंगों—क्रय-विक्रय, परिवहन, प्रबन्धन आदि का वैज्ञानिक अध्ययन व्यापारिक विज्ञान कहलाया जा सकता है। लाभ-प्राप्ति के साथ ही वैध तथा सुचारु व्यापार में व्यापारिक विज्ञान का अध्ययन लाभदायी ही होता है।

सुचारु तथा लाभप्रद व्यापार में जनसंचार-माध्यमों का उचित प्रयोग अनिवार्य होता है। वस्तुत: संचार (Communication) व्यक्ति तथा समाज की सहज प्रवृत्ति है। अपनी इच्छाओं, भावों, विचारों का आदान-प्रदान आदिम युग से होता आया है। आरम्भ में हावभाव, संकेत चिह्न आदि के द्वारा यह संचार-क्रिया हुआ करती थी। भाषा का आविष्कार तथा सांस्कृतिक विकास के साथ यह क्रिया विभिन्न रूपों में तथा प्रभावी ढंग से प्रकट होती रही है। एक विशिष्ट संस्थान के व्यक्तियों में तथ्य, आदर्श, भावों, विचारों के द्विपक्षीय आदान-प्रदान की यह क्रिया समाचार-पत्र, आकाशवाणी तथा दूरदर्शन के आविष्कार और प्रसार के साथ अपने उद्देश्य तथा व्याप्ति के धरातल पर विस्तृत होती गई। संचार का यह विकसित-विस्तृत रूप 'जनसंचार' है। जनसंचार शब्द अंग्रेजी के

'Mass Communication' का हिन्दी पर्याय है। इसका मूल व्युत्पत्तिक अर्थ 'भावों तथा विचारों का सामूहिक आदान-प्रदान है। जनतान्त्रिक व्यवस्था में जनसंचार तथा उसके माध्यमों का अनन्य साधारण महत्त्व है। सजग-सचेत जन-मानस जनतन्त्र की सफलता का निर्धारक होता है और जन-मानस को सजग-सचेत बनाने में जनसंचार माध्यमों का महत्त्वपूर्ण योगदान होता है। 'जनमत' जनतन्त्र का मूलाधार है। 'एक समुदाय के सदस्य जनसाधारण के जीवन से सम्बन्धित समस्याओं पर जो भी विचार रखते हैं, उन सबके सामूहिक रूप को जनमत की संज्ञा दी जाती है।' जनमत वह शक्ति है जो कानून और व्यवस्था को ठोस आधार देती है। इसके बिना सामाजिक जीवन में स्थिरता असम्भव है। **डेविड ह्यूम** ने जनमत को परिभाषित करते हुए लिखा भी है, 'राजसत्ता या शासन व्यवस्था का ठोस आधार जनमत ही है। सरकार का रूप कैसा भी हो, स्वेच्छाचारी राजा का, या सैनिक अधिकारियों का शासन हो, या स्वतन्त्र या लोकप्रिय सरकार हो, जनमत के आश्रय के बिना कोई सरकार खड़ी नहीं रह सकती।' जनमत-निर्माण में जनसंचार माध्यमों का महत्त्वपूर्ण योगदान होता है। स्वतन्त्र, निष्पक्ष तथा दायित्व के प्रति प्रतिबद्ध जनसंचार माध्यम सही और सार्थक जनमत-निर्माण में सहायक हो सकते हैं। समाचार-पत्र, आकाशवाणी, दूरदर्शन, चित्रपट तथा जनसम्पर्क आज के प्रभावी जनसंचार-माध्यम माने जाते हैं। जानकारी, शिक्षा एवं मनोरंजन आकाशवाणी के प्रमुख लक्ष्य हैं। दूरदर्शन का मूल कार्य संचार सम्प्रेषण के माध्यमों द्वारा सामाजिक शिक्षण माना गया है। वर्तमान समय में उपग्रह संचार-व्यवस्था के विस्तार के साथ इस माध्यम की व्याप्ति और महत्त्व और भी बढ़ गई है। दृश्य-श्रव्य माध्यम होने के कारण आकाशवाणी की अपेक्षा यह माध्यम अधिक प्रभावकारी साबित होता है। इस माध्यम का प्रभाव छोटे बच्चों से लेकर वृद्धों तक देखा जाता है। यद्यपि अपने यहाँ यह दोनों माध्यम सरकार के नियन्त्रण में कार्यरत है, इसलिए निष्पक्षता तथा तटस्थता का अभाव उसमें पाया जाता है, साथ ही लालफीताशाही का प्रभाव भी उस पर है, परन्तु विदेशी तथा देशी उपग्रहीय केबल सारिणियों (केबल टी.वी. चैनल्स) के प्रसार की बदौलत इस क्षेत्र में सरकार तथा प्रशासनिक एकाधिकारजन्य प्रक्षेपण-शैली में परिवर्तन आया है फिर भी चाहे दूरदर्शन हो या निजी सारिणियाँ-मात्र मनोरंजन के पीछे लगी हुई हैं। फिल्म या चित्रपट एक प्रभावी जनसंचार माध्यम है, परन्तु मात्र व्यावसायिक दृष्टिकोण इस माध्यम को अपने मूल मन्तव्य से कोसों दूर ले जा रहा है। उक्त तीनों माध्यम अत्याधुनिक तथा प्रगति होने के बावजूद अपेक्षित कार्य नहीं कर पा रहे हैं, परन्तु 'समाचार-पत्र' जो सर्वप्रथम आविष्कृत जनसंचार का व्यापक माध्यम रहा है—आज भी प्रभावी रूप में कार्य कर रहा है। 'उदन्त मार्तंड' शीर्षित प्रथम समाचार-पत्र से लेकर आज तक के अधिकांश समाचार-पत्र 'जनमत' निर्माण में सही रूप में योगदान दे रहे हैं। मुद्रण कला के क्षेत्र में हुई वैज्ञानिक प्रगति ने समाचार-पत्र को जहाँ एक ओर सुन्दर आकर्षक रूप-सज्जा दी है, तो दूसरी ओर विस्तृत जन क्षेत्र में संचार की क्षमता भी प्रदान की है। यद्यपि इसमें भी अतिव्यावसायिकता, विशिष्ट दल या विचार के एकांगी समर्थन का दुराग्रह आदि दोष आ गए हैं; लेकिन अन्य माध्यमों की तुलना में समाचार-पत्र अपनी क्षमता से जनमत-निर्माण के क्षेत्र में सही दिशा में कार्य कर रहे हैं।

व्यापार और जनसंचार माध्यम

जैसे कि पूर्व संकेत दिया गया है—व्यापार के प्रमुखत: तीन लक्षण हैं—(1) लाभ प्रेरित क्रय-विक्रय, (2) क्रय-विक्रय की निरन्तरता, तथा (3) क्रय-विक्रय आदान-प्रदान की वैधता। इन तीनों में किसी-न-किसी रूप में जनसंचार माध्यमों का सहयोग होता है। जनसंचार व्यापार की रीढ़ है। उत्पादित माल की जानकारी एजेंटों तथा जनता तक पहुँचाना, उसके प्रचार-प्रसार द्वारा जनता के मन में उसे खरीदने की चाहत निर्माण करना, व्यापार के विभिन्न अंगों में परस्पर विश्वास और सद्भाव निर्माण करना तथा उसे बनाये रखना आदि सफल व्यापार के लिए आवश्यक कार्य हैं। इसके लिए प्रमुखत: पत्राचार, विज्ञापन तथा जनसम्पर्क परिषदों का आयोजन, प्रदर्शनी, विविध क्रीड़ा तथा सांस्कृतिक उपक्रमों की प्रतियोगिता आयोजन, दान, छात्रवृत्तियाँ तथा पुरस्कारों का आयोजन, पत्रकार परिषदों का आयोजन आदि जनसम्पर्क के अन्य साधनों का प्रयोग किया जाता है। व्यापारिक जनसंचार के इन सभी उपक्रमों में जनसंचार माध्यम का सहयोग प्राप्त होता है।

विज्ञापन और जनसंचार माध्यम

विज्ञापन वर्तमान व्यापार की जीवन-संजीवनी माना जाता है। विज्ञापन शब्द 'ज्ञापन' शब्द के साथ 'वि' उपसर्ग के योग से बना है, जिसका व्युत्पत्तिक अर्थ है विशेष रूप में सूचित या ज्ञान कराना। कुछ समय पूर्व विज्ञापन का अर्थ 'सूचना देना' के रूप में लिया जाता था, किन्तु आधुनिक अर्थ में विज्ञापन उस कला को कहते हैं जिससे उत्पादित वस्तुओं की अधिकाधिक जानकारी हो सके, उनको खरीदने की लालसा बढ़ सके, वस्तुओं की उत्तमता का विकास बढ़ सके तथा उसके कारण लोगों के हृदय में उस वस्तु के प्रति चाह उत्पन्न हो सके और इस प्रकार उसकी माँग बढ़ सके। क्रय-विक्रय वृद्धि विज्ञापन का उद्देश्य है, परन्तु वही एकमात्र उद्देश्य नहीं है। विज्ञापन के कार्य और स्वरूप की परिभाषा देते हुए **शैल्डन** ने लिखा भी है, ''विज्ञापन एक व्यापारिक शक्ति है जो मुद्रित शब्द के द्वारा विक्रय कराती है तथा विक्रय कराने में सहायता करती है, कीर्ति का निर्माण करती है और साख बढ़ाती है।'' **फेंक प्रेसब्रेने** ने उसे इस तरह परिभाषित किया है, ''विज्ञापन मुद्रित, लिखित शब्दों द्वारा व्यक्त या चित्रित विक्रय कला है। विज्ञापन का कार्य विज्ञापक की वस्तुओं को बेचना तथा जनता के मस्तिष्क को व्यक्तिगत् एवं सामूहिक रूप से विज्ञापक के हित में प्रभावित करना होता है।'' **डॉ. बर्डन** ने विज्ञापन के विस्तृत स्वरूप की ओर संकेत करते हुए उसे इस रूप में परिभाषित किया है, ''विज्ञापन में वे सभी क्रियाएँ सम्मिलित हैं, जिनके अनुसार दृश्य या मौखिक सन्देश जनता को सूचना देने के उद्देश्य से तथा उन्हें या तो किसी वस्तु के खरीदने के लिए प्रभावित करने हेतु या पूर्वनिश्चित विचारों, संस्थाओं अथवा व्यक्ति के प्रति झुक जाने के उद्देश्य से, सम्बोधित किए जाते हैं।" संक्षेप में वस्तु की जानकारी देना, नवीन वस्तु का आधार तैयार करना, माँग उत्पन्न करना, उत्पन्न की हुई माँग को स्थिर रखना, माँग को और अधिक बढ़ाना, ख्याति बढ़ाना तथा प्रतिस्पर्धा में अपना स्थान बनाए रखना आदि विज्ञापन के व्यापारिक

उद्देश्य हैं। विज्ञापन के कई भेद हो सकते हैं; जैसे—लिखित या मुद्रित, मौखिक, श्राव्य, दृक्श्राव्य आदि। इनमें से अधिकांश तरह के विज्ञापनों के लिए जनसंचार माध्यमों का प्रयोग किया जाता है। विज्ञापन के अन्य माध्यमों की अपेक्षा जनसंचार माध्यमों द्वारा प्रस्तुत विज्ञापन अधिक प्रभावी तथा सफल पाए जाते हैं।

1. समाचार-पत्रीय विज्ञापन

इसे प्रेस-विज्ञापन (Press Advertisement) भी कहा जाता है। विभिन्न समाचार-पत्रों, पत्रिकाओं आदि के द्वारा वस्तु या माल तथा दुकानों को विज्ञापित किया जाता है। यह विज्ञापन का सर्वाधिक प्रचलित तथा सशक्त माध्यम है तथा वर्तमान युग में इसे सर्वश्रेष्ठ साधन माना जाता है। अंग्रेजी, हिन्दी तथा लगभग सभी प्रादेशिक भाषाओं में बड़े पैमाने पर पत्र-पत्रिकाएँ प्रकाशित होती हैं। वस्तु, स्थान तथा उसकी उपयोगिता को ध्यान में रखते हुए उचित पत्र-पत्रिकाओं का चयन तथा विज्ञापन की सबक प्रभावी रचना हो, तो सोने में सुहागा कहा जायगा। प्रेस या समाचार-पत्रीय विज्ञापन के माध्यम को निम्न प्रकार वर्गीकृत किया जा सकता है—

प्रेस या समाचार-पत्रीय विज्ञापन

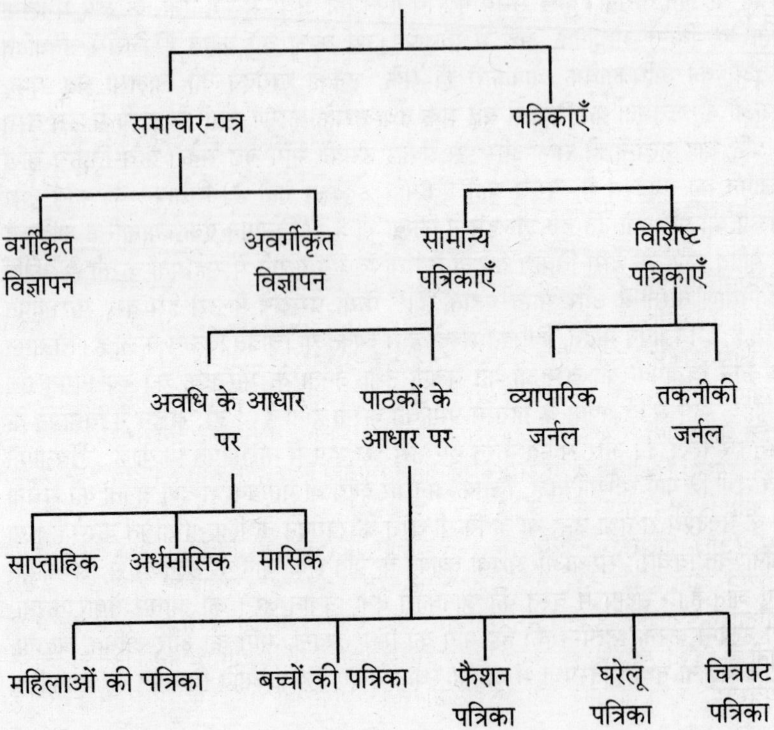

अ- दैनिक समाचार-पत्र— इसके पाठक देश के कोने-कोने में फैले रहते हैं। समाचार-पत्रों में देश भर के समाचार रहते हैं। अत: जन-सामान्य इन्हें पढ़ने को उत्सुक रहते हैं। इन्हीं समाचार-पत्रों में यदि विज्ञापन भी दे दिये जाते हैं, तो यही कारण है कि समाचार-पत्र विज्ञापन का सर्वाधिक प्रचलित साधन है। यद्यपि, भारत में समाचार-पत्र पढ़नेवालों की संख्या कम है, पर देश में अनेक समाचार-पत्र निकलते हैं जो विभिन्न भाषाओं में होते हैं। इनका प्रचलन क्षेत्र अलग-अलग होता है। कई समाचार-पत्रों का प्रचलन क्षेत्र सम्पूर्ण भारत भर में है, जैसे—टाइम्स ऑफ इंडिया, हिन्दुस्तान टाइम्स, नवभारत टाइम्स, हिन्दुस्तान आदि। कुछ सीमित क्षेत्रवाले समाचार-पत्र हैं, जैसे—युगधर्म, नवभारत, महाराष्ट्र टाइम्स, मराठा, तरुण भारत आदि।

समाचार-पत्र में विज्ञापन दो प्रकार के होते हैं—(1) अवर्गीकृत, (2) वर्गीकृत। अवर्गीकृत विज्ञापन का कोई निश्चित पृष्ठ या स्थान नहीं होता। किसी भी पृष्ठ तथा किसी भी स्थान पर छापे जाते हैं। ये प्राय: पूरे, आधे या चौथाई पेज में होते हैं। जन-साधारण इन विज्ञापनों के प्रति अधिक आकर्षित होते हैं, क्योंकि ये समाचारों के बीच में होते हैं तथा इन विज्ञापनों में पूर्ण विवरण भी दिया जा सकता है।

'वर्गीकृत विज्ञापन' प्राय: समाचार-पत्र के दूसरे पृष्ठ पर होते हैं। सम्पूर्ण पृष्ठ अलग-अलग वर्गों में विभाजित रहता है तथा एक वर्ग-विशेष में एक विशेष प्रकार के विज्ञापन होते हैं; जैसे—जगह खाली है, नियुक्तियाँ, वैवाहिक, खोया-पाया, शिक्षा, टेंडर आदि। इन विज्ञापनों के प्रति जनता अपेक्षाकृत कम आकर्षित होती है, किन्तु क्रय-विक्रय से सम्बन्धित जानकारी पानेवाले व्यक्ति के लिए ये अधिक उपयोगी रहते हैं।

प्रभाव, श्रम तथा व्यय की दृष्टि से इस माध्यम द्वारा प्रस्तुत विज्ञापनों की कुछ गुणात्मक विशेषताएँ होती हैं - (1) समाचार-पत्र का विज्ञापन अन्य माध्यमों की अपेक्षा शीघ्र तथा कम समय में प्रकाशित होता है, साथ ही विज्ञापन-सामग्री तैयार करने में तथा छपने में बहुत कम समय लगता है। (2) अधिकाधिक व्यक्तियों तक पहुँचता है। (3) हर दिन के समाचार-पत्र में प्रकाशित एक ही विज्ञापन बार-बार पढ़ने में आता है, जिसका मनोवैज्ञानिक प्रभाव होता है। (4) विज्ञापन के उद्देश्य के अनुरूप क्षेत्र का चयन किया जा सकता है। समाचार-पत्र के प्रचलन क्षेत्र के अनुरूप विज्ञापन की रचना भी की जा सकती है, जिससे विज्ञापन प्रभावकारी साबित हो सकता है। (5) पाठकों की रुचि के अनुकूल विज्ञापन देना सम्भव हो सकता है। (6) समाचार-पत्रीय विज्ञापन में शब्दों के साथ ही चित्रों का प्रयोग तथा लिपि की सुघड़ शैली का प्रयोग करने का अवसर होता है। (7) अन्य माध्यमों की तुलना में समाचार-पत्रों के विज्ञापन-दर कम होते हैं। अत: कम लागत में अधिक लाभ पाया जा सकता है।

(आ) पत्रिकाएँ- दैनिक पत्रों के समान पत्रिकाएँ भी विज्ञापन के लिए उपयुक्त माध्यम होती हैं। पत्रिकाएँ एक निश्चित अवधि के बाद प्रकाशित होती हैं, जैसे—साप्ताहिक, पाक्षिक, मासिक, त्रैमासिक, अर्ध-वार्षिक आदि। ये पत्रिकाएँ दो प्रकार की होती हैं—(1) सामान्य पत्रिकाएँ, (2) विशिष्ट पत्रिकाएँ। सामान्य पत्रिकाओं में विभिन्न व्यवसाय, कला या आयु-वर्ग के पाठकों के लिए लगभग सभी तरह की सामग्री होती है।

इसलिए समाज का हर वर्ग उसे पढ़ता है। धर्मयुग, हिन्दुस्तान, सरिता, मुक्ता, चन्दामामा, नन्दन बालकों की, फिल्मफेयर, चित्रलेखा आदि फिल्म की रुचिवाले पाठकों की तथा धर्मयुग, हिन्दुस्तान आदि सम्पूर्ण परिवार के पाठकों की पत्रिकाएँ हैं। इन पत्रिकाओं में जो विज्ञापन होते हैं, वे भी वर्गीकृत तथा अवर्गीकृत रूप में होते हैं। विशिष्ट पत्रिकाओं में व्यावसायिक तथा तकनीकी पत्रिकाएँ, जर्नल आदि आते हैं। इस तरह की पत्रिकाओं की खपत सीमित होती है। इसलिए व्यापारिक विज्ञापनों की दृष्टि से ये उतनी लाभदायी नहीं हो सकतीं। पत्र-पत्रिकाओं के विज्ञापन की गुणात्मक विशेषताएँ लगभग समान हैं। पत्रिकाएँ सुचारु तथा आकर्षक रूप में छापी जाती हैं, इसलिए पत्रिकाओं के विज्ञापन समाचार-पत्रीय विज्ञापनों से अधिक आकर्षक तथा प्रभावकारी होते हैं। साथ ही पत्रिका की आयु समाचार-पत्र की अपेक्षा लम्बी होती है। इन्हें संगृहीत करके भी रखा जाता है। इसलिए इसमें प्रकाशित विज्ञापन की आयु भी लम्बी होती है। आयु, रुचि तथा विषय के आधार पर कई तरह की पत्रिकाएँ होती हैं, इसलिए विशिष्ट आयु तथा रुचि के अनुरूप वस्तु के आकर्षक विज्ञापन के लिए पत्रिका-विशेष को चयन करने की सुविधा भी होती है।

2. आकाशवाणी द्वारा प्रसारित विज्ञापन

आकाशवाणी जनसंचार का एक सशक्त माध्यम है। इस माध्यम का विज्ञापन के लिए प्रयोग रेडियो सिलोन द्वारा इस कदर सफल रहा कि आज भारतीय आकाशवाणी के लगभग छोटे-बड़े सभी केन्द्रों से विज्ञापन प्रसारित किए जाते हैं। अब तो रेडियो के 'व्यापार-विभाग' बनाए गए हैं। विभिन्न मनोरंजन के कार्यक्रमों के बीच-बीच में विज्ञापन प्रसारित किए जाते हैं। आकाशवाणी से प्रसारित विज्ञापन के कई रूप हैं, जैसे सामान्य वाचन, नाट्यीकृत या सांवादिक, गीत-संगीत से सज्जित तथा विविध लोकप्रिय कार्यक्रम के प्रायोजित रूप में। इसके विज्ञापन के लिए विज्ञापन की लम्बाई शब्दों के प्रसारण के आधार पर निर्धारित की जाती है और उसी के अनुरूप विज्ञापन मूल्य निर्धारित होता है। सामान्यत: आकाशवाणी से 7, 10 सेकेंड्स के अतिरिक्त 0 से 15 सेकेंड्स, 20 से 30 सेकेंड्स की अवधि के विज्ञापन प्रसारित किए जाते हैं । प्रायोजित विज्ञापन या कार्यक्रम की समयावधि 10, 15, 30 तथा कभी-कभी 60 सेकेंड्स की भी होती है। आजकल लयबद्ध शब्द-रचना तथा सुरीली धुनों से सजे विज्ञापन आकाशवाणी पर बड़े पैमाने पर प्रसारित हो रहे हैं। आकाशवाणी से प्रसारित विज्ञापन की प्रमुख विशेषताएँ इस प्रकार हो सकती हैं—(1) इस विज्ञापन के साधन से व्यक्ति बहुत जल्दी प्रभावित होते हैं। (2) बार-बार विज्ञापन प्रसारित होने से सुननेवाले पर इसका स्थायी प्रभाव होता है। (3) व्यक्ति जो कुछ सुनता है, उसे देखने की, अपनाने की चाहत उत्पन्न होती है। ये विज्ञापन व्यक्ति की उत्सुकता बढ़ाते हैं। (4) आमोद कार्यक्रमों के साथ-साथ विज्ञापन सुनने में नीरसता प्रतीत नहीं होती। (5) इस माध्यम से प्रसारित विज्ञापन की सबसे बड़ी विशेषता यह है कि अशिक्षित जन में भी इसका सम्प्रेषण होता है।

आज समाज के निम्नतर स्तर तक 'रेडियो' पहुँचा है; अत: एक साथ यह करोड़ों व्यक्तियों तक पहुँचता है। इन सभी गुणों के साथ एक बड़ा दोष भी इस माध्यम के

विज्ञापन में है—विज्ञापन की अल्पकालिकता और विस्मरण। कुछ सेकेंड के प्रसारण के बाद यह लुप्त हो जाता है, समाचार-पत्रीय विज्ञापन के समान बहुत देर तक इसका अस्तित्व नहीं होता है; इसलिए दिन में कई बार इसका प्रसारण करना पड़ता है। प्रसारण की पुनरावृत्ति एक सीमा के बाद उबाऊ होती है। इसलिए उसी वस्तु के विज्ञापन को नए ढंग से प्रस्तुत करना आवश्यक हो जाता है। बहुत बार नए-शब्द नया ढंग अपनाने के साथ कुछ विज्ञापनों में किसी वस्तु के लिए एक विशिष्ट धुन का प्रयोग किया जाता है, जो उस वस्तु की प्रतीक धुन बन जाती है। साबुन, चाय आदि के विज्ञापनों में इसका प्रयोग पाया जाता है, जिससे एक ही चीज़ के नए-पुराने विज्ञापन का एक अजीब रिश्ता जुड़ जाता है।

3. दूरदर्शन द्वारा प्रसारित विज्ञापन

दूरदर्शन आज का सबसे अधिक प्रभावकारी जनसंचार माध्यम बन गया है। दूरदर्शन की विविध सारणियाँ तथा उपग्रह केवल देशी-विदेशी सारणियों का प्रसारण चौबीसों घंटे अविरत रूप में जारी है। रंगीन प्रसारण तथा बच्चों से लेकर बड़े-बूढ़ों तक के लिए विविध आमोद कार्यक्रमों की बेशुमार भरमार से घर में टी.वी. सेट दिनभर तथा रात देर तक ऑन ही रहते पाए जाते हैं। दूरदर्शन के नेटवर्क तथा राष्ट्रीय कार्यक्रम अब छोटे-छोटे कस्बों-झोंपड़ियो में पहुँच गए हैं। इसलिए आज विज्ञापनों की भारी-भरकम भीड़ दूरदर्शन की ओर दौड़ रही है। कुछ कार्यक्रमों को छोड़कर दूरदर्शन पर लगभग सभी कार्यक्रम प्रायोजित होते हैं, इसलिए भी विज्ञापनों की भीड़ दूरदर्शन पर होना स्वाभाविक ही है। अगस्त, 1970 से वाणिज्य स्तर पर विज्ञापन प्रसारण का आरम्भ हुआ था, आज विज्ञापन दूरदर्शन का प्रमुख आधार बन गया है। दूरदर्शन पर विज्ञापन निम्न रूप में प्रसारित होते हैं—

(1) समय विज्ञापन (Spot Advertisement), (2) प्रायोजित विज्ञापन कार्यक्रम (3) सौजन्य-विज्ञापन (Courtesy Advertisement), (4) सम्मिलित व्यावसायिक विज्ञापन (Animated Commercial Aid)।

प्रथम रूप में विज्ञापन टेलीकास्ट करते समय वस्तु के गुण, मूल्य तथा अन्य आवश्यक जानकारी दी जाती है। द्वितीय रूप में प्रायोजित कार्यक्रमों के पूर्व और पश्चात कार्यक्रम के प्रायोजक (Sponser) व्यक्ति या संस्था के नामोल्लेख के साथ अन्य विवरण भी दिया जाता है। तृतीय रूप में दूरदर्शन पर प्रायोजित कार्यक्रम तो होते ही हैं, पर उनके प्रदर्शन या टेलीकास्ट को कुछ संस्थान समयावधि-विशेष के लिए क्रय कर लेते हैं, तो उनके उत्पादन के संक्षिप्त विज्ञापन के साथ 15, 30 या उससे अधिक मिनट की अवधि के लिए किसी टेलीकास्ट किए जानेवाले खेल या फिल्म का कुछ भाग समयावधि की लम्बाई में प्रदर्शन या टेलीकास्ट किए जाने के लिए क्रय कर लिया जाता है। इधर कुछ दिनों से फिल्मी गीतों के प्रायोजित कार्यक्रमों के शीर्षक भी 'विज्ञापित-वस्तु' के ही दे रहे हैं। जैसे—'बी. पी. एल. एक से बढ़कर एक', 'फिलिप्स टॉप टेन' आदि। चतुर्थ रूप में कार्टून के माध्यम से विज्ञापन करने की व्यवस्था की जाती है।

दूरदर्शन पर प्रसारित विज्ञापनों का स्वरूप निम्न प्रकार होता है—

1. प्रस्तुतीकरण—इसमें उद्घोषक (अभिनेता या अभिनेत्री) वस्तु-विशेष के सम्बन्ध में सूचना देते हैं। यह सूचना दोनों के माध्यम से परिपूरक होती है।

2. नाट्यीकरण—विज्ञापन की विषय-वस्तु अभिनय द्वारा प्रस्तुत की जाती है। विज्ञापन की कथा गढ़कर उसे नाट्य रूपान्तरित कर दिया जाता है।

3. प्रदर्शन—विज्ञापन की वस्तुएँ उचित समय पर विज्ञापन देकर प्रदर्शित की जाती हैं। परिवार कल्याण कार्यक्रम की सूचना, बच्चों के सोने के समय पर निरोधक गोलियों के खाने का विज्ञापन प्राय: दूरदर्शन पर देखा जाता है। विभिन्न डिटर्जेंट, साबुन आदि के विज्ञापन भी इसी के अन्तर्गत आ जाते हैं।

4. स्लाइड विज्ञापन—स्लाइड स्थिर रूप में पोस्टर की कलात्मक ट्रांस्पेरेसी ही है। उसे टेलीकास्ट करते समय उद्घोषक आवश्यक उद्घोषणा भी करता है।

5. लयात्मक या संगीतात्मक—विज्ञापित वस्तु के सम्बन्ध में गीतों एवं वाद्य संगीत का प्रयोग कर अधिक ग्राह्य बनाया जाता है। आजकल अधिकांश विज्ञापन इसी तरह के हैं।

6. विश्वसनीयता—विज्ञापित वस्तु से सन्तुष्टि और आश्वस्त भावना का उल्लेख किसी सन्तुष्ट व्यक्ति द्वारा कराया जाता है।

7. मिश्र शैली—उक्त सभी शैलियों को प्रयुक्त कर विज्ञापन प्रस्तुत किए जा रहे हैं।

दूरदर्शन पर प्रसारित विज्ञापनों की कुछ महत्त्वपूर्ण विशेषता इस प्रकार कही जा सकती हैं—

(1) दूरदर्शन का प्रचार एवं प्रसार अब सुदूर देहातों तक भी हुआ है। इसलिए दूरदर्शन पर प्रसारित विज्ञापन अब देश में ही नहीं विश्व भर में एक साथ देखे जाते हैं। इसलिए ये महँगे होने के बावजूद काफी किफायती साबित होते हैं।

(2) दृक्-श्राव्य माध्यम होने से विज्ञापित वस्तु तथा उसके प्रयोग तथा लाभ को देखा जा सकता है। इसलिए विज्ञापन एक तरह से दर्शक के मन-मस्तिष्क पर छा जाता है। बार-बार उस वस्तु को तथा उसके उपयोगिता को देखकर उसे खरीदने की तीव्र चाह उत्पन्न होती है। यों भी सुनी हुई चीज की अपेक्षा देखी हुई वस्तु का प्रभाव हम पर अधिक मात्रा में होता है।

(3) ध्वनि चित्र-मुद्रणकला तथा विशेष प्रभाव (स्पेशल इफेक्ट) तकनीक के सहारे विज्ञापनों को अत्यधिक आकर्षक तथा प्रभावकारी बनाए जाने की सुविधा इस माध्यम ने प्रदान की है। इसलिए कहा जाता है कि आज हमारे घर में किस चीज की आवश्यकता है, इसका निर्धारण दूरदर्शन-विज्ञापन कर रहा है।

(4) दूरदर्शन ने आर्म्डचेयर सबस्क्राइबर्स (Armed chair subscribers) की एक सघन और सुदीर्घ संख्या विज्ञापन को दी है जो कुर्सी या बिस्तर पर ही विभिन्न विज्ञापन देखते और सुनते हैं तथा अपनी सुविधानुसार क्रय करने का मानस बनाते हैं। सभी वर्ग और सभी तरह की रुचियों के दर्शक एक साथ विज्ञापनों को प्राप्त हुए हैं।

(5) फिल्म, संगीत, नृत्य, नाट्य, चित्र, स्थापत्य आदि सभी कलाओं का प्रयोग इन विज्ञापनों में हो सकता है। अत: सभी कलाओं का समन्वित प्रभाव पाकर ये विज्ञापन अपने उद्‌देश्य पूर्ति में अभूतपूर्व सफलता प्राप्त कर पाते हैं।

कुल मिलाकर दूरदर्शन ने विज्ञापन कला को एक नया आयाम प्रदान किया है।

4. चित्रपट-विज्ञापन

आजकल चित्रपट मात्र मनोरंजन का एक साधन मात्र बन गया है, जबकि यह भी जनसंचार का एक प्रभावकारी माध्यम है। छोटे से लेकर बड़े लोग तक सभी सिनेमा देखने जाते हैं। सिनेमा घर में फीचर फिल्म के साथ ही, उसके पूर्व तथा मध्यान्तर में छोटी-छोटी विज्ञापन-फिल्म दिखाई जाती है। इससे मनोरंजन भी होता है और विज्ञापन भी। प्राय: जो विज्ञापन दूरदर्शन पर दिखाए जाते हैं, उनका ही विस्तार इन फिल्मों में होता है। सिनेमाघरों में फिल्म के मध्यान्तर में फिल्म स्लाइड्स द्वारा विविध वस्तु तथा स्थानीय विक्रेता के विज्ञापन होते हैं। दूरदर्शन के प्रचार-प्रसार के साथ ही इस प्रकार के विज्ञापनों अर्थात फिल्म तथा फिल्म स्लाइड्स का आकर्षण प्रसारण उसके द्वारा होने लगा और सिनेमाघर के ये विज्ञापन फीके से लगने लगे। दूरदर्शन के प्रचार-प्रसार का प्रभाव फिल्म व्यवसाय तथा सिनेमाघरों पर जिस तरह से हुआ है, चित्रपट गृह विज्ञापन पर भी वैसा ही हुआ है।

विज्ञापन और जनसंचार माध्यम : व्यापारिक पारस्परिकता

प्रेस या समाचार-पत्र, आकाशवाणी, दूरदर्शन आदि ने विज्ञापन द्वारा व्यापार को नई संजीवनी प्रदान की है, तो दूसरी ओर विज्ञापन द्वारा धनार्जन से ये सभी जनसंचार माध्यम भी एक महत्त्वपूर्ण व्यवसाय बन गए हैं। आज विज्ञापन न मिले तो सम्भवत: कोई समाचार-पत्र अधिक समय तक चल नहीं पाएगा। आकाशवाणी तथा दूरदर्शन को आज जो देश ही नहीं अन्तरदेशीय प्रसार सुविधा प्राप्त हुई है; उच्च, मध्यम तथा सीमित क्षमता के रिले केन्द्रों का एक सुनियोजित जाल पूरे देश में फैला है तथा नवीनतम तकनीकी सुविधाओं से लैस कार्यक्रम-निर्माण केन्द्रों का विस्तार हुआ है, उसमें विज्ञापन तथा इन माध्यमों के लिए अपनायी गई व्यापारिक नीतियों का महत्त्वपूर्ण आर्थिक योगदान है। इस तरह विज्ञापन के माध्यम से जनसंचार माध्यमों को एक आर्थिक बल प्राप्त हुआ है और जनसंचार माध्यमों ने विज्ञापन तथा विक्रय कला को और प्रभावकारी नया आयाम प्रदान किया है।

व्यापारिक जनसम्पर्क में जनसंचार माध्यमों का योगदान

वर्तमान युग में अनेक उद्योग एवं व्यापारिक प्रतिष्ठान चाहे वे सार्वजनिक क्षेत्र में हो या निजी अथवा सहकारी क्षेत्र में, जनसम्पर्क के माध्यम से सफलता और सम्मान

अर्जित कर सके हैं। अपने उद्देश्य की पूर्ति एवं अन्तः बाह्य स्तरों पर प्राप्त सम्मान एवं प्रसिद्धि का मूल जनसम्पर्क की श्रेष्ठता ही है। व्यापारिक क्षेत्र में जनसम्पर्क के लिए विभिन्न उपक्रमों का आयोजन किया जाता है। परिषदों का आयोजन, विविध प्रतियोगिता का आयोजन-प्रायोजन, दान, छात्रवृत्तियाँ तथा पुरस्कारों का आयोजन, प्रदर्शनी-मेलों का आयोजन तथा पत्र-परिषदों का आयोजन। इन सभी उपक्रमों का उद्‌देश्य जनसम्पर्क बढ़ाना तथा जन-मानस में अपनी एक छवि बनाकर जनता की सदाशयता तथा विश्वास प्राप्त करना होता है। मात्र विज्ञापन के द्वारा इन उपक्रमों का प्रचार-प्रसार करके उद्‌देश्य पूर्ति सम्भव नहीं है, अपितु जनसंचार माध्यमों द्वारा समाचार तथा अन्य रूप में इन उपक्रमों के प्रति अनुकूल रवैया अधिक प्रभावी होता है। इसलिए व्यापारी प्रतिष्ठान और जनसंचार माध्यमों के स्वस्थ सम्बन्ध की आवश्यकता होती है, जिससे उक्त उपक्रमों का अनुकूल प्रचार-प्रसार सम्भव हो सके। किसी प्रतिष्ठान या व्यक्ति-विशेष के कार्य की प्रशंसा या परिचय जनसम्पर्क माध्यमों द्वारा जनता तक पहुँचता है, तो उस व्यक्ति, प्रतिष्ठान को नई प्रेरणा एवं प्रोत्साहन प्राप्त होता है।

व्यापारिक सूचना तथा गतिविधियों का प्रचार-प्रसार

व्यापार जन-जीवन का अभिन्न हिस्सा है। इसलिए जनसंचार माध्यम देश-विदेश की व्यापारिक सूचनाओं (Informations) तथा व्यापारिक गतिविधियों का ब्योरा तथा समीक्षा प्रस्तुत करते हैं। प्रायः सभी स्तरीय पत्र-पत्रिकाओं में 'व्यापार-जगत' के सन्दर्भित सामग्री के लिए विशेष पृष्ठ होते हैं, जिसमें देशी-विदेशी व्यापार जगत की वार्ता, शेयर्स मार्केट, दैनिक बाजार-मूल्य आदि के साथ व्यापार-अर्थ नीति आदि के विषय में लेख प्रकाशित होते हैं। आकाशवाणी तथा दूरदर्शन पर भी वाणिज्य-वार्ता, फीचर तथा चर्चात्मक कार्यक्रम प्रसारित किए जाते हैं। इन कार्यक्रमों का लाभ व्यापारी जगत के साथ आम ग्राहकों को भी होता है।

व्यापारी और ग्राहकों के हितों की रक्षा : जनसंचार माध्यमों का दायित्व

दायित्वबोध के प्रति सचेत व्यापारी तथा अपने अधिकार के प्रति सचेत ग्राहक स्वस्थ व्यापारिक परिवेश के सृजक तत्त्व हैं। जनसंचार माध्यमों का दायित्व होता है कि तथ्यों का निष्पक्ष सम्प्रेषण कर जन-मानस को सचेत बनाएँ। लाभ प्राप्ति की प्रेरणा व्यापार में अवश्य ही होती है, लेकिन जब अतिरिक्त लाभ की लालसा होती है, तब व्यापार में कई गलत तत्त्व शामिल होकर व्यापार आपराधिक बन जाता है। ऐसे समय में जनसंचार माध्यमों का दायित्व होता है कि इन गलत तत्त्वों का पर्दाफाश करें और जन-मानस में उसके प्रति सामूहिक घृणा का निर्माण करें। सत्ता का दबाव तथा धन के मोह पर काबू पाकर सामाजिक प्रतिबद्धता की दृष्टि से ये माध्यम अपने दायित्व को निभाएँगे, तो व्यापारिक अपराधवृत्ति का नाश हो सकता है। इस तरह जनसंचार माध्यमों के सहयोग से स्वस्थ व्यापारिक परिवेश का निर्माण किया जा सकता है।

ख. आकर्षक भाषा के सन्दर्भ में विज्ञापन की हिन्दी

विज्ञापन एक व्यवसाय के साथ ही एक कला भी है। कलात्मक विज्ञापन जनमानस को विज्ञापित वस्तु की ओर आकर्षित करता है तथा अपनी कलात्मक अभिव्यक्ति से उसे प्रभावित भी करता है। विविध माध्यमों के विज्ञापनों के अपने-अपने अंग होते हैं। जैसे समाचार-पत्रीय विज्ञापनों के प्रमुख अंग हैं—शब्द, चित्र तथा रचना। बाह्य विज्ञापन के शब्द, चित्र तथा रचना के साथ ही सज्जा भी उसका एक अंग बन जाता है। आकाशवाणी के विज्ञापन का प्रमुख अंग शब्द तथा ध्वनि (संगीत) है और दूरदर्शन-विज्ञापन में शब्द, चित्र, दृश्यांकन, संगीत के साथ नाट्यात्मकता का भी समावेश हो जाता है। यद्यपि मात्र चित्र के द्वारा भी विज्ञापन हो सकता है—विशेषकर दूरदर्शन पर इस तरह के विज्ञापन दिखाए जा सकते हैं, जो मात्र दृश्य या मूकाभिनय के द्वारा अपना मन्तव्य व्यक्त कर सकें, परन्तु भाषाविहीन विज्ञापन प्रभावकारी नहीं हो पाता। विज्ञापन में भाषा के दो रूप होते हैं—(1) लिखित, और (2) उच्चरित।

1. लिखित भाषा— समाचार-पत्रीय तथा बाह्य विज्ञापन की भाषा इसी तरह की होती है। विज्ञापित वस्तु के गुण-विशेष तथा उपयोगिता की शाब्दिक अभिव्यक्ति की जाती है। जहाँ चित्रों का प्रयोग किया गया है, वहाँ चित्र के अनुरूप तथा यथावश्यक शब्दों का प्रयोग किया जाता है। विज्ञापन का शीर्षक, उपशीर्षक तथा छोटे-छोटे वाक्यों के रूप में भाषा को अपनाया जाता है। बाह्य विज्ञापन की अपेक्षा समाचार-पत्रीय विज्ञापन में शब्दों का अधिक मात्रा में प्रयोग होता हुआ दिखाई देता है। बाह्य विज्ञापन दीवारों तथा सार्वजनिक स्थानों में टाँगे या चिपकाए जाते हैं, रास्तों के दोनों ओर जहाँ स्थापन प्राप्त हो, इस तरह के विज्ञापन होते हैं। ये विज्ञापन राह चलते पढ़ने होते हैं, इसलिए इनमें चित्र प्रमुख होते हैं और शब्द कम। यो भी कोई विशेष रूप में रुककर ठहरकर विज्ञापन देखेगा नहीं। राह चलते निगाह पड़ने के साथ ही सहज रूप में वे समझ में आने चाहिए इसलिए ऐसे विज्ञापनों में शब्द कम होते हैं, लेकिन प्रभावी होते हैं। सहज-सरल परन्तु कम शब्दों में प्रभावी अभिव्यक्ति इन विज्ञापनों की भाषा की विशेषता होती है। दूरदर्शन के विज्ञापनों में भी लिखित भाषा का प्रयोग होता है, लेकिन कम मात्रा में। स्लाइड्स-विज्ञापन दूरदर्शन पर कम ही होते हैं। यहाँ लिखित भाषा की अपेक्षा उच्चरित भाषा का ही प्रयोग अधिक मात्रा में होता है और वह स्वाभाविक भी है। सिनेमागृहों में दिखाए जानेवाले-विशेषकर मध्यान्तर में स्थानीय स्लाइड्स-विज्ञापनों में लिखित भाषा का प्रयोग होता है, लेकिन इनकी भाषा मात्र सूचनात्मक होती है। कलात्मकता की न वहाँ गुंजाइश होती है और न आवश्यकता, क्योंकि वे विज्ञापन जब दिखाए जाते हैं, तब दर्शक या तो सिनेमागृहों के बाहर होते हैं या भीतर भी हों तो पर्दे की ओर उनका ध्यान कम ही होता है।

2. उच्चरित भाषा— आकाशवाणी, दूरदर्शन तथा फिल्म विज्ञापनों में उच्चरित भाषा का प्रयोग होता है। आकाशवाणी विज्ञापनों का प्रमुख अंग उच्चरित शब्द ही है। यह विज्ञापन कुछ सेकेंड-मिनटों के होते हैं, इसलिए नियत अवधि में सुबोध, आकर्षक, उच्चारण के लिए सुलभ तथा वाक् अभिनय के अनुकूल शब्दों में श्रोता पर इच्छित प्रभाव

करना होता है। इसलिए आकाशवाणी विज्ञापनों में उच्चरित भाषा का अनन्य साधारण महत्त्व होता है। मात्र शब्दों के द्वारा विज्ञापित वस्तु तथा उसके महत्त्व का एक ध्वनि चित्र श्रोता के मन-मस्तिष्क पटल पर निर्माण करने की क्षमता इन विज्ञापनों की भाषा में होनी आवश्यक होती है। दूरदर्शन तथा फिल्म-विज्ञापन में शब्दों की भाषा के साथ हरकतों की भाषा (Language of Action) का भी प्रयोग होता है। निवेदन तथा संवाद के लिए उच्चरित भाषा का प्रयोग होता है। दूरदर्शन के विज्ञापन कुछ सेकेंड या मिनटों के होते हैं। इतनी ही अवधि में चलचित्र, दृश्य, अभिनय, सज्जा आदि के बीच सहायक रूप में शब्दों का प्रयोग होता है। अत: यहाँ भी शब्दों का प्रयोग मात्रा में कम, परन्तु कलात्मक तथा प्रभावी रूप में होना आवश्यक होता है।

जनसंचार माध्यमों के अतिरिक्त अन्य माध्यमों के विज्ञापनों में—विशेषकर मुद्रित माध्यमों में, जैसे भेंटवस्तु, फोल्डर, पैम्फलेट्स आदि में लिखित भाषा का ही प्रयोग होता है, परन्तु आजकल ध्वनि-फितों तथा ध्वनि-चित्र फितों में भी विज्ञापन दिये जा रहे हैं। इस तरह के माध्यमों में उच्चरित भाषा का ही प्रयोग किया जाता है। ध्वनि-चित्र फितों में कहीं-कहीं लिखित भाषा का प्रयोग पाया जाता है, परन्तु कम मात्रा में ही।

संक्षेप में कहा जा सकता है कि भाषा-प्रयोग की दृष्टि से भी विज्ञापनों के प्रमुखत: तीन वर्ग किए जा सकते हैं—

(1) लिखित अथवा मुद्रित भाषा के विज्ञापन,

(2) उच्चरित भाषा के विज्ञापन, और

(3) लिखित-उच्चरित भाषा के विज्ञापन।

विज्ञापनीय भाषा की विशेषताएँ

विज्ञापनीय भाषा की कुछ प्रमुख विशेषताएँ निम्नलिखित हैं—

1. व्यावहारिक भाषा— विज्ञापन की भाषा साहित्यिक भाषा से पृथक होती है। विज्ञापन का उद्देश्य जन-मानस में विज्ञापित वस्तु के प्रति आकर्षण निर्माण करना है। इसलिए इसकी भाषा प्रयोजनमूलक तथा व्यावहारिक होती है। उसमें आकर्षकता होती है, परन्तु साहित्यिक भाषा की तरह उसमें न तो गहरी व्यंजना होती है और न वैभव तथा शास्त्रों-विज्ञानों की भाषा की तरह उसमें न तो नियतार्थता और अर्थ-विपर्यय के प्रति कड़ा दृष्टिकोण। जन-सामान्य में प्रयुक्त जीवन्त एवं बहुप्रयुक्त भाषा का प्रयोग विज्ञापन में होता। यद्यपि विज्ञापन में प्रयुक्त शब्दों में एक निश्चित अर्थ की निष्पत्ति आवश्यक है, अनेक अर्थों को व्यक्त करनेवाले शब्दों का या सन्दिग्धता का वहाँ कोई स्थान नहीं। परन्तु यह अर्थ निश्चित कोशगत नहीं होती, बल्कि जन-व्यवहारगत होती है। सहज बोधगम्यता उसकी अनिवार्य शर्त है। इसलिए भाषागत विशुद्धता आदि के प्रति उतना ध्यान नहीं दिया जाता। उदारता व्यावहारिक भाषा की महत्त्वपूर्ण विशेषता होती है। इसलिए विज्ञापनीय भाषा के सम्पर्क में आनेवाली अन्य भाषाओं और जन-सामान्य में प्रचलित शब्दों को अपनाने की उदारता होती है।

2. मनोवैज्ञानिक भाषा-प्रयोग—जन-मानस को विज्ञापित वस्तु के प्रति मात्र आकर्षित करने से ही विज्ञापन का दायित्व पूरा नहीं होता है, अपितु उस वस्तु की उपयोगिता की बात जन-मानस में पैठ देनी होती है। इसलिए आकर्षकता के साथ प्रभावात्मकता का विज्ञापन में अनन्य साधारण महत्त्व होता है। चित्र, रंग, ध्वनि, विज्ञापन का आकार, रचना आदि के साथ ही भाषा भी विज्ञापन को प्रभावशाली बनानेवाला महत्त्वपूर्ण अंग है। बल्कि कहना चाहिए चित्र, रंग, आकार तथा रचना विज्ञापन को आकर्षक बनाने में अधिक सहायक होते हैं। उसमें प्रयुक्त भाषा का प्रमुख कार्य ही उसे विश्वसनीय तथा प्रभावी बनाने में सबसे अधिक सहायता करता है। इसलिए भाषा का विचार पाठक-दर्शकों की मानसिकता की दृष्टि से करना आवश्यक होता है। मानवी वृत्तियाँ तथा भावनाएँ रुचि के निर्धारक तत्त्व होते हैं, इसलिए विज्ञापन की भाषा में विज्ञापित वस्तु तथा विज्ञापन माध्यम के अनुरूप मानवीय वृत्तियों तथा भावों को उद्दीपित करनेवाली भाषा का प्रयोग आवश्यक होता है। मानव में सुरक्षा, खाद्य, वस्त्र, आखेट, संचयी, पैतृक, कौतूहल तथा बैठे से बेगार भली आदि प्रवृत्तियाँ तथा गर्व, सौन्दर्य, स्वास्थ्य, मितव्ययता, आराम, देशभक्ति, सफलता, भय, पैतृक स्नेह, अनुकरण आदि की भावनाएँ विद्यमान होती हैं। विज्ञापन अपने उद्देश्य के अनुरूप किसी एक या अधिक प्रवृत्ति तथा भावों को उद्दीपित कर विज्ञापित वस्तु के प्रति रुचि निर्माण करता है। रुचि निर्माण के साथ उसे बनाए रखना आवश्यक होता है। अत: विज्ञापन से विश्वसनीयता का भी निर्माण आवश्यक है। इसलिए विज्ञापन में किसी वस्तु की अतिश्योक्ति पूर्ण होती है, परन्तु वह इतनी भी नहीं होनी चाहिए कि विज्ञापन मिथ्या विज्ञापन बने। विज्ञापन में भाषा प्रयोग करते समय यह ध्यातव्य है कि विज्ञापन उपभोक्ताओं के साथ सम्बन्ध बनाने तथा सम्बन्ध-सूत्रों को दृढ़ करने की जनसम्पर्क माध्यम है, न कि छल-कपट द्वारा अपनी बात तथा वस्तु उसके माथे मारने का छद्मी व्यापार। व्यवसाय की निरन्तरता बनाए रखने की जिम्मेदारी भी उस पर है। 'काठ की हाँड़ी' मात्र एक बार चढ़ती है, बार-बार नहीं।

3. यथावश्यकता—शब्दों की मितव्ययता विज्ञापनीय भाषा की एक महत्त्वपूर्ण विशेषता होती है। शब्द-बहुल विज्ञापन प्रभावहीन होता है। भाषा-विस्तार एक ओर विज्ञापन के आकार की दृष्टि से भी सम्भव नहीं होता, तो दूसरी ओर पाठकों की दृष्टि से उचित नहीं होता, क्योंकि पाठक या दर्शक विस्तृत विज्ञापन न पढ़ना चाहेगा और न देखना। इससे जुड़ी दूसरी महत्त्वपूर्ण बात यह भी है कि भाषा ही विज्ञापन का एकमात्र अंग नहीं है। कुछ विज्ञापनों में चित्र प्रमुख होते हैं, वहाँ भाषा उसके सहायक रूप में आती है। कुछ विज्ञापन जैसे—आकाशवाणीय विज्ञापन में भाषा प्रमुख होती है। अत: भाषा का प्रयोग यथावश्यक रूप में ही होना चाहिए। जो भाव चित्र में व्यक्त न हो रहा हो तथा चित्र में व्यक्त भाव को और अधिक स्पष्ट करने की आवश्यकता महसूस हो रही हो, उस समय तथा तदनुरूप भाषा का प्रयोग किया जाना चाहिए।

4. माध्यम अनुरूपता—विज्ञापन के कई माध्यम हैं तथा हर माध्यम के विज्ञापन की अपनी प्रकृति है। भाषा का प्रयोग विज्ञापन की इसी प्रकृति के अनुरूप होना चाहिए। समाचार-पत्रीय विज्ञापन के वर्गीकृत विज्ञापन का प्रमुख ही नहीं एकमात्र अंग है भाषा और

वह भी सूचनात्मक भाषा। कलात्मकता की वहाँ न गुंजाइश होती है और न आवश्यकता। सीधे सरल शब्दों में जानकारी देना उसका उद्देश्य होता है। अवर्गीकृत विज्ञापन दोनों तरह के हो सकते हैं—सूचनात्मक तथा कलात्मक। इस तरह के विज्ञापनों में कहीं चित्र तथा भाषा का समन्वित प्रयोग होता है और कहीं मात्र भाषा का। बाह्य विज्ञापन में चित्र प्रमुख होते हैं और भाषा उसके सहायक के रूप में आती है। यहाँ भाषा की मितव्ययता आवश्यक होती है और कलात्मकता भी। आकाशवाणी विज्ञापन में भाषा प्रमुख है। स्वरों का आरोह-अवरोह, शब्दों की विभिन्न भंगिमाएँ, उच्चारण प्रावीण्य तथा लचीलापन, शब्द-विन्यास आदि भाषाई विशेषताएँ इस माध्यम के विज्ञापनों में आवश्यक होती हैं। दूरदर्शन तथा फिल्म विज्ञापन की भाषा में व्याख्यात्मक तथा संवादिक भाषा का प्रयोग होता है। अत: प्रसंग, चरित्र तथा उद्देश्य के अनुरूप संवाद की भाषा का निर्धारण होना आवश्यक होता है। संवाद की भाषा का निर्धारण करते हुए यह ध्यान रखना होगा कि यहाँ संवाद दृश्य (विजुएल) के सहायक हैं, इसलिए नाटक के संवादों से इनकी प्रकृति भिन्न है। संवाद की एक लम्बी कड़ी यहाँ नहीं होती, अपितु एक-दो कथोपकथन मात्र हैं। साथ ही वे किसी गहन भाव की व्यंजना करनेवाले न होकर विज्ञापित वस्तु की उपयोगिता की सहज सरल अभिव्यक्ति में सहायक मात्र होते हैं।

5. कलात्मकता—भाषा की कलात्मकता का तात्पर्य यहाँ शब्दों की कलात्मक रचना से है। विज्ञापन भाषा की रचना की दृष्टि से सूचनात्मक, घोषणात्मक, लयात्मक आदि रूप पाए जाते हैं। सूचनात्मक रचना में कलात्मकता की कोई गुंजाइश नहीं होती। घोषणात्मक तथा लयबद्ध भाषा रचना में कलात्मकता की पर्याप्त सम्भावनाएँ होती हैं। इस सन्दर्भ में डॉ. विजय कुलश्रेष्ठ ने अपने ग्रन्थ 'जनसम्पर्क, प्रचार एवं विज्ञापन' में लिखा है, "भाषा को किसी भी विज्ञापन की साज-सज्जा या अलंकरण कहा जा सकता है। अत: किस प्रकार अलंकरण, आभूषण या रूप सज्जा किसी युवती के नैसर्गिक सौन्दर्य को और अधिक द्विगुणित करें—यह आलेखक या कॉपीराइटर की योग्यता एवं गहरी संवेदनशीलता तथा प्रत्युत्पन्नमति पर निर्भर करता है। यही नहीं, उसमें ऐसी कारयित्री प्रतिभा आवश्यक है जिसके परिणामस्वरूप उपभोक्ता के संवेगों को उत्तेजना मिले। मनोवैज्ञानिक ढंग से उपभोक्ताओं की रुचियों-अभिरुचियों को जगा सकें तथा शब्दों से मनमाने ढंग से खेलकर या शब्द प्रयोग कर अपना मन्तव्य सिद्ध कर सकें। भाषा अभिव्यक्ति का सजीव और सवाक चित्र है जो विज्ञापन से हिट हो सकता है। सभी भाषाभिव्यंजना के लिए अनेक बार दृष्टि में जमनेवाली शब्दावली आकर्षित कर लेती है। अभिधा से अधिक व्यंजना शब्द शक्ति के प्रयोग के कारण भावाभिव्यक्ति अधिक सार्थक बनती है।" इधर आकाशवाणी तथा दूरदर्शन विज्ञापनों में लयबद्ध तथा गेय विज्ञापनीय भाषा रचना की भरमार-सी आ गई है। उनमें से कुछ भाषा रचनाएँ वास्तविक रूप में कलात्मक होती हैं और अधिकांश रचनाएँ सामान्य। जो कलात्मक हैं वे सुरीले संगीत के साथ गाई जाती हैं तो निश्चित रूप में प्रभाव कर जाती हैं। जो सामान्य हैं वे संगीत के बावजूद बेसुरी-सी लगती हैं।

विज्ञापन की हिन्दी : स्वरूप और समस्याएँ

लगभग सभी तरह के विज्ञापनों के लिए हिन्दी भाषा का प्रभावी ढंग से प्रयोग हो रहा है। यद्यपि प्रादेशिक स्तर पर विविध प्रादेशिक भाषाओं में विज्ञापन दिये जाते हैं, परन्तु अन्तरप्रादेशिक स्तरीय विज्ञापन-माध्यमों में अंग्रेजी तथा हिन्दी का प्रयोग बड़े पैमाने पर किया जाता हुआ दिखाई देता है। सरकारी तथा अर्धसरकारी कार्यालयों में सम्पर्क-भाषा के रूप में आज भी अंग्रेजी का प्रयोग होता है; परन्तु जनसम्पर्क-भाषा के रूप में सामान्य जनता हिन्दी का ही प्रयोग करती है। यह एक बड़ा विचित्र सत्य है कि राष्ट्रभाषा के रूप में हिन्दी के विरोध का बोलबाला दक्षिण भारत में किया जाता रहा है, लेकिन सामान्य जनता सम्पर्क भाषा के रूप में हिन्दी का प्रयोग करती रही है। तमिलनाडु, जो हिन्दी-विरोधी माना जाता रहा है, वहाँ का एक रोचक तथ्य उद्घाटित करते हुए डॉ. भोलानाथ तिवारी लिखते हैं, ''एक अजीब बात यह है कि वहाँ राजनैतिक कारणों से हिन्दी का जबर्दस्त विरोध है, किन्तु वहाँ के लोग पैसे कमाने के लिए हिन्दी की सहायता लेने में नहीं चूकते। हिन्दी फिल्में पैसे बटोरने के लिए मद्रास में सबसे ज्यादा बन रही हैं।'' राजनीति को अलग रखकर अगर हम देखें तो भारत भर में अंग्रेजी से कई गुना अधिक लोग हिन्दी समझते तथा बोलते हैं तथा दो विभिन्न भाषी सम्पर्क-भाषा के रूप में हिन्दी का ही प्रयोग करते हैं। आकाशवाणी, दूरदर्शन तथा फिल्म ने मात्र मनोरंजन ही नहीं किया है, अपितु हिन्दी को एक अन्तरप्रान्तीय सम्पर्क-भाषा के रूप में प्रसारित किया है। भाषा की राजनीति कुछ भी कहे, लेकिन व्यापार-नीति यही कहेगी कि जो भाषा देशभर के अधिकांश लोग समझते हैं, उसको विज्ञापन की भाषा के रूप में अपनाना व्यवहार्य ही है। इसलिए आज आकाशवाणी तथा दूरदर्शन के अधिकांश विज्ञापनों की भाषा हिन्दी होती है। समाचार-पत्रीय विज्ञापनों की स्थिति इससे भिन्न है। हिन्दी प्रदेशों में हिन्दी समाचार-पत्रों की खपत अधिक है। अत: वहाँ विज्ञापनों की भाषा हिन्दी होगी है, परन्तु अन्य प्रदेशों में प्रादेशिक समाचार-पत्रों की खपत अधिक है। जहाँ तक पत्रिकाओं का प्रश्न है लोकप्रिय - जैसे फिल्म आदि की पत्रिकाएँ सबसे अधिक बिकती हैं, उनमें हिन्दी-अंग्रेजी दोनों भाषाओं की पत्रिकाएँ हैं। पत्रिकाओं में प्रकाशित विज्ञापनों की भाषा में अंग्रेजी आगे है, क्योंकि बहुत बार हिन्दी तथा प्रादेशिक भाषाओं के पत्र-पत्रिकाओं में भी अंग्रेजी विज्ञापन होते हैं, परन्तु अंग्रेजी पत्रिकाओं में हिन्दी विज्ञापन ढूँढ़ने पर भी नहीं मिलेगा। इसका कारण सम्भवत: यह होगा कि पत्रिकाओं का पाठक समाचार-पत्रों के पाठकों से कुछ विशेष रहा है। साथ ही खरीदकर पत्रिका पढ़नेवाला पाठक निम्नवर्ग में कम ही होगा। अत: मध्यमवर्गीय अंग्रेजीयत का असर पत्रिकाओं पर पड़ना स्वाभाविक ही है, क्योंकि यही वर्ग हिन्दी पत्रिकाएँ पढ़नेवाला होता है, तथाकथित उच्चवर्ग अंग्रेजी पत्रिकाएँ ही पढ़ेगा।

विभिन्न माध्यमों द्वारा प्रकाशित प्रसारित-विज्ञापन की हिन्दी-भाषा तथा मानक हिन्दी भाषा में अन्तर है। विज्ञापनों में विशुद्ध तथा मानक भाषा का प्रयोग उस तरह सम्भव भी नहीं, जिस प्रकार साहित्य में होता है इधर साहित्य में तथाकथित मानक भाषा का प्रयोग नहीं हो रहा है। वैसे भी भाषा परिवर्तनशील होती है, उसका कोई एक रूप अधिक

समय तक नहीं रहता है। जबर्दस्ती उसे एक विशिष्ट ढाँचे में आबद्ध करने से वह अपनी सम्प्रेषणशीलता खो देती है। हिन्दी को एक सम्पर्क भाषा के रूप में प्रयुक्त करते समय भी इस तथ्य को ध्यान में रखना होता है। जनसम्पर्क जनभाषा में ही सम्भव हो पाता है। जैसे कि डॉ. आनन्द प्रकाश दीक्षित ने 'सम्पर्क भाषा हिन्दी' ग्रन्थ में संकलित एक लेख में लिखा है, ''जनभाषा सामान्य बोलचाल के व्यवहार की भाषा होगी, इसका स्वरूप साहित्यिक, मानक और राजकीय भाषा से बहुत दूर तक भिन्न हो सकता है। यह भिन्नता शब्दावली से लेकर वाक्य गठन और उक्ति-भंगिमा तक हो सकती है। अपने मूल गठन में एक व्याकरणिक ढाँचा स्वीकार करके भी इसे उसका जड़ता से पालन करना आवश्यक नहीं होगा। स्थिरता इसका स्वभाव नहीं, परिवर्तन और प्रवाहशीलता को ही इसका शील माना जायगा। प्रादेशिक अथवा क्षेत्रीय शब्दों का सहज प्रयोग, व्याकरण के नियमों की शिथिलता और उच्चारण-वैचित्र्य यहाँ पारम्परिक व्यवहार और त्वरित सम्प्रेषण के लिए आपत्तिजनक नहीं माना जायगा।'' हिन्दी का जनसम्पर्क भाषा के रूप में विकसित रूप हिन्दी प्रदेशों की नहीं हिन्दीतर प्रदेशों की देन है। आचार्य विनयमोहन शर्मा ने इस तथ्य की ओर संकेत करते हुए 'हिन्दी का व्यावहारिक रूप' ग्रन्थ में लिखा है, ''आज हिन्दी सारे भारतवर्ष की भाषा बन गई है, वह जिस प्रान्त में जायगी वहाँ के शब्दों को बराबर ग्रहण करती रहेगी। थोड़े समय तक तो अहिन्दी शब्द हमें खटकते रहेंगे, पर जब उनका अधिकाधिक प्रयोग होने लगेगा तब से स्वाभाविक जान पड़ेंगे।" हिन्दी को सम्पर्क भाषा के रूप में हिन्दीतर प्रदेशों ने पहले से ही अपनाया है। इसका ऐतिहासिक प्रमाण देते हुए श्री नरेशचन्द्र चतुर्वेदी ने लिखा है, ''बारहवीं सदी में जब संस्कृत जनभाषा नहीं रह गई और उन्नीसवीं सदी के पहले तक अंग्रेजी से किसी का कोई व्यावहारिक सम्पर्क नहीं था तो इन सात सौ वर्षों में रामेश्वरम् से लेकर बदरीनाथ तक और द्वारकापुरी से जगन्नाथपुरी तक यात्रा करनेवाले लोग किस भाषा का इस्तेमाल करते थे। वह भाषा हिन्दी ही थी जो सात सौ वर्षों से लगातार इस देश की सम्पर्क भाषा का काम कर रही है।'' इस सम्पर्क भाषा का रूप भी जनभाषा का ही था। कबीर-जैसे सन्तों की भाषा इसके प्रमाण हैं। आज की यह सम्पर्क जनभाषा कई भाषाओं के बहुप्रचलित शब्दों तथा जन-सुलभ व्याकरण विधि को अपनाए हुए प्रचलित है। विशुद्धतावादी पंडित कितना भी हाथ-पैर मारें इस भाषा के प्रचार-प्रसार को रोक नहीं पाएँगे। विज्ञापनों की हिन्दी यही जनभाषा हिन्दी है। विज्ञापन की हिन्दी व्यावहारिक हिन्दी है। इसमें जन-प्रचलित शब्दों का प्रयोग भी कलात्मक ढंग से किया जाता है। यद्यपि हिन्दी का व्यावहारिक रूप हर प्रान्त में कुछ अलग है, किन्तु विज्ञापन की भाषा में उनका समायोजन करने का प्रयास जन-मानस भी करता है। बहुभाषिक महानगरों में इसके दर्शन हमें हो जाते हैं। इसकी ओर संकेत करते हुए डॉ. सूरजभान सिंह ने लिखा है, ''द्रष्टव्य है कि हिन्दी तथा अहिन्दी-भाषी प्रदेशों में जिन व्यवहार-क्षेत्रों में हिन्दी का प्रयोग होता है, एक भिन्न प्रकार का हिन्दी-अंग्रेजी मिश्रित भाषा रूप उभरता दिखाई दे रहा है। भाषा मिश्रण या 'कोड़ स्वीचिंग' की यह प्रवृत्ति भाषा व्यवहार में इतनी प्रबल हो गई है कि यह कम-से-कम हिन्दी के मौखिक भाषा व्यवहार का एक अभिन्न अंग बन गई है। आश्चर्य नहीं यदि कालान्तर में यह हिन्दी भाषाई

कोश (वर्बलरेपत्वा) का एक महत्त्वपूर्ण अंग बन जाय।" आकाशवाणी तथा दूरदर्शन के विज्ञापनों में उच्चरित भाषा के रूप में हिन्दी का यह रूप काफी मात्रा में प्रचलित है। बहुप्रचलित अंग्रेजी शब्दों का प्रयोग विज्ञापनों में अनिवार्य हो जाता है। तरह-तरह के सौन्दर्य प्रसाधन तथा दैनिक व्यवहार की कई वस्तुओं के नाम तथा उसके उपयोग विधि के लिए अंग्रेजी शब्दों का ही ज्यादा प्रचलन मौखिक भाषा में पाया जाता है, उसे छोड़कर विज्ञापनों में उसके हिन्दी पर्यायों का प्रयोग व्यवहार्य नहीं होगा। यह सही है कि जहाँ भी अंग्रेजी के स्थान पर बहुप्रचलित हिन्दी शब्द का पर्याय सहज और सुलभ है, वहाँ उसका प्रयोग किया जा सकता है, लेकिन विशुद्धवादी दृष्टिकोण से हर शब्द के हिन्दी पर्याय प्रयुक्त करने का प्रयास विज्ञापन के उद्देश्य में बाधक होगा।

विज्ञापनीय हिन्दी : कुछ समस्याएँ

आज विज्ञापन की भाषा के रूप में हिन्दी का प्रयोग बड़े पैमाने पर हो रहा है। विज्ञापनों के उद्देश्य को आकर्षक तथा प्रभावी रूप में जन-मानस तक सम्प्रेषित करने का सफल प्रयास कर रही है परन्तु उसे और अधिक आकर्षक तथा प्रभावी रूप में प्रयोग करने की दिशा में काफी सम्भावनाएँ हैं। इस दृष्टि से विज्ञापनीय हिन्दी की कुछ समस्याएँ हैं, उसके समाधान में ही उन सम्भावनाओं को खोजा जा सकता है। कुछ प्रमुख समस्याओं की ओर संक्षिप्त में संकेत इस प्रकार किया जा सकता है—

1. **मौलिक हिन्दी विज्ञापनों का अभाव—**हिन्दी में प्राय: मौलिक विज्ञापनों के निर्माण की अपेक्षा अंग्रेजी विज्ञापनों के अनुवाद की प्रवृत्ति ही अधिक देखी जाती है। मूल विज्ञापन अंग्रेजी भाषा और उसके साथ जुड़ी अंग्रेजी-मनोभूमि के परिप्रेक्ष्य में बनाए जाते हैं। उन विज्ञापनों का हिन्दी में उल्था कई विसंगतियों को पैदा करता है। इसलिए कभी-कभी कुछ विज्ञापन नेत्र सुख देते हैं, परन्तु पल्ले कुछ नहीं पड़ता। उदाहरण के लिए दूरदर्शन पर बार-बार आनेवाला 'ओनीडा' का विज्ञापन। विज्ञापन की सफलता सर्वाधिक मात्रा में जनमानस की पहचान और उसके अनुरूप भाषा प्रयोग में होती है। पाश्चात्य समाज और भारतीय समाज की मानसिकता में पर्याप्त अन्तर है—यह अन्तर न तो अंग्रेज समझ सकते हैं और न अंग्रेज-दाँ। अत: भारतीय जनमानस के अनुरूप मौलिक विज्ञापनों के निर्माण की दिशा में प्रयास होने चाहिए। पाश्चात्य देशों में विज्ञापन की 'रचनाप्रविधि' का जिस गम्भीरता के साथ अध्ययन होता है, हमारे यहाँ नहीं होता।

2. **विज्ञापन आलेखकों के प्रति उपेक्षात्मक दृष्टिकोण—**हमारे यहाँ व्यावसायिक लेखन करनेवाले को उपेक्षात्मक दृष्टिकोण से देखा जाता है। इसलिए प्रतिभाशाली लेखक इससे दूर ही रहते हैं। विज्ञापन-तन्त्र तथा भाषा में समान गति पानेवाले आलेखकों का अभाव ही पाया जाता है। विज्ञापन की सफलता बहुत कुछ आलेखक पर भी निर्भर होती है। इस सन्दर्भ में डॉ. विजय कुलश्रेष्ठ ने लिखा है, ''विज्ञापन वस्तुत: एक उत्प्रेरक व्यवसाय है और इस व्यवसाय में आने और विज्ञापन संसार में प्रतिष्ठित होने के लिए गहरी साधना, धैर्य एवं सजग सतर्क चिन्तन-मनन एवं प्रत्युन्न ज्ञान राशि की आवश्यकता है। कवि-हृदय, भावना सम्पन्न, साहित्य सर्जक आलेखक इसमें अधिक सफल होता है।''

3. अपरिवर्तनीय विज्ञापन-शब्दावली का अभाव— अंग्रेजी में विज्ञापन का अध्ययन तथा निर्माण का कार्य लम्बे समय से चल रहा है। इसलिए उसके पास विभिन्न क्षेत्रों की ज्ञान-विज्ञान की शब्दावली का तैयार भंडार है। उसे शब्द के लिए यहाँ-वहाँ भटकना नहीं पड़ता। विभिन्न शब्दकोषों, पारिभाषिक-कोषों आदि की सहायता के लिए उपलब्ध है। हिन्दी के पास विज्ञापन लेखन की लम्बी परम्परा नहीं है। इसलिए उसके पास तैयार शब्दावली का भंडार नहीं है। ज्ञान-विज्ञान की जो पारिभाषिक शब्दावली उसके पास है, वह मात्र पारिभाषिक कोषों में बन्द है। उसका व्यवहार उस मात्रा में नहीं होता कि जनमानस में उसका प्रचलन हो। इसलिए उसकी शुरू से शुरुआत है। इस दिशा में अब कार्य हो रहा है। हिन्दी अभी इन विषयों को अंग्रेजी शब्दावली के पर्याय तथा इन विषयों की जानकारी को जुटाने की प्रक्रिया में है। लेकिन जैसे कि डॉ. विनोद गोदरे ने संकेत किया है, ''फिलहाल तो हिन्दी विज्ञापन में नवीनतम विषयों के विज्ञापनों का सहजता से अर्थात अंग्रेजी की छाया से परे मौलिक रूप देने में कठिनाई अनुभव की जा रही है।''

4. सम्पर्क भाषा की विभिन्नरूपता— हिन्दी तथा हिन्दीतर प्रदेशों में सम्पर्क भाषा हिन्दी के विभिन्न रूप व्यवहृत हैं। हिन्दी प्रदेशों में भी व्यावहारिक हिन्दी में एकरूपता नहीं है। आम जनता अपने क्षेत्र की बोली का ही प्रयोग करती है। सरकारी तौर पर भी इस दिशा में सार्थक प्रयास नहीं हुए कि कम-से-कम हिन्दी प्रदेशों में सम्पर्क भाषा के रूप में एक समान शब्दावली का निर्माण हो। इस सन्दर्भ में प्रो. ब्रजेश्वर वर्मा ने लिखा है, ''क्षेत्रीय भूमिका में सभी सात राज्यों की सरकारी हिन्दी एक नहीं है। संघ राज्य द्वारा वैज्ञानिक और तकनीकी शब्दावली के निर्माण पर करोड़ों रुपया खर्च हुआ, सभी राज्यों के भाषा और विविध विषयों के विद्वानों का सहयोग लिया गया और आग्रह किया गया की यह शब्दावली सभी भाषाओं में समान रूप से अपनाई जाय। लेकिन हिन्दी-भाषी राज्यों ने भी केवल उसे नहीं अपनाया, बल्कि यह भी नहीं किया कि सब राज्य मिलकर समान शब्दावली बनाते।'' सम्पर्क भाषा के रूप में हिन्दीतर क्षेत्रों में कई रूप पाए जाते हैं। पंजाबी, नागपुरी, महाराष्ट्री, कानड़ी, कश्मीरी, तमिल, तेलुगु, केरली, बंगाली आदि के शब्द, उच्चारण-व्याकरण आदि का प्रभाव इस पर देखा जा सकता है। बहुभाषिक महानगरों में इन प्रादेशिक भाषाओं के साथ अंग्रेजी का भी पर्याप्त प्रभाव देखा जा सकता है। ऐसी स्थिति में विज्ञापन के लिए किस रूप को अपनाएँ बड़ी समस्या बन जाती है। पूरी तरह मानक भाषा का अपनाव विज्ञापन में सम्भव नहीं है, फिर भी लिखित भाषा के रूप में विशेषकर समाचार-पत्रीय तथा बाह्य विज्ञापन में 'मानक भाषा' के आसपास की हिन्दी का प्रयोग होता है। उच्चरित भाषा रूप में महानगरीय हिन्दी-अंग्रेजी प्रादेशिक भाषा का मिश्रित रूप प्रयुक्त किया जा रहा है परन्तु यह इस समस्या का तात्कालिक समाधान है, कोई स्थायी समाधान नहीं है।

5. लिपि-समस्या— विज्ञापन में लिखित भाषा के रूप में प्रयुक्त करते समय लिपि-समस्या का सामना करना पड़ता है। हिन्दीतर प्रदेशें में हिन्दी बोली-समझी जाती है, लेकिन महाराष्ट्र—जैसे कुछ प्रान्तों को छोड़कर हिन्दी की देवनागरी लिपि हर कोई जानता

ही है, कहा नहीं जा सकता। यद्यपि आर्य परिवार की भाषाओं की लिपि में बहुत साम्य है, इसलिए इस क्षेत्र के लोग हिन्दी जानते हैं, परन्तु देवनागरी सीखने में आसानी नहीं महसूसते। इसलिए बहुत बार हिन्दी विज्ञापनों में भी देवनागरी लिपि की जगह रोमन लिपि का प्रयोग किया जाता है। उच्चरित भाषा के रूप में हिन्दी और लिखित भाषा के लिए रोमन लिपि का एक साथ प्रयोग दूरदर्शन के विज्ञापनों में देखे जा सकते हैं। हिन्दी फिल्म की श्रेयनामावली अधिकांशत: रोमन या रोमन नागरी लिपि में होती है।

लिपि के साथ जुड़ी दूसरी समस्या हिन्दी वर्तनी की भी है। संयुक्त अक्षर, पूर्ण-विराम, एक से अधिक ध्वनि-चिह्न आदि की समस्याएँ लिखित भाषा के रूप में हिन्दी का प्रयोग करते समय सामने आती हैं। यद्यपि इन समस्याओं के समाधान के लिए केन्द्रीय हिन्दी निदेशालय ने लिपि तथा वर्तनी की मानकीकरण का प्रयास किया है, लेकिन व्यवहार में उसका प्रयोग कम ही होता है।

लिपि के साथ जुड़ी एक और समस्या तब खड़ी होती है, जब प्रचलित या नए अंग्रेजी शब्दों का लिप्यन्तरण करना होता है क्योंकि अंग्रेजी शब्द का उच्चारण भी हर प्रान्त में प्रादेशिक भाषा के लहजे के अनुरूप होता है। जैसे कि पूर्व संकेत दिया गया है, अधिकतर विज्ञापन मूलत: अंग्रेजी में होते हैं, उनका उल्टा हिन्दी में होता है। ऐसे विज्ञापन में अगर किसी देशी भाषा का रोमन लिपि में लिप्यन्तरण हुआ हो तो कभी-कभी अर्थ का अनर्थ हो जाता है।

संक्षेप में विज्ञापनीय हिन्दी की समस्याएँ क्रमश: विज्ञापन-निर्माण की प्रक्रिया, हमारे यहाँ की जनसम्पर्क भाषा की समस्या तथा बहुभाषिकता और हमारी लिपि की समस्या के साथ जुड़ी है। अत: मौलिक विज्ञापन के निर्माण के प्रति गम्भीर दृष्टिकोण और सम्पर्क भाषा के रूप में हिन्दी भाषा का सही विकास में ही इन समस्याओं का समाधान देखा जा सकता है।

8.

अद्यतन इलेक्ट्रॉनिक संचार माध्यम और हिन्दी

(अ) कम्प्यूटर

कम्प्यूटर : सामान्य परिचय

आज विज्ञान का युग है। जीवन का प्रत्येक क्षेत्र आज विज्ञान से प्रभावित है। विज्ञान के कई आविष्कारों ने हमारी जीवन शैली को पूरी तरह से बदल दिया है। 'कम्प्यूटर' या 'संगणक' इनमें से एक है। 'कम्प्यूटर' एक इलेक्ट्रॉनिक मशीन है, जोड़ना, गिनना, भाग देना आदि क्रियाओं द्वारा डाटा से सूचना निकालने और उसकी प्रक्रिया द्वारा कई तरह के कार्य किए जा सकते हैं। इस प्रक्रिया को 'डाटा प्रोसेसिंग' कहा जाता है। इस मशीन की विशेषता है कि यह कई तरह के कार्य बहुत तेज गति से करती है, जितना काम बताया जाय, उतना ही काम सही-सही तरीके से बिना गलती के और अविरत रूप में करती है। आँकड़ों (डाटा) के अपार भंडार को कम जगह में संगृहीत करके रखने का और जब माँग तब तुरन्त प्रस्तुत करने का कार्य भी यह मशीन करती है।

कम्प्यूटर का जन्म मूलत: गणनाओं की समस्या के हल के रूप में हुआ है। ब्रिटिश गणितज्ञ चार्ल्स बैबेज (सन् 1792-1871) ने सन् 1822 में रॉयल सोसाइटी के लिए एक छोटा-सा गणक यन्त्र तैयार किया, जिसे उन्होंने 'डिफरेन्स इंजन' का नाम दिया था। सन 1855 और 1860 के मध्य उन्होंने एक ऐसे यन्त्रिक संगणक का डिजाइन तैयार किया, जिससे प्राय: गणितीय कार्य (मैथेमेटिकल ऑपरेशन्स) किए जा सकते थे। यह डिजाइन जटिल था। इसे त्रुटिपूर्ण भी माना गया; फलत: अधूरा रहा। वर्ष 1937 में हवाई विश्वविद्यालय के प्रो. एच. आइकेन न बैबेज का सपना साकार किया। आइकेन ने 1944 में एक ऐसे यन्त्र का निर्माण किया, जिसमें स्वयंचलित ढंग से अंकगणितीय क्रियाओं को सफलतापूर्वक सम्पन्न किया जा सकता था। इस मशीन को 'हार्वर्ड मार्ग-1' नाम दिया गया। यन्त्र ने प्रथम आधुनिक कम्प्यूटर होने का सम्मान प्राप्त किया। तब से लेकर आज तक विकसित होकर कम्प्यूटर हमारे सम्पूर्ण जीवन पर हावी हुआ है।

भारतवर्ष में कम्प्यूटर का आगमन सन् 1955 में हुआ। सबसे पहला कम्प्यूटर भारतीय सांख्यिकी संस्थान, कलकत्ता में आया। प्रथम भारतीय कम्प्यूटर (आई. एस. आई. जे.यू.) का डिजाइन जुलाई, 1964 में आई. एस. आई. (इंडियन स्टेटिस्टिकल इन्स्टीट्यूट)

कलकत्ता और जादवपुर यूनिवर्सिटी ने तैयार किया था। यह कम्प्यूटर जादवपुर यूनिवर्सिटी में बना। आगामी आठ वर्षों में दूसरी 170 विदेशी कार्यप्रणाली स्थापित की गई। उस समय आई. बी. एम. और आई. सी. एल. ही सर्वाधिक जानी-मानी कम्पनियाँ थीं। आज भारत में लगभग 40 कम्पनियाँ माइक्रो कम्प्यूटरों का निर्माण कर रही हैं। इन कम्पनियों ने कम्प्यूटर उद्योग में क्रान्ति कर दी है और कम्प्यूटर की शक्ति को एक स्तर प्रदान किया है।

कम्प्यूटर की उपयोगिता

कम्प्यूटर ने अपनी उत्पत्ति के कुछ वर्षों के अन्दर ही अपनी स्थिति इतनी मजबूत कर ली है कि मनुष्य को इसे लगभग हर क्षेत्र में उपयोग में लाने के विषय में सोचना ही पड़ा। बीसवीं शताब्दी में अनेक वैज्ञानिक आविष्कारों का उपयोग हुआ है, जिनमें सबसे महत्त्वपूर्ण योगदान कम्प्यूटर का है। व्यापारिक क्षेत्र, वैज्ञानिक अनुसन्धान, संचार-व्यवस्था, अन्तरिक्ष क्षेत्र, पर्यावरण, चिकित्सा, शिक्षा, कला एवं सांस्कृतिक इत्यादि क्षेत्रों में कम्प्यूटर का महत्त्वपूर्ण योगदान रहा है। इक्कीसवीं शताब्दी के आरम्भिक दशक में कम्प्यूटर दैनिक जन-जीवन का एक हिस्सा बनता दिखाई दे रहा है। बालक से लेकर वृद्धों तक कम्प्यूटर की सेवा का विस्तार हो रहा है। कुछ महत्त्वपूर्ण क्षेत्र में कम्प्यूटर की उपयोगिता का संक्षिप्त संकेत इस तरह से किया जा सकता है—

1. **उद्योग जगत—** कम्प्यूटर आज लगभग हर उद्योग में उपयोग में लाया जाता है, क्योंकि बिना इसकी सहायता के वह इतना विस्तृत कार्य कर ही नहीं सकते। उन्हें अपना कार्य शुद्धता एवं तीव्रता से करना पड़ता है, अत: कम्प्यूटर का उपयोग करना ही उनके लिए एकमात्र विकल्प है। दूसरी ओर कम्प्यूटर निर्माण एवं साफ्टवेयर विकास भी अपने आपमें एक वृहद उद्योग बन गया है।

2. **पुस्तकालय—** पुस्तकालयों को भी आज Computerise किया जा रहा है। विभिन्न विषयों की पुस्तकों का विवरण तथा पुस्तकों की लेन-देन विवरण का रिकार्ड अब कम्प्यूटर द्वारा ही किया जाता है। बहुत सारी अमूल्य एवं अप्राप्य ग्रन्थ सामग्री कम्प्यूटर द्वारा सुरक्षित भी रखी जा रही है। वह समय दूर नहीं, जब एक सम्पूर्ण ग्रन्थालय एक कम्प्यूटर में समा जाय।

3. **प्रकाशन—** प्रकाशन के क्षेत्र में कम्प्यूटर ने क्रान्ति ला दी है। कम्प्यूटर ने इस क्षेत्र में आते ही अपनी तीव्रता एवं शुद्धता के द्वारा प्रकाशन कार्य को बेहद आसान बना दिया है। पहले जहाँ कम्पोजिंग एवं डिजाइनिंग में अत्यधिक समय लगता था, वहीं अब यह कार्य कुछ ही पलों में और आकर्षक ढंग से किया जा सकता है।

4. **शिक्षा—** कम्प्यूटर ने शिक्षा क्षेत्र में भी अपनी सार्थकता स्पष्ट की है। मेडिकल और इंजीनियरिंग के क्षेत्र में तो कम्प्यूटर शिक्षा का अंग बन चुका है। मैनेजमेंट साइन्स तथा अन्य विद्या शाखाओं में सूचना तथा डाटा प्रोसेसिंग द्वारा कम्प्यूटर शिक्षा में सहायक हुआ है। भाषा अध्ययन में तो 'संगणकीय भाषाविज्ञान' की नई शाखा सम्भावित है। अनुवाद कार्य में भी कम्प्यूटर मददगार साबित हो रहा है।

5. कार्यालयी कामकाज—सरकारी, गैर-सरकारी तथा व्यावसायिक कार्यालयों में अधिकांश कार्य कम्प्यूटर द्वारा ही किया जा रहा है। इससे कार्य में अचूकता एवं शीघ्रता आ गई है। रेल, हवाई जहाज, बस अड्डों से लेकर परचून की दुकान तक कम्प्यूटर कार्यरत है।

6. संचार क्षेत्र—संचार क्षेत्र में कम्प्यूटर ने क्रान्ति ला दी है। टी. वी. से लेकर इंटरनेट तक का प्रसार कम्प्यूटर की देन है।

7. वैज्ञानिक क्षेत्र—वैज्ञानिक क्षेत्र में तो कम्प्यूटर का उपयोग बहुत ही महत्त्वपूर्ण है, क्योंकि वहाँ तो अगर गणना या मिश्रण बनाने में दशमलव में भी गलती हो जाय, तो सारी मेहनत पर पानी फिर जाता है। अत: इस क्षेत्र की प्रत्येक शाखा– अन्तरिक्ष, जन्तु विज्ञान, रसायन विज्ञान आदि में कम्प्यूटर का उपयोग तो मनुष्य की विवशता ही बन गई है।

8. चिकित्सा क्षेत्र—कम्प्यूटर ने इस क्षेत्र में इतना अधिक प्रवेश किया है कि आजकल ऑपरेशन तक कम्प्यूटर करने लगा है। अब कम्प्यूटर डॉक्टरों को निर्देश देता है कि इस कार्य को ऐसे करो। पहले जिन बीमारियों का इलाज उनका सही पता न लगने के कारण नहीं हो पाता था, उनका अब कम्प्यूटरी उपकरणों की मदद से सही पता लगाकर समय से इलाज होता है।

कम्प्यूटर की संरचना

कम्प्यूटर की संरचना के विविध अंग होते हैं, जिन्हें प्रमुखत: दो हिस्सों में बाँटा जाता है—(1) हार्डवेयर, (2) सॉफ्टवेयर।

1. हार्डवेयर—कम्प्यूटर के कलपुर्जों, मशीनों आदि को हार्डवेयर कहा जाता है। हार्डवेयर को हम अपनी आँखों से देख भी सकते हैं और हाथों से छू भी सकते हैं। टर्मिनल, सी. पी. यू. प्रिंटर, हार्ड डिस्क, फ्लापी ड्राइव, टेप ड्राइव आदि कम्प्यूटर के हार्डवेयर हैं। एक तरह से हार्डवेयर कम्प्यूटर का शारीरिक ढाँचा है।

2. सॉफ्टवेयर—कम्प्यूटर हार्डवेयर को सक्रिय करने अथवा चलने के लिए जिन विशेष निर्देशों की आवश्यकता होती है, उन्हें सॉफ्टवेयर कहा जाता है। दूसरे शब्दों में सॉफ्टवेयर उन प्रोग्रामों को कहते हैं, जिन्हें हार्डवेयर पर चलाया जाता है। सॉफ्टवेयर के बिना कम्प्यूटर केवल एक निर्जीव मशीन है। इसी के द्वारा कम्प्यूटर में जान डाली जाती है। अत: सॉफ्टवेयर कम्प्यूटर की आत्मा कहा जा सकता है। द्रष्टव्य है कि शरीर और आत्मा पृथक रूप में निरर्थक हैं, दोनों मिलाकर ही सार्थकता प्राप्त कर सकते हैं। सॉफ्टवेयर दो तरह के होते हैं—(1) प्रणाली सॉफ्टवेयर (System Software) (2) अनुप्रयोग सॉफ्टवेयर (Application Software)।

1. 'सिस्टम सॉफ्टवेयर' ऐसे प्रोग्रामों को कहते हैं, जिनका काम सिस्टम अर्थात कम्प्यूटर को चलाना तथा उसे काम करने लायक बनाए रखना है। सिस्टम साफ्टवेयर ही हार्डवेयर में जान डालता है। बिना इसके कम्प्यूटर एक बेजान मशीन ही रह जायगा।

2. 'एप्लीकेशन सॉफ्टवेयर' ऐसे प्रोग्रामों को कहा जाता है, जो हमारे असली काम को करने के लिए लिखे जाते हैं। आवश्यकतानुसार भिन्न-भिन्न उपयोगों के लिए भिन्न-भिन्न सॉफ्टवेयर होते हैं।

कम्प्यूटर के अंग

कम्प्यूटर की संरचना या बनावट को समझने के लिए हम उसे मुख्य रूप से तीन भागों में बाँटते हैं—

1. आगम या अन्तर्गतन इकाई (Input Unit)
2. निर्गम या बहिर्गतन इकाई (Output Unit)
3. प्रोसेसर अथवा केन्द्रीय संसाधन इकाई (Processor or Central Processing Unit)

1. निवेश या अन्तर्गतन इकाई (Input Unit)—कम्प्यूटर को दिये जानेवाले निर्देशों या आदेशों को अन्तर्गतन या निवेश (Input) कहते हैं। इनपुट यूनिट कम्प्यूटर का वह भाग है, जिसके द्वारा कम्प्यूटर को निर्देश का आदेश भेजे जाते हैं। इनपुट यूनिट के साधन कई प्रकार के हो सकते हैं—

जैसे—कुंजीपटल (Key Board), माउस (Mouse), स्कैनर, जायस्टिक (Joy stick), लाइट पेन (Light pen), पंचकार्ड, मैगनेटिक टेप, फ्लापी डिस्क, मैनेटिक इंक करेक्टर रोडर (MICR), आप्टिकल मार्क रीडर (OMR) आदि।

इन सभी में सबसे अधिक प्रयोग में लाए जानेवाले साधन (Devices) दो हैं—(1) कुंजीपटल और (2) माउस

1. कुंजीपटल (Key Board)

यह सबसे अधिक प्रचलित साधन है, जिसके द्वारा कम्प्यूटर को निर्देश भेजे जाते हैं। यह साधारण टाइप राइटर की तरह होता है। इसमें कुछ बटन या कुंजिया टाइपराइटर से अधिक होती हैं। हम जो भी टाइप करते हैं, हव हमें मानीटर स्क्रिन पर दिखाई देता है। इसमें लगभग 100 से 105 तक कुंजियाँ होती हैं। मुख्य रूप से 101 और 104 कुंजियों वाले कुंजीपटल प्रयोग में लाए जाते हैं। कुंजीपटल भी दो प्रकार के होते हैं—(1) क्वैर्टी और (2) एजर्टी। ये नाम कुंजीपटल की प्रथम अक्षर कुंजियों के आधार पर दिये गए हैं।

कम्प्यूटर कुंजीपटल (Key Board)

कुंजीपटल की कुंजियों से ही कम्प्यूटर की सभी शक्तियों और क्षमताओं का प्रयोग किया जा सकता है। ये कुंजियाँ अलग-अलग कार्यादेश देती है। कार्यों के अनुसार सम्पूर्ण कुंजियों को कई समूहों में बाँटा गया है। हर समूह और कुंजियों का परिचय इस तरह से दिया जा सकता है—

1. मुख्य की-बोर्ड अथवा टंकण कुंजियाँ (Main key Board or Typing Keys)—यह साधारण टाइपराइटर के की-बोर्ड जैसा होता है। इसमें अंग्रेजी अथवा हिन्दी के सभी अक्षर, अंक तथा व्याकरण-चिह्न अंकित रहते हैं। इसमें दो शिफ्ट कुंजियाँ होती हैं। प्रत्येक कुंजी द्वारा दो प्रकार के अक्षर टाइप किए जा सकते हैं। शिफ्ट कुंजी (Shift key) को दबाकर अंग्रेजी अथवा हिन्दी के बड़े अक्षर टंकित किए जा सकते हैं। अकेली कुंजी दबाने से नीचे लिखे अंक अथवा अक्षर टंकित किए जा सकते हैं तथा शिफ्ट कुंजी के साथ ऊपर लिखे अंक अथवा अक्षर टाइप किए जा सकते हैं। मुख्य की-बोर्ड प्राय: सभी की-बोर्डों में एक समान होता है।

2. फंक्शन कुंजियाँ (Function keys)—कुंजी-पटल पर सबसे ऊपर एक कतार में ये कुंजियाँ होती हैं, जिन पर F1 से F12 तक लिखा होता है। इन कुंजियों में एक-एक ऐसा आदेश (Command) भर दिया जाता है, जिसका हमें बार-बार प्रयोग करना होता है। इससे समय की बचत होती है और कार्य में गति आ जाती है। अधिकांश कुंजी-पटल में ऐसी 12 कुंजियाँ होती हैं। कुछ कुंजी-पटल में 20 कुंजियाँ भी होती हैं।

3. संख्यात्मक की-पैड (Numeric Key Pad) —कुंजी-पटल के दाएँ भाग में कैलकुलेटर जैसा एक कुंजी समूह होता है। इसमें 0 से 9 तक अंक, दशमलव बिन्दु, धन (+), ऋण (-) की कुंजियाँ होती हैं। कुछ कुंजियों पर अंक के नीचे कुछ और भी छपा होता है। जैसे 1 की कुंजी पर End, 2 की कुंजी पर (↓) आदि। इस समूह की कुंजियों से संख्यात्मक डाटा भरने का कार्य किया जाता है। इस की-पैड से संख्याएँ टाइप करने के लिए हमें संख्यात्मक लॉक (Num Lock) नामक कुंजी को दबा देना पढ़ता है।

4. कर्सर कंट्रोल कुंजियाँ (Cursor control keys)—यह चार कुंजियों का एक संग्रह होता है, जिन पर →, ←, ↑ तथा ↓ चिह्न होते हैं। इनसे कर्सर को क्रमश: दाएँ, बाएँ, ऊपर और नीचे ले जाया जा सकता है। इसके अलावा कर्सर को नियन्त्रित करने के लिए अन्य चार कुंजियाँ होती हैं—

1. पेज अप की (Page Up key) : इस कुंजी के द्वारा किसी दस्तावेज के पिछले भाग पर कर्सर को ले जाकर उस भाग को कम्प्यूटर स्क्रीन पर लाया जा सकता है।

2. पेज डाउन की (Page Down Key) : यह पेज अप कुंजी के ठीक विपरीत कार्य करती है। इससे कर्सर को किसी फाइल के अगले पेज पर ले जाया जा सकता है।

3. होम की (Home key) : कर्सर को किसी फाइल के आरम्भ में ले जाने के लिए इस कुंजी का प्रयोग किया जाता है।

4. एंड की (End key) : इस कुंजी के सहारे कर्सर किसी फाइल के अन्त में पहुँचाया जा सकता है।

5. इंटर की (Enter key) : कम्प्यूटर में इस कुंजी का सबसे महत्त्वपूर्ण योगदान होता है। यह स्क्रीन पर टाइप किए गए निर्देशों अथवा डाटा (Data) को कम्प्यूटर में भेजने का कार्य करती है। यह कुंजी मुख्य की-बोर्ड एवं संख्यात्मक की-पैड दोनों में होती है।

6. डिलीट की (Delete key) : किसी टाइप किए गए आदेश को हटाने या मिटाने के लिए इस कुंजी का प्रयोग किया जाता है। यह कुंजी भी मुख्य की-बोर्ड तथा संख्यात्मक की-पैड दोनों में होती है।

7. प्रिंट स्क्रीन की (Print Screen key) : इस कुंजी को दबाने से जो भी सूचना या डाटा स्क्रीन पर होता है, वह कम्प्यूटर के साथ लगे प्रिंटर पर वैसा ही प्रिंट हो जाता है।

8. टैब की (Tab key) : इस कुंजी की सहायता से हम कर्सर को किसी लाइन में पहले से तय किए हुए स्थानों तक कुदाते हुए ले जा सकते हैं। इसकी सहायता से हम पैराग्राफ, कालम आदि बना सकते हैं।

9. स्पेसबार की (Spacebar key) : यह कुंजी-पटल की सबसे लंबी और बहुप्रयुक्त कुंजी है। इसे दबाने से कर्सर एक खाली स्थान छोड़कर दाईं ओर आगे बढ़ जाता है।

10. बैकस्पेस की (Backspace key) : इस कुंजी को दबाने से कर्सर से ठीक बाईं ओर वाला चिह्न गायब हो जाता है और कर्सर एक स्थान पीछे जाता है। इस कुंजी का प्रयोग टाइपिंग से स्पेलिंग वगैरह की गलतियों को सुधारने के लिए किया जा सकता है।

11. इस्केप की (Escape key) : इस कुंजी का प्रयोग किसी कार्य के प्रारम्भ हो जाने के बाद उसे उसी दशा में छोड़ने के लिए किया जाता है। यह कुंजी कुंजी-पटल के बाईं तरफ ठीक ऊपर होती है।

12. स्क्रॉल लॉक की (Scroll Lock key) : इस कुंजी के द्वारा कम्प्यूटर स्क्रीन पर दिखाई देनेवाली सूचना वहीं स्थिर की जा सकती है। सूचना को फिर से देखने के लिए इस कुंजी को दोबारा दबाना पड़ता है।

13. पॉज की (Pause key) : कम्प्यूटर स्क्रीन पर आ रही सूचना को अस्थायी रूप से रोकने के लिए इस कुंजी का प्रयोग किया जाता है। लम्बी सूचनाओं को अच्छी तरह से पढ़ने के लिए यह कुंजी काफी सहायक होती है।

14. संशोधन कुंजियाँ (Correction keys) : आल्ट की (Alt key), कंट्रोल की (Control key) ये दोनों कुंजियाँ पी. सी. के प्रोग्राम के अनुरूप अलग-अलग कार्य करती है। इस वर्ग की शिफ्ट की (Shift key), कैप्स लॉक की (Caps Lock key), अक्षरों को छोटा-बड़ा करने का कार्य करती है, तो इन्सर्ट की (Insert key) प्रोग्राम के मध्य में किसी नए कार्य को करने के लिए प्रयुक्त होती है।

2. माउस (Mouse)

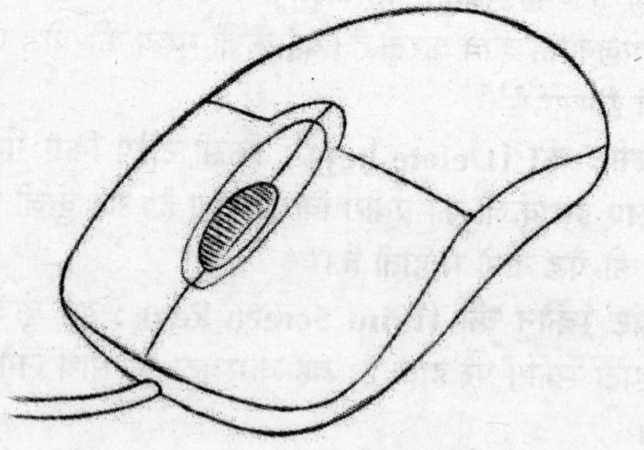

इनपुट यूनिट के साधनों में माउस दूसरा सबसे अधिक प्रचलित साधन है। यह एक छोटी-सी डिब्बी के आकार का होता है, जो एक तार के द्वारा कम्प्यूटर से जुड़ा रहता है। इसकी सहायता से हम की-बोर्ड का प्रयोग किए बिना अपने कम्प्यूटर को कंट्रोल कर सकते हैं। इसे कम्प्यूटर के पास एक स्थान पर रखा जाता है, जिससे आसानी से हाथ से खिसकाया जा सके। इसे एक पैड पर रखा जाता है, जिसे माउस पैड (Mouse pad) कहा जाता है। साधारणत: माउस में दो या तीन बटन होते हैं। कम्प्यूटर स्क्रीन पर माउस का एक विशेष पॉइंटर या कर्सर होता है, जो ऊपर उठे हुए तिरछे तीर (1) जैसा होता है। यह पॉइंटर माउस की हलचल (Movement) के अनुसार ही हिलता है। जब हमें किसी मेन्यू में किसी पसन्द को चुनना होता है तो हम माउस को अपने माउस पैड पर इधर-उधर खिसकाकर माउस पॉइंटर को उस पसन्द तक लाते हैं और बाएँ बटन को एक बार दबाकर छोड़ देते हैं। इस प्रकार हम कोई भी पसन्द को चुन सकते हैं।

माउस का प्रयोग ज्यादातर डेस्क-टाप-प्रकाशन (Desk Top Publishing) जैसे कार्यों में किया जाता है। विंडोज आधारित ऑपरेटिक सिस्टमों, जैसे—विंडोज-95 तथा 98 में भी माउस का व्यापक और अनिवार्य उपयोग किया जाता है।

इन दो प्रमुख साधनों के अलावा निम्नलिखित साधनों का प्रयोग अन्तर्गतन के लिए किया जाता है। स्कैनर, जायस्टिक, लाइट पेन, पंचकार्ड, मैगनेटिक टेप, फ्लापी डिस्क, मैगनेटिक इंक करेक्टर रीडर तथा ऑप्टकल मार्क रीडर आदि।

निर्गम या बहिर्गतन इकाई (Output Unit)

आउटपुट यूनिट कम्प्यूटर के उस भाग को कहते हैं जिसके द्वारा हम कम्प्यूटर द्वारा किए गए कार्यों का परिणाम प्राप्त करते हैं। कम्प्यूटर तन्त्र में मुख्य रूप से दो प्रकार को निर्गम इकाइयों का प्रयोग किया जाता है—(1) विजुअल डिसप्ले यूनिट और (2) प्रिंटर

1. दृश्य-पटल इकाई या विजुअल डिसप्ले यूनिट (Visual Display Unit or Monitor)—यह सबसे अधिक प्रयोग में लाया जानेवाला साधन है, जो दिखने में एक साधारण टेलीविजन के समान होता है। इसके पर्दे (Screen) पर प्रोग्रामों के सारे परिणाम आदि दिखाई देते हैं। मानीटर एक रंग का और बहुरंगी भी होता है।

2. मुद्रक या प्रिंटर (Printer)—यह आउटपुट का एक महत्त्वपूर्ण साधन है। कम्प्यूटर द्वारा दिये गए परिणामों को काग़ज पर छपे हुए रूप में सँभालकर रखने के लिए प्रिंटर का उपयोग किया जाता है। कम्प्यूटर से मुद्रित काग़ज को कम्प्यूटर विज्ञान की शब्दावली में हार्डकॉपी कहा जाता है। गति और विधि के आधार पर प्रिंटर के कई प्रकार है, जिनमें से बहुप्रचलित ये हैं—

(i) अक्षर मुद्रक (Character Printer)- इस मुद्रक में एक समय में एक ही अक्षर मुद्रित किया जाता है। इनका उपयोग थोड़ी मात्रा में छपाई का काम करने के लिए किया जाता है।

(ii) डॉट मैट्रिक प्रिंटर (Dot Matrix Printer)—यह किफायती प्रिंटर है और इसका उपयोग विभिन्न प्रकार की भाषाओं के मुद्रण के लिए किया जाता है। इसमें अक्षर बिन्दु या डॉट्स से छापे जाते हैं। इसकी छपाई बहुत अच्छी नहीं होती है।

(iii) लाइन प्रिंटर (Line Printer)—लाइन प्रिंटर से एक समय में एक लाइन छापी जाती है और उसकी छपाई में इम्पैक्ट विधि का प्रयोग किया जाता है। सामान्यत: लाइन प्रिंटर हर लाइन में 132 अक्षर छपते हैं। यह एक मिनट में 300 से 3000 लाइनें छाप सकते हैं।

(iv) इंकजेट प्रिंटर (Inkjet Printer)—इसमें अक्षर-विन्यास स्याही की दर्जनों बूँदों से किया जाता है और उसकी छपाई की गुणवत्ता भी अच्छी रहती है। गति भी अन्य मुद्रको की तुलना से ज्यादा होती है। इससे पाठ और रेखाचित्र या ग्राफिक दोनों ही छापे जा सकते हैं। इसमें अनेक नोजल प्रिंट हेड रहते हैं, जिनसे अनेक रंगों में छपाई का काम किया जा सकता है।

(v) लेजर प्रिंटर (Laser Printer)—इस तरह के प्रिंटर हर तरह की छपाई सभी प्रकार के अक्षरों और आवाज में आसानी से कर सकते हैं। इनके द्वारा सभी प्रकार के चित्र बनाए जा सकते हैं। इनकी गति बहुत तेज और छपाई बहुत साफ होती है। इसकी सम्पूर्ण क्रिया स्वचलित होती है। आजकल पुस्तकों की छपाई मूलत: लेजर प्रिंटरों पर ही होती है। इसके सिवा डेजिव्हील प्रिंटर, चेन प्रिंटर, बैंड प्रिंटर, ड्रम प्रिंटर, पेज प्रिंटर, प्लॉटर प्रिंटर, बफर आदि कई तरह के प्रिंटर्स हैं।

3. प्रोसेससर अथवा केन्द्रीय संसाधन इकाई (Processor or Central Processing Unit) :—

यह कम्प्यूटर का सबसे महत्त्वपूर्ण भाग है। बाकी भाग इसी प्रोसेसर के कार्यानुसार काम करते हैं। इसे कम्प्यूटर का विभाग भी कहा जा सकता है। दिये गए निर्देशों या अदेशों

के अनुसार कार्य करना प्रोसेसर का कार्य है। सभी प्रकार के अंकगणितीय कार्य जैसे जोड़, घटाना, भाग इत्यादि प्रोसेसर द्वारा किए जाते हैं।

साधारणत: प्रोसेसर द्वारा सभी कार्य द्वि-आधारी प्रणाली द्वारा किए जाते हैं, जिसे बाइनरी सिस्टम कहा जाता है। इसके अन्तर्गत 0 और 1 अंकों का प्रयोग किया जाता है। छोटे कम्प्यूटरों में प्रोसेसर को माइक्रो प्रोसेसर कहा जाता है और पर्सनल कम्प्यूटर (पी. सी.) में भी प्रोसेसर को माइक्रो प्रोसेसर कहा जाता है।

प्रोसेसर या केन्द्रीय संसाधन इकाई के तीन मुख्य भाग होतें हैं—

(1) स्मृति कोश (Memory)

(2) अर्थमेटिक लॉजिक इकाई (Arithmatic Logic Unit-ALU)

(3) कंट्रोल इकाई (Control Unit).

इसका स्वरूप और कार्य इस प्रकार होता है—

1. स्मृति कोश या मेमरी (Memory)—केन्द्रीय संसाधन इकाई का यह एक महत्त्वपूर्ण अंग है। इसे प्राथमिक भंडारण या प्राइमरी स्टोरेज भी कहते हैं। प्रोसेसर के इस भाग में सभी प्रकार की सूचनाएँ एवं डाटा (Data) रखा जाता है। इसमें भी सभी प्रकार की सूचनाएँ 1 और 0 के रूप में संगठित की जाती हैं, जिसे द्वि-आधारी पद्धति (Binary System) कहा जाता है। स्मृति कोश की इकाई बाइट कही जाती है। एक बाइट में 8 बिट होते हैं, पहले कम्प्यूटर के स्मृति कोश को किलोबाइट में बताया जाता था, किन्तु आज किलोबाइट के स्थान पर मेगाबाइट का प्रयोग किया जाने लगा है। वस्तुत: कम्प्यूटर की क्षमता का परिचय स्मृति कोश ही है। आजकल सामान्य कम्प्यूटर की क्षमता भी 16 मेगाबाइट तक होती है।

स्मृति कोश के दो भाग होते हैं—

(1) पठन-मात्र स्मृति (Read Only Memory : ROM)

(2) यादृच्छिक अभिगम स्मृति (Random access Memory : RAM)

(1) पठन-मात्र स्मृति : इसे संक्षेप में 'ROM' की संज्ञा दी जाती है। इसके अन्तर्गत सॉफ्टवेयर निर्माताओं द्वारा स्थायी रूप से कुछ निर्देश भर दिये जाते हैं, ताकि ऑपरेटर मात्र उन निर्देशों की सहायता से कम्प्यूटर के साथ संवाद स्थापित कर सके। इन्हें मिटाया नहीं जा सकता है, केवल पढ़ा जा सकता है। इसीलिए इसे पठन मात्र स्मृति (ROM) कहा जाता है।

(2) यादृच्छिक अभिगम स्मृति : इसे 'RAM' की संज्ञा दी जाती है। कम्प्यूटर का प्रयोक्ता या ऑपरेटर इसी में अपना डाटा संचित करता है। यह डाटा जब चाहे मिटाया जा सकता है, संशोधित किया जा सकता है। किलोबाइट या मेगाबाइट में जिस स्मृति का उल्लेख ऊपर किया गया है वह 'RAM' की है। इससे कम्प्यूटर की क्षमता का अन्दाजा लगाया जा सकता है।

यदि हम कम्प्यूटर में संचित डाटा अलग से सुरक्षित रखना चाहते हैं तो इसके लिए बाह्य अथवा सहायक स्मृति कोश का सहारा लेना पड़ेगा। फ्लापी डिस्क 'Floppy Disk', हार्ड दिस्क 'Hard Disk', चुम्बकीय टेप 'Magnetic Tapes' आदि में यह

डाटा संचित किया जा सकता है। इनकी संचयन क्षमता सीमित होती है। अब 'CD-ROM ' का युग प्रारम्भ हुआ है। एक CD-ROM में पूरा विश्वकोश ध्वनि और चित्रों के साथ समाहित किया जा सकता है। CD-ROM अर्थात (Compact Disek Read Only Memory) यह रिकार्ड प्लेयर पर चलाये जानेवाले प्लास्टिक के लचीले रिकार्ड की तरह होती है। इसकी क्षमता 600 मेगाबाइट तक हो सकती है। इसमें संचित डाटा को केवल पढ़ा जा सकता है। इसे न तो मिटाया जा सकता है और न संशोधित किया जाता है।

2. अंकगणितीय तर्क इकाई (Arithmatic Logic Unit-ALU)—इसमें सभी प्रकार के गणितीय गणनाओं (Arithmatic Calculations) सम्बन्धी कार्य किए जाते हैं। जैसे जोड़ना, तोड़ना, घटाना, गुणा, भाग आदि। साथ ही तर्क गणितीय शास्त्रीय क्रियाएँ जैसे दो मूल्यों के मध्य सम्बन्ध निर्धारण, आंकिक अथवा आक्षरिक मूल्यों को सुव्यवस्थित करना आदि कार्य भी किए जाते हैं। यह इकाई नियन्त्रण इकाई (Control Unit) के तहत कार्य करती है।

3. नियन्त्रण इकाई (Control unit)—इस इकाई द्वारा अंकगणितीय तर्क इकाई (ALU) द्वारा किए जानेवाले सारे कार्यों पर नियन्त्रण रखा जाता है। इस इकाई द्वारा स्मृतिकोश से निर्देश प्राप्त किए जाते हैं और उन्हें सांकेतिक भाषा में परिवर्तित करके कार्यान्वित किया जाता है। इसी इकाई द्वारा सूचनाओं को मेमरी, इनपुट एवं आउटपुट युक्तियों (Devices) में स्थानान्तरित किया जाता है।

कम्प्यूटर के प्रकार

आकार और सुविधा के आधार पर कम्प्यूटर मुख्य रूप से तीन प्रकार के होते हैं—

1. मेनफ्रेम कम्प्यूटर (Mainframe Computer)—ये आकार में बहुत बड़े और काफी जगह घेरनेवाले कम्प्यूटर होते हैं। उन पर एक साथ सैकड़ों लोग काम कर सकते हैं। इनकी कीमत भी बहुत ज्यादा होती है। इस कारण बड़ी-बड़ी कम्पनियाँ ही इन्हें खरीद सकती हैं।

2. मिनी कम्प्यूटर (Mini Computer)- आकार में ये मुख्य कम्प्यूटरों से छोटे होते हैं, परन्तु उनकी ताकत मुख्य कम्प्यूटर से ज्यादा कम नहीं होती। वास्तव में मिनी कम्प्यूटर ऐसी कम्पनियों के लिए बनाए गए हैं, जिनके पास कम्प्यूटर का काफी काम होता है, परन्तु वे मुख्य कम्प्यूटर नहीं खरीद सकते। इस पर एक साथ 10-12 व्यक्ति काम कर सकते हैं।

3. माइक्रो कम्प्यूटर (Micro Computer)- सन 1980 के बाद ऐसी तकनीकें आईं, जिनसे कम्प्यूटर का आकार और भी छोटा हो गया तथा उनकी गति भी बढ़ गई। इससे माइक्रो कम्प्यूटर सामने आए। इनकी कीमत मिनी कम्प्यूटरों के मुकाबले बहुत कम होती है और आकार में ये इतने छोटे होते हैं की एक छोटी सी मेज पर आसानी से आ जाते हैं। इन पर एक बार में केवल एक आदमी काम कर सकता है। माइक्रो कम्प्यूटर का दूसरा रूप 'पर्सनल कम्प्यूटर' (Personal Computer) है, जिसे संक्षेप में पीसी (PC) कहा जाता है। सबसे पहले इन्हें आई.बी.एम. कम्पनी द्वारा बनाया गया था।

इस तीन तरह के कम्प्यूटरों के अलावा नए कम्प्यूटर में सुपर कम्प्यूटर (Super Computer) भी है। ये अकेले कई मुख्य कम्प्यूटरों के बराबर होते हैं। इनका मूल्य भी करोड़ों में होता है। भारत में 'परम' नामक एक सुपर कम्प्यूटर बनाया गया है।

सॉफ्टवेयर पैकेज (Software Package)

इस कम्प्यूटर पर कई प्रकार के कार्य कर सकते हैं। इनमें कई कार्य ऐसे होते हैं, जो सम्बे और बड़े होते हैं और उन्हें हमें बार-बार करना पड़ता है। ऐसे कार्यों को बार-बार लिखने में काफी समय लगता है। इसलिए हम ऐसे कार्यों को करने के लिए बाजार से बने-बनाए प्रोग्राम खरीद लाते हैं, जिन्हें सॉफ्टवेयर पैकेज कहा जाता है। इससे समय और मेहनत दोनों की बचत होती है।

कुछ बहूपयोगी पैकेज का संक्षिप्त परिचय यहाँ दिया जा रहा है।

1. वर्ड स्टार (Word Star)—आज के पर्सनल कम्प्यूटरों में सबसे अधिक प्रयोग किया जानेवाला वर्ड प्रोसेसिंग पैकेज 'वर्ड स्टार' है। इसके द्वारा हम हर प्रकार के पत्र (Letter) एवं अन्य प्रपत्र (Reports) आदि तैयार कर सकते हैं। इस पैकेज द्वारा शब्दों के रूप और आकार में आवश्यकतानुसार परिवर्तन किया जा सकता है। कई वर्ड स्टार पैकेजों में स्पेलिंग की गलतियों को ठीक करने की सुविधा भी होती है।

2. एम. एस. आफिस (M.S. Office)—यह प्रोग्राम विंडोज 95 या 98 पर आधारित पैकेज है, जिसका उपयोग प्राय: सभी नए कम्प्यूटरों पर किया जाता है। एम.एस. आफिस 97 (M.S. Office-97) सबसे अधिक प्रचलित संस्करण है। आजकल इसका नवीनतम संस्करण एम. एस. आफिस-2000 (M.S. Office-2000) के नाम से बाजार में आ गया है, जो बहुप्रचलित है। इसके अन्तर्गत निम्नलिखित मुख्य कार्य किए जा सकते हैं।

(1) एम.एस. वर्ड (M.S. Word) : इसका प्रयोग साधारण पत्र-व्यवहार तथा डेस्क टॉप पब्लिशिंग (DTP) के लिए किया जाता है। इसके द्वारा चित्र एवं ग्राफ भी आसानी से बनाए जा सकते हैं। इसमें मेन्यू (Menu) के अलावा कई प्रकार के टूलबार (Tool Bar) होते हैं, जिनकी सहायता से बटनों को दबाकर वांछित परिणाम प्राप्त किया जा सकता है। टूल बार जो स्क्रीन पर दिखाई देते हैं, उनमें से किसी भी बटन को माउस पॉइंटर से क्लिक करने के बाद आदेशानुसार कार्य प्रारम्भ किया जाता है।

(2) एम.एस. इक्सेल (M.S. Excel)—स्प्रेडशीट पैकेजों (Spread Sheet packages) में एम.एस. एक्सेल सबसे अधिक प्रचलित पैकेज है, जिसके अन्तर्गत डाटा को तालिका के रूप में संगृहीत किया जा सकता है और आवश्यकतानुसार इनका विश्लेषण भी किया जा सकता है। विभिन्न प्रकार के चार्ट, ग्राफ आदि भी इसके द्वारा आसानी से बनाए जा सकते हैं।

(3) पावर पॉइंट (Power Point)—इस प्रोग्राम द्वारा सभाओं, प्रशिक्षण इत्यादि के लिए कई प्रकार के पत्र, पुस्तिकाएँ आदि तैयार की जाती हैं।

(4) एम.एस. एक्सेस (M.S. Access)—यह एक रिलेशनल डाटा बेस (Relational Data Base) पैकेज है। इसके अन्तर्गत टेवल्स में सूचना एवं डाटा को इकट्ठा किया जाता है, जिसे स्क्रीन पर देखा जा सकता है और आवश्यकतानुसार छापा जा सकता है। विभिन्न प्रकार की सूचनाओं को आवश्यकतानुसार व्यवस्थित करने की क्रिया को डाटा बेस प्रोग्राम कहा जाता है। दूसरे शब्दों में वांछित सूचनाओं को व्यवस्थित करके एक निश्चित स्थान पर रखने की क्रिया को डाटा बेस कहा जाता है, जिससे इन सूचनाओं को सरलता से ढूँढा और देखा जा सके।

इन पैकेजों के अलावा बहुआयामी वार्ड प्रोसेसर (Multi Lingual Word Processor) एकाउंटिंग पैकेज (Accounting Packages) अनेक प्रकार के वीडियो खेलों के पैकेज आदि सॉफ्टवेयर बाजार में मिलते हैं। इनमें से ज्यादातर पैकेज मेन्यू आधारित (Menu Based) होते हैं। हर मेन्यू में दो या इससे ज्यादा विकल्प दिये जाते हैं, जिनमें से उपयोगकर्त्ता अपनी जरूरत के अनुसार विकल्प चुन सकता है। चुने हुए विकल्प का फिर एक नया मेन्यू हो सकता है या उससे कोई प्रोग्राम चालू हो सकता है। कोई भी आदमी जो प्रोग्राम लिखना बिलकुल भी न जानता हो, मेन्यू आधारित पैकेजों का लाभ लेकर बड़े-बड़े काम करा सकता है।

कम्प्यूटर की प्रोग्रामिंग भाषाएँ (Programming Languages) :—

किसी कार्य के करने की विधि को प्रोग्राम (Program) कहा जाता है। प्रोग्राम में हम कोई काम करने का सही तरीका सही क्रम में आदेशों के रूप में लिखते हैं। कम्प्यूटर से कोई भी काम कराने के लिए हमें प्रोग्राम लिखने पड़ते हैं। यह प्रोग्राम एक ऐसी विशिष्ट भाषा में होना चाहिए, जिसे कम्प्यूटर समझ सके। सामान्य भाषा में सन्दिग्धता होती है। शब्द, अर्थ और सन्दर्भ स्तर पर बह्वर्थता भी होती है। हम अपनी बुद्धि और अनुभव के आधार पर सामान्य भाषा में प्राप्त आदेश का वांछित अर्थ ग्रहण करते हैं, लेकिन अपनी तमाम क्षमताओं के बावजूद कम्प्यूटर एक निर्जीव मशीन है। वह विचार नहीं कर सकता। इसलिए मानव और कम्प्यूटर के बीच का संवाद अभिधापरक स्पष्ट, सुबोध और भ्रान्तिहीन भाषा में होना चाहिए। लक्षणा और व्यंजना की उसमें कोई गुंजाइश नहीं होती। मानव प्रोग्रामर कम्प्यूटर के साथ स्थापित करने के लिए जिस भाषा का प्रयोग करता है उसे कम्प्यूटर की प्रोग्रामिंग भाषा (Programming Language) कहा जाता है। प्रोग्रामिंग भाषाओं में अत्यन्त सीमित और प्रतिबन्धित शब्दावली होती है। कम्प्यूटर का सारा द्वि-आधारी प्रणाली (Binary System) होता है, जो 0 तथा 1 से बनी होती है। द्वि-आधारी की भाषा को कम्प्यूटर का मशीनी भाषा (Machine Language) कहा जाता है। कम्प्यूटर से कोई काम कराने के लिए हमारा प्रोग्रामक मशीनी भाषा में होना चाहिए। हमारी भाषा में रूपान्तरित करने का कार्य स्वयं कम्प्यूटर ही करता है। यह कार्य वह कम्लाइलर प्रोग्राम द्वारा करता है। कम्प्यूटर की सम्पूर्ण भाषा को तीन वर्गों में विभाजित किया जाता है—

1. निम्न स्तरीय भाषाएँ (Low Level Languages): इसे मशीनी भाषा या मशीनी कोड भी कहा जाता है, जो द्वि-आधारी प्रणाली पर आधारित होती है।

2. मध्य स्तरीय भाषाएँ (Middle Level languages): इसे एसेम्बली भाषा या कोड कहा जाता है। आमतौर पर संख्यात्मक मशीनी भाषा को याद रखने में कठिनाई होती है और उसके माध्यम से लिखने में अशुद्धियों की आशंका भी रहती है। इसीलिए याद रखने में सरलता की दृष्टि से एक ऐसी भाषा विकसित की गई, जिसके अन्तर्गत भाग करने के लिए DIV घटाने के लिए SUB गुणा के लिए MLT जैसे संक्षिप्त शब्द निर्धारित किए गए हैं। इन शब्दों को मशीन को समझने के लिए आवश्यक है कि इन्हें द्वि-आधारी कोड में रूपान्तरित किया जाय। जैसे MLT को द्वि-आधारी रूप में 1001 के रूप में रूपान्तरित किया जा सकता है। रूपान्तर करने की यह प्रक्रिया एक विशेष प्रोग्राम एसेम्बल द्वारा सम्पन्न की जाती है। इसकी भाषा को एसेम्बली भाषा या कोड कहा जाता है।

3. उच्च स्तरीय भाषाएँ (High level languages) : सन् 50 के दशक के मध्य में कम्प्यूटर को सर्व जन सुलभ बनाने के लिए और उसके व्यावसायिक उपयोग के लिए उच्च स्तरीय भाषाओं का विकास हुआ। ये भाषाएँ मशीन पर आधारित होने के बजाय विशिष्ट समस्याओं के समाधान पर आधारित थीं। इस प्रकार की समस्या आधारित भाषाओं की सहायता से प्रोग्रामर अंग्रेजी शब्दों और पारम्परिक गणितीय सूत्रों का प्रयोग करते हुए प्रोग्राम लिखा करते थे। उच्च स्तरीय भाषाओं में मशीनी कोड या एसेम्बली कोड की कोई आवश्यकता नहीं। कम्प्लाइजर (Compliser) प्रोग्राम द्वारा कम्प्यूटर उच्चस्तरीय भाषा में लिखे गए प्रोग्राम का रूपान्तर मशीनी भाषा में कर देता है। आजकल प्रयुक्त प्रोग्रामिंग भाषाएँ ये हैं (1) बेसिक (BASIC), (2) फॉरट्रान (FORTRAN), (3) कोबॉल (COBOL). (4) पास्कल (PASCAL). (5) सी (C), (6) एल्गोल (ALGOL).

इनमें से हर भाषा की अपनी विशेषता होती है और वह एक विशेष प्रकार के कामों के लिए ज्यादा अच्छी रहती है। उदाहरण के लिए 'फारट्रान' विज्ञान के कामों के लिए और गणनाओं (Calculations) के लिए उपयोगी रहती है। कोबॉल व्यापार सम्बन्धी हिसाब-किताब तथा लम्बी-लम्बी रिपोर्ट छपवाने के लिए लाभदायी होती है। पास्कल, बेसिक, सी हर तरह के कामों के लिए प्रयुक्त होती है। पी. सी. पर आजकल बेसिक तथा सी का प्रयोग अधिक मात्रा में हो रहा है।

(आ) कम्प्यूटर में हिन्दी का प्रयोग

यह एक भारी गलतफहमी है कि कम्प्यूटर की भाषा अंग्रेजी है और लिपि रोमन। एक ऐतिहासिक संयोग हुआ कि कम्प्यूटर का विकास सर्वप्रथम ऐसे देशों में हुआ जिनकी भाषा रोमन लिपि पर आधारित थी किन्तु इस बात का कोई तकनीकीकरण नहीं है कि रोमन लिपि या अंग्रेजी भाषा कम्प्यूटर के लिए आदर्श मानी जाय। वस्तुत: कम्प्यूटर की दो संकेतवाली अपनी स्वतन्त्र गणितीय भाषा है और उसी में वे प्राकृतिक भाषाओं को ग्रहण करके अपने सारे कार्य करते हैं। कम्प्यूटर की गणितीय भाषा का संकेतन रोमन लिपि और अंग्रेजी भाषा में किया है। देवनागरी लिपि एक वैज्ञानिक लिपि है। भारतीय भाषाएँ

विश्व की अनेक भाषाओं की तुलना में वाक्य-विज्ञान, ध्वनि-विज्ञान और रैखिक दृष्टि से अधिक सुनियोजित हैं। अमरीकी वैज्ञानिक श्री रिक ब्रिग्ज की यह धारणा है कि संस्कृत भाषा कम्प्यूटर प्रोग्राम की दृष्टि से आदर्श भाषा है। इसलिए देवनागरी लिपि में कम्प्यूटर पर कार्य करना कठिन नहीं है। देवनागरी लिपि और हिन्दी भाषा को कम्प्यूटर की भाषा में रूपान्तरित करने की दिशा में हार्डवेयर एवं सॉफ्टवेयर के क्षेत्र में हुए प्रयासों की बदौलत अब हिन्दी में कम्प्यूटर पर आसानी से कार्य किया जा सकता है।

1. हिन्दी में शब्द-संसाधन (Word Processing) : शब्द-संसाधन भाषा संसाधन का आरम्भिक सोपान है। हिन्दी में भी सर्वप्रथम कम्प्यूटर के सन्दर्भ में शब्द संसाधन का कार्य आरम्भ हुआ, किन्तु आरम्भिक चरण में रोमन लिपि के माध्यम से ही हिन्दी पाठों का कुंजीयन किया जाता था। अब भारत और विदेशों में शब्द-संसाधन के अनेक पैकेज विकसित किए गए हैं, जिनमें हिन्दी में द्विभाषिक रूप में या फिर बहुभाषिक रूप में विभिन्न भारतीय भाषाओं के माध्यम से शब्द-संसाधन के कार्य किए जा सकते हैं। इनमें से प्रमुख हैं अक्षर, मल्टीवर्ड, शब्दमाला, शब्दरत्न, बाइस्क्रिप्ट, आलेख, भारती, एएलपी आदि। इनमें से कुछ पैकेजों में वे तमाम सुविधाएँ भी उपलब्ध हैं, जो वर्ड स्टार, वर्ड परफेक्ट, बर्ड माइक्रोसॉफ्ट जैसे अधुनातन वर्ड प्रोसेसिंग पैकेजों में सुलभ हैं।

2. हिन्दी में डाटा-संसाधन (Data Processing) : डाटा-संसाधन सम्बन्धी कार्य हिन्दी में सम्पन्न करने के लिए दो विकल्प हैं: हार्डवेयर विकल्प और सॉफ्टवेयर विकल्प।

(क)हार्डवेयर विकल्प (Hardware option): इस दिशा में आई.आई.टी. कानपुर का प्रयास विशेष रूप से उल्लेखनीय है। इनके द्वारा विकसित प्रणाली जिस्ट प्रौद्योगिकी (Graphics and intelligence based script technology) के रूप प्रसिद्ध है। और इस पर आधारित विभिन्न अनुप्रयोगों के विकास का दायित्व भारत सरकार की 'सी-डैक' नामक सोसाइटी को सौंप दिया गया है। सी-डैक (Center for Development of Advanced Computering) नाम से विख्यात संस्था पुणे में स्थित है। 'जिस्ट प्रौद्योगिकी' के अन्तर्गत पर्सनल कम्प्यूटर के मदर बोर्ड पर एक 'प्लग इन कार्ड' लगा दिया जाता है। इस कार्ड को 'जिस्ट कार्ड' कहा जाता है। इस कार्ड की सहायता से कम्प्यूटर पर शब्द-संसाधन तथा डाटा-संसाधन के लिए प्रचलित रोमन के सभी पैकेजों का प्रयोग द्विभाषिक या बहुभाषिक किया जा सकता है।

(ख)सॉफ्टवेयर विकल्प (Software option)— सॉफ्टवेयर विकल्प के अन्तर्गत कम्प्यूटर में किसी प्रकार के परिवर्तन की आवश्यकता नहीं होती। ये पैकेज फ्लापी डिस्क के रूप में उपलब्ध होते हैं। ये पैकेज दो प्रकार के होते हैं: (1) समर्पित सॉफ्टवेयर प्रोग्राम (Diedicated Software Programmes), और (2) सामान्य उद्देश्यीय सॉफ्टवेयर परिवेश (General Purpose Software Environment)

(1) समर्पित सॉफ्टवेयर प्रोग्राम : इसके अन्तर्गत हिन्दी में डाटा-संसाधन का एक सॉफ्टवेयर है 'देव बेस' (द्विभाषी डाटा बेस प्रबन्ध प्रणाली) यह सॉफ्टवेयर 'डी-बेस III प्लस' का द्विभाषी संस्करण है और इसका निर्माण नई दिल्ली में स्थित सॉफ्टवेयर प्राइवेट लिमिटेड द्वारा किया गया है। 'डी-बेस III प्लस' के अन्तर्गत हिन्दी में काम करने के लिए

यह एक अच्छा पैकेज है लेकिन डी-बेस के संशोधित पैकेज जैसे डी-बेस IV आदि में हिन्दी में कार्य करने के लिए इसमें संशोधन की आवश्यकता होगी।

(2) सामान्य उद्देश्यीय सॉफ्टवेयर परिवेश : इसकी सहायता से रोमन लिपि के सभी सॉफ्टवेयर पैकेजों (जैसे डी-बेस, लोटस, सॉफ्ट बेस, क्लिपर, फॉक्सप्रो औरैकल आदि) में हिन्दी में कार्य किया जा सकता है। इसके अलावा यह बेसिक, कोबोल, सी, पास्कल आदि प्रोग्रामिंग भाषाओं में तैयार किए गए प्रोग्रामों में भी हिन्दी की अतिरिक्त क्षमता प्रदान करता है। आरके कम्प्यूटर रिसर्च फाउंडेशन, नई दिल्ली द्वारा विकसित 'सुलिपि' नामक यह सॉफ्टवेयर जिस्ट के समान ही सामान्य उद्देश्यीय सॉफ्टवेयर है, जिसके माध्यम से एम. एस. डॉस पर आधारित पर्सनल कम्प्यूटरों पर कार्यालय स्वचालन (Office Automation), सम्बन्धी सभी कार्य हिन्दी-अंग्रेजी में साथ-साथ किए जा सकते हैं।

(3) डेस्क टॉप प्रकाशन (DTP) : शब्द संसाधन के समान डीटीपी की द्विभाषी सुविधा भी अत्यन्त लोकप्रिय होने लगी है। आरम्भ में यह सुविधा रोमन के बेंचुरा सॉफ्टवेयर पर आधारित प्रकाशन, वीनस आदि पैकेजों तक ही सीमित थी, लेकिन अब 'पेजमेकर' और 'विंडोज' में भी इसका प्रयोग बढ़ने लगा है साथ ही इंडिका, इज्म, ऐस्ट्रिक, सुलेजर आदि अनेक पैकेज आज बाजार में उपलब्ध हो गए हैं। ये पैकेज 'पेजमेकर' और 'विंडोज' के अलावा कोरल ड्रा जैसे पैकेजों में भी हिन्दी में कार्य करने की सुविधा प्रदान करते हैं।

(4) पीसी आधारित टेलेक्स प्रणाली : टेलेक्स प्रणाली अब कम्प्यूटर तक पहुँच गई है। आज हम अपने कम्प्यूटर पर टेलेक्स कार्ड लगाकर सन्देशों का आदान-प्रदान कर सकते हैं। इस सुविधा में हिन्दी में सुलभ करने के लिए डाटा बाइट, सीएमसी, एचसीएल आदि कम्पनियों ने द्विभाषी उपकरण विकसित किए हैं। इसके अलावा आरके रिसर्च कम्प्यूटर फाउंडेशन ने 'सुलिपि' सॉफ्टवेयर पर आधारित एक 'इंटरफेस' विकसित किया है, जिसकी सहायता से किसी भी कम्प्यूटर पर हिन्दी में सन्देशों का आदान-प्रदान किया जा सकता है।

(5) उपशीर्षक और वीडिओ वर्क्स : फिल्मों के उपशीर्षक हिन्दी और अन्य भारतीय भाषाओं में लिखने का कार्य भारत में ही हुआ है। नवम्बर, 1992 में नई दिल्ली में आयोजित अन्तरराष्ट्रीय फिल्म समारोह के अवसर पर दूरदर्शन द्वारा प्रसारित हिन्दी फिल्म 'सलाम बाम्बे' के उपशीर्षक विभिन्न राज्यों में उनकी अपनी भाषाओं में ही प्रदर्शित किए गए थे। लिप्स (LIPS), नाम से प्रसिद्ध इस प्रौद्योगिकी का विकास सी-डैक, पुणे के जिस्ट ग्रुप द्वारा किया गया था। इसी प्रौद्योगिकी के दूसरे चरण के रूप में वीडिओ वर्क्स के कार्य को भी हिन्दी में प्रदर्शित करने के लिए आवश्यक सॉफ्टवेयर का विकास किया जा रहा है, जिसकी सहायता से रेलवे आरक्षण, गाड़ियों का आवागमन, हवाई जहाजों के आगमन-प्रस्थान आदि से सम्बन्धित सूचनाएँ टी.वी. मानिटर के जरिये हिन्दी में प्रदर्शित की जा सकेगी।

(6) कम्प्यूटर साधित हिन्दी भाषा-शिक्षण : भारत में सुपर कम्प्यूटर के निर्माता सी-डैक, पुणे ने कम्प्यूटर के जरिये हिन्दी सिखाने के लिए एक ऐसा बहुआयामी सॉफ्टवेयर

पैकेज विकसित किया है, जिससे हम न केवल हिन्दी की संरचना की बारीकियों को समझ सकते हैं, बल्कि प्रामाणिक उच्चारण और चित्रों की सहायता से हिन्दी पढ़ना, बोलना और लिखना सीख सकते हैं। इस सॉफ्टवेयर को 'लीला' (LILA) कहते हैं। यह वस्तुतः Learn Indian Languages Through Artificial Intelligence का एकोनिम है। इसकी सहायता से कार्यालयीन कामकाज में हिन्दी के प्रयोग के लिए सुविधा हो गई है। 'लीला हिन्दी प्रबोध' नामक सॉफ्टवेयर की सहायता से कर्मचारी और अधिकारी कम्प्यूटर की सहायता से प्रबोध स्तर तक की हिन्दी सीख सकते हैं। देवनागरी वर्ण की लेखन विधि ग्राफिक्स के रूप में चित्रित है और देवनागरी के वर्णों की रचना विधि ट्रेसर (स्ट्रोक-बाई-स्ट्रोक) और उसके उच्चारण के सम्बन्ध में आवश्यक जानकारी मिलती है। इसकी प्रमुख विशेषताएँ इस तरह हैं—

1. ध्वनि तथा उच्चारण की व्यवस्था के तहत शब्दों में वर्णों का मानक उच्चारण सुना जा सकता है।
2. उच्चारण सुनकर अपनी वाणी रिकॉर्ड कर सकते हैं और मानक उच्चारण के साथ उसकी तुलना भी कर सकते हैं।
3. ऑन लाइन कोश की व्यवस्था है।
4. दृश्य-साधन क्लिपिंग के रूप में उपलब्ध है।
5. शब्दों के ग्राफिक्स/ चित्र भी उपलब्ध हैं।
6. मूल्यांकन की व्यवस्था भी है जिससे उसकी सम्प्राप्ति का वितरण प्राप्त हो जाता है।

इसी पद्धति पर 'लीला हिन्दी प्रवीण' भी तैयार कर लिया गया है और 'लीला हिन्दी प्राज्ञ' निर्माणाधीन है। यह पद्धति अब सुचारु रूप से काम करती है और डॉस के साथ 'विंडोज' पर भी उपलब्ध है।

(7) कम्प्यूटर साधित अनुवाद-कार्य : कम्प्यूटर द्वारा अनुवाद के लिए शोध-कार्य सन् 1950 से आरम्भ हुआ और आज कुछ हद तक उसमें सफलता भी प्राप्त हुई है। भारत में इस दिशा में कई वैज्ञानिकों ने कार्य किया है। प्रो. पी. सी. गणेश सुन्दरम् के निर्देशन में भारतीय विज्ञान संस्थान, बँगलोर द्वारा अंग्रेजी, हिन्दी, कन्नड़, तमिल और रूसी भाषा के सरल वाक्यों के अनुवाद के लिए विशेष अनुवाद प्रणालियों का विकास किया गया। तंजौर विश्वविद्यालय द्वारा रूसी से तमिल अनुवाद की प्रणाली विकसित की गई। राष्ट्रीय सॉफ्टवेयर विकास केन्द्र, मुम्बई द्वारा अंग्रेजी से हिन्दी में सीमित अनुवाद के लिए 'स्क्रीन टॉक' नामक प्रणाली का विकास किया जा रहा है। इस दिशा में सबसे महत्त्वपूर्ण प्रयास आई. आई. टी. कानपुर में किया जा रहा है। इस संस्थान ने संस्कृत के पाणिनि व्याकरण की कारक प्रणाली पर आधारित एक ऐसे 'इंटरलिंग्वा पाणिनीय फ्रेमवर्म' का विकास किया है, जिसकी सहायता से भारतीय भाषाओं में परस्पर अनुवाद का मार्ग प्रशस्त होगा। यह कार्य केन्द्रीय संस्कृत विद्यापीठ, तिरुपति के सहयोग से हो रहा है।

सेंटर फॉर एजुकेशन, चितरंजन पार्क नई दिल्ली द्वारा 'अनुवादक' प्रोग्राम तैयार किया गया है। यह प्रोग्राम अंग्रेजी-हिन्दी द्विभाषिक अनुवाद के रूप में तैयार किया गया है, जसमें

हिन्दी भाषा के व्याकरण सम्बन्धी नियम भी हैं। इनकी सहायता से अंग्रेजी के शब्दों/वाक्यांशों का अनुवाद प्रस्तुत किया जा सकता है। इसमें दोनों भाषाओं की स्पेलिंग भी उपलब्ध है। इनके प्रयोग के लिए बहुत समान्तर कोश भी उपलब्ध हैं। सरकारी पत्राचार में काम आनेवाली शब्दावली/अभिव्यक्तियाँ भी इसमें विद्यमान हैं। और अधिक शब्दों को इसमें सम्मिलित किया जा रहा है। अनुवाद के पूर्व और बाद की स्थितियों से निपटने के लिए चेकर भी विद्यमान है।

(8) लिप्यन्तरण कार्य : भारतीय रेलवे में सी. एम. सी. लिमिटेड के सहयोग से टिकटों पर स्टेशन के नामों का मुद्रण, आरक्षण तालिकाओं की छपाई और दिल्ली महानगर की टेलिफोन निर्देशिका की द्विभाषी छपाई आदि का कार्य लिप्यन्तरण के विशेष सॉफ्टवेयर की मदद से किया जा रहा है। एयर इंडिया के लिए राष्ट्रीय सॉफ्टवेयर विकास केन्द्र, मुम्बई द्वारा विदेशी नामों को रोमन से हिन्दी में लिप्यन्तरित करने के लिए विशेष सॉफ्टवेयर का विकास किया जा रहा है।

(9) मल्टी-मीडिया सिस्टम : नवीनतम कम्प्यूटर प्रणाली का आधार इतना व्यापक हो गया है कि उसमें विभिन्न प्रकार के श्रव्य दृश्यात्मक साधन एक ही मंच पर समाहित हो जाते हैं। मल्टी मीडिया सिस्टम कम्प्यूटर की वह प्रणाली है, जिसमें कम्प्यूटर की क्षमता के साथ ऑडिओ-वीडियो, ग्राफिक्स और ऐनिमेशन का भी व्यापक रूप से प्रयोग किया जाता है। विश्वकोश के लिए इसका प्रयोग अमरीका और यूरोप के देशों में व्यापक रूप से किया जा रहा है। सी-डैक, पुणे ने 'माया' नामक एक ऐसे 'वर्क स्टेशन' का निर्माण किया है, जिस पर ऐसी सामग्री का निर्माण किया जा सकता है।

उक्त विवेचन से स्पष्ट है कि जीवन का हर क्षेत्र कम्प्यूटर से जुड़ा है और कम्प्यूटर से कोई क्षेत्र अछूता नहीं है। कम्प्यूटर अपनी निजी भाषा में कार्य करता है, उस भाषा के साथ दुनिया की हर भाषा अपने आपको जोड़ सकती है। कम्प्यूटर हर भाषिक कार्य हर भाषा में करने की क्षमता रखता है,.. बशर्ते कि वह भाषी व्यक्ति कम्प्यूटर की क्षमता को पहचाने और अपने आपको भी सक्षम बनाए।

(आ) इंटरनेट

इंटरनेट : आविष्कार और विकास— संचार व्यक्ति और समाज की सहजात प्रवृत्ति है, व्यक्ति की समाजशीलताजन्य एक अनिवार्य आवश्यकता भी है। इसीलिए संचार को सुलभ और प्रभावशाली बनाने के प्रयासों के साथ ही समाज का विकास होता गया है। वार्ता, कथा, मेले, उत्सव, लोककला आदि परम्परागत संचार माध्यमों से संचार विकास की यात्रा चल पड़ी थी। मुद्रण के आविष्कार के बाद डाक, समाचार-पत्र-पत्रिकाएँ आदि के द्वारा संचार प्रक्रिया का विस्तार हुआ। इलेक्ट्रॉनिक माध्यमों के आविष्कार ने संचार-प्रक्रिया को इतना व्यापक और प्रभावी बना दिया कि ये माध्यम हमारे जीवन के अभिन्न अंग बन गए हैं। रेडियो, टी.वी., दूरध्वनि, मोबाइल अब जीवन के अभिन्न अंग बन गए हैं।

कम्प्यूटर के आगमन के साथ संचार और संचार माध्यमों का स्वरूप ही बदल गया। जीवन के हर क्षेत्र में कम्प्यूटर का प्रयोग होने लगा। इसीलिए कम्प्यूटर के

आविष्कार को विज्ञान की मानवता को सबसे बड़ी देन कहा जाता है। कम्प्यूटर ने 'इंटरनेट' के आविष्कार की जमीन तैयार की और इंटरनेट के आविष्कार ने संचार माध्यमों को नया स्वरूप प्रदान करते-करते 'न्यू मीडिया' का तिलस्मी जाल निर्माण किया। सूचना क्रान्ति को सफलता प्रदान करनेवाले इंटरनेट का आविष्कार लियोनार्ड क्लीन रॉक ने किया। वस्तुत: इंटरनेट रूस और अमरीका के मध्य चलनेवाले शीत युद्ध के दौरान संचार व्यवस्था को बनाए रखने के प्रयासों का परिणाम है। जॉन एफ. कैनेडी के समय में क्यूबा संकट के फौरन बाद अमरीका ने महसूस किया था कि परमाणु हमले के खतरे से वह भी सुरक्षित नहीं है। उन्हें आशंका थी कि अमरीका के पड़ोसी देश क्यूबा में रूस चोरी-छिपे परमाणु मिसाइलें पहुँचाने की कोशिश कर चुका है और कभी भी वे अमरीका पर दागी जा सकती हैं। इस तरह के हमले में सबसे ज्यादा प्रभावित होनेवाली चीज संचार सम्पर्क व्यवस्था होती है। संचार-सम्पर्क की बाधा युद्धों के समय सबसे अधिक हानिप्रद होती है। इसीलिए पेंटागन के युद्धशास्त्रियों ने इस बारे में गहराई से सोचा और तय किया कि परमाणु हमला होने की स्थिति में संचार व्यवस्था को आंशिक रूप से भी प्रभावित न होने देने के लिए एक विश्वसनीय संचार तन्त्र की खोज की जाय पेंटागन की एडवांस्ड रिसर्व प्रोजेक्ट एजेन्सी (ARPA) ने इसके लिए धन मुहैया किया। 12 सितम्बर, 1969 को लियोनार्ड क्लीन रॉक के नेतृत्व में काम कर रहे वैज्ञानिक दल को कम्प्यूटर नेटवर्क के जरिये सन्देशों के आदान-प्रदान में सफलता मिली। इसके लिए उन्होंने अपने कम्प्यूटर इंटरफेस मैसेज प्रोसेसर नामक रेफ्रीजरेटर के आकारवाले स्विच से जोड़कर सन्देश आदान-प्रदान की सुविधा प्राप्त की। उसी से आज का 'इंटरनेट' विकसित हुआ है।

इस तरह सैन्य उपयोग के लिए संचार-व्यवस्था जिसे आरपानेट (ARPA NET) कहा जाता था, उसका विकसित रूप आज इंटरनेट (Internet) नाम से आम आदमी की सेवा में प्रस्तुत है। आज इंटरनेट मात्र संचार माध्यम ही नहीं बल्कि न्यू मीडिया के तिलस्मी जाल का आधार बन गया है। भारत में इंटरनेट का प्रसारण 15 अगस्त, 1995 को विदेश संचार निगम लिमिटेड (VSNL) ने शुरू किया तथा देश के चार प्रमुख महानगरों दिल्ली, मुम्बई, कलकत्ता और चेन्नई को इंटरनेट से जोड़ा। आज देश के छोटे-बड़े नगरों कस्बों तक इंटरनेट पहुँच गया है। एक अनुमान के अनुसार वर्ष 2011 तक भारत में इंटरनेट सेवाओं की पहुँच 13 फीसदी घरों तक हो जायगी। आज यह पहुँच 1.5 फीसदी घरों तक है। इंटरनेट के प्रति आम लोगों में जागरूकता बढ़ रही है, लेकिन यह भी सच है कि यह जागरूकता अब भी शहरों तक ही सीमित है। ग्रामीण क्षेत्रों में इसके प्रति दिलचस्पी तो है, लेकिन मूलभूत सेवाओं का वहाँ अभाव-ही-अभाव बना हुआ है। जहाँ बिजली का ही कोई भरोसा न हो वहाँ इंटरनेट तो एक सपना मात्र है। एक आशाजनक संकेत यह है कि स्थिति तेजी से सुधारने का आश्वासन सरकार दे रही है। हाल ही में माइक्रोसॉफ्ट ने घोषणा की है कि वह भारत के ग्रामीण इलाकों में पचास हजार इंटरनेट कियोस्क स्थापित करने जा रहा है। इसका सीधा लाभ छोटे कस्बों और गाँवों में रहनेवाले उन छात्रों को पहुँचेगा जो प्रतियोगिता परीक्षा की तैयारी कर रहे हैं।

इंटरनेट : तात्पर्य एवं स्वरूप— इंटरनेट तीव्रतम गति से सूचनाओं एवं आँकड़ों का आदान-प्रदान करनेवाला एक क्रियाशील माध्यम है। यह भिन्न-भिन्न कम्प्यूटरों का एक ऐसा क्रियाशील तन्त्र है, जिसमें प्रत्येक कम्प्यूटर एक ऐसे माध्यम से जुड़ा होता है, जो अन्य कम्प्यूटर तन्त्र से सूचनाओं एवं आँकड़ों का आदान-प्रदान करता है। इंटरनेट एक संग्रहालय की तरह है, जिसमें विश्व की राजनीति, खेल, कला-संस्कृति-विज्ञान के आयाम, मनोरंजन के साधन आदि से सम्बन्धित अद्यावत जानकारियाँ संगृहीत होती हैं। इंटरनेट कोई एक संगठन या संस्था नहीं, बल्कि दुनिया भर में फैले हुए छोटे-बड़े कम्प्यूटरों का एक विराट नेटवर्क (Network) या जाल है, जो टेलीफोन लाइनों के माध्यम से एक दूसरे से सम्पर्क करते हैं। यह इस समय संसार का सबसे बड़ा और लोकप्रिय नेटवर्क है, संसारभर के लगभग सभी नेटवर्क इंटरनेट से जुड़े हुए हैं। इसीलिए इंटरनेट एक तरह से विभिन्न नेटवर्कों का समूह है या नेटवर्कों का नेटवर्क है, जो लोकतान्त्रिक शैली में कार्य करता है। विश्वव्यापी होने पर भी इस पर किसी का स्वामित्व या नियन्त्रण नहीं है।

नेटवर्क (Net Work)— नेटवर्क से तात्पर्य है कम्प्यूटरों का एक ऐसा समूह जो अलग-अलग जगहों पर होने के बाद भी आपस में जुड़े रहते हैं। इन विभिन्न कम्प्यूटरों को जोड़ने की प्रक्रिया नेटवर्किंग (Networking) कहलाती है। नेटवर्किंग से किसी भी संगठन, संस्था में कोई भी व्यक्ति दूसरे व्यक्ति से सम्पर्क कर सकता है और सूचनाओं का आदान-प्रदान कर सकता है। नेटवर्किंग किसी भी छोटे-बड़े संगठन संस्थान के लिए विकसित किया जा सकता है। नेटवर्क की रचना अलग-अलग रूपों में की जा सकती है। इस रचना को टोपोलॉजी कहा जाता है। नेटवर्क की प्रमुखत: चार प्रकार की टोपोलॉजी हैं—स्टार, बस, रिंग और हायरार्किकल। भौगोलिक विस्तार के आधार पर नेटवर्क के प्रमुखत: तीन भेद हैं—(1) लोकल एरिया नेटवर्क (LAN) (2) मेट्रोपॉलिटन एरिया नेटवर्क (Man) और (3) वाइड एरिया नेटवर्क (WAN), सन् 1917 के आसपास पी.सी. के विकास के साथ ही लोकल एरिया नेटवर्क का प्रचलन हुआ था। इसमें आस-पास के कम्प्यूटर केबल-व्यवस्था से उसी प्रकार जुड़े रहते हैं, जैसे केबल-व्यवस्था से नगरों महानगरों के घर-घर में टी.वी. जुड़े रहते हैं। LAN का विस्तृत रूप ही मेट्रोपॉलिटन एरिया नेटवर्क (MAN) माइक्रोवेव्ह रीलेज और सेटलाइट्स के सहारे राष्ट्रीय तथा अन्तरराष्ट्रीय कम्प्यूटरों को जब जोड़ा जाता है तब वह 'वाइड एरिया नेटवर्क' का स्वरूप प्राप्त करता है। इंटरनेट इन नेटवर्कों का नेटवर्क है।

इंटरनेट : कार्य प्रणाली— जैसा कि पहले ही कहा गया है इंटरनेट विभिन्न नेटवर्कों के आपसी सहयोग से चलनेवाली एक लोकतान्त्रिक व्यवस्था है। इसमें तमाम कम्प्यूटर और तार जो सब मिलकर हजारों छोटे-बड़े नेटवर्कों द्वारा इंटरनेट से जुड़े रहते हैं। एक सरल नियम—टी.सी.पी./आई. पी. (Transmission Control Protocall/Internet Protocall) के तहत ये काम करते हैं। इसको आसान तरीके से समझाना हो तो कहा जा सकता है कि सारी जानकारियों को निर्धारित लक्ष्य तक भेजे जाने से पहले छोटे हिस्सों में खंडित हो जाना होता है। इंटरनेट माध्यम टेलीफोन कम्पनियों और टेली-कम्युनिकेशन कम्पनियों द्वारा विकसित मौजूदा तन्त्र पर निर्भर है। इंटरनेट सेवा प्रदान करनेवाले टेलीफोन

नेटवर्क के जरिये डाटा सर्किट को लीज पर दे देते हैं और दूसरे छोर पर कम्प्यूटर जुड़ा होता है। इंटरनेट का सारा विवरण माइक्रोसॉफ्ट जैसी कम्पनियों और संगठनों द्वारा संचालित कम्प्यूटरों पर पहुँचाता है। इन कम्प्यूटरों को 'सर्वर' कहा जाता है। जब इन सर्वरों से कोई विशेष सूचना देने का अनुरोध किया जाता है तो वे वांछित सूचना को छोटे-छोटे पुर्जों में बाँट देते हैं और फिर उसे विभिन्न मार्गों के जरिये पुनर्प्रेषित करते हैं तथा उस सूचना की जरूरतवाले पते पर भेज देते हैं।

इंटरनेट के सम्पर्क उपकरणों का परिचय

इंटरनेट सेवा प्राप्त करने के लिए निम्नलिखित उपकरणों की आवश्यकता होती है—

- कम्प्यूटर
- ऑपरेटिंग सिस्टम
- संचार माध्यम
- डायल अप कनेक्शन
- मॉडेम
- बेसिक सॉफ्टवेयर
- इंटरनेट सर्विस प्रोवाइडर
- इंटरनेट प्रोटोकॉल
- इंटरनेट टूल्स

1. कम्प्यूटर—हम अपने कम्प्यूटर के द्वारा ही इंटरनेट की सुविधाएँ प्राप्त कर सकते हैं। सामान्यत: 486 प्रोसेसर युक्त तथा 8 मेगाबाइट से अधिक स्मृतिकोश वाले कम्प्यूटर प्रयुक्त किए जा सकते हैं। लेकिन Pentium सीरीज के तेज गतिवाले और अधिक शक्तिशाली स्मृतिवाले कम्प्यूटर अधिक उपयुक्त होते हैं।

2. ऑपरेटिंग सिस्टम—इंटरनेट से जुड़ने के लिए ऑपरेटिंग सिस्टम का प्रयोग किया जाता है। यूनिक्स, मैक विंडोज आदि ऑपरेटिंग सिस्टम उपलब्ध हैं। इनमें विंडोज 98 का प्रचलन अधिक रहा है।

3. संचार माध्यम—उपभोक्ता कम्प्यूटर और सर्वर कम्प्यूटर के मध्य डेटा के आदान-प्रदान के लिए टेलीफोन, वी सेट कनेक्शन, केबल कनेक्शन, वायरलेस कनेक्शन, केबल टी.वी. कनेक्शन आदि में से कोई एक संचार माध्यम का होना आवश्यक होता है। साधारणत: इंटरनेट से जुड़ने के लिए टेलीफोन लाइन का ही अधिकांश प्रयोग होता है। टेलीफोन द्वारा इंटरनेट प्राप्त करने का दूसरा नाम 'डायल अप कनेक्शन' है। टेलीफोन लाइन और कम्प्यूटर के बीच मॉडेम होता है।

मॉडेम—यह Modulator Demodulator का संक्षिप्त रूप है। इसके द्वारा-कम्प्यूटर के अंकीय डाटा (Digital Data) को एनालॉग सिग्नल (Anolog Signals) अर्थात विद्युतीय सिग्नल में बदला जाता है, ताकि उसे टेलीफोन लाइनों से होकर दूर-दूर तक भेजा जाय। इसके साथ ही वह दूसरी ओर से प्राप्त होनेवाले एनालॉग सिग्नलों

को अंकीय डाटा में रूपान्तरित कर उपभोक्ता के कम्प्यूटर को भेजता है। यह क्रिया क्रमश: Modulation तथा Demodulation कहलाती है। जब किसी कम्प्यूटर आँकड़ों का संचरण होता है, तो कम्प्यूटर और टेलीफोन के बीच Modulation की प्रक्रिया होती है। पुन: जब दूसरे कम्प्यूटर से सूचना प्राप्त हो जाती है तो वहाँ कम्प्यूटर और टेलीफोन लाइन के बीच Demodulation की प्रक्रिया पूरी होती है। Modulation और Demodulation की इस प्रक्रिया द्वारा ही कम्प्यूटर पर इंटरनेट द्वारा सूचनाओ का आदान-प्रदान होता है। मॉडेम मुख्यत: दो प्रकार के होते हैं (1) जो कम्प्यूटर के बाहर सीरियल के माध्यम से जोड़े जाते हैं वे 'बाह्य मॉडेम (External Modem) कहलाते है और जो इलेक्ट्रॉनिक कार्ड के रूप में कम्प्यूटर के मुख्य परिपथ अर्थात मदर बोर्ड पर लगाए जाते हैं वे आन्तरिक मॉडेम (Internal Modem) कहलाए जाते हैं।

बेसिक सॉफ्टवेयर—विभिन्न प्रकार के प्रोग्राम इंटरनेट सेवा प्रदान करनेवाली कम्पनियों द्वारा उपलब्ध कराए जाते हैं। उपभोक्ता को अपनी आवश्यकतानुसार इनका चयन करना होता है।

इंटरनेट सर्विस प्रोवाइडर (ISP)—इंटरनेट की सुविधा प्रदान करनेवाली कम्पनियों के द्वारा ही इंटरनेट की सुविधा हमें प्राप्त होती है। भारत में यह सुविधा विदेश संचार निगम लिमिटेड (VSNL) द्वारा दी जाती है। सत्यम ऑनलाइन आदि कम्पनियाँ VSNL से इंटरनेट लाइन किराए पर लेकर उपभोक्ता को सेवा प्रदान करती हैं।

इंटरनेट प्रोटोकॉल—इंटरनेट पर सूचनाओं एवं आँकड़ों के आदान-प्रदान के लिए कुछ परिभाषित नियम, प्रक्रियाएँ एवं सन्धियाँ हैं, जिन्हें प्रोटोकॉल कहा जाता है। इनके प्रमुख प्रोटोकॉल हैं—TCP/IP : ट्रांसमिशन कंट्रोल प्रोटोकॉल, इंटरनेट प्रोटोकॉल, SMPT/ POP सिम्पल मेल ट्रांसफर प्रोटोकॉल/पोस्ट ऑफिस प्रोटोकॉल, CSL/ PPP सीरियल लाइन इंटरनेट प्रोटोकॉल प्वाइंट टू प्वाइंट प्रोटोकॉल, (SNMP) सिम्पल नेटवर्क मैनेजमेंट प्रोटोकॉल।

इंटरनेट टूल्स—सर्च इंजिन, गूफर तथा वर्निका, लिस्ट सर्व आदि प्रोग्राम इंटरनेट टूल्स कहलाते हैं। इंटरनेट से फाइल्स प्राप्त करने के लिए सर्च इंजिन का प्रयोग किया जाता है। इनके द्वारा इंटरनेट से वांछित दस्तावेज प्राप्त किए जाते हैं। सामान्यत: एक सर्च इंजिन से एक ही प्रकार की साइट के वांछित दस्तावेज प्राप्त किए जाते हैं। www से सम्बन्धित साइट के प्रमुख सर्च इंजिन निम्नलिखित हैं—

DOGPILE
ALTAVISTA
LYCOS
EXCITE
GOOGLE
WECRAWLER
YAHOO

HOTBOT

KHOJ

NLTGHTN

INFOSEEK

गुफर (GOPHER) भी इंटरनेट से वांछित फाइल प्राप्त करने का एक महत्त्वपूर्ण साधन है। गुफर मेनू ड्रिवेन प्रणाली पर आधारित है। इसके द्वारा जैसे ही इंटरनेट साइट से जोड़ा जाता है वैसे उपलब्ध दस्तावेजों का मेनु स्क्रीन पर प्रदर्शित हो जाता है, और प्रदर्शित मेनु से वांछित फाइल का चयन करके पूरी जानकारी प्राप्त की जा सकती है।

इंटरनेट की उपयोगिता

इंटरनेट आज अलादीन का चिराग बन गया है। नित नई-नई सुविधाओं का पिटारा खोला जा रहा है। सामान्यत: निम्नलिखित प्रमुख सुविधा उसमें हैं—

1. ई-मेल अथवा इलेक्ट्रॉनिक मेल (Electronic Mail)—यह इंटरनेट पर प्रदान की जानेवाली सबसे अधिक उपयोगी एवं प्रचलित सेवा है। इस सेवा का निजी एवं सार्वजनिक क्षेत्र दोनों में ही महत्त्वपूर्ण योगदान है। यह डाक, टेलीफोन, फैक्स आदि माध्यमों की अपेक्षा काफी सस्ता, आसान और विश्वसनीय सेवा है। ई-मेल द्वारा सभी प्रकार के सन्देश किसी भी स्थान पर अति शीघ्रता से भेजे जा सकते हैं। आजकल कई वेबसाइटें मुफ्त ई-मेल सेवा प्रदान करती हैं। अब हिन्दी में भी ई-मेल किया जा सकता है। निम्नलिखित वेबसाइटों में हिन्दी-ई-मेल की सुविधा है—

www.epart.com

www.langoo.com

www.bharat mail. com

www.webdunia.com

www.rajbhash.nic.in

www.mailjol.com

www.cdacindia.com

www.danikragram.com आदि ।

मुफ्त ई-मेल सेवा व्यक्तिगत ई-मेल खातों को प्राप्त होती है। इस कार्य के लिए ब्राउजर या होस्ट साइटों द्वारा लगभग 10 मेगा बाइट का डिस्क स्पेस मुफ्त उपलब्ध कराया जाता है। ई-मेल सुविधा प्राप्त करने के लिए कम्प्यूटर पर ई-मेल प्रोग्राम का होना आवश्यक है। ई-मेल सुविधा प्रदान करनेवाली किसी भी वेबसाइट पर खाता खोला जा सकता है। ई-मेल सुविधा प्रदान करनेवाली कम्पनी खाता संख्या देती है। यह ई-मेल खातेदार का ई-मेल पता होता है। जैसे—so. madhav@gmail.com

आजकल सभी प्रकार के सन्देशों का आदान-प्रदान इंटरनेट के माध्यम से किया जाता है। जैसे—जन्मदिन एवं शादी के बधाई कार्ड इत्यादि। पारम्परिक संचार माध्यम जैसे पोस्ट कार्ड, अन्तर्देशीय पत्रों की तुलना में ई-मेल से भेजे गए सन्देश शीघ्र और निश्चित

रूप से पहुँचते हैं तथा ई-मेल द्वारा सन्देशों का आदान-प्रदान पूर्ण विश्वसनीयता के साथ किया जा सकता है।

2. इंटरनेट दूरध्वनि (Internet Phone)—इंटरनेट फोन की सुविधा परम्परागत फोन से अधिक सस्ती और सुविधाजनक है। इसे फोन के द्वारा संसार भर के किसी भी स्थान पर लोकल कॉल के मूल्य में बात की जा सकती है। इसके लिए अपने और जिसे फोन किया गया है उसके कम्प्यूटर में माइक्रोफोन तथा इंटरनेट फोन से सम्बन्धित सॉफ्टवेयर का होना आवश्यक है। इंटरनेट पर यह एक नई सुविधा है। विदेशों में इसका व्यापक रूप में प्रचलन है। भारत में भी इसका प्रचलन बढ़ रहा है।

3. वर्ल्ड वाइड वेब (World Wide Web)—सामान्यत: इसके लिए www शब्द का प्रयोग किया जाता है। यह पूरे संसार में फैला हुआ एक बहुत बड़ा डाटा बेस है। इंटरनेट से जुड़ने के बाद इस डाटा बेस से विभिन्न प्रकार की सूचनाएँ प्राप्त की जा सकती हैं। इन सूचनाओं को विषयानुसार विभिन्न शीर्षकों में बाँटा गया है। कोई भी व्यक्ति अथवा संस्था अपनी सूचनाएँ वेब पेज पर उपलब्ध करा सकती हैं। वेब पेज को वेबसाइट (Website) भी कहा जाता है। प्रत्येक विषय के लिए अलग-अलग वेब-पेज अथवा वेबसाइट होते हैं। जैसे व्यापार एवं वाणिज्य, मनोरंजन, शिक्षा, चिकित्सा आदि। उपभोक्ता अपनी आवश्यकतानुसार वेबसाइट का चयन करता है। वर्ल्ड वाइड वेब या वेब इंटरनेट पर जानकारी वितरित करने या जानकारी प्राप्त करने का सर्वाधिक सरल, तीव्र एवं प्रचलित माध्यम है। इसके अन्तर्गत पाठ्य, ग्राफ, संगीत, तसवीरें, फिल्म सभी को संगृहीत करके इंटरनेट के उपभोक्ताओं को सुलभ कराया जाता है। वेबसाइट पर उपलब्ध किसी भी संस्था की जानकारी के प्रथम पृष्ठ को उस संस्था का होम पेज कहा जाता है तथा इस होम पेज के इंटरनेट पते को URL अर्थात 'यूनीवर्सल रिसोर्स लोकेटर' कहा जाता है। URL तीन भागों में लिखा जाता है hptt:// www. bamu. net इसमें hptt प्रोटोकॉल है, www से तात्पर्य World wide web यह सर्वेयर सिरीज है bamu अर्थात 'बाबासाहेब अम्बेडकर मराठावाड़ा विश्वविद्यालय' उस साइट संस्था का नाम है तथा वेब नेट उस साइट का कोड है। वेबसाइट के स्वरूप के आधार पर उसे यह कोड दिये जाते हैं। जैसे—

com : वाणिज्य संस्थाओं के लिए

Edu : शिक्षा संस्थाओं के लिए

Gov : शासकीय संस्थाओं के लिए

Mil : सैन्य सम्बन्धी नेटवर्क

Net : इंटरनेट नेटवर्क के अपने संस्थाओं के लिए

Org : अन्य संस्थाओं के लिए

Int : यह अन्तरराष्ट्रीय संगठनों के लिए निर्धारित किया गया हैं।

4. ई-शासन (E-Governance)—ई-शासन से तात्पर्य है इलेक्ट्रॉनिक-शासन। इसका सामान्य अर्थ है इलेक्ट्रॉनिक माध्यम-कम्प्यूटर, इंटरनेट एवं मोबाइल के द्वारा

सरकार की सूचनाएँ तथा सेवाओं को नागरिकों तक पहुँचाने की सुविधा। अच्छे शासन के लिए सरकारी कार्य करने की प्रक्रिया में सूचना व संचार प्रौद्योगिकी का अनुप्रयोग। ई-शासन से तात्पर्य मात्र कार्यालय के कार्यों का कम्प्यूटरीकरण नहीं है, यह उससे भी आगे है। इसका अभिप्राय सरकारी प्रक्रिया में आधारभूत परिवर्तन है और विधायिका, कार्यपालिका, न्यायपालिका का और नागरिकों के लिए नई जिम्मेदारियाँ हैं।

ई-शासन (E-Governance) और ई-सरकार (E-Government) प्राय: एक-दूसरे के लिए अदल-बदलकर प्रयोग किए जाते हैं, लेकिन दोनों के बीच अन्तर करना आवश्यक है। थॉमस बी. रिले के अनुसार सरकार और शासन शासितों की सहमति और सहयोग प्राप्त करने के लिए है। सरकार इस उद्देश्य के लिए औपचारिक तन्त्र है और शासन कार्यों का बहुपरिणाम है, जो प्राप्तकर्त्ताओं द्वारा अनुभव किया जाता है। ई-शासन सूचना व संचार प्रौद्योगिकी के साधनों का प्रयोग करते हुए सरकार की कार्यविधि और कार्यों का आधुनिकीकरण है, जिससे सरकार अपने घटकों की सेवा करने के तरीकों का रूपान्तरण कर सकती है। संक्षेप में ई-शासन सूचना प्रौद्योगिकी का ऐसा प्रयोग है जो नागरिकों, व्यापारिक भागीदारों और कर्मचारियों के लाभ के लिए सरकारी सेवाओं तक पहुँच और उनके वितरण के पहलुओं से भी परे जाकर शासन की निर्णय-प्रकिया में और सरकार को जवाबदेह बनाने में यह सूचना प्रौद्योगिकी सहायभूत होती है।

ई-शासन की कार्यप्रणाली को चार भागों में विभाजित किया गया है–

(1) जी टू जी (Government to Government)—इसके अन्तर्गत किसी एक सरकारी विभाग द्वारा किस प्रकार की सूचना या सेवा के लिए किसी दूसरे सरकारी कार्यालय से सम्पर्क किया जाता है।

(2) जी टू सी (Government to Citizen)—इसका मतलब सरकार से नागरिक तक है। इस सेवा के माध्यम से देश का कोई भी नागरिक सरकार द्वारा दी जानेवाली सेवाओं को आसानी से प्राप्त कर सकता है।

(3) जी टू बी (Government to Business)—इसके अन्तर्गत सरकार द्वारा देश के व्यापारियों को अनेक प्रकार की सेवाएँ प्रदान की जाती है। इस सुविधा के माध्यम से अब देश का कोई भी व्यवसायी अनेक प्रकार के सरकारी कार्यों को घर बैठे ऑनलाइन माध्यम से कर सकता है। जैसे – वैट के लिए पंजीकरण, व्यापारिक लाइसेन्स आदि।

(4) जी टू ई (Government to Employees)—इस सुविधा के अन्तर्गत सरकार और सरकारी कर्मचारी दोनों एक-दूसरे के सम्पर्क में रहते हैं। इसमें किसी भी विभाग की जानकारी को वेबसाइट के माध्यम से एक-दूसरे से साझा किया जाता है।

ई-शासन परियोजना के अन्तर्गत विभिन्न चिभागों द्वारा निम्नलिखित सुविधाएँ दी जा रही हैं—

(1) सार्वजनिक शिकायत : बिजली, पानी, टेलीफोन, राशनकार्ड, सफाई, सार्वजनिक परिवहन, पुलिस।

(2) ग्रामीण सेवाएँ : भूमि अभिलेख, गरीबी रेखा के नीचे (बीपीएल)। आर्थिक रूप से दुर्बल वर्ग परिवार

(3) पुलिस : एफआईआर, पंजीकरण।

(4) सामाजिक सेवाएँ : पेन्शन-वृद्धावस्था, विधवा-अनुग्रह योजना, मुआवजा, लाइसेन्स और प्रमाणपत्र का पंजीकरण, राशनकार्ड, जन्म-प्रमाणपत्र, मृत्यु-प्रमाणपत्र, निवास प्रमाणपत्र, जाति/जनजाति प्रमाणपत्र, हाथियारों का नवीकरण, दस्तावेज का पंजीकरण, विद्यालय तथा विश्वविद्यालय का पंजीकरण, मोटर वाहन का पंजीकरण, ड्रायविंग लाइसेन्स आदि।

(5) सार्वजनिक सूचना : रोजगार कार्यालय पंजीकरण, रोजगार अवसर, परीक्षा परिणाम, अस्पताल उपलब्धियाँ/सेवाएँ, रेल समय तालिका, हवाई जहाज समय तालिका, सड़क परिवहन समय तालिका, चेरिटेबल ट्रस्ट, सरकार अधिसूचना, सरकारी प्रपत्र, सरकारी योजनाएँ आदि।

(6) समाचार-सेवाएँ : नागरिक आपूर्तियाँ, वृद्धावस्था पेन्शन, विधवा पेन्शन/ सेवाएँ, अनुग्रहपूर्वक अदायगी आदि।

(7) कृषि-क्षेत्र : तीव्र सूचना, कीटनाशक, खाद, फसल, बीज, मौसम-अल्पावधि/जिलावार पूर्व सूचना, बाजार मूल्य।

(8) जनोपयोगी भुगतान/बिलिंग : बिजली, पानी, टेलीफोन

(9) वाणिज्य : कर और विवरणी जमा करना, आयकर, निगम कर, सीमा शुल्क, केन्द्रीय/राज्य उत्पादक शुल्क, बिक्री कर, निवास-कर, सम्पत्ति कर, सड़क कर, कम्पनी विवरणी

(10) सरकार-इलेक्ट्रॉनिक प्रापण, ई-शासन के लिए शिक्षा विश्वविद्यालय मॉडल ई-शासन को प्रभावी बनाने के लिए 'डिजिटल इंडिया' की घोषणा हुई है। इसके लिए उच्च गतिवाले इंटरनेट सेवा, मोबाईल नेटवर्क का विस्तार करने का निरन्तर प्रयास हो रहा है।

कुछ उपयुक्त वेबसाइटें

बहुआयामी सुविधा सम्पन्न कुछ बहु प्रयुक्त वेबसाइटें इस प्रकार हैं—

1. रीडिफ. कॉम (http://www rediff.com)—रीडिफ को भारत का याहू कहा जाता है। अजित बालाकृष्णन ने सन 1996 में याहू की तर्ज पर रीडिफ की शुरुआत की। आज तकनीकी, विषयवस्तु और सेवाओं के मामले में रीडिफ किसी भी विदेशी वेबसाइट से कम नहीं है। रीडिफ पोर्टल पर पठनीय और दर्शनीय विषयवस्तु के साथ शापिंग, रीडिफ बोल, आइ लैंड, वेब खोज, हवाई किराया, खोज, होटल खोज, नौकरी खोज, वर्गीकृत विज्ञापन, वैवाहिक सेवाएँ, सोशल नेटवर्किंग, वीडियो म्यूजिक, फोटो शेयरिंग आदि सेवाएँ भी उपलब्ध हैं।

2. इंडिया टाइम्स. कॉम (http://www.indiatimes.com)—भारत के सबसे बड़े मीडिया घराने का यह इंटरनेट पोर्टल है। यह एक अम्ब्रेला पोर्टल है, जिसमें

कई विशाल वेबसाइटें शामिल हैं। यह पोर्टल न्यू मीडिया का बहुत बड़ा ब्रांड बन चुका है। टाइम्स समूह का दावा है कि भारत की सबसे अधिक देखी जानेवाली यह इंटरनेट कम्पनी है।

3. इंडिया बुल्स. कॉम (http://www.indiabulls.com)—शेयर कारोबारियों के लिए शुरू की गई यह वेबसाइट बेहद सफल रही है। यह भारत की सर्वाधिक आय अर्जित करनेवाली इंटरनेट आधारित कम्पनी है।

4. नौकरी. कॉम (http://www.naukari.com)—नौकरी. कॉम भारत की पहली व्यावसायिक रूप से सफल वेबसाइट है। नौकरी. कॉम ने न सिर्फ रोजगार ढूँढ़नेवालों को मंच दिया बल्कि रोजगार देनेवाली कम्पनियों का काम भी काफी आसान कर दिया है। नौकरी. कॉम इन्फोएज इंडिया लिमिटेड नामक कम्पनी का प्रभाग है।

5. वेब 18 (http://www.ibnlive.com)—वेब 18 निर्विवाद रूप से भारत की सबसे तेज बढ़ती हुई इंटरनेट कम्पनियों में से एक है। राघव बहल के नेतृत्ववाले नेटवर्क 18 की इकाई के रूप में टी.वी 18 आज इंटरनेट पर लोकप्रिय है। आई बी एन लाइव, कॉम उसका सबसे प्रमुख पोर्टल है। इसे भारत में सीरीजन जर्नलिज़्म, वेब आधारित वीडियो, ब्लागिंग को गम्भीरता से लेने और प्रतिष्ठित करने का श्रेय दिया जाता है।

6 ईबे. इन (http://www.ebay.in.com)—बाजी नाम से ई-कामर्स पोर्टल शुरू हुआ था, जो आज ईबे. इन नाम से जाना जाता है। भारत में ई-कामर्स को लोकप्रिय बनाने में इसका योगदान महत्त्वपूर्ण माना जाता है।

7. मेक माईट्रिप. कॉम (http://www. make mytrip.com)—दीप कालरा द्वारा सन 2000 में स्थापित यह यात्रा पोर्टल है। इसमें विभिन्न एयरलाइनों के किरायों का तुलनात्मक विश्लेषण कर अपने ग्राहकों को सर्वश्रेष्ठ हवाई किराया उपलब्ध कराने की सुविधाएँ दी जाती हैं।

कुछ हिन्दी वेबसाइटें

1. वेब दुनिया. कॉम (http://www. web dunia.com)—इन्दौर की नई दुनिया समूह के विनय छजलानी द्वारा प्रवर्तित वेब दुनिया की शुरुआत सन 2000 में पहले भारतीय भाषाई पोर्टल के रूप में हुई। वेब दुनिया ने इस धारणा को गलत सिद्ध कर दिया कि भारतीय भाषाओं के पोर्टल व्यावसायिक रूप में सफल नहीं हो सकते।

2. प्रभा साक्षी. कॉम (http://www. Prabha Sakshi.com)—द्वारिकेश औद्योगिक समूह के गौतम मोरारका द्वारा प्रवर्तित द्वारिकेश इनफोरमोटिक लिमिटेड ने 2001 में प्रभा साक्षी.कॉम की शुरुआत की। आज यह पोर्टल रोजाना पाँच लाख पेज न्यूज हासिल करनेवाला सफल हिन्दी समाचार पोर्टल बन चुका है। विदेशी वेब कम्पनियों की तुलना में भारतीय वेब कम्पनियों का योगदान भारतवासियों के लिए महत्त्वपूर्ण है। श्री गौतम मोरारका ने अपने एक साक्षात्कार में कहा था, "देश की

संस्कृति और सभ्यता के साथ जुड़ाव भारतीय पोर्टलों की बड़ी विशेषता है जो विदेशी पोर्टलों के पास नहीं है।

3. सिफी.कॉम (http://www. Sify. com)—सिफी एक प्रमुख इंटरनेट सेवा प्रदाता कम्पनी है। सिफी की स्थापना रामराज ने की थी।

इसके अतिरिक्त ऐसी कई इंटरनेट साइटें हैं, जिस पर हिन्दी तथा अन्य भारतीय भाषाओं के लिए उपयुक्त सम्पर्क-सूत्र, ई-मेल, सॉफ्टवेयर आदि जानकारी उपलब्ध है जैसे—www.rajbhasha-nic.in, www.rajbhasha.com, www. indian language.com, www.tdil.mit gov.in, www.education.com, www. dictionary.com. www.roseltaston.com, www.bolagi.com, www. hindinest.com आदि।

4. फाइल ट्रांसफर प्रोटोकॉल (F.T.P)—यह अन्य कम्प्यूटरों पर फाइल भेजने या प्राप्त करने की सुविधा है। ई.मेल पर भी छोटी-छोटी फाइलें जोड़कर प्रेषित किया जा सकता है लेकिन इस सुविधा से इंटरनेट के किसी भंडार (Archive) या सर्वर (Server) से इंटरनेट से जुड़े कम्प्यूटरों पर स्थानान्तरित किया जा सकता है। जब किसी इंटरनेट कम्प्यूटर से आपके कम्प्यूटर पर फाइल की नकल की जाती है तो उसे 'डाउन लोडिंग' (Downloading) कहा जाता है। जब आपके कम्प्यूटर से इंटरनेट पर अन्य कम्प्यूटरों पर नकल करने के लिए उपलब्ध कराते हैं तो उसे 'अपलोडिंग (uploading)' कहा जाता है।

5. ई-कामर्स (E.commerce)—दूर-दूर बैठे व्यक्तियों या कम्पनियों द्वारा इंटरनेट के माध्यम से सम्पर्क करके वस्तुओं और सेवाओं की खरीद-बिक्री तथा लेन-देन करना आदि व्यापार सम्बन्धी क्रियाएँ करने को ई-कामर्स कहा जाता है। यह इंटरनेट का नवीन उपयोग है। इसका प्रचलन दिन-ब-दिन बढ़ता जा रहा है आनेवाले समय में अधिकतर व्यापार ई-कामर्स के माध्यम से किए जाने की सम्भावना है। वेब स्टोर फंट क्रिएशन पैकेज्स या 'कामर्स सर्व्हर्स' नामक एक नया प्रोग्राम तैयार किया गया है, ई-कामर्स के माध्यम से दैनिक छोटी-बड़ी वस्तुओं से लेकर कार तक खरीद सकते हैं। इसके लिए कई वेबसाइटें आपकी सेवा में तैयार हैं। उदाहरण www.ibsaxena. com इस वेबसाइट की सहायता से सब्जियों, अनाज से लेकर दैनिक जीवन के लिए आवश्यक सभी चीजों को प्राप्त कर सकते हैं।

आजकल वेब पर नीलामी तक हो रही है। वेब नीलामी परम्परागत नीलामी की तरह ही होती है, अन्तर इतना है कि व्यापारी यहाँ आमने-सामने न होकर अपने-अपने कम्प्यूटर के सामने होते हैं।

ई-कामर्स में पैसों का व्यवहार चेक्स, क्रेडिट कार्ड तथा ई-कैश अर्थात इलेक्ट्रॉनिक कैश के द्वारा होता है। चेक्स द्वारा पैसे भुगतान में विलम्ब होता है। क्रेडिट कार्ड द्वारा भुगतान अतिशीघ्र होता है, लेकिन 'काड्र्स' अपराधी, क्रेडिट कार्ड का अपहरण कर उसका गलत उपयोग कर सकते हैं। साइबर कैश या डिजिटल कैश अर्थात ई. कैश

उक्त दोनों की अपेक्षा अधिक सुविधाजनक और सुरक्षित है। ई. कामर्स ने ई. बैंकिंग को भी जन्म दिया है।

6. इंटरनेट रिले चैट (Internet Relay chat)—इस माध्यम द्वारा इंटरनेट पर विभिन्न प्रकार के व्यक्तियों से बातचीत की जा सकती है। आवश्यकतानुसार सम्बन्धित जानकारी प्राप्त करने का यह एक महत्त्वपूर्ण साधन है। देश-विदेश की सभी जानकारियाँ इस माध्यम द्वारा प्राप्त की जा सकती हैं।

7. इंटरनेट फैक्स (Internet Fax)—कम्प्यूटर से इंटरनेट का उपयोग करते हुए कहीं भी फैक्स करने की सुविधा इंटरनेट फैक्स में होती है।

8. इंटरनेट आधारित न्यू मीडिया (New Media)—इंटरनेट के सहारे मीडिया ने भी नया स्वरूप धारण किया है। न्यू मीडिया के दायरे में ऐसे सभी पाठ (Text) चित्र, चलचित्र, ध्वनियाँ और सेवाएँ आ जाती हैं, जिन्हें डिजिटल माध्यमों से प्रोसेस या संगणित किया जा सकता है। इसे अलग-अलग क्षेत्रों—मीडिया और कम्प्यूटिंग के सम्मिलन के रूप में देखा जा सकता है। 1980 के दशक में जब कम्प्यूटर ने काली स्क्रीन से आगे, चित्रात्मक स्क्रीन की ओर कदम बढ़ाया (जिसे ग्राफिकल यूजर इंटरफेस कहते हैं) तब न्यू मीडिया का उभार शुरू हुआ। इसके अगले दशक में शिक्षा और मनोरंजन के लिए काम्पैटडिस्क (सीडी रोम) की लोकप्रियता का दौर आया तो न्यू मीडिया को मजबूती से पाँव जमाने का मौका मिला। फिर 1995 के बाद इंटरनेट के प्रसार के साथ-साथ न्यू मीडिया का स्वर्णयुग शुरू हुआ जो आज तक जारी है। न्यू मीडिया के इंटरनेट द्वारा प्रस्तुत कुछ रूप इस तरह हैं—

1. वेब पत्रकारिता—न्यू मीडिया का एक रूप है वेब पत्रकारिता मुद्रित, श्रव्य और दृश्य-श्रव्य माध्यमों की पत्रकारिता का समन्वय ई. पत्रकारिता में देखा जा सकता है। आज लगभग सभी पत्र-पत्रिकाओं के इंटरनेट संस्करण प्राप्त होते हैं। देश में सबसे पहले चेन्नई स्थित 'हिन्दू' अखबार ने अपना पहला इंटरनेट संस्करण 1995 में जारी किया। 1998 तक लगभग 18 समाचार-पत्रों ने अपने इंटरनेट संस्करण लांच किए। आज लगभग सभी मुख्य समाचार-पत्र-पत्रिकाओं और टेलीविजन चैनलों के नेट संस्करण मौजूद हैं। आरम्भ में मुद्रित पत्रों की सामग्री ही नेट संस्करणों में आती थी. लेकिन अब कुछ पत्र-पत्रिकाओं ने स्वतन्त्र रूप से ई. पत्र-पत्रिका आरम्भ की है। उसमें समाचार, फीचर और सूचनाएँ अलग-अलग रूप में पाई जाती हैं टाइम्स ऑफ इंडिया वेब दुनिया और प्रभा साक्षी इसके साक्षी हैं।

2. ब्लॉगिंग—ब्लागिंग को न्यू मीडिया की अद्वितीय परिघटना माना जा रहा है। इसे नागरिक-पत्रकारिता या 'सिटिजन जर्नलिज़्म (Citizen Journalism) भी कहा जाता है। ब्लॉगिंग शब्द 'वेब लॉग' से बना है, जिसका अर्थ है 'इंटरनेट आधारित टिप्पणियाँ', इसकी शुरुआत 1997 में हुई थी। अप्रैल, 1997 में न्यूयार्क के डेव वाइनर ने स्क्रिप्टिंग न्यूज नामक एक वेबसाइट शुरू की जिसने ब्लॉगिंग की अवधारणा को स्पष्ट किया और लोगों को अपने विचार इंटरनेट पर प्रकाशित करने के लिए प्रेरित

किया। दिसम्बर, 1997 में जोर्न बार्गर ने रोबोट विसडम. कॉम की शुरुआत की और पहली बार इसे 'वेब लॉग' नाम दिया। पीटरमी. कॉम के पीटर मरहोल्ज ने वेबलॉग. स्थान पर उसके छोटे रूप 'ब्लॉग' का प्रयोग किया। हिन्दी में इसे 'चिट्ठीकारिता' भी कहा जा रहा है।

ब्लॉग आम आदमी के अभिव्यक्ति का नया रूप है। यह एक ऐसा माध्यम है। जिसमें लेखक ही सम्पादक है और वही प्रकाशक। वरिष्ठ ब्लॉगर अनूप शुक्ल कहते हैं "अभिव्यक्ति की बेचैनी ब्लॉगिंग का प्राप्ति तत्त्व है और तात्कालिकता इसकी मूल प्रवृत्ति है। विचारों की सहज अभिव्यक्ति ही ब्लॉग की ताकत है, यही इसकी कमजोरी थी, यही इसका सामर्थ्य है, यही इसकी सीमा भी।" स्पष्ट है इंटरनेट पर अपने आपको मुखर करना और औरों को सुनने की सुविधा इंटरनेट ने ब्लॉग के रूप में प्रदान की है। ब्लॉग पर केवल पाठ ही नहीं चित्र, वीडियो, संगीत आदि का भी प्रयोग होता है।

3. पोडकास्टिंग— पोडकास्टिंग वस्तुतः आईपोड़ और ब्रॉडकास्टिग शब्दों का संयुक्त रूप है। पोडकास्टिंग वह श्रव्य सामग्री है, जिसे उपभोक्ता की माँग पर आईपोड तथा दूसरे पोर्टल मीडिया प्लेयर के लिए उपलब्ध कराया जाता है। चूँकि यह सामग्री एमपी-3 फार्मेट में होती है, इसीलिए इसे मीडिया प्लेयर सॉफ्टवेयर से युक्त किसी भी कम्प्यूटर पर सुना जा सकता है।

संक्षेप में इंटरनेट हमारे दैनिक जीवनचर्या के छोटी-छोटी चीजों से लेकर समाजी तथा वैश्विक जीवन के भी बड़े-बड़े कार्यों में सहायक होता है। उसमें अपरिमित सूचनाएँ हैं, मनोरंजन है, व्यापार और कलाएँ भी हैं। अपने दैनिक कार्यों, कार्यालयी कार्यों, योजना, परियोजनाओं, शिक्षा, अनुसन्धान, व्यापार, खेल, मनोरंजन, यातायात आदि क्षेत्रों में इंटरनेट का बहुमूल्य योगदान है। तेज गति से चलनेवाले हमारे आज के जीवनचर्या को इंटरनेट ने सुकर और सहज बनाया है।

अनुभाग- दो

व्याकरण

1.

मानक लिपि और अंकलेखन

अ. लिपि और वर्णमाला

लिपि भाषा का मूर्त रूप है। भाषा मौखिक है और उसका लिखित रूप लिपि है। यद्यपि भाषाशास्त्र में संसार की प्रत्येक भाषा के ध्वन्यात्मक रूप को लिपि में अंकित किया जा सकता है, किन्तु स्वतन्त्र भाषा की ध्वनियों की अंकन व्यवस्था के रूप में वर्णमाला की अनिवार्य रूप से आवश्यकता होती है। वर्णमाला ही एक ऐसी प्राचीनतम पद्धति है, जिससे ध्वनियों को सांकेतिक चिह्नों में लिपिबद्ध किया जा सकता है। इन सांकेतिक चिह्नों की अंकन पद्धति को हल 'लिपि' के नाम से अभिहित किया जाता है। वर्णमाला और लिपि में अन्तर यह है कि वर्णमाला ध्वनियों की सांकेतिक चिह्नात्मक पद्धति है और लिपि उन सांकेतिक चिह्नों के अंकन की विधि है। अत: लिपि को दृश्यभाषा भी कहा जा सकता है। लिपि चक्षुग्राही है और भाषा श्रोतृग्राही। भाषा उच्चारित एवं मौखिक है और लिपि अंकित एवं दृश्य है। भाषा को अंकित एवं स्थायित्व देने की विधि को लिपि कहा जा सकता है। जिस प्रकार भाषा एक प्रतीकात्मक पद्धति है, उसी प्रकार लिपि भी एक प्रतीकात्मक पद्धति है। दोनों में अन्तर केवल इतना है कि भाषा श्रोत्रग्राह्य प्रतीकों की पद्धति है और लिपि चक्षुग्राह्य प्रतीकों की पद्धति है। भाषा के ध्वन्यात्मक रूप को सांकेतिक चिह्नों में अंकित करना लिपि का कार्य है।

हिन्दी की स्वीकृत वर्णमाला तथा अंक

भारतीय संघ तथा कुछ राज्यों की राजभाषा स्वीकृत हो जाने के फलस्वरूप हिन्दी का मानक रूप निर्धारित करना आवश्यक था, ताकि सम्प्रेषण के साथ ही टाइपराइटर आदि आधुनिक यन्त्रों के उपयोग में वर्णमाला तथा लिपिगत विविधता बाधा न हो। केन्द्रीय हिन्दी निदेशालय ने शीर्षस्थ विद्वानों आदि के साथ वर्षों के विचार-विमर्श के पश्चात हिन्दी वर्णमाला तथा अंकों का जो मानक स्वरूप निर्धारित किया, वह इस प्रकार है—

स्वर	:	अ	आ	इ	ई	उ	ऊ	ए	ऐ	ओ	औ	
मात्राएँ	:		ा	ि	ी	ु	ू	े	ै	ो	ौ	
अनुस्वार	:	ं	(अं)									
विसर्ग	:	:	(अः)									
अनुनासिकता चिह्न	:	ँ										

व्यंजन	:	क	ख	ग	घ	ङ		
		च	छ	ज	झ	ञ		
		ट	ठ	ड	ढ	ण	ड़	ढ़
		त	थ	द	ध	न		
		प	फ	ब	भ	म		
		य	र	ल	व	?		
		श	ष	स	ह			
संयुक्त व्यंजन	:	क्ष	त्र	ज्ञ	श्र			
हल् चिह्न	:	(ड्)						
गृहीत स्वन	:	ऑ	(ॉ)	ख़	ज़	फ़		
देवनागरी अंक	:	1	2	3	4	5		
		6	7	8	9	0		
भारतीय अंकों का	:	1	2	3	4	5		
अन्तरराष्ट्रीय रूप	:	6	7	8	9	0		

संस्कृत के लिए प्रयुक्त देवनागरी वर्णमाला में तो ऋ, लृ तथा लृ लॄ भी सम्मिलित हैं, किन्तु हिन्दी में इन वर्णों का प्रयोग न होने के कारण इन्हें हिन्दी की मानक वर्णमाला में स्थान नहीं दिया गया है।

संविधान के अनुच्छेद 343 (1) के अनुसार संघ के राजकीय प्रयोजनों के लिए प्रयुक्त होनेवाले अंकों का रूप भारतीय अंकों का अन्तरराष्ट्रीय रूप होगा, परन्तु राष्ट्रपति संघ के किसी भी राजकीय प्रयोजन के लिए भारतीय अंकों के अन्तरराष्ट्रीय रूप के साथ-साथ देवनागरी रूप का प्रयोग भी प्राधिकृत कर सकते हैं।

उक्त वर्णमाला में जो ध्वनियाँ हैं, उनका वर्गीकरण स्वर, व्यंजन आदि में किया जाता है।

स्वर—"स्वर उन ध्वनियों को कहते हैं, जो मुख में किसी प्रकार अवरुद्ध हुए बिना उच्चारित होते हैं। फेफड़ों से आनेवाली वायु ओष्ठ और उससे आगे तक कहीं अवरुद्ध नहीं होती। इसको कहीं बहुत संकीर्ण मार्ग से नहीं निकलना पड़ता है। यह मुख-विवर की स्वर सीमा से ऊपर नहीं जाती है और इसमें स्वरतन्त्री से ऊपरवाले किसी वाक्-अवयव में कम्पन नहीं होता है। यह साधारणत: घोष ध्वनि होती है, परन्तु ऐसा अनिवार्य नहीं है।"

व्यंजन—"वह ध्वनि व्यंजन कहलाती है, जिसके उच्चारण में फेफड़ों से आनेवाली वायु स्वरतन्त्री या मुखमार्ग से कहीं पूर्णत: रोकी जाती है, या अत्यन्त संकुचित मार्ग से

निकलती है, या मुख-विवर को स्वर सीमा से हटते हुए जिह्वा के एक या दोनों ओर से निकलती है या स्वरतन्त्री से ऊपरवाले किसी वाक्-अवयव में कम्पन पैदा करती है।''

स्वर और व्यंजन में अन्तर— स्वर और व्यंजन में विशेष अन्तर यह बताया गया है, कि मुख-विवर में वायु स्वर में अबाध रहती है और व्यंजन ध्वनि में सबाध रहती है। इनमें दूसरा भेद यह है कि दोनों की मुखरता में अन्तर होता है। जो ध्वनि अधिक दूर तक सुनाई देती है वह उतनी अधिक मुखर मानी जाती है। सामान्य एवं वैज्ञानिक परीक्षणों से यह सिद्ध हो चुका है कि व्यंजनों की अपेक्षा स्वर अधिक मुखर होते हैं।

मुखरता की दृष्टि से स्वरों और व्यंजनों का निम्नलिखित क्रम माना जाता है। इसमें उत्तरोत्तर अधिक मुखर ध्वनियों का उल्लेख है—

1. अत्यल्प मुखर अघोष ध्वनियाँ : क त प
2. इससे अधिक मुखर सघोष ध्वनियाँ : ग द ब
3. इससे अधिक मुखर नासिक्य एवं पार्श्विक ध्वनियाँ : ङ ञ म न ल्
4. इससे अधिक मुखर लुंठित ध्वनि : र
5. इससे अधिक मुखर संवृत स्वर ध्वनियाँ : ई ऊ
6. इससे अधिक मुखर निवृत्त स्वर ध्वनि : आ

उपर्युक्त विवरण से स्पष्ट है कि सघोष ध्वनियाँ अघोष ध्वानियों की अपेक्षा अधिक मुखर हैं। उनसे भी अधिक नासिक्य ध्वनियाँ और उनसे अधिक मुखर लुंठित ध्वनि है। व्यंजनों से अधिक मुखर स्वर ध्वनियाँ हैं। उनका क्रम इस आधार पर है कि जो ध्वनि जितनी अधिक संवृत (बन्द) है, वह उतनी ही कम मुखर है। जो ध्वनि जितनी विवृत (मुख द्वार खुला) होती जायगी, वह उतनी ही मुखर हो जायगी। इस प्रकार पूर्ण विवृत होने के कारण 'आ' ध्वनि सबसे अधिक मुखर है।

सघोष-अघोष तथा अल्पप्राण-महाप्राण ध्वनि

हिन्दी वर्णमाला में कुछ ध्वनियाँ अल्पप्राण हैं, कुछ महाप्राण। कुछ ध्वनियाँ सघोष हैं तथा कुछ अघोष हैं।

सघोष-अघोष ध्वनियाँ— ध्वनि उच्चारण के समय जब स्वरतन्त्रियाँ खुली रहती हैं तब अन्दर से आनेवाली वायु बिना किसी रगड़ या घर्षण के बाहर निकलती है। ऐसी अवस्था में उच्चारित ध्वनियाँ अघोष या श्वास (Voiceless) ध्वनियाँ कहलाती हैं। हिन्दी वर्णमाला में क् ख् च् छ् ट् ठ् त् थ् प् फ् श् स् और ष ध्वनियाँ अघोष हैं।

जब स्वरतन्त्रियों का मुख बन्द रहता है, अन्दर से आनेवाली वायु घर्षण के साथ छोटा छिद्र बनाकर निकलती है, ऐसी अवस्था में उच्चारित ध्वनियाँ घोष, सघोष या नाद (Voiced) ध्वनियाँ कहलाती हैं। हिन्दी वर्णमाला में ग् घ् ङ् ज् झ् ड् ढ् ण् द् ध् न् ब् भ् म् ध्वनियाँ सघोष हैं।

अल्पप्राण-महाप्राण ध्वनियाँ— वे ध्वनियाँ जिनके उच्चारण में मुँह से कम (अल्प) हवा (प्राण) निकलती है, अल्पप्राण या अप्राण कहलाती हैं। हिन्दी वर्णमाला में क् ग् ङ् च् ज् ट् ड् ण् त् द् न् प् ब् म् य् र् ल् व् श् स् ध्वनियाँ अल्पप्राण हैं।

वे ध्वनियाँ जिनके उच्चारण में मुँह से अधिक (महा) हवा (प्राण) निकलती है, महाप्राण या सप्राण कहलाती है। अल्पप्राण ध्वनि में 'ह' मिलाकर महाप्राण ध्वनियों का उच्चारण होता है। जैसे क् + ह् = ख्। अंग्रेजी में K+h = kh । हिन्दी वर्णमाल में ख् घ् छ् झ् ठ् ढ् थ् ध् फ् भ् ह् ढ़् ध्वनियाँ महाप्राण हैं। हिन्दी वर्णमाला की यह अपनी विशेषता है कि इसमें महाप्राण ध्वनियों के लिए अपना अलग लिपि चिह्न है। अंग्रेजी आदि में दो ध्वनियों को मिलाकर महाप्राण ध्वनि लिखी जाती है। जैसे—हिन्दी-ख, अंग्रेजी- Kh ।

आ. देवनागरी लिपि

भारतवर्ष में अनेक लिपियाँ प्रचलित हैं। रोमन और अरबी लिपियों को छोड़कर शेष का उद्गम भारत में ही हुआ है। देवनागरी, कैथी, मुड़िया या मोड़ी, मैथिली, बँगला, उड़िया, गुजराती, गुरुमुखी, शारदा, लंदी, तेलुगु, कन्नड़, तमिल, मलयालम आदि सभी प्रमुख लिपियों की जननी प्राचीन भारतीय लिपि 'ब्राह्मी' है। हिन्दी प्रदेशों में देवनागरी, रोमन और अरबी लिपियों के अतिरिक्त कैथी, मुड़िया, मैथिली भी प्रयोग में आती है। स्वतन्त्रता-प्राप्ति से पूर्व हिन्दी प्रदेशों में रोमन और अरबी लिपि प्रमुख थी। देवनागरी का स्थान गौण था, किन्तु अब देवनागरी का स्थान प्रमुख है। संस्कृत, हिन्दी, नेपाली और मराठी के लिए सदैव ही देवनागरी का प्रयोग होता रहा है। आज जिस प्रकार हिन्दी व्यापक भाषा है, उसी प्रकार देवनागरी लिपि भी। केन्द्रीय सरकार ने इसलिए हिन्दी राष्ट्रभाषा के साथ देवनागरी लिपि को राष्ट्रलिपि स्वीकार किया है।

जैसे कि पूर्व ही संकेत दिया गया है, अन्य भारतीय लिपियों के समान देवनागरी लिपि का विकास 'ब्राह्मी लिपि' से हुआ है। ईसा की तीसरी शताब्दी तक भारतवर्ष में ब्राह्मी लिपि का प्रचार रहा है। चौथी शताब्दी के आरम्भ में ही उत्तर और दक्षिण की ब्राह्मी लिपि में अन्तर लक्षित होने लगा। आगे चलकर उत्तरी ब्राह्मी लिपि को 'गुप्त लिपि' कहा गया। गुप्त राजाओं के समय में इसका व्यापक रूप में चलन होने के कारण इसे 'गुप्त लिपि' कहा जाता है। 'गुप्त लिपि' के विकसित रूप को ही आगे चलकर 'कुटिल' नाम दिया गया। इस अवस्था में पहुँचकर स्वरों की मात्राओं की आकृति कुटिल होने लगी थी, इसलिए इसे कुटिल लिपि कहा गया। उत्तर भारत में छठी शताब्दी से लेकर नवीं शताब्दी तक यह लिपि प्रचलित रही। इसी लिपि से देवनागरी लिपि का विकास हुआ है। अत: 10वीं शताब्दी देवनागरी लिपि का जन्म काल कहा जा सकता है।

नामकरण— इसे देवनागरी या नागरी क्यों कहा जाता है, इस सन्दर्भ में विद्वानों में मतभेद है। कुछ विद्वान इसका सम्बन्ध 'नागर ब्राह्मणों' से मानते हैं। उनके अनुसार जो लिपि नागर ब्राह्मणों में प्रचलित होने के कारण 'नागरी लिपि' मानते हैं। एक विद्वान (रामशास्त्री) ने यह सिद्ध करने का प्रयत्न किया है कि देवताओं की मूर्तियाँ बनने के पूर्व उनकी उपासना सांकेतिक चिह्नों द्वारा होती थी जो कोई त्रिकोणी तथा चक्रों आदि से बने हुए मन्त्र के, जो देवनगर कहलाता था, मध्य में लिखे जाते थे। देवनगर के मध्य लिखे जानेवाले अनेक प्रकार के सांकेतिक चिह्न कालान्तर में उन-उन नामों के पहले अक्षर माने जाने लगे और देवनगर के मध्य उनका स्थान होने से उनका नाम 'देवनागरी' हुआ।

दक्षिण की नागरी लिपि 'नन्दिनागरी' नाम से प्रख्यात है। आज भी दक्षिण भारत में संस्कृत की पुस्तकों के लिखने में इसका प्रयोग किया जाता है।

लगभग दसवी शताब्दी से लेकर आज तक देवनागरी लिपि का विकास हुआ है। इस दौरान लिपि को सरल तथा वैज्ञानिक बनाने का प्रयास किया गया है।

देवनागरी लिपि के गुण-दोष

चन्द विद्वानों को छोड़कर अधिकांश विद्वानों ने भारतीय भाषाओं के लिए देवनागरी लिपि के प्रयोग का समर्थन किया है। संसार में प्रचलित तीन लिपियों (रोमन, उर्दू तथा देवनागरी) में देवनागरी लिपि अन्य दोनों से अधिक वैज्ञानिक है। साथ ही व्यावहारिकता तथा सांस्कृतिक सम्पन्नता की दृष्टि से भी यह लिपि हमारे अधिक अनुकूल पड़ती है। इसलिए आज हिन्दी-मराठी के साथ अन्य भारतीय भाषाओं के लिए भी अन्य लिपियों से अधिक उपयुक्त मानी जा रही है।

देवनागरी लिपि की गुणात्मक विशेषताएँ

देवनागरी लिपि की वैज्ञानिकता, व्यावहारिकता तथा सांस्कृतिक सम्पन्नता की दृष्टि से निम्नलिखित विशेषताएँ दिखाई देती हैं—

1. एक ध्वनि : एक सांकेतिक चिह्न—देवनागरी लिपि में सभी स्वरों ह्रस्व और दीर्घ रूप के लिए अलग-अलग संकेत चिह्न हैं। सभी स्वरों की मात्राएँ निश्चित हैं। तुलनात्मक ढंग से उर्दू और रोमन लिपि में यह स्थिति नहीं है। जैसे उर्दू में 'स' ध्वनि के लिए तीन वर्ण हैं—सीन, स्वाद और से, 'ज' के लिए चार वर्ण हैं—जाल, जे, ज्हे और ज्याद, 'त' के लिए दो वर्ण हैं—ते और तोय, 'ह' के लिए तीन वर्ण हैं—छोटी हे, बड़ी हे, द्वि चश्मी हे। इससे कभी-कभी भ्रम हो जाने की सम्भावना होती है। अंग्रेजी में तो ध्वनि-चिह्नों की इतनी विभिन्नता है कि 'अ' ध्वनि को प्रकट करने के लिए लगभग ग्यारह-बारह सांकेतिक चिह्नों का प्रयोग होता है। इसी प्रकार 'श' को व्यक्त करने के लिए चौदह चिह्न मिलते हैं। जैसे—sugar, shoe, issue, mansion, mission, nation, suspicion, ocean, nauseous, conscious, search, chaperson, schist, tuchsia, pshaw आदि। रोमन लिपि में हर ध्वनि के लिए दो ध्वनि चिह्न हैं, एक छोटा तथा दूसरा बड़ा; जैसे—a-A, b-B...आदि। साथ ही यह जब जोड़कर लिखा जाय तो हरेक के लिपि चिह्न की शक्ल अलग बन जाती है। डॉक्टर जब दवा लिखकर देता है, तब या तो वह मेडिकल स्टोर्सवाला पहचान पाता है, या वह लिखनेवाला डॉक्टर। यह स्थिति देवनागरी लिपि में नहीं है।

2. एक सांकेतिक चिह्न— एक ध्वनि—देवनागरी लिपि में एक सांकेतिक चिह्न से एक ही ध्वनि का बोध होता है। यह स्थिति रोमन लिपि में नहीं है। उदाहरण के लिए देवनागरी 'ख' और 'क' दो अलग-अलग ध्वनि तथा ध्वनि चिह्न हैं। रोमन लिपि में 'ख' के लिए अलग ध्वनि-चिह्न नहीं, बल्कि k तथा h को साथ लिखकर 'kh'(ख) को लिखना होता है। देवनागरी में लगभग सभी ध्वनियों के लिए अलग ध्वनि चिह्न हैं,

लेकिन रोमन लिपि में ध्वनियाँ अधिक हैं और लिपि चिह्न कम। उदाहरण के लिए 'त' और 'ट' के लिए रोमन में 'ऊ' का ही प्रयोग करना पड़ता है। वैसे देवनागरी लिपि में भी कुछ ध्वनियों के लिए ध्वनि चिह्न नहीं थे, लेकिन अब उसमें सुधारकर उसे सभी भारतीय भाषाओं के लिए उपयुक्त बनाने का प्रयोग किया जा रहा है। जिन ध्वनियों के लिए देवनागरी में ध्वनि चिह्न नहीं है, उसके लिए चिह्न निर्धारित किए जा रहे हैं। जैसे अरबी-फारसी के ध्वनियों के लिए क़, ख़, ग, अंग्रेजी के लिए ऑ, आदि। केन्द्रीय हिन्दी निदेशालय ने देवनागरी लिपि को ऐसा संस्कारित किया है कि अब वह लगभग सभी भारतीय भाषा के लिए उपयुक्त बन गई है।

3. लिपि में स्वर और व्यंजन की क्रमबद्धता— देवनागरी लिपि में एक वैज्ञानिक क्रमबद्धता दिखाई देती है। इसमें पहले ह्रस्व स्वर, दीर्घ स्वर, बाद में संयुक्त स्वर उसी प्रकार पहले असंयुक्त व्यंजन, बाद में संयुक्त व्यंजन इस तरह का क्रम है। व्यंजनों में भी अल्पप्राण के बाद उसी ध्वनि का महाप्राण रूप, सघोष-अघोष आदि का क्रम इसमें दिखाई देता है। इस तरह का कोई क्रम न तो रोमन लिपि में है और न उर्दू लिपि में।

4. वर्णमाला की पूर्णता एवं सम्पन्नता— देवनागरी लिपि में 52 वर्ण हैं। इतने अधिक वर्णों की संख्या विश्व की किसी अन्य लिपि में नहीं है। रोमन लिपि में 26 वर्ण हैं, जिनमें 12 मूल स्वर तथा 14 व्यंजन हैं। अंग्रेजी में कुल स्वर ध्वनियाँ 21 है और उसको व्यक्त करने के लिए मात्र 12 ध्वनि चिह्न। ठीक यही स्थिति व्यंजनों की भी है। इसलिए अन्य भाषाओं को व्यक्त करने में यह लिपि अक्षम साबित होती है। हिन्दी के श, च, ड, द, थ के लिए रोमन लिपि में कोई ध्वनि चिह्न नहीं है। भारतीय हलन्त व्यंजन तो रोमन लिपि में व्यक्त ही नहीं किए जा सकते। इस तरह देवनागरी ही ऐसी लिपि है, जिसमें लगभग सभी भाषाओं की ध्वनियों को व्यक्त करने के लिए ध्वनि-चिह्न हैं। इस तरह से देवनागरी अपने आप में पूर्ण एवं सम्पन्न लिपि कहलाई जा सकती है।

5. उच्चारण और लेखन में एकरूपता— देवनागरी लिपि में उच्चारण और लेखन में एकरूपता है, जो न तो रोमन लिपि में है और न उर्दू लिपि में। उदाहरण के लिए देवनागरी में लिखे कर्म, क्रम और करम शब्दों का उच्चारण और उर्दू लिपि में इन्हीं शब्दों के लिखने पर उच्चारण में अन्तर आ जाता है। उर्दू लिपि में संयुक्त अक्षर लिखना मुश्किल है। रोमन लिपि में तो स्थिति और भी पेचीदा है। लिखा जाता है पी यू टी (Put) उच्चारण होता है पुट। ध्वनि जिस रूप में लिखी जाती है, उसी रूप में उसका उच्चारण यहाँ नहीं होता है। उर्दू लिपि में भी यही हाल है। लिखा जाता है 'अलिफ बे' पढ़ा जाता है—अब। अत: कहा जा सकता है कि रोमन तथा उर्दू की तुलना में उच्चारण की दृष्टि से देवनागरी लिपि सर्वोत्तम है।

6. स्पष्टता— इस लिपि में स्पष्टता इतनी है कि उच्चारित ध्वनियाँ ही लिखी जाती हैं। रोमन की भाँति इसमें ऐसा नहीं है कि लिखा जाय कुछ और पढ़ा जाय कुछ। अंग्रेजी के अनेक शब्दों में आदि तथा मध्यवर्ती ध्वनियाँ उच्चारित नहीं होतीं। जैसे- knife, calf, calk, calm आदि। यह रोमन लिपि की अस्पष्टता का प्रमाण है। हिन्दी में प्रत्येक लिखी हुई ध्वनि का उच्चारण किया जाता है।

7. सरलता—रोमन लिपि की भाँति इस लिपि की वर्णमाला तीन तरह की नहीं है। इससे सीखने में सरलता होती है। अंग्रेजी में वाक्य का पहला अक्षर 'कैपिटल' में लिखना होता है। उसमें लिखने की वर्णमाला अलग है और पढ़ने की अलग। हिन्दी में यह कठिनाई नहीं है। रोमन लिपि जब जोड़कर लिखी जाती है, तब उस शब्दों की वर्तनी (स्पेलिंग) समझना मुश्किल हो जाता है। इसका एक दिलचस्प उदाहरण डॉक्टरों द्वारा लिखकर दी जानेवाली दवाओं की चिट्ठियाँ होती हैं, जो या तो वह पढ़ सकता है, दूसरा खुदा और तीसरा दवाई का दुकानदार.....अन्यों के लिए वह काला अक्षर भैंस बराबर है। उर्दू लिपि में मूल हुरूफ अलग हैं और जोड़कर लिखते समय उनका रूप कुछ अलग हो जाता है।

8. व्यावहारिक उपयोगिता—व्यावहारिक उपयोगिता की दृष्टि से विचार करें तो रोमन लिपि में टंकण, मुद्रण, दूरमुद्रण आदि की बहुविध यान्त्रिक सुविधाएँ उपलब्ध होने के कारण बहुत से विद्वान इसका जोरदार समर्थन करते रहे हैं, परन्तु आज यही सभी सुविधाएँ देवनागरी में उपलब्ध हो रही हैं। अब देवनागरी का परिवर्धित स्वरूप इस तरह का बना है कि संसार की किसी भी भाषा को इसके माध्यम से लिखा जा सकता है। टंकलेखन, इलेक्ट्रॉनिक टंकलेखन, कम्प्यूटर, कम्प्यूटर मुद्रण, तार आदि में आज बड़ी सहजता तथा सफलता के साथ देवनागरी लिपि का प्रयोग किया जा रहा है। अत: व्यावहारिक उपयोगिता की दृष्टि से देवनागरी लिपि अब अन्य किसी लिए से विशेषकर रोमन लिपि से किसी भी अर्थ में कम नहीं है। एक समय था कि देवनागरी को यान्त्रिक सुविधा की दृष्टि से अयोग्य माना जाता था, क्योंकि उसमें अधिक ध्वनि चिह्न हैं, मात्राओं को वर्ण के पहले, बाद में, ऊपर और नीचे तथा कहीं-कहीं वर्ण के पेट में लगाना पड़ता है। वस्तुत: व्यावहारिकता की दृष्टि से यह देवनागरी लिपि का गुण माना जाना चाहिए, क्योंकि मात्राओं के लिए यहाँ रोमन लिपि की भाँति इसमें अलग से ध्वनि चिह्न का प्रयोग करने की आवश्यकता नहीं होती। इससे कम स्थान में शब्द लिखा जा सकता है। जैसे—'सूर्य' के लिए रोमन में 'Surya' पाँच ध्वनि चिह्न लिखने पड़ते हैं।

9. लेखन और मुद्रण में एकरूपता—रोमन लिपि में लेखन और मुद्रण (लिखाई और छपाई) में अन्तर आ जाता है। अरबी-फारसी लिपि के भी हस्तलेख और मुद्रित रूप में भिन्नता है। देवनागरी में इस प्रकार की कोई भिन्नता नहीं। उसे जिस रूप में टंकित या मुद्रित किया जाता है, उसी रूप में हाथ में लिखा जाता है। इससे वर्णमाला से परिचित होनेवाला छोटा बच्चा भी पुस्तकों के साथ ही हस्तलेख भी आसानी से पढ़ता है। रोमन लिपि के माध्यम से पढ़नेवाला बच्चा मात्र मुद्रित ही पढ़ सकेगा, हस्तलेख नहीं। डॉ. रामेश्वर दयाल अग्रवाल ने इसकी ओर संकेत करते हुए लिखा है, "अंग्रेज बच्चों की प्राथमिक शिक्षा जहाँ दो-ढाई वर्षों में पूरी होती है, वहाँ उसी स्तर का भारतीय विद्यार्थी देवनागरी के माध्यम से हिन्दी आदि भाषाएँ दो-ढाई मास में लिख-पढ़ लेता है। यह लिपि की विशेषता ही कही जायगी।"

10. सांस्कृतिक सम्पन्नता—इस समय प्रचलित भारत की लिपियों में यह सर्वाधिक प्राचीन है। सातवीं शताब्दी से ही इसके प्रयोग के प्रमाण विभिन्न शिलालेखों, सिक्कों और ताड़पत्रों आदि में मिलने लगते हैं। हजारों वर्ष प्राचीन वैदिक वाङ्मय, उपनिषद, दर्शन,

पुराण, संस्कृत का विपुल साहित्य, साहित्यशास्त्र, प्राकृत तथा अपभ्रंश की असंख्य रचनाएँ और बौद्ध एवं जैन रचनाकारों का अपार साहित्य देवनागरी लिपि में प्राप्त है। यहाँ तक कि भारत के असंख्य अहिन्दी-भाषी रचनाकारों की अन्यान्य भाषाओं में प्रस्तुत की गई रचनाएँ भी आज मूल पाठ और अर्थ भाष्य-व्याख्या सहित 'देवनागरी लिपि' में प्राप्त है। मराठी, नेपाली आदि भाषा के लिए भी यही लिपि प्रयुक्त होती है। दक्षिण भारत में जहाँ तेलुगु, तमिल आदि लिपियाँ चलती रही वहाँ भी नागरी को पर्याप्त सम्मान प्राप्त है। देवनागरी की दक्षिणी शैली 'नन्दिनागरी' कहलाती है। आज मॉरीशस, फिजी आदि अनेक देशों में बसे हिन्दी भाषियों की यही लिपि है। यूरोप, अमरीका, चीन और जापान आदि देशों में जहाँ-जहाँ संस्कृत का पठन-पाठन होता है, वहाँ के संस्कृतज्ञों में भी इसी लिपि का आदर है। अत: कहा जा सकता है कि सार्वदेशिक बनती यह लिपि सांस्कृतिक सम्पन्नता की विशेषता से सँजोई हुई है।

11. वर्णानुरूप आकृति— हिन्दी में 'उ' ओष्ठ्य वर्ण है। इसका उच्चारण ओंठ की सहायता से होता है। इसलिए इसकी बनावट भी ओंठ जैसी है। यद्यपि सामान्य रूप से यह बात सभी वर्णों पर लागू नहीं होती, किन्तु यह बात कुछ अंशों में सच है। श्री दा. सतवेलेकर के एक लेख का उद्धरण देते हुए इस सन्दर्भ में डॉ. देवेन्द्र कुमार शास्त्री ने इस सन्दर्भ में लिखा है, ''कहा जाता है कि एक पाश्चात्य भाषाशास्त्री ने देवनागरी लिपि की वैज्ञानिकता का पता लगाने के लिए देवनागरी अक्षरों के मिट्टी के प्रतिरूप तैयार किए। जब उसने उसमें हवा फूँकी तो वह यह जानकर आश्चर्यचकित रह गया कि 'अ' ध्वनि 'अ' प्रतिरूप में से आई और 'आ' की ध्वनि 'आ' प्रतिरूप में से निर्गत हुई। इसी प्रकार अन्य अक्षर-प्रतिरूपों का निर्माण हुआ है।''

12. सुन्दरता, सुडौलता तथा कलात्मकता— देवनागरी लिपि लिखावट में सुन्दरता, सुडौलता तथा कलात्मकता लिये हुए है। वर्णों की बनावट में 'पाई' की पद्धति इसे सरलता से सीखने में सहायता देती है। अधिकांश वर्ण गोलाई लिये हुए हैं जिन्हें कलात्मक साँचे में ढालकर प्रस्तुत करना सुगम है।

देवनागरी लिपि के दोष एवं त्रुटियाँ

यद्यपि देवनागरी लिपि संसार की अन्य लिपियों की अपेक्षा अधिक पूर्ण, स्पष्ट तथा वैज्ञानिक है, फिर भी अभी तक इसमें कई त्रुटियाँ दिखलाई पड़ती हैं, जो इस लिपि के दोष कहलाए जाते हैं। वे इस प्रकार हैं—

1. अक्षरात्मक लिपि— रोमन लिपि के समर्थकों के अनुसार देवनागरी अक्षरात्मक लिपि होने से इसके प्रत्येक सांकेतिक चिह्न में स्वर और व्यंजन मिले हुए रहते हैं। अतएव संयुक्त व्यंजनों को लिखने के लिए कभी-कभी व्यंजनों का आधा रूप लिखना पड़ता है, जैसे कि विद्या, खाद्य, संयुक्त, धर्म आदि शब्दों के लिखने में व्यंजन का रूप बदल जाता है। इन शब्दों में न तो 'द' अपने मूल रूप में है और न 'क्त' एवं 'र्' ही। डॉ. चटर्जी के अनुसार वैज्ञानिक लिपि की दो विशेषताएँ हैं—उसमें शुद्ध लिखा जाय और उसमें ध्वनि-विश्लेषण सरलता से हो सके। देवनागरी में शुद्ध तो लिखा जाता है, किन्तु वह

अर्ध-अक्षरात्मक है, इसलिए ध्वनि-विश्लेषण सरलता से नहीं हो सकता, जैसे—देवनागरी में 'धर्म' में दो अक्षर 'ध' और 'र्म' हैं। इनमें तो स्वर वर्ण स्पष्ट है, न धातु और प्रत्यय। इसके विपरीत रोमन लिपि 'DHARMA' में दो स्वर भी स्पष्ट हैं और साथ ही धातु 'धर्' और प्रत्यय 'म' भी।

2. लम्बी वर्णमाला— देवनागरी के अक्षरों की संख्या अधिक है। स्वरों की मात्राओं, आधे अक्षरों, द्वित्व अक्षरों तथा विभिन्न अक्षरों के नीचे अथवा ऊपर लगानेवाले चिह्नों की संख्या इससे पृथक है। इतनी बड़ी वर्णमाला को स्मरण रखना, समझना और ठीक-ठीक प्रयोग करना छात्र के लिए तथा मुद्रण और टंकण के लिए भी असुविधाजनक है।

3. संयुक्त ध्वनि-चिह्न : अवैज्ञानिक— वैज्ञानिक लिपि में एक ध्वनि के लिए एक ही ध्वनि-चिह्न होना चाहिए। देवनागरी लिपि में श्र, क्ष, त्र, ज्ञ आदि ऐसे ध्वनि चिह्न हैं, जिनमें दो ध्वनियों का संयोग है।

4. लेखन और उच्चारण में भेद— देवनागरी की कुछ ध्वनि में लेखन-उच्चारण में अन्तर आता है। जैसे 'कि' इसमें 'इ' का उच्चारण 'क' के बाद होता है, लेकिन 'इ' की मात्रा 'क' के पहले लगाई जाती है। यही स्थिति 'र' के संयुक्त अक्षर की है। जैसे—'धर्म'। इसमें 'र्' का उच्चारण 'म' के पहले होता है, लेकिन 'र्' का ध्वनि चिह्न 'म' के ऊपर लगाया जाता है। कहीं-कहीं उच्चारण जिस ध्वनि का आधा हो उसे पूर्ण रूप में लिखा जाता और उच्चारण पूर्ण हो उसका अर्ध-ध्वनि चिह्न, जैसे—'द्वन्द्व'। इसमें 'द्' का उच्चारण आधा और 'व' का उच्चारण पूरा हो जाता है, जबकि ठीक इसके विपरीत लिखा जाता है। (इस दोष के निराकरण के लिए खड़ी पाई रहित व्यंजनों के साथ हलन्त लगाकर संयुक्त अक्षर लिखा जाने लगा है; जैसे—द्वन्द्व। इस सन्दर्भ में 'ऋ' ध्वनि पर भी विचार किया जाता है। तत्सम शब्दों में इसे लिखा 'स्वर' के रूप में जाता है लेकिन उच्चारण व्यंजन 'रि' के रूप में होता है।

5. अनावश्यक ध्वनि-चिह्न— हिन्दी में कुछ ध्वनियों का उच्चारण ही नहीं होता, फिर भी उसके लिए ध्वनि चिह्न उसमें हैं, जैसे—ङ, ञ, ष, ॠ, ज्ञ आदि। कुछ ध्वनि के लिए दो-दो ध्वनि-चिह्न हैं। जैसे—अ - , ण - , झ - ल ल, - ल, श-श आदि। अर्ध 'र' के लिए (क्रम), (कर्म), (गृह) तीन चिह्न है।

6. ध्वनि-चिह्नहीन ध्वनियाँ— देवनागरी में जहाँ कुछ ध्वनियों के लिए दो-दो ध्वनि चिह्न हैं, तो दूसरी ओर 'म्ह', 'ल्ह', 'न्ह' अब हिन्दी में संयुक्त-व्यंजन न होकर मूल महाप्राण व्यंजन है, परन्तु उनके लिए कोई स्वतन्त्र ध्वनि-चिह्न नहीं है।

7. अस्पष्टता— देवनागरी के कुछ ध्वनि-चिह्नों की आकृतियाँ ऐसी है, जिससे भ्रम हो सकता है, जैसे—घ-ध, म-भ, शिरोरेखा के न होने पर इनमें भेद करना मुश्किल हो जाता है। ठीक यह बात 'ख' और 'र' 'व' की है। शिरोरेखा के न होते 'खाना' और 'रवाना' में अन्तर करना दुष्कर हो जाता है।

8. शीघ्र-लेखन की दृष्टि से असुविधाजनक— देवनागरी लिपि के हर ध्वनि चिह्न उसकी मात्राओं तथा शिरोरेखाओं को लिखने के लिए बराबर हाथ उठाना पड़ता है,

जिसके चलते लिखने में श्रम अधिक पड़ता है और गति भी मन्द रहती है। इसकी तुलना में रोमन लिपि अधिक सुविधाजनक है। रोमन वर्णों के परस्पर मिल जाने से बिना हाथ उठाए लिखा जा सकता है। इससे लेखन की गति में तीव्रता भी आती है और हाथ को श्रम भी कम पड़ता है।

देवनागरी लिपि में सुधार

देवनागरी लिपि की त्रुटियों के निराकरण के अनेक प्रयास हुए हैं। महादेव गोविन्द रानडे, महाराष्ट्र साहित्य परिषद पुणे द्वारा गठित लिपि सुधार समिति, काका कालेलकर की अध्यक्षता में गठित सुधार समिति, आचार्य नरेन्द्रदेव की अध्यक्षता में गठित परिषद, डॉ. राधाकृष्णन की अध्यक्षता में गठित परिषद—आदि सुधार समितियों ने देवनागरी को मानक-रूप प्रदान करने के लिए अनेक सुझाव दिये, उनमें से व्यवहार्य सुझावों को अपनाया गया। ऐसा ही एक सार्थक प्रयास भारत सरकार के शिक्षा मन्त्रालय द्वारा सन् 1961 में नियुक्त एक विशेषज्ञ समिति ने किया। अप्रैल, 1962 में प्रस्तुत सिफारिशें सरकार ने स्वीकृत कीं। इसमें हिन्दी वर्तनी में एकरूपता लाने तथा लिपि सम्बन्धी कठिनाइयों को दूर करने का प्रयास किया गया। वर्तनी सम्बन्धी अद्यतन नियम इस प्रकार हैं—

1. संयुक्त वर्ण :

(क) खड़ी पाईवाले व्यंजन

खड़ी पाई वाले व्यंजनों का संयुक्त रूप खड़ी पाई को हटाकर ही बनाया जाना चाहिए, जैसे—ख + या = ख्या। इसमें 'ख' का अर्ध या संयुक्त रूप 'ख्' होगा, यथा—लग्न, विघ्न, कच्चा, श्लोक, शय्या, स्वीकृत त्र्यम्बक आदि।

(ख) अन्य व्यंजन—

(अ) 'क' और 'फ' के संयुक्ताक्षर इस प्रकार होने चाहिए—क्त, फ्त; जैसे—संयुक्त, पक्का, दफ्तर आदि। 'क्त' या 'क्क' नहीं लिखा जाना चाहिए। उसका मानक रूप 'क्त' तथा 'क्क' होगा।

(आ) ङ, छ, ट, ठ, ठ, ड, ढ, द और ह के संयुक्ताक्षर हल् (्) चिह्न लगाकर ही बनाए जाने चाहिए, जैसे—वाङ्मय, बुड्ढा, विद्या चिह्न, ब्रह्मा आदि। विद्या, बुड्ढा, चिह्न, ब्रह्मा आदि अमानक माने जाएँगे।

(इ) संयुक्त 'र' के ्र , र्, तथा ्र प्रचलित तीनों रूप यथावत रहेंगे; जैसे—प्रकार, धर्म, राष्ट्र आदि।

(ई) 'श्र' का प्रचलित रूप ही मान्य होगा। इसे 'श्र' के रूप में नहीं लिखा जायगा। त + र के संयुक्त रूप के लिए 'त्र' और 'त्र' दोनों में से किसी एक के प्रयोग की छूट होगी, किन्तु 'क्र' को 'क्र' के रूप में नहीं लिखा जाना चाहिए।

(उ) हल चिह्न युक्त वर्ण से बननेवाले संयुक्ताक्षर के द्‌वितीय व्यंजन के साथ 'इ' की मात्रा का प्रयोग सम्बन्धित व्यंजन के तत्काल पूर्व ही किया जायगा, न कि पूरे युग्म से पूर्व; जैसे—कुट्‌टिम, द्‌वितीय, बुद्‌धिमान, चिह्‌नित आदि। कुट्टिम, द्विवतीय, बुद्िमान, चिह्निनत आदि अप्रमाणित माने जायँगे।

(ऊ) संस्कृत में संयुक्ताक्षर पुरानी शैली से ही लिखे जा सकेंगे, जैसे—संयुक्त, विद्या, चञ्चल, विद्वान, बुद्धि आदि।

2. विभक्ति चिह्न

(अ) हिन्दी के विभक्ति-चिह्न सभी प्रकार के संज्ञा शब्दों में प्रातिपदिक से पृथक लिखे जायँ; जैसे—राम ने, राम को, राम से आदि। सर्वनाम शब्दों में चिह्न प्रातिपदिक के साथ मिलाकर लिखे जायँ जैसे—उसको, उससे, उसपर आदि।

(आ) सर्वनामों के साथ यदि दो विभक्ति चिह्न हों तो उनमें से पहला मिलाकर और दूसरा पृथक लिखा जाय; जैसे—उसके लिए, उसमें से आदि।

(इ) सर्वनाम और विभक्ति के बीच ही 'ही', 'तक' आदि का निपात हो तो विभक्ति को पृथक लिखा जाय; जैसे—आप ही के लिए, मुझ तक को आदि।

3. क्रियापद

संयुक्त क्रियाओं में सभी अंगभूत क्रियाएँ पृथक-पृथक लिखी जायँ; जैसे—पढ़ा करता है, आ सकता है, जाया करता है, किया करता था, खेला करेगा, बढ़ते चले जा रहे हैं आदि।

4. हाइफन

हाइफन का विधान स्पष्टता के लिए किया गया है—

(अ) द्वन्द्व समास में पदों के बीच हाइफ़न रखा जाय, जैसे—राम-लक्ष्मण, शिव-पार्वती-संवाद, देख-रेख, चाल-चलन, हँसी-मजाक, लेन-देन, पढ़ना-लिखना, खाना-पीना, खेलना-कूदना आदि।

(आ) सा, जैसा आदि से पूर्व हाइफ़न रखा जाय, जैसे—तुम-सा, राम-जैसा, चाकू-से तीखे आदि।

(इ) तत्पुरुष समास में हाइफ़न का प्रयोग केवल वहीं किया जाय, जहाँ उसके बिना भ्रम होने की सम्भावना हो, अन्यथा नहीं, जैसे—भू-तत्त्व। सामान्यत: तत्पुरुष समासों में हाइफन लगाने की आवश्यकता नहीं है, जैसे—रामराज्य, राजकुमार, गंगाजल, ग्रामवासी आदि।

(ई) कठिन सन्धियों से बचने के लिए भी हाइफन का प्रयोग किया जा सकता है; जैसे—द्वि-अक्षर, द्वि-अर्थक आदि।

(अ) जहाँ श्रुतिमूलक य, व का प्रयोग विकल्प से होता है, वहाँ न किया जाय, उसके स्वरात्मक रूप ही शुद्ध या प्रमाणित माने जायँगे, जैसे—हुआ, नई, गए, लिए, हुए आदि। इसे हुवा, नयी, गये, लिये, हुये आदि श्रुतिमूलक रूप अशुद्ध या अप्रमाणित माने जायँगे।

(आ) जहाँ 'य' श्रुतिमूलक व्याकरणिक परिवर्तन न होकर शब्द का ही मूल तत्त्व हो वहाँ वैकल्पिक श्रुतिमूलक स्वरात्मक परिवर्तन की आवश्यकता नहीं है, जैसे—स्थायी, अव्ययीभाव, दायित्व आदि। इन शब्दों में 'य' श्रुतिमूलक नहीं है, शब्द का मूल तत्त्व है, अत: स्थाई, अव्यईभाव, दाइत्त्व आदि प्रयोग अशुद्ध माना जायगा।

7. अनुस्वार तथा अनुनासिकता-चिह्न (चन्द्रबिन्दु)

अनुस्वार (ं) और अनुनासिकता चिह्न (ँ) दोनों प्रचलित रहेंगे।

(क) संयुक्त व्यंजन के रूप में जहाँ पंचमाक्षर के बाद सवर्गीय शेष चार वर्णों में कोई वर्ण हो तो एकरूपता और मुद्रण-लेखन की सुविधा के लिए अनुस्वार का ही प्रयोग करना चाहिए, जैसे—गंगा, चंचल, ठंडा, संध्या, संपादक आदि में पंचमाक्षर के बाद उसी वर्ग का वर्णन आगे आता है, अत: पंचमाक्षर के स्थान पर अनुस्वार का प्रयोग होगा। यदि पंचमाक्षर के बाद किसी अन्य वर्ग का कोई वर्ण आए अथवा वहीं पंचमाक्षर दुबारा आए तो पंचमाक्षर अनुस्वार के रूप में परिवर्तित नहीं होगा, जैसे—वाङ्मय, अन्न, सम्मेलन, सम्मति, चिन्मय, उन्मुख आदि।

(ख) चन्द्रबिन्दु के बिना प्राय: अर्थ में भ्रम की गुंजाइश रहती है, जैसे—हंस-हँस, अंगना-अँगना आदि। अत: ऐसे भ्रम को दूर करने के लिए चन्द्रबिन्दु का प्रयोग अवश्य किया जाना चाहिए। किन्तु जहाँ चन्द्रबिन्दु के प्रयोग से छपाई आदि में बहुत कठिनाई हो और चन्द्रबिन्दु के स्थान पर बिन्दु का प्रयोग किसी प्रकार का भ्रम उत्पन्न न करें, वहाँ चन्द्रबिन्दु के स्थान पर बिन्दु के प्रयोग की छूट दी जा सकती है; जैसे—नहीं, में, मैं आदि।

8. विदेशी ध्वनियाँ

(क) अरबी-फारसी या अंग्रेजी मूलक वे शब्द जो हिन्दी के अंग बन चुके हैं और जिनकी विदेशी ध्वनियों का हिन्दी ध्वनियों में रूपान्तर हो चुका है, हिन्दी रूप में ही स्वीकार किए जा सकते हैं। पर जहाँ उनका शुद्ध विदेशी रूप में प्रयोग अभीष्ट हो अथवा उच्चारणगत भेद स्पष्ट करना हो वहाँ हिन्दी में प्रचलित रूपों में यथास्थान नुक्ते लगाए जाने चाहिए, जैसे—ख़ाना-खाना, राज-राज, फन-फ़न। अरबी-फारसी की मुख्यत: पाँच ध्वनियाँ हिन्दी में आई

हैं—क़, ख़, ग़, ज़, फ़। इनमें से क़ तथा ग़ तो हिन्दी उच्चारण में परिवर्तित हो गई हैं, शेष अपना अस्तित्व बचाने के प्रयास में हैं।

(ख) अंग्रेजी के जिन शब्दों में अर्धविवृत्त 'ओ' ध्वनि का प्रयोग होता है, उनके शुद्ध रूप का हिन्दी में प्रयोग अभीष्ट होने पर 'आ' की मात्रा के ऊपर अर्धचन्द्र का प्रयोग किया जाय, जैसे—ऑ, ॉ ।

(ग) हिन्दी में कुछ शब्दों के दो-दो रूप चल रहे हैं, उन्हें उन्हीं रूपों में स्वीकार किया जायगा, जैसे—गरदन-गर्दन, गरमी-गर्मी, बरफ-बर्फ, बिलकुल-बिल्कुल, सरदी-सर्दी, कुरसी-कुर्सी, बरदाश्त-बर्दाश्त, बीमारी-बिमारी, दूकान-दुकान, दोबारा-दुबारा आदि।

9. हल् चिह्न

संस्कृतमूलक तत्सम शब्दों की वर्तनी में सामान्यत: संस्कृत रूप ही रखा जाय, परन्तु जिन शब्दों के प्रयोग में हिन्दी में हल् चिह्न लुप्त हो चुका है, उनमें उसको फिर से लगाने का यत्न किया जाय: जैसे—महान् विद्वान् आदि ।

10. स्वन-परिवर्तन

संस्कृतमूलक तत्सम शब्दों की वर्तनी को ज्यों-का-त्यों ग्रहण किया जाय, जैसे—उऋण को उरिण, ब्रह्मा को ब्रम्हा, चिह्न को चिन्ह न लिखा जाय। जिन तत्सम शब्दों में तीन व्यंजनों के संयोग की स्थिति में एक द्वित्वमूलक व्यंजन लुप्त हो गया है उसे न लिखने की छूट है; जैसे—अर्द्ध-अर्ध, उज्ज्वल-उज्वल, तत्त्व-तत्व आदि।

11. विसर्ग

संस्कृत के जिन शब्दों में विसर्ग का प्रयोग होता है, वे यदि तत्सम रूप में प्रयुक्त हों तो विसर्ग का प्रयोग किया जाना ही चाहिए, किन्तु यदि उस शब्द के तद्भव रूप में विसर्ग का लोप हो चुका हो तो उस रूप में विसर्ग के बिना भी काम चल जायगा।

जैसे—तत्सम रूप : दु:खानुभूति ।

उद्भव रूप : सुख-दुख के साथी ।

12. 'ऐ' 'औ' का प्रयोग

हिन्दी में ऐ (ै), औ (ौ) का प्रयोग दो प्रकार की ध्वनियों को व्यक्त करने के लिए होता है। पहले प्रकार की ध्वनियाँ—'है', 'और' आदि में है तथा दूसरे प्रकार की ध्वनियाँ—गवैया, कौवा आदि में है। इन दोनों प्रकार की ध्वनियों को व्यक्त करने के लिए इन्हीं चिह्नों (ऐ, औ) का ही प्रयोग किया जाय, उसे गवय्या, कव्वा आदि लिखने की आवश्यकता नहीं।

13. पूर्वकालिक प्रत्यय

पूर्वकालिक प्रत्यय 'कर' क्रिया से मिलाकर लिखा जाय, जैसे—मिटाकर, खा-पीकर, रो-रोकर आदि।

14. अन्य नियम

अ. शिरोरेखा का प्रयोग प्रचलित रहेगा ।

आ. पूर्ण विराम को छोड़कर शेष विराम आदि चिह्न वही ग्रहण कर लिए जायँ, जो अंग्रेजी में प्रचलित हैं। पूर्ण विराम के लिए खड़ी पाई (।) का प्रयोग किया जाय। चिह्नों का प्रयोग निम्न रूप में होता है—

1. अर्धविराम (Semicolon) - (;) :

(क) एक वाक्य या वाक्यांश के साथ दूसरे का दूर का सम्बन्ध बतलाने के लिए अर्धविराम प्रयोग होता है। जैसे—यह कलम अधिक दिनों तक नहीं चलेगी; यह बहुत सस्ती है।

(ख) प्रधान वाक्य से सम्बन्ध यदि अन्य सहायक वाक्यांशों का प्रयोग किया जाय तो अर्धविराम लगाकर सहायक वाक्यांशों को अलग किया जा सकता है। जैसे—छोटे-छोटे लड़के कम गहरे सरोवर में घुस जाते हैं; पानी उछालते हैं; तरंगों से क्रीड़ा करते हैं।

(ग) सभी तरह की उपाधियों के लेखन में अर्धविराम का प्रयोग किया जा सकता है। जैसे—एम.ए.; एल-एल. बी.

2. पूर्ण विराम (Full Stop)-(।)

(क) पूर्ण विराम का अर्थ पूर्ण ठहराव है। जहाँ विचार की गति एकदम रुक जाय, वहाँ पूर्ण विराम का प्रयोग होता है। वस्तुत: वाक्य के अन्त में पूर्ण विराम का प्रयोग होता है, जैसे—यह लाल घोड़ा है। वह सुन्दर लड़की है।

(ख) कभी-कभी वाक्यांशों के अन्त में भी पूर्णविराम का प्रयोग होता है। जैसे किसी व्यक्ति या वस्तु के सजीव वर्णन में, जैसे—श्यामवर्ण। गोल चेहरा। लम्बा कद। बड़ी-बड़ी आँखें। चौड़ा माथा। सफेद पाजामा कुर्ता पहने हुए...।

3. अल्प विराम (Comma)-(,)

अल्प विराम का अर्थ है—थोड़े समय के लिए ठहरना। अपनी मनोदशा के अनुसार अपने विचारों में अल्प ठहराव आता है; ऐसे ठहराव के लिए ही अल्प विराम का प्रयोग किया जाता है।

(क) जब वाक्यों में दो से अधिक समान पदों, पदांशों अथवा वाक्यांशों में संयोजक अव्यय 'और' की गुंजाइश हो तो उस स्थान पर अल्प विराम का प्रयोग किया

जाता है। जैसे—युधिष्ठिर, अर्जुन, भीम, नकुल और सहदेव आ रहे हैं। मोहन सुबह आता है, झाड़ू लगाता है, पानी भरता है और चला जाता है।

(ख) जहाँ बार-बार शब्द आ रहे हैं और भावातिरेक में उन पर विशेष बल दिया जाय, वहाँ अल्प विराम का प्रयोग किया जाता है। जैसे—नहीं, नहीं, मुझसे यह काम नहीं होगा।

(ग) वाक्य में यदि कोई वाक्य खंड अथवा अन्तर्वर्ती पद्यांश आ जाय तो यहाँ अल्प विराम का प्रयोग करना चाहिए; जैसे—क्रोध, चाहे जैसा भी हो, मनुष्य को नष्ट कर देता है।

(घ) यदि वाक्य के बीच कुछ अव्यय (जैसे—पर, इसी से, इसलिए, किन्तु, परन्तु, अत:, क्यों, जिससे, तथापि) प्रयुक्त होते हैं, तो उनके पहले अल्प विराम का प्रयोग हो सकता है, जैसे—राम पढ़ने में तेज है, इसलिए सभी लोग उसकी प्रशंसा करते हैं। मैं कल गोष्ठी में जाता, किन्तु एक आवश्यक कार्य आ पड़ा है।

(च) किसी व्यक्ति को सम्बोधित करते समय अल्प विराम का प्रयोग किया जा सकता है। जैसे—प्रिय महोदय, मैं आपका ध्यान इस घटना की ओर आकर्षित करना चाहता हूँ।

(छ) जिस वाक्य में 'वह', 'यह', 'तब', 'या', 'अब' आदि लुप्त हों वहाँ अल्प-विराम का प्रयोग किया जा सकता है। जैसे—तुम जो कहते हो, ठीक नहीं है। ('वह' लुप्त है)। जब जाना ही है, चले जाओ ('तब' लुप्त है)।

(ज) किसी आदमी के कथन के पहले अल्प विराम लगाया जा सकता है; जैसे—राम ने कहा, ''मैं तुमको अच्छी तरह जानता हूँ।''

(झ) हाँ, नहीं, बस, सचमुच, अच्छा, अत:, वस्तुत: जैसे शब्दों से शुरू होनेवाले वाक्यों में इन शब्दों के बाद अल्पविराम का प्रयोग किया जाता है, जैसे—अच्छा, तो चला जाय। ऐसा नहीं होगा। बस, इतने से काम चल जायगा।

4. प्रश्नवाचक चिह्न (Sign of Interrogation)-(?)

निम्न अवस्थाओं में प्रश्नवाचक चिह्न का प्रयोग होता है—

(क) जहाँ प्रश्न पूछा या किया जाय, जैसे—तुम क्या कर रहे हो?

(ख) व्यंग्योक्तियों के प्रयोग में, जैसे—यही आपका कर्तव्य है न?

(ग) जहाँ स्थिति निश्चित न हो; जैसे—शायद आप लखनऊ के रहनेवाले हैं?

5. विस्मयादिबोधक चिह्न- (Sign of Exclamation)-(!)

करुणा, भय, हर्ष, विषाद, आश्चर्य, घृणा आदि भावों को व्यक्त करने के लिए निम्नलिखित स्थितियों में विस्मयादिबोधक चिह्न का प्रयोग होता है।

(क) अपने से छोटों के प्रति सद्भावना अथवा शुभकामना व्यक्त करने के लिए विस्मयादिबोधक चिह्न का प्रयोग किया जाता है; जैसे—तुम चिरंजीवी हो ! भगवान तुम्हारा भला करे।

(ख) आह्लादसूचक शब्दों, पदों एवं वाक्यों के अन्त में विस्मयादिबोधक चिह्न का प्रयोग होता है; जैसे—वाह! तुम धन्य हो !

(ग) मन की प्रसन्नता को व्यक्त करने के लिए इसका प्रयोग होता है; जैसे—वाह! वाह! कितना सुन्दर नृत्य किया तुमने !

अन्य चिह्न-इन चिह्नों के साथ ही लेखन में योजक, अन्य चिह्न-इन चिह्नों के साथ ही लेखन में योजक, उद्धरण, विवरण तथा कोष्ठक चिह्नों का प्रयोग होता है। इनका प्रयोग निम्न रूप में होता है।

6. योजक चिह्न (Hyphen) - (-)

हिन्दी भाषा की प्रकृति विश्लेषणात्मक है। इस कारण इसमें योजक चिह्नों की जरूरत पड़ती है। योजक चिह्न वाक्य में प्रयुक्त शब्द-अर्थ को स्पष्ट करते हैं। इससे शब्दोच्चारण तथा वर्तनी में स्पष्टता आती है। कहीं-कहीं योजक चिह्नों के अभाव में अर्थ-भेद भी होता है। जैसे 'उपमाता' के दो अर्थ हैं—एक उपमा देनेवाला तथा दूसरा सौतेली माँ। जब हम उपमाता लिखेंगे तो उसका अर्थ होगा 'उपमा देनेवाला', किन्तु जब योजक चिह्न का प्रयोग कर 'उप-माता' लिखेंगे तब उसका अर्थ होगा सौतेली माता। दूसरा उदाहरण 'कुशासन' शब्द का लिया जा सकता है। कुशासन का अर्थ है कुश से बना आसन तथा कु-शासन का अर्थ है—बुरा शासन। निम्नलिखित रूप में योजक चिह्नों का प्रयोग किया जा सकता है—

(1) दो विपरीतार्थक शब्दों के बीच योजक सिंह लगाए जा सकते हैं, जैसे—रात-दिन, पाप-पुण्य, माता-पिता, लेन-देन, आदान-प्रदान आदि।

(2) जिन पदों के दोनों खंड प्रधान हों और जिनमें 'और' लुप्त हो वहाँ योजक चिह्न का प्रयोग किया जाता है, जैसे—लोटा-डोरी, माता-पिता, लड़का-लड़की, दाल-भात।

(3) 'एकार्थबोधक सहचर' शब्दों अर्थात ऐसे शब्दों में जिनके अर्थ समान होते हैं, उनके बीच योजक चिह्न लगाए जाते हैं, जैसे—समझ-बूझ, दीन-दु:खी, सेठ-साहूकार, हँसी-खुशी, नपा-तुला, चाल-चलन, जी-जान आदि।

(4) जब दो संयुक्त क्रियाएँ एक साथ प्रयुक्त हों तो दोनों के बीच योजक चिह्न का प्रयोग होता है; जैसे—पढ़ना-लिखना, खाना-पीना, उठना-बैठना, कहना-सुनना, मारना-पीटना आदि।

(5) यदि दो विशेषण पदों का संज्ञा के अर्थ में प्रयोग हो तो वहाँ योजक चिह्न का प्रयोग हो सकता है जैसे—अन्धा-बहरा, भूखा-प्यासा, लूला-लँगड़ा आदि।

(6) दो प्रेरणार्थक क्रियाओं के बीच भी योजक चिह्न का प्रयोग होता है, जैसे—

चलना-चलवाना, जीतना-जितवाना, कराना-करवाना।

(7) यदि एक ही शब्द दो बार प्रयुक्त हों तो उनके बीच योजक चिह्न लगाया जा सकता है, जैसे—राम-राम, बच्चा-बच्चा, बूँद-बूँद, नगर-नगर, गली-गली आदि।

(8) अनिश्चित संख्यावाचक विशेषण के जब दो पद एक साथ आ जाते हैं, दोनों के बीच योजक चिह्न प्रयुक्त किया जाता है, जैसे—बहुत-सा धन, बहुत-सी बातें, एक-से बढ़कर, कम-से-कम आदि।

(9) जब दो शब्दों के बीच सम्बन्ध कारक के चिह्न—का, के, की लुप्त हों तो दोनों के बीच योजक चिह्न लगाया जा सकता है, जैसे—शब्द-सागर, रावण-वध, प्रकाश-स्तम्भ, राम-नाम, कृष्ण-लीला आदि।

(10) लिखते समय यदि कोई शब्द पंक्ति के अन्त में पूरा न हो तो उक्त शब्द के आधे खंड के बाद योजक चिह्न लगाया जा सकता है।

7. उद्धरण चिह्न (Inverted Comma) (" — ")

इसके दो रूप हैं—एक, इकहरा उद्धरण चिह्न (Single inverteds Comma); दो, दुहरा उद्धरण चिह्न (Double Comma)।

(क) किसी ग्रन्थ से जब कोई वाक्य अथवा अवतरण उद्धृत किया जाता है, उस समय दुहरे उद्धरण चिह्न का प्रयोग होता है।

(ख) जब कोई विशेष पद, वाक्य खंड उद्धृत किया जाय उस समय इकहरे उद्धरण चिह्न का प्रयोग किया जाता है।

(ग) लेखक या कवि का उपनाम, लेख का शीर्षक, पुस्तक का नाम, समाचार-पत्र का नाम उद्धृत करते समय इकहरे उद्धरण चिह्न का प्रयोग होता है।

(घ) महत्त्वपूर्ण कथन, सन्धि, कहावत इ. को उद्धृत करते समय दुहरे उद्धरण चिह्न का प्रयोग होता है।

8. विवरण चिह्न (Colon) - (:-)

किसी पद की व्याख्या करने या किसी के बारे में विस्तार से कुछ कहने के लिए विवरण चिह्न का प्रयोग होता है; जैसे—समास:- कई पदों को मिलाकर एक हो जाने को समास कहते हैं। इसके छह भेद होते हैं।

9. कोष्ठक चिह्न (Bracket)- ( ), [ ], { }

वाक्य में प्रयुक्त पद-विशेष को अच्छी तरह स्पष्ट करने के लिए कोष्ठक चिह्न का प्रयोग किया जाता है; जैसे—श्रीकृष्ण के भाई (बलराम) शस्त्र के रूप में हल धारण करते थे।

इ. अंकलेखन अक्षरों में

हिन्दी प्रदेशों में संख्यावाचक शब्दों के लेखन और उच्चारण में एकरूपता का अभाव पाया जाता है। मानक हिन्दी में संख्यावाचक शब्दों का उच्चारण इस प्रकार होता है—

(अ) पूर्णांक :

अंक	उच्चारण	अंक	उच्चारण
1	एक	51	इक्यावन
2	दो	52	बावन
3	तीन	53	तिरपन
4	चार	54	चौवन
5	पाँच	55	पचपन
6	छह	56	छप्पन
7	सात	57	सतावन
8	आठ	58	अठावन
9	नौ	59	उनसठ
10	दस	60	साठ
11	ग्यारह	61	इकसठ
12	बारह	62	बासठ
13	तेरह	63	तिरसठ
14	चौदह	64	चौंसठ
15	पन्द्रह	65	पैंसठ
16	सोलह	66	छियासठ
17	सत्रह	67	सड़सठ
18	अठारह	68	अड़सठ
19	उन्नीस	69	उनहत्तर
20	बीस	70	सत्तर
21	इक्कीस	71	इकहत्तर
22	बाईस	72	बहत्तर
23	तेईस	73	तिहत्तर
24	चौबीस	74	चौहत्तर

25	पच्चीस	75	पचहत्तर
26	छब्बीस	76	छिहत्तर
27	सत्ताईस	77	सतहत्तर
28	अट्ठाईस	78	अठहत्तर
29	उनतीस	79	उन्यासी
30	तीस	80	अस्सी
31	इकतीस	81	इक्यासी
32	बत्तीस	82	बयासी
33	तैंतीस	83	तिरासी
34	चौंतीस	84	चौरासी
35	पैंतीस	85	पचासी
36	छत्तीस	86	छियासी
37	सैंतीस	87	सत्तासी
38	अड़तीस	88	अठासी
39	उनतालीस	89	नवासी
40	चालीस	90	नब्बे
41	इकतालीस	91	इक्यानबे
42	बयालीस	92	बानबे
43	तैंतालीस	93	तिरानबे
44	चौवालीस	94	चौरानबे
45	पैंतालीस	95	पंचानबे
46	छियालीस	96	छियानबे
47	सैंतालीस	97	सत्तानबे
48	अड़तालीस	98	अठानबे
49	उनचास	99	निन्यानबे
50	पचास	100	सौ

1,000 हजार

1,00,000 लाख

10000000 करोड़

1000000000 अरब

10000000000 खरब

1000000000000 नील

100000000000000 पद्‌म

10000000000000000 शंख

(आ) अपूर्णांक

1/2 आधा 1/3 तिहाई

1/4 चौथाई, (पाव) 3/4

1 $^1/_2$ डेढ़

2 $^1/_2$ अढ़ाई

3 $^1/_2$ साढ़े तीन

2.

हिन्दी शब्द-समूह

हिन्दी शब्द-समूह : वर्गीकरण एवं सामान्य परिचय

नित्य विकसित ज्ञान-विज्ञान की अभिव्यक्ति के लिए विकसित भाषा का शब्द-भंडार होना अनिवार्य है। हिन्दी के शब्द-भंडार में भी श्रीवृद्धि होती रही है। इस श्रीवृद्धि के निम्न स्त्रोत रहे हैं—

1. संस्कृत भाषा स्त्रोत

हिन्दी का जन्म ही संस्कृत से हुआ है, इसीलिए हिन्दी में सर्वाधिक शब्द संस्कृत भाषा से आना अनिवार्य है। तत्सम, तद्भव तथा अर्ध-तत्सम रूप में संस्कृत शब्द हिन्दी में आए हैं।

2. विदेशी भाषा स्त्रोत

इसमें दो स्त्रोत रहे हैं—(1) अभारतीय, (2) भारतीय भाषा। हम पर मुस्लिम तथा अंग्रेजों का शासन सदियों तक रहा है। मुस्लिम तथा ईसाई धर्म का सम्पर्क भी पर्याप्त मात्रा में रहा है। इसलिए हिन्दी-अरबी-फारसी तथा अंग्रेजी भाषा के शब्द पर्याप्त मात्रा में प्रचलित हुए हैं। साथ ही हिन्दीतर-आर्यभाषा तथा द्रविड़-परिवार की भाषाओं के कुछ शब्द भी हिन्दी में प्रचलित पाए जाते हैं।

3. नव निर्माण

आवश्यकता के अनुरूप भाषा के शब्दों के नव-निर्माण की प्रक्रिया चलती है। नए शब्दों की रचना नई वस्तु, स्थिति, भाव या कार्य को ध्यान में रखकर की जाती है। कुछ शब्दों का निर्माता जन-सामान्य होता है, जो अपने आसपास की वस्तु और उसके कार्य आदि को ध्यान में रखकर सहज ही सादृश्य के आधार पर शब्द-रचना करता है। भाषा में सादृश्य की प्रवृत्ति केवल ध्वनि-परिवर्तनों के कारण ही नहीं, बल्कि नए शब्दों की रचना

के कारण भी परिलक्षित होती है। कुछ शब्दों के निर्माता विशेषज्ञ होते हैं। इससे बनाए गए शब्द-पारिभाषिक कहलाए जाते हैं। हिन्दी में केन्द्रीय हिन्दी निदेशालय द्वारा इस प्रकार के शब्दों का निर्माण पर्याप्त मात्रा में हो रहा है।

4. हिन्दी की अपनी बोलियों से आगत शब्द

हिन्दी भाषा का क्षेत्र विशाल है। उसकी लगभग—18 बोलियाँ हैं। आज उनमें से खड़ीबोली मानक भाषा के रूप में प्रचलित है। मानक भाषा के प्रयोग करनेवाले अन्य बोली का भी प्रयोग करते हैं। उदाहरण के लिए ब्रजांचल के लोग रोजमर्रा के लिए ब्रज का प्रयोग करते हैं और ज्ञान-विज्ञान के अध्ययन-अध्यापन के लिए मानक भाषा खड़ीबोली का। अत: अपनी स्थानीय बोली के कुछ शब्दों का प्रयोग वे मानक भाषा में भी करते हैं। इस तरह कुछ शब्द हिन्दी की विभिन्न बोलियों से मानक भाषा में चल पड़ने लगते हैं।

हिन्दी शब्द-समूह को स्रोत के आधार पर निम्न रूप में वर्गीकृत किया जा सकता है—

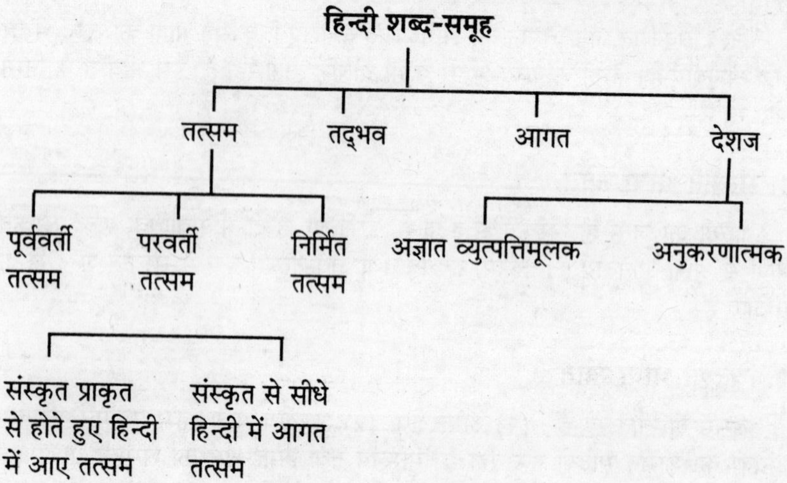

1. तत्सम शब्द

इसका शाब्दिक अर्थ है 'उसके' (तत्) समान (सम) अर्थात संस्कृत के समान। भरतमुनि ने अपने नाट्यशास्त्र में 'तत्सम' को 'समान' कहा है। कुछ अन्य लोगों ने इसे 'तद्रूप' की भी संज्ञा दी है। 'तत्सम' उन शब्दों को कहा जाता है जो मूल संस्कृत के हों और हिन्दी में ध्वनि तथा अर्थ के धरातल पर अविकृत रूप में प्रयुक्त होते हों। हिन्दी में स्रोत की दृष्टि से तत्सम के चार प्रकार हैं—

(1) संस्कृत से प्राकृत, अपभ्रंश से होते हुए हिन्दी में आए हुए तत्सम शब्द; जैसे—अचल, अध, अचला, काल, कुसुम, जन्तु, दंड, रम आदि।

(2) संस्कृत से सीधे हिन्दी में भक्ति, आधुनिक आदि विभिन्न कालों के लिये गए शब्द, जैसे—कर्म, विद्या, ज्ञान, क्षेत्र, कृष्ण, पुस्तक, मार्ग, मत्स्य, मद्य, मेघ, पुष्प, मृग, मधुर, कुशल आदि। ऐसे शब्दों की संख्या संस्कृत प्राकृत से होते हुए आए शब्दों से भी बड़ी है। आवश्यकतानुरूप सीधे संस्कृत से आधुनिक आर्यभाषाओं में शब्दों का आगमन बड़े पैमाने पर हुआ है।

(3) संस्कृत के व्याकरणिक नियमों के आधार पर हिन्दी काल में निर्मित तत्सम शब्द। इस प्रकार के अधिकांश शब्द आधुनिक काल में शब्दों की कमी की पूर्ति के लिए बनाए गए हैं और बनाए जा रहे हैं, जैसे—जलवायु (आबहवा), वायुयान (ऐरोप्लेन), सम्पादकीय (Editorial), प्राध्यापक (Lecturer), रेखाचित्र (Sketch), प्रभाग (Section), वाक्य-विश्लेषण (Sentence analysis), निदेशक (Director), नगरपालिका (Municipality), समाचार-पत्र (News Paper), पत्राचार (Correspondence) आदि। इस तरह के पारिभाषिक शब्दों की संख्या एक लाख से भी अधिक है।

(4) अन्य भाषा से आए तत्सम शब्द। इस वर्ग के शब्दों की संख्या अत्यल्प है। कुछ थोड़े शब्द बंगाली तथा मराठी के माध्यम से हिन्दी में आए हैं। इनमें कुछ शब्द ऐसे हैं, जो संस्कृत में भी प्रयुक्त होते थे, कुछ ऐसे हैं जो इन भाषाओं में संस्कृत के आधार पर बने; जैसे—

बंगाली : वक्तृता, उपन्यास, गल्प, कविराज, सन्देश, अभिभावक, निर्भर, तत्त्वावधान, अभ्यर्थना, आपत्ति, सम्भ्रान्त, स्वप्निल, उर्मिल, धन्यवाद आदि।

मराठी : वाङ्मय, प्रगति आदि।

हिन्दी में प्रयुक्त होनेवाले तत्सम शब्द संज्ञा, सर्वनाम, विशेषण, क्रिया तथा अव्यय हैं। संज्ञा शब्द प्राय: दो प्रकार के हैं—(1) संस्कृत के प्रातिपदिक, तथा (2) संस्कृत के प्रथमा के एकवचन ।

तत्सम की तत्समता

हिन्दी में प्रयुक्त तत्सम शब्दों को डॉ. भोलानाथ तिवारी 'तत्सम' कहना वैज्ञानिक दृष्टि से चिन्त्य कहते हैं, क्योंकि उनके अनुसार जब शब्द आत्मा और शरीर अर्थात अर्थ और ध्वनि के धरातल पर ज्यों-के-त्यों रूप में (तत्सम) प्रयुक्त हो तो ही उसे तत्सम कहा जा सकता है, जबकि हिन्दी के अधिकांश शब्द या तो अर्थ के धरातल पर या ध्वनि के धरातल पर कुछ परिवर्तन के साथ प्रयुक्त होते दिखाई देते हैं; जैसे—'जँघा' शब्द ध्वनि के धरातल पर तो तत्सम है, लेकिन अर्थ के धरातल पर कुछ परिवर्तित रूप में प्रयुक्त है। संस्कृत में जंघा शब्द 'घुटने और टखने के बीच का भाग' के अर्थ में प्रयुक्त होता रहा है, जबकि हिन्दी में 'जाँघ' के अर्थ में। जहाँ तक ध्वनि-समानता का प्रश्न है, लिखित रूप में हिन्दी-संस्कृत की ध्वनियाँ भले ही समान लगती हो, परन्तु उच्चारण स्थान की दृष्टि से दोनों की कुछ ध्वनियों में निश्चित रूप में अन्तर है। ऋ श, ष, ङ, ञ, ध्वनियाँ हिन्दी में संस्कृत के समान उच्चारित नहीं होतीं—गङ्गा शब्द 'गन्गा' के रूप में उच्चारित होता है, 'ऋषि' शब्द 'रिसी' के रूप में उच्चारित होता है। अत: ऐसी स्थिति में तत्सम की तत्समता पर प्रश्नचिह्न लगना स्वाभाविक ही है।

अर्ध तत्सम— तत्सम और तद्भव के बीच की स्थिति के शब्द अर्थात जो पूरी तरह उद्भव भी नहीं हैं और पूरी तरह से तत्सम भी। ऐसे शब्दों के डॉ. ग्रियर्सन, डॉ. चटर्जी आदि भाषाविदों ने 'अर्ध तत्सम' की संज्ञा दी है, जैसे—'कृष्ण' तत्सम शब्द है, कान्हा कन्हैया उसके तद्भव रूप है, परन्तु किशुन, किशन न तो तत्सम है और न तद्भव। अत: अर्ध सत्सम कहा गया है। डॉ. भोलानाथ तिवारी अर्ध तत्सम की अपेक्षा इन्हें तद्भव के अन्तर्गत रखना उचित समझते हैं। उनका मत है, ''मेरे विचार में इनका अर्ध तत्सम नाम ठीक नही है। 'तद्भव' का अर्थ है संस्कृत (तत्) से निकला हो और 'कान्हा' तथा 'किशुन' दोनों ही संस्कृत कृष्ण से निकले हैं, अत: दोनों ही तद्भव या पूर्ववर्ती तद्भव तथा दूसरे को परवर्ती तद्भव कहना मेरे विचार में अधिक समीचीन है।''

2. तद्भव शब्द

अनेक कारणों से संस्कृत प्राकृत आदि की ध्वनियाँ पिस-पिटकर हिन्दी तक आते-आते परिवर्तित हो गई है। परिणामत: पूर्ववर्ती आर्यभाषाओं के शब्दों के जो रूप हमें प्राप्त हुए हैं, उन्हें तद्भव कहा जाता है। तद्भव का स्थूल व्युत्पत्तिक अर्थ भी यही है कि तत् (उससे) उद्भव अर्थात उससे उद्भूत हुए अर्थात संस्कृत के शब्दों से विकसित शब्द। ऐसे शब्दों को तद्भव यह संज्ञा त्रिविक्रम मार्कंडेय आदि ने दी है। इसके अन्य विद्वानों ने अन्य नाम भी दिये हैं; जैसे—भरतमुनि इसे 'विभ्रष्ट' कहते हैं, वाग्भट्ट इसे 'तज्ज' कहते हैं तो चंड इसे संस्कृत योनि कहते हैं। संस्कृतभव, भ्रष्ट, अपभ्रंश, अपभ्रष्ट आदि नाम भी इसके लिए प्रयुक्त किए जाते हैं।

हिन्दी प्रदेश की बोलियों में आनुपातिक दृष्टि से सबसे अधिक संख्या तद्भव शब्दों की ही है। साहित्य में भी 19वीं शती से पहले तद्भव शब्दों की ही प्रधानता थी। सच तो यह है कि तब तक जनभाषा ही साहित्यिक भाषा थी। तद्भव शब्द भाषा के मेरुदंड या प्राण होते हैं। आज की परिनिष्ठित हिन्दी शब्द-भंडार की दृष्टि से तत्सम रूप प्रधान है। फिर भी शैली क़ी विविधता और वातावरण की अनुकूलता के नाते तद्भव शब्दों का व्यवहार बराबर होता रहता है। कभी-कभी अर्थभेद के कारण शब्द के तत्सम और तद्भव दोनों रूप अनिवार्य हो जाते हैं; जैसे—आत्मा और आप, गर्भिणी और गाभिन, चक्र और चाक, रश्मी और रस्सी, वंश और बाँस, स्थान और थान। तद्भव शब्दों में ध्वनि परिवर्तन के साथ ही कभी-कभी अर्थ-विस्तार या अर्थ-संकोच भी हो जाता है, जैसे—'वार्ता' से 'बात' तद्भव शब्द बन गया है, परन्तु अब दोनों के अर्थ अलग-अलग हैं। वार्ता से तात्पर्य है—साहित्यिक वार्ता और तद्भव बात से तात्पर्य है—बातचीत।

हिन्दी में प्राय: सभी सर्वनाम तद्भव हैं। संज्ञापदों की संख्या सबसे अधिक है, किन्तु इनका व्यवहार देश, काल, पात्र आदि के अनुसार थोड़ा बहुत घटता-बढ़ता रहता है। क्रियापद भी प्राय: सभी तद्भव हैं, परन्तु साहित्यिक या उच्च हिन्दी में इनका स्थान करना, होना क्रिया के साथ संस्कृत का कृदन्त रूप ले लेता है, जैसे परिचित होना (जानना), स्वीकार करना (सकारना, मानना), ह्रासमान होना (घटना), विकृत करना (बिगाड़ना), उल्लंघन करना (लाँघना) आदि। भारतेन्दु-युग से पहले की साहित्यिक हिन्दी में ठेठ

क्रियापदों का प्राचुर्य रहा है। अधिकांश विशेषण तत्सम रहे हैं। अव्ययों में यहाँ, वहाँ, जहाँ, कहाँ, अब, तब, जब, कब, चाहे मानो, तक, ज्यों, क्यों, आगे, पीछे, नीचे, ऊपर, फिर, कैसे, जैसे, वैसे, तो, ही, भी और आदि तद्भव रूप बहुप्रचलित हैं। यदि का तद्भव रूप 'जे' हिन्दी में नहीं चल सका। इसके अतिरिक्त हिन्दी की बृहत कृषि शब्दावली, ग्राम-नदी-पशु-पक्षी पेड़-पौधे-खाद्य पदार्थ आदि के नाम अधिकांशत: तद्भव हैं। हिन्दी के कुछ तद्भव शब्द उदाहरण के लिए उसके तत्सम रूप के साथ इस प्रकार हैं—

तत्सम	**तद्भव**	**तत्सम**	**तद्भव**
अन्धकार	अँधेरा	अक्षि	आँख
अग्नि	आग	अट्टालिका	अटारी
अर्ध	आधा	अष्ट	आठ
अश्रु	आँसू	आश्चर्य	अचरज
उच्च	ऊँचा	उज्ज्वल	उजला
उत्थान	उठना	एकत्र	इकट्ठा
ओष्ठ	ओंठ/होंठ	कमल	कँवल
कर्ण	कान	कर्म	काम
काष्ठ	काठ	कुम्भकार	कुम्हार
कार्य	काज	कुपुत्र	कपूत
कूप	कुआँ	कोकिला	कोयल
चन्द्र	चाँद	चक्र	चाक
कोष्ठ	कोठा	क्षीर	खीर
क्षेत्र	खेत	गृह	घर
ग्रन्थि	गाँठ	ग्राम	गाँव
ग्राहक	गाहक	धर्म	धाम
घृत	घी	चूर्ण	चून, चूना
छिद्र	छेद	जिह्वा	जीभ
जीर्ण	झीना	जेष्ठ	जेठ या ज्येष्ठ
ताप	ताव	त्रीणि	तीन
दंड	डंडा	दन्त	दाँत
दशम	दसवाँ	दधि	दही
दुग्ध	दूध	दुर्बल	दुबला
द्वौ	दो	धूम	धुआँ
नग्न	नंगा	निद्रा	नींद
पत्र	पत्ता	पक्व	पक्का
पृष्ठ	पीठ	परीक्षा	परख
बाहु	बाँह	भिक्षा	भीख
भ्रमर	भँवरा, भौंरा	भ्रातृ	भाई

मयूर	मोर	मस्तक	माथा
मुख	मुँह	रात्रि	रात
लोहकार	लोहार	वृद्ध	बूढ़ा
विकार	बिगाड़	वधू	बहू
व्याघ्र	बाघ	सत्य	सच
सूत्र	सूत	स्तन	थन
हस्त	हाथ		

3. आगत/ गृहीत/ विदेशी शब्द (Loan words)

जब दो या दो से अधिक भाषाएँ परस्पर सम्पर्क में आती हैं तो वे एक-दूसरे को न्यूनाधिक मात्रा में प्रभावित अवश्य करती हैं और यह प्रभाव सबसे अधिक शब्दों के आदान-प्रदान के रूप में दिखाई पड़ता है। दो भाषा-भाषियों का परस्पर सम्बन्ध जिस रूप में हो, उसी रूप में शब्दों का आदान-प्रदान होता है। वाणिज्य व्यवसाय, शासन, ज्ञान-विज्ञान तथा भौगोलिक सामीप्य आदि इसके कारण हो सकते हैं, साथ ही ऐतिहासिक, सांस्कृतिक, आर्थिक कारण भी हो सकते हैं। किसी भाषा द्वारा दूसरी भाषा से गृहीत शब्दों को ही आदान या आगत शब्द कहते हैं। डॉ. धीरेन्द्र वर्मा ने ऐसे शब्दों के लिए 'उद्धृत शब्द' का प्रयोग किया है। डॉ. हरदेव बाहरी ने इन्हें 'आयात' शब्द कहा है। हिन्दी में इसके लिए 'विदेशी शब्द' संज्ञा बहुप्रयुक्त होती रही है, लेकिन 'विदेशी शब्द' इस स्रोत का एक हिस्सा मात्र है, कुछ शब्द हिन्दीतर अन्य आर्य तथा अनार्य भाषाओं से भी आगत हैं। इसलिए इन्हें 'आगत शब्द' कहना अधिक उचित कहा जा सकता है। हिन्दी के आगत शब्दों को तीन वर्गों में बाँटा जा सकता है—

(1) आधुनिक भारतीय आर्यभाषाओं से आगत शब्द
(2) भारतीय अनार्यभाषाओं से आगत शब्द
(3) विदेशी भाषाओं से आगत शब्द

1. आधुनिक भारतीय आर्यभाषाओं से आगत शब्द— इसके अन्तर्गत बँगला, मराठी, पंजाबी आदि अन्य प्रादेशिक आर्यभाषाओं से आगत शब्द आते हैं। हिन्दी में इनकी संख्या अत्यल्प है। जब से हिन्दी राष्ट्रभाषा घोषित हुई है, तब से प्रादेशिक भाषाओं के शब्दों के लिए हिन्दी ने अपना द्वार उन्मुक्त कर दिया है। भारत जैसे विशाल देश के लिए यह आवश्यक भी है। वस्तुत: कोई भी जीवित भाषा अन्य भाषाओं के शब्दों के आदान-प्रदान को अस्वीकार नहीं कर सकती। हिन्दी में अन्य प्रादेशिक भाषाओं से निम्नलिखित शब्द आए हैं—

(क) बंगाली	:	उपन्यास, गल्प, भद्र, रसगुल्ला, चमचम, गमछा, छाता आदि।
(ख) मराठी	:	वाङ्मय, अकड़, अड़चन, कामगार, चालू आदि।
(ग) गुजराती	:	गरबा, हड़ताल,
(घ) पंजाबी	:	सिक्ख, भाँगड़ा, भल्ले, छोले, खोखा, भंगड़ा आदि।

2. भारतीय अनार्यभाषाओं से आगत शब्द—इसके अन्तर्गत एक ओर मुंडा, मुंडारी, सन्थाली आदि आदिवासियों एवं जनजातियों की बोलियों के शब्द आते हैं, तो दूसरी ओर द्रविड़ भाषाओं के। इनके बहुत से शब्द प्राचीन काल में ही संस्कृत में घुल-मिल गए थे और वहीं से हिन्दी में आए हैं। कुछ शब्द हिन्दी में सीधे भी आए हैं, पर कम। कुछ उदाहरण द्रष्टव्य हैं।

(क) मुंडा : कपोल, नारिकेल, भेक (मेंढक), कपोत, हलाहल, दाड़िम, कदम्ब, शिम्ब, निम्ब, जम्बु, गुड़

(ख) सन्थाली : टुंडा > टुंट, कोड़ी > कुड़ी

(ग) आग्नेय कुल की भाषाओं के शब्द : अलावु (लौकी), कदली (केला), कर्पास (कपास), जम्बाल (कीचड़), ताम्बूल (पान), सर्षप (सरसों) आदि।

(घ) द्रविड़ भाषाओं के शब्द : अगरू, अनल, उलूखल (ओखली), कज्जल, कटु, कठिन, कानन, कुटिल, कुंडल, कुन्तल, कुवलय, कोटर, चन्दन, तामरस, ताल, दंड, नक्र, निविड़, नीर, पिटक, विडाल, बिल्व, मयूर, मल्लिका, मीन, मुकुल, मुक्ता, मुरज (मृदंग), वलय, पिल्ला, कोट आदि।

3. विदेशी भाषाओं से आगत शब्द—किसी भी भाषा में विदेशी शब्दों के आने के कई कारण हैं। इन कारणों को संक्षिप्त में यों कहा जा सकता है—

(क) राजनैतिक

(ख) धार्मिक

(ग) व्यापारिक तथा औद्योगिक

(घ) सांस्कृतिक सम्बन्ध

(ङ) देश की समीपता तथा भाषाओं का सह-अस्तित्व ।

इन्हीं कारणों से हिन्दी में भी विदेशी शब्द आए हैं, आ रहे हैं और भविष्य में भी आते रहेंगे; इन्हें रोकना उचित नहीं। डॉ. धीरेन्द्र वर्मा ने इस सन्दर्भ में लिखा भी है, "सम्पर्क में आने पर भी आवश्यक विदेशी शब्दों को अछूत-सा मानकर न अपनाना अस्वाभाविक है। यत्न करने पर भी यह कभी सम्भव नहीं हो सका है। अनावश्यक विदेशी शब्दों का प्रयोग करना दूसरी अति है। मध्यम मार्ग यही है कि अपनी भाषा के ध्वनि समूह के आधार पर विदेशी शब्दों के रूप में परिवर्तन करके उन्हें आवश्यकतानुसार सदा मिलाते रहना चाहिए। इस प्रकार शुद्धि करने के उपरान्त लिये गए विदेशी शब्द जीवित भाषाओं के शब्द भंडार को बढ़ाने में सहायक होते हैं।"

आधुनिक आर्यभाषाओं का काल 10वीं-11वीं शती से प्रारम्भ होता है और लगभग तभी से भारत के विभिन्न भागों पर विदेशियों का प्रभुत्व प्रारम्भ हो जाता है और इस प्रभुत्व को हम 1947 तक मान सकते हैं। 17वीं शताब्दी तक अरबों, ईरानियों, तुर्कों और पठानों का प्रभुत्व रहा और उसके पश्चात से यूरोप के देशों का प्रभुत्व प्रारम्भ हो जाता है। इस बीच यहाँ डच, पुर्तगाली, फ्रेंच और अंग्रेज शासक बनकर आए, किन्तु उनमें हिन्दी भाषी प्रदेशों को सर्वाधिक प्रभावित अंग्रेजों ने किया है। इस प्रकार के इन शासक देशों की भाषाओं के कितने ही शब्द विभिन्न माध्यमों से हिन्दी में आ गए हैं। भारत तो शताब्दियों

तक पराधीन रहा; अत: शासकों की भाषा का प्रभाव हिन्दी पर स्वाभाविक ही है, लेकिन भाषाशास्त्रियों का विचार है कि संसार में शायद ही किसी सभ्य जाति की ऐसी जीवित भाषा होगी, जिसमें विदेशी शब्द न हो या अपनी शुद्धता का अभिमान कर सके। आज के विकसित संचार-माध्यमों को देखते हुए तो भाषाई शुद्धता असम्भव प्रतीत होती है। शब्द उधार लेने की व्यापक और सहज प्रक्रिया को देखते हुए भाषाविद मोरियो पाई ने कहा है, "शब्दों के विनिमय की क्रिया की अब एक अन्तरराष्ट्रीय शब्द-बैंक-सी बन गई है। यह अन्तरराष्ट्रीय शब्द बैंक सभी देशों की शब्द रूपी मुद्राओं को सबको देने के लिए तैयार रहता है और इसकी यह विशेषता है कि उधार लिये हुए शब्द लौटाने की आवश्यकता नहीं है। यदि हो सके तो इस ऋण के बदले में कुछ शब्द दिये जायँ।" केवल शासित लोगों की भाषा में ही शासकों की भाषा के शब्द आ जाते हैं, ऐसा नहीं है। बल्कि हर भाषा, जो अपने आपको समृद्ध बनाना चाहती है, विदेशी शब्दों को अपनाती रहती है। अंग्रेजी, फारसी, तुर्की आदि भाषाओं में भी विदेशी शब्दों की संख्या कम नहीं है। अंग्रेजी में लगभग ढाई लाख विदेशी शब्द हैं। फ्रेंच में पचास प्रतिशत से भी अधिक शब्द विदेशी हैं। इस समय हिन्दी में विदेशी शब्दों की संख्या लगभग पाँच हजार से ऊपर है। संस्कृत शब्दों के समान विदेशी शब्द भी तत्सम तथा तद्भव रूपों में व्यवहृत हैं।

विदेशी शब्दों की दो श्रेणियाँ हैं—

प्रथम श्रेणी में वे शब्द आते हैं, जो विदेशी संस्थाओं, जैसे—न्यायालय, विभिन्न विभाग, प्रभाग, कार्यालय, सेना, शिक्षा-संस्थाएँ, धर्म-संस्था आदि से सम्बन्धित हैं।

दूसरी श्रेणी में वे शब्द आते हैं—

(1) विदेशी सम्पर्क के कारण आई हुई कई वस्तुओं के नाम, पहनावों के नाम, खानपान-खेलकूद आदि से सम्बन्धित शब्दावली,
(2) नई सभ्यता से आगत विभिन्न सुख-सुविधाओं से सम्बन्धित शब्दावली, तथा
(3) आधुनिक ज्ञान-विज्ञान की विभिन्न शाखाओं से सम्बन्धित पारिभाषिक ब्दावली।

हिन्दी में प्रचलित विदेशी शब्द निम्न भाषाओं से आगत है—

(अ) अरबी-फारसी शब्द

भारत और ईरान के सम्बन्ध बहुत पुराने हैं। भाषाविज्ञान जगत इस बात से पूर्णत: अवगत है कि ईरानी और भारतीय आर्यभाषाएँ एक ही मूल भारत-ईरानी से विकसित हैं। यही कारण है कि अनेकानेक शब्द कुछ थोड़े परिवर्तनों के साथ संस्कृत और फारसी दोनों में मिलते हैं; जैसे—अभ्र-अब्र, भ्रू-अब्रू, नक्षत्र-अख्तर, अंगुष्ट-अंगुस्त, अश्व-अस्प, आपत्ति-आफत, वात-बाद, दश-दह, दन्त-दह, हस्त-दस्त, मास-माह, छाया-साया आदि। इनके अतिरिक्त इतिहास के अनेक कालों में दोनों देशों में राजनीतिक तथा सांस्कृतिक सम्बन्ध भी रहे हैं। ई. के 1000 के बाद मुसलमान शासकों के साथ फारसी भारत में आई और उसका अध्ययन-अध्यापन होने लगा। कचहरियों में भी उसे स्थान मिला। इसी प्रकार उसका हिन्दी आदि पर बहुत गहरा प्रभाव पड़ा। हिन्दी में जो फारसी शब्द आए, उनमें काफी शब्द अरबी के भी थे। अरब से कभी भारत का सीधा सम्बन्ध था, किन्तु जो अरबी

शब्द आज हमारी भाषाओं के अंग बन चुके हैं, वस्तुतः फारसी के माध्यम से आए हैं। डॉ. भोलानाथ तिवारी के अनुसार हिन्दी में लगभग छह हजार शब्द फारसी के हैं। इनमें से लगभग 3500 तो फारसी के अपने हैं तथा लगभग 2,500 अरबी के हैं। उदाहरण के लिए अरबी-फारसी के कुछ शब्द इस प्रकार हैं—

क. धर्म सम्बन्धी—रोजा, मजहब, दीन, कुरान, नमाज, हदीस, खुदा, हज, फरिश्ता, वली, औलिया, सन्नत, सुन्नी, शिया, नबी, पैगम्बर, मज्जिद, काज़ी, खैरात, बाँग, ईदगाह, ईद, मुहर्रम, निकाह आदि ।

ख. शासन एवं सेना सम्बन्धी—सरकार, तहसीलदार, सदरआला, चपरासी, वकील, मुख्तार, माल, दीवानी, मुन्शी, खजांची, इजलास, अहलकार, मुन्सिफ, सिपाही, अमीन, अदालत, गवाह, पेशी, मोहर, दारोगा, बरी, कानून, दफ्तर, दस्तावेज, फौज, जमादार, हौलदार, रिसालदार, हमला, गोलंदाज, संगीन, कमान तीर, तोप आदि ।

ग. शिक्षा-सम्बन्धी—कलम, दवात, किताब, स्याही, सफ़हा, मुन्शी, जिल्द, काग़ज आदि।

घ. कला सम्बन्धी—ढोल, तबला, नगाड़ा, तम्बूरा, शहनाई, सितार, नौबत, तसवीर आदि।

ङ. पोशाक सम्बन्धी—पाजामा, कमीज, मोजा, जुराब, दस्ताना, साफ़ा, शलवार, सदरी, मिर्जई, रूमाल, कुरता आदि।

च. आभूषण तथा श्रृंगार सम्बन्धी—पाजेब, जंजीर, बाजूबन्द, हमाम, गुलाब, सुरमा, आईना, इत्र, खुर्खी आदि ।

छ. खाद्य पदार्थ—कोरमा, कबाब, कोफ्ता, शोरबा, कीमा, आलू, बुखारा, किशमिश, कुलफी, मुरब्बा, समोसा, पुलाव, जलेबी, तंदूर, पनीर, बरफी, बालूशाही, मसाला, हरीरा, पिस्ता, मुनक्का, शहतूत, सेप, नारंगी, अनार, सब्जी, अंजीर, प्याज, तरबूज, पोदीना, शलजम, चुकन्दर, शिकंज, सिरका, चाशनी, शीरा, फरशी, हुक्का, बरफ आदि।

ज. फर्नीचर—तख्त, कुर्सी, सन्दूक, फानूस, शमादान, कनात, चिक, पर्दा, शामियाना आदि।

झ. व्यावसायिक—हलवाई, जुलाहा, बजाज, मजदूर, रफूगर, हकीम, कारीगर, दलाल, वकील, दर्जी, सराफ, बावरची, कारखाना, मिस्त्री, सर्राफ, कसाई, दस्तकार आदि।

ञ. चिकित्सा एवं बीमारी सम्बन्धी—मलहम, हकीम, दवा, चेचक, जुकाम, नजला, लकवा, नासूर, हैजा, नब्ज, नुस्खा, मरीज आदि ।

ट. बर्तन सम्बन्धी—प्याला, चमचा, रकाबी, तवा, सुराही।

ठ. शरीर के अंग सम्बन्धी—दिल, कलेजा, कमर, बगल, जिगर ।

ढ. पशु-पक्षियों के नाम—कबूतर, शेर, बाज, खच्चर, मुर्गा ।

ण. रंगों के नाम—सफेद, गुलाबी, फीरोजी, स्याह, सुर्ख, बादामी आदि।

त. खेल सम्बन्धी—शतरंज, चौगान आदि।

थ. गालियाँ—कमबख़्त, बदमाश, बेशरम, मक्कार आदि।

संसार में बहुत कम भाषाएँ हैं जिनके विदेशी शब्द तत्त्व में क्रिया विशेषण, क्रियापद, समुच्चयबोधक, विस्मयबोधक सभी तरह के शब्द हों। हिन्दी ऐसी ही एक भाषा है जिसने फारसी का इतना कुछ पचा लिया है। इसमें संज्ञा पदों की संख्या अधिक है, साथ ही सभी शब्द-भेद के शब्द प्रचलित हैं, जैसे—

1. संज्ञा—जानी, दंगा, गन्दगी, उम्र, एहसान, गुस्सा, खुशामद, गर्मी, जिद्द, गुजर, बसर, जिम्मा, तरीका, तारीफ, जवाब, तमीज, नकल, दर्जा, दर्द, नखरा, फायदा, परवाह, बेगार, हाल, हिम्मत, सिफारिश, सर्दी, शैतानी, शिकायत, शर्म, शक, शरारत, रिवाज, रोज, मालिश आदि।

2. विशेषण—गैर, गरम, असली, खिलाफ, गलत, चालाक, खाली, बदनाम, बेईमान, लाचार, मामूली, मंजूर, रद्दी, सफेद, बारीक, बीमार, नकली, नरम, तैयार ताजा, दोस्त, नालायक, फालतू, बराबर, पसन्द, नगद, फलाना आदि।

3. क्रियापद—खरीदना, तराशना, कबूलना, बख्शना, बहसन, सुस्ताना, शर्माना, दागना, तहसीलना आदि।

4. क्रिया विशेषण—मसलन, बेकायदा, अकसर, जरूर, शायद, सही, हमेशा, बिलकुल, फौरन, जल्दी, खूब, करीब-करीब, दरअसल, जरा, बेफायदा आदि।

5. सम्बन्धसूचक—अलावा, तरफ, तरह, निस्बत, वास्ते, रुबरू, बाद आदि।

6. समुच्चयबोधक—वरना, याने, क्योंकि, कि, चूँकि, बल्कि, लेकिन, क्या, ताकि, अगर, मगर आदि।

7. विस्मयादिबोधक—खैर, बस, ऐ, अरे, ओह आदि।

8. प्रत्यय—ई, गिरी, दान, दानी, दार, बार, वान, बन्द आदि।

9. उपसर्ग—ऐन, कम, गैर, ना, बद, बे, हर आदि।

(आ) तुर्की शब्द

तुर्किस्तान, विशेषत: पूर्वी प्रदेश से भी भारत का सम्बन्ध प्राचीन है। यह सम्बन्ध धर्म, व्यापार तथा राजनीति आदि स्तरों पर था। ई. स. 100 के बाद तुर्क बादशाहों के राज्य-स्थापना के कारण हिन्दी में तुर्की से बहुत से शब्द आए। डॉ. चटर्जी, डॉ. वर्मा तुर्की शब्दों को प्राय: फारसी माध्यम से आया मानते हैं, किन्तु डॉ. भोलानाथ तिवारी के विचार में ये सीधे तुर्की के माध्यम से भी आए हैं। भारतीय इतिहास के गुलाम, खिलजी, तुगलक तथा मुगल बादशाहों में कमोबेश तुर्क रहे हैं, साथ ही उनकी सेना में भी तुर्कों की संख्या पर्याप्त मात्रा में रही है।

हिन्दी में तुर्की शब्द कितने हैं, इस सन्दर्भ में मतभेद है। डॉ. चटर्जी के अनुसार लगभग 100 हैं, फैलन कोश में इनकी संख्या लगभग 70 तथा प्लाट्स में लगभग 80 हैं। डॉ. भोलानाथ तिवारी के अनुसार तुर्की शब्दों की संख्या लगभग 125 से कम नहीं

हैं। हिन्दी में प्रयुक्त कुछ प्रमुख तुर्की शब्द इस प्रकार हैं—उर्दू, बहादुर, उजबक, तुर्क, आका, कलगी, चाकू, कैंची, काबू, कुली, कोर्मा, खाँ, खातून, गलीचा, चकमक, चिक, तमगा, तमंचा, तोप, तोपची, दारोगा, बख्शी, बावर्ची, बेग, बेगम, बकचा चकल्लस, चम्मच, मुचलका, लाश, सौगात, तगार, बीबी, बाबा, बुलाक, चेचक, सुराग, तोशक, इरावल, करावल, बारूद, नागा, कुर्ता, कूच, कमची, कुमक, कुम्मैत, कुर्क, कोतवाल, नान खताई, कज्जाक, खच्चर, अयाल, सराय, गनीमत, साहुल, रब्बा, चोगा, चन्दावल, तातार आदि। तुर्की से हिन्दी में आगत शब्दों में सबसे अधिक संख्या सेना से सम्बद्ध हैं।

(इ) पश्तो शब्द

पश्तो या अफगानी भारोपीय परिवार की भाषा है तथा यह भारत-ईरानी वर्ग में आती है। अफगानिस्तान से भारत का सम्बन्ध बहुत प्राचीन है। अफगानिस्तान या उसके कुछ भाग भारतीय राजाओं के अधिकार में रहे हैं। इसके अतिरिक्त हमारा अधिकांश स्थल व्यापार उसी रास्ते होता रहा है। मध्ययुग में अफ़गानी लोग काफी संख्या में भारत में आए तथा उनके कई सरदारों ने यहाँ अपनी सल्तनतें स्थापित कीं। इन्हीं कारणों से हमें अनेक शब्द पश्तो भाषा से मिले हैं। डॉ. धीरेन्द्र वर्मा ने 'पठान' और 'रोहिला' दो शब्द पश्तो के माने हैं। डॉ. उदय नारायण तिवारी ने केवल 'पठान' शब्द पश्तो का माना है। डॉ. भोलानाथ तिवारी के अनुसार हिन्दी में पश्तो शब्दों की संख्या 100 से ऊपर है। कुछ प्रमुख पश्तो शब्द इस प्रकार हैं—पठान, रुहेला, अटेरन, डाकर ढाँढा, अल्लमगल्लम, बकलोल, मटरगश्ती, गुंडा, अचार, तड़ाक, खर्राटा, तहस-नहस, टसमस, जमाल गोटा, चपड़कनाती, खचड़ा, अखरोट, चखचख, पटाखा, डंगर, डेरा, गटागट, गुटरगूँ, कुड़कुड़ाना, गुलगपाड़ा, केलूटा, गड़बड़, गँडेरी, लपड़-शपड़, लताड़, निखलिस, नगाड़ा, हड़बड़ी, हमजोली, अटकल, बड़, भड़ास आदि।

(ई) पुर्तगाली शब्द

भारत में पुर्तगाली लोग बहुत पहले आ गए थे, किन्तु हिन्दी प्रदेश से उनका विशेष सम्बन्ध नहीं हुआ। यही कारण है कि उनकी भाषा से आए शब्द प्राय: बँगला आदि भाषा के माध्यम से हिन्दी में आए हैं। डॉ. भोलानाथ तिवारी के अनुसार लगभग 100 से कम शब्द पुर्तगाली के हिन्दी में आए हैं, जिनमें से अधिकांश शब्द प्राय: उन चीजों के नाम हैं, जो पुर्तगालियों द्वारा लाई गई हैं। कुछ शब्द इस प्रकार हैं—अनन्नास, अलकतरा, अलमारी, आत, आलपिन, आया, इस्त्री, इस्पात, कनस्तर, कप्तान, कमरा, कर्नल, काज, कॉफी, काजू, काकातुआ, क्रिस्तान, क्रूस, गमला, कोको, गिरजा, गोभी, गोदाम, चाबी, चाय, जंगली, तम्बाकू, तौलिया, पपीता, नीलाम, परात, परेग, पाव, पादरी, पिस्तौ, पीपा, फर्मा, फीता, बर्गा, बपतिस्मा, बम्बा, बालटी, बिस्कुट, बटम, बेला, बोतल, मास्तल, मार्का, मिस्त्री, मारतोल, यीशु, लबादा, सन्तारा, साया, सालसा, पगार आदि।

(उ) अंग्रेजी शब्द

लगभग ई. स. 1500 से यूरोप के लोग भारत में आते-जाते रहे हैं, किन्तु करीब तीन सौ वर्षों तक हिन्दी भाषी इनके सम्पर्क में नहीं आए, क्योंकि यूरोपीय लोग समुद्र के रास्ते से भारत में आए थे, अत: इनका कार्यक्षेत्र प्रारम्भ में समुद्र तटवर्ती प्रदेशों में ही रहा है, लेकिन 18वीं शती के उत्तरार्ध से अंग्रेज समूचे देश में फैलने लगे। ई. स. 1800 के लगभग हिन्दी भाषा प्रदेश मुगलों के हाथ से निकलकर अंग्रेजी शासन में चला गया। तब से लेकर ई. स. 1947 तक अंग्रेजों का शासन रहा। इस शासनकाल के दौरान अंग्रेजी भाषा और सभ्यता को प्रधानता प्राप्त हुई। स्वाधीनता-प्राप्ति के बाद भी अंग्रेजी भाषा का महत्त्व कम नहीं हुआ। परिणामस्वरूप सभी भारतीय भाषा में अंग्रेजी के बेशुमार शब्दों का प्रयोग होता आ रहा है। यद्यपि डॉ. हरदेव बाहरी के अनुसार अंग्रेजी के हिन्दी में प्रचलित शब्दों की संख्या चार-पाँच सौ से अधिक नहीं है, लेकिन वास्तव में यह संख्या तीन हजार से कम नहीं होगी। तकनीकी शब्दों को जोड़ने पर यह संख्या दुगुनी हो जायगी। हिन्दी में प्रचलित कुछ अंग्रेजी शब्द इस प्रकार हैं—

क. प्रशासन सम्बन्धी—लाट, गवर्नर, असम्बली, डिप्टी कमिश्नर, कलेक्टर, मजिस्ट्रेट, अफसर, जज, स्टाम्प, डिग्री, पोस्टमास्टर, पोस्ट ऑफिस, रजिस्ट्री, रसीद, पादरी, कांग्रेस, कौन्सिल, बजट, स्टैनो, कान्फ्रेन्स, मीटिंग, स्कीम, प्लानिंग, बिल, पॉलिसी, गजर, केबिनेट सेक्रेटरी, वारंट, जेल, ओवरसियर, क्लार्क आदि।

ख. सेना-सम्बधी—कर्नल, जनरल, परेड, कमांडर, एयर फोर्स, बिगुल, बैंड आदि।

ग. यातायात सम्बन्धी—रेल, स्टेशन, प्लेटफॉर्म, गार्ड, इंजिन, सिग्नल, मोटर, ट्रक, स्कूटर, टायर, ट्यूब, स्टीमर आदि।

घ. चिकित्सा सम्बन्धी—इंजेक्शन, ऑपरेशन, अस्पताल, डॉक्टर, कम्पाउंडर, थर्मामीटर, मिक्स्चर, ड्रेसिंग, टी.बी., प्लेग, कालरा, टाइफाइड, कुनैन, क्लोरोफार्म, टिचर होमियोपैथी, एलोपैथी, पुल्टिस, मलेरिया, सर्जन, लेडी डॉक्टर, हिस्टीरिया तथा लगभग सभी दवाइयों के नाम आदि।

ङ. शिक्षा सम्बन्धी—नर्सरी, स्कूल, हाईस्कूल, कॉलेज, यूनिवर्सिटी, इन्स्टीट्यूट, मास्टर, लेक्चरर, रीडर, प्रोफेसर, प्रिन्सिपल, वाइस चान्सलर, चान्सलर, रिसर्च स्कॉलर, होस्टल, डिग्री, डिप्लोमा, फीस, बी.ए., बी.कॉम., बी.एस-सी., एम. ए., एम. कॉम., एम.एस-सी., बी.एड., एम.एड., पी-एच.डी., डी.लिट्., एम.बी.बी.एस., एम.डी., बी.ई. आदि।

च. पोशाक सम्बन्धी—पैंट, कोट, अंडरवियर, बुशर्ट, सूट, टाई, ओवर कोट, टीशर्ट, पॉपलिन, नाइलान, टेरिलिन, कॉलर, फ्रॉक, गाउन, पाकिट, जाकिट, जार्जेट, हैंडलूम आदि।

छ. खान-पान एवं घर-गृहस्थी सम्बन्धी—टी, कॉफी, सोडा, सिगरेट, केक, कुकर, फैन, फ्रिज, कूलर, डाइनिंग टेबल, होटल, पेस्ट्री, लेमन, बियर, ब्रांडी, मटनचाप, हॉट डॉग, ऑमलेट, सूप आदि।

ज. खेल सम्बन्धी—टीम, हॉकी, क्रिकेट, फुटबॉल, कैरमबोर्ड, ब्रिज, वालीबॉल, बास्केटबॉल, मैच, बैडमिंटन, टेबल, टेनिस, बैट, रन, गोल, गोल कीपर आदि।

झ. कृषि एवं औद्योगिक शब्दावली—ट्रॅक्टर, बैल, फैक्ट्री, बैंक, चेक, एजेंट, एजेन्सी, कोटा, लारी, फारम, डिपो, मशीन, सिफ्ट, स्ट्राइक, यूनियन आदि।

न. कला एवं मनोरंजन सम्बन्धी—कैमरा, फोटोग्राफी, अल्बम, रेडियो, टी. वी., ग्रामोफोन, रिकार्ड, फीचर फिल्म, हारमोनियम, वाईलेन, आर्केस्ट्रा, स्केच, सीनरी, आर्ट, ब्रश, वाटरकलर, आइल पेंट आदि ।

ट. शृंगार सम्बन्धी—क्रीम, वैसलीन, स्नो पाउडर, नेलपॉलिश, लिपस्टिक, सेंट, हेयरपिन, हेयरड्रेस, ब्यूटी पार्लर आदि।

ठ. भवन विषयक—गैलरी, हॉल, गैराज, क्वार्टर, फ्लैट आदि।

ड. अन्य—महीनों, दिन आदि के नाम, पोस्ट, प्रेस आदि से सम्बन्धित शब्दावली आदि कई अंग्रेजी शब्द प्रचलित हैं। साथ ही ज्ञान-विज्ञान की हर शाखा के पारिभाषिक शब्द भी अधिकांश रूप में अंग्रेजी के ही प्रचलित हैं।

जैसे कि पूर्व कहा गया है, किसी भाषा में विदेशी शब्द प्राय: संज्ञा रूप में ही आते हैं, किन्तु फारसी के समान अंग्रेजी ने भी हमें और प्रकार के शब्द दिये हैं। जैसे—

1. **विशेषण**—सीनियर, जूनियर, फाइन, प्योर फैशनेबुल आदि।
2. **संख्याबोधक**—फर्स्ट, सेकेंड, थर्ड, सेंचुरी, दर्जन, गुरुस आदि।
3. **क्रिया**—फिल्माना, पास करना, फेल करना, किक लगाना, हिट मारना, शेव करना, कटिंग करना आदि।
4. **अव्यय**—हुर्रे, डेली, वीकली आदि।

(ऊ) फ्रांसीसी शब्द :

अंग्रेजी के माध्यम से बहुत से फ्रांसीसी शब्द हिन्दी में आ गए हैं, जैसे—कार्तूस, कूपन, अंग्रेज, कारविन, रूज, बेसिन, लैम्प, टेबुल, लेस, कप, केबल, मेयर, मार्शल, मेम, पिकनिक, मीनू आदि। अधिकांश विद्वान इनमें से कार्तूस, कूपन आदि को ही फ्रांसीसी शब्द मानते हैं।

ए. अन्य विदेशी भाषा के शब्द :

उक्त यूरोपियन भाषा के सिवा डच, स्पेनी, रूसी, ज़र्मन, इटैलियन, केल्टिक, जापानी, आस्ट्रेलियन, अफ्रीकी आदि भाषा के चन्द शब्द भी हिन्दी में आए हैं। जैसे—

डच : तुरुप, बम, इस्क्रूप आदि।

स्पेनी : अल्पाका, कॉर्क, पिउन, सिगरेट आदि।

रूसी : रुबल, जार, वोदका, सोवियत, टुंड्रा, टैगा, बोल्शेविक, मेन्शेविक आदि। इधर सोवियत संघ से घनिष्ठ सम्बन्ध होने से

अनेक शब्द आ रहे हैं; जैसे—स्फूतनिक, कलखोज, सफ्खोज, समोवार, मेट्रो, कपेक आदि।

जर्मन : किंडर गार्डेन, डॉक, वैगन, ट्रेन, बालरस, सेमिनार आदि।

इटैलियन : लॉटरी, कन्सर्ट, सॉनेट, गरज, रॉकेट, आपेरा, कारटून, लावा, मलेरिया आदि।

केल्टिक : ह्विस्की।

जापानी : रिक्शा, हारकिरी, जुजुल्सू आदि।

आस्ट्रेलियन : कांगरू, बूमेरांग आदि।

आफ्रीकी : जेब्रा, चिम्पैंजी आदि।

विदेशी शब्दों की श्रेणियाँ

उक्त निर्देशित तथा अन्य विदेशी शब्दों के स्वरूप को देखकर उन्हें निम्न श्रेणियों में रखा जा सकता है—

1. पाचित आगत शब्द (Assimilated loan)—इसके अन्तर्गत वे विदेशी शब्द आते हैं, जो सम्पूर्ण रूप से हिन्दी ध्वनियों के अनुकूल बनकर व्यवहृत होते हैं।

जैसे—अंग्रेजी का टिकट (Ticket) आदि।

2. संकर अथवा मिश्रित शब्द (Hybrid)—इसके अन्तर्गत किसी शब्द का केवल एक भाग विदेशी भाषा का हो तथा शेष हिन्दी का हो, ऐसे शब्द आते हैं; जैसे—अग्निबोट, कम्युनिस्ट नेता, कौन्सिल भवन, जिला बोर्ड, जवाबी कार्ड, लाठी चार्ज, महिला क्लब, रेलगाड़ी आदि। इस तरह के शब्दों में—हिन्दी + अरबी (कटोरदान), संस्कृत + ईरानी (छायादार), अरबी + ईरानी (गोताखोर), हिन्दी + अरबी (भेंट-मुलाकात), संस्कृत + अरबी (कमअक्ल), ईरानी + संस्कृत (गुलाब-जल), अरबी + संस्कृत (माल निर्यात), अंग्रेजी + संस्कृत (इंजिन निर्माण, फिल्मोत्सव), हिन्दी + अंग्रेजी (जाँच कमीशन), ईरानी + अंग्रेजी (शक्कर मिल) आदि सभी प्रकार के संकर शब्द प्रचलित रहे हैं।

3. संसृष्ट शब्द (Loan Blends)—इसके अन्तर्गत वे शब्द आ जाते हैं, जो विदेशी शब्दों के रूप में आधार पर ग़ढ़ लिये जाते हैं। जैसे हिन्दी में गाड़ीवान के आधार पर 'कोचवान' बनाया गया है।

4. शाब्दिक अनुवाद—इसके अन्तर्गत वे शब्द आते हैं जो किसी भाव के प्रकाशन या वस्तु के यथारूप वर्णन के लिए अपनी भाषा में शब्द नहीं मिलता, तब उससे सम्बन्धित विदेशी शब्दों की आवश्कता होती है। हिन्दी में इस प्रकार के शाब्दिक अनुवादों की भरमार है। कभी-कभी तो इसका अन्धानुकरण भी होता है। जैसे 'कान्सेप्शन ऑफ दि इम्पासिबल' का अनुवाद 'असम्भव की कल्पना'। अन्य शब्द हैं—लालफीताशाही

(redtapism), दृष्टिकोण (angle of vision), श्वेतपत्र (white paper), काला जादू (black magic), दृष्टिबिन्दु (point of view), रजत जयन्ती (silver jubilee), स्वर्ण जयन्ती (golden jubilee), हीरक जयन्ती (diamond jubilee), डाकखाना (post office), मालगाड़ी (goods train), सवार गाड़ी (passenger train), अन्तरिम (interim), तदर्थ (adhoc), प्रधानाध्यापक (head master), वातानुकूलित (air conditioned), सुसन्तुलित (well balanced), उपकुलपति (V.C.), प्रार्थना-पत्र (application), शीर्षक (heading), विराम चिह्न (Punctuation mark), योजक चिह्न (Hyphen), पूर्ण विराम (full stop), ललित कला (fine art), उपयोगी कला (useful art). सम्पादकीय (editorial), प्रकाशक (publisher), संस्करण (edition) आदि।

4. देशज शब्द

देशज और देशी शब्द के नामकरण के विषय में विद्वानों में पर्याप्त मतभेद है। भरत मुनि ने इसे 'देशीमत', चंड ने 'देशी प्रसिद्ध' तथा मार्कंडेय तथा हेमचन्द्र ने इसे 'देशा' या 'देशी' कहा है। कुछ लोगों ने इसे 'देशजात', 'देशिका' भी कहा है। डॉ. श्यामसुन्दर दास तथा डॉ. भोलानाथ तिवारी ने इसे 'अज्ञात व्युत्पत्तिक' कहा है। नामकरण के साथ ही इसकी परिभाषा को लेकर भी विद्वानों में मतभेद रहा है। चंड के अनुसार 'जो संस्कृत एवं प्राकृत के न हों, वह शब्द देशी कहलाएँगे।' रुद्रट के अनुसार 'जिनको प्रकृति प्रत्ययमूला व्युत्पत्ति नहीं दी जा सके वह देशी है।' **हेमचन्द्र** के अनुसार, 'वे शब्द देशी के अन्तर्गत नहीं आते—(i) जिनका अर्थ गौण लक्षणा शक्ति द्वारा परिवर्तित हो गया है, (ii) जो संस्कृत अभिधानों में प्राप्त होते है, (iii) जो संस्कृत से सिद्ध हो सकते हैं, अर्थात तद्भव एवं अर्ध-तत्सम शब्द तथा ज्ञान-विज्ञान में गढ़े हुए तत्सम पारिभाषिक शब्द। बीज, भंडारकर आदि के अनुसार जिनकी संस्कृत से व्युत्पत्ति सम्भव नहीं हो सकती, वे देशज हैं। **हार्नेले** के मत में, ''ये ऐसे तद्भव शब्द हो सकते हैं, जो इतने विकृत हो गए हैं कि उनका तद्भव रूप पहचाना नहीं जा सकता। ग्रियर्सन के अनुसार, 'मुंडा, द्रविड़ प्रान्तों में विकसित प्रान्तीय शब्द एवं प्राथमिक प्राकृतों के तद्भव आदि शब्द, जो संस्कृत शब्दों से जोड़े नहीं जा सकते, देशज कहे जा सकते हैं।' चटर्जी ने इन्हें आर्यपूर्व द्रविड़, कोल शब्द कहा है। पं. कामताप्रसाद गुरु के अनुसार 'देशज वे शब्द हैं जो किसी संस्कृत (या प्राकृत) मूल से निकले हुए नहीं जान पड़ते और जिनकी व्युत्पत्ति का पता नहीं लगता, जैसे—तेंदुआ, खिड़की, धुआँ, ठेस आदि। डॉ. धीरेन्द्र वर्मा इन्हें भारतीय अनार्यभाषाओं से आगत शब्द मानते हैं। डॉ. उदय नारायण तिवारी का मत है कि, ''आदिवासियों के जो शब्द संस्कृत, प्राकृत अथवा अर्वाचीन आर्यभाषा में आ गए हैं, वे देशी हैं।" डॉ. हरदेव बाहरी ने अनुकरणात्मक शब्द को इसमें ही शामिल करते हुए लिखा है कि जिन्हें संस्कृत से सिद्ध या सन्दर्भित नहीं किया जा सकता, वे सभी देशज हैं। डॉ. भोलानाथ तिवारी ने इन्हें 'अज्ञात व्युत्पत्तिक' शब्द माना है। उक्त सभी विद्वानों के विचारों को ध्यान में रखते हुए डॉ. रामेश्वर दयालु अग्रवाल ने देशज को इस रूप में परिभाषित किया है, ''जिन

शब्दों के स्रोत का पता न हो (अर्थात जो अज्ञात व्युत्पत्तिक हों) तथा जो किसी भाषा-भाषी जनसमाज द्वारा समय-समय पर सहज भाव से गढ़े गए हों वे सभी देशज हैं।''

हिन्दी में प्रयुक्त कुछ देशज इस प्रकार हैं—घूँट, डोर, धन्धा, बुहारी, बेडा, बैंगन, लड्डू, रूई, रंडी, बासन, बादल, घाघरा, चुटकी, झाँझ, टाप, घोंसला, घेबर, घोंघा, बेटा, बेटी, नाना, नानी, जीजी, कुल्हड़, कुलिया, खच्चर, खटपट, घमंड, छाछ, ठट्ठा, ढिंग, घाघ, उतावला, चटकीला, चरपरा, छरहरा, पोला, ठीक, डाँवाँडोल, टालना, ढूँढ़ना, खिसियाना, चिचोड़ना, झकझोरना, झिड़कना, झिझकना, धसकना, भटकना, सकपकाना, हिनहिनाना आदि।

शब्द-समूह में परिवर्तन : दिशाएँ और कारण

किसी भी भाषा में शब्द परिवर्तन की दो दिशाएँ हो सकती हैं—(अ) शब्दों का लोप और (आ) नए शब्दों का निर्माण। इस परिवर्तन के निम्न कारण हो सकते हैं—

अ. शब्दों का लोप

1. प्राचीन शब्दों का अव्यवहृत होना— भाषा सामाजिक वस्तु है और समाज के साथ वह भी संस्कारित होती है। सामाजिक-धार्मिक संस्कार, रीति-रूढ़ियाँ, अनुष्ठान आदि के परिवर्तन के साथ उससे जुड़ी शब्दावली अव्यवहृत होने लगती है और निरन्तर अव्यवहृत होने पर लुप्त हो जाती है। विभिन्न यज्ञ, जन्म से मृत्यु के विभिन्न संस्कार, विशेष व्यवस्था के साथ जुड़ी हुई खान-पान की पद्धति, व्यंजन, परिधान, आभूषण आदि के विलुप्त होने के साथ उसकी संज्ञाएँ भी इतिहास या कोश की चीज बन जाती हैं।

2. सभ्यता का विकास— सभ्यता के विकास के साथ कुछ शब्द भौंडे तथा अश्लील समझे जाने लगते हैं और वे अव्यवहृत होकर लुप्त हो जाते हैं।

3. अन्धविश्वास— अन्धविश्वास सम्बन्धी शब्दावली अर्थात शुभ-अशुभ, भूत-प्रेत, ओझाई, टोना-टोटका आदि के शब्दों की एक लम्बी सूची होती है, जो सभ्य लोगों से प्रयुक्त नहीं होती है, जो अन्ततः लुप्त हो जाती है।

4. अश्लीलता— सामाजिक रूढ़ियों तथा परम्पराओं के अनुरूप मैथुन या शौचविषयक बहुत से शब्द अश्लील स्वीकार कर लिये जाते हैं। इसका फल यह होता है कि शिक्षित तथा सभ्य समाज में उनका प्रयोग नहीं होता और इस प्रकार वे लुप्त होते हैं।

5. राज्य या शासन में परिवर्तन— राज्यसत्ता तथा शासन के परिवर्तन के साथ भाषा में शब्द परिवर्तन होते हैं और पुराने शब्द लुप्त हो जाते हैं। जैसे मुसलमानी राज्यसत्ता के आने पर भाषा में अरबी-फारसी के शब्द बढ़ गए और पुराने संस्कृत या हिन्दी के शब्द अव्यवहृत होकर लुप्त हो गए। अंग्रेजी सत्ता के आ जाने पर अरबी-फारसी के शब्द लुप्त होने लगे और अंग्रेजी के शब्द बढ़ने लगे। स्वाधीनता-प्राप्ति के बाद हिन्दी के पारिभाषिक शब्द कम मात्रा में क्यों न हो व्यवहृत होने लगे और अंग्रेजी शासनकाल के बहुत से शब्द लुप्त होने लगे; जैसे—लार्ड, मेयर आदि।

6. नवीन शब्दों का आगमन— नए विचारों, आविष्कारों, अनुसन्धानों, दार्शनिक सिद्धान्तों आदि के साथ नए शब्दों का आगमन होता है और पुराने शब्दों का धीरे-धीरे लोप होने लगता है।

7. ध्वनि की दृष्टि से शब्दों का घिस जाना— ध्वनि परिवर्तन होते-होते कभी-कभी शब्द इतने घिस जाते हैं कि उन्हें शब्द-समूह से निकल जाना पड़ता है। प्राकृत तथा अपभ्रंश तक आते-आते बहुत से शब्द इस प्रकार के हो गए थे। कुछ में केवल स्वर-ही-स्वर रह गए थे।

8. पर्याय— कभी-कभी पर्यायी शब्दों में एकाध शब्द अत्यधिक रूढ़ हो जाता है और शेष अव्यवहृत होकर लुप्त होने लगते हैं। 'सहस्र' और 'हजार' में आज हजार शब्द इस तरह चल पड़ा है कि सहस्र का प्राकृत रूप सहसा लुप्त ही हुआ।

आ, नवीन शब्दों का आगमन

भाषा के विकास के दौरान कई नवीन शब्दों का आगमन होता है। आगमन के लिए कुछ प्रमुख कारण इस प्रकार हो सकते हैं—

1. सभ्यता का विकास— सभ्यता के विकास के साथ नवीन चीजों का विकास होता है। खान-पान, रहन-सहन, सोच-विचार के परिवर्तन के सूचक शब्दावली का आगमन भाषा में होता है। वैज्ञानिक-संस्कृति के विकास से जीवन के हर क्षेत्र में बदलाव आया है और उसके साथ जुड़ी शब्दावली का भी आगमन हो रहा है। हिन्दी में स्वतन्त्रता के बाद इस प्रकार की नई शब्दावली का पर्याप्त मात्रा में आगमन हुआ है।

2. चेतना— राजनैतिक, सांस्कृतिक चेतना के कारण भी नवीन शब्दों का आगमन होता है। स्वतन्त्रता के बाद भारत में बहुमुखी चेतना दृष्टिगत हुई है। परिणामस्वरूप विभिन्न क्षेत्रों से सम्बन्धित विचार की अभिव्यक्ति के लिए हजारों शब्द संस्कृत के आधार पर बनाए जा रहे हैं, या संस्कृत-प्राकृत आदि प्राचीन भाषाओं या कभी-कभी अंग्रेजी आदि विदेशी भाषाओं से लिये जा रहे हैं।

3. भिन्न भाषा-भाषी शब्दों या क्षेत्रों का सम्पर्क— जब भिन्न भाषा-भाषी राष्ट्र, प्रान्त, जाति या क्षेत्र एक-दूसरे के सम्पर्क में आते हैं तो दोनों ही एक-दूसरे से कुछ-न-कुछ शब्द लेते हैं। हिन्दी में देशी तथा विदेशी भाषा के कई शब्द आए हैं, आ रहे हैं, वह इसी कारण। आज संचार माध्यमों के विकास के कारण सम्पूर्ण विश्व के देश एक-दूसरे के इतने करीब आए हैं कि अब कोई भी भाषा अन्य भाषा के शब्दों से परहेज नहीं कर सकेगी। हिन्दी अपने देश की राष्ट्रभाषा है; अत: भारतीय अन्य भाषाओं के शब्द उसमें प्रयुक्त होना सहज ही नहीं अनिवार्य भी हुआ है।

4. साम्य और नवीनता लाने के लिए— साम्य और नवीनता लाने के लिए कभी-कभी लोग बलात नए शब्दों को लाते हैं और वे चल पड़ते हैं। जैसे हिन्दी में 'पाश्चात्य' के साथ नवीन शब्द 'पौर्वात्य' आ गया है। साहित्यकार भी इसी तरह के शब्दों का निर्माण करते हैं। नवीनता के लिए उपसर्गों को जोड़कर इधर कितने ही नवीन शब्द आए हैं।

5. दृश्यात्मक तथा ध्वन्यात्मकता—कुछ चीजों के विशिष्ट रूप में दिखाई पड़ने तथा ध्वन्यात्मकता के कारण उन्हें अभिव्यक्त करने के लिए नए शब्दों का निर्माण होता है, जैसे—बगबग, लकलक, चरमर, भड़भड़, कल-कल, छल-छल आदि।

6. नए शब्दों का निर्माण—ज्ञान-विज्ञान के विकास के साथ ही उसे व्यक्त करने के लिए कुछ शब्दों का निर्माण होता है। लगभग सभी तरह के पारिभाषिक शब्दों का निर्माण इसीलिए किया जाता है। यह निर्माण व्युत्पत्तिमूलक पद्धति, नाममूलक पद्धति, आदानमूलक पद्धति, अनुवादमूलक पद्धति आदि का निर्वाह करते हुए किया जाता है।

3.

लिंग-विचार

लिंग शब्द का अर्थ है—'चिह्न' अर्थात जिससे किसी चीज को पहचाना जाय। लिंग दो प्रकार के होते हैं—लौकिक और व्याकरणिक। लौकिक लिंग तीन हैं—नर, मादा तथा निर्जीव या निर्लिंग। इसे ही पुँल्लिंग, स्त्रीलिंग तथा नपुंसक लिंग कहा जाता है। संसार में सभी नर जीव पुँल्लिंग हैं, मादा जीव स्त्री लिंग हैं तथा शेष निर्जीव या निर्लिंग। प्रारम्भ में अनेक भाषाओं में यही प्राकृतिक लिंग-विधान रहा होगा। भाषा में कुछ इस तरह की भी संज्ञाएँ हैं, जिनके प्राकृतिक लिंग-विधान से उनका लिंग-निर्धारण सम्भव नहीं हो पाता। इसलिए आगे चलकर भाषा में व्याकरणिक लिंग-विधान विकसित हुआ। व्याकरणिक लिंग सदा लौकिक लिंग का अनुसरण करें, यह आवश्यक नहीं रहा। व्याकरणिक लिंग में कभी-कभी लौकिक लिंगों का उल्लंघन होता रहता है। जैसे संस्कृत में पत्नीवाचक तीन पर्याय हैं—दारा, पत्नी और कलत्र ये सभी पत्नी के पर्याय हैं; अत: प्राकृतिक लिंग-विधान के अनुसार तीनों स्त्री लिंगी होने चाहिए। परन्तु संस्कृत व्याकरण के अनुसार दारा पुँल्लिंगी है, पत्नी स्त्रीलिंगी और कलत्र क्लीव लिंग (अर्थात नपुंसक लिंगी) है। इसी तरह कभी-कभी एक शब्द अनेक लिंगों में प्रयुक्त होता है; जैसे—'तट' संस्कृत में पुँल्लिंग, स्त्रीलिंग तथा क्लीव लिंग भी है—तटः, तटी, तटम् तीनों रूप होते हैं। कभी-कभी एक ही शब्द किसी भाषा में पुँल्लिंग है, तो दूसरी भाषा में स्त्रीलिंग। जैसे 'आत्मा' शब्द मराठी में पुँल्लिंगी है तो हिन्दी में स्त्रीलिंगी। अत: प्रश्न उठता है कि व्याकरणिक लिंग-निर्धारण किस तरह से होता है?

लिंग-निर्धारण के साधन

व्याकरण के अन्तर्गत लिंग की परिभाषा इस प्रकार दी जाती है—संज्ञा के जिस रूप से उसके स्त्रीवाची या पुरुषवाची होने का बोध हो, उसे 'लिंग' कहते हैं। प्राणिवाचक संज्ञा के लिंग-निर्धारण में उतनी दिक्कत नहीं होती, क्योंकि प्राकृतिक लिंग के आधार पर उसका लिंग-निर्धारण किया जा सकता है, लेकिन अप्राणिवाचक शब्दों के लिंग बहुत कुछ माने हुए होते हैं, इसका अधिकतर निर्धारण लोक व्यवहार से किया जाता है, साथ ही इसके लिए कुछ साधन भी हैं। आ. देवेन्द्रनाथ शर्मा ने 'राष्ट्रभाषा हिन्दी : समस्याएँ और समाधान' पुस्तक में चार प्रमुख साधन दिये हैं—(1) अर्थ, (2) रूप, (3) सादृश्य और (4) साहचर्य।

1. अर्थ— अर्थ के आधार पर लिंग-निर्धारण वहाँ होता है जहाँ स्पष्टत: पुरुष या स्त्री का ज्ञान हो जाय; जैसे पुरुष (पुं.), नारी (स्त्री) ऐसे ही पिता-माता, पति-पत्नी, भाई-बहन, बैल-गाय आदि के निर्णय में कोई कठिनाई नहीं है, किन्तु किसी भाषा के सभी शब्द प्राणिवाचक ही नहीं होते और प्राणिवाचक में भी सर्वत्र इस नियम का पालन नहीं हो पाता। उदाहरणार्थ, हिन्दी में कोयल शब्द का व्यवहार सदा स्त्रीलिंग में होता है, यद्यपि उसमें नर और मादा दोनों हुआ करते हैं।

2. रूप— अर्थ की अपेक्षा व्याकरणिक लिंग-निर्धारण के लिए शब्दों के रूपों की पहचान अधिक सहायक होती हैं। व्याकरणिक लिंग का निर्धारण शब्दों में लगे प्रत्ययों से होता है। शब्दों का रूप प्रत्यय से ही निर्मित होता है। एक प्रत्यय से निष्पन्न सभी शब्द एकरूप होते हैं। इसलिए प्रत्येक भाषा लिंग-निर्धारण में रूपों की सहायता लेती है। उदाहरण के लिए संस्कृत में नियम है कि धञ् प्रत्यय से बने सभी शब्द पुँल्लिंग होंगे। हिन्दी में अधिकांश 'आ' प्रत्यय से बने शब्द पुँल्लिंगी हैं तथा 'ई' प्रत्यय से बने शब्द स्त्रीलिंगी। जैसे—लड़का>लड़की, बकरा>बकरी, घोड़ा->घोड़ी, चला>चली आदि। लेकिन सभी शब्दों का लिंग-निर्धारण मात्र रूपों के आधार पर नहीं होता; जैसे—पति-पत्नी दोनों के अन्त में 'इ' है लेकिन दोनों अलग-अलग लिंगी शब्द हैं।

3. सादृश्य— बहुत सारे शब्दों का लिंग दूसरे शब्दों के अर्थगत या रूपगत सादृश्य के कारण निर्धारित होता है। जैसे 'पूँछ' शब्द के रूपगत सादृश्य के आधार पर 'मूँछ' भी स्त्रीलिंगी रूप में प्रयुक्त होने लगी। आचार्य देवेन्द्रनाथ शर्मा के अनुसार इस तरह के लिंग-विपर्यय में अरबी-फारसी के तदर्थबोधक शब्दों का प्रभाव अधिक रहा है। उनके शब्दों में, ''इस असंगति पर विचार करने के बाद मैं इस निष्कर्ष पर पहुँचा कि इन शब्दों में लिंग-विपर्यय में फारसी-अरबी के तदर्थबोधक शब्दों का प्रभाव है। एक भाषा बोलने का जैसा अभ्यास रहता है, दूसरी भाषा बोलते समय उसका प्रभाव अनायास पड़ जाता है; जैसे हिन्दी में बहुत सारे परिवर्तन, विशेषकर वाक्यों में, अंग्रेजी के प्रभावस्वरूप हुए हैं।''

4. साहचर्य— कुछ शब्दों के साहचर्य से शब्दों के लिंग में परिवर्तन होता रहा है। जैसे 'धूप-छाँह' शब्द में धूप शब्द मूलत: पुँल्लिंग है लेकिन छाँह के साहचर्य के कारण उसका प्रयोग स्त्रीलिंग में होने लगा।

संक्षेप में कह सकते हैं कि किसी भाषा की लिंग-व्यवस्था ऋतु-रेखा में चलनेवाली वस्तु नहीं। वह कई प्रकार से प्रभावित और परिवर्तित होती है और उसके लिए अपवादहीन नियम नहीं बनाए जा सकते। कभी-कभी तो ऐसा होता है कि नियम से लगभग बराबर अपवाद आ खड़े होते हैं। इसीलिए व्याकरणिक लिंग-निर्धारण में डॉ. हरदेव बाहरी ने 'लोक-व्यवहार' को ही महत्त्वपूर्ण स्थान दिया है।

हिन्दी लिंग-व्यवस्था : ऐतिहासिक सन्दर्भ

हिन्दी का विकास संस्कृत से हुआ है, इसलिए उसमें जहाँ अपना वैशिष्ट्य है, वहाँ संस्कृत के वैशिष्ट्य का समन्वय भी है। बेटी माँ से भिन्न होती हुई भी माँ की बहुत

सारी विशेषताएँ लेकर ही उत्पन्न होती है, लेकिन अपने समय और जरूरतों के अनुरूप व्यक्तित्व को बनाती है। लिंग-व्यवस्था के धरातल पर भी संस्कृत और हिन्दी में इसी तरह का सम्बन्ध रहा है। भाषा का विकास कठिन से सरल की ओर होता है। इसी नियम के तहत संस्कृत से हिन्दी तक आते-आते भाषा में क्लिष्टता को छोड़कर सरलता को अपनाने का प्रयास दिखाई देता है, लेकिन सरलता के प्रयास से भी कुछ और क्लिष्टता आ जाती है। संस्कृत में तीन लिंग थे। साथ ही लिंग-व्यवस्था में अनियमितता भी थी। मध्यकालीन भारतीय आर्यभाषाओं में भी तीनों लिंग थे, यद्यपि धीरे-धीरे नपुंसक लिंग पुँल्लिंग के समीप आता जा रहा था। अपभ्रंश तक आते-आते नपुंसक लिंग लुप्तप्राय हो गया। संस्कृत की लैंगिक अनियमितता मध्यकालीन आर्यभाषाओं में भी मिलती है। अपभ्रंशों से विकसित आधुनिक आर्यभाषाओं के लिंग के आधार पर तीन वर्ग बनाए जा सकते हैं—

1. प्रथम वर्ग पश्चिमोत्तरी है, जिसमें हिन्दी, पंजाबी, लहँदा, सिन्धी, राजस्थानी आदि हैं। यह वर्ग बिना किसी प्रभाव के अपभ्रंश का सहज विकास है। कहा जा चुका है कि अपभ्रंश के अन्तिम दिनों में नपुंसक समाप्तप्राय था, वह पुँल्लिंग में मिलता जा रहा था। इसलिए इस वर्ग में कुछ अपवादों को छोड़कर पुँल्लिंग और स्त्रीलिंग कुल दो ही लिंग हैं।
2. दूसरा वर्ग बँगला, असमी, उड़िया तथा अंशत: बिहारी का है। इस पूर्वी वर्ग पर तिब्बती-बर्मी एवं कोल भाषाओं का प्रभाव पड़ा है। इसी कारण इनमें लिंग-भेद बहुत कम है। यों यह लिंग-अभेदता मात्र प्रभाव न होकर स्वाभाविक विकास भी हो सकती है।
3. तीसरा वर्ग दक्षिणी है, जिसमें मराठी, गुजराती है, इन पर द्रविड़ भाषाओं का प्रभाव पड़ा है, इसी कारण अभी तक इन भाषाओं में तीन लिंग है। पुरानी पश्चिमी राजस्थानी तथा मारवाड़ी भी इसी वर्ग में आती है।

हिन्दी प्रथम वर्ग की भाषा है। अत: इसमें पुँल्लिंग और स्त्रीलिंग ये दो ही लिंग हैं। सन्धिकालीन हिन्दी में नपुंसक लिंग के अवशेष दीख पड़ते हैं, लेकिन आधुनिक हिन्दी में केवल कुछ प्रयोगों में नपुंसक लिंग का प्रयोग मिलता है, लेकिन अधिकांशत: नपुंसक लिंग लुप्त है। इस तरह हिन्दी की प्राचीन भाषाओं की तुलना में एक लिंग कम हुआ; अत: पूर्ववर्ती नपु. शब्द हिन्दी में पुँल्लिंग या स्त्रीलिंग में अन्तर्भूत हो गए हैं। इस प्रकार हिन्दी को प्राचीन भाषाओं की लैंगिक अनियमितताएँ तो मिली ही, साथ ही, कुछ नपुंसक लिंगी शब्दों के पुँल्लिंगी तथा कुछ के स्त्रीलिंगी हो जाने से, इस दृष्टि से और भी जटिलता आ गई। यही कारण है कि हिन्दी का लैंगिक विधान अत्यन्त दुरूह हो गया है।

संस्कृत में लिंग का विचार संज्ञा, विशेषण, सर्वनाम तथा कृदन्त में होता था। मध्यकाल में भी यही स्थिति थी। हिन्दी में इसका विचार संज्ञा, विशेषण, सम्बन्ध कारक चिह्न, सहायक क्रिया तथा क्रिया विशेषण में होता है। हिन्दी में सर्वनामों में लिंग-भेद के कारण परिवर्तन नहीं होते हैं।

हिन्दी शब्दों के लिंग-निर्णय : कुछ नियम

जैसे कि पूर्व संकेत दिया गया है, हिन्दी की लिंग-व्यवस्था संस्कृत-लिंग-व्यवस्था के विधान से तथा कुछ अपने नए-विधान से बनी है। यद्यपि शब्दों के लिंग-निर्णय के विशेषकर अप्राणिवाचक संज्ञाओं के कोई व्यापक और सिद्ध नियम नहीं हैं। ऐसे शब्दों का लिंग-निर्णय लोक-व्यवहार से जाना जा सकता है, तथापि लिंग-निर्णय के साधनों के आधार पर अर्थात रूप तथा अर्थ के आधार पर कुछ नियम दिये जा सकते हैं, जो निम्न हैं—

(अ) रूप की दृष्टि से लिंग-भेद

(क) पुँल्लिंग संज्ञाएँ—रूप या बनावट की दृष्टि से पुँल्लिंग शब्दों की पहचान इस प्रकार है—

1. संस्कृत के वे शब्द जिनके अन्त में 'ख' या 'ज' होता है, जैसे—दुख, सुख, मुख लेख, नख, अनुज, जलज, मलयज, सरोज, पिंडज, स्वेदज, ऊष्मज आदि।
2. संस्कृत के वे शब्द जिनके अन्त में 'अ' प्रत्यय होता है, जैसे—कौशल, शैशव, वाद क्रोध,वेद, त्याग, पाक, मोह, दोष आदि।

   अपवाद : जय (स्त्री) विनय (उभयलिंग) आदि।
3. संस्कृत के वे शब्द जिनके अन्त में 'अन' प्रत्यय होता है, जैसे—दान, बन्धन, गठन, साधन, मोहन, वचन, चयन, पालन, शमन-दमन आदि।

   अपवाद : पवन (उभयलिंगी) आदि
4. संस्कृत के वे शब्द जिनके अन्त में 'त्र' प्रत्यय होता है, जैसे—शास्त्र, शस्त्र, पात्र, चरित्र, नेत्र, चित्र, क्षेत्र आदि।
5. संस्कृत के वे शब्द जिनके अन्त में 'त' और 'न' प्रत्यय होता है, जैसे—गणित, गीत, चरित, स्वागत, स्वप्न, प्रश्न, यत्न आदि।
6. संस्कृत की वे संज्ञाएँ जिनके अन्त में 'त्व' प्रत्यय होता है, जैसे—कृतित्व, मनुष्यत्व, गुरुत्व, बहुत्व, पत्नीत्व आदि।
7. संस्कृत की वे संज्ञाएँ जिनके अन्त में 'य' प्रत्यय होता है, जैसे—कृत्य, कार्य, माधुर्य, सौन्दर्य, धैर्य आदि।
8. हिन्दी की वे संज्ञाएँ जिनके अन्त में 'आ' आता है, जैसे—आटा, कपड़ा, गन्ना, घड़ा, दरवाजा, माथा, जोड़ा, झटका, बोझा, घेरा, फेरा, झगड़ा, रगड़ा, टोपीवाला झंडेवाला आदि।
9. हिन्दी की वे संज्ञाएँ जिनके अन्त में 'आव' (ा) प्रत्यय होता है, जैसे—बहाव, पड़ाव, घुमाव, डरावा, भुलावा, बहकाव आदि।
10. हिन्दी की वे संज्ञाएँ जिनके अन्त में 'ना' प्रत्यय लगाकर क्रियार्थक संज्ञाएँ बनती हैं, जैसे—चलना, तैरना, देना, लेना, सोना, जागना।

11. हिन्दी के वे शब्द जिनके अन्त में 'पा' या 'पन' प्रत्यय लगता है, जैसे—बुढापा, रँडापा, लड़कपन, भोलापन आदि।
12. हिन्दी के वे शब्द जिनके अन्त में कृदन्त प्रत्यय 'आन' होता है, जैसे—उठान, खानपान, पिसान, मिलान, लगान आदि।

    अपवाद : उड़ान, पहचान, मुस्कान (स्त्री लिं.)।
13. वे शब्द जिनके अन्त में अरबी-फारसी का 'खाना' प्रत्यय होता है; जैसे—डाकखाना, चिडियाखाना, गाड़ीखाना आदि।
14. वे शब्द जिनके अन्त में अरबी-फारसी का 'दान' प्रत्यय होता है, जैसे—इत्रदान, गुलाबदान, फूलदान, कमलदान आदि।

(ख) स्त्रीलिंगी संज्ञाएँ— रूप या बनावट की दृष्टि से स्त्रीलिंगी शब्दों की पहचान इस प्रकार है—

1. संस्कृत की वे संज्ञाएँ जिनके अन्त में 'अना' प्रत्यय होता है, जैसे—वन्दना, प्रेरणा, सूचना, कल्पना, सान्त्वना, रचना, घटना, वेदना, प्रस्तावना आदि।
2. संस्कृत की वे संज्ञाएँ जिनके अन्त में 'आ' प्रत्यय होता है; जैसे—कृपा, पूजा, क्षमा, शिक्षा, लज्जा, माया, दया, शोभा आदि।
3. संस्कृत की वे संज्ञाएँ जिनके अन्त में 'इ' प्रत्यय होता है, जैसे—रुचि, कृषि, विधि, राशि, अग्नि, छवि, निधि आदि।

    अपवाद : गिरि, बलि, वारि, जलधि, पाणि, अद्रि आदि।
4. संस्कृत की वे संज्ञाएँ जिनके अन्त में 'ति' अथवा 'नि' प्रत्यय होता है, जैसे—जाति, तृप्ति, शक्ति, प्रीति, रीति, गति, मति, हानि, ग्लानि, बुद्धि, सिद्धि (सिध् + ती) आदि।
5. संस्कृत के वे शब्द जिनके अन्त में 'या' अथवा 'सा' प्रत्यय होता है, जैसे—क्रिया, विद्या, पिपासा, मीमांसा आदि।
6. संस्कृत के वे शब्द जिनके अन्त में तद्धित प्रत्यय 'इमा' होता है, जैसे—गरिमा, महिमा, कालिमा, लालिमा आदि।
7. संस्कृत के ऐसे शब्द जिनके अन्त में 'ता' प्रत्यय होता है; जैसे—एकता, गम्भीरता, दरिद्रता, योग्यता, प्रभुता, लघुता, नम्रता, सुन्दरता आदि।
8. संस्कृत की वे संज्ञाएँ जिनके अन्त में 'उ' आता है; जैसे—मृत्यु, आयु, वायु, रेणु, रज्जु, वस्तु, धातु, ऋतु आदि ।

    अपवाद : मधु, अश्रु, तालु, मेरु, सेतु आदि ।
9. हिन्दी के बहुधा ईकारान्त शब्द। जैसे गली, चींटी, टोपी, नदी, रोटी, उदासी आदि।

    अपवाद : पानी, घी, दही, मही, मोती आदि (पु.)।

10. हिन्दी की वे संज्ञाएँ जिनके अन्त में 'इया' प्रत्यय होता है; जैसे—खटिया, डिबिया, पुड़िया, फुड़िया, लुटिया आदि।
11. हिन्दी की प्राय: वे संज्ञाएँ जिनके अन्त में 'ख' होता है; जैसे—आँख, भूख, मेख, साख, ईख, चीख आदि ।

    अपवाद : पाख, रूख आदि ।
12. हिन्दी की धातुओं से 'अ' प्रत्यय लगकर बनी संज्ञाएँ; जैसे—अकड़, कराह, कूक, खोज, चहक, चोट, देखभाल, छूट, जाँच, झपट, तड़प, पकड़, पहुँच, फूट, मार, लगन, समझ, सँभाल, रगड़, छाप, पुकार आदि ।

    अपवाद : खेल, नाच, मेल, बिगाड़, बोल, उतार आदि ।
13. हिन्दी की धातुओं में 'अन' प्रत्यय लगकर बनी संज्ञाएँ; जैसे—जलन, उलझन, रहन, सहन, सूजन, पहचान आदि।

    अपवाद : चलन आदि।
14. हिन्दी की भाववाचक संज्ञाएँ; जिनके अन्त में 'ट', 'वट' 'हट' प्रत्यय होते हैं, जैसे—मिलावट, सजावट, घबराहट, आहट, चिल्लाहट, चिकनाहट, झंझट आदि।
15. हिन्दी की 'आई' प्रत्ययवाली संज्ञाएँ; जैसे—ऊँचाई, लम्बाई, सिलाई, लिखाई, बनवाई आदि ।
16. अरबी-फारसी के वे शब्द जिनके अन्त में 'श' होता है; जैसे—कोशिश, तलाश, मालिश, नालिश आदि।
17. 'त' प्रत्ययवाली अरबी-फारसी संज्ञाएँ, जैसे—इज्जत, अदालत, कीमत, दौलत, नफरत, मुलाकात आदि।
18. अरबी-फारसी की वे संज्ञाएँ; जिनके अन्त में 'आ' अथवा 'ह' आ जाता है; जैसे—दवा, सजा, आह, तरह, सुबह, सलाह, राह आदि ।

    अपवाद : मजा, दगा आदि।
19. हिन्दी की ऊकारान्त संज्ञाएँ; जैसे—बालू, लू, दारू, व्यालू, झाडू, गेरू आदि।

    अपवाद : आलू, आँसू, रतालू, टेसू आदि (पु.) ।
20. हिन्दी की अनुस्वारान्त संज्ञाएँ। सरसों, खड़ाऊँ, भौं, चूँ आदि। अपवाद : कोढ़ों, गेहूँ आदि।

आ. लोक-व्यवहार की दृष्टि से लिंग-निर्णय

रूप या बनावट की दृष्टि से बिलकुल समान होने पर भी उनमें से कुछ शब्द पुँल्लिंग हैं, कुछ स्त्रीलिंग है। ऐसे शब्दों का लिंग-निर्धारण लोक-व्यवहार से ही हो सकता है। उदाहरण के लिए कुछ शब्द :

पुँल्लिंग	स्त्रीलिंग
आलू, पहलू, बाजू, मधु, अश्रु, तालु, नमक, फाटक, दाग, दिमाग, ढोंग, अखरोट, पनघट, मुकुट, ओंठ, काठ, खेत, भात, सूत, नीड़, पापड़, गुलाब, हिसाब, आम, मरहम, मोम, उतार, पनीर, पहर, मल, बाल, मील, निकाल, रास, पलाश, मुँह, निबाह, ब्याह ।	उर्दू, बालू, आयु, मृत्यु, वायु, चेचक, नाक, लीक, लाग, उमंग, ईंट, ओट, लट, सोंठ, गाँठ, छत, बात, रात, लात, भीड़, जड़, आड़, किताब, शराब, अफ़ीम, चिलम, सेम, मार, खीर, नहर, सँभाल, खाल, झील, नस, मिठास, बास, जगह, राह, बाँह ।

(इ.) अर्थ की दृष्टि से लिंग-निर्णय

क. पुँल्लिंग शब्द— अर्थ की दृष्टि से निम्नलिखित प्रकार के शब्द पुँल्लिंग हैं। इनमें जो अपवादस्वरूप स्त्रीलिंग हैं उनके अन्त में प्राय: 'इ' आता है।

1. धातुओं के नाम : सोना, ताँबा, लोहा, सीसा, काँस, पारा, पीतल, राँगा, रूपा, टीन आदि।
   अपवाद : चाँदी
2. रत्नों के नाम : हीरा, मोती, माणिक, मूँगा, पन्ना, नीलम, जवाहर, पुखराज, लाल आदि।
   अपवाद : चुन्नी, लालड़ी, मणि आदि ।
3. भोज्य पदार्थों के नाम : पुआ, पेड़ा, भात, रायता, लड्डू, हलुवा, समोसा, चाकलेट आदि।
   अपवाद : दाल, रोटी, तरकारी, पूरी, जलेबी, मिठाई आदि।
4. अनाजों के नाम : गेहूँ, चना, जौ, चावल, बाजरा, उड़द, तिल, मटर आदि।
   अपवाद : अरहर, दाल, रोटी, तरकारी, पूरी, तिल, मटर आदि।
5. दिनों और महीनों के नाम : सोमवार, मंगल..... माघ, पौष..... आदि ।
6. भौगोलिक जल और स्थल आदि अंशों के नाम : हिमालय, विन्ध्याचल, अरावली, हिन्द महासागर, सागर, द्वीप, पर्वत, रेगिस्तान, नागर, प्रान्त, वायुमंडल, नभोमंडल, सरोवर, पाताल आदि।
   अपवाद : झील, घाटी।
7. देशों के नाम : भारत, इंग्लैंड, रूस, इटली आदि।
8. ग्रहों के नाम : सूर्य,चन्द्रमा, बुध, बृहस्पति आदि।
   अपवाद : पृथ्वी
9. पेड़ों के नाम : बरगद, पीपल, शीशम, सागौन, जामुन, कटहल, अमरूद, नींबू, शरीफा, सेब, तमाल, अशोक, अखरोट आदि।
   अपवाद : नीम, इमली, मौलसिरी।

10. द्रव पदार्थों के नाम : पानी, घी, तेल, सिरका, आसव, काढ़ा, अर्क, शर्बत, इत्र आदि ।

ख. स्त्रीलिंग शब्द—अर्थ के अनुसार निम्नलिखित प्रकार के शब्द स्त्रीलिंग हैं:—

1. नक्षत्रों के नाम : रोहिणी, भरणी, कृत्तिका, आर्द्रा अश्विनी आदि ।
2. नदियों के नाम : गंगा, यमुना, सरस्वती, मिसीसिपी, रावी, सतलज, व्यास, झेलम आदि।
   अपवाद : सिन्धु, ब्रह्मपुत्र, शोण नद हैं, इसलिए पुँल्लिंग है।
3. झीलों के नाम : चिलका, साँभर आदि ।
4. तिथियों के नाम : परिवा, द्वितीया, तीज, अष्टमी, अमावस्या आदि।
5. संस्कृत की प्राय: भाववाचक संज्ञाएँ : कटुता, गरिमा, ऋद्धि, इच्छा, अर्चना आदि।
6. बनिए की दुकान : लौंग, इलायची, दालचीनी, मिर्च, चिरौंजी, हल्दी, सुपारी, हींग की कुछ चीजें आदि।

ग. उभयलिंगी : अर्थ के आधार पर लिंग-निर्णय—हिन्दी के कुछ शब्द ऐसे हैं जो पुँल्लिंग तथा स्त्रीलिंग दोनों में प्रयुक्त होते हैं । अर्थ के अनुसार इनका लिंग बदल जाता है अर्थात वाक्य में वे जिस अर्थ में प्रयुक्त किए जाते हैं, उसके अनुरूप उनका लिंग-निर्धारण होता है। यहाँ कुछ उदाहरण प्रस्तुत हैं—

शब्द	पुँल्लिंग होने पर अर्थ	स्त्रीलिंग होने पर अर्थ
कल	आगामी दिन	चैन, आराम
यति	संन्यासी	आराम
कोटि	करोड़	श्रेणी
टीका	तिलक	टिप्पणी, अर्थ
पीठ	पीढ़ा, स्थान	पृष्ठभाग
विधि	ब्रह्मा	ढंग, प्रणाली
बाट	बटखरा	मार्ग, इंतजार
शान	औजार तेज करने का पत्थर	ठाठ-बाट, प्रभुत्व
दाद	चर्मरोग	प्रशंसा
ताक	ताखा	खोज, टोह
धूप	सुगन्धित धुआँ	सूर्य का प्रकाश
हार	माला	पराजय
शाल	वृक्ष विशेष	दुशाला
काँच	शीशा	धोती का छोर, गुदा-अंग
कुशल	प्रवीण	खैरियत
खराद	यन्त्र	खरादने की क्रिया
खूँट	छोर	कान का मैल

खान	पठाव	खनि
गाज	फेन	बिजली, ठनका
घाव	चोट	दाँव-पेच
चटक	पक्षी	चमक-दमक
चाप	धनुष	दबाव, पैरों की आहट
चिक	बूचर	खपाचियों से बना पर्दा
चूड़ा	कंगन, चिउड़ा	चोटी
छाजन	आच्छादन	छाने का काम, दंग
झाल	बाजा	लहर
झाड़	झाड़ी	झाड़ने की क्रिया
ताख	ताखा	ताकने की क्रिया
दून	घाटी, तराई	दुगुना
धातु	शब्द का मूल	खनिज, वीर्य
नस	नस्य, सुँघनी	स्नायु, रग
पाल	नाव उड़ानेवाला कपड़ा	कगार
बटन	काज में लगनेवाली चकती	बँटने की क्रिया
बेर	फलवृक्ष	दफा या बार
बेल	फलवृक्ष	लता या बूटाकारी
मसक	मच्छर	मसकना
मेह	वर्षा	दवनी का खूँटा
मोट	चरस	थोक, मोटरी
रज	स्त्रियों का प्रस्राव	धूलि
रेत	वीर्य	बालू
संवार	उच्चारण का बाह्य प्रयत्न	सजाने की क्रिया
साल	वृक्ष	सालने की क्रिया
हाल	समाचार, दशा	चक्के पर लोहे का घेरा
हौआ	बच्चों को डराने की चीज	सृष्टि की पहली स्त्री

हिन्दी के लिंग-बोधक प्रत्यय : विकासात्मक परिचय

स्त्री-प्रत्यय—हिन्दी के अपने स्त्री-प्रत्यय हैं—ई, इ, इन, नी, आनी, आ, इआ (इया) इनका व्युत्पत्तिगत परिचय इस प्रकार दिया जा सकता है—

1. ई : इसका विकास दो स्रोतों से माना जाता है—

(1) संस्कृत 'इका' से—

सं. इका > प्रा. इआ > हि. ई.

उदा. घोटिका > घोड़िया > घोड़ी

कदर्पिका > कवड्डिया > कौड़ी

पत्रिका > पत्तिआ > पाती

(2) संस्कृत 'ई' से—

जैसे—सं. सुंदरी > सुन्नरी > सुंदरी

2. इआ (इया) : इसका विकास सं. 'इका' से माना जाता है। संस्कृत का 'इका' मूलतः 'टाप' प्रत्यय है जिसके पूर्व 'अक' हो तो 'इक' हो जाता है।

सं. इका > प्रा. इआ > हि. इआ, इया

जैसा —चटिका > चड़िआ > चिड़िआ > चिड़िया

स्फोटिका > फोड़िआ > फोड़िया, फुड़िया

पुटिका > पुड़िआ > पुड़िया

अन्य शब्द : गुड़िया, चुड़िया, चुहिया, बुढ़िया आदि ।

3. आनी : इसका विकास सं. 'आनी' या 'आणी' से माना जाता है। सं. आनी प्रत्यय आनुक् + डीष = आन् + ई = आनी अर्थात दो प्रत्ययों का योग है। इसका विकास क्रम इस प्रकार है—सं. आनी, आणी > प्रा. आणी > हि. आनी ।

जैसे—भवानी > भवाणी > भवानी

इन्द्राणी > इन्द्राणी > इन्द्राणी

अन्य शब्द : मास्टरानी, सेठानी, पंडितानी, देवरानी आदि।

4. इन (न) : इसका विकास संस्कृत के 'आनी', 'आणी' से माना जाता है। इसका विकास क्रम इस प्रकार है—सं. आनी, आणी > णी > इण > इन; जैसे—लुहारिन, पुजारिन, धोबिन आदि। इसका एक रूप आइन भी है; जैसे—पंडाइन, धोबाइन, चमराइन आदि ।

5. नी : संस्कृत के नी, णी अन्त्य स्त्रीलिंग से 'नी' रूप का विकास माना जाता है। इसका विकास क्रम इस प्रकार है—सं. नी, णी (भवानी, इंद्राणी) > प्रा. णी > हि. नी; जैसे—मजदूरनी, मास्टरनी, जमादारनी आदि।

6. 'आ' : हिन्दी में प्रयुक्त अरबी-फारसी शब्दों का प्रत्यय 'ह' 'आ' में परिवर्तित हो जाता है; जैसे—खाला, शायरा, साहिबा आदि। मूलतः उर्दू में शब्द है खालः, शायरः, साहिबः ।

पुरुष प्रत्यय— स्त्री प्रत्ययों के समान हिन्दी लिंग-व्यवस्था में पुँल्लिंग-प्रत्यय अधिक नहीं हैं। यां तो ई (हाथी, मोती, पानी), ऊ (साधू), औ (जौ) आदि अनेक अन्य ध्वनियाँ भी पुँल्लिंग शब्दों के अन्त में आती हैं, किन्तु 'आ' के अतिरिक्त किसी का भी इतना व्यापक प्रयोग नहीं कि कि उसे पुँल्लिंग प्रत्यय कहा जा सके।

आ : इस पुँल्लिंग प्रत्यय का विकास कई स्त्रोतों से माना जाता है, जिनमें से प्रमुख निम्न हैं—

1. संस्कृत 'अंक' से—सं. अक > प्रा. अ > हि॰ आ;
   जैसे—घोटक > घोड़अ > घोड़ा
   आमलक > आमलअ > आँवला
   सप्तक > सत्तअ > सत्ता

भाटक > भाड़अ > भाड़ा

2. 'अन्'—अन्त्य प्रातिपदिक के प्रथमा एकवचन से। यह विकास मात्र तत्सम शब्दों में ही दिखाई देता है;
   जैसे—बह्मन् > ब्रह्मा, राजन् > राजा, युवन् > युवा आदि ।
3. तृ—अन्त्य प्रातिपदिक के प्रथमा एकवचन से—यह विकास भी मात्र तत्सम शब्दों में ही दिखाई देता है, जैसे—
   पितृ > पिता, भ्रातृ > भ्राता, दातृ > दाता
   जामातृ > जामाता, नेतृ > नेता आदि।
4. तुर्की, फारसी अरबी शब्द के अन्तिम हा, इ ध्वनि हिन्दी में 'आ' में परिवर्तित हो गई है; जैसे—
   दरोगह् > दारोगा, बस्तह > बस्ता,
   किनारह् > किनारा, > खरबूजह् > खरबूजा
   कुन्दह् > कुन्दा, कुर्तह् > कुर्ता
   कसीदह् > कसीदा आदि।
   'आ' के इन विकास स्त्रोतों में से प्रथम तथा अन्तिम स्त्रोत महत्त्वपूर्ण माना जाता है।

4.
वचन-विचार

जिस रूप से संज्ञा अथवा दूसरे विकारी शब्दों की संख्या का बोध होता है अथवा एक या एक से अधिक का भेद मालूम हो, उसे 'वचन' कहते हैं। हिन्दी में वचन का विकास भी संस्कृत से ही हुआ है, पर संस्कृत में जहाँ तीन वचन थे, वहाँ हिन्दी में दो ही रह गए। भारोपीय परिवार की भाषाओं में तीन वचन प्रचलित थे—एकवचन, द्विवचन और बहुवचन। संस्कृत में द्विवचन तो प्रचलित था, लेकिन उसका प्रयोग बहुत अधिक नहीं होता था। इस अल्प प्रयोग के कारण ही पालि में इसका लोप हो गया। पूरे मध्यकालीन आर्यभाषा काल में द्विवचन कुछ अपवादों को छोड़कर नहीं है। इसके स्थान पर प्रायः बहुवचन का प्रयोग हुआ है। दो के भाव को व्यक्त करने के लिए कभी-कभी बहुवचन के साथ दो की संख्या का प्रयोग हुआ है; जैसे – दुवे मोरा (दो मोरे), दुवे मजुला (दो मोर) आदि। मध्यकालीन भाषाओं की भाँति आधुनिक भाषाओं में एक और बहु-दो ही वचन हैं तथा द्विवचन के लिए 'दो' का संख्या के साथ बहुवचन के रूप का प्रयोग करते हैं, जैसे—दो लड़के, दो गुड़िया।

संस्कृत से हिन्दी में वचन के क्षेत्र में एक और महत्त्वपूर्ण परिवर्तन हो गया है। संस्कृत रूप-रचना में किसी भी विभक्ति के अर्थ या कारक को प्रकट करने के लिए तीनों वचनों के तीन भिन्न-भिन्न प्रत्यय जोड़े जाते थे; जैसे सम्बन्ध प्रकट करने के लिए एकवचन में ड. स विभक्ति आती थी, द्विवचन में ओस्, बहुवचन में आम् और उनके संयोग से मूल शब्द के अन्तिम अक्षर में भिन्न-भिन्न परिवर्तन या विकार किए जाते थे। उदाहरणार्थ मुनि की षष्ठी विभक्ति में एकवचन में मुनेः, द्विवचन में मुन्यो; तथा बहुवचन में मुनीनाम् होता था। इस प्रकार मुनि के अन्तिम अक्षर 'इ' के स्थान में एकवचन अस् के योग में गुण ए (मुनि-मुनी) होते थे। हिन्दी में एकवचन तथा बहुवचन दोनों के लिए एक ही विभक्ति चिह्न विकसित किया और उसके संयोग से मूलशब्द के अन्तिम अक्षर के परिवर्तन में भी एकरूपता रखी; जैसे—ऊपर के उदाहरण में एकवचन और बहुवचन दोनों में हिन्दी में 'का' ही विभक्ति आती है; परिवर्तन-परिवर्धन भी शब्द के अन्तिम अक्षर का एक ही प्रकार से होता है, एकवचन में मुनि का, बहुवचन में मुनियों का। इसी प्रकार 'लड़का' शब्द में एकवचन लड़के का, बहुवचन में लड़कों। सब विभक्तियों में यही स्थिति है। इससे रूपों की संख्या कम हुई, साथ ही वचन-रचना सरल हो गई।

हिन्दी वचन व्यवस्था : वचन-निर्धारण के नियम

जैसे कि पूर्व संकेत दिया गया है, हिन्दी में दो वचन हैं - (1) एकवचन (2) बहुवचन ।

व्यक्तिवाचक, भाववाचक और द्रव्यवाचक संज्ञाओं का प्रयोग साधारणत: एकवचन में होता है। जातिवाचक और समूहवाचक संज्ञाएँ दोनों वचनों में प्रयुक्त हो सकती हैं।

निम्नलिखित शब्दों का प्रयोग प्राय: बहुवचन में होता है—आँसू, ओंठ, दर्शन, प्राण, भाग्य, लोग, समाचार, हस्ताक्षर आदि।

आदरार्थ एकवचन शब्द भी बहुवचन की तरह प्रयुक्त होते हैं, जैसे—अध्यापक महोदय आ रहे हैं।

किसी शब्द के वास्तविक वचन की पहचान, वाक्य में उसके प्रयोग के आधार पर ही आसानी से हो सकती है। स्मरण रखना चाहिए कि वाक्य में संज्ञा या सर्वनाम शब्दों के साथ विभिन्न कारकों के चिह्नों का प्रयोग भी होता है, अत: उन्हीं के अनुसार उनके एकवचन या बहुवचन होने का निर्णय होता है; जैसे—प्राय: लड़का (एकवचन) का बहुवचन-रूप 'लड़के' माना जाता है, किन्तु 'उस लड़के ने बड़ी बहादुरी दिखाई', इस वाक्य में 'लड़के' एकवचन है, बहुवचन नहीं। अत: स्पष्ट है एकवचन से बहुवचन-सूचक शब्दों में बदलने के नियम अलग-अलग हैं। विभक्तिरहित शब्दों तथा विभक्ति-सहित शब्दों के वचन निर्णय के अलग-अलग नियम इस प्रकार हैं—

अ. विभक्तिरहित बहुवचन बनाने के नियम

1. आकारान्त पुँल्लिंग संज्ञाओं के अन्तिम 'आ' स्वर को 'ए' में परिवर्तित करना, जैसे—लड़का-लड़के, कमरा कमरे, लोटा-लोटे, बकरा-बकरे, बच्चा-बच्चे, रास्ता-रास्ते, घोड़ा-घोड़े, केला-केले आदि।

अपवाद :—

(क) साला, भानजा, भतीजा, बेटा, पोता आदि आकारान्त सम्बन्धसूचक संज्ञाओं को छोड़कर शेष आकारान्त सम्बन्धवाचक संज्ञाएँ और उपनामवाचक तथा प्रतिष्ठावाचक पुँल्लिंग संज्ञाएँ दोनों वचनों में एक-सी रहती हैं, जैसे—आज्ञा, काका, मामा, लाला, पंडा, सूरमा आदि।

(ख) 'बाप दादा' संज्ञा का बहुवचन दोनों प्रकार का होता है; जैसे—'बाप दादे जो कर गए हैं, वही करना चाहिए।' 'उनके बाप दादा भेड़ की आवाज सुनकर डर जाते थे।' मुखिया, अगुआ, पुरखा आदि इसी प्रकार की संज्ञाएँ हैं।

(ग) संस्कृत की आकारान्त पुँल्लिंग संज्ञाएँ दोनों वचनों में एक-सी रहती हैं; जैसे—पिता, भ्राता, युवा, देवता, योद्धा, कर्त्ता आदि।

(घ) आकारान्त पुँल्लिंग संज्ञाओं को छोड़कर शेष पुँल्लिंग संज्ञाएँ दोनों वचनों में एक-सी रहती हैं, जैसे—

विद्वान	विद्‌वान	चौबे	चौबे
बालक	बालक	रासो	रासो
मुनि	मुनि	जौ	जौ
भाई	भाई	कोदों	कोदों
साधु	साधु	एक विद्वान आया	
डाकू	डाकू	कई विद्‌वान आए	

2. आकारान्त, उकारान्त तथा ओकारान्त स्त्रीलिंग संज्ञाओं के अन्त में 'एँ' प्रत्यय जोड़ने से, जैसे—माला-मालाएँ, लता-लताएँ, कन्या-कन्याएँ, ॠतु-ॠतुएँ, गौ-गौएँ आदि।
3. अकारान्त स्त्रीलिंग संज्ञा शब्दों के अन्तिम 'अ' स्वर को 'एँ' स्वर में बदलने से; जैसे—लहर-लहरें, पुस्तक-पुस्तकें, रात-रातें, आँख-आँखें।
4. इकारान्त और ईकारान्त स्त्रीलिंग शब्दों के अन्त में 'याँ' प्रत्यय जोड़ने से। मूल शब्द के अन्त में यदि दीर्घ 'ई' होगी तो बहुवचन बनाते समय ह्रस्व हो जाती है; जैसे—नारी-नारियाँ, नीति-नीतियाँ, नदी-नदियाँ, गति-गतियाँ, रोटी-रोटियाँ, कापी-कापियाँ, बोली-बोलियाँ, तिथि-तिथियाँ, लड़की-लड़कियाँ, डाली-डालियाँ आदि।
5. जिन स्त्रीलिंग शब्दों के अन्त में 'या' होता है, उन पर अनुनासिक चिह्न लगाकर बहुवचन बनाया जाता है, जैसे—चिड़िया-चिड़ियाँ, चुहिया-चुहियाँ, डिबिया-डिबियाँ, गुड़िया-गुड़ियाँ आदि।
6. सानुनासिक ओकारान्त और औकारान्त स्त्रीलिंग संज्ञाएँ दोनों वचनों में एक-सी रहती हैं, जैसे—जोखो, सरसों, गौं आदि।
7. उर्दू शब्दों के बहुवचन निम्न रूप में होते हैं—

(क) उर्दू के बहु प्रयुक्त शब्दों के बहुवचन में बहुधा हिन्दी प्रत्यय लगाए जाते हैं; जैसे—शाहजादा-शाहजादे, बेगम-बेगमें, शादी-शादियाँ, खाला-खालाएँ आदि।

(ख) अप्राणिवाचक संज्ञाओं में बहुधा 'आत' जोड़ा जाता है; जैसे—काग़ज, काग़जात, मकान-मकानात, देह-देहात, तसलीम-तसलीमात आदि।

(ग) प्राणिवाचक संज्ञाओं में बहुधा 'आन' जोड़ा जाता है; जैसे—साहिब-साहिबान, मालिक-मालिकान, गवाह-गवाहान, बिरादर-बिरादरान आदि ।

(घ) कई एक संज्ञाओं का बहुवचन अनियमित रूप से बनाया जाता है; जैसे—अमीर-उमरा, कायदा कवाइद, किताब-कुतब, हाल-अहवाल, खबर-अखबार, हर्फ-हुरूफ आदि।

(ङ) कई एक उर्दू आकारान्त संज्ञाएँ भी संस्कृत आकारान्त संज्ञाओं के समान दोनों वचनों में एक-सी रहती हैं, जैसे—सौदा-दरिया, मियाँ आदि।

8. जिन मनुष्यवाचक पुँल्लिंग संज्ञाओं के रूप दोनों वचनों में एक से रहते हैं,

उनके बहुवचन में बहुधा 'लोग' शब्द जोड़ देते हैं। साथ ही गण, जाति, जन, वर्ग आदि। समूहवाचक नाम भी बहुवचन के अर्थ में जोड़े जाते हैं, जैसे—ऋषि लोग, राजा लोग, साहिब लोग, बालकगण, तारागण, देव जाति, विद्वज्जन, पाठकवर्ग आदि।

9. पदार्थों की बड़ी संख्या, परिमाण या समूह सूचित करने के लिए जातिवाचक संज्ञाओं के प्रयोग बहुधा एकवचन में किए जाते हैं; जैसे—'मेले में केवल शहर का आदमी आया था', 'उसने बहुत रुपया पाया।' 'इस साल आम षहुत आया' आदि।

आ. विभक्तिसहित बहुवचन बनाने के नियम

कारक-चिह्न (विभक्ति ने, को, से, का, की, के, में, पर) का प्रयोग करते समय एकवचन शब्दों को बहुवचन में बदलने के नियम इस तरह हैं—

1. 'अकारान्त' और 'आकारान्त पुँल्लिंग शब्दों के अन्तिम स्वर को 'ओं' बदलना पड़ता है; जैसे—बालक-बालकों ने, बालकों को, बालकों से, बालकों—का, की, के, बालकों पर। लड़का-लड़कों ने, लड़कों को, लड़कों से, लड़कों का, की, के, लड़कों पर। इसी तरह कमरा-कमरों, डिब्बा-डिब्बों, मित्र-मित्रों, घर-घरों आदि।
2. कुछ आकारान्त पुँल्लिंग और सभी आकारान्त स्त्रीलिंग शब्दों के अन्त में 'ओं' जोड़ा जाता है; जैसे—
   राजा-राजाओं ने, राजाओं को, राजाओं से—
   कन्या-कन्याओं ने, कन्याओं को, कन्याओं से—
   माता-माताओं ने, माताओं को, माताओं से—
3. इकारान्त, ईकारान्त शब्दों के अन्त में 'यों' जोड़ा जाता है। अन्त में यदि दीर्घ 'ई' हो तो वह ह्रस्व हो जाती है; जैसे—
   पति-पतियों ने, पतियों को, पतियों से,—
   पत्नी-पत्नियों ने, पत्नियों को, पत्नियों से,—
   विधि-विधियों ने, विधियों को, विधियों से—
   नदी-नदियों ने, नदियों को, नदियों से—
   माली-मालियों ने, मालियों को, मालियों से—आदि।
4. 'उकारान्त' और 'ऊकारान्त' शब्दों के अन्त्य में 'ओ' जोड़ा जाता है और अन्त्य दीर्घ 'ऊ' ह्रस्व की जाती है। जैसे—
   हिन्दू-हिन्दुओं ने, हिन्दुओं को, हिन्दुओं से—
   वधु-वधुओं ने, वधुओं को, वधुओं से—
   पशु-पशुओं ने, पशुओं को, पशुओं से—
   भालू-भालुओं ने, भालुओं के, भालुओं से—
   उल्लू उल्लुओं ने, उल्लुओं को, उल्लुओं से—

5. सम्बोधन कारक में सभी बहुवचन रूपों का अन्तिम अनुस्वार हट जाता है। अरे लड़को, ओ लड़कियो, हे राजाओ, हे सज्जनो, भाइयो, बहनो, मित्रो आदि ।
6. 'बेटा' और 'बच्चा' संज्ञाएँ सम्बोधन कारक के एकवचन में बहुधा अविकृत रहती हैं; जैसे—'हे बेटा! तुम कहाँ हो?' 'अरे बच्चा, यहाँ आ।' आदि।

हिन्दी वचन तथा कारक प्रत्यय : व्युत्पत्तिगत परिचय

विभक्तिरहित तथा विभक्तिसहित वचन-बोधक हिन्दी प्रत्ययों के व्युत्पत्ति के सम्बन्ध में मतभेद है। प्रमुख विद्वानों की मान्यताओं के आधार पर इन प्रत्ययों का व्युत्पत्तिगत परिचय इस प्रकार दिया जा सकता है—

1. शून्य प्रत्यय—एकवचन में आकारान्त पुँल्लिंग के अविकारी तथा अन्यों के अविकारी, विकारी, सम्बोधन तथा बहुवचन में आकारान्तेतर पुँल्लिंग अविकारी में शून्य विभक्ति जोड़ी जाती है। पुँल्लिंगी व्यंजनान्त तथा कुछ स्वरान्त संज्ञा में प्रथमा एकवचन तथा बहुवचन रूप समान होते हैं, जैसे—घर अच्छा है, घर अच्छे हैं। यहाँ शून्य प्रत्यय है। इसकी व्युत्पत्ति संस्कृत प्रथमा एकवचन स् (:) से मानी जाती है। शौरसेनी प्राकृत में यह 'ओ' तथा 'उ' में परिवर्तित होकर आधुनिक भाषाओं में पदान्त स्वर लुप्त हो गया और प्रातिपदिक रूप ही शेष रहा।

2. एकवचन 'ए'—आकारान्त अविकारी पुँल्लिंग का विकारी एकवचन एकारान्त होता है; जैसे—घोड़ा-घोड़े ने, घोड़े से, घोड़े को आदि। यह 'ए' कर्म से लेकर सम्बोधन तक के सात और सपरसर्ग कर्त्ता, अर्थात आठों कारकों का प्रतिनिधित्व करता है। इसकी व्युत्पत्ति के सम्बन्ध में विवाद है। लेकिन इसका सम्बन्ध संस्कृत एकवचन 'स्य' तथा कुछ सर्वनामों में प्रयुक्त सप्तमी एकवचन स्मिन-जो प्राकृत काल में प्रभाव के कारण संज्ञा शब्दों में भी जोड़ा जाने लगा था—से मानते हैं। उनके अनुसार इनका प्रारूप हि, हे, ए, हिं था। प्राकृत के अको, अओ (घोटको, घोड़ओ) के साथ ये 'ह' के लोप के कारण अइ > ऐ > ए रूप में विकसित हुआ।

3. बहुवचन 'ए'—यह आकारान्त का अविकारी बहुवचन प्रत्यय है; जैसे—घोड़ा-घोड़े, लड़का-लड़के आदि। संस्कृत में इसके स्थान पर आः लग जाता था; जैसे—घोटकाः । 'ए' की व्युत्पत्ति विवादास्पद है। हॉर्नले तथा केलाक के अनुसार यह मूलतः एकवचन विकारी 'ए' ही है। उनके अनुसार एकवचन का बहुवचन में प्रयोग चल पड़ा है। डॉ. चटर्जी 'ए' का विकास क्रम इस तरह मानते हैं—सं. एभिः > अहि > अइ > ऐ > ए!

4. बहुवचन आँ, एं ँ—आँ का प्रयोग इकारान्त तथा ईकारान्त, ँ का इयान्त तथा एँ का प्रयोग अन्य स्त्रीलिंग शब्दों के साथ अविकारी बहुवचन में होता है। इनकी व्युत्पत्ति विवादास्पद नहीं है। वस्तुतः आँ, ँ , एँ एक ही है। इसका विकास संस्कृत से नपुंसक बहुवचन 'आनि' से हुआ है। (1) सं. आनि > आइं > प्रा. आँ > हि. आँ, (2) सं. आनि > प्रा. आइँ > हि. एँ।

5. बहुवचन 'ओं'—यह सभी विकारी बहुवचन रूपों में आता है। य, व श्रुति के कारण इसका रूप 'यों' एवं 'वों' भी हो जाता है। इसकी व्युत्पत्ति के सम्बन्ध में भी कोई विवाद नहीं। संस्कृत के षष्ठी बहुवचन आनाम से इसका विकास हुआ है; जैसे—सं. आनाम > पा. आनं > प्रा. अप. आणं, आण > अन > वन > हि औं, ओं।

6. बहुवचन 'ओ'—बहुवचन सम्बोधन में यह प्राय: सभी प्रकार के शब्दों के साथ प्रयुक्त होता है। इसके व्युत्पत्ति के सन्दर्भ में अधिकांश विद्वानों ने विचार ही नहीं किया। डॉ. भोलानाथ तिवारी इसकी व्युत्पत्ति का सम्बन्ध संस्कृत एकवचन शून्य विभक्ति से मानते हैं।

5.

कारक, विभक्तियों के प्रयोग

कारक तथा विभक्ति से तात्पर्य

संज्ञा या सर्वनाम के जिस रूप से वाक्य के अन्य शब्दों के साथ उनका सम्बन्ध सूचित हो, उसे 'कारक' कहते हैं। कारक शब्द का सामान्य अर्थ है—करनेवाला; जैसे—लाभकारक, गुणकारक आदि। व्याकरण के अन्तर्गत 'कारक' शब्द का अभिप्राय क्रिया से सम्बन्ध 'बतानेवाला' तत्त्व है। हम जानते हैं कि शब्द वाक्य में व्यवस्थित होकर ही किसी का स्पष्ट बोध करा सकते हैं। वाक्य में क्रिया का विशेष महत्त्व होता है; क्रिया केन्द्रीय पद है और वाक्य में प्रयुक्त संज्ञापद या सर्वनाम पद का उस क्रिया से कोई-न-कोई या किसी-न-किसी प्रकार का सम्बन्ध होता है। कोई क्रिया का कर्त्ता होता है, किसी को क्रिया का फल प्राप्त होता है, किसी स्थान में क्रिया होती है और किसी के लिए क्रिया होती है। शब्दों का निश्चित क्रम और आपसी सम्बन्ध ही वाक्यों को पूर्णता प्रदान करता है और इसी आधार पर वाक्य का अभिप्राय स्पष्ट होता है। इस प्रकार वाक्य में विभिन्न संज्ञा या सर्वनाम पदों के, क्रिया के साथ अथवा अन्य पदों के साथ, सम्बन्ध का बोध करानेवाला तत्त्व 'कारक' कहलाता है। इसी आधार पर कारक की परिभाषा इस प्रकार की जा सकती है—

"संज्ञा या सर्वनाम के जिस रूप से यह ज्ञात हो कि वाक्य में उसका क्या स्थान है और वाक्य के अन्य शब्दों से तथा विशेषत: क्रिया से उसका क्या सम्बन्ध है, उसे 'कारक' कहते हैं।"

कारकों के बोध के लिए संज्ञा या सर्वनाम के आगे जो प्रत्यय लगाए जाते हैं, उन्हें व्याकरण में विभक्तियाँ कहते हैं। विभक्ति से बना शब्द रूप 'विभक्त्यन्त शब्द' या 'पद' कहलाता है। विभक्ति से ही कारकों की पहचान होती है। हिन्दी कारकों की विभक्तियों के चिह्न इस प्रकार हैं—

विभक्ति	चिह्न	कारक
प्रथमा	ने, 0	कर्त्ता
द्वितीया	को	कर्म
तृतीया	के साथ, के द्वारा, से	करण
चतुर्थी	के लिए	सम्प्रदान
पंचमी	से (अलग)	अपादान

षष्ठी	का, की, के, रा, री, रे	सम्बन्ध
सप्तमी	में, पर, पै	अधिकरण
सम्बोधन	हे, अहो, अजी, अरे।	सम्बोधन

कारक तथा विभक्तियों का प्रयोग

किसी भी वाक्य में संज्ञा या सर्वनाम पदों के कई रूप और उनके परस्पर तथा क्रिया से कई प्रकार के सम्बन्ध हो सकते हैं। उनके सभी रूपों और पारस्परिक तथा क्रिया के साथ सम्बन्धों के मुख्य रूप से आठ रूप या प्रकार सम्भव हैं। इसी आधार पर कारकों के आठ भेद हैं–(1) कर्त्ता, (2) कर्म, (3) करण, (4) सम्प्रदान, (5) अपादान, (6) सम्बन्ध, (7) अधिकरण, (8) सम्बोधन।

1. कर्त्ता कारक— संज्ञा या सर्वनाम के जिस रूप से यह ज्ञात हो कि वह कार्य का करनेवाला है, से 'कर्त्ता कारक' कहते हैं, जैसे—

शिक्षक ने विद्यार्थियों को समझाया।

यहाँ 'समझना' क्रिया को करनेवाला 'शिक्षक' है, अत: 'शिक्षक ने' कर्त्ता कारक है। कर्त्ता कारक के साथ प्राय: 'ने' विभक्ति का प्रयोग होता है, लेकिन कभी-कभी 'ने' के बिना अर्थात 'शून्य' विभक्ति से भी कर्त्ता कारक का बोध होता है; जैसे—शिक्षक विद्यार्थियों को समझा रहा है। विभक्ति के लगने या न लगने के आधार पर कर्त्ता कारक के दो रूप होते हैं—(1) प्रत्यय कर्त्ता कारक, और (2) अप्रत्यय कर्त्ता कारक। जहाँ 'ने' विभक्ति नहीं लगती वह अप्रत्यय कर्त्ता कारक है, और जहाँ 'ने' विभक्ति लगती है, वहाँ प्रत्यय कर्त्ता कारक है।

कर्त्ता के 'ने' चिह्न का प्रयोग निम्न रूप में होता है।

1. जब क्रिया सकर्मक तथा सामान्य भूत, आसन्नभूत, पूर्णभूत, सन्दिग्ध भूत और हेतुहेतुमद्‌भूत कालों के कर्मवाच्य में हो तो 'ने' का प्रयोग होता है; जैसे—

आसन्नभूत	—	मोहन ने रोटी खाई।
पूर्णभूत	—	राम ने रोटी खाई थी।
सन्दिग्ध भूत	—	लक्ष्मण ने रोटी खाई होगी।
हेतुहेतुमद्‌भूत	—	सुभाष ने पुस्तक पढ़ी होती तो उत्तर ठीक होता।

2. जब संयुक्त क्रिया के दोनों खंड सकर्मक हों तो अपूर्ण भूत को छोड़कर अन्य सभी भूतकालों में कर्त्ता के साथ 'ने' का प्रयोग होता है; जैसे—

   राम ने खा लिया।

   मोहन ने उत्तर कह दिया।

   उक्त दोनों वाक्यों में 'खा लिया' और 'कह दिया' संयुक्त क्रियाएँ हैं। इसके दोनों खंड सकर्मक हैं।

3. अकर्मक क्रिया में प्राय: 'ने' विभक्ति नहीं लगती, परन्तु कुछ ऐसी अकर्मक क्रियाएँ हैं, जिनमें 'ने' चिह्न का प्रयोग अपवाद रूप में होता है; जैसे—नहाना,

छींकना, खाँसना, थूकना आदि। ऐसी क्रियाओं के बाद कर्म नहीं आता। उदाहरणार्थ- उसने नहाया। राम ने खाँसा। उसने छींका। आदि।

4. जब अकर्मक क्रियाएँ सकर्मक बन जायँ तो 'ने' चिह्न का प्रयोग होता है, अन्यथा नही; जैसे—राम ने लड़ाई लड़ी। राम ने टेढ़ी चाल चली।

5. प्रेरणार्थक क्रियाओं के साथ अपूर्ण भूत को छोड़कर शेष सभी भूतकालों में 'ने' का प्रयोग होता है; जैसे—मैंने उसे पढ़ाया। उसने एक रुपया दिलवाया।

निम्न रूप में 'ने' चिह्न का प्रयोग नहीं होता है—

(क) सकर्मक क्रियाओं के साथ वर्तमान और भविष्यकाल में 'ने' चिह्न का प्रयोग नहीं होता; जैसे—राम रोटी खाता है। राम रोटी खाएगा।

(ख) कुछ सकर्मक क्रियाओं; जैसे—बकना, बोलना, भूलना आदि के सामान्यभूत, आसन्नभूत, पूर्णभूत, सन्दिग्ध भूतकालों में अपवादस्वरूप कर्त्ता में 'ने' चिह्न का प्रयोग नहीं होता; जैसे—मैं बोला— मैं भूला। वह भूला। वह बका। आदि।

(ग) संयुक्त क्रिया का अन्तिम खंड यदि अकर्मक हो तो उसमें 'ने' का प्रयोग नहीं होता है; जैसे—

राम पुस्तक ले आया।
उसे रेडियो ले जाना है।
मैं खा चुका हूँगा।

(घ) जिन वाक्यों में लगना, जाना, सकना तथा चुकना सहायक क्रियाएँ आती हैं, उनमें 'ने' का प्रयोग नहीं होता; जैसे—

राम खा चुका। वह पानी पीने लगा।
मुझे बनारस जाना है।

2. कर्म कारक—संज्ञा या सर्वनाम के जिस रूप से यह ज्ञात हो कि उस पर क्रिया का फल पड़ रहा है, उसे 'कर्म कारक' कहते हैं; जैसे, ''शिक्षक ने विद्यार्थियों को समझाया।'' इस वाक्य में 'समझाने' क्रिया का फल विद्यार्थियों पर पड़ता है। अत: 'विद्यार्थियों को' कर्म कारक है। कर्म कारक की विभक्ति चिह्न 'को' है, लेकिन कभी-कभी इस चिह्न के बिना भी कर्म कारक का बोध होता है; जैसे, 'कृष्ण ने गीता सुनाई' इस वाक्य में 'गीता' कर्म कारक है, क्योंकि 'सुनाना' का फल अर्थात सीधा प्रभाव इस शब्द से स्पष्ट होता है। अत: स्पष्ट है कि कर्त्ता कारक के समान ही कर्म कारक भी दो रूपों में आता है—(1) प्रत्यय कर्म कारक, और (2) अप्रत्यय कर्म कारक ।

'को' विभक्ति चिह्न उस समय प्रयुक्त नहीं होता, जब कर्म कारक के निम्न अर्थ सूचित होते हैं—(1) मुख्य कर्म, (2) कर्म पूर्ति, (3) सजातीय कर्म, (4) अपरिचित या अनिश्चित कर्म।

उदाहरण : 1. गुरु शिष्य को गणित पढ़ाता है। (मुख्य कर्म)
2. राजा ब्राह्मण को गुरु समझता है। (कर्म पूर्ति)
3. वे ही यह नाच नाचते हैं। (सजातीय कर्म)
4. मैंने शेर देखा है। (अपरिचित या अनिश्चित कर्म)

'को' विभक्ति चिह्न उस समय प्रयुक्त होता है, जब कर्म कारक निम्न अर्थ सूचित करता है—(1) निंश्चित कर्म, (2) व्यक्तिवाचक, अधिकारवाचक तथा सम्बन्धवाचक कर्म में, (3) मनुष्यवाचक सार्वनामिक कर्म में; जैसे—

(क) चोर ने लड़के को मारा (निश्चित कर्म),

(ख) राजा ने ब्राह्मण को देखा। हम मोहन को जानते हैं। डाकू गाँव के मुखिया को खोजते थे। (व्यक्ति, अधिकार, सम्बन्धवाचक कर्म)

(ग) सिपाही तुमको पकड़ लेगा। (मनुष्यवाचक सार्वनामिक कर्म)

सर्वनाम पदों (मैं, तू, वह, हम, आप, उस, उन आदि) का कर्म कारक होने पर किसी स्थिति में तो उनके साथ 'को' विभक्ति का प्रयोग होता है, परन्तु किसी में विभक्ति का प्रयोग न होकर उसके स्थान पर 'ए' प्रत्यय का प्रयोग किया जाता है, केवल आप सर्वनाम के साथ 'को' विभक्ति का प्रयोग अवश्य होता है अर्थात विभक्ति के बिना सर्वनाम—के, हमें, उसे, तुझे, उन्हें, इसे, इन्हें आदि रूपों का प्रयोग होता है; जैसे—'मुझको उसकी तलाश थी।' वाक्य को 'मुझे उसकी तलाश थी' भी कहा जाता है।

यदि कर्म निर्जीव हो तो 'को' विभक्ति का प्रयोग नहीं होता। जैसे—राम चित्र बनाता है। कुछ कोयले ले आओ। सीता पत्थर तोड़ती है। आदि। निर्जीव कर्म के साथ प्रयुक्त 'को' चिह्न दिशासूचक होता है; जैसे—वह घर को गया ।

3. करण कारक—संज्ञा या सर्वनाम के जिस रूप से यह ज्ञात होता है कि वह क्रिया का 'साधन' है, अर्थात उसके द्वारा क्रिया हुई है, हो रही है या होगी, उसे 'करण कारक' कहते हैं; जैसे—'सब काम अपने हाथ से करो।' इस वाक्य में 'हाथ से' करण कारक है, क्योंकि वह कर्म का साधन है। इसका विभक्ति चिह्न 'से' है। साथ ही इसके लिए 'द्वारा', 'के द्वारा, का भी प्रयोग किया जाता है। जैसे—

चाकू से तरकारी काटो।
तुम तार द्वारा मुझे सूचित करना ।
राम को उसके साथ भेज दिया करो।
मुझे मोहन के द्वारा आपका सन्देश मिला।

यदि करण कारक बहुवचन में है तो कभी-कभी 'से' का प्रयोग नहीं भी होता है; जैसे—

अब आप खेल का आँखों देखा हाल सुनिए।
मैं इस काम को अपने हाथों करना चाहता हूँ।

4. सम्प्रदान कारक—संज्ञा या सर्वनाम के जिस रूप से यह ज्ञात होता है कि क्रिया (कार्य या व्यापार) उसके निमित्त या उसके लिए हुई है, या होगी, उसे सम्प्रदान कारक कहते हैं; 'जैसे—'मुन्ने को दूध दे दो'। इस वाक्य में क्रिया-व्यापार 'मुन्ने' के लिए हुआ है, इसलिए 'मुन्ने को' सम्प्रदान कारक है।

इसका विभक्ति चिह्न 'को' या 'के लिए' है। उदाहरणार्थ-

बच्चे को जूता पहनाओ।
राम के लिए पुस्तक लानी है।

जहाँ पर एक ही वाक्य में सम्प्रदान कारक में दो संज्ञाएँ आ जाती हैं, वहाँ दोनों के बाद 'को-को' या 'के लिए—के लिए' विभक्तियों का प्रयोग न करके एक के बाद 'को' तथा दूसरी संज्ञा के बाद 'के लिए' विभक्ति का प्रयोग होता है। उदाहरण 'पिता जी ने मुझको पैसे दिये और तुमको मिठाई रखी हुई है।' यह वाक्य 'पिता जी ने मुझको पैसे दिये और तुम्हारे लिये मिठाई रखी है।' अधिक समीचीन होगा।

5. अपादान कारक—संज्ञा या सर्वनाम के जिससे उसका किसी अन्य वस्तु, व्यक्ति, स्थान आदि से पृथक्ता अथवा तुलना का बोध हो, उसे 'अपादान कारक' कहते हैं। जैसे—'मजदूर छत से गिर पड़ा।' 'यह कपड़ा उससे सुन्दर है।' इन वाक्यों में 'छत से' और 'उससे' अपादान कारक है, क्योंकि इनसे क्रमश: पृथक्ता और तुलना का बोध होता है।

इसका विभक्ति चिह्न 'से' है। यह विभक्ति करण कारक के लिए प्रयुक्त 'से' अलग है। करण कारक की विभक्ति 'से' क्रिया के साधन-संकेत करती है, जबकि अपादान कारक में प्रयुक्त विभक्ति 'से' पृथक्ता या तुलना का बोध कराती है। जैसे—

चाकू से तरकारी काटो (करण कारक)
लड़का छत से गिर पड़ा। (अपादान कारक)
वह सब से अच्छा है। (अपादान कारक)

6. सम्बन्ध कारक—संज्ञा या सर्वनाम के जिस रूप से उसका वाक्य के अन्य शब्दों के साथ सम्बन्ध स्थापित होने का बोध हो, उसे 'सम्बन्ध कारक' कहते हैं। जैसे—'यह मेरे मित्र का मकान है।' इस वाक्य में मित्र का सम्बन्ध मकान से है, अत: 'मित्र का' सम्बन्ध कारक है।

सम्बन्ध कारक के लिए 'का, की, के' विभक्तियों का प्रयोग होता है, जैसे—

1. मोहन का ग्रन्थ   2. श्याम की बहन
3. सोने के कंगन

'आप' को छोड़कर शेष उत्तम पुरुषवाचक सर्वनाम (मैं. हम) और मध्यम पुरुषवाचक सर्वनाम (तू, तुम) के सम्बन्ध कारक में प्रयुक्त होने पर उनके साथ रा, री, रे विभक्ति जुड़ जाती है और उनका रूप भी कुछ बदल जाता है। जैसे—

1. मेरा घर, मेरे मित्र, मेरी बहन
2. हमारा घर, हमारे मित्र, हमारी बहन
3. तेरा घर, तेरे मित्र, तेरी बहन
4. तुम्हारा घर, तुम्हारे मित्र, तुम्हारी बहन

'आप' सर्वनाम के साथ 'का, की, के' विभक्ति का ही प्रयोग होता है। जैसे—आपका घर; आपके मित्र, आपकी बहन ।

सम्बन्ध कारक का अर्थ विशेषण के समान होता है; इसलिए कई लोग उसे कारक नहीं मानते। जैसे—

जंगल का जन्तु	=	जंगली जन्तु
घर का काम	=	घरेलू काम

7. अधिकरण कारक—संज्ञा या सर्वनाम के जिस रूप से यह ज्ञात हो कि वह वाक्य में प्रयुक्त क्रियापद का आश्रय या आधार है, उसे 'अधिकरण कारक' कहते हैं। जैसे—

बच्चे पार्क में खेल रहे हैं।
मैं छत पर बैठकर पढ़ूँगा।

इन वाक्यों में खेलने की क्रिया का आधार 'पार्क' है, अर्थात क्रिया 'पार्क' में हो रही है तथा दूसरे वाक्य में बैठकर पढ़ने की क्रिया 'छत' के आधार पर हो रही है। इसलिए यहाँ 'पार्क में' तथा 'छत पर' अधिकरण कारक है।

इसकी विभक्तियाँ हैं 'में' तथा 'पर'। अधिकरण कारक में आधार दो प्रकार का होता है—(1) भीतरी आधार और (2) बाहरी आधार। भीतरी आधार की विभक्ति 'में' है तथा बाहरी 'आधार की विभक्ति 'पर' है।

'में' विभक्ति का प्रयोग निम्न अर्थों में होता है—

1. भीतरी आधार : दूध में मिठास है।
2. मोल : यह पुस्तक पचास रुपये में खरीदी।
3. मेल तथा अन्तर : भाई-भाई में प्रीति है। उन दोनों में अनबन है।
4. कारण : व्यापार में उसे टोटा पड़ा।
5. निर्धारण : अन्धों में काना राजा ।
6. स्थिति : रोगी होश में नहीं ।
7. निश्चित काल की स्थिति : वह एक घंटे में अच्छा हुआ।

'पर' विभक्ति निम्न अर्थों को सूचित करने के लिए—

1. बाह्य आधार : नौकरों पर दया करो।
2. दूरता : एक कोस की दूरी पर।
3. कारण : अच्छे काम पर इनाम मिलता है।
4. अधिकता : दिन-पर-दिन भाव चढ़ रहे हैं।
5. निश्चित काल : एक-एक घंटे पर दवा दी जाय।
6. नियम पालन : लड़के माँ-बाप के स्वभाव पर होते हैं।
7. अनन्तरता : भूख लगने पर ही खाना चाहिए।

'अधिकरण कारक' की विभक्ति 'में' या 'पर' है, किन्तु कई अवस्थाओं में 'से' या 'पर' विभक्ति के बिना भी 'अधिकरण कारक' का बोध होता है; जैसे—

1. वर्षा होने से किसानों के घर सोना बरसेगा।
2. उस समय मैं सो रहा था।
3. मैं आपके गाँव पढ़ता हूँ।

'में', 'पर' इन विभक्तियों के स्थान पर कभी-कभी 'के भीतर', 'के बीच', 'के मध्य' आदि का भी प्रयोग किया जाता है। जैसे—

1. घर के भीतर छिपने से काम नहीं चलेगा।
2. यह भीड़ के बीच पहुँचकर चिल्लाया।
3. नदी के मध्य जाकर नौका डगमगाने लगी।

8. सम्बोधन कारक—संज्ञा या सर्वनाम के जिस रूप से उसे बुलाने, पुकारने या संकेत करने का बोध हो, उसे 'सम्बोधन कारक' कहते हैं, जैसे—

1. ए मोहन! कहाँ जा रहे हो?
2. हे भगवान! यह कैसा अन्याय है?
3. ओ लड़के! जरा इधर तो आओ।
4. अरे भाई! मेरी पूरी बात सुन लो ।

सम्बोधन कारक की विभक्तियाँ है—हे, अहो, अरे, अजी आदि। अन्य विभक्ति और इन विभक्तियों में एक महत्त्वपूर्ण अन्तर यह है कि अन्य विभक्तियाँ संज्ञा पदों के अन्त में जोड़ी जाती है, परन्तु सम्बोधन कारक की विभक्तियाँ संज्ञापदों के आरम्भ में ही लगती हैं।

सम्बोधन कारक के साथ आगे या पीछे बहुधा विस्मयादिबोधक आता है। कभी-कभी बिना विभक्तियों के भी सम्बोधन कारक का बोध हो सकता है, जैसे—

1. मोहन! कहाँ जा रहे हो?
2. भगवान! रक्षा करो!
3. लड़के! पहले मेरी बात तो सुन।
4. भाई ! पहले मेरी पूरी बात तो सुनो।

सम्बोधन कारक का सम्बन्ध क्रिया अथवा किसी दूसरे शब्द से नहीं होता, इसलिए सम्बोधन को कई लोग कारक नहीं मानते। पूर्व संकेत दिया जा चुका है कि यही स्थिति सम्बन्ध कारक की भी है। इसलिए इन दोनों को छोड़कर शेष छह को ही कुछ विद्वान कारक मानते हैं।

6.

वाक्य प्रयोग और अशुद्धियाँ

अर्थ-बोध के स्तर पर यद्यपि भाषा की मूल इकाई शब्द है, तथापि भाव-बोध और विचार-बोध के स्तर पर 'वाक्य' को भाषा की इकाई माना जा सकता है। हर शब्द एक अलग अर्थ-बोध देता है, परन्तु मात्र शब्दों को लिखने या बोलने से हमारे भाव या विचार व्यक्त नहीं हो सकते। शब्दों को एक व्यवस्थित क्रम में रखकर, लिंग, वचन, परसर्ग आदि की व्याकरणसम्मत रचना करने पर ही वाक्य बनता है और उससे हमारे भाव या विचार व्यक्त होते हैं।

वाक्य की परिभाषा

विभिन्न विद्वानों ने वाक्य की विभिन्न परिभाषाएँ दी हैं। उनमें से कुछ इस तरह हैं—

1. **भर्तृहरि** : 'पदे न वर्णा विद्यन्ते वर्णेष्वथवा न च।
वाक्यात् पदानागत्यन्तं प्रविवे को न कश्चना।'
2. **विश्वनाथ** : 'वाक्यं स्यात् योग्यताकांक्षासात्तयुक्त: पदोच्चय:।'
3. **जैमिनी** : 'अर्थैकत्वादेकं वाक्यं साकाक्षं चेद्विभागे स्यात्।'
4. **आ. देवेन्द्रनाथ शर्मा** : 'भाषा की न्यूनतम पूर्ण सार्थक इकाई वाक्य है।'
5. **डॉ. भोलानाथ तिवारी** : 'वह अर्थवान ध्वनि समुदाय जो पूरी बात या भाव की तुलना में अपूर्ण होते हुए भी अपने आप में पूर्ण हो तथा जिसमें प्रत्यक्ष या परोक्ष रूप से क्रिया का भाव हो, वाक्य है।'
6. **डॉ. भगीरथ मिश्र** : 'वाक्य वह शब्द समूह है, जिसके माध्यम से लिखकर अथवा बोलकर उसके भावों और विचारों को स्पष्टीकरण के साथ ही पाठक अथवा श्रोता को उसके अर्थ का ज्ञान कराया जाय।

वाक्य के अंग तथा भाग :

वाक्य के दो अनिवार्य अंग हैं—कर्त्ता और क्रिया । कर्त्ता के साथ उसके विशेषण रूप में पद अथवा पदबन्ध भी आ सकते हैं और क्रिया के साथ उसके पूरक, कर्म, कर्मपूरक तथा क्रिया विशेषण पद या पदबन्ध भी आते हैं, अत: कर्त्ता तथा क्रिया को क्रमश: उद्देश्य तथा विधेय नाम दिये जाते हैं। वाक्य के दो भाग हैं—

1. **उद्‌देश्य**—जिसके बारे में कुछ कहा जाय वह भाग उद्‌देश्य कहलाता है—

2. **विधेय** - जो कुछ कहा जाय उस भाग को विधेय कहा जाता है।

जैसे—'महात्मा मोहनदास करमचन्द गाँधी भारत के राष्ट्रपिता कहलाते हैं।' इस वाक्य में 'महात्मा मोहनदास करमचन्द गाँधी' उद्‌देश्य है तथा 'भारत के राष्ट्रपिता कहलाते हैं' विधेय है।

उद्‌देश्य के साथ आनेवाले शब्दों को 'उद्‌देश्य विस्तार' कहा जाता है तथा विधेय के वाक्यांश में कर्म, कर्म का विस्तार, पूरक, क्रिया और क्रिया का विस्तार आदि होता है, जो 'विधेय का विस्तार' कहलाता है। उक्त उदाहरण में 'भारत के, (कर्म का विस्तार), 'राष्ट्रपिता' (पूरक का कर्म) 'कहलाते हैं' (क्रिया) है।

वाक्य के तत्त्व

वाक्य में निम्नलिखित छह तत्त्व होना अनिवार्य है—

1. **सार्थकता**—वाक्य में सार्थक शब्दों का ही प्रयोग होना चाहिए।

2. **योग्यता**—वाक्य के शब्दों में अपने प्रकरण के अनुसार व्यक्त करने की क्षमता या योग्यता होनी चाहिए; जैसे—'गाय घास पीती है।' यह शब्द समूह वाक्य नहीं है, क्योंकि घास पीने का पदार्थ नहीं है। घास और पीती है दोनों साथ-साथ प्रयुक्त होने की योग्यता नहीं रखते, इसलिए सही वाक्य इस तरह हो सकता है—'गाय घास खाती है' या 'गाय पानी पीती है।'

3. **सन्निधान अथवा आसत्ति**—बोलते अथवा लिखते समय वाक्य के शब्दों में परस्पर आसत्ति अथवा निकटता आवश्यक है। थोड़ी-थोड़ी देर बाद, रुक-रुककर बोले गए शब्द वाक्य नहीं बनते। इसलिए वाक्य एक निरन्तर प्रवाह में लिखा या बोला गया होना चाहिए।

4. **आकांक्षा**—वाक्य अपने आप में पूर्ण होना चाहिए। उससे कुछ आकांक्षा प्रकट नहीं होना चाहिए; जैसे—'दिन में सोता है', इस वाक्य में क्रिया के कर्त्ता को जानने की जिज्ञासा बाकी रह जाती है। अत: पूर्ण वाक्य इस प्रकार होगा 'गार्ड दिन में सोता है।'

5. **पद-क्रम**—प्रत्येक भाषा में वाक्य के शब्दों में एक क्रम अपेक्षित होता है। उस क्रम का अनुसरण न करने पर कथ्य का अर्थ कुछ-का-कुछ हो जाता है। इसलिए क्रम का यथोचित पालन ही शब्दों को वाक्य में ढालता है।

6. **अन्वय**—क्रम की तरह ही वाक्य में पुरुष, लिंग, काल, कारक का क्रिया के साथ रूप का मेल होना आवश्यक है, नहीं तो वाक्य का अर्थ भ्रान्ति व्युत्पन्न करेगा। वाक्य में पुरुष लिंग, काल कारक के सही सम्बन्ध स्थापन को अन्वय कहा जाता है। यह अन्वय निम्नलिखित होते हैं—

(क) सर्वनाम और संज्ञा का अन्वय

(ख) विशेषण और विशेष्य का अन्वय

(ग) कर्त्ता और क्रिया का अन्वय

(घ) कर्म और क्रिया का अन्वय

(ङ) सम्बन्ध और सम्बन्धी का अन्वय

हिन्दी वाक्य-रचना के सामान्य नियम

व्याकरण सिद्ध पदों को क्रम से रखने और उन पदों का परस्पर सम्बन्ध स्पष्ट करने से वाक्य की रचना होती है। वाक्य-विन्यास के अन्तर्गत प्रमुख रूप से यही दो विषय आते हैं—पद-क्रम और अन्वय। हिन्दी वाक्य-रचना में पद-क्रम तथा वाक्य अन्वय के अपने नियम हैं। शुद्ध और सुन्दर वाक्य-रचना के लिए इनकी जानकारी आवश्यक है—

(क) पद-क्रम सम्बन्धी नियम

क्रम अथवा पद के अन्तर्गत किसी वाक्य के सार्थक शब्दों को यथास्थान रखा जाता है। इसके सामान्य नियम इस प्रकार हैं—

(1) वाक्य में सदैव कर्त्ता, कर्म और क्रिया क्रम से आने चाहिए। इसमें भी कर्म दो हों तो गौण कर्म पहले और प्रधान कर्म बाद में प्रयुक्त होना चाहिए; जैसे—'लीला आम खाती है।' इसमें लीला (कर्त्ता), आम (मुख्य कर्म), खाती है (क्रिया)। ऐसे ही 'लीला ने मम्मी को आम दिये' में लीला (कर्त्ता) मम्मी को (गौण कर्म), आम (मुख्य कर्म), दिये (क्रिया)।

(2) उद्देश्य अर्थात कर्त्ता के विस्तार को कर्त्ता के पहले और विधेय या क्रिया के विस्तार को क्रिया के पहले रखना चाहिए; जैसे—'परिश्रमी एवं मेधावी लड़के धीरे-धीरे पर अच्छी तरह से पढ़ते हैं।

(3) कर्त्ता और कर्म के बीच अधिकरण, अपादान, सम्प्रदान एवं करण क्रमश: आते हैं; जैसे—मैंने स्कूल में (अधिकरण) आलमारी से (अपादान) उसके लिए (सम्प्रदान) हाथ से (करण) पत्रिका निकाली।

(4) वाक्य के प्रारम्भ में सम्बोधन आता है; जैसे—हे ईश्वर, उस गरीब की रक्षा करो।

(5) वाक्य में विशेषण संज्ञा के पहले आता है; जैसे—उसकी सुन्दर कलम मेरे ही पास है।

(6) क्रिया विशेषण का प्रयोग क्रिया के पहले होता है; जैसे—अनिरुद्ध तेज दौड़ता है।

(7) उसी संज्ञा के पहले प्रश्नवाचक पंद रखा जाता है, जिसके बारे में कुछ पूछा जाय; जैसे—क्या राम पढ़ रहा है?

(8) केवल, सिर्फ, भी, तो, ही, तक, लेकर शब्दों के प्रयोग जिसके लिए प्रयुक्त हो रहे हों, उनके बाद आने चाहिए।

जैसे :—केवल पानी दो। सिर्फ चाचा आ रहे हैं।
वह भी आएगा। मैं ही खा रहा हूँ।

(9) जहाँ, वहाँ, जब, तहाँ आदि का प्रयोग वाक्य के शुरू में ही होना चाहिए, जैसे—जब वह आएगा, तब मैं जाऊँगा।

(10) पूर्वकालिक क्रियाएँ कर्म के साथ मुख्य क्रिया के पहले प्रयोग करनी चाहिए।
जैसे : 'राम और लक्ष्मण युद्ध जीतकर सीता को लेकर अयोध्या की ओर रवाना हुए।' इसमें मुख्य क्रिया रवाना हुए है तथा जीतकर, लेकर पूर्वकालिक क्रियाएँ हैं।

(11) योजक या समुच्चय बोधक, शब्दों या वाक्यों के मध्य में प्रयुक्त होते हैं।
जैसे : राधा और कृष्ण रास कर रहे हैं।
वह आ गया, किन्तु वह बेकार बैठा है।

(12) सम्बन्ध बोधक कारक संज्ञा और सर्वनामों के पश्चात में ही प्रयुक्त होते हैं; जैसे—राम का बँगला नदी के पास है।

(ख) अन्वय सम्बन्धी नियम

अन्वय में लिंग, वचन, पुरुष एवं काल के अनुसार वाक्य के पदों का एक-दूसरे से मेल अथवा सम्बन्ध दिखाया जाता है। वस्तुत: यह सम्बन्ध कर्त्ता-क्रिया का, कर्म-क्रिया का एवं संज्ञा सर्वनाम का होता है। इस सन्दर्भ में ध्यातव्य बातें इस प्रकार हैं—

अ. संज्ञा और सर्वनाम का अन्वय— (1) वाक्य में लिंग, वचन और पुरुष के अनुसार सर्वनाम उस संज्ञा का अनुसरण करता है, जिसके बदले उसका प्रयोग होता है; जैसे—इन्दिरा जी ने कहा—'मैं गरीबी हटाकर रहूँगी।'

(2) यदि अनेक संज्ञाओं के स्थान पर एक ही सर्वनाम आए, तो वह पुँल्लिंग बहुवचन में होगा; जैसे—राम, श्याम और मोहन यहाँ आ गए हैं, लेकिन वे कल ही चले जायँगे।

आ. विशेषण और विशेष्य का अन्वय— (1) प्राय: जो लिंग और वचन आदि विशेष्य के होते हैं, वही विशेषण के होते हैं;
जैसे : गोरा लड़का आया।
गोरी लड़की आई।
गोरे लड़के आए।

(2) स्त्रीलिंग में प्राय: विशेषण का बहुवचनान्त रूप कम प्रयुक्त होता है;
जैसे— नीली साड़ी नीली साड़ियाँ ।
बड़ी लड़की बड़ी लड़कियाँ ।

(3) जब विशेष्य कर्म कारक हो और विभक्ति चिह्नरहित हों तो विशेषण भी विभक्ति चिह्नरहित होता है; जैसे—राम ने अपना बाण छोड़ा।

(4) जब एक ही विशेषण अनेक विशेष्यों के लिए प्रयुक्त हो तो उसका और वचनादि पहले विशेष्य के अनुसार होता है; जैसे—नए मकान और कोठियाँ बन रहे हैं।

(5) यदि एक विशेष के पूर्व अनेक विशेषण हों तो सभी विशेषणों में विशेष्य के अनुसार परिवर्तन होगा; जैसे—एक लम्बा-सा, पतला-सा, गोरा-सा लड़का कल यहाँ आया था।

(6) जब कर्म विभक्ति-रहित हो तो विधेय-विशेषण कर्म के अनुसार होगा; जैसे—गाड़ी खड़ी कर दो।

(इ) कर्त्ता और क्रिया का अन्वय

(1) यदि वाक्य में कर्त्ता विभक्तिरहित है तो उसकी क्रिया के लिंग, वचन, पुरुष कर्त्ता के लिंग, वचन के अनुसार होंगे।

जैसे : सुतार कुर्सी बनाता है।

(2) यदि वाक्य में एक लिंग, वचन और पुरुष के अनेक विभक्तिरहित कर्त्ता हों और अन्तिम कर्त्ता के पहले 'और' संयोजक आया हो, तो इन कर्त्ताओं की क्रिया उसी लिंग के बहुवचन में होगी।

जैसे : शीला, सीता और श्याम अजमेर जायँगे।

(3) यदि वाक्य में दो भिन्न लिंगी के कर्त्ता हों और दोनों द्वन्द्व समास के अनुसार प्रयुक्त हों तो उनकी क्रिया पुँल्लिंग बहुवचन में होगी।

जैसे : माता-पिता गए।
राजा-रानी सो गए।

(4) यदि वाक्य में अनेक कर्त्ताओं के बीच विभाजक समुच्चय बोधक अव्यय 'या' अथवा 'वा' रहे तो क्रिया अन्तिम कर्त्ता लिंग और वचन के अनुसार होगी।

जैसे : राम और सीता लीला करते हैं।
बकरी और शेर पानी पीते हैं।

(5) यदि वाक्य में दोनों लिंगों और वचनों के अनेक कर्त्ता हों तो क्रिया बहुवचन में होगी एवं उसका लिंग अन्तिम कर्त्ता के अनुसार होगा।

जैसे : एक लड़का, दो लड़कियाँ तथा अनेक बूढ़े पुरुष आ रहे हैं।

(ई) कर्म और क्रिया का अन्वय

(1) यदि कर्त्ता और कर्म दोनों विभक्ति चिह्नों से युक्त हों तो क्रिया सदा एकवचन, पुँल्लिंग और अन्य पुरुष में होगी।

जैसे : लड़कियों ने लड़कों को ध्यान से देखा।

(2) यदि एक ही लिंग और वचन के अनेक प्राणि-अप्राणिवाचक कर्म एक साथ वचन में आएँ तो क्रिया भी एकवचन में होगी।

जैसे : उसने एक बैल और एक गाय खरीदी।

(3) यदि एक ही लिंग और वचन के अनेक प्राणि प्राणिवाचक अप्रत्यय कर्म एक साथ आयें तो क्रिया उसी लिंग में बहुवचन में होगी।

जैसे : राम ने गाय और भैंस मोल ली।

(4) यदि वाक्य में भिन्न-भिन्न लिंग के अनेक अप्रत्यय कर्म आएँ और वे 'और' से जुड़े हों तो क्रिया अन्तिम कर्म के लिंग और वचन में होगी।

जैसे : उसने पापड़ और रोटी खाई।

(5) यदि कर्त्ता 'को' प्रत्यय से युक्त हो और कर्म के स्थान पर कोई क्रियार्थक संज्ञा आए तो क्रिया सदा एकवचन, पुँल्लिंग और अन्य पुरुष में होगी।

जैसे : सीता को रसोई बनाना नहीं आता।

(6) यदि वाक्य में कर्त्ता 'ने' विभक्ति युक्त हो और कर्म की विभक्ति 'की' न हो तो उसकी क्रिया कर्म के लिंग, वचन और पुरुष के अनुसार होगी।

जैसे : विमला ने किताब पढ़ी।

(उ) सम्बन्ध और सम्बन्धी अन्वय

(1) सम्बन्ध कारक के विभक्ति-चिह्न में वही लिंग और वचन होते हैं, जो सम्बन्धी शब्द के होते हैं।

जैसे : बालक का खिलौना। बालक की गुड़िया।

(2) जब सम्बन्धी शब्द अकारान्त पुँल्लिंग और विभक्ति सहित हों तो सम्बन्ध कारक में बहुवचन के समान परिवर्तन होता है।

जैसे : मेरे लड़के को छोड़ दो।

(3) जब अनेक सम्बन्धी हों तो सम्बन्ध कारक चिह्न अन्तिम सम्बन्धी के अनुसार होगा।

वाक्य-प्रयोग : अशुद्धियों का निराकरण

स्थूल रूप में वाक्य-प्रयोग के शब्द-चयन, शब्द-क्रम तथा अन्वय में गड़बड़ी वाक्य को अशुद्ध बना देती है। इससे वाक्य के अभिप्राय को समझने में दिक्कत होती है। इस तरह की अशुद्धियों से बचने के लिए निम्न बातों पर ध्यान देना चाहिए।

1. सही, सार्थक शब्द प्रयोग—अपने प्रतिपाद्य के अनुरूप सही, सार्थक शब्दों का आपने मेरे पत्र का कोई उत्तर नहीं दिया। इस वाक्य में 'शोक' सही या सार्थक शब्द नहीं है, क्योंकि सामान्य कष्ट के लिए शोक शब्द का प्रयोग नहीं होता, अतः शुद्ध वाक्य होगा—'खेद है कि आपने मेरे पत्र का कोई उत्तर नहीं दिया।'

2. वाक्य-रचना के नियमों का निर्वहन—हिन्दी की वाक्य-रचना में पद-क्रम के विशेष नियम हैं जिनका निर्वहन अनिवार्य होता है, जैसे—हिन्दी वाक्य रचना में कर्त्ता-कर्म-क्रिया का क्रम रहता है, उसी के अनुरूप वाक्य-रचना शुद्ध कहलाएगी। जैसे 'कृष्ण ने अर्जुन को गीता सुनाई'–यह शुद्ध वाक्य है, इसे 'गीता सुनाई कृष्ण ने अर्जुन को' लिखना अशुद्ध होगा। हर भाषा के अपने व्याकरणगत नियम होते हैं, जैसे—'अन्वय' है। वाक्य में सर्वनाम और संज्ञा, विशेषण और विशेष्य, कर्त्ता और क्रिया, कर्म और क्रिया तथा सम्बन्ध और सम्बन्धी का विशेष अन्वय होता है, उसका निर्वाह करना अनिवार्य होता है। लिंग, वचन आदि के सम्बन्ध में होनेवाली अशुद्धियाँ इसके प्रति अज्ञान या असावधानी बरतने से ही होती हैं।

3. परसर्ग अथवा विभक्तियों का सही प्रयोग—हिन्दी में संज्ञा या सर्वनाम शब्दों के बाद विभक्ति लगाने का नियम है और कौन-सी विभक्ति कब और कौन से शब्द के आगे या पीछे जुड़ती है, इसके भी नियम हैं जिसका अध्ययन कारकों में किया जाता है। विभक्तियों का प्रयोग सही और कारकों के अनुरूप ही होना चाहिए।

4. विशेषण—विशेष्य आदि का ध्यान—किसी संज्ञा के रूप-गुण या उसकी अच्छाई-बुराई आदि बतानेवाले विशेषण का प्रयोग उस संज्ञा शब्द (जिसे विशेष्य कहते हैं, अर्थात जिसकी विशेषता बताई जाय) से पहले किया जाता है; जैसे—'गर्म चाय का एक प्याला लाओ।' इस वाक्य को 'चाय का एक गर्म प्याला लाओ' इस रूप में प्रस्तुत करना अशुद्ध है, क्योंकि 'गर्म चाय का विशेषण होना चाहिए, प्याली का नहीं। इसी प्रकार क्रिया-विशेषण (धीरे, यहाँ, कब आदि) का प्रयोग उन क्रिया शब्दों से पूर्व किया जाता है, जिनकी कोई विशेषता (अर्थात क्रिया कब, कहाँ, कैसे हुई, हो रही है या होगी) बताई जाय, जैसे—'आप बम्बई कब जायँगे?' 'मैं तब जाऊँगा जब तुम यहाँ आ जाओगे।' 'तब तक तुम वहाँ रहें और मैं यहाँ रहूँगा।' अथवा 'खरगोश धीरे चलता है, किन्तु हिरण तेज दौड़ता है' इन्हीं वाक्यों को 'धीरे खरगोश चलता है' अथवा 'तब मैं जाऊँगा तुम जब आओगे' आदि लिखना अशुद्ध होगा।

5. वाक्य से अभिप्रेत अर्थ के अनुसार उसकी रचना—अर्थ की दृष्टि से वाक्य कई प्रकार के होते हैं; जैसे—विध्यात्मक (मैं कल बम्बई जा रहा हूँ।), निषेधात्मक (मैं कल बम्बई नहीं जा रहा हूँ।), प्रश्नार्थक (आप कल बम्बई जा रहे हैं?), आज्ञा-वाचक (तुम कल बम्बई चले जाना।) आदि। वक्ता या लेखक को अपने वास्तविक अभिप्राय के अनुरूप वाक्य-रचना करनी चाहिए।

6. भाषा की प्रकृति के अनुकूल सुगठित वाक्य-रचना—कभी-कभी दूसरी भाषा से प्रभावित होने के कारण लेखक या वक्ता इस भाषा की प्रकृति के प्रतिकूल और शिथिल वाक्य रचना कर जाते हैं; जैसे—'देहातों में हफ्ते में एक बार डाक बाँटना देशी भाषाओं को फैलाने में महान संकट है।' यह वाक्य हिन्दी की प्रकृति के अनुकूल नहीं है, साथ ही वाक्य-रचना में वह गठन नहीं, जिससे सहज रूप में अर्थ बोध हो। शुद्ध वाक्य इस तरह होगा—'हफ्ते में एक बार डाक बाँटना देशी भाषाओं के पत्रों के प्रचार में बाधक है।'

7. बोधगम्य वाक्य-रचना— कभी-कभी असावधानी के कारण और कभी-कभी जान-बूझकर वाक्य इतने क्लिष्ट बनाए जाते हैं कि उनमें भ्रमात्यकता तथा जटिलता का दोष आ जाता है; जैसे—'रोता धोता विकल बनता, एक अमीर बूढ़ा, दीनों के वचन कहता पास अक्रूर के आ।' इस वाक्य के 'बनता' शब्द को पढ़कर भ्रम होता है कि बूढ़ा, अमीर स्वयं दुख मग्न नहीं था, वरन केवल दूसरों को दिखाने के लिए उसे 'विकल' बनना पड़ा है। इससे बढ़कर एक. और वाक्य देखिए-'पानी से भी जो बदतर हो पैदा ऐसी आग न कर।' इसमें जटिलता की परिसीमा है। अप्रचलित शब्द प्रयोग, नवीनता के आग्रह के लिए प्रयुक्त दुरूह तथा असंगत विशेषण प्रयोग आदि से वाक्य बोधगम्यता खो जाते हैं।

8. पुनरुक्ति से मुक्त वाक्य-रचना— कभी-कभी शब्दों की निरर्थक पुनरावृत्ति की जाती है; जैसे—'चोरी के बाद केवल वस्त्र मात्र बचे हैं। यहाँ केवल-मात्र समानार्थी शब्दों की पुनरावृत्ति हुई है। शुद्ध वाक्य इस प्रकार होगा—'चोरी के बाद वस्त्र मात्र बचे हैं।'

9. आकांक्षा की निवृत्ति— आकांक्षा निवृत्ति से ही वाक्य पूर्णता को प्राप्त कर सकता है। अत: वाक्य इस तरह होना चाहिए कि कथ्य को पूरी तरह से व्यक्त करें। जैसे 'दिन को सोता है' वाक्य से कथ्य स्पष्ट नहीं होता, लेकिन जब यह कहा जाय 'गार्ड दिन को सोता है।' तब कथ्य स्पष्ट होता है अर्थात वाक्य में पूरा पद-बन्ध होना चाहिए।

वाक्य-प्रयोग की सामान्य भूलें

हमारे वाक्य-प्रयोग में होनेवाली निम्नलिखित भूलों से बचने का प्रयास करें तो वाक्य की कुछ अशुद्धियों का निराकरण हो सकता है—

1. 'बाद' और 'पीछे' का प्रयोग— काल का अन्तर बतलाने के लिए 'बाद' का प्रयोग होता है तथा स्थान का अन्तर सूचित करने के लिए 'पीछे' का प्रयोग होता है। जैसे—

राम के बाद श्याम आया।
श्याम का घर पीछे छूट गया।

2. 'पर' और 'ऊपर' का प्रयोग— दोनों का प्रयोग व्यक्ति और वस्तु के लिए होता है, लेकिन सामान्य ऊँचाई के लिए 'पर' और विशेष ऊँचाई के लिए 'ऊपर' का प्रयोग होता है। यों हिन्दी में 'ऊपर' की अपेक्षा 'पर' का प्रयोग ही अधिक होता है। जैसे—'इस पहाड़ के ऊपर एक मन्दिर है।' 'टेबल पर पुस्तक रखी है।'

3. 'सब' और 'लोग' का प्रयोग— प्राय: दोनों का बहुवचन में प्रयोग होता है। कभी-कभी 'सब' का समुच्चय-रूप में एकवचन में प्रयोग होता है। जैसे—'आपका सब काम गलत होता है।' हिन्दी में 'सब' समुच्चय और संख्या दोनों का बोध कराता है, जबकि 'लोग' सदा बहुवचन में प्रयुक्त होता है। जैसे—'लोग आ रहे हैं।' कभी-कभी 'सब लोग' का प्रयोग बहुवचन में होता है। जैसे—'सब लोग उनका आदेश मानते हैं।'

4. 'प्रत्येक' 'कोई' 'किसी' का प्रयोग— इनका प्रयोग सर्वदा एकवचन में होता है, बहुवचन में प्रयोग करना अशुद्ध है। जैसे—प्रत्येक आदमी पहले रोटी चाहता है। मेरा कोई काम रुकता नहीं। यहाँ किसी का वश नहीं चलता। किसी ने कहा था। कोई आ रहा है। ध्यान देने की बात है कि 'कोई' और 'किसी' के साथ 'भी' का प्रयोग नहीं होता है।

5. द्वारा का प्रयोग— जब किसी व्यक्ति के माध्यम में कोई काम होता है तो संज्ञा के बाद 'द्वारा' का प्रयोग होता है, लेकिन वस्तु (संज्ञा) के बाद 'से' लगता है।

जैसे : राम द्वारा यह कार्य पूर्ण हुआ। युद्ध से देश बर्बाद हो जाता है।

6. व्यक्तिवाचक संज्ञा और क्रिया का मेल— यदि व्यक्तिवाचक संज्ञा कर्त्ता है तो उसके लिंग और वचन के अनुसार क्रिया के लिंग और वचन होंगे।

जैसे : काशी हमारी संस्कृति का केन्द्र मानी जाती है।
(यहाँ कर्त्ता स्त्रीलिंग है।)
पहले कलकत्ता भारत की राजधानी थी।
(यहाँ कर्त्ता पुँल्लिंग है।)

7. समयसूचक समुच्चय का प्रयोग— ये वाक्य शुद्ध हैं—'चार बजा है।' 'दस बजा है।' इनमें चार और दस बजने का बोध समुच्चय में हुआ है। अतः ये वाक्य अशुद्ध हैं—'चार बजे हैं।' 'दस बजे हैं।''

8. नए, नये, नई, नयी का शुद्ध का प्रयोग— जिस मूल शब्द का अन्तिम वर्ण 'या' है, उसका बहुवचन 'ये' होगा; अतः 'नया' का बहुवचन 'नये' और 'स्त्रीलिंग' 'नयी' होगा। नए और नई अशुद्ध है।

9. गए, गई, गये का शुद्ध प्रयोग— यहाँ भी गए, गई अशुद्ध शब्द है। वस्तुतः 'नया' के समान 'गया' मूल शब्द है। इसका बहुवचन 'गये' और स्त्रीलिंग 'गयी' होंगे।

10. हुए, हुये, हुयी, हुई का शुद्ध प्रयोग— एकवचन में मूल शब्द 'हुआ' है। इसका बहुवचन 'हुए' होगा, 'हुये' नहीं। 'हुए' का स्त्रीलिंग 'हुई' होगा, 'हुयी' नहीं। अतः शुद्ध रूप 'हुए' और 'हुई' है।

11. किए, किये का शुद्ध प्रयोग— यहाँ 'किया' मूल शब्द है, जिसका बहुवचन 'किये' होगा, 'किए' नहीं।

12. चाहिए, चाहिये का प्रयोग— अव्यय विकृत नहीं होता और 'चाहिए' अव्यय है। अतः 'चाहिए' शुद्ध रूप है।

13. इसलिए, इसलिये— 'इसलिए' भी अव्यय है। अतः यही शुद्ध रूप है— 'इसलिए'।

14. लिए, लिये का शुद्ध प्रयोग— यह दोनों रूप शुद्ध हैं। जहाँ अव्यय के रूप में प्रयोग होगा, वहाँ 'लिए' आयेगा; जैसे—'उसने मेरे लिए कठिन परिश्रम किया।' लेकिन क्रिया के अर्थ में 'लिये' ही आयेगा, क्योंकि इसका मूल शब्द 'लिया' है।

15. 'न', 'नहीं', 'मत' का प्रयोग

(1) जब 'दो' या 'दो' से अधिक बातों, वस्तुओं या व्यक्तियों में निषेध करना हो तो 'न' का प्रयोग होता है। जैसे—मेरे पास न लोटा है, न थाली ।

(2) 'न' का प्रयोग प्रश्नवाचक अव्यय, विधि क्रिया और सम्भाव्य भविष्य में भी होता है। जैसे—तुम कल आये थे न? (प्रश्नवाचक अव्यय), 'दूसरे का धन न लो, न लो; न दो।' (विधि क्रिया), ऐसा न हो कि वह चला जाय। (सम्भाव्य भविष्य)।

(3) 'न' सामान्य निषेध का सूचक है, जबकि 'नहीं' निश्चित निषेध को सूचित करता है। जैसे—'वह नहीं आयेगा ।'

(4) सामान्य रूप में 'नहीं का प्रयोग सामान्य वर्तमान, तात्कालिक वर्तमान, आसन्न भूत और किसी प्रश्न के उत्तर में होता है। जैसे—'वह नहीं जाता।' 'राम नहीं आ रहा है।' 'उसने इस वर्ष होली नहीं मनायी।' 'मैंने रुपये नहीं दिये।'

(5) 'मत' का प्रयोग विधि, आज्ञा, प्रार्थना, अनुमति आदि के अर्थ में होता है। जैसे—'झूठ मत बोलो।' 'यहाँ मत आना।' 'उस तरह का काम मत करो।' 'यहाँ मत आओ।'

वाक्य-प्रयोग की अशुद्धियाँ : कुछ उदाहरण

अशुद्ध वाक्य-प्रयोग	शुद्ध वाक्य-प्रयोग
1. बन्दूक एक बहुत ही उपयोगी शस्त्र है।	बन्दूक एक बहुत ही उपयोगी अस्त्र है।
2. श्रीकृष्ण के अनेकों नाम हैं।	श्रीकृष्ण के अनेक नाम हैं।
3. चोरी होने पर केवल तन के वस्त्र मात्र बचे है।	चोरी होने पर तन के वस्त्र-मात्र बचे थे। अथवा, चोरी होने पर केवल तन के वस्त्र बचे थे।
4. एक गाय, दो घोड़े और एक बकरी मैदान में चर रही हैं।	एक गाय, दो घोड़े और एक बकरी मैदान में चर रहे हैं।
5. बाघ और बकरी एक घाट पानी पीती है।	बाघ और वकरी एक घाट पानी पीते हैं।

(नियम योग वाक्य में दोनों लिंग के एकवचन के विभक्तिरहित अनेक कर्त्ता और व्यंग्य अर्थ में व्यवहृत किसी अन्य अव्यय से संयुक्त हों तो क्रिया प्रायः बाह्य और व्यंग्य होगी।)

अशुद्ध वाक्य-प्रयोग	शुद्ध वाक्य-प्रयोग
6. उसने उनके गले में गेंदे की माल डाली।	उसने उनके गले में गेंदे की एक माला डाल दी।
7. कई रेलवे के कर्मचारियों की गिरफ्तारी हुई।	रेलवे के कई कर्मचारियों की गिरफ्तारी हुई।
8. मुझे सन्देह है कि युद्ध 1944 के पहले हो जाएगा।	मैं समझता हूँ कि युद्ध 1944 से पहले हो जाएगा।

(द्रष्टव्य : अशुद्ध वाक्य अंग्रेजी के शाब्दिक अनुवाद की देन है।)

अशुद्ध वाक्य-प्रयोग	शुद्ध वाक्य-प्रयोग
9. वह दंड देने के योग्य है।	वह दंड पाने के योग्य है। वह दंडनीय है।
10. इस दुकान पर अनार, सन्तरे और अंगूर का शरबत मिलता है।	इस दुकान में अनार, सन्तरे और अंगूर के शरबत मिलते हैं।

11. कुर्त्ता दरबान की तरह दुम हिलाता हुआ दरवाजे पर खड़ रहता है।	कुत्ता दुम हिलाता हुआ दरबान की तरह दरवाजे पर खड़ा रहता है।
12. छात्रों ने पंडित नेहरू को अभिनन्दन पत्र प्रदान किया था।	छात्रों ने पंडित नेहरू को अभिनन्दन-पत्र अर्पित किया था।
13. भारत सरकर ने श्रीमती रुक्मिणी अरुंडेल को 'भारत-विभूषण' की पदवी अर्पित की।	भारत सरकार ने रुक्मिणी अरुंडेल को 'भारत-विभूषण' की पदवी प्रदान की।

(द्रष्टव्य : बड़ों द्वारा दिये गए पुरस्कार या आशीर्वाद के अर्थ में 'प्रदान' शब्द का ही प्रयोग होता है।)

14. शेक्सपियर के नाट्य-दृश्यों का प्रयोग होना चाहिए।	शेक्सपियर के नाटकों का अभिनय होना चाहिए।
15. मैं गाने की कसरत कर रहा हूँ।	मैं गाने का रियाज या अभ्यास कर रहा हूँ।
16. वह गीत की दो-चार लड़ियाँ गाती है।	वह गीत की दो-चार लड़ियाँ गाती है।
17 हमारी सौभाग्यवती कन्या का विवाह होने जा रहा है।	हमारी आयुष्मती कन्या का विवाह होने जा रहा है।

(द्रष्टव्य : विवाह के बाद ही कन्या 'सैभाग्यवती' होती है, पहले नहीं।)

18. वहाँ भारी-भरकम भीड़ जमा थी।	वहाँ भारी भीड़ लगी थी।
19. शोक है कि आपने मेरे पत्रों का कोई उत्तर नहीं दिया।	खेद है कि आपने मेरे पत्रों का कोई उत्तर नहीं दिया।
20. साहित्य और जीवन का पोर सम्बन्ध है।	साहित्य और जीवन का अभिन्न सम्बन्ध है।
21. आपका पत्र सधन्यवाद या धन्यवाद सहित मिला।	आपका पत्र मिला। धन्यवाद।

(द्रष्टव्य : 'धन्यवाद' के अशुद्ध प्रयोगवाले वाक्य का अर्थ हो जायगा—पत्र तो मिला ही, साथ में धन्यवाद भी मिला।)

22. लड़ाई के द्वारा लोगों ने खूब धन कमाया।	लड़ाई के समय लोगों ने खूब धन कमाया।
23. पैसा इसलिए नहीं है, क्योंकि लोग बेरोजगार हैं।	पैसा इसलिए नहीं है कि लोग बेरोजगार हैं।
24. बहुत बहुत भारी सम्मान हुआ।	उनका बहुत सम्मान हुआ।

25. पति-पत्नी के झगड़े का हेतु क्या हो सकता है?	पति-पत्नी के झगड़े का क्या कारण हो सकता है?

(द्रष्टव्य : 'हेतु' विशिष्ट अर्थ में और 'कारण' साधारण अर्थ में प्रयुक्त होता है। 'हेतु' का मुख्य अर्थ है—वह उद्‌देश्य जिससे कोई कार्य किया जाय।)

26. दो दिन की बदली के पीछे आज सूरज निकला है।	दो दिन की बदली के बाद या उपरान्त आज सूरज निकला है।
27. शत्रु मैदान से दौड़ा खड़ा हुआ।	शत्रु मैदान से भाग खड़ा हुआ।
28. लड़का मिठाई लेकर भागता हुआ घर आया।	लड़का मिठाई लेकर दौड़ता हुआ घर आया।

(द्रष्टव्य : 'भागना' भय या आशंका और 'दौड़ना' साधारण अर्थ में लिया जाता है।)

29. भावी महासमर विश्व की सर्वप्रमुख समस्या है।	भावी महासमर विश्व में सबसे बड़ी समस्या है।

(द्रष्टव्य : अंग्रेजी में जो अर्थ 'वर्ल्ड' और 'यूनिवर्स' का है, उन्हीं अर्थों में क्रमश: 'संसार' और 'विश्व' का प्रयोग होता है।)

30. इस समय आपकी आयु चालीस वर्ष की है।	इस समय आपकी अवस्था चालीस वर्ष की है।

(द्रष्टव्य 'आयु समस्त जीवन काल को और 'अवस्था' साधारण 'वय' या उम्र को कहते हैं।)

31. दुश्मनों ने प्रत्येक क्षेत्रों पर अधिकार जमा लिया।	दुश्मनों ने प्रत्येक क्षेत्र पर अधिकार जमा लिया।
32. करीम ने रहीम पर कठोर कुठाराघात किया।	करीम ने रहीम पर कुठाराघात किया।
33. पुलिस ने हरि में आरोप लगाया।	पुलिस ने हरि पर आरोप लगाया।
34. उसकी पुलाव बड़ी लजीज है।	उसका पुलाव बहुत लजीज है।
35. एक प्रलयी प्रचंड हुंकार हुआ।	एक प्रलयंकर हुंकार हुआ।

(द्रष्टव्य : 'प्रलय' का विशेषण प्रलयंकर है, प्रलयी नहीं।)

36. मैं तुम्हें अच्छी-अच्छी बातें बताऊँगा।	मैं तुम्हें अच्छी-अच्छी बातें बतलाऊँगा।
37. मेरा नाम श्री आनन्द कुमार जी है।	मेरा नाम आनन्द कुमार है।

(द्रष्टव्य : अपने नाम के पहले और अन्त में क्रमश: 'श्री' और 'जी' लगाना अहंकार और शिष्टाचारहीनता का परिचय देना है।)

38. मेरे प्रस्तोता श्री मोहन लाल हैं।	मेरे प्रस्तावक श्री मोहनलाल हैं।

(द्रष्टव्य : 'प्रस्तोता' अप्रचलित शब्द है।)

39. कालिदास ने कुमुद का वर्णन शरत् काल में किया है।	कालिदास ने कुमुद का उल्लेख शरत् काल के वर्णन में किया है।
40. मैं इसका वह अर्थ नहीं लगाता जो कि आप लगाते हैं।	मैं इसका वह अर्थ नहीं लगाता जो आप लगाते हैं।

(द्रष्टव्य : यहाँ 'कि' के प्रयोग से 'अधिक पदत्व' का दोष आता है।)

41. वे महर्षि धन्य हैं कि जिन्होंने ये ग्रन्थ बनाए।	वे महर्षि धन्य हैं जिन्होंने ये ग्रन्थ बनाये।
42. अभंग एक प्रकार का मराठी छन्द है।	अभंग एक मराठी छन्द है।

(द्रष्टव्य : यहाँ 'प्रकार का' अप प्रयोग है। अत: यहाँ अधिक पदत्व दोष है।)

43. उन्होंने इस बात पर आपत्ति प्रकट की।	उन्होंने इस बात पर आपात्ति की।
44. कवियों को काव्य के करते समय ही यह आनन्द मिलता है।	कवियों को काव्य करते समय ही यह आनन्द मिलता है।
45. जबरदस्ती से सरकार जो चाहे सो कराए।	सरकार जबर्दस्ती जो चाहे सो कराए।
46. मैं समझता हूँ कि वह यहाँ जरूर गया रहा होगा।	मैं समझता हूँ कि वह वहाँ जरूर गया होगा।
47. बेटी, आज तुम ससुराल जा रही हो, अत: जाओ और सुखी रहो।	बेटी, आज तुम ससुराल जा रही हो। जाओ और सुखी रहो।
48. उनकी अपनी प्रखर बुद्धि उनके हर काम में प्रकट होती है।	उनके हर काम में प्रखर बुद्धि प्रकट होती है।

(द्रष्टव्य : सोचने का काम पराये मन से नहीं होता। अत: 'अपनी' शब्द अनावश्यक है।)

49. दो वर्षों के बीच भारत और ब्रिटेन के बीच कटुता उत्पन्न हो गई।	दो वर्षो के बीच भारत और ब्रिटेन में कटुता उत्पन्न हो गई।

(द्रष्टव्य : यहाँ 'बीच' शब्द की द्विरुक्ति के कारण 'कथिक पदत्व' दोष आ गया है।)

50. उस वन में प्रात:काल के समय बहुत ही सुहावना दृश्य होता था।	उस वन में प्रात:काल का दृश्य बहुत ही सुहावना होता था।

(द्रष्टव्य : वाक्य में एक ही अर्थ या भाव सूचित करनेवाले दो शब्द प्रयुक्त नहीं होने चाहिए। यहाँ 'प्रात:काल' और 'समय' का प्रयोग दोषपूर्ण है। अत: यहाँ भी 'कथित पदत्व' दोष है। नीचे कुछ और उदाहरण दिये गए हैं।)

51.	वहाँ बहुत से लोग बेहाल दशा में पड़े थे।	वहाँ बहुत-से लोग बेहाल थे (या दुर्दशा में) पड़े थे।
52.	देश की वर्तमान मौजूदा अवस्था अच्छी नहीं है।	देश की वर्तमान (या मौजूदा) अवस्था अच्छी नहीं है।
53.	तमाम देश भर में यह बात फैल गई।	देश भर में यह बात फैल गई।
54.	कृपया आप ही यह बतलाने का अनुग्रह करे।	कृपया आप ही यह बतलाएँ।
55.	माँ भी सोती नींद से जाग पड़ी।	माँ भी नींद से जाग पड़ी।
56.	इसके बाद वे वापस लौट आए।	इसके बाद वे लौट (या वापस) आए।
57.	वे सब कालचक्र के पहिए के नीचे पिस गए।	वे सब काल चक्र से पिस गए।
58.	यह ऐसी पहेली है जिसे सुलझा सकना सम्भव नहीं हो सकता है।	यह ऐसी पहेली है जिसे सुलझाना सम्भव नहीं।
59.	जो ग्रन्थ उपलब्ध हैं, वे नेपाल में पाए जाते हैं।	वे ग्रन्थ नेपाल में उपलब्ध हुए हैं।
60.	शौनकादि प्रभृति शास्त्रकारों का कहना है।	शौनकादि शास्त्रकारों का कहना है। अथवा, शौनक प्रभृति शास्त्रकारों का कहना है।
61.	रेल से जाना है तो ट्रेन का समय उनसे पूछ लीजिए।	रेल से जाना है, उसका समय उनसे पूछ लीजिए।
62.	न जाने कितने बेशुमार जीव पैदा होते हैं।	न जाने कितने जीव पैदा होते हैं।
63.	उनकी आँखों की दृष्टि शून्य आकाश में लगी है।	उनकी आँखें शून्य आकाश में लगी हैं।
64.	वे लोग परस्पर एक-दूसरे को सन्देह की दृष्टि से देखते हैं।	वे एक-दूसरे को सन्देह की दृष्टि से देखते हैं।

65. नदी की थाह का मुझे पता नहीं लगता है।	नदी की थाह मुझे नहीं लगती।
66. आपका भवदीय,	आपका या भवदीय। (दोनों लिखना अशुद्ध है। कोई एक ही लिखना चाहिए)।
67. आजकल वहाँ काफी सरगर्मी दृष्टिगोचर हो रही है।	आजकल वहाँ काफी सरगर्मी दिखाई देती है।

(द्रष्टव्य : 'सरगर्मी' के साथ 'दृष्टिगोचर' का प्रयोग भाषा के नाते बेमेल है।)

68. वकीलों ने कागजात का निरीक्षण किया।	वकीलों ने कागजात की जाँच की।

(द्रष्टव्य : यहाँ भी 'कागजात' और 'निरीक्षण' का बेमेल प्रयोग है।)

69. पत्र लिखकर उन्होंने अपनी गैर-जिम्मेदारी का प्रदर्शन किया।	पत्र लिखकर उन्होंने अपने अनुत्तरदायित्व का प्रदर्शन किया।
70. राहुल जी की तिब्बत यात्रा ने इस संस्कृत ग्रन्थों की संख्या को और भी बढ़ा दिया।	राहुल जी की तिब्बत-यात्रा ने इन संस्कृत ग्रन्थों की संख्या और भी बड़ा दी।
71 ऐसे चित्रों में किसी व्यक्ति या घटना के दृश्य या रूप का ही अंकन प्रधान होता है।	किसी व्यक्ति या घटना के रूप या दृश्य का अंकन ही ऐसे चित्रों में प्रधान होता है।

(द्रष्टव्य : अशुद्ध वाक्य में पदों का क्रम शिथिल है।)

72. वहाँ बहुत से पशु और पक्षी उड़ते और चरते हुए दिखाई दिये।	वहाँ बहुत से पशु और पक्षी चरते और उड़ते हुए दिखाई दिये।

(द्रष्टव्य : अशुद्ध वाक्य में पशु और पक्षी के क्रम में क्रियाएँ नहीं आयीं।)

73. यह चित्र श्री शारदा जी जब नागौर पधारे थे, उस समय लिया गया था।	यह चित्र उस समय लिया गया था, जब श्री शारदा जी नागौर पधारे थे।

(द्रष्टव्य : अशुद्ध वाक्य में उपवाक्य अंग्रेजी ढंग पर है, हिन्दी ढंग पर नहीं)

74. इस परिश्रम का बदला अपने कार्य से मनुष्य को जो सन्तोष होता है, वही है।	अपने कार्य से मनुष्य को जो सन्तोष होता है, वही इस परिश्रम का बदला है।

75. नारायण, जिसे छह महीने की सजा हुई थी, की अपील मंजूर की गई।	छह महीने की सजा पानेवाले नारायण की अपील मंजूर हो गई।

(द्रष्टव्य : अशुद्ध वाक्य में 'की' विभक्ति यथास्थान प्रयुक्त नहीं है। इसे 'अक्रमत्व दोष' कहते हैं)

76. उसने 'निवेदिता' शीर्षक कविता लिखी थी, खड़ी बोली की।	उसने खड़ीबोली में 'निवेदिता' शीर्षक कविता लिखी थी।

(द्रष्टव्य : ऐसे वाक्यों को श्री रामचन्द्र वर्मा 'दुमदार' वाक्य कहते हैं, जो भद्दे होते हैं।)

77. इतना भाषाविज्ञान के पंडितों की सेवा में कहा गया थोड़े में।	भाषाविज्ञान के पंडितों की सेवा में इतना थोड़े में उपस्थित कहा गया।
78. उन्होंने हुक्म दे दिया था कि उनके मकान के सामने रोज छिड़काव हुआ करे।	प्रत्यक्ष कथन—उन्होंने हुक्म दे दिया था—हमारे मकान के सामने रोज छिड़काव हुआ करे। परोक्ष कथन—उन्होंने हुक्म दे दिया था कि हमारे मकान के सामने रोज छिड़काव हुआ करे।
79. भारतीयों को चाहिए कि वे अपने बच्चों को बतावें कि भारत उनका है।	भारतीयों को चाहिए कि वे अपने बच्चों को बताएँ कि भारत हमारा है।
80. मैं अपनी बात का स्पष्टीकरण करने के लिए तैयार हूँ।	मैं अपनी बात के स्पष्टीकरण के लिए तैयार हूँ।

(द्रष्टव्य : अशुद्ध वाक्य में करना क्रिया का वाचक 'करण' पहले से ही मौजूद है। साधारण वाक्य में दो-दो क्रियावाचक पदों का प्रयोग नहीं होता।)

81. यह काम आप पर निर्भर करता है।	यह काम आप पर निर्भर है।

(द्रष्टव्य : 'निर्भर' के साथ 'करना' क्रिया का प्रयोग दोषपूर्ण है।)

82. मैं आपकी भक्ति या श्रद्धा करता हूँ।	मैं आप पर श्रद्धा (भक्ति) रखता हूँ।

(द्रष्टव्य : श्रद्धा, भक्ति आदि शब्दों के साथ 'करना' क्रिया नहीं खपती।)

83. हमारे शिक्षक प्रश्न पूछते हैं।	हमारे शिक्षक प्रश्न करते हैं।

(द्रष्टव्य : 'प्रश्न' के साथ 'करना' क्रिया का प्रयोग होता है।)

84. मैंने एक वर्ष तक उनकी प्रतीक्षा देखी।	मैंने एक वर्ष तक उनकी प्रतीक्षा की।

(द्रष्टव्य : 'प्रतीक्षा' की जाती है, देखी नहीं जाती।)

85. कुछ प्रकाशक लेखकों को निराशा देते हैं।	कुछ प्रकाशक लेखकों को निराश करते हैं।
86. नेता ने भरी सभा में भाषण दिया।	नेता ने भरी सभा में भाषण किया।
87. स्वस्तिश्री पिताजी, प्रणाम।	सिद्धिश्री पिताजी, प्रणाम।

(द्रष्टव्य : छोटों या बराबरवालों को 'स्वस्तिश्री' और बड़ों को 'सिद्धिश्री' लिखा जाता है।)

88. तबीयत ऊब आती है।	तबीयत ऊब जाती है।
89. सारा राज्य उसके लिए एक थाती थी।	सारा राज्य उसके लिए थाती था।

(नियम : व्याकरण के अनुसार वाक्य की क्रिया सदा कर्त्ता या उद्‌देश्य के अनुसार होती है। यहाँ)

90. उसने मुझे बम्बई बुलाई।	उसने मुझे बम्बई बुलाया।
91. यह सुनते ही उसका चेहरा गिर गया।	यह सुनते ही उसका चेहरा उतर गया।
92. आखिर रोटी-दाल कैसे निभेगा ?	आखिर रोटी-दाल कैसे चलेगी?
93. पटना रेडियो स्टेशन से यह समाचार बताया गया।	पटना रेडियो से यह समाचार प्रसारित हुआ।
94. अदालत ने गोडसे पर अभियोग चलाया।	अदालत ने गोडसे पर अभियोग लगाया।
95. क्या यार! भाँग ढालोगे।	क्या यार! भाँग छानोगे ?
96. वह शराब छानता है।	वह शराब ढालता है।
97. कई सौ वर्षों तक भारत के गले में पराधीनता की बेड़ियाँ पड़ी रहीं।	कई सौ वर्षों तक भारत के पैरों में पराधीनता की बेड़ियाँ पड़ी रहीं।

(द्रष्टव्य : पैरों में बेड़ियाँ पड़ती हैं और गले में फन्दा या तौक।)

98. उससे भिड़ना तलवार की नोक पर चलना है।	उससे भिड़ना तलवार की धार पर चलना है।
99. देश को स्वतन्त्र करने का बीड़ा कौन चबाता है।	देश को स्वतन्त्र करने का बीड़ा कौन उठाता है।

100. पचास हजार का टिकट गायब हो गया।	पचास हजार के टिकट गायब हो गये।
101. इसने तरह-तरह का रूप धारण किया।	इसने तरह-तरह के रूप धारण किए।
102. ऐसी एकाध बातें और देखने में आती हैं।	ऐसी एकाध बात और देखने में आती है।

(द्रष्टव्य : 'एकाध' के साथ एकवचन का प्रयोग होता है।)

103. प्रत्येक छोटी-मोटी विशेषताओं को देखना चाहिए।	प्रत्येक छोटी-मोटी विशेषता को देखना चाहिए।
104. आपके एक-एक शब्द तुले हुए थे।	आपका एक-एक शब्द नपा-तुला था।
105. मैं आपका दर्शन करने आया हूँ।	मैं आपके दर्शन करने आया हूँ।

(नियम : हिन्दी में दर्शन, प्राण, दाम, लोग, होश, हिज्जे, भाग्य, आँसू सदा बहुवचन में प्रयुक्त होते हैं।)

106. उसके आँखों से आँसू बहता है।	उसकी आँखों से आँसू बहते हैं।
107. बाघ को देखकर उसका प्राण सूख गया।	बाप को देखकर उसके प्राण सूख गये।
108. मैं नावों पर सवार था।	मैं नाव पर सवार था।
109. सभी वर्ग के लोग उपस्थित थे।	हर वर्ग के लोग उपस्थित थे।
110. उसे सौ रुपये जुर्माने हुए।	उसे सौ रुपया जुर्माना हुआ।
111. कै बजे हैं? चार बजा?	क्या बजा है? चार बजे हैं?
112. उन्होंने हाथ जोड़ा।	उन्होंने हाथ जोड़े।
113. वे लोग कुत्ते की मौत मरे।	वे लोग कुत्तों की मौत मरे।
114. सब लोग अपनी राय दें।	सब अपनी-अपनी राय दें।
115. बाजार में झुंडो के झुंड जानवर खड़े हैं।	बाजार में झुंड-के-झुंड जानवर खड़े हैं।
116. यह कविता अनेक भावों को प्रकट करती है।	यह कविता अनेक भाव प्रकट करती है।

(द्रष्टव्य : अशुद्ध वाक्य में 'को' का प्रयोग व्यर्थ है। कुछ और उदाहरण नीचे दिये जाते हैं।)

117. फल को पका हुआ होना चाहिए।	फल पका होना चाहिए।

118. इस कार्य को करते हुए मुझे कई महीने हो गए।	यह कार्य करते मुझे कई महीने हो गए।
119. तुम यह रहस्य आपने मित्र को प्रकट कर दो।	तुम यह रहस्य अपने मित्र पर प्रकट कर दो।
120. विद्यार्थियों को इस रचना का अध्ययन उपयोगी होगा।	विद्यार्थियों के लिए इस रचना का अध्ययन उपयोगी होगा।
121. पुस्तक को जहाँ से ली थी वहीं रख दो।	पुस्तक जहाँ से ली थी, वहीं रख दो।
122. वहाँ घमासान की लड़ाई हो रही है।	वहाँ घमासान लड़ाई हो रही है।
123. इस बात के कहने में किसी को संकोच न होगा।	यह बात कहने में किसी को संकोच न होगा।

(द्रष्टव्य : 'के' का प्रयोग 'की' अशुद्ध है।)

124. उसके चाचा को लड़की हुई है।	उसके चाचा के लड़की हुई है।

(द्रष्टव्य : सम्बन्ध, स्वामित्व और सम्प्रदान के अर्थ में सम्बन्ध कारक का सम्बन्ध क्रिया के साथ होता है और उसकी 'के' विभक्ति आती है।—कामताप्रसाद गुरु)

125. तालाब के अन्दर छोटा-सा मंदिर है।	तालाब में छोटा-सा मन्दिर है।
126. पिता का उत्तरदायित्व पुत्र के ऊपर होता है।	पिता का उत्तरदायित्व पुत्र पर होता है।
127. वह अभियोग उनके ऊपर लगाया गया है।	वह अभियोग उन पर लगाया गया है।
128. मैं अपने गुरु के ऊपर श्रद्धा रखता हूँ।	मैं अपने गुरु पर श्रद्धा रखता हूँ।
129. गाँव पर सर्पों की अधिकता है।	गाँव में सर्पों की अधिकता है।
130. कुछ स्थलों में ऐसा कहा गया है।	कुछ स्थलों पर ऐसा कहा गया है।
131. वह निज में वहाँ जाना नहीं चाहता।	वह स्वयं वहाँ जाना नहीं चाहता।
132. सड़क में भारी भीड़ लगी है।	सड़क पर भारी भीड़ लगी है।
133. शब्द केवल संकेत मात्र हैं।	शब्द केवल संकेत हैं।

(नियम : वाक्य में किसी एक पद पर विशेष बल देने के लिए 'पर', 'केवल' 'मात्रा' और 'ही'—इन चार अव्ययों में किसी एक का ही प्रयोग होता है।)

134. यह तो केवल आप ही निर्भर है।	यह तो आप पर ही निर्भर है, अथवा यह तो आप पर निर्भर है।
135. इन दोनों में केवल यही अन्तर है।	इन दोनों में यही अन्तर है।

(द्रष्टव्य : वाक्य में प्रयुक्त 'यही—यह + ही' का 'ही' और 'केवल' पर्यावाची है।)

136. हम तो अवश्य ही जायेंगे।	हम तो अवश्य जायेंगे।

(द्रष्टव्य : 'अवश्य' और 'ही' का प्रयोग एक साथ नहीं होता।)

137. किसी भी आदमी को भेज दो।	किसी आदमी को भेद दो।

(द्रष्टव्य : 'किस + ही' के 'ही' से ही काम चल आता है। उसके स्थान पर 'भी' का प्रयोग भद्दा है।)

138, वह बिल्कुल भी बात करना नहीं चाहती थी।	वह बिलकुल बात करना नहीं चाहती थी।
139. चाहे जैसी भी हो, तुम वहाँ जाओ।	चाहे जैसे हो, तुम वहाँ जाओ।

(द्रष्टव्य : 'चाहे' और 'बिलकुल' के बाद 'भी' का प्रयोग व्यर्थ है।)

140. मैंने सूई, कंधी, दर्पण और पुस्तकें मोल लिये।	मैंने सूई, कंघी, दर्पण और पुस्तकें मोल लीं।

(नियम : 'ने' चिह्नवाले अर्थात कर्त्ता और 'को' चिह्न से रहित अर्थात प्रत्यय कर्म की स्थिति में अन्तिम कर्म के वचन और लिंग के अनुसार क्रिया होगी।)

141. तुम्हारा सब काम गलत होता है।	तुम्हारे सब काम गलत होते हैं।
142. हम वहाँ नहीं गए थे, चूँकि उन्होंने हमें नहीं बुलाया था।	उन्होंने हमें नहीं बुलाया था, इसलिए हम वहाँ नहीं गये थे।
143. उनके जीवित रह सकने की आशा भी बहुत हिम्मत बाँधकर ही की जा रही थी।	उनके जीवित रहने की बहुत ही कम आशा की जा रही थी।
144. बहुत से लोग इस धारणा के बन गये हैं।	बहुत से लोगों की यह (या ऐसी) धारणा हो गयी है।
145 मैंने उससे वार्ता की।	मैंने उससे बात की।
146. उन्होंने अपनी कविता स्वयं पढ़कर सुनाई।	उन्होंने अपनी कविता पढ़कर सुनाई।
147. वे अपनी चतुराई और चालाकी से सब को प्रसन्न रखते हैं।	वे अपनी चतुराई से सबको प्रसन्न रखते हैं।
148. सिवा आपको छोड़कर कोई ऐसी बात नहीं कहता।	सिवा आपके कोई ऐसी बात नहीं कहता या आपको छोड़ और कोई ऐसी बात नहीं कहता।

149. सारे देश में यह बात फैल गई।	देश-भर में यह बात फैल गई।
150. उसके मन की थाह का पता नहीं चलता।	उसके मन की थाह नहीं लगती।
151. लेकिन फिर भी मैं आपकी बात मान लूँगा।	लेकिन मैं आपकी बात मान लूँगा।
152. उन्हें व्यर्थ रुपये देने से लाभ नहीं।	उन्हें रुपये देने से कोई लाभ नहीं। या उन्हें रुपये देना व्यर्थ है।
153. उसके बाद फिर यह हुआ।	उसके बाद यह हुआ।
154. थोड़ी देर बाद वे वापस लौट आए।	थोड़ी देर बाद वे लौट आए। या थोड़ी देर बाद वे वापस आए।
155. इस समस्या की बहुत अच्छी दवा उनके पास है।	इस समस्या का बहुत अच्छा समाधान उनके पास है।
156. कलकत्ते में जाली नोटों की टकसाल पकड़ी गई।	कलकत्ते में जाली नोटों का प्रेस पकड़ा गया।
157. प्रधानाध्यापक लड़के चुनेंगे	प्रधानाध्यापक लड़कों का चुनाव करेंगे।
158. मैं हल की तलाश में हूँ।	मैं इस सवाल के हल की तलाश में हूँ।
159. तब शायद यह काम जरूर हो जायगा।	तब यह काम जरूर हो जायगा।

(द्रष्टव्य : 'शायद' और 'जरूर' का प्रयोग एक साथ नहीं होता।)

160. प्राय: ऐसे अवसर आते हैं, जिनमें लोगों को कभी-कभी अपना मत बदलना पड़ता है।	प्राय: ऐसे अवसर आते हैं, जबकि लोगों को अपना मत बदलना पड़ता है।

(द्रष्टव्य : 'प्राय:' के साथ 'कभी-कभी' का प्रयोग अनुचित है। दोनों विरोधी अव्यय हैं।)

161. पशुओं के झुंड चारों और पानी की चाह में घूम रहे थे।	पशुओं के झुंड चारों और पानी की खोज (या तलाश) में घूम रहे थे।

(द्रष्टव्य : 'चाह' में नहीं, बल्कि 'तलाश' या 'खोज' में घूमा-फिरा जाता है।)

162. उस पतिव्रता स्त्री को छूने का उत्साह कौन करेगा?	उस पतिव्रता को छूने का साहस कौन करेगा ?

163. मेरे लिये ठंडी बर्फ और गर्म आग लाओ।	मेरे लिये बर्फ और आग लाओ।

(द्रष्टव्य : 'बर्फ' ठंडी और 'आग' गर्म होती ही है।)

164. वह विलाप करके रोने लगा।	वह विलाप करने लगा।
165. वह आगे बढ़ सकने का प्रयत्न करता है।	वह आगे बढ़ने का प्रयत्न करता है।
166. आज मैं प्रात:काल के समय वहाँ गया।	आज मैं प्रात:काल वहाँ गया।
167. वे लोग परस्पर एक-दूसरे को सन्देह की दृष्टि से देखते हैं।	वे लोग एक-दूसरे को सन्देह की दृष्टि से देखते हैं।
168. वह इस बात की व्यवस्था का कोई प्रबन्ध नहीं कर सकता था।	वह इस बात का कोई प्रबन्ध नहीं कर सकता था।
169. हमारे यहाँ तरुण नवयुवकों की शिक्षा का अच्छा प्रबन्ध है।	हमारे यहाँ नवयुवकों की शिक्षा का अच्छा प्रबन्ध है।

(द्रष्टव्य : 'तरुण' शब्द का प्रयोग व्यर्थ है, क्योंकि नवयुवक तरुण होते ही हैं।)

170. कृपया आप ही यह बताने का अनुग्रह करें। कृपया आपही यह बताएँ ।	कृपया आप ही यह बताएँ।
171. उन्हें मृत्युदण्ड की सजा मिली है।	उन्हें मृत्युदंड मिला है।
172. मुझसे यह काम सम्भव नहीं हो सकता।	मुझसे यह काम सम्भव नहीं।

(द्रष्टव्य : 'सम्भव का अर्थ ही है—'हो सकना।')

173. हम वहाँ जाने नहीं सकेंगे।	हम वहाँ जा न सकेंगे।
174. वे इस विषय में अपना स्वार्थ लेते हैं	उनका इस विषय में अपना स्वार्थ है।
175. न केवल यही, बल्कि वे वहाँ से चले भी आए।	यही नहीं, बल्कि वे वहाँ से चले भी जाय।

(द्रष्टव्य : 'केवल' के साथ 'यही' का प्रयोग अशुद्ध है।)

176. स्वतन्त्रता के साथ इस देश की गरीबी का अन्त हो जायेगा।	स्वतन्त्रता मिलते ही इस देश की गरीबी का अन्त हो जायेगा।
177. उसने उधर देखा और बोला।	उसने उधर देखा और कहा।
178. वह आरोग्य हो गया।	वह नीरोग हो गया।
179. निरपराधी को दण्ड देना उचित नहीं।	निरपराध को दंड देना उचित नहीं।

180. सीता श्रीरामचन्द्र की आज्ञाकारी पत्नी थी।	सीता, श्रीरामचन्द्र की आज्ञाकारिणी पत्नी थी।
181. तुम्हारी घड़ी में कै बजा है?	तुम्हारी घड़ी में कितने बजे हैं?
182. वाक्य के अन्तर्गत प्रयुक्त शब्द निर्दोष नहीं हैं।	वाक्य में प्रयुक्त शब्द निर्दोष नहीं हैं।
183. ऐक्यता उन्नति लाती है।	एकता से उन्नति होती है।
184. उसने भाषण दिया।	उसने भाषण किया।

(द्रष्टव्य : 'भाषण', 'धन्यवाद' और 'योगदान', 'दिया' नहीं, किया जाता है, किन्तु आजकल 'धन्यवाद' और 'योगदान' के साथ अधिकतर 'दिया' चल रहा है, जबकि 'भाषण' के साथ 'किया' ही चलता है। तीनों के ही साथ 'किया' ही चाहिए।)

185. मैं आपको धन्यवाद देता हूँ।	मैं आपका धन्यवाद करता हूँ।
186. राम ने श्याम को सहयोग दिया।	राम ने श्याम का सहयोग किया।
187. हम लोग कुशलपूर्वक से हैं।	हम लोग सकुशल या कुशलपूर्वक हैं।
188. शास्त्री जी की मृत्यु से हमें बड़ा खेद हुआ।	शास्त्रीजी की मृत्यु से हमें बड़ा शोक हुआ।

(द्रष्टव्य : 'खेद' साधारण जीवन की बात है, जबकि 'शोक' नितान्त हानि की।)

189. व्यायाम करना चाहिए, जिससे कि हम स्वस्थ रहें।	व्यायाम करना चाहिए, ताकि हम स्वस्थ रहें

(द्रष्टव्य : 'ताकि' फारसी अव्यय का हिन्दी तद्भव है। 'ता कुजा' इसका फारसी पर्याय है। यह हिन्दी में 'ज्यों-का-त्यों' प्रचलित है। इसके स्थान पर, उसके अर्थ में, अन्य कोई शब्द हिन्दी में नहीं है; जैसे—'कफन' (अरबी का पर्याय हिन्दी में नहीं है। 'जिससे कि' में 'ताकि' का अर्थ नहीं आता और फिर जिससे के आगे उसी अर्थ में अव्यय 'कि' ठीक बैठता भी नहीं।)

190. यह कहना आपकी भूल है।	यह कहना आपकी गलती है।

(द्रष्टव्य : हिन्दी कृदन्त 'भूल' का अर्थ यहाँ ठीक नहीं बैठता। इसलिए अरबी तद्धित 'गलती' का प्रयोग उचित है। यों संस्कृत तद्धित 'त्रुटि' भी यहाँ चल सकता है, मगर वह आजकल की हिन्दी में चल नहीं रहा है।)

191. तुम्हारा यह कहना मेरे लिए बड़ी बात होगी।	तुम्हारा यह कहना मेरे लिए बड़ी बात होगा।

(द्रष्टव्य : 'कहना' कर्त्ता है न, कि 'बात'। अतः कर्त्ता के अनुसार क्रिया होनी चाहिए।)

192. एक-एक करके सभी मर गये।	एक-एक कर सभी मर गये।

(द्रष्टव्य : 'कर' के बाद 'के' कर का ही अर्थ देकर व्यर्थ आवृत्ति है।)

193. वास्तव में वह बड़ा आदमी है।	वस्तुतः वह बड़ा आदमी है।

(द्रष्टव्य : 'वस्तुतः' ही सही अव्यय है। 'वास्तव में', से अधिकरण की ध्वनि आती है, जिस ध्वनि का यहाँ कोई उपयोग नहीं।)

194. शिवाजी की खूब धाक जमी।	शिवाजी की काफी धाक जमी।

(द्रष्टव्य : 'खूब' और 'काफी' में अर्थ का अन्तर है।)

195. चरखा कातना चाहिए।	चरखा चलाना चाहिए।

(द्रष्टव्य : चरखा 'चलाया' जाता है और उस पर धागे 'काते' जाते हैं।)

196. उसने मुक्त कंठ की प्रशंसा की।	उसने मुक्त कंठ प्रशंसा की।
197. उसने मुक्त हस्त से धन लुटाया।	उसने मुक्त हस्त धन लुटाया।

(द्रष्टव्य : 'मुक्त कण्ठ' और 'मुक्त हस्त' का अर्थ ही है 'मुक्त कंठ' और 'मुक्त हस्त' होकर, अतः यहाँ 'से' जैसे करण कारक का चिह्न उक्त असमापिका क्रिया का अर्थबोध कराता है।)

198. राम और श्याम सम्बन्धी चर्चा ।	राम और श्याम से सम्बद्ध चर्चा

(द्रष्टव्य : 'सम्बन्धी' शब्द 'श्याम' से समस्त है, 'राम' से नहीं। अतः 'राम सम्बन्धी और श्याम सम्बन्धी चर्चा' यह अर्थ 'सम्बन्धी' शब्द न देकर केवल 'श्याम' से ही सम्बद्ध अर्थ देता है।)

199. यह सत्य है, परन्तु यथार्थ भी है।	यह सत्य है, प्रत्युत (या बल्कि) यथार्थ भी है।
200. निम्न शब्दों पर ध्यान दें।	निम्नांकित शब्दों पर ध्यान दें।

(द्रष्टव्य : 'निम्न' का अर्थ है 'नीच', 'नीचे लिखे' नहीं।)

अनुभाग- तीन

अनुवाद

1.

अनुवाद : स्वरूप और भेद

संसार में अनगिन्त भाषाएँ हैं। हर छोटी-बड़ी भाषा का अपना जन-समूह है। एक समय था कि हर भाषी जन-समूह अपने में सीमित वाग्व्यवहार द्वारा जीवन की सभी जरूरतों को पाकर जी सकता था। परन्तु आज वैज्ञानिक, प्रौद्योगिक विकास के युग में मात्र भाषा ही नहीं देश की सीमा-रेखा भी अस्पष्ट होती जा रही है। किसी भी देश का आदमी मात्र एक ही भाषा-क्षेत्र में आबद्ध बनकर जी नहीं पाएगा। उसका सम्बन्ध किसी-न-किसी रूप में अन्य भाषा-भाषी से अनिवार्य रूप में आएगा ही। इसीलिए उसे एक सम्पर्क भाषा की जरूरत होती है। कोई देश-कितना भी विकसित क्यों न हो, उसे अन्य देशों से सम्पर्क करना ही होता है; अत: वहाँ भी सम्पर्कभाषा की जरूरत महसूस होती है। राष्ट्रभाषा और अन्तरराष्ट्रीय भाषा की अवधारणा इसी वाग्व्यापार की आवश्यकता की उपज है। सम्पर्क भाषा तथा अन्तरराष्ट्रीय भाषा के निर्माण में अनुवाद की भूमिका महत्त्वपूर्ण होती है। इसलिए अनुवाद आज की सर्वाधिक चर्चित और महत्त्वपूर्ण विधा है। रोजमर्रा के कामकाज से लेकर वैज्ञानिक-तकनीकी अध्ययन तक में अनुवाद की आवश्यकता होती है। ज्ञान-विज्ञान के इस समुन्नत काल में अनुवाद की प्रासंगिकता को और अधिक स्पष्ट करने की आवश्यकता नहीं भाषा, साहित्य, दर्शन, ज्ञान-विज्ञान की श्रीवृद्धि में अनुवाद का महत्त्व अनन्य साधारण रूप में देखा जा सकता है।

(अ) अनुवाद की परिभाषा

अनुवाद शब्द की व्युत्पत्ति 'वद्' धातु से है। 'वद्' धातु में 'घञ्' प्रत्यय लगने से 'वाद' शब्द बनता है और फिर उसके साथ 'अनु' उपसर्ग जुड़ने पर 'अनुवाद' शब्द बनता है। 'वद्' से तात्पर्य है बोलना तथा 'अनु' का अर्थ है—पीछे, साथ-साथ, इधर-उधर, सादृश्य, पास आदि । अत: इसका व्युत्पत्तिक अर्थ होगा—'पुन: कथन', एक बार कही हुई बात को दुबारा कहना। इसमें 'अर्थ की पुनरावृत्ति' होती है, शब्द-रूप की नहीं। हिन्दी में अनुवाद शब्द अंग्रेजी 'Translation' के पर्याय के रूप में प्रयुक्त होता है 'Translation' शब्द लैटिन शब्द 'Trans' तथा 'Lation' शब्दों के योग से बना है। Trans का अर्थ है—'पार' और 'Lation' का अर्थ है ले जाने की क्रिया। अत: 'Translation' का व्युत्पत्तिक अर्थ हुआ—परिवहन, एक स्थान-बिन्दु से दूसरे स्थान-बिन्दु पर ले जाना। स्पष्ट है कि

अनुवाद तथा Translation के व्युत्पत्तिक अर्थ में 'अर्थगत रूपान्तरण' की ओर संकेत है। अनुवाद एक भाषा में भी हो सकता है और एक भाषा से दूसरी भाषा में भी। परन्तु अनुवाद का प्रचलित अर्थ एक भाषा से दूसरी भाषा में अर्थ रूपान्तरण क्रिया तक ही सीमित रूप में लिया जाता है।

अनुवाद की प्रक्रिया तथा उद्द्देश्य को मद्देनजर रखते हुए कई विद्वानों ने उसको परिभाषित करने का प्रयास किया है। कुछ प्रमुख विद्वानों की परिभाषाएँ प्रस्तुत हैं।

1. **न्याय शास्त्र** : 'विधि विहितस्यानु वचनमनुवाद:' अर्थात 'विधि तथा विहित का पुन: कथन अनुवाद है।'

2. **जैमिनीय न्यायमाला** : 'ज्ञातस्य कथनमनुवाद:' अर्थात 'ज्ञात का कथन अनुवाद है।'

संस्कृत में 'पुन:कथन' के रूप में ही अनुवाद को परिभाषित किया गया है। वात्स्यायन ने न्याय शास्त्र का भाष्य करते हुए यह स्पष्ट किया है कि 'अनुवाद' का अर्थ शब्दों को दोहराना मात्र नहीं, अपितु सार्थक रूप में दोहराना है। पुनरुक्ति निरर्थक हुआ करती है; किन्तु अनुवाद सार्थक अथवा प्रयोजन युक्त पुनर्कथन है।

3. **नाईडा तथा टेबर**—"मूल भाषा के सन्देश के सममूल्य सन्देश को लक्ष्यभाषा में प्रस्तुत करने की क्रिया को अनुवाद कहते हैं। सन्देशों की यह मूल्य समता पहले अर्थ और फिर शैली की दृष्टि से तथा निकटतम एवं स्वाभाविक होती है।"

4. **कैटफोर्ड**—"एक भाषा की पाठ्य सामग्री को दूसरी भाषा की समानार्थक पाठ्य सामग्री से प्रतिस्थापित करना अनुवाद कहलाता है।"

5. **न्यूमार्क**—"अनुवाद एक शिल्प है जिसमें एक भाषा में लिखित सन्देश के स्थान पर दूसरी भाषा के उसी सन्देश को प्रस्तुत करने का प्रयास किया जाता है।"

6. **हार्टमन तथा स्टार्क**—"एक भाषा या भाषा भेद से दूसरी भाषा या भाषा भेद में प्रतिपाद्य को स्थानान्तरित करने की प्रक्रिया या उसके परिणाम को अनुवाद कहते हैं।'

7. **हैलिडे**—"अनुवाद एक सम्बन्ध है जो दो या दो से अधिक पाठों के बीच होता है, ये पाठ समान स्थिति में समान प्रकार्य सम्पादित करते हैं; अर्थात दोनों पाठों का सन्दर्भ समान होता है और उनसे व्यंजित होनेवाला सन्देश भी समान होता है।"

8. **पट्टनायक**—"अनुवाद वह प्रक्रिया है जिसके द्वारा सार्थक अनुभव (अर्थपूर्ण सन्देश या सन्देश का अर्थ) को एक भाषा समुदाय से दूसरे भाषा समुदाय में सम्प्रेषित किया जाता है।"

9. **डॉ. भोलानाथ तिवारी**—"एक भाषा में व्यक्त विचारों को, यथासम्भव समान और सहज अभिव्यक्ति द्वारा दूसरी भाषा में व्यक्त करने का प्रयास अनुवाद है।"

10. **डी. स्टर्ट**—"अनुवाद प्रायोगिक भाषाविज्ञान की वह शाखा है जिसका सम्बन्ध प्रतीकों के एक सुनिश्चित समुच्चय से दूसरे समुच्चय के अर्थ के अन्तरण से है।"

11. **डॉ. सुरेश कुमार**—"एक भाषा के विशिष्ट भाषा भेद के विशिष्ट पाठ को दूसरी भाषा में इस प्रकार प्रस्तुत करना अनुवाद है जिसमें वह मूल के भाषिक अर्थ,

प्रयोग के वैशिष्ट्य से निष्पन्न अर्थ, प्रयुक्ति और शैली की विशेषता, विषयवस्तु तथा सम्बद्ध सांस्कृतिक वैशिष्ट्य को यथासम्भव सुरक्षित रखते हुए दूसरी भाषा के पाठक को स्वाभाविक रूप से ग्राह्य प्रतीत हो।''

12. रोमन जैकबसन—''एक भाषा के शाब्दिक प्रतीकों की अन्य भाषा के शाब्दिक प्रतीकों द्वारा व्याख्या अनुवाद है।''

उक्त परिभाषाओं में अनुवाद का स्वरूप परस्पर भिन्न रूप में स्पष्ट होता है। इन परिभाषाओं में अनुवाद के स्वरूप सम्बन्धित पाँच धारणाएँ प्रस्तुत हैं—

(1) अनुवाद : अर्थ सम्प्रेषण की प्रक्रिया के रूप में,
(2) अनुवाद : सांस्कृतिक सन्दर्भ के एकीकरण के रूपों में,
(3) अनुवाद : व्याख्या के रूप में,
(4) अनुवाद : भाषा के विभिन्न स्तरों पर पाठ्य सामग्री के प्रतिस्थापन के रूप में,
(5) अनुवाद : अर्थ एवं शैली की समतुल्यता के रूप में।

उक्त पाँचों धारणाओं का समन्वय अनुवाद का सही स्वरूप स्पष्ट कर सकेगा, क्योंकि मात्र अर्थ का रूपान्तर, अर्थ की व्याख्या, अर्थ और शैली का रूपान्तरण, सांस्कृतिक सन्दर्भों का रूपान्तरण एक-एक करके या प्रथम रूप में अनुवाद का एक अंग मात्र है, अनुवाद नहीं। इसलिए इन पाँचों अंगों के समन्वित रूप में अनुवाद एक परकाया प्रवेश की प्रक्रिया है। उक्त पाँचों अंगों के समन्वित रूप में अनुवाद की सही परिभाषा डॉ. जी. गोपीनाथन जी के शब्दों में इस प्रकार दी जा सकती है—''अनुवाद वह द्वन्द्वात्मक प्रक्रिया है जिसमें स्रोतपाठ की अर्थ-संरचना (आत्मा) का लक्ष्यपाठ की शैलीगत संरचना (शरीर) द्वारा प्रतिस्थापन होता है।''

(आ) अनुवाद के प्रकार :

अनुवाद की प्रक्रिया, सामग्री तथा उद्देश्य के आधार पर अनुवाद के कई रूप हो सकते हैं। विद्वानों ने इनमें से कोई एक या सभी आधारों के सहारे विविध अनुवाद रूपों को अनुवाद भेद या प्रकारों की संज्ञा दी हैं। कुछ विद्वानों द्वारा प्रस्तुत अनुवाद-प्रकार तथा उसके आधार द्रष्टव्य हैं—

जे. सी. कैटफोर्ड—कैटफोर्ड ने पाठ्य विस्तार, भाषा स्तर और भाषा श्रेणी के आधार पर अनुवाद के सात प्रकार बताए हैं।

अ. पाठ्य विस्तार के आधार पर अनुवाद के दो प्रकार होते हैं—(1) पूर्णानुवाद और (2) आंशिक अनुवाद। मूल सामग्री का सम्पूर्ण रूप में अनुवाद '**पूर्णानुवाद**' है तथा स्रोतभाषा की सामग्री का अनुवाद करते समय कुछ छोड़ दिया जाता है, और शेष का यथावत लक्ष्यभाषा में ग्रहण किया जाता है, वह '**आंशिक अनुवाद**' है।

आ. भाषा स्तर के आधार पर अनुवाद के दो प्रकार होते हैं—(1) समस्त और (2) सीमित। स्रोत भाषा की सामग्री का भाषा के सभी स्तरों को दृष्टि में रखते हुए लक्ष्यभाषा में अनुवाद 'समस्त अनुवाद' कहलाया जाता है और सीमित स्तर पर अर्थात ध्वनि या लिपि या शब्द या व्याकरण का अनुवाद '**सीमित अनुवाद**' कहलाया जाता है।

इ. भाषा श्रेणी के आधार पर अनुवाद के तीन प्रकार होते हैं - (1) मुक्तानुवाद, (2) शाब्दिक अनुवाद, और (3) शब्दश: अनुवाद। वाक्य या वाक्य से ऊँचा स्तर जैसे वाक्यों के समूह, गद्यांश आदि का अनुवाद '**मुक्तानुवाद**' कहलाता है। स्रोतभाषा की सामग्री का लक्ष्यभाषा में शब्द-प्रति-शब्द रूप में अनुवाद '**शब्दश: अनुवाद**' कहा जाता है। मुक्त और शब्दश: अनुवाद के बीच की स्थिति '**शाब्दिक अनुवाद**' की होती है। इसमें लक्ष्यभाषा के व्याकरणिक व्यवस्था को दृष्टि में रखकर अनुवाद किया जाता है।

कसाग्राँदे—इनके अनुसार अनुवाद के चार भेद हैं—

(1) भाषापरक अनुवाद, (2) तथ्यपरक अनुवाद, (3) संस्कृतिपरक अनुवाद, और (4) सौन्दर्यपरक अनुवाद। खोतभाषा के मूल कथ्य एवं भाषा का लक्ष्यभाषा में अनुवाद '**भाषापरक अनुवाद**' कहा जाता है। स्रोतभाषा में व्यक्त तथ्यों पर विशेष ध्यान देकर किया जानेवाला अनुवाद: जैसे तकनीकी एवं वैज्ञानिक साहित्य का अनुवाद— '**तथ्यपरक अनुवाद**' कहा जाता है। स्रोतभाषा में व्यक्त सांस्कृतिक विचारों का अनुवाद '**संस्कृतिपरक अनुवाद**' है और स्रोतभाषा के लालित्य को बनाए रखते हुए किया गया अनुवाद '**सौन्दर्यपरक अनुवाद**' है। स्पष्ट है कि इन सभी अनुवाद भेदों का आधार अनुवाद का दृष्टिकोण तथा उद्देश्य है।

भोलानाथ तिवारी—डॉ. तिवारी ने गद्य-पद्य, साहित्य-विधा, अनुवाद विषय तथा अनुवाद की प्रकृति के आधार पर अनुवाद के लगभग अठारह भेद किए हैं—

आधार	भेद
(अ) गद्यत्व-पद्यत्व :	1. गद्यानुवाद
	2. पद्यानुवाद
(आ) साहित्य विधा :	1. काव्यानुवाद
	2. नाट्यानुवाद
(इ) विषय :	1. ललित सहित्य का अनुवाद
	2. धार्मिक एवं पौराणिक साहित्य का अनुवाद
	3. विधि साहित्य का अनुवाद
	4. समाजशास्त्रीय विषयों का अनुवाद
	5. प्रशासनिक साहित्य का अनुवाद
	6. वैज्ञानिक/तकनीकी साहित्य का अनुवाद
(ई) अनुवाद की प्रकृति :	1. शब्दानुवाद
	2. भावानुवाद
	3. छायानुवाद

	4. व्याख्यानुवाद
	5. सारानुवाद
	6. वार्तानुवाद
	7. रूपान्तरण
	8. आदर्श अनुवाद

डॉ. जी. गोपीनाथन—आपने विषयवस्तु तथा प्रकृति के आधार पर अनुवाद के भेदोपभेदों को इस प्रकार प्रस्तुत किया है—

(अ) विषय के आधार पर—

(1) साहित्यिक अनुवाद : जीवनी, निबन्ध, आलोचना आदि का अनुवाद।

(2) साहित्येतर अनुवाद : भाषावैज्ञानिक, तकनीकी, वाणिज्यिकी, समाजशास्त्री, संचार माध्यमों, कानूनी तथा प्रशासनिक अनुवाद ।

(आ) अनुवाद प्रकृति के आधार पर निम्नांकित भेदोपभेद हो सकते हैं—

अनुवाद की प्रकृति

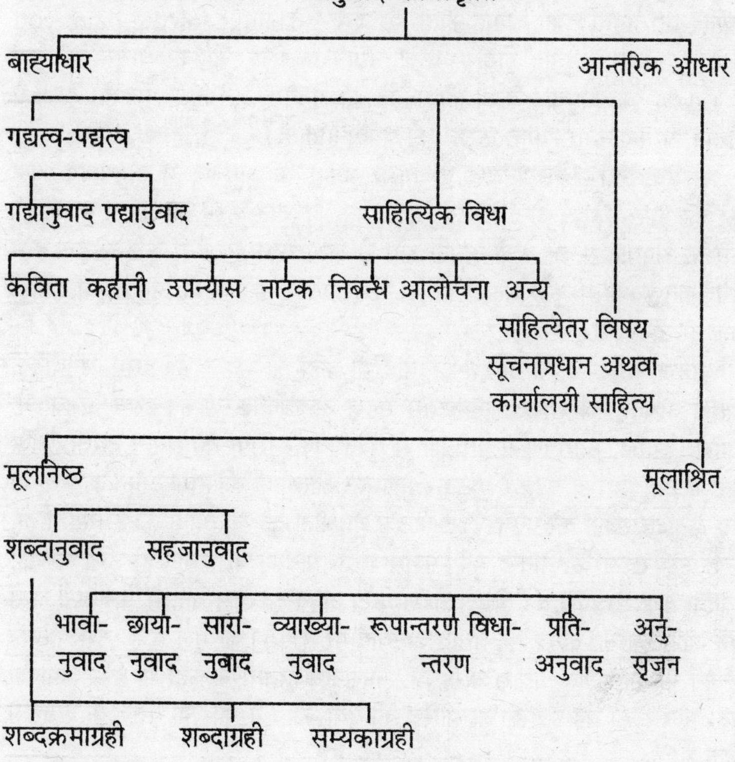

उक्त विविध आधारों पर किए गए विविध भेदों को देखने पर स्पष्ट हो जाता है कि अनुवाद-प्रक्रिया तथा प्रकृति के अर्थात आन्तरिक आधार पर किए गए भेद ही प्रमुख भेद है; शेष गौण हैं। अत: इनमें से कुछ प्रमुख अनुवाद के भेदों का ही संक्षिप्त देखना संगत होगा—

अनुवाद के कुछ प्रमुख प्रकार : सामान्य परिचय

1. शब्दानुवाद—शब्दानुवाद से अभिप्राय उस अनुवाद से है जिसमें स्रोतभाषा और लक्ष्यभाषा की प्रकृति को ध्यान में रखे बिना स्रोतभाषा के शब्द-प्रति-शब्द का लक्ष्यभाषा में अनुवाद कर दिया जाता है। इसे पंक्ति-दर-पंक्ति, वाक्य-दर-वाक्य अनुवाद भी कहते हैं। इसके तीन उपभेद होते हैं—

क. शब्दक्रमाग्रही—इस प्रकार के अनुवाद में अनुवादक मूल सामग्री की हर शब्दाभिव्यक्ति का सामान्य रूप से उसी क्रम से अनुबाद करता है जिस क्रम में सामग्री दी जाती है। जैसे—I am reading a book. का अनुवाद होगा- 'मैं हूँ पढ़ रहा एक पुस्तक।'

ख. शब्दाग्रही—इसमें मूल शब्द क्रम का आग्रह नहीं होता, पर मूल रचना के प्रत्येक शब्द के अनुवाद का आग्रह होता है। जैसे—'Thanks for the pain, you have taken' का अनुवाद होगा—'कष्ट उठाने के लिए आपको धन्यवाद।' यहाँ 'उठाना' Taken का अनुवाद हिन्दी की प्रकृति को अनदेखा कर दिया गया है। हिन्दी में 'कष्ट उठाने' के स्थान पर 'कष्ट करने' का प्रयोग होता है।

ग. सम्यकाग्रही—शब्दानुवाद के तीसरे प्रकार के अनुवाद में अनुवादक मूल रचना को कथ्य एवं कथन दोनों दृष्टियों से सम्यक अनुवाद करने का प्रयत्न करता है। इस प्रकार के अनुवाद में वह न तो अपनी ओर से अभिव्यक्त इकाई में कुछ जोड़ता है न मूल अभिव्यक्त इकाई में कुछ घटाता ही है। सूचनाप्रधान साहित्य के अनुवाद में इसकी उपयोगिता असन्दिग्ध है।

2. सहजानुवाद—इसे आदर्श अनुवाद भी कहा जा सकता है। इसमें अनुवादक स्रोतभाषा में अर्थत: एवं शब्दत: निकटतम सहज अनुवाद करता है। इसमें अनुवादक किसी आग्रह-दुराग्रह, आरोपण-प्रत्यारोपण से मुक्त होकर सिर्फ यह प्रयत्न करता है कि लक्ष्यभाषा में अनुवाद को पढ़कर पाठक-श्रोता को स्रोतभाषा की समृद्धि का ज्ञान तो हो ही, परन्तु अनूदित रचना को पढ़ते-पढ़ते पाठक या श्रोता को स्रोतभाषा का स्मरण न हो, बल्कि वह उस रचना के आनन्द को, मूलभाषा के पाठकों के समान ही उसी गहराई, उसी संवेदना तथा सम्प्रेषण की तीव्रता ग्रहण करें। अनुवादक इस बात में सावधानी बरतें कि अपने व्यक्तित्व का तनिक भी प्रभाव अनुवाद पर न पड़े। जो मूल में है, उसे पाठकों तक पहुँचाने का प्रामाणिक प्रयास करें। डॉ. भोलानाथ तिवारी ने कहा भी है—"आदर्श अनुवादक सीरिंज की वह सुई हैं, जो सीरिंज की दवा को ज्यों-की-त्यों मरीज के शरीर में पहुँचा देती है।"

3. भावानुवाद—अनुवाद के क्षेत्र में अन्य सभी अनुवादों की अपेक्षा भावानुवाद को उत्तम कोटि का अनुवाद माना जाता है। भावानुवाद में शब्दानुवाद की तरह केवल शब्द, वाक्यांश तथा वाक्य प्रयोग आदि पर ध्यान न देकर स्रोतभाषा तथा लक्ष्यभाषा के मूल अर्थ, विचार और भावाभिव्यक्ति पर ही अधिक ध्यान दिया जाता है। भावानुवाद में मूल पाठ की आत्मा अर्थात मूल कथ्य की सामग्री को ही मुख्य मानकर उसे लक्ष्यभाषा में यथायोग्य पद्धति से सम्प्रेषित किया जाता है। अनुवाद के क्षेत्र में कभी-कभी ऐसी स्थितियाँ पैदा होती हैं, जब अनुवाद किसी मूल पाठ या वाक्यांश का ठीक-ठीक शब्दानुवाद करने में असमर्थ होता है। तब ऐसी स्थिति में उस सामग्री के अनुवाद के लिए भावानुवाद का ही सहारा लेना पड़ता है। डॉ. भोलानाथ तिवारी की मान्यता है—'सामान्यत: मूल सामग्री यदि सूक्ष्म भावोंवाली है तो उसका भावानुवाद करते हैं और यदि यह तथ्यात्मक, वैज्ञानिक या प्रधान है तो उसका शब्दानुवाद करते हैं।" भावानुवाद मूल पाठ के ही समान सुबोध एवं सुपाठ्य होता है। पाठक को ऐसा नहीं लगता कि वह अनुवाद पढ़ रहा है। साहित्यिक रचनाओं के अनुवाद में प्राय: इसी शैली का आश्रय लिया जाता है।

4. छायानुवाद—हिन्दी में छायानुवाद तथा भावानुवाद शब्द एक-दूसरे के पर्याय रूप में प्रयुक्त होते हैं, जबकि अनुवाद के स्वरूपों में पर्याप्त अन्तर है। जब किसी रचना में कुछ परिवर्तन कर अन्य भाषा में प्रस्तुत किया जाता है, तब ऐसे अनुवाद को छायानुवाद कहते हैं। इसमें लेखक मूल रचना की छाया ग्रहण कर स्वतन्त्र भाव से उसी रचना को पुन: लिखता है। विशेषकर विदेशी भाषा की रचना का अनुवाद करते समय इसी शैली को अपनाया जाता हैं। विदेशी रचना के चरित्र, स्थान, वातावरण को अपने देश के अनुरूप अर्थात उसका भारतीयकरण करके किया गया अनुवाद इसके अन्तर्गत आ जाता है। हिन्दी के प्रसिद्ध कथाकार जैनेन्द्र ने रूसी साहित्यकार टाल्स्ताय की कहानियों का अनुवाद करते समय इसी शैली का आश्रय लिया है। ऐसे अनुवाद शुद्ध रूप से अनुवाद नहीं कहे जा सकते। इसलिए कुछ विद्वान इसे अनुवाद और मौलिक साहित्य के बीच की वस्तु मानते हैं। इस प्रकार के अनुवाद का सबसे बड़ा दोष यह है कि इसमें मूल पाठ की कोई विशेषता नहीं होती। कभी-कभी अनुवादक इतनी छूट लेता है कि मूलपाठ और अनूदित पाठ में स्थित सम्बन्ध को पहचानना भी कठिन हो जाता है।

5. सारानुवाद—इसमें स्रोतभाषा की मूल सामग्री का संक्षिप्त अनुवाद किया जाता है। इस पद्धति का उपयोग सार्वजनिक सभाओं, संगोष्ठियों, संसद एवं विधान सभा आदि में दिये गए भाषणों, वक्तव्यों आदि की सूचना देने के लिए अखबारों के संवाददाता, करते हैं। सारानुवाद का काम परिश्रमसाध्य है तथा पर्याप्त अभ्यास की अपेक्षा रखता है। अपनी संक्षिप्तता, सरलता, स्पष्टता तथा लक्ष्यभाषा के स्वाभाविक, सहज, प्रवाह के कारण व्यावहारिक कार्यों के सामान्य अनुवाद की तुलना में सारानुवाद अधिक उपयोगी पाया जाता है। इसका प्रमुख दोष यह है कि इसमें अनुवादक का दृष्टिकोण ही प्रमुख होता है। इसलिए कभी-कभी अनुवादक की दृष्टि में जो सामान्य है वह अन्यों की दृष्टि में महत्त्वपूर्ण। ऐसी स्थिति में इस प्रकार के अनुवाद विवाद के कारण बन जाते हैं।

6. **व्याख्यानुवाद**—इसे टीकानुवाद भी कहा जा सकता है। इसमें मूल पाठ की व्याख्या या टीका के साथ अनुवाद किया जाता है। कुछ अनुवादक मूल पाठ का अनुवाद करते समय उसके प्रत्येक शब्द तथा पद की अतिरिक्त व्याख्या भी करते हैं। श्री लोकमान्य तिलक का 'गीता रहस्य' इस प्रकार के अनुवाद का उदाहरण है। इस पर अनुवादक के व्यक्तित्व तथा चिन्तन की पर्याप्त मात्रा में छाया होती है।

7. **वार्तानुवाद**—कभी-कभी दो विभिन्न भाषा-भाषियों के बीच कोई व्यक्ति भाषा माध्यम बनता है और उनकी आपसी बातचीत को अपने दो अथवा अधिक भाषाओं के ज्ञान के कारण तुरन्त ही एक-दूसरे के सम्मुख ही उनकी वार्ता के सहमति अथवा असहमति के मुद्दों से उन्हीं की भाषा में अनुवाद कर प्रस्तुत कर देता है। इस तरह के अनुवाद को आशु अनुवाद भी कहा जा सकता है, क्योंकि वह तुरन्त किया जाता है। इस प्रकार के अनुवाद के लिए अनुवादक के पास भाषाओं का गहरा अध्ययन तथा प्रबल स्मरणशक्ति का होना आवश्यक होता है।

8. **रूपान्तरण**—मूल रचना को अपनी रुचि के अनुसार रूपान्तरित करना रूपान्तरण है। अधिकतर इसमें विधान्तरण होता है। एक विधा की रचना को कुछ मामूली परिवर्तनों के साथ दूसरी विधा में परिवर्तित किया जाता है। जैसे किसी अन्य भाषा की कहानी का नभोनाट्य में रूपान्तरित करके अनुवाद करना रूपान्तरण-अनुवाद है। यह छायावाद के निकट-सा होता है। इसमें भी रूपान्तरकार अपनी इच्छानुरूप मूल में परिवर्तन करता है, जहाँ जरूरी समझे, या जिस प्रसंग में उसकी जैसी रुचि हो या जैसी सुविधा प्रतीत हो, वहाँ वह वैसा ही परिवर्तन कर लेता है। यह परिवर्तन पात्र के नामादि का भी हो सकता है और परिवेश का भी।

9. **भाषान्तर**—यद्यपि अनुवाद और भाषान्तर शब्द एक-दूसरे के पर्याय के रूप में प्रयुक्त होते हैं, जबकि भाषान्तर अनुवाद का एक भेद है। जब स्रोतभाषा की किसी कृति के पूरे के पूरे अर्थ को बिना किसी परिवर्तन अथवा घटाव-चढ़ाव के लक्ष्यभाषा में कह दिया जाता है, तब उसे भाषान्तर कहते हैं। एक सफल भाषान्तर वही माना जाता है जिसमें स्रोतभाषा में कही गई बात लक्ष्यभाषा में एक जैसी अभिव्यक्ति पाती है और इस प्रकार लक्ष्यभाषा के पाठक अथवा श्रोता पर वही प्रभाव छोड़ती है, जो स्रोतभाषा के पाठक अथवा श्रोता पर पड़ा था। इस दृष्टि से यह 'आदर्श अनुवाद' के निकट पड़ता है।

(इ) अनुवादक के गुण

मराठी के प्रसिद्ध नाटककार मामा वरेरकर ने एक स्थान पर कहा है—

"लेखक होना आसान है, किन्तु अनुवादक होना अत्यन्त कठिन है।" सामान्यत: समझा जाता है कि दो भाषा जाननेवाला कोई भी व्यक्ति एक भाषा से दूसरी भाषा में सरलतापूर्वक अनुवाद कर सकता है, लेकिन यह बात सही नहीं है। स्वतन्त्र भारत के प्रथम राष्ट्रपति स्व. राजेन्द्र प्रसाद जी ने कहा भी है, "एक प्रकार से मौलिक लेख लिखना आसान है, पर किसी दूसरी भाषा से अनुवाद करना बहुत कठिन होता है। मेरा निजी अनुभव है कि मैं अंग्रेजी से हिन्दी में और हिन्दी से अंग्रेजी में उतनी आसानी से अनुवाद

नहीं कर सकता, जितनी आसानी से इन दोनों भाषाओं में लिख या बोल सकता हूँ। गहन विषयों का अनुवाद तो और भी कठिन होता है।'' अत: स्पष्ट है कि अनुवाद के लिए अनुवादक के पास विशेष योग्यताओं का होना आवश्यक है। भाषाओं का गहरा अध्ययन अनुवाद-विषय तथा अनुवाद-प्रक्रिया, शैलियाँ आदि का अद्यावत ज्ञान, ग्रहणशीलता, संवेदनशीलता, परिश्रमशीलता, विवेकशीलता तथा अभिव्यक्ति कुशलता आदि गुणों से सम्पन्न व्यक्तित्व का धनी अनुवादक ही अपने कार्य में सफलता प्राप्त कर सकता है। अनुवादक एक भाषा की सामग्री को दूसरी भाषा में उल्था करनेवाली मशीन मात्र नहीं है, वह सर्जनात्मक कलाकार भी है। वह एक अच्छा पाठक, अभिभावक, आलोचक तथा सर्जक सभी एक साथ है। अत: सफल अनुवाद के लिए अनुवादक को बहुआयामी व्यक्तित्व का होना आवश्यक है। इस दृष्टि से अनुवादक का व्यक्तित्व निम्न गुणों से सम्पन्न होना चाहिए—

1. **बहुभाषाविदता**—स्रोतभाषा तथा लक्ष्यभाषा पर अनुवादक का समान अधिकार होना चाहिए। भाषाओं पर अधिकार से तात्पर्य है दोनों भाषाओं के विभिन्न अंगों का भाषावैज्ञानिक, 'वैयाकरणिक तथा ऐतिहासिक दृष्टि से सम्यक अध्ययन तथा उसकी अनुप्रयुक्ति से है। हर भाषा की अपनी विशेष प्रकृति होती है, उसकी पहचान अगर अनुवादक को न हो तो अनुवाद भोंडा और असहज होता है। विभिन्न ज्ञान-शाखाओं की पारिभाषिक शब्दावली, वाक्यप्रयोग, कहावतों, मुहावरों आदि का ज्ञान उसे अर्जित करना होता है। मानक भाषा के साथ उसकी उपभाषाओं तथा बोलियों का ज्ञान भी आवश्यक होता है। स्रोतभाषा तथा लक्ष्यभाषा के अतिरिक्त अनुवादक जितनी अधिक भाषाओं का ज्ञाता हो, उतना लाभदायी हो सकता है। आज के सन्दर्भ में तो बहुभाषाज्ञाता व्यक्तित्व अनुवादक के लिए अधिक लाभदायी साबित होता है क्योंकि संचार-साधनों तथा वैज्ञानिक आविष्कारों ने विश्व की लगभग सभी भाषाओं में परस्पर लेन-देन-प्रवृत्ति को और बढ़ावा दिया है। शब्द वाक्य-रचना के धरातल पर विकसित भाषा एक-दूसरे पर पर्याप्त प्रभावी दिखाई देती है। अत: मूल पाठ को समझने तथा स्रोतभाषा में उसे सहजता के साथ व्यक्त करने में बहुभाषाज्ञाता व्यक्तित्व सहायक ही हो सकता है। कहा जाता है कि हर नई भाषा के सीखने के साथ नए ज्ञान और नई संस्कृति से परिचित होने का एक और नया मार्ग खुल जाता है। बहुश्रुत व्यक्तित्व के निर्माण में बहुभाषा ज्ञान का महत्त्वपूर्ण योगदान होता है।

2. **बहुश्रुतता**—वर्तमान समय में अनुवाद की आवश्यकता के अनुरूप उसके क्षेत्र का भी विस्तार होता जा रहा है। साहित्यिक अनुवाद में नित नई विधाओं का सृजन हो रहा है और हर नई विधा के साथ अनुवाद का एक नया क्षेत्र सामने आ रहा है। ज्ञान-विज्ञान की विविध शाखाओं की ज्ञान-कक्षा के विस्तार के साथ अनुवाद-क्षेत्र का भी विस्तार हो रहा है। ऐसी स्थिति में सीमित ज्ञान के सहारे अनुवादक सफल अनुवाद कैसे कर पाएगा? यह सही है कि कोई एक व्यक्ति—चाहे वह कितना मेधावी हो-सभी ज्ञान-शाखाओं का ज्ञाता नहीं हो पाएगा, लेकिन हमारे इर्द-गिर्द फैली अपार ज्ञान राशि से असम्पृक्त होकर भी कोई जी नहीं पाएगा। बहुज्ञता आज विशेषता नहीं अपितु आवश्यकता बन गई है। जिस तरह साहित्य के क्षेत्र में हर विधा अपने क्षेत्र को लाँघकर दूसरी विधाओं में दखल अंदाजी

कर रही है, उसी तरह विज्ञान और सामाजिक शास्त्र की विधि शाखाएँ एक-दूसरे के क्षेत्र में दखलअन्दाजी कर रही हैं। ऐसी स्थिति में अनुवादक को बहुश्रुत तथा बहुश होना आवश्यक हो गया है। साहित्यिक अनुवाद में वर्तमान राजनैतिक, सामाजिक, सांस्कृतिक तथा साहित्यिक परिवेश तथा गतिविधियों का ज्ञान तो होना ही चाहिए, साथ ही विविध सामाजिक शास्त्रों का भी ज्ञान होना चाहिए। वैज्ञनिक तथा तकनीकी अनुवादक को अपने विषय की गहरी समझ न हो तो वह मात्र शब्दानुवाद करेगा। प्रशासनिक अनुवाद के लिए मात्र पारिभाषिक शब्दावली का ज्ञान ही नहीं, अपितु प्रशासकीय पद्धति, राजनीतिशास्त्र के साथ जनमानस की पहचान भी आवश्यक है। अत: जिस प्रकार साहित्यशास्त्र में साहित्य-हेतु के रूप में 'निपुणता' अर्थात देश, काल, लोक व्यवहार, शास्त्र तथा साहित्य अध्ययन से प्राप्त बहुश्रुत-बहुज्ञता का प्रतिपादन किया जाता है, उसी तरह अनुवादशास्त्र में यह 'अनुवाद-हेतु' कहा जा सकता है। सफल अनुवाद के लिए मूलपाठ को सम्यक रूप में समझना अनुवाद प्रक्रिया की पहली तथा महत्त्वपूर्ण सीढ़ी है और बहुश्रुत-बहुज्ञता उसकी अनिवार्यता ।

3. **प्रतिभासम्पन्नता**—यद्यपि अनुवादक को मौलिक लेखक की अपेक्षा हमेशा बौना समझा गया है, क्योंकि वह मूल लेखक को व्यक्त करता है, अत: उसका स्थान 'दूसरा' है। वास्तविकता यह है कि हम अपने आपको बड़ी आसानी से व्यक्त कर सकते हैं, दूसरे को व्यक्त करना मुश्किल होता है। हम अपने आपकी संवेदनाओं को बिना प्रयास अनुभव करते हैं, किसी का सहवेदन होना सप्रयास कार्य है और साथ ही महत्प्रयास-साध्य है। डॉ. जी. गोपीनाथन ने अनुवाद को 'परकाया प्रवेश' की संज्ञा दी है। 'परकाया प्रवेश' सामान्य कार्य नहीं असामान्य कार्य है। इसलिए अनुवादक के पास भावयित्री और कार यित्री प्रतिभा का होना अनिवार्य है। वह एक साथ एक पाठक, आस्वादक, अध्येता और सृजक भी है। उसे मूल पाठ की मूल संवेदना को गहराई से अनुभव करना है तथा एक अन्य भाषा में उसी रूप में व्यक्त करना है अर्थात मूल पाठ का ग्रहण करना है और एक अन्य भाषा में उस भाषा की प्रकृति के अनुरूप पुनर्गठित तथा समायोजित कर उसे इस तरह व्यक्त करना है कि पाठक को मूल पाठ का प्रतिपाद्य तथा प्रतिपादन शैली का सहज आस्वादन हो। यह पूरी प्रक्रिया भावयित्री तथा कारयित्री-दोनों प्रतिभा के बिना सम्भव नहीं। अनुवादक मात्र मूल का भाषान्तरण नहीं करता अपितु उसका एक तरह से पुन: सृजन करता है। अनुवाद अगर प्रतिभाशाली हो, तो ही यह पुन: सृजन सम्भव है, अन्यथा मात्र भाषान्तरण हो जाता है। पं. जवाहरलाल नेहरू ने कहा भी है, ''ईमानदारी से किए गए शाब्दिक अनुवादों में सभी कुछ होगा सिर्फ आत्मा की ही कमी रहेगी।'' जैसे साहित्य सृजन सम्बन्धी अरस्तू की मान्यता है कि 'साहित्य भाषा के माध्यम से पुन: सृजन है।' उसी प्रकार अनुवाद भी मूलपाठ का यन्त्रवत अनुकरण न होकर पुन: सृजन है। अनुवादक का व्यक्तित्व एक अलग ढंग से उसमें भी व्यक्त होता है, चाहे वह अनुवाद साहित्यिक हो, वैज्ञानिक-तकनीकी हो या प्रशासनिक।

4. **परिश्रमशीलता एवं अभ्यास-प्रवणता**—अनुवाद बड़े जोखिम तथा परिश्रम-भरा कार्य है। मूल पाठ का अध्ययन, उसके विभिन्न सन्दर्भों की पहचान, लक्ष्यभाषा के

अनुरूप उसका पुनर्गठन-समायोजन और उसके बाद अभिव्यक्तीकरण यहाँ तक अनुवाद-प्रक्रिया का एक आवर्त पूरा होता है। उसके बाद उसे एक आलोचक की तुलनात्मक दृष्टि से दोनों पाठों अर्थात मूल पाठ और अनूदित पाठ का परीक्षण कर उसमें आवश्यक संशोधन करना होता है। आवश्यकतानुरूप इसके कई आवर्त हो सकते हैं। इसे अनुवाद का 'अभ्यास-हेतु' कहा जा सकता है। इस तरह मौलिक सृजन की अपेक्षा अनुवाद अधिक मात्रा में श्रम तथा अभ्याससाध्य है। अत: परिश्रमशीलता तथा अभ्यासप्रवणता सफल अनुवादक के लिए एक आवश्यक गुण है।

5. विवेकशीलता— अनुवाद की पूरी प्रक्रिया में अनुवादक को मूल पाठ की सीमा रेखा के भीतर ही कार्य करना होता है। विशेषकर अनूदित पाठ में मूलपाठ को अपनी सभी विशेषताओं के साथ उतारना होता है। इस प्रक्रिया में उसे अपने व्यक्तित्व का संस्पर्श भी कराना है, पर एक सीमा तक ही। दूसरे शब्दों में, एक तरह की तटस्थता भी उसमें आवश्यक होती है। डॉ. भोलानाथ तिवारी के शब्दों में, ''आदर्श अनुवाद सीरिंज की वह सुई है जो सीरिंज की दवा को ज्यों-का-त्यों मरीज के शरीर में पहुँचा देती है।'' आदर्श या सफल अनुवाद का मूल मन्त्र है—'न तोड़िए न जोड़िए' अर्थात एक तटस्थता के तहत मूलपाठ को अविकृत रूप में अन्य भाषा में व्यक्त करना है। अनुवाद के दौरान कुछ स्थल ऐसे आएँगे जो अनुवादक के मनभावन हों और कुछ अभावन भी। दोनों स्थितियों में अपनी विवेकशीलता को जागृत रखते हुए उसे आगे बढ़ना होता है। उसे यह हमेशा याद रखना है कि वह भी सृजक तो है, लेकिन मूल सृजक पर उसे हावी नहीं होना है। डॉ. जॉनसन ने अनुवादक को चेतावनी देते हुए लिखा है, "Never try to excel the author you translate." अनुवादक का सृजक होना अपेक्षित है, परन्तु उसे अपनी सीमा का भी ध्यान रहे। उसे स्वायत्तता है, लेकिन इस सीमा तक नहीं कि वह मूल लेखक को भी लाँघकर आगे निकल जाय। उसकी प्रतिभा अनुवाद की सफलता के लिए प्रयुक्त होनी चाहिए न कि अनुवाद के बाधक रूप में। उसमें इतनी विवेकशीलता हो कि अपनी प्रतिभा तथा स्वायत्तता का सही और सार्थक रूप में प्रयोग कर सके। अनुवादक व्याकरणिक संरचना, शब्द-चयन, छन्द आदि शिल्पगत विशेषताओं में अपनी वैयक्तिक रुचि के अनुसार शैली प्रयुक्त कर सकता है और इसी सीमा तक वह सर्जक होता है। अनुवाद-क्षेत्र, विषय तथा उद्देश्य के अनुरूप उसे सर्जक होने का अवसर प्राप्त होता है, जैसे साहित्यिक अनुवाद में सबसे अधिक मात्रा में तथा तकनीकी अनुवाद में सबसे कम मात्रा में उसे व्यक्तित्व के संस्पर्श का अवसर प्राप्त होता है। विवेकशील अनुवादक ही इसका निर्वाह करते हुए अनुवाद सफल बनाता है।

6. अनुवादविज्ञान का ज्ञाता— अनुवाद एक कला भी है और विज्ञान भी है। इसलिए आवश्यक है कि अनुवादक अनुवादविज्ञान का ज्ञाता हो। अनुवाद-प्रक्रिया, अनुवाद के सिद्धान्त, अनुवाद की समस्याएँ, अनुवाद के विभिन्न प्रकार एवं अनुवाद-प्रविधियाँ आदि का वैज्ञानिक अध्ययन अनुवाद के लिए आवश्यक है। साथ ही अनूदित साहित्य का तुलनात्मक अध्ययन करने से अनुवाद-प्रक्रिया में जिन समस्याओं का सामना करना

पड़ता है, उसके समाधान भी प्राप्त हो सकते हैं। ज्ञान के विशेषीकरण (Specialization) के वर्तमान युग में अनुवाद-विज्ञान के अध्ययन के बिना सफल अनुवाद सम्भव नहीं है।

ई. अच्छे अनुवाद का स्वरूप

अच्छा अनुवादक अनुवाद की योग्यता, अनुवाद विषय की समझ, अनुवाद के अभ्यास तथा विषय के साथ जुड़ी आत्मीयता पर निर्भर करता है। इसमें अनुवाद की विषय-वस्तु के प्रति अभिरुचि भी अच्छी भूमिका निभाती है। अनुवादक के शब्द-भंडार तथा सरल स्वाभाविक भाषा-शैली पर भी अनुवाद की कोटि निर्भर करती है। अच्छा अनुवाद इस बात पर भी निर्भर करता है कि अनुवादक अनुवादवाली भाषा के मुहावरे में मूल कथ्य को कितनी योग्यता से अभिव्यक्त करता है। अनुवाद का क्षेत्र विविध तथा विशाल है, इसलिए हर क्षेत्र के अनुवाद का उद्देश्य और स्वरूप अलग होता है, इसलिए हर क्षेत्र के सफल अनुवाद या अच्छे अनुवाद के अपने मानदंड होते हैं। फिर भी स्थूल रूप में एक अच्छे अनुवाद की निम्नलिखित विशेषताएँ हो सकती हैं—

1. मूलपाठ तथा अनूदित पाठ की सममूल्यता—एक अच्छे और सफल अनुवाद की सर्वप्रथम विशेषता है कि मूल पाठ तथा अनूदित पाठ में प्रतिपाद्य तथा प्रतिपादन शैलीगत समानता हो। दूसरे शब्दों में अनुवाद पढ़ने के बाद पाठक को यह न लगे कि वह कोई अनूदित कृति पढ़ रहा है। अनूदित कृति पढ़ते समय भी उतना ही आनन्द आना चाहिए, जितना कि किसी मूल कृति को पढ़ने से मिलता है। इस लक्ष्य को प्राप्त करने के लिए अनुवादक में विषय की अन्तरात्मा को आत्मसात करने की क्षमता होनी चाहिए। अनुवाद की प्रक्रिया में एक भाषा की वस्तु दूसरी भाषा में इस तरह लाई जाती है कि दूसरी भाषावालों को वह वस्तु पूरी तरह से समझ में आ जाय, यह अनुवाद की पहली शर्त है, किन्तु यह केवल पहली ही शर्त है—इसके आगे और भी बातें हैं, जिन पर ध्यान दिया जाना आवश्यक है। भाषा में जो सामग्री है, जिसे हम वस्तु कहते हैं, वह केवल भावों व विचारों का स्थूल रूप नहीं है, उसके साथ रूप, शैली, अर्थ की विविध छवियों व उनके स्तर आदि भी जुड़े हुए हैं। अध्ययन की सुविधा के लिए हम इन्हें वस्तु और रूप या विषय और शैली के अलग-अलग खानों में बाँटते हैं, किन्तु अध्येता को यह ध्यान रखना पड़ता है कि यह विभाजन केवल कृत्रिम और समझने-समझाने के स्तर तक सीमित हैं। वास्तविकता यह है कि हर वस्तु अपना रूप साथ ही लेकर आती है और हर विषय अपनी शैली लेकर ही जनमता है। इसलिए अनुवाद की यह भी एक शर्त है कि सामग्री के एक भाषा से दूसरी भाषा में अन्तरण-प्रक्रिया में केवल वस्तु ही नहीं बल्कि उसके रूप, अर्थ-स्तर और मूल भाव इन सभी का अन्तरण हो। यह कार्य कठिन है, श्रमसाध्य है, पर असम्भव नहीं है।

2. अनुवाद विषय के अनुरूप अनुवाद—अनुवाद के विषय या सामग्री अनुवाद की प्रकृति की निर्धारक होती हैं। अनुवाद विषयों को मूलत: दो वर्गों में वर्गीकृत किया जा सकता है (1) साहित्यिक विषय (2) साहित्येतर विषय। साहित्यिक विषयों के अनुवाद की प्रकृति साहित्येतर विषयों के अनुवाद से भिन्न होती हैं। सामाजिक, सांस्कृतिक

तथा साहित्यिक सन्दर्भ, लेखक व अनुवादक के रचनात्मक अभिव्यक्तियों में टकराव, अभिव्यक्ति के स्तरों या शब्द शक्तियों एवं विकल्पों के वैभव के कारण साहित्यिक अनुवाद की प्रकृति अलग हो जाती है। साथ ही साहित्य में गद्य-पद्य की विविध विधाएँ होती हैं। हर विधा की अपनी प्रकृति होती है अर्थात अपनी विधागत विशेषताएँ होती है। इसलिए साहित्यिक विषयों के अनुवाद में भी गद्य तथा पद्य की अनुवाद-प्रकृति में अन्तर होता है। गद्य का अनुवाद पद्य की अपेक्षा आसान होता है। कुछ विद्वानों का तो कहना है कि कविता का अनुवाद हो ही नहीं सकता। राबर्ट फ्रास्ट की मान्यता है कि, ''जो अनूदित होने से रह जाता है—वही कविता है।'' कविता के अनुवाद में सबसे बड़ी समस्या उसके शिल्प के अनुवाद की है। कविता में शब्द, शब्द-क्रम, छन्द, लय, नाद आदि की एकन्विति होती है, जो हर भाषा की अपनी प्रकृति के अनुरूप होती है। उसे दूसरी भाषा में अनुवादित करते समय दोनों भाषा की प्रकृति का टकराव कई समस्याओं का सृजन करता है। इसलिए सफल अनुवाद काव्य-शिल्प के परिप्रेक्ष्य में दोनों भाषाओं के प्रकृतिगत समान तत्त्वों को खोजते हुए काव्यानुवाद का प्रयास करता है। कविता में निहित कवि की मूल संवेदना तथा उसे व्यक्त करनेवाले उपादानों को गहराई से अनुभव करने के बाद उसे अन्य भाषा की प्रकृति के अनुरूप तथा मूल भाषा की सौन्दर्यगत विशेषताओं को क्षति पहुँचाए बिना अन्तरित करने का कार्य कठिन है परन्तु असम्भव नहीं। इस सन्दर्भ में ''आचार्य महावीरप्रसाद द्विवेदी ने लिखा है—''स्वतन्त्र कविता करने की अपेक्षा दूसरे की कविता का अनुवाद अन्य भाषा में करना बड़ा ही कठिन काम है। एक शीशी में भरे हुए इत्र को दूसरी शीशी में डालने लगते हैं तब डालने ही में पहली कठिनता उपस्थित होती है और यदि बिना दो-चार बूँद इधर-उधर टपके, दूसरी शीशी में चला भी गया इस उलट-फेर में उसके सुवास का विशेषांश उड़ जाता है। एक भाषा की कविता का दूसरी भाषा में अनुवाद करनेवालों को यह बात स्मरण रखनी चाहिए कि बुरा अनुवाद करना मूल कवि का अपमान करना है, क्योंकि अनुवाद के द्वारा उसके गुणों का ठीक-ठीक परिचय न होने के कारण पढ़नेवालों की दृष्टि में वह हीन हो जाता है। इसलिए किसी पुस्तक का अनुवाद आरम्भ करने से पहले अनुवादक को अपनी योग्यता का विचार कर लेना नितान्त आवश्यक है। सच तो यह है कि जो अच्छा कवि है वही अच्छा अनुवाद करने में समर्थ हो सकता है, दूसरा नहीं।'' काव्यानुवाद के लिए अनुवादक का कवि होना अनिवार्य है या नहीं, इस पर मतभेद हो सकते हैं, परन्तु इसमें कोई शक नहीं कि अच्छे काव्यानुवाद के लिए अनुवादक में कविगत संवेदनशीलता तथा मूल भाषा और लक्ष्यभाषा की प्रकृति का तथा साहित्यशास्त्रीय ज्ञान आवश्यक है। साहित्येतर अनुवाद विषय या सामग्री के भी कई भेद हैं, जैसे—विधिक, वैज्ञानिक तथा तकनीकी, कार्यालयीन और जनसंचार माध्यम के विषय। सामान्यत: इस प्रकार के अनुवाद में एकल संरचना, प्रामाणिक, निर्धारित व एकार्थक पारिभाषिक शब्दावली और एक आयामी वस्तु तत्त्व के कारण उसकी प्रकृति साहित्यिक अनुवाद से अलग होती है। विधिक अनुवाद में शाब्दिक अनुवाद को प्रधानता दी जाती है और उसमें हमें यथातथ्य शाब्दिक अनुवाद करना होता है। इसमें हम भाषा की स्वतन्त्रता नहीं ले सकते। वैज्ञानिक तथा तकनीकी अनुवाद में वैज्ञानिक,

तकनीकी की विविध शाखाओं के ज्ञान का यथातथ्य सम्प्रेषण आवश्यक होता है, इसलिए पारिभाषिक शब्दावली का प्रयोग अनिवार्य हो जाता है। कार्यालयीन या कामकाजी अनुवाद में सरकारी, अर्धसरकारी पत्राचार, नियमावली, मैनुअल, क्रियाविधि आदि के अनुवाद में पारिभाषिक शब्दों को अपनाते हुए भी प्रचलित शब्दों का भी यथावश्यक प्रयोग करना पड़ता है। जनसंचार माध्यमों में समाचार-पत्र, आकाशवाणी तथा दूरदर्शन की सामग्री का स्वरूप अलग-अलग होता है। अत: सामग्री के स्वरूप के अनुरूप ही अनुवाद प्रविधि का प्रयोग करना होता है। संक्षेप में अनुवाद की विषय या सामग्री के अनुसार अनुवाद का स्वरूप बदल जाता है। अत: एक अच्छे अनुवाद की भी यही विशेषता होगी कि विषय या सामग्री की माँग के अनुरूप उसका अनुवाद हो।

3. उद्देश्य के अनुरूप अनुवाद—जिस तरह अनुवाद-विषय या सामग्री के अनुरूप अनुवाद की प्रकृति अलग-अलग होती है, उसी प्रकार अनुवाद के उद्देश्य के अनुसार भी अनुवाद की प्रकृति बदलती है। साहित्यिक अनुवाद करते समय अगर अनुवाद का उद्देश्य मात्र उस साहित्य से परिचित होना है, तो उसका स्वरूप मात्र साहित्य में व्यक्त भाव, विचार आदि का सरल-सुबोध अनुवाद तक सीमित होगा; जैसे—किसी कविता, कहानी, उपन्यास आदि के कथ्य का सरल-सुबोध गद्य में सारांश रूप में अनुवाद। वैज्ञानिक-तकनीकी विषय की सामान्य जानकारी देनेवाले ग्रन्थ, कार्यालयों से किसी व्यक्ति को प्रेषित पत्र आदि का स्वरूप निश्चित रूप से सरल-सुबोध ही होगा। जनसंचार माध्यम की अनुवाद सामग्री में भी उद्देश्य के अनुरूप ही उसका अनुवाद एक अच्छा अनुवाद कहा जायगा। संक्षेप में अनुवाद किसके लिए और क्यों किया जा रहा है, इन बातों पर ध्यान देकर किया गया अनुवाद सफल अनुवाद कहा जा सकता है।

4. सम्प्रेषणशीलता और प्रभावात्मकता— अनुवाद मूलत: पाठक के लिए होता है, इसलिए अनुवाद की श्रेष्ठता का मूल्यांकन उसकी सम्प्रेषणशीलता तथा प्रभावात्मकता के आधार पर ही करना आवश्यक होता है। नाइडा ने पाठक की अनुक्रिया को अनुवाद के मूल्यांकन का प्रमुख आधार मानकर उसके सात तरीके बताए हैं—(1) पुनरानुवाद, (2) बोध परीक्षण, (3) क्लोज परीक्षण, (4) अनुक्रिया परीक्षण, (5) वाचन परीक्षण, (6) प्रतिपाद्य की व्याख्या, और (7) निष्पादन परीक्षण। ये सारे परीक्षण इस बात का पता लगाने के लिए होते हैं कि मूल भाषा पाठ का अनुवाद कितना सफल हुआ है। यहाँ यह द्रष्टव्य है कि मूल पाठ की सामग्रीमात्र का सम्प्रेषण ही नहीं बल्कि उसकी विशेषताओं का प्रभावी ढंग से सम्प्रेषण होना चाहिए। अगर वह साहित्यिक अनुवाद हो, तो मूल साहित्यकृति का सहज और अविकृत आस्वाद होना चाहिए। इसलिए अनुवाद को लक्ष्य और स्रोतभाषा में प्राप्त समान तत्त्वों की खोज करनी पड़ती है। अनुवाद एक ही परिवार की तथा एक ही संस्कृति को संवाहित करनेवाली दो भाषाओं में हो तो सम्प्रेषण और प्रभावात्मकता की समस्या नहीं होती है। परन्तु भिन्न सांस्कृतिक परिवेश की संवाहक भाषाओं के साहित्यिक अनुवाद में यह समस्या प्रखर रूप में सामने आती है। जैसे पाश्चात्य और भारतीय भाषाओं की रचनाओं के अनुवाद में दोनों भाषाओं के समाज, उसकी संस्कृति, सभ्यता आदि में जो पर्याप्त अन्तर है, वह सम्प्रेषण में बाधक होता है। ऐसे समय में अनुवादक स्रोतभाषा

की ओर झुक गया तो अनुवाद दुर्बोध हो जाता है और अगर वह पूरी तरह से लक्ष्यभाषा की ओर झुका तो मूल पाठ विकृत होता है। कुछ हद तक साहित्येतर सामग्री के अनुवाद के साथ भी यही होता है। अत: अच्छे अनुवाद के लिए इन दोनों अतिवादिता से बचकर मध्य का मार्ग अपनाना पड़ेगा।

5. अनुवाद : एक प्रक्रिया है— अच्छे अनुवाद के स्वरूप निर्धारण में इस बात को ध्यान में रखना होगा कि अनुवाद एक प्रक्रिया है। अनुवाद का कोई एक रूप अन्तिम नही होता है। डॉ. शशी मुदीराज ने इस सन्दर्भ में लिखा है, "हर अनूदित पाठ मूल पाठ का गुणात्मक विकास है, इसलिए हर अनुवाद को विकास की एक स्थिति के रूप में देखा जाना चाहिए न कि अच्छे-बुरे के मूल्यधर्मी मानदंड से।" अनुवाद का प्रधान उद्देश्य नई सामग्री अपनी भाषा में लाकर अपनी भाषा में नई सामग्री के आस्वादन-अध्ययन की सुविधा देना तथा इस माध्यम से ही अपनी भाषा का परिष्कार करना है। इस दृष्टि से ही उसका मूल्यांकन किया जाना उचित होता है। इस नए दृष्टिकोण और विश्लेषण पद्धति का प्रस्थान बिन्दु है—अनुवाद, जो लक्ष्यभाषा के लिए और उसी के भाषिक प्रतिमानों च सांस्कृतिक प्रकृति को ध्यान में रखकर किया जाता है और अनुवाद हो जाने के बाद अनूदित पाठ लक्ष्यभाषा की बहुआयामी व्यवस्था में विन्यस्त हो जाता है और स्रोतभाषा से विच्छिन्न हो जाता है, अत: उसे मूल पाठ के ही परिप्रेक्ष्य में नहीं लक्ष्यभाषा तथा उसके विकास में प्रदेय योगदान के रूप में भी देखना आवश्यक होता है।

कुल मिलाकर मूल सामग्री के गहन अध्ययन तथा चिन्तन-मनन के बाद, उसके स्वरूप तथा उद्देश्य के अनुरूप पाठकों तक सहज, प्रभावी रूप में सम्प्रेषित होनेवाला तथा लक्ष्य भाषा का परिष्कार करनेवाला अनुवाद एक अच्छा अनुवाद कहलाया जा सकता है। इस तरह के अनुवाद के लिए जिन बातों पर ध्यान देना होता है, उसका ऊपर विवेचन किया गया है। इन सभी बातों को नारायण प्रसाद पांडेय ने बड़े सूत्रमय ढंग से प्रस्तुत किया है—

अनुवाद करते समय ध्यातव्य बातें

T = अर्थात Text या मूल पाठ को अच्छी तरह पढ़ लेना चाहिए।

R = Reference अथवा Relevance दिये गए मूलपाठ का सन्दर्भ या उसका किस विषय से सम्बन्ध है, इस पर विचार करना चाहिए।

A = Articulation—या समायोजन—मूलपाठ में व्यक्त विचारों को आपस में सम्बद्ध करना चाहिए।

N = Nuances—अर्थच्छाया - विशिष्ट शब्दों की विभिन्न अर्थच्छायाओं का ध्यान रखना चाहिए।

S = Style—या शैली—मूल भाषा की शैली और लक्ष्यभाषा की शैली का ध्यान रखा जाना चाहिए।

L = Linguistic Level अर्थात भाषा-स्तर—जिन लोगों के लिए अनुवाद उद्दिष्ट है उनके भाषा सम्बन्धी ज्ञान के स्तर का ध्यान रखा जाना चाहिए।

A = Accuracy or appropriateness—अनुवाद में यथातथ्यता और शुद्धता होनी चाहिए।

T = Target Language—लक्ष्यभाषा अथवा जिस भाषा में अनुवाद किया जा रहा है। उसमें स्पष्ट अभिव्यक्ति होनी चाहिए।

I = Indifference—अनुवादक को निरपेक्ष रहना चाहिए अर्थात मूल कथ्य में अपनी ओर से कुछ नहीं जोड़ना चाहिए।

O = Orthodoxy or Orthology—लक्ष्यभाषा की परम्परागत विशेषताओं का ध्यान रखा जाना चाहिए।

N = Nearness अर्थात निकटता —अनुवाद मूल-भाषा के निकट होना चाहिए।

2.

प्रयोजनमूलक अनुवाद

बहुविध भाषा और संस्कृति से सजे इस विश्व में भाषा की सीमाओं को लाँघकर एक-दूसरे तक पहुँचने के लिए अनुवाद ही एकमात्र माध्यम है। व्यक्ति-व्यक्ति के वार्तालाप से लेकर विभिन्न राष्ट्रों के बीच संवाद का सहज स्वाभाविक माध्यम अनुवाद है। साहित्य के अनुवाद के द्वारा विभिन्न भाषा और संस्कृति के परस्पर आदान-प्रदान की एक लम्बी परम्परा हर देश में विद्यमान है। धर्म, दर्शन तथा वैचारिक आदान-प्रदान में भी अनुवाद ने अपना महत्त्वपूर्ण योगदान प्रदान किया है। प्रशासन, व्यापार तथा अन्य क्षेत्रों में भाषिक प्रकार्यों के स्तर पर अनुवाद ने अपनी उपयोगिता को प्रमाणित की है। भावात्मक एकता, राष्ट्रीय एकता, शिक्षा तथा अनुसन्धान के क्षेत्र में अनुवाद का महत्त्वपूर्ण स्थान रहा है। विज्ञान तथा तकनीकी, सूचना-क्रान्ति और वैश्वीकरण के वर्तमान समय में अनुवाद का महत्त्व और भी बढ़ गया है। ज्ञान-विज्ञान के विभिन्न क्षेत्रों में संसार की प्रगति और उपलब्धियों की अद्यतन जानकारी के लिए मनुष्य अनुवाद पर ही निर्भर है। नए तकनीकी संसाधनों एवं अधुनातन अनुसन्धानों से परिचित होने के लिए अनुवाद ही सर्व-सुलभ माध्यम है। शेष विश्व के सामने अपनी पहचान सुरक्षित रखने और अनवरत विकासमान सभ्यता की दौड़ में पिछड़ जाने से बचने के लिए अनुवाद का उपयोग करना किसी भी मनुष्य और समाज के लिए परम आवश्यक बन गया है। संचार माध्यमों और कम्प्यूटर-इंटरनेट की दुनिया ने अनुवाद की आवश्यकता को और भी बढ़ाया है। कुल मिलाकर प्रत्येक भाषाई प्रयोजनों के साथ यहाँ हम प्रयोजनमूलक अनुवादों का संक्षिप्त परिचय दे रहे हैं—

(1) प्रशासनिक अनुवाद

प्रशासन मूल रूप में संस्कृत का शब्द है। यह 'प्र' उपसर्ग के साथ 'शास्' धातु से बना है, जिसका अर्थ उत्कृष्ट रीति से शासन करना है। अंग्रेजी में प्रशासन के लिए Administration शब्द का प्रयोग किया जाता है, जो Ad और Ministrate से

मिलकर बना है और जिसका अर्थ लोगों की देखभाल करना अथवा कार्यों की व्यवस्था करना है। प्रशासन शब्द अत्यन्त व्यापक दृष्टिकोणवाला शब्द है। इसका एक अर्थ मन्त्रिमंडल या सर्वोच्च कार्यपालिका के पर्यायवाची के रूप में लिया जाता है, जैसे नेहरू प्रशासन, बुश प्रशासन आदि तो एक और अर्थ में प्रशासन शब्द का प्रयोग सार्वजनिक या लोकनीति अथवा लोकनीतियों को क्रियान्वित करनेवाली क्रिया अथवा किसी सेवा या सामग्री का उत्पादन करनेवाली क्रिया के रूप में भी किया जाता है; जैसे – भारतीय प्रशासन, भारतीय रेलवे प्रशासन, शिक्षा प्रशासन आदि। प्रशासन शब्द का एक और अर्थ में भी प्रयोग किया जाता है। प्रबन्ध के गुण अथवा प्रबन्ध की क्षमता के रूप में। इसीलिए विद्वानों ने 'प्रशासन' की जो परिभाषाएँ दी हैं, उनमें मतभिन्नता दिखाई देती है। सभी मतों को मद्देनजर रखते हुए स्थूल रूप में 'प्रशासन' की अवधारणा को इस प्रकार स्पष्ट किया जा सकता है—''प्रशासन में वे सभी कार्य आ जाते हैं जिन्हें किसी उद्देश्य की प्राप्ति के लिए किया जाता है, परन्तु कौशल एवं कला के रूप में उसके भीतर केवल प्रबन्धकारी कार्यों में कुशलता का समावेश होता है। वे प्रबन्धकारी कार्य सब प्रकार के विवेकपूर्ण सामूहिक प्रयत्नों में एकसमान होते हैं। क्रियाओं के मिश्रण के रूप में प्रशासन अनन्त रूप धारण करता है और प्रत्येक विषयक्षेत्र में पृथक स्वरूप लेता है, परन्तु जब हम उसका कौशल कला के रूप में अध्ययन करते हैं तो वह सब एक-जैसा ही होता है। प्रशासन एक सार्वभौमिक प्रक्रिया है, जो विविधतापूर्ण संस्थागत व्यवस्थापनों के आधार पर लोक प्रशासन और वैयक्तिक प्रशासन में बाँटा जाता है। लोक प्रशासन सरकारी व्यवस्थापन है, जबकि वैयक्तिक प्रशासन गैर-सरकारी व्यवस्थापन व्यापारिक या व्यापारिक उद्यम है। अनुवाद की दृष्टि से प्रशासन को हम यहाँ केन्द्र और राज्य की कार्यविधियों से सम्बन्धित मानकर चलें तो प्रशासन के कार्यक्षेत्र में मन्त्रालय विभाग, अधीनस्थ कार्यालय, सम्बद्ध कार्यालय, सरकारी बैंक, लिमिटेड कम्पनियाँ, सहकारी बैंकों के अतिरिक्त सरकारी नियन्त्रण में कार्यरत स्वशासी निकाय, सार्वजनिक क्षेत्रों के उपक्रम आदि आते हैं। भारत सरकार द्वारा संघ के शासकीय प्रयोजनों के लिए राजभाषा नियम—1976, में केन्द्र सरकार के अन्तर्गत मुख्यत: निम्नलिखित संस्थानों को शामिल किया गया है—

(1) केन्द्र सरकार का कोई कार्यालय, विभाग या मन्त्रालय।

(2) केन्द्र सरकार द्वारा नियुक्त आयोग, समितियाँ और प्राधिकरण का कोई कार्यालय।

(3) केन्द्र सरकार के स्वामित्व में या इसके नियन्त्रण के अधीन किसी निगम या कम्पनी के कार्यालय।

इसी तरह सरकारों के कार्यालयों की परिभाषा के अन्तर्गत राज्य सरकारों के उपर्युक्त स्वरूपवाले कार्यालय आते हैं।

प्रशासन का भाषिक प्रकार्य जिस भाषा में होता है उसे प्रशासनिक भाषा कहा जा सकता है। भारतीय संविधान में हिन्दी को राजभाषा घोषित किया गया है। इसीलिए प्रशासन की संवैधानिक भाषा हिन्दी है और अंग्रेजी भी। वास्तविकता यह है कि प्रशासन की वास्तविक भाषा अंग्रेजी है और राजभाषा के रूप में हिन्दी को स्वीकार किया गया

इसीलिए प्रशासन में द्विभाषिकता अनिवार्य रूप में आ गई। सन् 1955 का राष्ट्रपति आदेश, राजभाषा आयोग की सिफारिशों के परिप्रेक्ष्य में 27 अप्रैल, 1960 में दिया गया राष्ट्रपति आदेश, राजभाषा अधिनियम 1963 तथा 1967; राजभाषा नियम 1976 आदि के परिणामस्वरूप कार्यालयों में हर तरह के कार्यों में अंग्रेजी-हिन्दी अनुवाद की व्याप्ति और अहमियत निरन्तर बढ़ती गई।

प्रशासनिक अनुवाद के प्रकार

कार्यालयों में प्रशासकीय कार्यों में कई तरह के साहित्य का अनुवाद आवश्यक होता है। एक ओर मसौदा-टिप्पणी के रूप में प्रतिदिन का पत्राचार है तो दूसरी ओर संसद के प्रश्नों के उत्तर, नियतकालिक प्रशासनिक रिपोर्ट, राजपत्र में प्रकाशित होनेवाली अधिसूचनाएँ एवं संकल्प, सार्वजनिक सूचनाएँ, जन सामान्य और समाचार-पत्रों के लिए प्रकाशित की जानेवाली प्रेस विज्ञप्ति, प्रेस टिप्पणी, प्रेस प्रकाशिनी आदि। इसके अतिरिक्त सरकार की नीति सम्बन्धी बातों के विवेचन के लिए पुस्तकें प्रकाशित की जाती हैं और पत्र-पत्रिकाएँ भी प्रकाशित होती हैं। इस प्रकार सरकारी साहित्य बृहत्तर एवं महत्त्वपूर्ण होता है। इस साहित्य के स्वरूप के आधार पर प्रशासकीय अनुवाद को दो मुख्य वर्गों में बाँटा जाता है—

1) सांविधिक अनुवाद
2) असांविधिक अनुवाद

(i) सांविधिक अनुवाद— सांविधिक अनुवाद का अर्थ है, कानून, संविधान या किसी संस्था के नियमों से सम्बन्ध रखनेवाला। यह स्थायी प्रकृति की सामग्री का अनुवाद है। इसके अन्तर्गत संविधान, अधिनियम, अध्यादेश, बिल, सांविधिक नियमावलियाँ तथा उनके अधीन बनाए गए फार्मों, करारों का हिन्दी तथा अन्य भारतीय भाषाओं में अनुवाद होता है। खेर आयोग ने अपनी रिपोर्ट में इस बात पर जोर दिया था कि केन्द्र और राज्य के सभी अधिनियमों का प्राधिकृत पाठ हिन्दी में ही होना चाहिए। इसे ध्यान में रखते हुए सरकार ने ई.सन् 1961 में विधायी आयोग की स्थापना की और निर्णय किया कि विधि मन्त्रालय हिन्दी में विधि शब्दावली तथा विधि साहित्य के निर्माण और अनुवाद को बढ़ावा दे। विधायी आयोग ने इस क्षेत्र में बहुत महत्त्वपूर्ण कार्य किया है। ई.सन् 1970 में आयोग ने मानकीकृत विधि शब्दावली का प्रकाशन किया तथा बहुत सारे नियमों-अधिनियमों का प्राधिकृत हिन्दी अनुवाद भी किया है।

केन्द्र के अधिनियमों के अतिरिक्त राज्यों के अधिनियमों के हिन्दी में प्राधिकृत पाठ तैयार किए जाते हैं। जब उच्चतम न्यायालय में राज्यों के अधिनियमों के निर्वचन का प्रश्न खड़ा होता है, तब अगर अधिनियम हिन्दी में न हो तो उसका हिन्दी में निर्वचन करना कठिन हो जाता है। इसके अतिरिक्त केन्द्र और राज्य सरकारें प्रतिदिन अनेक संविदाएँ करती हैं और अनेक दस्तावेज निष्पादित करती हैं। इन दस्तावेजों और अन्य लिखितों के मानक प्रारूप हिन्दी में तैयार करने का काम भी विधि मन्त्रालय में होता है।

सांविधिक अनुवाद में अत्यधिक सतर्कता की आवश्यकता होती है। विधि की भाषा बडी ही जटिल होती है। वाक्य सम्मिश्र और संयुक्त होते हैं अर्थात एक ही वाक्य में कई उपवाक्य होते हैं। विधि की शब्दावली भी बड़ी कठिन होती है। एक-एक शब्द अपने विशिष्ट अर्थ, विशिष्ट संकल्पना, विधानांग की अनुमति और शक्ति से ओत-प्रोत होता है। एकार्थता, विशुद्धता और असन्दिग्धता सांविधिक अनुवाद की अनिवार्य विशेषता है। इसीलिए उसी के अनुसार शब्द-चयन और शब्दक्रम का निर्वहन किया जाना आवश्यक होता है। इस दृष्टि से सांविधिक अनुवाद मुख्यतया शब्दानुवाद होता है, इसमें भावानुवाद की स्वतन्त्रता नहीं होती।

(ii) असांविधिक अनुवाद

भारत सरकार की न्याय-व्यवस्था से सम्बन्धित साहित्य को छोड़कर जितनी भी विधितर स्थायी सामग्री है उसके अनुवाद को असांविधिक अनुवाद कहा जाता है। इस तरह की सामग्री को कार्यविधि साहित्य भी कह सकते हैं। इसके अन्तर्गत संहिताएँ मैनुअल या नियम-पुस्तिकाएँ सम्मिलित हैं। प्रारम्भ में इन सभी सामग्री के अनुवाद का दायित्व शिक्षा मन्त्रालय के केन्द्रीय हिन्दी निदेशालय को सौंपा गया था। ई.सन् 1970 के बाद राजभाषा के अन्य कार्य के साथ यह कार्य भी गृह मन्त्रालय को ही दिया गया। ई.सन् 1971 में केन्द्रीय अनुवाद ब्यूरो की स्थापना हुई। उस समय से इन सामग्री के अनुवाद का कार्य यही ब्यूरो निभा रहा है। भारत सरकार के कार्यालयों के अतिरिक्त भारत सरकार के अधीन काम करनेवाले उपक्रमों, नियमों तथा कम्पनियों की विधीतर सामग्री का अनुवाद भी ब्यूरो ही करता है।

असांविधिक अनुवाद की सामग्री को तीन वर्गों में बाँटा जाता है (1) तकनीकी सामग्री, (2) गैर तकनीकी सामग्री और (3) अस्थायी महत्त्व की सामग्री।

(1) तकनीकी सामग्री का अनुवाद

इसके अन्तर्गत उन मैनुअलों या नियम-पुस्तिकाओं का समावेश होता है जिनमें अनेक ऐसी संकल्पनाएँ होती हैं जो विशेष प्रकार की होती हैं, जिन्हें अनूदित करने के लिए सम्बन्धित विभाग के विशेषज्ञों की आवश्यकता होती है। ऐसे अनुवाद में ब्यूरो या तो अनुवाद के समय ही सम्बन्धित विभाग की सहायता लेता है या पुनरीक्षण के समय अथवा अनुवाद को अन्तिम स्वरूप देते समय उक्त सहयोग प्राप्त कर लिया जाता है। जिन विभागों के पास अनुवाद कार्य की सक्षमता है, ऐसे विभागों को अपने तकनीकी साहित्य के अनुवाद की स्वतन्त्रता दी गई है। डाक-तार विभाग, रेल मन्त्रालय तथा रक्षा-मन्त्रालय के प्रशासनिक तथा विधीतर साहित्य का अनुवाद विभाग द्वारा ही होता है। डाक-तार विभाग की शब्दावली तथा अनुवाद विशिष्ट प्रकार की है। विभाग द्वारा अपनी पृथक शब्दावली प्रकाशित है। इस विभाग की अपनी नियम-पुस्तिकाओं की संख्या भी काफी है। रेल मन्त्रालय की भी अपनी शब्दावली प्रकाशित हो चुकी है। इस मन्त्रालय ने तीन सौ से अधिक नियम पुस्तिकाओं को द्विभाषिक रूप में प्रकाशित करवाया है। रक्षा मन्त्रालय की शब्दावली केन्द्रीय हिन्दी निदेशालय द्वारा प्रकाशित हुई है। इस मन्त्रालय के हिन्दी विभाग

ने सौ से भी अधिक नियम-पुस्तिकाओं का अनुवाद प्रकाशित करवाया है।

इन विभागों द्वारा किए गए अनुवाद का पुनरीक्षण केन्द्रीय अनुवाद द्वारा किया जाता ही है, जिससे शब्दावली की एकरूपता बनी रहे।

अनुवाद के इन प्रमुख कार्यालयों के अतिरिक्त लोकसभा तथा राज्यसभा के सचिवालयों में भी अंग्रेजी से हिन्दी अनुवाद का कार्य निरन्तर रूप में होता है। इसमें मन्त्रियों तथा संसद-सदस्यों के भाषणों का अनुवाद प्रमुख है। यह भी असांविधिक प्रकृति का अनुवाद है, जिसमें कथ्य पर अधिक ध्यान दिया जाता है।

(2) गैर तकनीकी सामग्री का अनुवाद

इसके अन्तर्गत सामान्य नियमावलियाँ, फार्म तथा रजिस्टर आदि आते हैं।

(3) अस्थायी महत्त्व की सामग्री का अनुवाद

स्थायी प्रकृति की सामग्री के सिवाय संकल्पों, सामान्य आदेश, अधिसूचनाएँ, प्रेस विज्ञप्तियाँ, प्रशासनिक रिपोर्ट, संसद के दोनों सदनों के समक्ष प्रस्तुत की जानेवाली सभी प्रकार की सामग्री और करारों आदि का अनुवाद, सम्बन्धित मन्त्रालय, विभाग, कार्यालय, उपक्रम, निगम तथा कम्पनी आदि में ही किया जाता है और इस कार्य के लिए हिन्दी अधिकारियों तथा उपयुक्त कर्मचारी की व्यवस्था की जाती है। इस तरह के अनुवाद के लिए काफी सहायक साधन उपलब्ध हैं। सामान्य प्रशासन, रेल माल वहन, मालपूति, कर्मचारी बीमा आदि की शब्दावली, मैनुअल ऑफ प्रोसीजर कार्यालय पद्धति नाम से प्रकाशित हुए हैं। केन्द्रीय सचिवालय हिन्दी परिषद द्वारा कार्यालय सहायिका तथा अन्य सहायक साहित्य भी उपलब्ध है। अत: उसकी सहायता से सरल और शुद्ध अनुवाद किया जा सकता है।

(2) मीडिया अनुवाद

मीडिया 'Mass Media' का संक्षिप्त रूप है, जिसे जनसंचार माध्यम या संचार माध्यम कहा जाता है। विचार, भाव सूचनाएँ या जानकारी जिसे संचार प्रक्रिया में 'सार्थक' सन्देश कहा जाता है उनके सम्प्रेषण के लिए जिन साधनों या उपकरणों का प्रयोग किया जाता है उन्हें संचार माध्यम कहा जाता है। यद्यपि मनुष्य संचार के लिए अपनी आदिम अवस्था से ही किसी-न-किसी साधन या माध्यम का आविष्कार करता रहा है। शारीरिक हावभाव, संकेत आदि से होते-होते भाषा संचार का माध्यम बनी। अर्थपूर्ण सन्देश, संग्राहक तथा माध्यम संचार के स्वरूप के अनुसार बदलते गए। उसे व्यापक और प्रभावी बनाने के लिए कई परम्परागत कला रूपों को भी अपनाया गया। वार्ता, कथा, मेले, उत्सव, लोकगीत, लोकनाट्य, शिलालेख आदि परम्परागत संचार माध्यम उसी आविष्कार के विविध रूप हैं। आधुनिक वैज्ञानिक तथा तकनीकी प्रगति के साथ कई संचार माध्यमों का विकास हुआ—मुद्रण माध्यम, श्रव्य-माध्यम तथा दृक-श्रव्य माध्यमों के स्वरूप में निरन्तर विकास होता रहा है। मुद्रण माध्यमों में समाचार-पत्र तथा पत्रिकाएँ प्रमुख रहे हैं। मुद्रण-कला के आविष्कार के साथ मुद्रण माध्यमों का भी जन्म हुआ और मुद्रण-कला की नई-नई तकनीकी विकास के साथ इसके स्वरूप में परिवर्तन होते गए हैं। श्रव्य माध्यमों

में रेडियो प्रमुख माध्यम रहा। सुदूर तक शिक्षित-अशिक्षित समाज तक यह माध्यम बड़े प्रभावी रूप में कार्य करता रहा। दृश्य-श्रव्य माध्यमों में फिल्म तथा दूरदर्शन महत्त्वपूर्ण माध्यम रहे हैं। कम्प्यूटर तथा इंटरनेट के विकास के साथ श्रव्य तथा दृश्य-श्रव्य माध्यमों के क्षेत्र में क्रान्ति-सी हुई। रेडियो, दूरदर्शन की दुनिया में आमूलचूल परिवर्तन आया। एफ. एम. रेडियो और दूरदर्शन के चैनलों की बाढ़-सी आ गई। दूरदर्शन के मुख्यधारा के माध्यमों के साथ समाज-माध्यम सोशल मीडिया के रूप में एक समान्तर माध्यमों का विस्तार होने लगा। ट्विटर, फेसबुक, इस्टाग्राम, यू ट्यूब के साथ विभिन्न सूचनाओं की वेबसाइट्स तथा वेबपोर्टल्स इसी के रूप हैं। सोशल मीडिया ने मुद्रण, श्रव्य तथा दृश्य-श्रव्य तीनों संचार-व्यवस्था को अपने भीतर समेटा है।

मीडिया अनुवाद : स्वरूप एवं व्याप्ति

मीडिया अनुवाद का क्षेत्र अत्यधिक व्यापक है। मीडिया चाहे वह मुद्रण हो, श्रव्य हो या दृक-श्रव्य, उनकी विभिन्न विधाओं के मौलिक लेखन के साथ ही अनुवाद, भाषान्तरण तथा रूपान्तर का कार्य आवश्यक होता है। मीडिया-भेद, विधा-भेद तथा विविध प्रयोजन भेद के आधार पर मीडिया अनुवाद के स्वरूप में अन्तर आ जाता है। कहीं यह अनुवाद शब्दानुवाद होता है, कहीं सारानुवाद होता है, कहीं भावानुवाद होता है तो कहीं आशु अनुवाद होता है। कहीं भाषान्तरण होता है, तो कहीं रूपान्तरण भी होता है, कहीं यह अनुवाद अंग्रेजी या अन्य किसी विदेशी भाषा से भारतीय भाषा में होता है, तो कहीं एक भारतीय भाषा से कई भारतीय भाषाओं में होता है। मीडिया की अपनी कई विधाएँ हैं। हर एक का अपना स्वरूप है, अपनी स्वरूपगत विशेषताएँ हैं। उन्हीं विशेषताओं की रक्षा करते हुए अनुवाद कार्य किया जाना होता है। साहित्य, विज्ञान, व्यवसाय, तकनीकी, प्रौद्योगिकी, शिक्षा, क्रीड़ा, अर्थ, राजनीति आदि क्षेत्र के साहित्य तथा सूचनाएँ अब इंटरनेट पर सभी भाषाओं में उपलब्ध कराने का प्रयास हो रहा है। अत: माध्यम अनुवाद में अब मात्र माध्यम विधा अनुवाद ही नहीं जन-जीवन से जुड़े हर क्षेत्र की सूचनाओं का अनुवाद मीडिया अनुवाद की व्याप्ति में समाने लगा है।

मीडिया अनुवाद के इस व्यापक क्षेत्र का सम्पूर्ण परिचय देना सम्भव नहीं, इसीलिए पत्र-पत्रिकाएँ, रेडियो, टेलीविजन तथा इंटरनेट में अनुवाद के प्रमुख प्रयोग क्षेत्र का संक्षिप्त परिचय इस प्रकार दिया जा सकता है—

(1) समाचार अनुवाद— मुद्रण, श्रव्य तथा दृक-श्रव्य माध्यमों की एक प्रमुख विधा समाचार है। दैनिक पत्र, रेडियो तथा टेलीविजन न्यूज चैनलों का उपजीव्य ही समाचार है। दैनिक पत्रों और टेलीविजन चैनलों के अपने निजी संवाददाता होते हैं, जो समाचार संकलन तथा लेखन कार्य करते हैं। साथ ही देशी-विदेशी समाचार एजेन्सियों से भी समाचार प्राप्त होते हैं। सभी स्रोतों से प्राप्त समाचारों के अनुवाद मुद्रण, श्रव्य तथा दृक-श्रव्य माध्यम अपने माध्यमानुकूल ढंग से करते हैं। इनकी दो विधियाँ होती हैं। यदि मूल सामग्री एक ही समाचार एजेन्सी द्वारा आई है, तो उसी को अनुवाद का आधार बनाया जाता है, लेकिन यदि कई स्रोतों से आई है, वहाँ राइटअप या प्रारम्भिक एक-दो

परिच्छेद दो या अधिक व्यक्तियों की सहायता से लिखाए जाते हैं और उसी को अनुवाद का आधार बनाया जाता है। मीडिया अनुवादक के पास अनुवाद के लिए पर्याप्त समय नहीं होता, शीघ्रातिशीघ्र अनुवाद करना होता है। टेलीविजन-समाचार तो और भी तेज होता है और आपसी प्रतियोगिता में उसे और तेज होना आवश्यक होता है इसीलिए यहाँ आदर्श अनुवाद के पीछे न पड़कर सारानुवाद या भावानुवाद किया जाता है। आवश्यकतानुसार कहीं सारानुवाद, कहीं शब्दानुवाद तो कहीं भावानुवाद का सहारा लिया जाता है। इस तरह मीडिया-अनुवाद एक तरह मिश्रानुवाद होता है। टेलीविजन समाचारों में कभी-कभी आशु अनुवाद का भी साहारा लेना पड़ता है।

माध्यम की भाषा-प्रकृति अलग होती है। इसीलिए समाचारों की भाषा भी अलग होती है। समाचार-पत्र का पाठक पढ़ा-लिखा शिक्षित होता है इसीलिए मुद्रित समाचार की भाषा लिखित भाषा के गुणों से युक्त होती है और श्रव्य तथा दृक-श्रव्य माध्यमों की उच्चरित। श्रव्य तथा दृक-श्रव्य माध्यमों के श्रोता और दर्शक शिक्षित अशिक्षित तथा समाज के सभी वर्गों से आते हैं। इसीलिए उनके समाचारों की भाषा मुद्रण माध्यमों से पृथक होती है। जन भाषा या जन सुलभ भाषा का प्रयोग यहाँ आवश्यक होता है।

माध्यम कोई भी हो समाचार-अनुवादक का ध्यान मुख्यत: भाषा की सरलता तथा शैली की रोचकता पर होना चाहिए। अनुवादक को इस बात का ध्यान रखना चाहिए कि समाचार न तो कोई दो-चार बार पढ़ना चाहता है, न सुनना चाहता है इसीलिए सटीक, सरल शब्द-चयन, संक्षिप्त वाक्य-रचना और अर्थ की सुस्पष्टता आवश्यक होती है।

समाचार कई क्षेत्रों से सम्बन्धित और कई तरह के होते हैं। अनुवादक को विभिन्न क्षेत्रों की स्रोत तथा लक्ष्यभाषा की विशेष शब्दावली की जानकारी आवश्यक होती है।

(2) लेखादि साहित्यनुवाद—साहित्य और मीडिया का परस्पर अभिन्न सम्बन्ध होता है। मुद्रित माध्यम में विभिन्न विषयों के लेख, कहानी, कविता, रिपोर्ताज, संस्मरण आदि का मौलिक लेखन भी होता है और अनुवाद भी। सद्य: गतिविधियाँ, समस्याएँ तथा अन्य विभिन्न विषयों पर प्रकाशित लेखों में कई लेख अन्य भाषाओं से अनूदित होते हैं। यह अनुवाद मुख्यत: अंग्रेजी से भारतीय भाषाओं में होता है। रेडियो पर प्रसारित कुछ वार्ताएँ भी अनूदित होती हैं। रेडियो पर प्रसारित होनेवाले अधिकांश रेडियो नाटक अनूदित होते हैं। एक ही नाटक कई भारतीय भाषाओं में अनूदित होता है। टेलीविजन के चैनलों पर दिखाई जानेवाली टेलीफिल्में तथा साहित्य रचनाओं पर आधारित धारावाहिक अन्य भारतीय भाषाओं से अनूदित रचनाओं पर आधारित होते हैं। इस तरह मुद्रण, श्रव्य तथा दृक-श्रव्य माध्यमों में साहित्यिक अनुवादों का प्रयोग किया जाता है।

आजकल इंटरनेट जगत पर प्राप्त सूचनाएँ अंग्रेजी के अतिरिक्त अन्य भारतीय भाषाओं में उपलब्ध कराई जाती हैं। उनमें विभिन्न विषयों और क्षेत्रों से सम्बन्धित लेखादि भी होते हैं। इंटरनेट ने अनुवाद के क्षेत्र में नई क्रान्ति लाई है। भूमंडलीकरण के युग में साहित्य शब्द का प्रयोग भी बहुत व्यापक अर्थ में करना अनिवार्य हो गया है। आज समस्त ज्ञानराशि के संचय को ही साहित्य कहा जा रहा है। सृजनात्मक साहित्य उसका एक अंग है और जीवन के विभिन्न क्षेत्रों से सम्बन्धित विषयों के पाठ भी उसी के अंग हैं। इंटरनेट

पर वे सब उपलब्ध हैं और उसके कई भाषाओं में अनुवाद भी। इंटरनेट ने मशीनी अनुवाद का भी सहारा लिया है।

(3) डब फिल्मों और सब-टाइटल के अनुवाद— फिल्म तथा टेलीविजन मीडिया अनुवाद का यह एक नया क्षेत्र खुल गया है। विदेशी तथा देशी फिल्मों की अन्य भाषा में डबिंग आज एक सफल व्यवसाय बन गया है। अंग्रेजी तथा अन्य पाश्चात्य भाषाओं की लोकप्रिय फिल्में हिन्दी भाषा में डब करके दिखाई जा रही हैं। साथ ही भारतीय फिल्में भी अलग-अलग भाषाओं मे डब की जा रही है। डब से तात्पर्य है किसी फिल्म के साउंड ट्रेक (Sound track) को दूसरी भाषा में बदलना। यह केवल अनुवाद नहीं बल्कि फिल्म-कला और अनुवाद-कला के समन्वय का चरम बिन्दु है, इसमें संवाद, ध्वनि, संगीत, गीत आदि का एक भाषा से दूसरी भाषा में रूपान्तरण किया जाता है। डब करने में कई सृजनात्मक एवं तकनीकी दिक्कतें होती हैं। दोनों भाषाओं में दक्ष व्यक्ति को स्क्रिप्ट की आत्मा समझनी होती है। हर एक दृश्य के विकास की जाँच करनी होती है और वाक्यों की लम्बाई और चरित्रों के होंठों की हरकतों (Lip movement) का सुयोग मेल करके शब्दों की योजना करनी होती है। यह अनुवाद एक तरह से पुनर्सृजन की तरह ही होता है।

चरित्रों के संवादों के साथ ही गीतों का भी इसी तरह अनुवाद किया जाता है। डबिंग के संवादों तथा गीतों की अनुवाद प्रक्रिया को देखकर कहा जा सकता है कि फिल्म-लेखन की अपेक्षा यह अनुवाद-कार्य ज्यादा कठिन और पेचीदा होता है।

फिल्मों के समान ही टेलीविजन के वृत्तान्त, धारावाहिक भी डब किए जा रहे हैं। इसकी अनुवाद प्रक्रिया भी डब फिल्मों की तरह ही होती है। फिल्मों के अनुवाद के साथ जुड़ा एक नया भेद सब-टाइटलों का है। किसी फिल्म के संवादों तथा गीतों के साथ-साथ अन्य भाषा में लिखित संवाद दिखाए जाते हैं। यहाँ चरित्रों की होंठों की हरकतों पर ध्यान नहीं देना है, बल्कि संवाद की अवधि में पढ़े जा सकें इतने सरल तथा सहज शब्दों की योजना करनी होती है।

(4) निवेदन तथा अन्य सूचनाएँ— मुद्रण माध्यम में प्रकाशित टिप्पणियाँ, प्रेस विज्ञप्तियाँ तथा अन्य सूचनाओं के अनुवाद करने होते हैं। रेडियो पर प्रसारित अखिल भारतीय संगीतों के कार्यक्रमों में कलाकार तथा उनकी कलाओं के विषय में संक्षिप्त निवेदन अंग्रेजी के साथ हिन्दी या अन्य भारतीय भाषा में दिया जाता है। इस तरह के अनुवाद में स्रोत सामग्री के क्षेत्र तथा उनकी विशिष्ट शब्दावली से परिचित होना आवश्यक होता है। टेलीविजन पर कई तरह की सूचनाएँ अंग्रेजी तथा अन्य भारतीय भाषा में चलाई जाती हैं।

(5) विज्ञापन अनुवाद— विज्ञापन प्रमुखतः उद्योग, वाणिज्य-व्यापार का संचार साधन है, जो विविध जनसंचार माध्यमों द्वारा अपना कार्य करता है। उद्योग-व्यापार के अतिरिक्त व्यक्ति के निजी कार्यों से लेकर राजनैतिक, आर्थिक, सामाजिक, सांस्कृतिक, धार्मिक कार्यों में भी विज्ञापनों का सफलता से प्रयोग किया जाता है। पहले विज्ञापन अंग्रेजी भाषा में तैयार किए जाते थे और बाद में उसे अन्य भाषा में अनूदित किया जाता था। आज हिन्दी में भी विज्ञापन तैयार किए जा रहे हैं। सरकारी विज्ञापन अंग्रेजी तथा हिन्दी और अन्य क्षेत्रीय भाषा में होते हैं। इसलिए विज्ञापन के क्षेत्र में अनुवाद का कार्य बड़े पैमाने पर किया

जाता है। विज्ञापनों का स्वरूप संचार माध्यम तथा विज्ञापनदाता, विज्ञापन प्रयोजन आदि के अनुसार तरह-तरह का होता है। संचार माध्यमों के अनुरूप उसमें भाषा के साथ अन्य अंगों का समावेश होता है। अनुवाद कार्य विज्ञापन के पाठ (Copy) के साथ जुड़ा हुआ है। मुद्रित माध्यम के विज्ञापनों में शब्दों के साथ चित्रों का भी प्रयोग होता है और भाषा यहाँ लिखित रूप में प्रयुक्त होती है। इसीलिए शब्दों के साथ यहाँ लिपि का भी कलात्मक एवं प्रभावी प्रयोग आवश्यक होता है। रेडियो विज्ञापनों में उच्चरित शब्द और संगीत का प्रयोग होता है, टेलीविजन-विज्ञापनों में लिखित तथा उच्चरित, दोनों तरह के शब्दों का प्रयोग होता है। अनुवादक को विज्ञापनीय भाषा की गहरी समझ आवश्यक होती है। टेलीविजन-विज्ञापनों में फिल्मों की तरह डबिंग कार्य भी किया जाता है।

कुल मिलाकर जनसंचार माध्यमों की व्याप्ति के साथ मीडिया अनुवाद का क्षेत्र विस्तृत होता हुआ दिखाई देता है।

(3) वित्त-वाणिज्यिक अनुवाद

इस प्रयुक्ति में वित्त तथा वाणिज्य विषयक भाषाई प्रकार्यों का समावेश होता है। वित्त और वाणिज्य दो अलग-अलग अवधारणाएँ हैं परन्तु परस्पर जुड़ी हुई हैं। वित्त (Finance) का सरल अर्थ धन या कोश (Fund) है, परन्तु आधुनिक वित्त एक व्यापक अवधारणा है। होवार्ड एवं अपटन के अनुसार; 'वित्त को रोकड़ एवं ऋण की व्यवस्था से सम्बद्ध एक ऐसे प्रशासनिक क्षेत्र अथवा किसी संगठन के प्रशासनिक कार्यों के एक ऐसे समूह के रूप में परिभाषित किया जा सकता है जो संगठन को उसके उद्देश्यों की यथोचित पूर्ति के लिए आवश्यक साधनों की प्राप्ति में सहयोग प्रदान कर सके।' गुथ मैन एवं डूगगाल ने कहा है—'व्यापक परिभाषा के रूप में वित्त का सम्बन्ध ऐसी गतिविधियों से है जो व्यवसाय में प्रयुक्त कोशों के नियोजन, एकत्रण एवं प्रशासन से जुड़ी हो।' धन की आवश्यकता व्यक्ति, उद्योग-व्यवसायों तथा सरकारों का होती है। इसीलिए वित्त को मुख्यत: तीन वर्गों में विभाजित किया जाता है—निजी या व्यक्तिगत वित्त (Indivisual Finance), निगम वित्त (Corporate Finance) और लोक वित्त (Public Finance)। उक्त तीनों ही वर्गों के कुछ कार्य समान है, जैसे—अच्छी तरह से निवेश करना, कम दर पर ऋण प्राप्त करना, देनदारियों के लिए फंड की व्यवस्था करना तथा बैंकिंग।

इस प्रयुक्ति का दूसरा क्षेत्र वाणिज्य है। धन प्राप्ति के उद्देश्य से वस्तुओं का क्रय-विक्रय करना ही वाणिज्य (Commerce) है। किसी उत्पादन या व्यवसाय का वह भाग जो उत्पादित वस्तुओं और सेवाओं की उनके उत्पादकों एवं उपभोक्ताओं के बीच विनिमय से सम्बन्ध रखता है, वाणिज्य कहलाता है। वाणिज्य के दो प्रधान अंग हैं—दुकानदारी और व्यापार। जब वस्तुओं का क्रय-विक्रय एक स्थान या दुकान से होता है, तब उस सम्बन्ध के कार्य दुकानदारी के अन्दर आते हैं। जब वस्तुओं को एक स्थान से दूसरे स्थान पर भेजकर विक्रय किया जाता है, तब उस सम्बन्ध के सब कार्य व्यापार के अन्तर्गत माने जाते हैं। एक देश के अन्तर्गत किया जानेवाला क्रय-विक्रय देशी व्यापार कहलाता है और दूसरे देशों के साथ होनेवाला व्यापार विदेशी व्यापार कहलाता है। बड़े पैमाने पर

दूर-दूर के देशों से व्यापार के लिए बड़ी पूँजी की आवश्यकता होती है जो सम्मिलित पूँजीवादी कम्पनियों और वाणिज्य बैंकों द्वारा प्राप्त होती है। संसार के भिन्न-भिन्न देशों में संसारव्यापी वाणिज्य में लगे हुए व्यक्तियों ने मिलकर प्रत्येक देश में वाणिज्य मंडलों (Chambers of Commerce) की स्थापना कर ली है। इन मंडलों का प्रधान कार्य देश के वाणिज्य के हितों की सम्मिलित रूप में रक्षा करना है। वाणिज्य सम्बन्धी कार्यों का उचित रूप से नियन्त्रण करने के लिए प्रत्येक देश की सरकार जो कानून बनाती है वे वाणिज्य विधि कहलाते हैं।

वित्त-वाणिज्यिक अनुवाद

प्रयोजनमूलक हिन्दी की वित्त-वाणिज्य प्रयुक्ति बहुआयामी और अति विशाल है। इसमें केन्द्रीय वित्त मन्त्रालय से लेकर, आयकर, केन्द्रीय उत्पाद तथा सीमा शुल्क, बैंक, वाणिज्यिक निगम, जीवन बीमा निगम तथा सम्पूर्ण बाजार आ जाता है। स्वतन्त्र भारत में वित्त तथा वाणिज्य क्षेत्रों की विभिन्न संस्थाओं का राष्ट्रीयकरण हुआ। इसीलिए केन्द्र सरकार की भाषा नीति के तहत इन सब संस्थाओं में राजभाषा हिन्दी को स्थान प्राप्त हुआ और उद्योग, व्यवसाय के क्षेत्र में जनभाषा के रूप में हिन्दी पहले ही विद्यमान थी, वर्तमान वैश्वीकरण-बाजारीकरण के दौर में उसकी व्याप्ति और भी वृद्धिगत हुई। उसके साथ ही अनुवाद की परिधि भी बढ़ गई है।

वित्त-वाणिज्य प्रयुक्ति में एक ओर कार्यालयी अनुवाद है तो दूसरी ओर उपभोक्ताओं से सम्बन्धित साहित्य का अनुवाद भी है। हमने कार्यालयी अनुवाद पर स्वतन्त्र रूप में अन्यत्र चर्चा की है, साथ में जनसंचार माध्यमों के अनुवाद में विज्ञापन अनुवाद पर भी विचार किया है। इसीलिए पुनरावृत्ति न करते हुए संक्षेप में इस प्रयुक्ति के अनुवाद का स्वरूप स्पष्ट कर रहे हैं।

(1) वित्त-वाणिज्यिक संस्थाओं की आन्तरिक प्रणाली से सम्बन्धित साहित्य : इसमें स्थायी स्वरूप में फार्म, प्रपत्र आदि आ जाते हैं। इस सामग्री में कार्यालयी कार्य-विधि, अनुदेश-पुस्तिकाएँ तथा अन्य मुद्रित साहित्य, प्रशिक्षण से सम्बन्धित साहित्य, कर्मचारियों की आचार संहिताएँ, सेवा-नियम आदि समाहित होते हैं। आवर्ती स्वरूप के पत्रादि साहित्य में इस प्रकार की सामग्री की गणना की जाती है—अर्ध स्थायी तथा नवीन पत्र-परिपत्र, भारतीय रिजर्व बैंक को भेजे जानेवाले विवरण, विभिन्न शाखाओं, क्षेत्रीय तथा केन्द्रीय कार्यालयों को भेजे जानेवाले पत्र-परिपत्र आदि।

(2) ग्राहकों से सम्बन्धित साहित्य : इसके अन्तर्गत ग्राहकों द्वारा भरे जानेवाले सभी प्रकार के प्रपत्र, दस्तावेज, आवेदन-पत्र, चेक, जमा-पर्चियाँ, बचत-पत्र आदि। बैंक-बीमा आदि द्वारा ग्राहकों को भेजे जानेवाले पत्र, प्रपत्र, प्रचार या विज्ञापन सामग्री, ड्राफ्ट, जमा-खरीदें, सूचनाएँ आदि।

(3) वाणिज्य-व्यापार विषयक साहित्य : इसके अन्तर्गत लेखा, लेखा-परीक्षा, आयकर-विवरण, व्यावसायिक व्यापार विषयक पत्र, विज्ञापन आदि का समावेश हो जाता है।

स्पष्ट है इस प्रयुक्ति के क्षेत्र में अनुवाद के लिए अपार मूल सामग्री उपलब्ध है। बीमा, बैंक आदि के कार्यालयों में राजभाषा-अनुभाग खोले गए हैं। राजभाषा अधिकारी, अनुवादक, हिन्दी सहायक, हिन्दी आशुलिपिक, हिन्दी टंकक आदि की नियुक्ति की गई है। फलस्वरूप अनुवाद का कार्य तेजी से हो रहा है। इस प्रयुक्ति के अनुवाद कार्य को बढ़ावा देने के लिए एकरूपी शब्दावली तथा प्रयुक्तियों का निर्माण कार्य किया गया है। अनुवाद में निम्नलिखित बातों का ध्यान रखा गया है—

(1) वित्त तथा वाणिज्य से जुड़े सभी सामान्य तथा विशिष्ट क्षेत्रों, अर्थ, मुद्रा, विधि, कृषि एवं प्रशासन सम्बन्धी शब्दावली का चयन किया गया है।

(2) जनसामान्य में प्रयुक्त शब्दों का चयन कर बैंक-बीमा आदि क्षेत्रों में प्रयुक्त अंग्रेजी शब्दों के हिन्दी समानार्थी शब्द बनाने का प्रयास किया गया है। जहाँ अंग्रेजी शब्दों के लिए प्रचलित हिन्दी शब्द न मिल सकें वहाँ सहज, सरल तथा सुबोध शब्द बनाने के लिए संस्कृत तथा अन्य क्षेत्रीय भाषाओं के शब्दों का चयन किया गया।

(3) बैंक बीमा आदि वित्त तथा वाणिज्य क्षेत्र में प्रचलित प्रयुक्ति का निश्चित अनुवाद ही प्रयुक्त किया जाता है।

(4) संक्षेपाक्षरों का लिप्यन्तर किया गया है तथा हिन्दी संक्षिप्तियाँ भी निश्चित की गई हैं।

(5) वित्त तथा वाणिज्य क्षेत्र के विभिन्न कार्यालयों में कार्यव्यवस्था हेतु विभिन्न प्रकार की टिप्पणियाँ तथा प्रारूप प्रयुक्त होते हैं, जिनका हिन्दी में अनुवाद किया जा रहा है।

कुल मिलाकर इस प्रयुक्ति में विविध रूपों में अनुवाद का कार्य हो रहा है।

बैंकिंग अनुवाद

बैंकिंग से तात्पर्य है ऋण-व्यवसाय। मानव-समाज में ऋण-व्यवसाय अत्यन्त प्राचीन है। भारत में पहले यह व्यवसाय एक व्यवस्था के रूप में प्रचलित रहा है। कुछ व्यक्ति और कुछ परिवार रुपये लेन-देन का काम करते थे। सूद पर रुपये दिये जाते थे। वैदिक काल से आज तक देहातों में इस तरह का ऋण-व्यवसाय देखा जा सकता है। सूद पर रुपये देनेवालों के लिए संस्कृत का पुराना शब्द 'कुसीर' है। मनुस्मृति, याज्ञवल्क्य आदि स्मृति ग्रन्थों तथा परवर्ती पंचतन्त्र आदि ग्रन्थों में भी यह शब्द आया है। कौटिल्य के अर्थशास्त्र में भी ऋण-व्यवसाय की चर्चा की गई है। तात्पर्य यह कि ऋण-व्यवसाय प्राचीन समय से चला आ रहा है। इसीलिए उससे सम्बन्धित लिखित-अलिखित नियमों, शर्तों तथा व्यवसाय-प्रक्रिया की शब्दावली भारतीय भाषाओं में निश्चित रूप में बन गई होगी। लेकिन अंग्रेजों के भारत आगमन और उनके द्वारा ऋण-व्यवसाय का आधुनिक रूप प्रस्तुत किया गया। भारतीय बैंकिंग व्यवस्था अंग्रेजों की इसी ऋण-व्यवस्था की देन है। इसीलिए बैंकिंग-व्यवसाय की भाषा अंग्रेजी है। ईस्ट इंडिया कम्पनी ने 18वीं सदी के प्रारम्भ में, 'एजेन्सी हाउसों' की स्थापना की जिनसे ऋण मिलते थे। आगे चलकर मेसर्स

अलेक्जेंडर एंड कम्पनी तथा मेसर्स फर्ग्युसन एंड कम्पनी ने बैंकों की स्थापना की। सबसे पहले मेसर्स अलेक्जेंडर एंड कम्पनी ने कलकत्ता में बैंक ऑफ हिन्दुस्तान स्थापित किया, उसके बाद बैंक ऑफ बम्बई और बैंक ऑफ मद्रास की स्थापना हुई।

स्वतन्त्रता प्राप्ति के बाद 19 जुलाई, 1969 को भारत के चौदह मुख्य बैंकों का राष्ट्रीयकरण हुआ तथा 1980 में छह अन्य बैंकों का राष्ट्रीयकरण हुआ। धीरे-धीरे बैंक महानगरों-नगरों कस्बों से होते हुए गाँवों तक पहुँच गए और अहसास हुआ कि मात्र अंग्रेजी में बैंकिंग का कार्य ठीक नहीं, जन भाषा में होना चाहिए। सन् 1976 में बैंकों में हिन्दी का विशेष प्रचार-प्रसार और प्रयोग शुरू हुआ। यूँ तो कुछ क्षेत्रीय बैंकों में पहले से ही क्षेत्रीय भाषाओं का कुछ-कुछ प्रयोग हो रहा था। शीघ्र ही बैंकिंग विभाग में राजभाषा कार्यान्वयन समिति का गठन किया गया और उसके बाद सभी बैंकों के प्रधान कार्यालयों में ऐसी समितियाँ बनाई गईं। किन्तु, प्रारम्भ से ही सीधे हिन्दी में काम करना सम्भव नहीं था, क्योंकि पारिभाषिक शब्दावली, विभिन्न प्रकार के फार्म, नियम-उपनियम की पुस्तकें-पुस्तिकाएँ तथा रजिस्टर आदि सभी कुछ अंग्रेजी में थे। पूरी समस्या पर विचार करने पर राजभाषा कार्यान्वयन की दिशा में पहले कदम के रूप में पूरे बैंकिंग साहित्य का हिन्दी में अनुवाद करने का निश्चय हुआ और परिणामत: विभिन्न बैंकों में अनुवादक रखे गए और अनुवाद का कार्य प्रारम्भ हुआ। शब्दावली आयोग ने सन् 1970 के पूर्व ही वाणिज्य शब्दावली तथा अर्थशास्त्र शब्दावली का निर्धारण और प्रकाशन किया था। उसी के सहारे अनुवाद कार्य होने लगा। आगे रिजर्व बैंक ने बैंकिंग शब्दावली निर्धारित की और बैंकिंग शब्दावली की अनेकरूपता धीरे-धीरे समाप्त होकर अनुवाद कार्य शुरू हो गया।

बैंकिंग अनुवाद की व्याप्ति

बैंक कार्य में जनता के साथ लेन-देन, उसका हिसाब, उसकी कानूनी वैधता, तथा दैनिक कार्यालयी कार्य आ जाते हैं। इसके लिए कई तरह के फार्म, सूचना, निविदा, विज्ञापन, पत्र, प्रेस-सूचना, टिपणी, प्रारूप, ज्ञापन, परिपत्र, अधिसूचना, रिपोर्ट, नियम-पुस्तकें आदि सामग्री का प्रयोग किया जाता है। यह सभी सामग्री मूलत: अंग्रेजी में थीं, इसीलिए उसका हिन्दी तथा प्रादेशिक भाषा में अनुवाद कार्य की आवश्यकता है। बैंकिंग अनुवाद की व्याप्ति एक छोटे से निकासी फार्म से लेकर बैंकिंग नियमों की पुस्तकों तक व्याप्त है। इन सबको इन दो वर्गों में विभाजित कर सकते हैं—

(1) स्थायी सामग्री और (2) अस्थायी सामग्री

(1) स्थायी सामग्री—स्थायी सामग्री के अनुवाद में संविदा, करार, लाइसेन्स, परमिट, पत्रशीर्ष, कोड, मैनुअल, फार्म आदि आ जाते हैं। स्थायी सामग्री का अनुवाद एक बार कर देने पर काफी लम्बे समय तक उसका उपयोग किया जा सकता है। इस सामग्री का अनुवाद काफी सोच-समझकर करना होता है, क्योंकि इसमें कही गई बातों का स्थायी महत्त्व होता है और लोग उसे प्रमाण के तौर पर उद्धृत करते हैं। अनुवाद की गलती या सन्दिग्धता उपभोक्ता और बैंक दोनों को हानि पहुँचा सकती है।

(2) अस्थायी सामग्री— अस्थायी सामग्री के अनुवाद में विज्ञापन, निविदा, परिपत्र, कार्यालय आदेश, प्रेस विज्ञापन सूचना, वार्षिक रिपोर्ट आदि आ जाते है। बैंकिंग साहित्य की अस्थायी सामग्री का अनुवाद एक सतत प्रक्रिया है। ऐसा करना संविधान की अपेक्षा का पालन करना है। जब तक द्विभाषिकता की स्थिति बनी रहेगी, इस प्रकार के साहित्य का अनुवाद होता रहेगा।

(4) विज्ञान तथा प्रौद्योगिकी या तकनीकी अनुवाद

विज्ञान (Science) से तात्पर्य है 'विशेष ज्ञान' । विज्ञान जागरूक एवं प्रशिक्षित मस्तिष्क द्वारा प्रेषण एवं प्रयोग की सहायता से भौतिक जगत की प्रकृति को समझने का सतत एवं मुक्त प्रयास है। विज्ञान एक चिन्तन पद्धति का नाम है, जिसमें संगृहीत प्रमाणों की मात्रा और गुणता का विवेचनात्मक अध्ययन, प्रमाणों पर आधारित तर्कसंगत क्रमबद्धता, सम्पूर्ण विषय पर समान दृष्टि बनाए रखना तथा स्थिति-विशेष के सम्बन्ध में सुझाव देते समय निष्पक्ष विचारों का प्रतिपादन आवश्यक होता है। मूलभूत विज्ञान की प्रमुख चार शाखाएँ मानी जाती हैं—भौतिकी, गणित, रसायन और प्राणि तथा वनस्पति विज्ञान।

तकनीकी या प्रौद्योगिकी (Technolgy) विज्ञान के ज्ञान के व्यावहारिक अनुप्रयोग में संलग्न अनुशासन है। वह ज्ञान ज्ञान, कौशल, अनुभव और तकनीकों का एक सेट है, जिसके माध्यम से मनुष्य हमारे पर्यावरण और उपकरण, मशीनों, उत्पादों और सेवाओं को बनाने, बदलने और उनका उपयोग करके हमारी जरूरतों और इच्छाओं की पूर्ति करते हैं। सरल शब्दों में तकनीकी या प्रौद्योगिकी वैज्ञानिक खोजों से प्राप्त ज्ञान के सहारे मनुष्य जीवन के सभी अंगों को सुकर बनाने का प्रयास करती है। तकनीकी या प्रौद्योगिकी की व्याप्ति बहुत बड़ी है—उद्योग, व्यापार, कृषि, चिकित्सा, शिक्षा, अनुसन्धान, संचार, यातायात आदि उसके प्रमुख क्षेत्र हैं।

विज्ञान और तकनीकी में घनिष्ठ सम्बन्ध है। विज्ञान के विकास से प्रौद्योगिकी या तकनीकी का विकास होता है, क्योंकि बहुत सारी प्रौद्योगिकी वैज्ञानिक सिद्धान्तों पर आधारित होती है। इसी प्रकार प्रौद्योगिकी के विकास से विज्ञान का भी विकास होता है। क्योंकि बहुत से प्रयोग तभी सम्भव हो सकते हैं जब उसके लिए उन्नत उपकरण और साज-सामान से सम्पन्न प्रयोगशालाएँ हों। दूसरे शब्दों विज्ञान की खोजों-आविष्कारों से नई प्रौद्योगिकी विकसित होती है तथा प्रौद्योगिकी के उपयोग से नई वैज्ञानिक खोज होती रहती है।

विज्ञान और प्रौद्योगिकी आज विश्व में आर्थिक वृद्धि और विकास के महत्त्वपूर्ण चालक हैं। यह देश को निरन्तर और तेजी से विकास हासिल करने में मदद करते हैं। इसीलिए हर देश अपने आपको सक्षम बनाने के प्रयास में लगा है। विज्ञान तथा प्रौद्योगिकी में पश्चिमी देशों का आधिपत्य रहा है। इसीलिए इसके लेखन की प्रमुख भाषा अंग्रेजी रही है। विश्व की किसी भी भाषा में प्राप्त वैज्ञानिक-प्रौद्योगिकी ज्ञान सर्वप्रथम अंग्रेजी में अनूदित होता रहा है। विश्व के विभिन्न देश वैज्ञानिक तथा प्रौद्योगिकी क्षेत्र की नवीनतम

उपलब्धियों को अपने देशवासियों तक पहुँचाने के निरन्तर प्रयास करते रहते हैं। इस क्षेत्र के नवीनतम ज्ञान को भी अपनी भाषा में लोगों तक पहुँचाने का प्रयास करते रहते है। अपने देश में हिन्दी तथा अन्य भारतीय भाषाओं में वैज्ञानिक-प्रौद्योगिकी लेखन के योजनाबद्ध प्रयास किए जा रहे हैं। वैज्ञानिक तकनीकी शब्दावली आयोग के द्वारा इस क्षेत्र की पारिभाषिक शब्दावली का निर्माण-निर्धारण का कार्य निरन्तर होता रहा है।

वैज्ञानिक-तकनीकी या प्रौद्योगिकी साहित्य

वैज्ञानिक साहित्य को थॉमस डीक्वींसे ने ज्ञान का साहित्य (Literature Knowledge) कहा है। प्रथम स्थान ज्ञान के साहित्य को है और दूसरा स्थान शक्ति के साहित्य (Literature of Power) को दिया जाता है। प्रथम का उद्‌देश्य है ज्ञान सिखाना; दूसरे का उद्‌देश्य है गति प्रदान करना।

वैज्ञानिक साहित्य प्रमुखत: चार माध्यमों में उपलब्ध होता है(1) पुस्तक रूप में, (2) शोध-पत्रों तथा शोध-पत्रिकाओं के रूप में (3) कोशों तथा विश्वकोशों के रूप में, (4) जनसंचार माध्यमों द्वारा प्रस्तुत। इन विभिन्न माध्यमों से जो वैज्ञानिक-तकनीकी साहित्य हमें प्राप्त होता है उसके प्रमुखत: तीन प्रकार होते हैं—(1) मौलिक साहित्य, (2) अनूदित साहित्य (3) अनुकूलित साहित्य।

(1) मौलिक साहित्य—वैज्ञानिक तथा तकनीकी साहित्य का मौलिक लेखन अन्य प्रकार के लेखन की अपेक्षा अधिक महत्त्वपूर्ण माना जाता है। मौलिक साहित्य का लेखक विषय-विशेषज्ञ होता है। मूल चिन्तन तथा शोधार्थी के रूप में वह अपनी खोज या अनुसन्धान सम्बन्धी उद्‌भावनाओं को शब्दों में व्यक्त करता है। कुछ वैज्ञानिक तथा विशेषज्ञ इस प्रकार के मौलिक चिन्तनादि की व्याख्या, विश्लेषण तथा समीक्षा के माध्यम से स्वयं को व्यक्त करते हैं। कुछ विशेषज्ञ आवश्यकतानुसार किसी वैज्ञानिक के चिन्तन में अपने चिन्तन का योगदान करते हुए अतिरिक्त साहित्य-सामग्री जोड़कर, यथास्थल आवश्यकतानुसार संशोधन-परिवर्धन करते हैं। इस प्रकार विज्ञान तथा तकनीकी क्षेत्र में किसी विषय पर मौलिक चिन्तन, विश्लेषण आदि के द्वारा उपयोगी साहित्य विकसित होने लगता है।

यहाँ यह ध्यान देने योग्य बात है कि मौलिक वैज्ञानिक लेखन का विकास अधिकतर उसी भाषा में होता है, जिस भाषा-भाषी देश में वैज्ञानिक आविष्कार होते हैं। वैज्ञानिक प्राय: अपनी मातृभाषा या राष्ट्रभाषा में अपना वैज्ञानिक चिन्तन प्रस्तुत करता है। कभी-कभी वह ऐसी भाषा को भी अपनाता है, जो अपने देश के बाहर भी प्रभावी रूप में व्यवहृत होती है। अपने यहाँ इस तरह का लेखन प्राय: अंग्रेजी में ही होता रहा है। मौलिक लेखन से वैज्ञानिक-तकनीकी भाषा का सहज विकास होता है।

(2) अनूदित-साहित्य—विज्ञान की व्याप्ति विशाल है। विभिन्न देशों में वैज्ञानिक तथा तकनीकी ज्ञान की विभिन्न शाखाओं का अध्ययन-अनुसन्धान निरन्तर चलता रहता है। हर देश संसार भर के वैज्ञानिक चिन्तन-अनुसन्धान से लाभान्वित होने का प्रयास करता

है। इसी प्रयास का एक अंग वैज्ञानिक-तकनीकी साहित्य का अनुवाद भी है। विभिन्न देश अपनी आवश्यकता के अनुरूप अपनी प्रमुख देशी भाषा या कई भाषाओं में वैज्ञानिक-तकनीकी साहित्य का अनुवाद कराते हैं। इस तरह के अनुवाद मूलग्रन्थों के होते हैं और अनूदित ग्रन्थों के भी। उदाहरणार्थ भारत में जर्मन, रूसी, स्पेनिश, फ्रान्सीसी, इटालियन आदि भाषाओं के वैज्ञानिक साहित्य के जो अनुवाद हिन्दी तथा अन्य भारतीय भाषाओं में हैं, वे अधिकतर मूल भाषा से अंग्रेजी में हुए अनुवाद के अनुवाद हैं। ऐसे दोहरे अनुवाद में विषय तथा आशय की स्पष्टता और प्रामाणिकता उतनी नहीं होती है। मूल का अनुवाद कितना स्तरीय है उस पर दोहरे अनुवाद की उपयोगिता निर्भर होती है। कुछ वैज्ञानिक स्वयं अपनी मातृभाषा के अतिरिक्त अन्य विदेशी भाषा का भी अच्छा ज्ञान रखते हैं, वे कभी-कभी अपने मूल लेखन का स्वयं अनुवाद प्रस्तुत करते हैं। ऐसा अनुवाद किसी अन्य अनुवादक के अनुवाद की अपेक्षा निश्चित रूप से प्रामाणिक होता है। एक तरह से यह उनका लेखन मौलिक-लेखन सदृश ही होता है।

वैज्ञानिक-तकनीकी साहित्य का अच्छा अनुवाद उन्हीं भाषाओं में होता है, जिन भाषाओं में मौलिक साहित्य की परम्परा सुदृढ़ होती है क्योंकि ऐसी भाषा में वैज्ञानिक-तकनीकी की पारिभाषिक शब्दावली का पर्याप्त विकास होता है, अनुवादक को नए शब्द गढ़ने की आवश्यकता नहीं होती, अपनी शब्दावली के आधार पर नई शब्दावली का सहज विकास ऐसी भाषाओं में निरन्तर होता रहता है। इसके अभाव में अनूदित साहित्य क्लिष्ट और अटपटा हो जाता है।

(3) अनुकूलित साहित्य— विभिन्न भाषाओं में मौलिक तथा अनूदित वैज्ञानिक साहित्य विपुल मात्रा में उपलब्ध हैं। अध्येता तथा सामान्य पाठक अपनी आवश्यकताओं और रुचि के अनुसार साहित्य पढ़ना चाहता है। इसीलिए अनुकूलित तथा सम्पादित साहित्य की आवश्यकता महसूस की जाने लगी। इसमें पाठकों की विशिष्ट आवश्यकताओं को दृष्टि में रखते हुए वैज्ञानिक ग्रन्थ-लेखन आदि का सार-संक्षेप सम्पादित-संस्कारित रूप में प्रस्तुत किया जाता है। साइन्स डायजेस्ट, लेख-सारांश, चयनिकाएँ, संकलित लेख-संग्रह, लोकप्रिय ज्ञान-विज्ञान की पुस्तकें, विश्वकोश आदि इस प्रकार के साहित्य के अन्तर्गत आ जाते हैं। इस तरह का साहित्य मूल भाषा या अन्य भाषाओं में भी किया जाता है। इसके मूलत: दो लाभ हैं—एक तो वर्गीकृत होने से समय की बचत होती है, दूसरे, वैज्ञानिक तथा तकनीकी विषयों के अनुवाद के समय जो भाषागत तथा भाषेतर कठिनाइयों का सामना करना पड़ता है, उनसे भी बचा जा सकता है। अनुकूलन की प्रक्रिया का एक लाभ यह भी है कि यदि कोई मूल विवेचन देश-काल से स्वभावत: बाधित होने के कारण अन्य देश के पाठकों के लिए क्लिष्ट और अनुपयुक्त लगता है, अनुकूलन में उसकी अपने देश और भाषा के अनुकूलन रूप में प्रस्तुति के कारण वह सरल, सहज और उपयुक्त हो जाता है। हिन्दी तथा अन्य भारतीय भाषाओं की पाठ्य-पुस्तकों, पत्र-पत्रिकाओं तथा टी. वी. चैनलों और इंटरनेट पर उपलब्ध वैज्ञानिक तथा तकनीकी साहित्य अनुकूलन संस्कार के द्वारा ही संस्कारित रूप में हमारे सामने आ जाता है।

वैज्ञानिक-तकनीकी साहित्य-लेखन परम्परा

पश्चिम में वैज्ञानिक-तकनीकी साहित्य की एक सुदीर्घ और समृद्ध परम्परा रही है। जैक्शन ई. मौरिस ने अपने ग्रन्थ 'प्रिंसिपल्स ऑफ साइंटिफिक एंड टेक्निकल राइटिंग' में अरस्तू को पहला वैज्ञानिक लेखक घोषित किया है, जिसने पाश्चात्य विचारधारा में क्रान्ति उत्पन्न कर दी थी। यूनानियों के बाद रोमनों ने इंजीनियरी की ओर अधिक ध्यान दिया। बेकन ने वैज्ञानिक दर्शन सम्बन्धी अपने ग्रन्थ 'नोवम आर्गेनम' में आगमनात्मक तर्क का महत्त्व प्रतिपादित किया। इसके पश्चात सर आइजक न्यूटन ने, और तदुपरान्त अन्य अनेक विज्ञान लेखकों ने जनसामान्य के समक्ष गुरुत्वाकर्षण और गति सम्बन्धी अवधारणाओं को स्पष्ट करने का प्रयास किया। स्प्राट ने 1967 में आलंकारिक एवं अतिशयतापूर्ण भाषा का परित्याग कर सरल एवं सुबोध भाषा पर बल दिया। वैज्ञानिक भाषा को स्पष्ट धरातल प्रस्तुत करने के प्रयास में सबसे बड़ा योगदान डार्विन का है। टी. एच. हस्सले ने डार्विन के प्रयास को आगे बढाकर भाषा को प्रौढ़ता और परिपक्वता प्रदान की। हस्सले की गणना सर्वाधिक स्पष्ट एवं प्रतिभासम्पन्न वैज्ञानिकों में की जाती है। उन्होंने अपने वैज्ञानिक विचारों को सरल एवं सुबोध भाषा में अभिव्यक्ति दी। आज पश्चिम वैज्ञानिक-तकनीकी साहित्य के क्षेत्र में इतना सम्पन्न है कि शेष विश्व उसी के अनुवादों पर अपने आपको सम्पन्न बनाने की चेष्टा कर रहा है।

भारत में वैज्ञानिक चिन्तन की परम्परा भी प्राचीन रही है, लेकिन आधुनिक वैज्ञानिक लेखन की परम्परा का सूत्रपात पाश्चात्य वैज्ञानिक साहित्य की प्रेरणा से ही हुआ है। प्राचीन भारत के इतिहास में इस बात के प्रमाण उपलब्ध हैं कि उन दिनों भारत में दर्शन, अध्यात्म मीमांसा, धर्म, आयुर्वेद, काव्यशास्त्र, व्याकरण आदि विषयों पर मौलिक चिन्तन-अनुसन्धान होते रहे हैं। इसीलिए इन विषयों के निरूपण-लेखन के लिए उपर्युक्त शास्त्रीय शब्दावली तथा अभिव्यक्ति शैली का विकास संस्कृत-भाषा में देखा जा सकता है। हिन्दी तथा अन्य भारतीय भाषाओं ने संस्कृत के आधार पर ही अपनी शास्त्रीय शब्दावली तथा अभिव्यक्ति शैली का विकास किया है।

भारत में विज्ञान तथा तकनीकी लेखन की आधुनिक परम्परा दो रूप में विकसित हुई है—(1) अंग्रेजी के माध्यम से, (2) भारतीय भाषाओं के माध्यम से। सन् 1947 के पूर्व कुछ गिने-चुने भारतीय वैज्ञानिक अपना लेखन कार्य सामान्यत: अंग्रेजी के माध्यम से ही करते रहे हैं। भारत में आधुनिक विज्ञान तथा तकनीकी विषयों के सम्बन्धी अनुसन्धानात्मक लेख प्रकाशित करनेवाली सबसे पुरानी पत्रिका 'एशियाटिक रिसर्चेट' है, (1783-1839) जिसे बाद में बंगाल की 'एशियाटिक सोसाइटी की पत्रिका' (1832) में परिणत किया गया। श्री जगदीशचन्द्र बसु का भौतिकी पर प्रथम शोध-पत्र इसी पत्रिका में सन् 1928 में प्रकाशित हुआ था। सन् 1928 में प्रकाशित एक अन्य वैज्ञानिक शोध-पत्रिका 'इंडियन जर्नल ऑफ फिजिक्स' में श्री. सी. वी. रमन का प्रसिद्ध शोध 'प्रकाश के विकिरण' प्रकाशित हुआ था, जिस पर उन्हें बाद में 'नोबल पुरस्कार' (1939) मिला था। जीव विज्ञान, भूगर्भ विज्ञान आदि अन्य विषयों पर कई-कई पत्रिकाएँ निकलीं, जिनमें से कई कुछ वर्ष बाद ही बन्द हो गईं।

स्वतन्त्रता-प्राप्ति से पूर्व हिन्दी तथा अन्य भारतीय भाषाओं में विज्ञान के विभिन्न विषयों पर पुस्तकों के निर्माण के प्रयास कुछ व्यक्ति तथा संस्थाओं द्वारा हुए हैं। सन् 1888 के आसपास भारत में पहली बार प्रोफेसर टी. के. गज्जर के दिशा निर्देशन में गुजराती भाषा में पाँच वैज्ञानिक पुस्तकें प्रकाशित हुईं। सन् 1909 में श्री महेशचरण सिंह की 'रसायनशास्त्र' पुस्तक हिन्दी में प्रकाशित हुई। बंग साहित्य परिषद, कलकत्ता ने बँगला में तथा नागरी प्रचारिणी सभा, वाराणसी ने हिन्दी में विज्ञान तथा तकनीकी विषयों की कुछ पुस्तकें और शब्द-संग्रह प्रकाशित किए। नागरी प्रचारिणी सभा ने सन् 1906 में 'हिन्दी वैज्ञानिक कोश' प्रकाशित कर वैज्ञानिक लेखन में आनेवाली पारिभाषिक शब्दावली की समस्याओं को हल करने का बहुत बड़ा प्रयास किया है। कोश निर्माण प्रयासों में हरिराय शर्मा का कृषिकोश (1910) ब्रजवल्लभ मिश्र का 'पदार्थ संख्या कोश' (1918) महत्त्वपूर्ण हैं। इसके साथ ही गणित के क्षेत्र में माधव सिंह मेहता की 'माप विद्या प्रदर्शिनी, भौतिकी के क्षेत्र में सम्पूर्णानन्द कृत 'ज्योतिर्विनोद' तथा प्रेमवल्लभ जोशीकृत 'ताप' तथा जीव विज्ञान के सम्बन्ध में पी. ए. वी. जी. साठेकृत 'विकासवाद' (1914) आदि पुस्तकें उल्लेखनीय हैं।

स्वतन्त्रता-प्राप्ति के बाद हिन्दी तथा भारतीय भाषा में वैज्ञानिक लेखन का विस्तार हुआ। सन् 1961 में भारत सरकार ने वैज्ञानिक और तकनीकी आयोग की स्थापना कर पारिभाषिक शब्दावली के निर्धारण-निर्माण का कार्य आरम्भ किया, जिससें वैज्ञानिक-तकनीकी लेखन की शब्दगत विविधता और अस्पष्टता-सन्दिग्धता की समस्या का निराकरण हुआ। साथ ही भारतीय भाषाओं में वैज्ञानिक तथा तकनीकी पाठ्य पुस्तकों के निर्माण की एक विशाल योजना बनाई गई। इसके तहत वैज्ञानिक तथा तकनीकी शब्दावली आयोग के तत्त्वावधान में भारत सरकार ने हिन्दी सहित भारतीय भाषाओं के राज्यों को अपनी-अपनी राज्य भाषा में विश्वविद्यालयीन स्तरीय वैज्ञानिक तथा तकनीकी पाठ्य पुस्तकें तैयार कर प्रकाशित करने के लिए अनुदान राशि प्रदान की। राज्य-सरकारों ने सन् 1969-70 के आसपास अपने-अपने राज्य में ग्रन्थ निर्माण अकादमी या बोर्ड स्थापित किए। इनको ज्ञान-विज्ञान तथा टेक्नोलॉजी के विभिन्न विषयों पर विश्वविद्यालयों के पाठ्यक्रम के अनुरूप राज्य भाषाओं में पाठ्य पुस्तकें तथा सन्दर्भ ग्रन्थ निर्माण का कार्य सौंपा गया। इंजीनियरी, आयुर्विज्ञान तथा कृषि सम्बन्धी विषयों पर आवश्यक पाठ्य पुस्तकें निर्माण करने तथा प्रकाशित करने का दायित्व वैज्ञानिक तथा तकनीकी शब्दावली आयोग को दिया गया। तब से लेकर अब तक आयोग तथा विभिन्न अकादमियों ने भारतीय भाषाओं में लगभग 14000 पुस्तकें प्रकाशित किए हैं, जो विज्ञान, इंजीनियरी, समाज विज्ञान तथा मानविकी से सम्बन्धित हैं। हिन्दी में ऐसी पुस्तकों की संख्या 3000 से भी अधिक है। विभिन्न प्रकाशनों ने भी अब वैज्ञानिक-तकनीकी साहित्य के हिन्दी पुस्तकों के प्रकाशन में योगदान देना शुरू किया है। विगत दो दशकों से कम्प्यूटर, इंटरनेट आदि नव इलेक्ट्रॉनिक माध्यमों के सम्बन्ध में पुस्तकों की बाढ़-सी आई है।

वैज्ञानिक अनुसन्धान तथा पाठ्य पुस्तकों के साथ ही सामान्य पाठकों के लिए लोकप्रिय विज्ञान लेखन को भी बढ़ावा मिल रहा है।

वैज्ञानिक तथा तकनीकी-प्रौद्योगिकी साहित्य का अनुवाद

आधुनिक युग अनुवाद का युग है। ज्ञान-विज्ञान के क्षेत्र में जो प्रगति हो रही है, उससे आज का विश्व छोटा होता जा रहा है। आज हम भौगोलिक सीमाओं को पार करते हुए बृहत्तर सम्बन्धों को जोड़ रहे हैं। इसमें व्यक्ति के समग्र ज्ञान का क्षितिज विस्तृत हो रहा है और उनका सम्बन्ध अन्य भाषा-भाषी समुदायों से जुड़ रहा है, जो विश्वबन्धुत्व की भावना पैदा करने में सहायक है। इसके साथ ही ज्ञान के विश्वव्यापी प्रसार से मानव चेतना के नए आयामों में विस्तार हुआ है। भाषाई सीमाओं को लाँघते हुए हम अनुभव करते हैं कि अपनी भाषा से अन्य किसी भाषा का ज्ञान का अर्थ है तीसरी आँख या तीसरे कान का होना। यह तीसरी आँख या तीसरे कान की उपलब्धि अनुवाद से ही सम्भव है, जो हमें अन्य भाषाओं में ज्ञान-विज्ञान के क्षेत्र में हो रहे कार्यों का परिचय देता है।

विश्व भर में ज्ञान-विज्ञान की चेतना से मानवीय ज्ञानात्मक और भावनात्मक संवेदना को अनुवाद ने बदला है। वैचारिक आदान-प्रदान की चेतना से सामाजिक वैचारिकता के लिए भूमि तैयार करना अनुवाद का महत्त्वपूर्ण कार्य है। आधुनिक नवजागरणकाल में पश्चिम के नए ज्ञान-विज्ञान से हमारे ज्ञान और चेतना के विकास में अनुवाद ही सम्बल रहा है।

हमारा आज़ का समय वैज्ञानिक-तकनीकी एवं प्रौद्योगिकी का है। सूचना-क्रान्ति ने ज्ञान-विज्ञान के साहित्य के प्रचार-प्रसार को नए आयाम प्रदान किए हैं। वैश्वीकरण में विश्व एक विश्वग्राम में तब्दील हुआ है। इसीलिए अन्य चीजों की तरह आज ज्ञान-विज्ञान का आदान-प्रदान अधिक सहज हुआ है। ऐसी स्थिति में 'अनुवाद' एक प्रधान माध्यम बन गया है। एक समय था अनुवाद को दोयम अथवा गौण स्थान दिया जाता था, लेकिन ज्ञान-विज्ञान के क्षेत्र में अब वह प्रथम स्थान पर है। विश्व के सभी विकसित देशों की राजनैतिक, सामाजिक, सांस्कृतिक, आर्थिक, वैज्ञानिक तथा औद्योगिक प्रगति में अनुवाद की उल्लेखनीय भूमिका रही है। आज विज्ञान के तेजी से बदलते हुए विश्व में प्रौद्योगिकी, चिकित्सा, कृषि आदि क्षेत्र में हो रहे नए-नए आविष्कारों और अनुसन्धानो से जुड़े रहने के लिए अनुवाद सबसे बड़ा साधन है। इस परमाणु शक्ति के युग में प्रत्येक शक्तिशाली राष्ट्र अन्य राष्ट्र की सामरिक गतिविधियों पर पूरी-पूरी निगरानी रखता है और ऐसी स्थिति में अनुवाद का महत्त्व बढ़ जाता है। वास्तव में विश्व की कम होती दूरियों में अनुवाद की उपयोगिता, प्रासंगिकता और महत्त्व में वृद्धि हो रही है।

जैसे कि इसके पूर्व हम देख चुके हैं कि वैज्ञानिक-तकनीकी साहित्य पुस्तक, शोध-पत्र, शोध-पत्रिकाओं, कोशों, विश्वकोशों तथा संचार माध्यमों की वैज्ञानिक-तकनीकी सामग्री आदि के रूप में उपलब्ध होता है। वैज्ञानिक-तकनीकी क्षेत्र में नए-नए आविष्कार तथा नई-नई टेक्नोलॉजी विकसित होती है। वैज्ञानिक-तकनीकी के क्षेत्र में जो देश प्रगत है, उस देश की भाषा में वैज्ञानिक साहित्य मौलिक रूप में लिखा जाता है। लेकिन जो देश इस क्षेत्र में अप्रगत है, उन्हें प्रगत देशों के वैज्ञानिक-तकनीकी साहित्य का अनुवाद बड़े पैमाने पर करना पड़ता है। विज्ञान तकनीकी की व्याप्ति को देखते हुए कहा जा सकता

है कि कोई प्रगत देश भी इस क्षेत्र में अपने आप में स्वयंपूर्ण नहीं हो सकता। विभिन्न देशों द्वारा अर्जित वैज्ञानिक-तकनीकी ज्ञान प्रगत देशों को भी अनुवाद के माध्यम से प्राप्त करने की आवश्यकता होती है। अतः स्पष्ट है, वैज्ञानिक-तकनीकी साहित्य में अनुवाद की अहम भूमिका है।

वैज्ञानिक-तकनीकी साहित्य अनुवाद की समस्याएँ

वैज्ञानिक-तकनीकी साहित्य के अनुवाद में प्रमुखतः चार समस्याएँ आ जाती हैं।

(1) पारिभाषिक शब्दावली की समस्या (2) विषय ज्ञान की समस्या,

(3) भाषा-ज्ञान की समस्या (4) भाषा-शैली की समस्या

(1) पारिभाषिक शब्दावली की समस्या : वैज्ञानिक-तकनीकी लेखन तथ्यात्मक होता है। सुस्पष्टता और परिशुद्धता उसके आवश्यक गुण हैं। वैज्ञानिक विषयों के विवेचन-विश्लेषण में वस्तुनिष्ठता होती है। इसीलिए पारिभाषिक शब्दावली उसका अभिन्न अंग है। जिन भाषाओं में मौलिक साहित्य लेखन होता है, उन भाषओं में पारिभाषिक शब्दावली का पर्याप्त विकास पाया जाता है। ऐसी भाषाओं में वैज्ञानिक तकनीकी अनुवाद में पारिभाषिक शब्दावली की समस्या नहीं होती है। प्रायः देखा जाता है कि वैज्ञानिक-तकनीकी ज्ञान क्षेत्र में विकसित देशों में ही अधिकतर मौलिक साहित्य लिखा जाता है। पश्चिमी देश तथा चीन-रशिया जैसे अन्य देंशो में वैज्ञानिक तकनीकी विकास चरम स्थिति में हैं। इसीलिए उन देशों की भाषा में वैज्ञानिक-तकनीकी पारिभाषिक शब्दावली भी सम्पन्न है। विकसनशील देशों की भाषा में वैज्ञानिक-तकनीकी पारिभाषिक शब्दावली के लिए विशेष रूप से प्रयास करने पड़ते हैं।

हिन्दी तथा भारतीय भाषाओं की पारिभाषिक शब्दावली की समृद्धि के लिए डॉ. रघुवंश जैसे व्यक्ति और नागरी प्रचारिणी सभा आदि संस्थाओं ने अपना योगदान दिया है। वैज्ञानिक-तकनीकी शब्दावली के प्रयास से हमारी पारिभाषिक शब्दावली भी समृद्ध हो गई है, परन्तु जिस गति से विज्ञान तथा तकनीकी-प्रौद्योगिकी का विकास हो रहा है, उस अनुपात में हमारी पारिभाषिक शब्दावली का विकास नहीं हो पाया है। इसीलिए अनुवाद की नई शब्दावली का निर्माण भी करना पड़ता है। इस दृष्टि से पारिभाषिक शब्दावली से सम्बन्धित अनुवाद की प्रमुख तीन समस्याएँ हैं—

(1) शब्द-प्रयोग की समस्या, (2) पारिभाषिक शब्दों के अनुवाद की समस्या, (3) संक्षिप्तियों की समस्या।

पारिभाषिक शब्दों के प्रयोग की समस्या इसीलिए उत्पन्न हुई है, कि हमारी पारिभाषिक शब्दावली में बहुविकल्पता का दोष है। हमारे यहाँ पारिभाषिक शब्दावली निर्माण के प्रयास मुख्यतः चार दृष्टियों से हुए हैं—(1) राष्ट्रीय या संस्कृतवादी, (2) शब्द-ग्रहण या अन्तरराष्ट्रीयतावादी, (3) प्रयोगवादी या लोकवादी (4) मध्यम मार्गी या समन्वयवादी। दृष्टिभेद के कारण पारिभाषिक शब्दावली में नियतार्थता का गुण बाधित हुआ है। ऐसे कई शब्द हैं, जो एक अर्थ या संकल्पना को व्यक्त करते हैं, ऐसे समय में अनुवादक अपनी

इच्छा के अनुसार पारिभाषिक शब्दों का प्रयोग करने लगता है। इस समस्या से निजात पाने के लिए 'वैज्ञानिक तकनीकी शब्दावली आयोग' ने महत प्रयास से विज्ञान तथा तकनीकी विषय का विशेष कोश प्रकाशित किया है।

पारिभाषिक शब्दावली की दूसरी समस्या है स्रोतभाषा के पारिभाषिक शब्दावली के लक्ष्यभाषा में अनुवाद की। बहुत बार अनुवादक अपनी ओर से कोई प्रतिशब्द देने का प्रयास करता है। इस समस्या को सुलझाने के लिए वैज्ञानिक तकनीकी शब्दावली आयोग ने नई शब्दावली निर्माण के लिए सिद्धान्त निरूपित किए हैं। उनके आधार पर नए शब्दों का निर्माण किया जा सकता है। इस सम्बन्ध में डॉ. भोलानाथ तिवारी ने सुझाव दिया है कि, ''अनुवादक को या तो स्रोतभाषा के पारिभाषिक शब्द का अपनी भाषा की प्रकृति के अनुसार अनुकूलन कर लेना या तथाकथित अन्तरराष्ट्रीय शब्दावली से या किसी अन्य नई या पुरानी भाषा से शब्द ले लेना चाहिए या अपनी भाषा के शब्दों, धातुओं, उपसर्ग, प्रत्ययों आदि के आधार पर नए शब्द बना लेने चाहिए।''

पारिभाषिक शब्दावली की समस्या हमारी भाषाओं की नहीं, हमारी संकीर्ण मानसिकता की है। हमारी भाषाओं की प्रकृति इतनी सृजनशील है, कि नए-नए शब्दों का निर्माण बड़ी सहजता के साथ हो सकता है। डॉ. रघुवीर ने इस सम्बन्ध में लिखा है, ''हमारे यहाँ केवल 20 उपसर्ग हैं। धातुओं की संख्या 500 है और प्रत्यय हमारे यहाँ केवल 80 हैं। आप लोग 20 उपसर्ग सीखने के लिए कितने घंटे चाहते है? एक महीने के कोर्स में पारिभाषिक शब्दावली रूपी भवन की जो ईंट हैं, वे आपको समझा दी जायँगी और आपको फिर वे कभी दुख नहीं देंगी। अंग्रेजी आप 40 वर्ष पढ़ेंगे तो भी वह आपको दुख देती रहेगी, लेकिन एक बार आपने हिन्दी की ये चीज़ें पढ़ लीं तो फिर कभी दुख नहीं देंगी।''

पारिभाषिक शब्दावली की समस्या से जुड़ी एक और समस्या है संक्षिप्तियों की। विज्ञान में संक्षिप्तियों का विशेष महत्त्व है। विज्ञान में लम्बी नामों या पारिभाषिक शब्दों को संकेत रूप में लिखा और प्रयोग किया जाता है।

जैसे—AWACS = Airborne Warning and Control System;

INSAT = Indian National Satellite;

CHIPS = Calculator Help in Processing Signals;

NASA = National Aeronautics & Space Administration;

BIT = Binary Digit;

RADAR = Radial Detection and ranging;

HARM = Higher Speed Anti Radiation Missile,आदि।

इस तरह की संक्षिप्तियाँ वैज्ञानिक-तकनीकी भाषा में पर्याप्त मात्रा में प्रयुक्त होती हैं। कम्प्यूटर-इंटरनेट के क्षेत्रों में तो निरन्तर ऐसे शब्द बढ़ रहे हैं। अन्तरिक्ष विज्ञान और चिकित्सा विज्ञान के क्षेत्र में भी संक्षिप्तियों की निरन्तर वृद्धि हो रही है। कम-से-कम शब्दों

में अधिक-से-अधिक सांकेतिक अर्थों को भरकर प्रयोग करने की यह विधि उपादेय है। ऐस शब्दों को लिप्यन्तरित रूप में ज्यों-के-त्यों रूप में प्रयोग करना ही उपयुक्त होता है। जैसे - इनसेट, चीप्स, नासा, बिट, रडार आदि।

(2) विषय ज्ञान की समस्या— किसी भी तरह के अनुवाद के लिए अनुवाद-सामग्री के विषय का समग्र ज्ञान आवश्यक होता है। साहित्य की कोई रचना का सफल अनुवाद वही कर सकेगा जिसके पास रचना का विशेष ज्ञान होगा। इसके अभाव में अनुवादक शाब्दिक अनुवाद करने लगता है। वैज्ञानिक-तकनीकी साहित्य का सफल अनुवाद वही कर सकेगा, जो उस विषय की गहरी पैठ रखता हो। इसीलिए वैज्ञानिक साहित्य का अनुवाद करने के लिए सम्बन्धित विज्ञान शाखा का अध्ययन आवश्यक हो जाता है।

पाश्चात्य देशों के वैज्ञानिक अपने वैज्ञानिक चिन्तन को अपनी मातृभाषा में व्यक्त करते हैं और साथ ही अंग्रेजी में उसका अनुवाद स्वयं करते हैं। इस तरह के अनुवाद अधिक प्रामाणिक माने जाते हैं। अपने देश में वैज्ञानिक अपनी मातृभाषा में कम अंग्रेजी में ही अधिक मात्रा में लिखते हैं। इसका प्रमुख कारण यह है कि उसने सम्पूर्ण शिक्षा अंग्रेजी माध्यम से पाई होती है। अनुवादक को विषय का जानकार होना चाहिए, यह आदर्श है। लेकिन अनुवादक सभी विषयों का ज्ञाता नहीं हो सकता और विषय के सामान्य ज्ञान के आधार पर वह सफल अनुवाद नहीं कर पाता। विज्ञान और तकनीकी क्षेत्र तो और भी जटिल हैं। ऐसी स्थिति में 'सहयोगिता अनुवाद' का रास्ता अपनाना अधिक समीचीन होता है। विज्ञान तथा तकनीकी विषय के अध्येताओं के सहयोग से अनुवाद 'सहयोगिता अनुवाद' कहा जाता है।

(3) भाषा ज्ञान की समस्या— अनुवादक स्रोत और लक्ष्य दोनों भाषाओं का गहन अध्येता होना चाहिए। भाषा के साथ ही भाषा की विभिन्न प्रयुक्तियों और प्रकार्यों का भी वह ज्ञाता होना चाहिए। प्रत्येक भाषा की अपनी प्रकृति होती है, ध्वनि, पदबन्ध, वाक्यांश, वाक्य आदि स्तर पर अपनी व्यवस्था होती है। पारिभाषिक शब्दों के अनुवाद में तथा सम्पूर्ण अनुवाद-लेखन में भाषा की प्रकृति का ध्यान न रखा गया तो अनुवाद अटपटा, क्लिष्ट और दुर्बोध बन जाता है।

(4) भाषा-शैली की समस्या— वैज्ञानिक-तकनीकी साहित्य तथ्यप्रधान साहित्य है। स्पष्टता और पूर्णता उसकी अनिवार्य विशेषता है। सन्दिग्धता, अस्पष्टता, द्व्यर्थता, लाक्षणिकता के लिए यहाँ कोई स्थान नहीं होता। यहाँ शैली नहीं तथ्य प्रधान होता है। इसीलिए वैज्ञानिक अनुवाद की भाषा अत्यन्त सरल तथा अभिधा-प्रधान होनी चाहिए। वैज्ञानिक अनुवाद एक निर्वैयक्तिक कर्म है। अनुवादक न तो अपनी मान्यताएँ लाद सकता है और न उसमें मनमाना परिवर्तन कर सकता है। अनुवाद का आदर्श है—न कुछ छोड़ना, न कुछ जोड़ना। यह कार्य उतना सहज नहीं है। इसीलिए भाषा-शैली की समस्या निर्मित हो जाती है। सपाटबयानी वैज्ञानिक साहित्य की विशेष शैली होती है।

संक्षेप में वैज्ञानिक साहित्य के अनुवाद की समस्या का केन्द्र पारिभाषिक शब्दावली है और उसका हल किया जा सकता है, बशर्ते कि उसे हल करने की प्रामाणिक मानसिकता होनी चाहिए।

विधि-अनुवाद

'विधि' से तात्पर्य

विधि से तात्पर्य कानूनसम्मत ऐसी व्यवस्था है, जिसका अनुपालन हर नागरिक को करना पड़ता है, चाहे वह नागरिक आम आदमी हो, राजनेता हो, सरकारी कर्मचारी हो या न्यायाधीश हो। 'विधि' शब्द की संकल्पना का स्रोत प्राचीन धर्म ग्रन्थों में ढूँढ़ा जा सकता है। प्राचीन भारत में विधि शासन अर्थात् विधिसम्मत शासन की विचारधारा विकसित हुई थी और उसका पालन किया जाता था। तब धर्मसम्मत शासन करना ही विधिसम्मत शासन माना जाता था। आगे चलकर नैसर्गिक विधि, उपयोगिता को विधायन के मानदंड के रूप में स्वीकार कर 'विधि' की अवधारणा का विकास हुआ।

विधि की परिभाषा

विधिवेत्ताओं, समाजशास्त्रियों तथा दार्शनिकों ने 'विधि' शब्द को अपने-अपने ढंग से परिभाषित किया है। कुछ परिभाषाएँ द्रष्टव्य हैं—

(1) सुकरात : 'विधि अच्छे-बुरे में अन्तर स्पष्ट करने का कारण है।'

(2) प्लेटो : 'विधि मनुष्य के अच्छाई के ज्ञान का वह मानदंड है जिसके द्वारा समस्त विनियम और आचरण की परख होती है।'

(3) अरस्तू : 'विधि आदमी की प्रकृति में अन्तर्निहित होती है, और उसे खोजा जा सकता है। यह सर्वकालीन, सार्वभौम और विकासक्षम होती है।'

(4) सिसरो : 'सही विधि प्रकृतिसम्मत सटीक कारण है, यह सार्वजनिक होता है, सार्वकालिक होता है और अनन्त होता है... विधि में परिवर्तन करने का प्रयत्न पाप है।'

(5) सेंट थामस अस्वीनाज : 'विधि जनसामान्य के कल्याण के कारणों का अध्यादेश मात्र है, अन्य कुछ नहीं।'

(6) जॉन लोक : 'विधि का उद्देश्य व्यक्तियों के नैसर्गिक अधिकारों को प्रत्याभूत करना और संरक्षित करना है।'

(7) जॉन ऑस्टिन : 'विधि शब्द के शाब्दिक और उचित अर्थ में विधि की परिभाषा ऐसे नियम के रूप में की जा सकती है जो प्रज्ञावान शासक द्वारा प्रज्ञावान मनुष्यों के मार्गदर्शन के लिए अधिकथित किया जाय।'

(8) ओपेनहोम : 'विधि एक समाज के अन्दर मानव आचार-नियमों का पुंज है, जिसे उस समाज की सामान्य सम्मति से बाह्यशक्ति द्वारा प्रवर्तित किया जाता है।'

(9) भारतीय संविधान : संविधान के अनुच्छेद 13 में खंड (3) में विधि की समावेशक परिभाषा इस प्रकार है—

'(3) इस अनुच्छेद में, जब तक कि सन्दर्भ से अन्यथा उपेक्षित न हो, (क) विधि के अन्तर्गत भारत राज्य क्षेत्र में विधि का बल रखनेवाला कोई अध्यादेश, आदेश, उपविधि, नियम-विनियम, अधिसूचना, रूढ़ि या प्रथा है।'

स्पष्ट है विधि का क्षेत्र अत्यन्त व्यापक है। संविधान, अधिनियम, नियम, विनियम, स्थायी आदेश, अनुबन्ध आदि से सम्बन्धित दस्तावेज विधि साहित्य के अन्तर्गत आते हैं। न्याय प्रक्रिया से सम्बन्धित निर्णय, मामले से सम्बन्धित बयान, साक्ष्य आदि विधि के क्षेत्र से प्रत्यक्ष जुड़े विषय हैं। इन सबके साथ जुड़ी भाषा विधि की हिन्दी कहलाई जायगी।

विधि की भाषा : ऐतिहासिक परिदृश्य

भारतीय राजनीतिक इतिहास के अनुसार भारत देश तथा उसके विभिन्न क्षेत्रीय राज्यों की भाषाएँ ही विधि की भाषा रही हैं। प्राचीन काल में संस्कृत-प्राकृत तथा अपभ्रंश भाषाओं का उपयोग होता आया है। मुसलमानी राज्य स्थापित होने पर मुगल-काल तक अरबी-फारसी का प्रचलन हुआ। अंग्रेजी शासनकाल में अंग्रेजी को विधि की भाषा के रूप में मान्यता प्राप्त हुई, जो आज तक कायम है। यह भी सच है कि अंग्रेजी शासनकाल में ही न्याय व्यवस्था में हिन्दी तथा अन्य भारतीय भाषाओं को स्थान प्राप्त होना शुरू हुआ था। सन् 1797 में ब्रिटिश पार्लमेंट में एक कानून बनाया गया था जिसके अनुसार भारत से सम्बन्धित अंग्रेजी कानूनों के अनुवाद हिन्दी और भारतीय भाषाओं में प्रकाशित किए जाने चाहिए। बाद में भी कुछ इसी प्रकार के आदेश निकलते रहे, जिनके परिणामस्वरूप विधि-न्याय से सम्बन्धित काफी सामग्री हिन्दी में अनूदित हुई थी। हिन्दी में पहली विधि शब्दावली एच. एच. विल्सन ने बनाई। सन् 1855 में प्रकाशित इस शब्दावली का शीर्षक था 'ग्लासरी ऑफ जुडीशियल एंड रेवेन्यू टर्म्स' सन् 1883 में श्री परमेश्वर दयाल श्रीवास्तव ने 'श्रीवास्तव लॉ डिक्शनरी' प्रकाशित की। 1948-51 के मध्य श्री जगदीश प्रसाद चतुर्वेदी ने अपना विधि शब्द सागर चार खंडों में प्रकाशित किया। स्पष्ट है कि स्वतन्त्रतापूर्व भी विधि तथा न्याय के क्षेत्र में हिन्दी भाषा के प्रयोग तथा विकास सम्बन्धी एक चेतना विकसित हो चुकी थी।

स्वाधीनता के बाद संविधान निर्माताओं ने संविधान के भाग 17 में भाषा नीति पर चार अध्याय समाविष्ट किए। इसके अध्याय एक, अनुच्छेद 343 तथा 344 भारत संघ की राजभाषा के बारे में हैं। अध्याय - दो, अनुच्छेद 345, 346 तथा 347 प्रादेशिक भाषाओं के बारे में हैं। अध्याय तीन अनुच्छेद 348, 349 उच्चतम न्यायालय, उच्च न्यायालयों आदि की भाषा के बारे में हैं। अध्याय चार (अनुच्छेद 350, 350 क, 350 ख और 351) के अन्तर्गत राजभाषा के प्रचार-प्रसार और भाषा के स्वरूप के विषय में निर्देश दिये गए हैं।

संविधान निर्माताओं ने अनुच्छेद 348 (1) में स्पष्ट उपबन्ध किया है कि जब तक संसद विधि द्वारा अन्यथा उपलब्ध नहीं करेगी उच्चतम न्यायालय और प्रत्येक उच्च न्यायालय में सभी कार्य अंग्रेजी भाषा में होंगे। किन्तु उच्च न्यायालयों के स्तर पर भाषा के सम्बन्ध में अनुच्छेद 2348 (2) के द्वारा राज्यों के राज्यपालों को यह अधिकार प्रदान किया है कि वे राष्ट्रपति की पूर्व सहमति लेकर हिन्दी राज्यों में हिन्दी का और अन्य राज्यों में उस राज्य की राजभाषा का प्रयोग उच्च न्यायालय की कार्यवाहियों में इस्तेमाल करने के लिए प्राधिकृत कर सकते हैं। साथ ही संसद को यह अधिकार दिया गया है कि वह विधि द्वारा अन्य व्यवस्था कर सकती है। प्रत्येक राज्य की राजभाषा के बारे में संविधान

के अनुच्छेद 345 में उपबन्ध अधिष्ठित है। इसमें राज्य के विधानमंडल को विविध अधिनियमन करके अंग्रेजी के स्थान पर राजभाषा हिन्दी या उस राज्य की राजभाषा का प्रयोग करने के लिए सशक्त किया गया है। प्राय: सभी राज्यों के विधानमंडलों ने अपने राजकाज में प्रयोग के लिए अपने-अपने राजभाषा अधिनियम पारित किए हैं।

विधि क्षेत्र में हिन्दी के विकास के लिए विशेष प्रयास हुए हैं। 'राजभाषा आयोग' ने राजभाषा हिन्दी के विकास, क्रियान्वयन तथा प्रयोग के सम्बन्ध में अपने कई सुझाव प्रस्तुत किए। इनमें से दो सुझाव महत्त्वपूर्ण हैं—(1) विधि की हिन्दी का विकास करना, (2) समस्त अधिनियमों को हिन्दी में पुन: अधिनियमित करना। आयोग का सुझाव था कि विधि की पारिभाषिक हिन्दी शब्दावली में एकरूपता होनी चाहिए और केन्द्र तथा राज्य सरकारों द्वारा विधि की शब्दावली के विकास के क्षेत्र में जो प्रयास किया जा रहा है, उसमें समन्वय लाया जाय। राष्ट्रपति के सन् 1960 के जारी आदेश के अनुसार सन् 1961 में राजभाषा (विधायी) आयोग की स्थापना हुई। इस आयोग को विधि के क्षेत्र के विकास तथा शब्दावली निर्माण का काम सौंपा गया। आयोग ने हिन्दी में मानक शब्दावली के निर्माण के साथ ही अंग्रेजी अधिनियमों के अनुवाद का कार्य भी आरम्भ किया। आयोग ने मानकीकृत 'विधि शब्दावली' का पहला संस्करण सन् 1970 में प्रकाशित किया। इस आयोग ने बहुत से नियमों-अधिनियमों का प्राधिकृत अनुवाद भी हिन्दी में प्रस्तुत किया।

विधि की हिन्दी : स्वरूपगत विशेषताएँ

विधि का क्षेत्र अत्यन्त व्यापक है। विधि का तात्पर्य कानूनसम्मत ऐसी व्यवस्था है, जिसका अनुपालन हर नागरिक को करना पड़ता है, चाहे वह नागरिक आम आदमी हो या सरकारी कर्मचारी या न्यायाधीश हो। न्याय प्रक्रिया का प्रथम आधार उसका लिखित विधान ही होता है। इसीलिए संविधान, अधिनियम, नियम, विनिमय, स्थायी आदेश, अनुबन्ध, करार आदि से सम्बन्धित दस्तावेज विधि साहित्य के अन्तर्गत आते हैं। न्याय प्रक्रिया से सम्बन्धित निर्णय, मामले से सम्बन्धित बयान, साक्ष्य आदि विधि के क्षेत्र में प्रत्यक्ष जुड़े विषय है। इन सबके साथ जुड़ी भाषा विधि की हिन्दी कहलाई जायगी। इसकी प्रमुखत: चार विशेषताएँ कहलाई जा सकती हैं—(1) सुनिश्चितता, संक्षिप्तता और सुस्पष्टता (2) भाव की असन्दिग्धता और विशुद्धता (3) विधि विषयक परम्परागत शब्दावली (4) अनुवाद-प्रधानता।

(1) संक्षिप्तता, सुनिश्चितता एवं सुस्पष्टता—राजभाषा आयोग ने विधि की भाषा का स्वरूप स्पष्ट करते हुए उसकी इसी विशेषता पर विशेष रूप से बल दिया है। उसके अनुसार—"कानून की भाषा सुनिश्चित , संक्षिप्त और सुस्पष्ट होनी चाहिए। देशभर के अनेक न्यायालयों में इस भाषा की व्याख्या की जायगी, जो मुख्यत: कानूनों के प्रयोग में लाई हुई भाषा के व्याकरणसम्मत सामान्य अर्थ के आधार पर ही विचार करेंगे, उन शब्दों में छिपे हुए उद्देश्यों या अभिप्राय के आधार नहीं। जहाँ तक विचार-विमर्श की भाषा का सम्बन्ध है, अपने विचार प्रकट करने में सम्बन्ध वक्ताओं की सुविधा और सुगमता को ध्यान में रखना अधिक महत्त्वपूर्ण है। जहाँ तक कानून की भाषा का प्रश्न है, प्रमुखत:

निश्चितता, संक्षिप्तता और अधिक-से-अधिक स्पष्टता का ध्यान रखना आवश्यक होता है।''

(2) भाव की असन्दिग्धता और विशुद्धता—शब्द सम्बन्धी कठिनाइयों का अनुभव, कानून और न्याय शासन के क्षेत्र में विशेष रूप से अधिक होता है। इसके अतिरिक्त राष्ट्रीय कार्यकलाप का एक क्षेत्र ऐसा होता है कि विभिन्न स्थितियों और व्यवस्थाओं के बहुसंख्यक लोगों को अपने जीवन के कार्यों में प्राय: प्रतिदिन इसके साथ वास्ता पड़ता है। इस कारण कानून और न्याय प्रशासन के क्षेत्रों के लिए आवश्यक है कि जो भी पद्धति अपनाई जाय उसका एक अनिवार्य गुण भाव की असन्दिग्धता और पूर्ण विशुद्धता रहे।

(3) विधि विषयक परम्परागत शब्दावली—विधि के क्षेत्र में अखिल भारतीय स्तर पर भाषा में एकरूपता रहे इसलिए राजभाषा आयोग ने कुछ सुझाव दिये थे। उसमें एक सुझाव यह था कि विधि-व्यवस्था यहाँ आदिकाल से कार्यान्वित रही है। अत: विधि-विषयक शब्दावली की यहाँ एक दीर्घ परम्परा रही है। संस्कृत, हिन्दी तथा अन्य भारतीय भाषाओं में अतिप्रचलित शब्दों का ग्रहण इस क्षेत्र की भाषाई एकरूपता में सहायक होती है। इस दृष्टि से प्रयोजनमूलक हिन्दी का यह रूप विकसित किया गया है। विधि एवं कानून की हिन्दी में संस्कृत, हिन्दी, अन्य भारतीय भाषाओं के साथ अंग्रेजी के प्रचलित शब्दों को ग्रहण किया गया है। उदाहरण—साक्षी, साक्ष्य, कारागार, वादी, प्रतिवादी, न्याय आदि संस्कृत, पणयम, पंथम आदि तमिल, आडमान, विल्लंगम आदि कन्नड़, करस्थय आदि मलयालम शब्दों को अपनाया गया है। दिवालिया, व्यापार, बीमा, परिषद, मन्त्री, सभा, सरकार आदि सभी भारतीय भाषा में प्रचलित शब्दावली को अपनाया गया है। मुसलमान शासकों के समय अरबी-फारसी यहाँ विधि की भाषा रही है। इसलिए वसीयतनामा, करारनामा, दावा, मुवक्किल, पेशी, मुआवजा, फौजदारी, दीवानी जैसे कई शब्द अरबी-फारसी के शब्द विधि की हिन्दी ने ग्रहण किए हैं। बहुत सारे अंग्रेजी शब्द लिप्यन्तरण के साथ अपनाए गए हैं। जैसे—अपील, कोर्ट, जज, वकील, समन्स आदि। इस तरह के कई शब्दों को हिन्दी की प्रकृति के अनुरूप ढालकर प्रयुक्त किया गया है। जैसे—अपील से अपीलकर्त्ता, अपीली, अपीलीय आदि।

(4) अनुवाद-प्रधानता—संविधानिक प्रावधान के आधार पर वर्तमान समय में विधि एवं कानूनी क्षेत्र में हिन्दी की स्थिति वैकल्पिक है। विधि का कार्य प्रमुखत: अंग्रेजी के माध्यम से ही होता है। 'मजे की बात यह है कि संविधान लागू होने से पहले विधि के अधीन निकले किसी आदेश, नियम, विनिमय या उपविधि का अंग्रेजी पाठ आवश्यक नहीं था। लेकिन संविधान लागू होने के पश्चात हिन्दी भाषी राज्यों की विधियों में भी अंग्रेजी-हिन्दी दोनों भाषाओं का प्रयोग अनिवार्य हो गया। संविधान की धारा एवं उपबन्धों तथा समय-समय पर जारी किए गए आदेशों, अधिनियमों, नियमों के अध्ययन से स्पष्ट होता है कि अब भी इस देश की विधि की भाषा अंग्रेजी ही है, हिन्दी मात्र अनुवाद की भाषा है। इसका परिणाम यह हुआ कि इस क्षेत्र की भाषा का स्वरूप 'अनुवाद-प्रधान' बन गया है। संरचनात्मक स्तर पर अनुवाद का प्रभाव बुरी तरह से देखा जा सकता है।

विधि अनुवाद

स्वाधीनता के बाद सारी विधियों की रचना अंग्रेजी में हुई थी। संविधान में द्विभाषिकता को अपनाया गया। केन्द्र में अंग्रेजी और हिन्दी तथा राज्यों में अंग्रेजी और राज्यभाषा। जनतन्त्र में शासन जनता का, जनता द्वारा और जनता के लिए होता है, इसलिए उसकी भाषा भी जनता की होनी चाहिए। शासन के सभी अंगों के समान विधि तथा न्याय विभाग में भी जनता की भाषा का प्रयोग हो इसीलिए विधि अनुवाद आवश्यक हो गया। समस्त विधियों को हिन्दी तथा राज्य भाषाओं में अनूदित करने का कार्य राजभाषा (विधि) आयोग ने किया।

विधि अनुवाद की व्याप्ति

विधि की विभिन्न शाखाओं और विधाओं के अनुवाद का स्वरूप अलग-अलग होता है। विधि में मुख्यत: चार प्रकार के अनुवाद होते हैं—

(1) अधिनियम अनुवाद
(2) अधिसूचनाओं के अनुवाद
(3) न्यायालयों के निर्णयों का अनुवाद,
(4) विधिक दस्तावेजों का अनुवाद।

(1) अधिनियम अनुवाद— सबसे अधिक बारीकी और सावधानी से विधेयकों और अधिनियमों का अनुवाद करने की आवश्यकता होती है। इसमें यह देखना होता है कि अंग्रेजी में जो अर्थ है ठीक वही अर्थ हिन्दी अनुवाद में आए। अंग्रेजी में जो कहा गया है उससे न कुछ अधिक कहा जाय और न ही कुछ कम। अतिव्याप्ति या अल्पव्याप्ति को यहाँ कोई स्थान नहीं। यथावतता इसकी अनिवार्यता है।

(2) अधिसूचनाओं के अनुवाद— अधिसूचनाओं के अनुवाद में भी इसी प्रकार की सावधानी रखनी होती है जैसी विधेयकों और अधिनियमों के अनुवादों में होती है। कुछ अधिसूचनाएँ ने भी किस्म की या एक ही रूप में बार-बार प्रकाशित होनेवाली होती है। ऐसी अधिसूचनाओं का प्रारूप स्थिर होता है, इसीलिए अनुवादक को सहूलियत रहती है कि पूर्व दृष्टान्त देखकर अनुवाद कर लिया जाय। कुछ अधिसूचनाएँ अत्यधिक तकनीकी होती हैं। इनके अनुवाद के लिए तज्ञों की सलाह लेनी होती है।

(3) न्यायालयों के निर्णयों का अनुवाद— उच्चतम न्यायालय के सभी प्रकाशन योग्य निर्णयों का अनुवाद विधायी विभाग प्रकाशित करता है। इस प्रकार के अनुवाद में यथावत अर्थ के साथ ही सुबोधता की अपेक्षा होती है। इसीलिए ऐसे अनुवाद में जहाँ वर्णनात्मकता है, वहाँ गैरपारिभाषिक तथा जहाँ आवश्यकता है वहाँ पारिभाषिक शब्दों का प्रयोग करना होता है।

(4) विधिक दस्तावेजों का अनुवाद— विधिक दस्तावेजों में दो पक्षकारों के बीच हुई संविदा के साक्ष्य के रूप में किया गया करारनामा, भू-स्वामी और किरायेदार के

बीच किसी मकान के बारे में हुआ पट्टा, संविदाओं के निविदा आदि इसी प्रकार के कई दस्तावेज आते हैं। इनके सम्बन्ध में विवाद उपस्थित होने पर न्यायालय में प्रस्तुत किए जाते है। इसीलिए इनका अनुवाद भी उसी तरह का होता है।

उक्त चारों प्रकारों में अधिनियमों का अनुवाद सबसे अधिक कठिन होता है।

विधि अनुवाद की विशेषताएँ

'विधि अनुवाद : विविध आयाम' ग्रन्थ में कृष्ण गोपाल अग्रवाल ने विधि अनुवाद की गुणात्मक छह विशेषताएँ कही हैं—(1) सहजता, (2) यथार्थता, (3) शब्दों-पदों आदि की प्रामाणिकता, (4) पारिभाषिक शब्दों का प्रयोग,(5) अभिव्यक्ति की एकरूपता और (6) असन्दिग्धता या एकार्थता।

(1) सहजता : सहजता हर प्रकार के अनुवाद का एक आदर्श गुण माना जाता है। अच्छा अनुवाद वह है जो अनुवाद न लगे। विधि के क्षेत्र में इस गुण का सर्वाधिक महत्त्व माना जाता है। इसमें मौलिक विधि जैसा प्रसाद गुण और सहज प्रवाह होना चाहिए। पाठाधिष्ठित अनुवाद विधि अनुवाद की अनिवार्य आवश्यकता है। मूल और अनुवाद के प्रभाव में एकता विधि अनुवाद की सफलता का परिचायक माना जाता है।

(2) यथार्थता या विशुद्धता : कृष्ण गोपाल अग्रवाल के अनुसार विधि अनुवादक को 'आत्मनिषेधात्मक' अनुशासन का पालन करना होता है। 'यथावतता' विधि अनुवाद की अनिवार्य शर्त है। इसमें न कोई जोड़ा जा सकता है और न कोई घटाया जा सकता है। मूल के प्रति निष्ठावान होकर लक्ष्यभाषा की प्रकृति के अनुरूप स्रोत सामग्री का प्रामाणिक अनुवाद आदर्श विधि-अनुवाद कहलाता है। विधि में विशुद्धता एवं प्रामाणिकता का अनन्य साधारण महत्त्व है।

(3) शब्दों, पदों की प्रामाणिकता : अनूदित पाठ को प्राधिकृत अर्थात प्रामाणिक होना विधि अनुवाद में अत्यधिक महत्त्व रखता है। विधि के क्षेत्र के शब्दों और पदों को प्राय: परिभाषित किया जाता है, अत: उस अर्थ में केवल विधि के प्राधिकृत पाठों में अन्तर्विष्ट शब्दों या पदों का प्रयोग किया जाना चाहिए।

(4) पारिभाषिक शब्दों का प्रयोग : विधि एक स्वतन्त्र अनुशासन है, इसकी अपनी पारिभाषिक शब्दावली है। इसका मूल पाठ पारिभाषिक शब्दों में होता है। अत: अनुवाद में भी पारिभाषिक शब्दावली का प्रयोग आवश्यक ही नहीं अनिवार्य हो जाता है। विधि क्षेत्र की पारिभाषिक शब्दावली का निर्माण और प्रकाशन राजभाषा आयोग ने किया है। वैज्ञानिक तथा तकनीकी शब्दावली का निर्माण भी हुआ है। प्रत्येक अधिनियम और विशेष रूप में नियम में विधि के पारिभाषिक शब्दों के साथ-साथ उस विषय की, जिससे सम्बन्धित वह विधि है, तकनीकी शब्दावली का पर्याप्त मात्रा में प्रयोग होता है। अत: अनुवादक को विधि के साथ अन्य विषयों से सम्बन्धित पारिभाषिक शब्दावली का प्रयोग करना पड़ता है। इसीलिए आवश्यक है कि अनुवादक विधि शब्दावली के प्राधिकृत शब्दकोश के साथ ही अन्य अनुशासनों के प्राधिकृत शब्दकोशों का प्रयोग करें। पारिभाषिक शब्दावली का

प्रयोग करते समय एक बात और ध्यान में रखनी है कि उसका प्रयोग सटीक रूप में हो, क्योंकि कई पारिभाषिक शब्द के एकाधिक पर्याय होते हैं।

(5) अभिव्यक्ति की एकरूपता : एकरूपता विधि साहित्य का मूलभूत तत्त्व होता है। विधि की भाषा में एकरूपता अलंकरण कही जाती है। मूल विधि के विभिन्न पाठों में प्रयुक्त शब्दों, पदों और अभिव्यक्तियों आदि की एकरूपता को अनूदित पाठ में भी अक्षुण्ण बनाए रखना आवश्यक होता है। अन्यथा न्यायालय जनता को न्याय देने के स्थान पर शब्दों-पदों-अभिव्यक्ति के विधिता के जाल में फँस जायँगे। शब्द-छल न्याय को कमजोर बना देता है।

(6) असन्दिग्धता या एकार्थता : सन्दिग्धता का विधि में कोई स्थान नहीं होता। अनूदित पाठ में भी सन्दिग्धता को कोई स्थान नहीं होता। विधि के पाठ के असन्दिग्ध रूप से एक ही अर्थ प्रगट होने चाहिए। इसलिए आवश्यक है कि अनुवाद की भाषा की प्रकृति और व्याकरण के अनुसरण में ऐसी वाक्य रचना करनी चाहिए कि उसमें एक से अधिक अर्थ न निकल सके। जैसे कि कृष्ण गोपाल अग्रवाल ने लिखा है, 'विधि के अनुवादक को देखना चाहिए कि उसके अनुवाद की भाषा में भिन्नार्थता, पदाग्रह, न्यूनार्थता या अधिकार्थता आदि दोषों का समावेश न हो।' विधि के अनुवाद में जितनी सुस्पष्टता एवं असन्दिग्धता होगी उतना ही वह जनसाधारण एवं न्यायालयों के लिए न्याय प्रदान करने में अधिक सहायक होगा। विधि अनुवादक को यह ध्यान में रखना होगा कि वह सहज अनुवादक नहीं अपितु उसका दायित्व प्रारूपकार से किसी प्रकार कम नहीं है।

(6) मशीनी अनुवाद

औद्योगिकीकरण, वैज्ञानिक आविष्कार, वैश्वीकरण तथा सूचना विस्फोट ने अनुवाद की आवश्यकता को चरम सीमा तक पहुँचाया। पहले अनुवाद महज साहित्यानुवाद तक सीमित था। आज वह प्रयोजनमूलक अनन्त दिशाओं में व्याप्त हुआ है। अनुवाद को एक सृजनात्मक कार्य माना गया है। इसीलिए वह एक मानवीय कर्म माना गया। आज के गतिशील परिवेश में मानव हर कार्य में गति चाहता है, इसीलिए हर कार्य के लिए यन्त्र का आविष्कार किया जा रहा है। रसोई-घर से लेकर कल-कारखानों तक मनुष्य के कार्य यन्त्र कर रहे हैं। अनुवाद की बढ़ती हुई आवश्यकता ने इस क्षेत्र में भी मानवी सीमा का अहसास हुआ। दुनियाभर की भाषाएँ और अपरिमित ज्ञान के अनुवाद का मानवी अनुवाद क्षमता से मेल नहीं हो पा रहा है। इसीलिए इस क्षेत्र में भी यन्त्र ने दखल दिया। जैसे कि कम्प्यूटरविद श्री नरेश कुमार ने लिखा है, 'मनुष्य की अपेक्षा ये मशीनें सुनिश्चित और सुस्पष्ट नियमों का कहीं अधिक शीघ्रता से पालन करती हैं। ये मानव की तरह न तो गलतियाँ ही करती हैं, न थकती हैं। वास्तव में इन मशीनों का उद्देश्य अभी तक ऐसे ही कार्य करना रहा है, जिसमें किसी प्रकार की सृजनात्मकता की आवश्यकता न हो। बस, उनका कार्य महज पूर्व निर्धारित नियमों का पालन करना हो।' आज कम्प्यूटर का दखल हर क्षेत्र में है, उसी तरह अनुवाद के क्षेत्र में भी हो रहा है। कम्प्यूटर साधित अनुवाद ही यन्त्र या मशीनी अनुवाद कहलाता है।

मशीनी अनुवाद की परिभाषा

मशीनी अनुवाद का स्वरूप, प्रक्रिया, उसकी उपयोगिता तथा सीमाओं को मद्दे नजर रखते हुए विद्वानों ने मशीनी अनुवाद की परिभाषाएँ दी हैं। उनमें से कतिपय परिभाषाएँ द्रष्टव्य हैं—

(1) प्रो. सूरजभान सिंह, 'मशीन अनुवाद से तात्पर्य अनुवाद की ऐसी प्रक्रिया, जिसमें कम्प्यूटर प्रणाली (System) के जरिये एक भाषा से दूसरी भाषा में अपने आप अनुवाद हो।'

(2) डॉ. वृषभ प्रसाद जैन, 'मशीनी अनुवाद से अभिप्राय किसी एक भाषिक पाठ के सम्प्रेष्य अर्थ को लेकर संगणक की सहायता से अन्य भाषिक पाठ में रूपान्तरित करने से लिया जाता है।'

(3) डॉ. पुरनचन्द टंडन, 'कम्प्यूटर अनुवाद से अभिप्राय अनुवाद प्रक्रिया के उस चरण से है जिसमें स्रोतभाषिक पाठ के सम्प्रेष्य अर्थ को कम्प्यूटर प्रणाली के जरिये लक्ष्यभाषिक पाठ में रूपान्तरित किया जाता है।'

(4) डॉ. जी. रविशंकर, 'मशीनी अनुवाद मूलतः स्रोतभाषा से लक्ष्यभाषा में संगणक यन्त्र की सहायता से अनुवाद करने की एक प्रक्रिया है। इस प्रक्रिया में इनपुट एक भाषा सामग्री होता है। संगणक यन्त्र की आन्तरिक व्यवस्था में स्रोत एवं लक्ष्यभाषा के शब्द, पद एवं व्याकरणिक नियम तथा अनुवाद के विशिष्ट नियम अंकित रहते हैं। आउटपुट के रूप में अनूदित सामग्री तुरन्त प्राप्त होती है। लेकिन उसकी गुणात्मकता, शुद्धता एवं उपयुक्तता पर प्रश्नचिह्न लगा ही है, क्योंकि वे बहुत कुछ सामग्री-विशेष की प्रकृति पर अर्थात इस प्रश्न पर कि क्या वह सामग्री साधारण है या तकनीकी है या साहित्यिक है या बोलचाल की है—निर्भर है। मशीनी अनुवाद संगणक यन्त्र के द्विभाषिक डाटाबेस तथा अन्तरण नियमों की गुणवत्ता पर निर्भर है।'

(5) डॉ. हरीश कुमार सेठी, 'स्रोतभाषिक सामग्री की कम्प्यूटर प्रणाली के जरिये लक्ष्यभाषिक सामग्री में रूपान्तरण की प्रक्रिया 'कम्प्यूटर अनुवाद' कहलाती है। चूँकि कम्प्यूटर एक मशीन भी है इसीलिए कम्प्यूटर के जरिये किए गए अनुवाद को मशीन अनुवाद अथवा 'मशीनी अनुवाद' की संज्ञा भी प्रदान की जाती है।'

उक्त परिभाषाओं से स्पष्ट है कि कम्प्यूटर द्वारा सम्पन्न अनुवाद कार्य मशीनी अनुवाद कहलाता है। अनुवाद की तीन प्रक्रियाएँ हैं—विश्लेषण, अन्तरण और पुनर्गठन। मानवी अनुवाद में ये तीनों प्रक्रिया मानव अनुवादक सम्पन्न करता है जबकि मशीनी अनुवाद में ये तीनों प्रक्रियाएँ कम्प्यूटर द्वारा सम्पन्न होती हैं। विश्लेषण प्रक्रिया सम्पन्न करनेवाली प्रक्रिया को 'पार्सर', अन्तरण प्रक्रिया को सम्पन्न करानेवाली प्रक्रिया सामग्री को 'द्विभाषी अन्तरण कोश' तथा पुनर्गठन प्रक्रिया सम्बद्ध प्रक्रिया सामग्री को जनरेटर की संज्ञा दी जाती है।

मशीनी अनुवाद की विकास-यात्रा

मशीनी अनुवाद की शुरुआत कम्प्यूटर से नहीं बल्कि उससे भिन्न एक यन्त्र से हुई थी। रूसी इंजीनियर पेत्र पेत्रोविच स्मिरनोव त्रोयांस्कि ने सन् 1933 में अनुवाद करनेवाले एक यन्त्र का पेटंट कराया था। लेकिन इसका आगे विकास नहीं हुआ। वस्तुतः कम्प्यूटर अनुवाद का प्रारम्भ सुविख्यात गणितज्ञ वारेन विवर के 1947 के 'ऑन ट्रांसलेशन' शीर्षक लेख से माना जाता है। वारेन विवर के विचारों के आलोक में अमरीका के कई विश्वविद्यालयों में इस क्षेत्र में गम्भीरतापूर्वक अनुसन्धान कार्य हुए। 7 जनवरी, 1954 को संयुक्त राज्य अमेरिका के न्यूयार्क में विश्व के पहले अनुवादक कम्प्यूटर का प्रदर्शन किया गया। इस अनुवादक-कम्प्यूटर का निर्माण न्यूयार्क की 'इंटरनेशनल बिजनेस मशीन' नामक कम्पनी ने किया था। इसके निर्माण में इस कम्पनी के साथ जार्जटाउन विश्वविद्यालय के दल ने मिलकर कार्य सम्पन्न किया था। शुरू में रूसी-अंग्रेजी अनुवाद क्षेत्र में जार्जटाउन विश्वविद्यालय ने GAT नामक रूसी-अंग्रेजी तन्त्र को विकसित किया। इस तन्त्र का परिष्कृत रूप सिस्ट्रान (SYSTRAN) नाम से जाना जाता है। अन्तरिक्ष विज्ञान सम्बन्धी महत्त्वपूर्ण सूचनाओं अथवा दस्तावेजों को अंग्रेजी में यथाशीघ्र उपलब्ध कराना इस कम्प्यूटर अनुवाद तन्त्र को विकसित करने का उद्देश्य था। आगे सिस्ट्रान पर जापानी से अंग्रेजी और अंग्रेजी से जापानी अनुवाद के मॉड्यूल जोड़े गए। इस दिशा में इतना विकास हुआ कि सिस्ट्रान पर 20 प्रकार के भाषा युग्मों के अनुवाद की सुविधा उपलब्ध है।

सन् 1960 के दशक में अमरीका और रूस ने मुख्यतः अंग्रेजी-रूसी भाषा युग्म पर ही ध्यान दिया था। इसका मुख्य उद्देश्य था वैज्ञानिक शोध पत्रों में प्रकाशित शोध आलेखों को कम्प्यूटर के जरिये शीघ्र अनूदित करना। कम्प्यूटर अनुवाद रफ हुआ करते थे। उससे आलेख की विषय-वस्तु का पता चल जाता था। विषय-वस्तु सुरक्षा की दृष्टि से महत्त्वपूर्ण होने पर उसका मानवी अनुवाद किया जाता था।

कम्प्यूटर अनुवाद की प्रगति की स्थिति और उसकी गुणवत्ता मापने तथा समुचित सुधार की दिशा में सुझाव देने के लिए अमरीका ने सन् 1964 में अल्पैक कमिटी गठित की। उसने 1966 में अपनी रिपोर्ट प्रस्तुत की जिसमें कम्प्यूटर अनुवाद की गणुवत्ता कम और चिन्ताजनक होने का उल्लेख किया। परिणामस्वरूप अमरीका में कम्प्यूटर अनुवाद के शोध कार्य के लिए सरकारी अर्थ सहायता बन्द हो गई। इस सम्बन्ध में विजय कुमार मल्होत्रा ने लिखा है, "उस समय सम्भवतः यही धारणा थी कि मशीनी अनुवाद के कदाचित दो सोपान हैं। द्विभाषी कोश की सहायता से स्रोतभाषा के शब्दों के स्थान पर लक्ष्यभाषा के शब्द रखना और फिर लक्ष्यभाषा की वाक्य-रचना के अनुरूप शब्दों का संयोजन करना। सन् चालीस के दशक के मशीनी अनुवाद सम्बन्धी शोध कार्य के बीच यही तर्क था। धीरे-धीरे यह स्पष्ट होता गया कि भाषा मात्र शब्द गुच्छ नहीं है, बल्कि अनेक जटिल व्यवस्थाओं की व्यवस्था है। इसका सरोकार मात्र शब्दों के संसार तक सीमित नहीं है, इसके सूत्र शब्दों के दायरे के बाहर की दुनिया तक फैले हुए हैं। मशीनी अनुवाद के क्षेत्र में हुई इसी आरम्भिक भूल के कारण ही सम्भवतः अमरीका प्रशासन द्वारा

कठित अल्पैक (ALPAC) समिति ने सन् 1966 में प्रस्तुत अपनी रिपोर्ट में कहा था कि मूलभूत शोध के बिना मशीनी अनुवाद के क्षेत्र में किसी भी प्रकार की सफलता नहीं पाई जा सकती। इस रिपोर्ट के परिणामस्वरूप अमरीका में मशीनी अनुवाद सम्बन्धी अनेक परियोजनाएँ बन्द कर दी गईं किन्तु यूरोप और सोवियत संघ में इस दिशा में प्रयास जारी रहे।'' इस रिपोर्ट का विश्वभर में विरोध हुआ। इंग्लैंड, फ्रांस, जर्मनी आदि देशों में मशीनी अनुवाद के क्षेत्र में शोध जारी रहे। कम्प्यूटर अनुवाद क्षेत्र में शोध और विकास की महत्ता को विश्व के कई देशों ने समझा। परिणामस्वरूप शोधकार्यों का संयोजन तथा और अधिक विकास के लिए अन्तरराष्ट्रीय मशीनी अनुवाद परिषद (आई.ए.एम.टी.) स्थापित की गई। कम्प्यूटर अनुवाद प्रणालियाँ विकसित करने की दिशा में वैश्विक स्तर पर कई प्रयास हो रहे हैं। इन प्रयासों और प्रयोगों के परिणाम ARIANE, METAL, SUSY, GETA और MU आदि अनेक कम्प्यूटर अनुवाद प्रणालियों के रूप में नजर आते हैं।

भारत में प्राकृतिक भाषा संसाधन (Natural Language Processing) के क्षेत्र में और मुख्य रूप से कम्प्यूटर अनुवाद के क्षेत्र में गतिविधियों का विकास पिछली शती के सातवें दशक के बाद ही हुआ। भारतीय भाषाओं में प्रौद्योगिक विकास की परियोजना के लागू होने पर मशीनी अनुवाद की कई योजनाओं को सरकारी वित्तीय सहायता प्राप्त हुई और भारतीय प्रौद्योगिकी संस्थान कानपुर, नेशनल सेंटर फॉर सॉफ्टवेयर टेक्नोलॉजी मुम्बई, सी-डैक पुणे, अन्तरर्राष्ट्रीय सूचना प्रौद्योगिकी संस्थान, हैदराबाद, भारतीय प्रौद्यागिकी संस्थान, मुम्बई आदि में मशीनी अनुवाद पर कई परियोजनाओं पर कार्य शुरू हुआ। इनमें से अक्षर भारती, मैट, मात्रा, मन्त्रा, शिव, शक्ति आदि उल्लेखनीय हैं। भारतीय प्रौद्योगिकी संस्थान कानपुर में 'अक्षर भारती' वर्ग के द्वारा भारतीय भाषाओं में परस्पर अनुवाद की एक महत्त्वाकांक्षी परियोजना का कार्य प्रारम्भ हुआ था। लेकिन वह अधूरा है। इस वर्ग ने पूर्ण अनुवाद तन्त्र विकसित करने की अपेक्षा अनुसारक सहायक अनुवाद तन्त्र विकसित करने पर ध्यान दिया। तेलुगु-हिन्दी, कन्नड़-हिन्दी, पंजाबी-हिन्दी, बँगला-हिन्दी और मराठी-हिन्दी अनुसारकों पर कार्य सम्पन्न हुआ है।

नेशलन सेंटर फॉर सॉफ्टवेयर टेक्नोलॉजी, मुम्बई ने अंग्रेजी समाचार लेखों के हिन्दी अनुवाद के लिए एक परियोजना बनाई, जिसके अन्तर्गत मात्रा लाइट और मात्रा प्रो. नामक दो वर्जन विकसित किए। सी-डैक पुणे ने मन्त्र अनुवाद तन्त्र को विकसित किया। अन्तरराष्ट्रीय सूचना प्रौद्योगिकी संस्थान हैदराबाद में 'शिव' और 'शक्ति' विकसित किए जा रहे हैं। भारतीय प्रौद्योगिक संस्थान मुम्बई में यूनिवर्सल नेटवर्क लैंग्वेज (UNL) के विकास का कार्य हो रहा है। इसमें विश्व की अनेक भाषाओं में कार्य हो रहा है। इसमें अंग्रेजी के माध्यम से लगभग 80,000 शब्दों का यूनिवर्सल कोश (Universal Word Dictionary) तैयार किया जा रहा है। एक निजी कम्पनी सुपर इंफोसॉफ्ट, नई दिल्ली एक 'अनुवादक' नामक तन्त्र विकसित कर रही है, जिससे सरकारी, सार्वजनिक तथा निजी सेक्टर के कार्यालयों, बैंकों आदि के अंग्रेजी सूचनात्मक साहित्य का अनुवाद हो सके।

(6) मशीनी अनुवाद और इंटरनेट

इंटरनेट के विकास को बीसवीं शती की एक महत्त्वपूर्ण कम्प्यूटेशनल घटना मानी जा सकती है। इससे मशीनी अनुवाद को वेब आधारित अनुवाद के रूप में विकसित होने का अवसर मिला है। आज विश्व की महत्त्वपूर्ण भाषाओं में वेब अनुवाद की सुविधा प्राप्त है। याहू, हाटमेल, गूगल आदि विभिन्न सर्विस प्रोवाइडर विश्वसनीय वेब अनुवाद तन्त्र वेबसाइट पर उपलब्ध है, जिनसे विभिन्न यूरोपीय भाषाओं का परस्पर अनुवाद प्राप्त किया जा सकता है। इंटरनेट अब एक भाषा की सामग्री का कम्प्यूटर के माध्यम से अनुवाद करने और तत्सम्बन्धी जानकारी उपलब्ध कराने का प्रमुख स्रोत भी बन गया है। प्रयोक्ता को मशीनी अनुवाद के क्षेत्र में कितनी किस्म के सॉफ्टवेयर और पोर्टेबल अनुवाद प्रणालियाँ विकसित हो चुकी हैं, उन्हें किस प्रकार प्राप्त किया जा सकता है इसकी जानकारी भी प्राप्त की जा सकती है। इंटरनेट के द्वारा लिप्यन्तरण जैसे कार्य भी सम्पन्न किए जा सकते हैं। वाक से पाठ (Speech to Text) और पाठ से वाक् (Text to Speech) जैसे क्षेत्रों में कम्प्यूटर के अनुप्रयोग सम्बन्धी सॉफ्टवेयर विकसित किए जा चुके हैं और किए जा रहे हैं।

3.

कामकाजी अथवा कार्यालयीन अनुवाद

भारतीय संविधान में संघ राज्य की राजभाषा के रूप में हिन्दी तथा प्रादेशिक राज्यों के लिए प्रादेशिक भाषाओं के प्रयोग की मान्यता है। इसलिए हमारे यहाँ केन्द्रीय सरकारी कार्यालयों में हिन्दी तथा प्रान्तीय कार्यालयों में प्रादेशिक भाषा में कामकाज होना चाहिए था, परन्तु अभी भी उस स्थान पर अंग्रेजी आसन जमाये बैठी है। सरकारी कामकाजी भाषा की अपनी एक विशिष्ट पारिभाषिक शब्दावली होती है तथा उसकी अपनी एक शैली होती है। हमारे यहाँ अंग्रेज शासनकाल से कार्यालयीन कामकाज अंग्रेजी में ही होता आया है, साथ ही आरम्भ से ही उनके द्वारा कार्यान्वित शिक्षा-पद्धति भी उसी के अनुरूप रही है। इसलिए हमारे यहाँ कामकाजी अंग्रेजी की एक परम्परा-सी बन गई है। इस परम्परा को खंडित कर हिन्दी तथा अन्य भाषाओं में कामकाज की परम्परा बने इसलिए प्रयास किए जा रहे हैं। इसके लिए हिन्दी तथा प्रादेशिक भाषाओं में अंग्रेजी पारिभाषिक शब्दावली के पर्याय निर्माण का कार्य किया गया। यद्यपि निर्मित पारिभाषिक शब्दों में कई त्रुटियाँ हो सकती हैं, हैं भी, परन्तु उनका प्रयोग कर कामकाजी अनुवाद द्वारा हिन्दी तथा अन्य प्रादेशिक भाषाओं में कार्यालयीन कार्य किया जा रहा है, परन्तु सही अनुवाद तथा सही अनुवाद के लिए पारिभाषिक शब्दों के संशोधन का कार्य जिस निष्ठा और लगन से होना चाहिए, नहीं हो रहा है। परिणामत: अंग्रेजी का प्रयोग दिन-प्रति-दिन बढ़ता ही जा रहा है और उसके साथ यह गलतफहमी भी कि कामकाजी हिन्दी या प्रादेशिक भाषा अत्यधिक जटिल तथा क्लिष्ट है। यह एक नया षड्यन्त्र है। माना कि कामकाजी अनुवाद की अपनी समस्याएँ हैं। पारिभाषिक शब्दावली की समस्या उसकी प्रमुख समस्या है। अंग्रेजी पारिभाषिक शब्दावली के पर्याय के रूप में बनाई गई हमारी पारिभाषिक शब्दावली कहीं अपर्याप्त लगती है, कहीं क्लिष्ट। हिन्दी की पारिभाषिक शब्दावली में भी अनेकरूपता है। हिन्दी की पारिभाषिक शब्दावली तथा प्रादेशिक भाषाओं की शब्दावली में प्रयासों के बावजूद समन्वय नहीं हो पाया है। अन्तरराष्ट्रीय शब्दावली के रूप में स्वीकृत अंग्रेजी शब्दों के लिप्यन्तरण तथा संक्षेपों की समस्या आदि पारिभाषिक शब्दावली से सम्बन्धित समस्याएँ जिनकी विस्तृत चर्चा 'पारिभाषिक शब्दावली' अध्याय में किया गया है, वह कामकाजी अनुवाद के साथ भी जुड़ी है। ऐसी स्थिति में विषय, उद्देश्य तथा लक्ष्यभाषा की प्रकृति को ध्यान में रखते हुए किया गया विभिन्न सरकारी —गैर-सरकारी कार्यालयों

से सम्बन्धित पत्राचार, नियम, सूचनाएँ आदि का अनुवाद सफल कामकाजी अनुवाद कहा जा सकता है।

विभिन्न कार्यालयों से सम्बन्धित कुछ कामकाजी वाक्यांशों तथा अनुच्छेदों के मूल अंग्रेजी से मराठी तथा हिन्दी में अनुवाद द्रष्टव्य हैं।

अ. कामकाजी वाक्यांशों के हिन्दी अनुवाद

(अंग्रेजी-मराठी-हिन्दी)

1- Above Cited.
* वर उद्धृत केलेले
* ऊपर उद्धृत। ऊपर दिया हुआ।

2- Above mentioned (said).
* उपरोल्लिखित, वर उल्लेखिलेले/ उपरोक्त, उपर्युक्त
* उपरिलिखित उपर्युक्त/ऊपर कहा गया।

3- Above noted/Quoted.
* वर नमूद केलेले
* उपर्युक्त

4- Above procedure.
* वरील कार्य पद्धति
* ऊपर बताई गई प्रक्रिया/उपर्युक्त क्रिया-विधि।

5 - According to the terms and conditions.
* अटी व शर्तीनुसार..
* उपबन्धों और शर्तों के अनुसार।

6- Acknowledge receipt of this office letter, dated...
* दि...रोजीच्या या कार्यालयीन पत्राची पोच पावती पाठवावी.
* इस कार्यालय-पत्र, दि... की पावती भेजिए।

7 - Action has been taken accordingly.
* तदनुसार कार्यवाही केली गेली आहे.
* तदनुसार कार्यवाही की गई है।

8. - Action may be taken as proposed.
* प्रस्तावित केल्याप्रमाणे कार्यवाही करण्यात यावी.
* प्रस्तावित कार्यवाही की जाय।

9 - Administrative approval may be obtained.
* प्रशासनिक मान्यता मिळवण्यात यावी.
* प्रशासनिक अनुमोदन प्राप्त किया जाय।

10 - Advance from Provident Fund may be sanctioned.

* भविष्य निर्वाह निधीतून आगाऊ रक्कम मंजूर करण्यात यावी.
* निर्वाह निधि से अग्रिम राशि मंजूर की जाय। निर्वाह निधि से पेशगी मंजूर की जाय।

11 - Affidavit received from the employee is not in order.
* कर्मचान्यांकडून मिळालेले शपथ-पत्र नियमानुसार नाही।
* कर्मचारी द्वारा प्राप्त शपथ-पत्र नियमित नहीं है।

12 - All authorities concerned should take action as per extant rules.
* सर्व सम्बन्धित अधिका-यांनी सध्याच्या नियमानुसार कार्यवाही करावयास हवी।
* सभी सम्बन्धित अधिकारियों को वर्तमान नियमों के अनुसार कार्रवाई करनी चाहिए।

13 - Allotted duty of a Govt. servant.
* सरकारी कर्मचाप्याचे नियत कर्तव्य।
* सरकारी कर्मचारी का नियत कार्य।

14 - Amended bill will be introduced in the next meeting.
* पुढील बैठकीत सुधारित विधेयक सादर केले जाईल।
* अगली बैठक में संशोधित विधेयक प्रस्तुत किया जायगा।

15 - Anti-social activities should be checked.
* समाजविघातक कारवायांना आळा घातला जायला हवा।
* असामाजिक कार्य-कलाप रोके जाने चाहिए।

16- Any further reference in the matter, if required, may be made to the higher authorities.
* आवश्यकता भासल्यास या प्रकरणी उच्च अधिकान्यांशी पत्र-व्यवहार करावा।
* इस मामले में, यदि कोई और पत्र-व्यवहार करना हो, तो उच्चाधिकारियों से किया जाय।

17 - Appeal does not lie in this case.
* या प्रकरणी अपील करता येणार नाही।
* इस मामले में अपील नहीं की जा सकती।

18 - Appear for interview when called for.
* बोलावल्यानंतर मुलाखतीसाठी हजर राहावे।
* बुलाये जाने पर साक्षात्कार के लिए उपस्थित हों।

19-Application for further promotion need not be submitted.
* पुढील बढतीसाठी अर्ज करण्याची आवश्यकता नाही.

* आगे पदोन्नति के लिए आवेदन/ अर्जी देने की जरूरत नहीं है।

20-Appointments made prior to Election may be approved with the permission of the Election commission.

* निवडणुकीपूर्वी केलेल्या नेमणुकांना निवडणूक आयोगाच्या परवानगीने मान्यता देण्यात यावी.
* चुनाव आयोग की अनुमति से चुनाव के पूर्व की गई नियुक्तियाँ अनुमोदित की जाय।

21- A Revised statement is submitted for perusal.

* सुधारित विवरण अवलोकनार्थ सादर
* संशोधित विवरण अवलोकनार्थ प्रस्तुत है।

22- Ask him to submit his explanation within the period stipulated above.

* वर नमूद केलेल्या वेळेच्या आत त्यांना आपले स्पष्टीकरण सादर करण्यास सांगावे.
* ऊपर निर्दिष्ट समय के भीतर उन्हें अपना स्पष्टीकरण देने के लिए कहें।

23- As the circumstance may require in regard to this case.

* प्रकरणांशी निगडीत परिस्थितिनुसार.
* जैसा इस मामले के सम्बन्ध में परिस्थिति के अनुसार अपेक्षित हो।

24-A Substantive proposal may be put forward to provide substitute as an interim arrangement.

* अन्तरिम व्यवस्था म्हणून बदली नेमण्यात यावा यासाठी एक कायम प्रस्ताव सादर केला जावा.
* अन्तरिम प्रबन्ध के रूप में प्रतिस्थानी की नियुक्ति के लिए एक स्थायी प्रस्ताव प्रस्तुत किया जाय।

25- At any rate, action should be taken in accordance with the government orders placed at 8/c.

* कोणत्याही परिस्थितीत पृ.8 वरील सरकारी आदेशानुसार कार्यवाही केली जावी.
* किसी भी दशा में पृ. 8 पर लगे सरकारी आदेशों के अनुसार कार्रवाई की जाय।

26 - Authority competent has been consulted.

* सक्षम अधिकाऱ्यांशी विचार-विनिमय केला गेला.
* सक्षम अधिकारी से परामर्श किया गया।

27 - Ban on recruitment of class four employees has been lifted.

* चतुर्थी वर्गीय कर्मचा-यांच्या भरतीवरील प्रतिबन्ध उठविला गेला आहे.

* चतुर्थ श्रेणी कर्मचारियों की भरती पर लगाई गई रोक हटा ली गई है।

28-Bill outstanding since not prepared correctly has been rejected.

* एकंदरीत देय बिल योग्य स्वरूपात नसल्यामुळे रद्द करण्यात आले आहे.

* बकाया बिल सही-सही न बनाए जाने के कारण अस्वीकृत किया गया है।

29- Bill has been passed by majority.

* विधेयक बहुमताने मंजूर झाले.

* विधेयक बहुमत से पारित हुआ।

30- Break in service due to bad conduct.

* वाईट वर्तणुकीमुळे सेवाखंडित.

* दुर्व्यवहार के कारण सेवा-क्रम भंग।

31- Bring this to the notice of all staff concerned.

* ही बाब सर्व सम्बन्धित कर्मचा-यांच्या निदर्शनास आणावी.

* सभी सम्बन्धित कर्मचारियों का इस पर ध्यान दिलाया जाय।

32- By order of state government the recommendation must be accepted.

* राज्य सरकारच्या आदेशावरून शिफारशी स्वीकारल्या जाव्यात.

* राज्य सरकार के आदेश से सिफारिशें स्वीकृत की जानी चाहिए।

33- Call for application.

* अर्ज मागवले जावेत.

* आवेदन-पत्र माँगे जायँ।

34- Call for the relevant papers.

* सम्बन्धित कागदपत्रे मागवली जावीत,

* सम्बन्धित काग़जात मँगाए जायँ।

35- Case is under consideration.

* प्रकरण विचाराधीन आहे.

* मामला विचाराधीन है।

36- Case is under investigation.

* प्रकरणाचा तपास चालू आहे.

* मामले की जाँच की जा रही है।

37 - Case must be finalised on date.

* प्रकरण आजच्या तारखेत निकाली काढावे.

* मामला आज की तारीख में निपटाया जाय।

38- Certificate by controlling officer is necessary.

* नियन्त्रण अधिका-याचे प्रमाण-पत्र आवश्यक आहे.
* नियन्त्रण-अधिकारी का प्रमाण-पत्र आवश्यक है।

39- Certified that the applicant has successfully performed his duties.

* प्रमाणित करण्यात येते की, अर्जदाराने आपले कर्तव्य यशस्वीपणे पार पाडले आहे.
* प्रमाणित किया जाता है कि प्रार्थी ने अपना कर्तव्य सफलतापूर्वक निभाया है।

40 - Competence of the sanctioning authority is doubtful.

* मंजुरी देणान्या अधिका-याची सक्षमता सन्देहास्पद आहे.
* स्वीकृति देनेवाले अधिकारी की सक्षमता सन्देहप्रद है।

41 - Compliance of the orders is seriously delayed.

* आदेश अनुपालनात अक्षम्य विलम्ब लागला आहे.
* आदेश के अनुपालन में बुरी तरह विलम्ब हुआ है।

42 - Concurrence for the creation/extention of the post has been obtained from the finance branch.

* नवीन पदे/ पदांचा कार्यकाळ वाढविण्यासाठी वित्तशाखेची सम्मती घेण्यात आली आहे
* पदों के सृजन/ सेवावधि बढ़ाने की सहमति वित्तशाखा से ले ली गई है।

43 - Confidential records of the employees called for interview may be sent under sealed cover.

* मुलाखतीसाठी बोलाविलेल्या कर्मचा-यांचे गोपनीय अभिलेख सीलबन्द पाकिटामधून पाठवावेत.
* साक्षात्कार के लिए बुलाए गए कर्मचारियों के गोपनीय अभिलेख सील किए गए लिफाफे में भेजे जायँ।

44 - Connect papers and put up with your remark.

* कागदपत्रे एकत्रपणे आपल्या शे-यानिशी सादर करावीत.
* काग़जों को एक साथ लगाकर अपनी अभ्युक्ति के साथ प्रस्तुत करें।

45 -Copy, with a spare copy is forwarded for ready reference.

* प्रत, एक शिलकी प्रतीसहित तत्काळ संदर्भासाठी प्रेषित.
* प्रतिलिपि, एक अतिरिक्त प्रतिलिपि के साथ तत्काल सन्दर्भ के लिए प्रेषित है।

46 - Cost of the article lost should be recovered from the man concerned.

* गहाळ वस्तूंची भरपाई सम्बन्धित व्यक्तीकडून करवावी.
* खोई वस्तु की लागत सम्बन्धित व्यक्ति से ली जानी चाहिए।

47 - Daily allowances of the central Govt. servants have been raised.

* केन्द्रीय सरकारी कर्मचा-यांच्या भत्त्यांत वाढ करण्यात आली.
* केन्द्रीय सरकार के कर्मचारियों के दैनिक भत्ते बढ़ा दिये गए हैं।

48 - Delay in such departmental action is deeply regreted.

* अशा प्रकारच्या प्रशासनिक कार्यवाही करण्यातील विलम्ब अत्यन्त खेदपूर्ण आहे.
* इस प्रकार की प्रशासनिक कार्रवाइयों में विलम्ब करना बहुत खेदजनक है।

49 - Deserving candidates will be selected for further promotion.

* योग्य कर्मचा-यांची पुढील बढतीसाठी निवड केली जाईल.
* योग्य कर्मचारी अगली पदोन्नति के लिए चुने जायँगे।

50 - Department concerned may be advised accordingly.

* सम्बन्धित विभागाला तदनुसार सूचित करावे.
* सम्बन्धित विभाग को तदनुसार सूचित किया जाय।

51 - Despite several reminders no reply has been received so far.

* ब-याच वेळा स्मरण-पत्र पाठवूनही अजूनपावेतो उत्तर मिळाले नाही.
* कई बार स्मरण दिलाने के बाद भी उत्तर अभी तक नहीं मिला।

52 - Detailed information has already been furnished.

* तपशीलवार माहिती यापूर्वीच पाठवलेली आहे.
* विस्तृत सूचना पहले ही भेजी जा चुकी है।

53 - Discrepancis in accounts must be recified within the current financial year.

* चालू आर्थिक वर्षात हिशोबातील विसंगती दुरुस्त कराव्यात.
* वर्तमान वित्त वर्ष के भीतर लेखा त्रुटियों का समाधान अवश्य किया जाय।

54 - Dispose off all pending paper.

* प्रलम्बित कागदपत्र निकाली काढावे.
* सभी बकाया काग़जातों का निबटारा कर दें।

55- Divisional officers have been required to submit their reports in time.

* विभागीय अधिका-यांना आपापले अहवाल वेळेच्या आत पाठवण्याची विनंती करण्यात आली.
* प्रमंडल अधिकारियों से अपने प्रतिवेदन समय के भीतर भेजने का निवेदन किया गया है।

56- Draft, as amended after discussion, is put up for approval please.

* विचार-विमर्शानंतर सुधारलेला मसुदा मान्यतेस्तव सादर.
* विचार-विमर्श के बाद संशोधित मसौदा अनुमोदनार्थ सेवा में प्रस्तुत है।

57 - Early orders are solicited for efficient and successful working of the administration.

* कार्यक्षम व यशस्वीपणे प्रशासनिक कार्य करण्यासाठी त्वरित आदेश मिळावेत.
* प्रशासन के सुचारु एवं सफल कार्य संचालन के लिए शीघ्र आदेश देने की प्रार्थना है।

58 - Effective measures be taken to eradicate corruption cases.

* भ्रष्टाचाराचे उच्चाटन करण्यासाठी प्रभावशाली कार्यवाही करावी.
* भ्रष्टाचार के उन्मूलन हेतु प्रभावशाली कार्रवाई की जाय।

59 - Enquiry proceeding will start on due date.

* चौकशीची कार्यवाही ठरलेल्या तारखेस सुरू होईल..
* जाँच की कार्रवाई निश्चित तारीख को शुरू होगी।

60- Enter the amount in account book.

* रक्कम हिशोब वहीत दाखल करावी.
* रकम लेखा-पुस्तक में दर्ज करें।

61- Entries made in the leave accounts of an employee should be shown to him once in a year.

* रजेच्या नोंदवहीतील नोंदी कर्मचा-याल वर्षातून एकदा दाखविल्या जाव्यात.
* कर्मचारी की छुट्टी के अभिलेख में की गई प्रविष्टियाँ उसे साल में एक बार दिखाई जायँ।

62 - Examine proposals in the light of the report, submitted by the enquiry committee.

* चौकशी, समितीने सादर केलेल्या अहवालास अनुसरुन प्रस्तावांचे परीक्षण करावे.

* जाँच-समिति द्वारा प्रस्तुत प्रतिवेदन को दृष्टि में रखते हुए प्रस्तावों की परीक्षा करें।

63 - Execution of the plan is necessary for improving the standard of living of the people.

* लोकांचे जीवनमान उंचावण्यासाठी योजनेची अमलबजावणी आवश्यक आहे.
* लोगों का जीवन-स्तर उन्नत करने के लिए योजना का निष्पादन आवश्यक है।

64- Exemplary punishment may be given by the Diciplinary authority.

* अनुशासनिक अधिकाऱ्यांकडून दहशती शिक्षा केली जावी.
* अनुशासनिक अधिकारी द्वारा शिक्षात्मक दंड दिया जाय।

65- Explanation should be immediately called for from the Govt. servants in cases of gross misconduct and/ or gross negligence.

* अत्यन्त गैरवर्तणूक आणि/ अथवा अत्यन्त हयगय प्रकरणी सम्बन्धित सरकारी कर्मचा-यांकडून तात्काळ स्पष्टीकृत मागवावे.
* सरकारी कर्मचारियों के घोर दुराचरण और/या घोर प्रमाद के मामले में तत्क्षण जवाब-तलब किया जाय।

66– Explain why have you not taken permission from your immediate officer before leaving the office.

* कार्यालय सोडण्यापूर्वी निकट अधिका-याची (लगेच वरच्या अधिका-याची)
* परवानगी का घेतली नाही, स्पष्टीकरण द्यावे.
* कार्यालय छोड़ने के पहले आसन्न अधिकारी से अनुमति क्यों नहीं ली, कारण बताएँ।

67 - For early disposal of the case, it is essential to the opinion of Financial Adviser.

* प्रकरण तात्काळ निकाली काढण्यासाठी वित्त सल्लागारांशी विचार-विनिमय करणे आवश्यक आहे.
* मामले के शीघ्र निपटारे के लिए वित्त सलाहकार की राय लेना जरूरी है।

68 - Forwarded for consideration and action as may be considered necessary.

* विचारार्थ आणि आवश्यक कार्यवाहीसाठी अग्रेषित.
* विचारार्थ और आवश्यक कार्यवाही के लिए प्रेषित।

69- Funds will be provided for the expenditure.

* खर्चासाठी निधी पुरवठा केला जाईल.
* व्यय के लिए निधि की व्यवस्था की जायगी।

70 - General manager is pleased to nominate you as the secretary of the Hindi Samiti.

* महाव्यवस्थापकांनी हिन्दी समितीच्या सचिवपदी आपली सहर्ष नेमणूक केली आहे.
* महाप्रबन्धक को आपका हिन्दी समिति के

सचिव के रूप में मनोनयन करने में प्रसन्नता है।

71- Give top priority to this case.

* या प्रकरणास सर्वप्राथम्य द्यावे.
* इस मामले को परम अग्रता दें।

72- Half pay leave may be granted only if leave on average pay is not due to his credit.

* सरासरी वेतनवरील रजा जमेस नसल्यास अर्धपगारी रजा मंजूर करण्यात यावी.
* औसत वेतन अवकाश शेष न हो, तभी अर्धवेतन अवकाश दिया जाय।

73. - Head of Department has been approached to accept your resignation.

* आपला राजीनामा स्वीकारणे सम्बन्धाने विभागप्रमुखांना निवेदन केले गेले आहे.
* विभागाध्यक्ष से आपका त्याग-पत्र स्वीकार करने के लिए निवेदन किया गया है।

74 - If it is otherwise in order, there should be no objection in accepting the demand.

* नियमानुसार असल्यास, मागणी मंजूर करण्यास हरकत नसावी.
* यदि माँग अन्यथा नियम-संगत हो, तो इसे मानने में कोई एतराज नहीं होना चाहिए।

75 - Interim reply may be given before the matter is finally decided.

* प्रकरणावर अन्तिम-निर्णय होण्यापूर्वी अन्तरिम उत्तर पाठवावे.
* मामले पर अन्तिम निर्णय होने से पहले अन्तरिम उत्तर भेज दिया जाय।

76. In the mean-time vacancies will be filled in by promotion of exisiting staff.

* दरम्यान रिक्त पदे योग्य कर्मचाऱ्यांना बढ़ती देऊन भरली जातील.
* इस बीच रिक्त स्थान वर्तमान योगय कर्मचारियों की पदोन्नति से भरे जायँगे।

77 - Joining report may be seen.
* पदग्रहणाचे प्रतिवेदन पहावे.
* कार्यग्रहण रिपोर्ट देखी जाय।

78 Justification for the proposal is not considered to be adequate.
* प्रस्तावाचे समर्थन पुरेसे नाही/ समजले जाणार नाही.
* प्रस्ताव का औचित्य पर्याप्त नहीं है।

79 - Keep the case pending till further order.
* पुढील आदेश मिळेपर्यंत प्रकरण प्रलम्बित ठेवावे.
* आगे आदेश मिलने तक इस मामले को रोक रखें।

80 - Kindly review the case in its proper-perspective.
* कृपया प्रकरणाचा योग्य दृष्टीने विचार व्हावा.
* कृपया मामले पर सही सन्दर्भ में विचार करें।

81 - Last pay certificate of the employee concerned may be issued only after consulting his controlling officer.
* सम्बन्धित नियन्त्रण अधिका-यांशी विचार-विमर्श केल्यानंतरच कर्मचा-यास अन्तिम वेतनपत्र देण्यात यावे.
* कर्मचारी का अन्तिम वेतन प्रमाण-पत्र उसके नियन्त्रण अफसर से परामर्श करने के बाद ही जारी की जाय।

82 - Necessary provision in the budget has already been made.
* अंदाज पत्रकात आवश्यक ती तरतूद अगोदरच केली गेली आहे.
* बजट में आवश्यक व्यवस्था पहले से की गई है।

83 - Non-selection posts are filled up by promotions of senior most staff.
* ना-निवड पदे ज्येष्ठतम कर्मचा-यांना बढती देऊन भरली जातात.
* अप्रवण पद प्रवरतम कर्मचारियों की पदोन्नति से भरे जाते हैं।

84 - No travelling allowance is permissible for appearing in the examination.
* परीक्षेस बसणा-यांना कसल्याच प्रकारचा प्रवास भत्ता अनुज्ञेय नाही.
* परीक्षा में बैठने के लिए कोई यात्रा-भत्ता देने की अनुमति नहीं है।

85 - Notes and order passed at page... may please be seen carefully for future guidance.

* भावी मार्गदर्शनासाठी पृ.... वर दिलेले टिप्पण आणि आदेश काळजीपूर्वक पहावेत.
* पृ...... पर दी गई टिप्पणियाँ और आदेश भविष्य में संदर्शन के लिए ध्यानपूर्वक देख लिये जायँ।

86 - Period of suspension will count as leave due.

* निलम्बन-काळ देय रजा समजला जाईल.
* निलम्बन-अवधि देय अवकाश समझा जायगा।

87 - Please give top priority to this case and comply before due date.

* कृपया या प्रकरणास सर्वप्राथम्य द्यावे व नियत तारखेपूर्वी अनुपालन करावे.
* कृपया इसको सर्वाधिक अग्रता दीजिए और नियत तारीख के पहले इसका अनुपालन कीजिए।

88 - Please treat this strictly confidential.

* कृपया हे सर्वथा गोपनीय समजावे.
* कृपया इसे सर्वथा गोपनीय समझिए।

89- Refund the advance money as order.

* आदेशाप्रमाणे आगाऊ रक्कम परत जमा करावी.
* आदेश के अनुसार अग्रिम रकम वापस जमा करें।

90 - Reject it advising financial discrepancies.

* वित्तीय विसंगति स्पष्ट करून हे रद्द केले जावे.
* वित्तीय असंगतियों के बारे में बताते हुए इसे अस्वीकृत कीजिए।

91 - Removal from service may be accepted on adverse remarks of the establishment section.

* आस्थापना विभागाच्या प्रतिकूल शेऱ्याच्या आधारे सेवेतून काढून टाकण्यास अनुमती देण्यात यावी.
* स्थापना अनुभाग की प्रतिकूल अभ्युक्तियों पर सेवाच्युत करना स्वीकृत किया जाय।

92- Repair and maintenance charge should not be too high.

* दुरुस्ती आणि परिरक्षण खर्च फार अधिक असू नये.
* मरम्मत और अनुरक्षक व्यय बहुत अधिक नहीं होना चाहिए।

93 - Repayment of loan will commence from the next month.

* कर्जाची परतफेड पुढील महिन्यापासून केली जाईल.
* ऋणों की अदायगी अगले महीने से शुरू होगी।

94 - Repeated requests have been made to the civil authorities but they have failed to pay any attention to it as yet.

* नागरी अधिकाऱ्यांना बारंबार विनंती केली गेली, परन्तु अद्यापर्यंत त्यांनी याकडे कसलेच लक्ष दिले नाही.
* नगर अधिकारियों से बार-बार प्रार्थना की गई है, पर उन्होंने अभी तक इस पर कोई ध्यान नहीं दिया है।

95 - Report may please be sent in the prescribed proforma before the target date.

* निर्धारित तारखेपूर्वी विहितनमुन्यात अहवाल पाठवावा.
* लक्ष्य तिथि के पहले निश्चित पत्रक पर रिपोर्ट भेजी जाय।

96 – Resolution has been published in the gazette of India.

* भारतीय राजपत्रात ठराव प्रकाशित केला गेला आहे.
* भारत के राजपत्र में संकल्प प्रकाशित किया गया है।

97 - Supplementary budget grant will be provided on demand.

* मागणी केल्यास पुरवणी अंदाजपत्रकीय अनुदानाची तरतूद केली जाईल.
* माँग पेश करने पर पूरक बजट अनुदान उपलब्ध करने की व्यवस्था की जायगी।

98 - Technical advice should be taken before proposal is sent for approval..

* प्रस्ताव मान्यतेसाठी सादर करण्यापूर्वी तान्त्रिक सल्ला घेतला जावा.
* प्रस्ताव को अनुमोदनार्थ भेजने के पहले तकनीकी सलाह ली जाय।

99 - Verification of antecedents is urgently required.

* पूर्वचरित्राची पडताळणी तात्काळ अपेक्षित आहे.
* पूर्ववृत्त का सत्यापन अविलम्ब अपेक्षित है।

100 - Without any further reference.

* पुढील कोणत्याही निर्देशशिवाय.
* बिना किसी और परामर्श के।

आ. कामकाजी अनुच्छेदों के हिन्दी अनुवाद

(अंग्रेजी-मराठी-हिन्दी)

(1) We have shifted our residence from Fancy Bazar to Aurangpura, We shall be grateful if you make arrangement immediately for shifting our residential telephone to our new residence. We may state that a line connection is already there in the new flat. So the work to be done is negligible.

फॅन्सी बाजार येथील निवासस्थान बदलून आम्ही औरंगपुर येथे राहावयास आलो आहोत. आमचा निवासी टेलिफोन लवकरात लवकर नवीन घरी लावल्यास आम्ही आपले अत्यन्त आभारी राहू. आम्ही आपल्या निदर्शनास आणू इच्छितो की, नवीन घरी टेलिफोनच्या तारा अगोदरच जोडलेल्या आहेत. त्यामुळे जुजबी काम करून टेलिफोन जोड़ता येईल.

हमने अपना निवास स्थान फैन्सी बाजार से औरंगपुरा बदल लिया है। यदि आप हमारे घर का टेलीफोन हमारे नए मकान में लगाने का तुरन्त प्रबन्ध कर दें, तो हम आपके आभारी होंगे। हम यह बता दें कि नए मकान में लाइन का कनेक्शन पहले से ही विद्यमान है। अत: जो काम होना है, वह नाममात्र का है।

(2) The typewriter machine is out of order since long time and work has been suffering. Please ask the company to attend the machine immediately. As I pointed out to them on the phone to-day, we have not asked them to send us any estimates for it.

बऱ्याच दिवसपासून टंकलेखन यन्त्र नादुरुस्त अवस्थेत आहेत, त्यामुळे कामे रेंगाळली आहेत. कृपा करून तात्काळ दुरुस्तीविषयी कम्पनीस कळवावे. सकाळीच त्यांना फोनवर सांगितल्याप्रमाणे दुरुस्तीसाठी त्यांच्याकडून अंदाजे खर्चाचे विवरण मागितलेले नाही.

टाइपराइटर मशीन बहुत समय से खराब पड़ी है और इससे काम का हर्ज हो रहा है। कृपया कम्पनी को इसे तुरन्त ठीक करने के लिए कहें। जैसे मैंने टेलीफोन पर बताया है, हमने उनको इसके लिए कोई अनुमान भेजने को नहीं कहा।

(3) Some-time back the wall clock of this department was got removed by the manager and a time piece was issued instead. The time-piece has not worked satisfactorily and is no longer is working order now. Due to lack of a clock in the department, much difficulty is being felt. It is therefore, requested that wall clock may be installed in this department immediately.

काही दिवसापूर्वी व्यवस्थापकाने या विभागतील भिंतीवरील घड्याळ काढून घेतले व त्या बदल्याज मेजघड्याळ दिले. मेज घड्याल थोडे दिवसही समाधानकारक काम करू शकले नाही व सध्या ते बन्द आहे. घड्यालाअभावी खूपच गैरसोय होत आहे. करिता विनंती की, विभागास लवकरात लवकर भिंतीवरील घड्याळ देण्यात यावे.

कुछ समय पूर्व इस विभाग की दीवार घड़ी व्यवस्थापक ने निकाली थी और उसके बदले एक मेज घड़ी दी थी। उस मेज घड़ी ने सन्तोषजनक कार्य नहीं किया और इस समय वह चल नहीं रही है। इस विभाग में दीवार घड़ी के अभाव में बड़ी असुविधा अनुभव की जा रही है। अत: अनुरोध किया जाता है एक दीवार घड़ी शीघ्र ही लगवा दी जाय।

(4) It has been noticed that inspite of repeated instructions several class IV officials do not put on their full uniform while on duty in

office. The class IV officials are once again instructed that during office hours they should invariably put on the uniform supplied to them. In future, if any such officials is found without uniform, he will be sent back home and will be treated on leave without pay for that day.

असे निदर्शनास आले आहे की, वारंवार सूचना देऊनही काही चतुर्थ श्रेणी कर्मचारी कार्यालयात काम करीत असताना सम्पूर्ण गणवेश परिधान करीत. चतुर्थ श्रेणी कर्मचान्यांना पुन्हा एकदा ताकीद देण्यात येते की, त्यांनी कार्यालयीन वेळेत त्यांना देण्यात आलेला सम्पूर्ण गणवेश परिधान करावा. यापुढे कोणताही चतुर्थ श्रेणी कर्मचारी विनागणवेश कार्यालयात आढळून आल्यास, त्याला घरी परत पाठवले जाईल व तो सम्पूर्ण दिवस त्याची बिनपगारी रजा समजली जाईल.

देखा गया है कि बार-बार हिदायतें देने के बावजूद कई चतुर्थ श्रेणी कर्मचारी कार्यालय में ड्यूटी के समय पूरी वर्दी नहीं पहनते। सब चतुर्थ श्रेणी कर्मचारियों को एक बार फिर निर्देश दिया जाता है कि उन्हें जो वर्दी दी गई है, उसे वे कार्यालय-समय में अवश्य पहनें। भविष्य में यदि कोई चतुर्थ श्रेणी कर्मचारी वर्दी पहने बिना पाया गया तो उसे घर वापस भेज दिया जायगा और उस दिन उसे बिना वेतन की छुट्टी पर समझा जायगा।

(5) There are several rooms in this office which have not been provided with iron bars. Various articles of stationary, forms, important papers, files etc. are kept in such rooms unprotected. There is always a risk of theft of articles from these rooms.

या कार्यालयात अशा अनेक खोल्या आहेत की ज्यांना लोखंडी गज बसवले गेले. नाहीत. वेगवेगळे कार्यालयीन लेखन-सामान, फॉर्म, महत्त्वाची कागदपत्रे, फाइली इ. अशा खोल्यात सुरक्षित राहू शकत नाही. नेहमीच वेगवेगळया वस्तूंची चोरी होण्याची शक्यता असते.

इस कार्यालय के पास ऐसे अनेक कमरे हैं जिनमें लोहे की छड़ें नहीं लगी हुई हैं। लेखन सामग्री की अनेक वस्तुएँ, फार्म, महत्त्वपूर्ण काग़ज-पत्र मिसालें आदि उन कमरों में आरक्षित नहीं हैं। ऐसे कमरों से वस्तुओं की चोरी हो जाने की आशंका रहती है।

(6) It has been observed that sanctions are obtained after incurring the expenditure, with the result that is infux of ex-post-facto sanctions form your ministry. It is obtained before incurring the expenditure and ex-post-facto sanctions issued only in unavoidable cases.

असे निदर्शनास आले आहे की, खर्च केल्यानंतर खर्चास मंजुरी घेतली जात आहे. त्यामुळे आपल्या मन्त्रालयाकडून देण्यात येणा-या कार्योत्तर मंजुरींची संख्या वाढतच जात आहे. करिता निवेदन केले जाते की, खर्च करण्यापूर्वी खर्चाची मंजुरी घेण्यात यावी. केवळ काही अपरिहार्य अशा प्रकरणी कार्योत्तर मंजुरी दिली जावी.

यह देखा गया है कि मंजूरियाँ व्यय करने के बाद प्राप्त की जाती है, जिसके फलस्वरूप आपके मन्त्रालय से कार्योत्तर मंजूरियाँ बड़ी संख्या में जारी की जा रही हैं। इसलिए अनुरोध है कि मंजूरियाँ व्यय करने से पहले ले ली जायँ और कार्योत्तर मंजूरियाँ केवल अपरिहार्य मामलों में ही जारी की जायँ।

(7) Shri Madhuresh Patil has applied for the grant of advance for purchase of Vespa scooter, vide his application. In this connection it may be stated that prior to this eight persons have already applied for this advance. There is no objection in granting this advance to Shri Madhuresh Patil alongwith others but at present no funds are available in this office for this purpose. However, his name may be entered in the records for taking necessary action as and when the funds are available, Shri Madhuresh Patil may be advised accordingly.

श्री मधुरेश पाटील यानी 'वेस्पा' स्कूटर खरेदीसाठी आगाऊ रक्कम मंजूर करण्याविषयी सं.क्र. ...वरील अर्ज केला आहे. त्या अनुषंगाने नमूद करतो की, यापूर्वी याच संदर्भात आठ इसमांनी अर्ज केले आहेत. इतरांबरोबरच श्री. मधुरेश पाटील यांनासुद्धा आगाऊ रक्कम देण्यास हरकत नाही; परन्तु कार्यालयातील सम्बन्धित खात्यावर निधी उपलब्ध नाही. तरी पण श्री. मधुरेश पाटील यांचे नाव कार्यालयीन अभिलेखात नोंदवून घ्यावे, जेणेकरून निधी उपलब्ध झाल्यास त्या वेळी योग्य ती कार्यवाही करता येईल. श्री. मधुरेश पाटील यांना तदनुषंगाने कळविले जावे.

श्री मधुरेश पाटिल ने वेस्पा स्कूटर खरीदने के लिए अग्रिम स्वीकृत करने के लिए क्र. सं. ...पर रखा प्रार्थना-पत्र दिया है। इस सम्बन्ध में यह उल्लेखनीय है कि इससे पूर्व भी आठ व्यक्तियों ने इसे अग्रिम के लिए प्रार्थना-पत्र दिये हुए हैं। अन्य व्यक्तियों के साथ ही श्री मधुरेश पाटिल को इस अग्रिम को देने में कोई आपत्ति नहीं है, किन्तु इस समय कार्यालय के पास इस मद में कोई फंड नहीं है। फिर भी इनका नाम कार्यालय के अभिलेखों में दर्ज कर लिया जाय ताकि जब कभी भी धनराशि उपलब्ध हो तो यथावश्यक कार्रवाई की जा सके। श्री मधुरेश पाटिल को तदनुसार सूचित कर दिया जाय।

(8) Shri Sadanand Sathe, one of our account holder has desired to get his S.B. A/c No. 3432 transferred to your Branch as he has been transferred from Mukhed to Aurangabad.

We are enclosing herewith his Pass Book, Account opening form and specimen signature card in respect of his above account. The balance outstanding to his Account is being transferred separately by Mail Transfer. Kindly acknowledge receipt and inform Shri Sadanand Sathe after opening his Account at your end.

आमचे एक खातेदार श्री सदानंद साठे आमच्याकडील उघडलेले बचत खाते क्र.. 3432 आपल्या शाखेत अन्तरित करू इच्छितात. कारण मुखेडहून त्यांची बदली औरंगाबादेस झाली आहे.

आम्ही त्यांचे पास-बुक, खाते उघडण्यासाठीचा अर्ज सहीचे नमुने या पत्रासोबत जोडत आहोत. आमच्याकडील खात्यावर जमा असलेली त्यांची एकूण रक्कम पोस्टाद्वारे स्वतन्त्रपणे आपल्याकडे आन्तरित केली जात आहे. कृपया पोचपावती पाठवावी. व आपल्या शाखेत बचत खाते उघडून श्री सदानन्द साठे यांना तसे कळवावे.

हमारे एक खाताधारी श्री सदानन्द साठे हमारे पास खुले अपने बचत खाता सं 3432 को अपनी शाखा में अन्तरित कराना चाहते हैं, क्योंकि उनकी बदली मुखेड़ से औरंगाबाद हो गई है।

हम उनके खाते की पास बुक, खाता खोलने का फार्म और हस्ताक्षर नमूना इस पत्र के साथ भेज रहे हैं। खाते की कुल बकाया जमा राशि को डाक अन्तरण द्वारा आपको भेज रहे हैं। कृपया पावती भेज दें और उनका बचत खाता अपने यहाँ खोलकर उन्हें सूचित कर दें।

(9) It has been reported that Shri Rajesh Gupta is in the habit of absenting himself from duty frequently and that he generally comes to office late without obtaining prior sanction or even giving information. Such behaviour of Shri Rajesh Gupta is highly objectionable, irregular and against such practice otherwise suitable disciplinary action will be taken against him.

रिपोर्ट केला जातो की, श्री राजेश गुप्ता याना वारंवार कामावरून गैरहजर राहण्याची सवय असून ते पूर्वपरवानगी न घेता किंवा पूर्व सूचना न देताच नेहमी कार्यालयात उशिरा येत असतात. श्री राजेश गुप्ता यांची ही वर्तणूक अत्यन्त आक्षेपार्ह, बेशिस्त व नियमाच्या विरुद्ध आहे. करिता, त्यांना ताकीद देण्यात येते की, त्यांनी आपल्या वर्तनात बदल घडवून आणावा, अन्यथा त्यांच्याविरुद्ध शिस्तभंगाची योग्य ती कार्यवाही केली जाईल.

श्री राजेश गुप्ता को अकसर काम से गैरहाजिर हो जाने की आदत है और आमतौर पर वे पूर्व अनुमति लिये या सूचना दिये बिना कार्यालय में देर से पहुँचते हैं। श्री राजेश गुप्ता का यह व्यवहार बहुत ही आपत्तिजनक, अनियमित तथा नियमों के विरुद्ध है। अत: उन्हें यह चेतावनी दी जाती है कि उन्हें ऐसी हरकतों से बाज आना चाहिए, अन्यथा उनके विरुद्ध यथोचित अनुशासनिक कार्यवाही की जायगी।

(10) The following officials of this office are due to retire from Govt. service from the dates shown against their names. They are in occupation of Government accommodations. Date of Estate are requested to finalise their account regarding house rent so that issuing

of no demand certificates in their favour may not be unnecessarily delayed.

या कार्यालयातील खालील कर्मचारी त्यांच्या नावांसमोर दर्शविलेल्या तारखेस शासकीय सेवेतून निवृत्त होत आहेत. सदरील कर्मचा-यांच्या ताब्यात शासकीय निवासस्थाने आहेत. स्थावर विभागाच्या विनंतीनुसार सदरील कर्मचान्याचे घरभाडेविषयक अन्तिम विवरण तयार ठेवावे, जेणेकरून त्यांना 'बेबाकी प्रमाणपत्र' देण्यात अनावश्यक दिरंगाई टाळता येईल.

इस कार्यालय के निम्नलिखित कर्मचारी उनके नाम के सामने दी गई तारीखों से सरकारी सेवा से निवृत्त होनेवाले हैं। उनके पास सरकारी मकान है। सम्पदा अनुभाग से निर्देशन है कि उनके मकान किराये सम्बन्धी हिसाब को अन्तिम रूप से तैयार कर दें जिससे कि उनके 'बेबाकी पत्र' जारी करने में अनावश्यक देरी न हो।

●●●